Lorenz Diefenbach

Die alten Völker Europas

Lorenz Diefenbach

Die alten Völker Europas

ISBN/EAN: 9783743327504

Hergestellt in Europa, USA, Kanada, Australien, Japan

Cover: Foto ©ninafisch / pixelio.de

Manufactured and distributed by brebook publishing software
(www.brebook.com)

Lorenz Diefenbach

Die alten Völker Europas

ORIGINES EUROPAEAE.

Die alten Völker Europas

mit ihren Sippen und Nachbarn.

Studien

von

Lorenz Diefenbach.

Frankfurt am Main

Verlag von Joseph Baer.

1 8 6 1.

Vorrede und Rechenschaft.

Wer meine Rede lesen will, lese erst meine Vorrede ganz. Sie beginnt zwar mit persönlicher Rechenschaft, aber ihr, mit dieser verflochtener, sachlicher Inhalt hängt mit dem des ganzen Buches zusammen.

In den Jahren 1839—1840 gab ich ein, seitdem in den Verlag des vorliegenden übergegangenes, Buch unter dem Titel **Celtica** heraus, dessen erste Abtheilung „sprachliche Dokumente zur Geschichte der Kelten, zugleich als Beitrag zur Sprachforschung überhaupt" enthält, die zweite den „Versuch einer genealogischen Geschichte der Kelten."

Letztere umfaßt in zwei Bänden Urkunden und Erörterungen über die Abstammung, die Wanderungen und die geschichtlichen Wandelungen sowol der sicher zu jenem großen Stamme gehörigen Völker, als der nur von einem Theile der Urkunden dazu gestellten, und endlich auch solcher, die nicht wegen ihrer Urverwandtschaft, sondern wegen ihrer beziehungsweise jüngeren Berührungen und Kreuzungen mit den Kelten im nothwendigen Bereiche der Untersuchung lagen. Es galt, mit gleicher Vollständigkeit und Unparteilichkeit die Zeugnisse zu sammeln sowol für die **Verwandtschaft** der Völker in ihren verschiedenen Graden, wie für ihre **Stammverschiedenheit**, die auch bei späterer Mischung eine geschichtliche Thatsache bleiben muste. Es galt, und gilt immer bei solchen Untersuchungen, darum: fürs erste das Volk der Titelrolle durch alle Aufzüge seiner Tragödie zu verfolgen; und ebenso fürs zweite auch die verschiedenen Bevölkerungsphasen seiner Bühne, der Hauptländer nämlich, auf deren Boden es erscheint.

Die bekannte Wanderlust der Kelten bewirkte, daß die Stätten ihrer Siedelung, wie ihrer oft nur flüchtigen Rast, in den meisten Haupttheilen unseres Erdtheils und selbst jenseit seiner Meeresgrenze, in Kleinasien, zu suchen sind. Aber nur, wo alte und dauernde Nach-

1

barschaft, ja Verschmelzung zu Mischvölkern stattfand, erschien es
Pflicht: den Nachbar und den zweiten Faktor der Mischung näher
zu beschauen, ohne auf dem ungeheuren Gebiete eine consequentia
ad absurdum durchzuführen.

Bei den Liguren und den Iberern trat jene Pflicht nicht bloß
desswegen ein, weil Keltoligyes und noch bestimmter Keltiberer — Völkernamen, die mit der Mischung zugleich auch (trotz
der fast oder ganz tautologischen Keltogalaten) den ursprünglichen Unterschied der Vermischten beurkunden — die Wechselbeziehungen laut bezeugen; sondern noch vielmehr, weil von der
Stammbestimmung dieser beiden Völker gewichtige Schlüße auf die
Stellung des keltischen Stammes in den Annalen einer großen uralten Völkerwanderung gefällt werden müßen. Dagegen gab die unsichere und vorübergehende Existenz von Keltoskythen nicht
Anlaß zu einer allseitigen Beleuchtung des Skythenthums; ebensowenig des allbekannten Griechenthums der, nicht einmal eine eigentliche Mischung bedeutende, der Hellenogalaten oder Gallo-
gräken. Dagegen musten die Stellen über die Kimmerier
vollständiger beigebracht werden, weil diese von klassischen Schriftstellern mit den Kimbern identifiziert werden. Daß aber die
Letzteren samt ihren Zugesgenoßen in einer Stammgeschichte der
Kelten ein vollständiges Kapitel in Anspruch zu nehmen haben, wird
auch von Niemanden geleugnet werden, dem die Deutschheit der
Kimbern, Teutonen und Ambronen gleichermaßen gesichert
erscheint. Das Selbe gilt in noch höherem Grade von den Germani
cisrhenani und vielleicht noch von einigen ihrer Namensgenoßen.

Ich gehe im Vorstehenden, und wiederholt noch im Folgenden,
auf Inhalt und Grenzen meiner alten Arbeit etwas näher zurück, um
ihr Verhältniss zu dieser neuen bestimmen zu können.

Meine alten Celtica II. bedürfen, trotz vieler Mängel, nicht so
dringend einer Umarbeitung, wie die sprachliche Abtheilung,
deren unverzeihlichster Mangel der der Autopsie in Bezug auf die
Quellen ist, soweit diese damals bereits zugänglich waren. Mit einer
weiteren Beichte will ich meine Leser nicht behelligen, vielmehr der
neuen Arbeit selbst das Gericht über die alte übertragen, jedoch
nicht ihre völlige Abolition, wie sich aus dem Folgenden ergeben
wird.

Der Hauptcharakter des neuen Lexikons bleibt der keltologische.
Es verzeichnet in alphabetischer Reihenfolge die in den lateinischen
und griechischen Schriften biß etwa zum Beginne des Mittelalters

vorkommenden Wörter, deren Abstammung — sei es als starrer, höchstens klassisch flektierter, Fremdwörter, oder als eingebürgerter Lehnwörter — aus einst ganz oder theilweise von Kelten bewohnten Gebieten ausdrücklich behauptet oder indirekt angenommen wird, indem Wort und Sache ausschließlich oder doch vorzugsweise in jenen Gebieten vorkommt. Wieweit indessen diese Gründe und Zeugnisse für den »barbarischen« Ursprung eines Wortes giltig seien, ergibt sich mehr oder minder aus der Verhandlung. Zur Aufnahme in das Alphabet genügte das eben bezeichnete Eintrittsbillet auch wo es nicht bloß verdächtig erschien, sondern wo ich bereits die Ausweisung in petto hatte.

Zu der letzten Kategorie gehören mehrere Fälle, in welchen ich aus Bußfertigkeit und um der bekannten, eben hier sehr bewährten, Fortpflanzungskraft des Wahns eine Grenze zu setzen, falsche Angaben Adelungs im zweiten Bande seines Mithridates (in dem meinen alten Celtica I. zu Grunde liegenden gallischen Glossare) berichtige, die ihm einst von mir, und mir von Andern, gläubig nachgesprochen wurden.

Vor allen nahm ich wiederum die als gallisch (galatisch, keltisch) beglaubigten Wörter auf. Aber schon hier, (wie bei ganzen Völkerschaften) wechseln nicht selten die Angaben der Alten, und Name oder Gegenstand wird von dem Einen den Galliern, von dem Andern den Germanen u. s. w. zugeschrieben; oder auch ist beides so lange und völlig in Rom und Hellas einheimisch, daß die vereinzelte Angabe gallischer Herkunft, oder denn die gewöhnliche Anwendung einer Benennung auf Eigenthum und Eigenheiten »barbarischer« Völker (namentlich im Kriegswesen) der Wahrscheinlichkeit ihrer uranfänglichen Klassizität nicht die Wage halten. Dazu kommt ferner, daß die Aussage »gallischer« Herkunft, besonders bei den späteren Grammatikern, Scholiasten, Hagiographen, Glossographen, der Verwechselung besonders mit germanischer (bei den spätesten auch mit romanischer) Herkunft verdächtig ist, welche man sogar auch mitunter bei den allerältesten Zeugnissen argwöhnt — aus verwandten Gründen, indem die beiden größten transalpinen Stämme und Sprachen konfundiert wurden.

Ich that den nahe liegenden Schritt, auch die ausschließlich den Germanen oder ihrer Sprache zugeschriebenen Dinge und Namen aufzunehmen, auch wo nicht (wie z. B. bei der Meile) gelegentlich die deutsche Synonyme neben dem gallischen Worte stand. Ich be-

1*

schränkte mich indessen bei der Aufnahme in mein Alphabet auf die
von den Autoren aufbewahrten Wörter und erwähnte nur gelegentlich die der Gesetzbücher und der Glossen, sowie die ausschließlich
den G o t h e n zugehörenden, minder, weil ich eine eigene ältere
Arbeit auszuschreiben scheute, als weil die Gothen kaum irgend in
unmittelbare und dauernde Berührung mit lebendigem, unromani-
siertem Keltenthume kamen. Die Malbergglosse wage ich nicht
wieder zu berühren, solange dieses unschätzbare Kleinod ein in
entstellte Abschriften gebannter Schatz ist.

Die wiederholte Aufnahme der wenigen angeblich oder möglicherweise l i g u r i s c h e n und v e n e t i s c h e n Wörter aus den
Alten wurde nicht bloß durch die Grenznachbarschaft dieser Völker,
sondern auch durch die noch unentschiedene Frage nach ihrer Abstammung bestimmt.

Alle mir bekannt gewordenen Wörter, deren Heimat oder mehr
und minder ausschließlicher Gebrauch nach den Alten in H i s p a n i e n
zu suchen ist, habe ich als vollberechtigte Kategorie in das Alphabet
aufgenommen, gleichviel ob ihre Latinität sich bei näherer Betrachtung herausstellte, oder ob sie einem der alteinheimischen Stämme:
dem i b e r i s c h e n oder dem, k e l t i s c h e n, kaum dem l i g u r i -
s c h e n, angehören könnten. Die Sprachen der späteren, namentlich
der semitischen und der gothischen, Einwanderer ließ ich hier unbeachtet; ferner auch die von I s i d o r u s H i s p a l e n s i s durch
» v u l g o « bezeichneten Wörter.

In dessen »Origines« müßen wir, soviel möglich, das nach alten
Quellen und das nach eigener Beobachtung der Gegenwart Berichtete
unterscheiden. Um der Entscheidung, zu welcher ich beitragen wollte,
nicht vorzugreifen, habe ich alle von ihm als h i s p a n i s c h, g a l l i s c h
oder g e r m a n i s c h bezeichneten Wörter aufgenommen, obgleich namentlich seine »hispanischen« Wörter großentheils dem altrömischen,
theils auch schon dem romanischen Gebiete angehören. Dem letzteren
zunächst denn auch jene von ihm mit » vulgo « bezeichneten Wörter,
wesshalb ich auf sie meine Ausschließung aller mittellateinischen und
romanischen Wörter ausdehne, deren Herkunft aus den sog. Barbarensprachen durch keine Aussage der Autoren gestempelt ist — obgleich
häufig dieser antike Stempel geringeren Werth hat, als das Zeugniss
moderner Sprachvergleichung für die Abkunft jener ungestempelten
Wörter.

Isidorus unterscheidet (v. F a l c o in unserem Lexikon) die » I t a -
l i c a lingua « von der der » Nostri «, d. i. der l a t i n i s i e r t e n H i s -

panier, während die ältere Parallelstelle bei Servius statt dieser
italischen Sprache die der (in Kampanien kolonisierten?) Tusker
nennt. In einer merkwürdigen Eintheilung der zu seiner Zeit gang-
barsten Sprachen nach der Thätigkeit der Sprachorgane Orig. IX.
1. stellt Isidorus die Italer und die Hispaner in Eine Klasse, ohne ihnen
jedoch eine und die selbe Sprache zuzuschreiben: »Omnes autem
Orientis gentes in gutture linguam et verba collidunt, sicut Hebraei
et Syri; omnes Meditterraneae gentes in palato. sermonem feriunt,
sicut Graeci et Asiani; omnes Occidentis gentes verba in dentibus
frangunt, sicut Itali et Hispani.«

Nur bei besonderen Gelegenheiten habe ich Wörter aus den alten
Sprachen des südöstlichen Europas mitgetheilt, weil dort: in Illyricum, Pannonien, Dakien, Thrakien Gallier nur zeitweilig und
sporadisch siedelten, mit Ausnahme einiger Landschaften, in welchen
die Kelten theils (wie in Pannonien und Thrakien) gesonderte Staats-
körper bildeten, theils sich in mehr und minder schon vorhandenen
völlig mit den Urbewohnern amalgamierten. Leider kann ich nur eine
einzelne Wortform (v. Alpes) liefern, welche von Strabon einem
dieser Mischvölker, den Japyden, zugeschrieben wird. Dakische
Pflanzennamen aus Dioskorides und seinen Glossatoren habe ich
überall, wo sie als Synonymen gallischer auftreten, sehr gerne besprochen, einigen auch (nach J. Grimms Vorgange) als möglicherweise gallischen und durch Irrthum, vielleicht nur der Abschreiber,
den Daken zugeschriebenen, eine Stelle in der alphabetischen Reihenfolge angewiesen.

Außer den wenigen ausdrücklich den kleinasiatischen Galaten zugeschriebenen Wörtern, zu welchen wir vielleicht eine größere
Zahl der nur von Griechen aufbewahrten Keltenwörter rechnen
sollten, habe ich auch solchen eine alphabetische Stelle angewiesen, deren Citation bei den Alten jenen Ursprung neben ander-
weitigem nur möglich erscheinen läßt.

Die Versuchung: das reichste Gebiet keltischer Sprache, das britannische nämlich, auszubeuten, muste ich soweit zurückweisen,
als ich nur die wenigen von lateinischen Schriftstellern der ersten
Jahrhunderte n. Chr. aufbewahrten Wörter in das Alphabet aufnahm,
in den Text dagegen freilich Massen aus dem älteren und heutigen
Schatze dieser merkwürdigen Zeugen für das Wesen einer Sprache,
die einst biß über die Grenzen unseres Welttheils hinaus hallte und
jetzt nur eben noch in Groß- und Klein-Britannien lebt, auch dort
schon dem Verhallen entgegenreifend.

Die ältesten auf uns gekommenen Denkmale britannischen, sowol kymrobritonischen, als gadhelischen, Schriftenthums beginnen erst ungefähr am Schluße des Zeitraums, aus welchem die Bruchstücke der alten gallischen Mundarten herrühren, setzen sich aber in wesentlich ununterbrochener Folge biß in die Gegenwart fort, wodurch sie die Diskussion über die Identität der alten Britonen und Skoten mit ihren heutigen Epigonen überflüßig machen, zumal seit Zeussens trefflichem Werke. Nur die wenigen mit der Signatur der Pikten bezeichneten oder auch ohne besondere Bezeichnung in piktischem Bereiche auftretenden Wörter und Namen verdienen wegen der noch nicht geschloßenen Streitfragen über dieses Volk und dessen Namen eine besondere Sammlung und Prüfung, zu welcher ich einen Beitrag in einem Anhange meiner alten Celtica I. lieferte, der trotz seiner Mangelhaftigkeit hinreichen wird, um dieses Volk zu dem keltischen Hauptstamme auf Irland und Schottland zu stellen. Da seine verbeßerte und vermehrte Herstellung in dem vorliegenden Buche nicht gut Raum finden würde, so mag jenes Ergebniss genügen. Auch die übrigen dort in Anhang A erläuterten keltobritannischen Wörter aus Gilda und Nennius laße ich hier weg, weil sie jetzt nur als ein kleiner Bruchtheil aus jenem reichen Vorrathe britannischer Sprachalterthümer dastehn würden. Jedoch haben sie vor vielen andern den Umstand voraus, daß sie von britonischen Geschichtschreibern überliefert und theilweise durch die Ausdrücke britonisch, britannisch u. dgl. gekennzeichnet sind. Sie haben desshalb bedeutendes Gewicht für die Entscheidung der, wenigstens früher, häufig aufgeworfenen Frage: ob die Britones der mittelalterlichen Chronisten in England, und weiterhin: ob die Bewohner des heutigen Englands (außer Schottland) Kymren oder Gadhelen waren, als sie zuerst in der Geschichte auftraten, d. h. den Römern bekannt wurden.

Desswegen würde ich für eine Umarbeitung meiner Celtica II., zunächst ihres zweiten Bandes, auch eine Revision und Erweiterung jener Belegstellen für die Stammtheilungen innerhalb Britanniens nöthig und lohnend finden. Dazu, und noch mehr für eine Spezialgeschichte der britannischen Keltensprachen, würde auch die Ausbeutung der Vitae Sanctorum unerläßlich sein, welche besonders viele Reste der kleinbritannischen und der irischen Keltensprachen enthalten.

Ihre Angaben alter oder ausdrücklich gallisch benamter Sprache auf dem Boden Galliens habe ich nach dem Vorgange Adelungs und neuerdings de Belloguets in mein Alphabet aufgenommen,

weil die erste Hälfte ihres vieljährigen Bereichs in einer Zeit liegt,
in welcher noch Freistätten der ältesten Volkssprache wahrscheinlich
sind und die Benennung ,,gallisch" nicht ungeprüft auf das Romanzo
Galliens bezogen werden darf; und weil selbst die Angaben der späteren Hagiographen oft auf sehr alten Ueberlieferungen ihrer Vorgänger oder auch des Volksmundes selbst beruhen. Jene Prüfung
stelle ich denn natürlich nach Kräften an.

Mit den B a s k e n und ihrer Sprache verhält es sich ähnlich, wie mit
den noch in voller Nationalität fortlebenden britannischen Kelten. Sie
sind der gleichsam in Bergeilanden isolierte Rest des I b e r e r v o l k e s.
Leider aber beginnen die Urkunden ihrer Sprache erst in sehr junger
Zeit, ohne daß wir von einer, unseres Wißens biß heute versäumten,
Durchsuchung der Kirchen- und Gemeinde-Archive der Baskenlande
viele altbaskische Körner unter mönchslateinischer Spreu zu hoffen
wagen; D u f r e s n e hat deren einige gesammelt. Der Iberologe hat
biß jetzt nur zwei sprachliche Hauptquellen: die lebende, noch bei
weitem nicht hinreichend verzeichnete, Sprache der Basken; und
die Eigennamen alter wie neuer Zeit, von Orten, wie von Familien
aus der ganzen Pyrenäenhalbinsel und aus Aquitanien. In Celtica I.,
namentlich in einem mängelvollen Anhange, gab ich einige spärliche
Beispiele (wirklicher oder scheinbarer) Berührung baskischer Sprache
mit keltischer; beider U n verwandtschaft nehme ich als abgemachte
Thatsache an. Von M a h n besitzen und erwarten wir umfaßendere
Arbeiten über die Denkmale und den Bestand der baskischen Mundarten.

Indem ich meine Arbeit auf die wenigen und oft zweifelhaften
Fossilien aus gallischer, iberischer u. s. w. Vorzeit beschränke und
sowol die fruchtbare mittellateinische Colluvies, als die, trotz aller
Einbußen und Anleihen, noch überreiche Gegenwart keltischer und
iberischer Sprache ausschließe, soweit sie nicht zur Erläuterung
jener Antiken dient oder doch zu kleinen Exkursen zuläßig ist: erfülle ich in der That nur einen Theil meines Zweckes, abgesehen
von der Q u a l i t ä t selbst dieser partialen Erfüllung. Nur die Ueberfülle des Stoffes und die schwierige Grenzbestimmung bei eklektischen Arbeiten hat mich veranlaßt, ein für das vorliegende Buch
angelegtes zweites Glossar vorläufig ganz auf die Seite zu legen, in
welchem u. a. die aus Celtica I. nicht in dieses Lexikon übergetragenen älteren und neueren lateinischen und romanischen Wörter
(incl. Isidors ,,vulgo"-Wörter) einer neuen Bearbeitung unterworfen
werden sollten.

Wenden wir einige Grundgesetze ethnologischer Sprachforschung auf die lebenden Sprachen (die noch nicht lange ausgestorbene kornische eingeschloßen) der beiden keltischen Hauptstämme an, so werden sich etwa folgende Aufgaben stellen, deren Lösung zum Theile bereits in größerem Umfange versucht wurde:

Bestimmung ihrer wechselseitigen Beziehungen und Verwandtschaftsgrade durch grammatische und lexikalische Belege. Bedenken wir, daß noch unlängst ein irischer Engländer die Schwesterschaft der irischen und der wallisischen Sprache gänzlich leugnete und zum Ersatze dafür exotische Stammbäume in seinen Irrgarten pflanzte.

Die gleichen Belege für ihre Beziehungen zu den indogermanischen (indisch-arisch-europäischen) Urverwandten, notabene mit der rechten Mischung von Kühnheit und Vorsicht. Aus einer allseitigen Lösung dieser Aufgabe würden bedeutende Streiflichter auf die erste Auswanderung des alten Eponymos Keltos oder Galates fallen, von welchem klassische Narren fabelten, statt die lebenden Keltensprachen ihrer Zeit aufzuschreiben.

Von andern Gesichtspunkten ausgehend, aber in stetem Tauschhändel mit der vorbezeichneten Aufgabe stehend, würde eine vorzugsweise lexikalische die Anleihen und Darleihen jener Sprachen im Auge haben, vorzüglich ihren Wechselverkehr zuerst mit der lateinischen Sprache und ihren Töchtern, demnächst mit den germanischen. Diese wichtige Aufgabe, von welcher namentlich Meister Friedrich Diez eine Seite bearbeitete und welcher auch mein vorhin erwähnter Entwurf zunächst gewidmet ist, würde verschiedenartige und werthvolle Früchte reifen laßen, welche insbesondere der Geschichte und Chronologie der allmällichen und wechselnden Bevölkerung eines großen Theiles von Europa, sowie seiner Kulturgeschichte zu Gute kämen. Zeuss hat, wie ich glaube, viele Lehnwörter in den keltischen Sprachen als einheimische behandelt.

Begreiflicher Weise sind auch in dem vorliegenden Werke Beiträge zur Lösung dieser sämtlichen Aufgaben zerstreut, wo die beschränktere Aufgabe sie für die eigene Lösung forderte.

Dieß gilt auch noch von einer andern, sehr ausgedehnten und ebenso wichtigen, als schwierigen Klasse sprachlicher und ethnischer Zeugen. Ich meine die Eigennamen, die Namen der Götter und der Menschen, sowie der von beiden gegründeten Orte, die von den menschlichen Bewohnern und Anwohnern erst durch, in der Urzeit stets bedeutungsvolle, Namengebung zum Besitzthume und zur Heimat

geweiht wurden. Zeuss und sein Schüler Glück haben für gallische
Namen bereits Bedeutendes geleistet; in Deutschland ist bekanntlich der Werth der (zunächst einheimischen) sprachlichen Namen-
forschung durch eine Preisaufgabe der Berliner Akademie zu öffent-
licher Geltung und bereits auch zu lebendiger Beweisführung gelangt.
Umfang und Gehalt dieses Gebietes fordern überall-zu Monographien
auf.

Ein großer Theil der Eigennamen, biß jetzt aber nur wenige
und unsichere Appellative sind in den Inschriften enthalten,
diesen unmittelbarsten Zeugen und Revenants der Vorzeit, welche
wiederum als Sondergut der Prüfung und der Obhut der Epigraphiker
anvertraut werden müßen, bevor sie den Philo-, Ethno-, Mytho-logen,
Geo-, Historio-graphen u. s. w. zu sicherem Gebrauche übergeben
werden dürfen.

Ich habe Namen und Wörtern aus Inschriften, sowie Eigennamen
überhaupt nur in den seltenen Fällen eine alphabetische Numer ein-
geräumt, wo ihre Deutung durch Wort, Bild oder Stellung bestimmter
angegeben ist, wie sich dieß denn im Einzelnen ergeben wird.

Die Unterschiede zwischen meinem vorliegenden Lexikon und
meinen alten Celtica I. ergeben sich größtentheils aus dem Vorstehenden; ich faße sie hier um so kürzer zusammen, indem ich die
rein qualitativen Verbeßerungen als selbstverständliche ansehe und
ihre Wägung dem prüfenden Leser überlaße. Da indessen mancher
Leser meiner bißher veröffentlichten Schriften bei mehr und minder
offenen Fragen, bei welchen ich beide Wagschalen nach besten
Kräften belastet hatte, das Ergebniss der Abwägung aber mehr dem
Leser als Gehülfen der Arbeit zum Ausrufen überließ, aus Beschei-
denheit die Annahme dieses Amtes verweigerte: so habe ich dießmal in der Regel vernehmlichere Schlußworte ausgesprochen.

Ich habe die Belegstellen im Lexikon fast ausnahmslos unmittelbar
aus den Quellen und nach den besten mir erreichbaren Ausgaben
im Zusammenhange ausgeschrieben, und nach ihrer chronologischen
oder qualitativen Folge geordnet; sodann, in oben erwähntem Maße,
den, in Celt. I. nur bißweilen zugezogenen, hispanischen und germanischen Wörtern gleichen Rang, wie den keltischen, verliehen;
dagegen aber die nicht ausdrücklich durch alte Zeugnisse Einer
jener Sprachen zugeschriebenen Wörter mit den daran geknüpften
Untersuchungen nicht aus Celt. I. herübergenommen, und ebensowenig eine Anzahl sprachvergleichender Exkurse, theils, weil sie
von der ursprünglichen Aufgabe allzu weit abzogen, theils weil sie

vor 20 Jahren als Gratiszugabe größeren Werth hatten, indem die
Zugänge zu manchem Gebiete des indogermanischen Kreißes und
seiner Sprachgesetze damals noch ungebahnter waren, als jetzt.
Den drei Anhängen von Celt. I. entnahm ich nur einige Folgerungen.

Endlich erlaube ich mir, die Kulturhistoriker, welche
einem rein sprachlichen Werke vorüberzugehn pflegen, auf eine
nicht unbedeutende Zahl von Realien aufmerksam zu machen, die
ich in weit stärkerem Maße, als in Celt. I., in und neben den Wörtern
aus den Quellen mittheile, und zwar als kritisch gesichteten Stoff,
aber doch ohne sie hinlänglich nach realen Kategorien ordnen und
ihren organischen Zusammenhang mit verwandten Erscheinungen
verfolgen zu können.

Was nun meine, die »genealogische Geschichte der Kelten« ver-
handelnden Celtica II. betrifft, so wird die erste (ethnologische) Abtheilung dieses Buches den Gegenstand derselben in ihrer Weise,
d. h. nur in den Hauptumrißen, verhandeln, dagegen aber einen
ganz neuen Abschnitt hinzufügen (s. u.), und sodann meine seitdem
geänderten Ansichten aussprechen. Aber viele und wichtige unter
den dort offen gebliebenen Fragen sind es mir geblieben, wenigstens noch nicht zu dem erwünschten, und mitunter von Andern bereits angenommenen, Abschluße gekommen. Auch sind zu den dort
citierten antiken Quellen nicht viele neue hinzuzufügen, solange
die dort gezogenen Schranken beibehalten werden, was aber für
eine Umarbeitung nicht zu rathen wäre, da namentlich die inneren
Entwickelungen und Einrichtungen der keltischen Völker, ihre ganze
Bildungsgeschichte, herangezogen werden sollten. Außerdem
würden jene bereits benutzten Quellen nach den seitdem gewonnenen
Berichtigungen und beßeren Erklärungen der Texte, sowie nach
schärferer Kritik der Autoren selbst, nach ihrer subjektiven und ob-
jektiven Zeugentüchtigkeit, von neuem studiert werden müßen.
Auch würde die Physiologie der dort besprochenen Völker
nach den Aussagen der Alten, die ich in Celtica II. nur unvollständig
benutzte, nach den gefundenen Skeleten (schwierigen Belegen!),
und nach möglichst ausgedehnter Beobachtung der lebenden, wenn
auch noch so gemischten, Nachkommen zu einem besonderen Abschnitte ausgearbeitet werden müßen. Es versteht sich, daß bei
diesen Aufgaben Kenner verschiedener Wißenschaften sich bethei-
ligen müsten.

·Zu einer solchen Umarbeitung im Ganzen und Großen hat es für
mich noch gute Weile, aber im Kleinen habe ich sie auch sofern

versucht, als ich in vorliegender Arbeit die p h y s i o l o g i s c h e n Nachrichten über die Kelten in gleichem Maße, wie die über die andern Völker meines Kreißes, und in bedeutend größerem, als bei diesen, auch die b i l d u n g s g e s c h i c h t l i c h e n Wahrzeichen jenes Stammes zusammengestellt habe, weil seine Grenznachbarschaft mit fast allen Völkern des alten Europas, die namentlich bei den deut- schen biß zur Verwechselung gieng, diese größere Vielseitigkeit er- heischte, wie denn auch die große Ausdehnung des Keltenkapitels in der ersten Abtheilung durch die des Keltenvolkes selbst veranlaßt wird und keiner Entschuldigung bedarf.

Diese e r s t e A b t h e i l u n g ist außerdem eine von meinen Celtica ganz unabhängige Arbeit, indem sie außer den dort besprochenen alten Kolonen Europas das ganze »europäische Konzert« der Vor- zeit, das damals schon voller Dissonanzen war, in kurzem Auszuge wiedergeben, und vorher einige methodologische Gedanken aus- sprechen will. Ferner bespricht sie in Asien nicht bloß die sicher arischen Völker der iranischen und der indischen Welt, sondern auch, und zwar ausführlicher, das Völkergewirre Kleinasiens und dessen zahlreiche Beziehungen zu den alten Bevölkerungen Ost- europas. Die Autopsie der Quellen war auch hier überall ein Haupt- augenmerk, weil ich das Schöpfen selbst aus der besten zweiten Hand nur allzuoft unzuverläßig fand; wo ich durch wörtliche Excerpte in den Ursprachen die Gegenständlichkeit und Unparteilichkeit des Urtheils zu fördern glaubte, gab ich sie. Es mag noch bemerkt werden, daß die Handschrift dieses Buches bereits zu Anfange des Jahres 1859 druckfertig wurde.

Ich durfte den Schein nicht scheuen: eitler Weise meine alten und neuen Thaten vergleichend zur Schau zu stellen, wenn ich meinen Lesern deutlich zeigen wollte, wieweit sie bei b e i d e r Benutzung mit ihrer kostbaren Zeit hauszuhalten haben. Dazu kam denn die noch materiellere Pflicht gegen Besitzer oder Käufer je eines der besprochenen Bücher: ihnen die wechselseitigen Beziehungen der- selben klar zu machen. Das vorliegende ist, nach den vorstehenden Erörterungen, unbeschadet seiner Vertretung von Celtica I. und seiner Beziehung zu Celtica II., ein für sich bestehendes und benutz- bares Ganzes.

Technische Vorbemerkungen suchte ich möglichst überflüßig zu machen. In keltischen Wörtern wird c immer als k gesprochen. In britonischen Wörtern gilt ch für den aspirierten Kehllaut; die selten vorkommende neufranzösische Aussprache dieses Zeichens habe ich stets ausdrücklich angemerkt. Letztere bezeichne ich nöthigen Falls durch š, die des französischen *j* durch ž, nach slavischer Weise; die italienischen Quetschlaute *c* und *g* durch č und ǧ. Was aber meinen eigenen Text betrifft, so fühle ich mich außer Stande, einen steten Mittelweg zwischen Rechtschreibung und ihrem landüblichen Gegentheil zu halten und selbst in der Schreibung der zahlreichen Lehn- und Fremd-wörter konsequent zu bleiben.

Die germanischen Sprachen haben die durch J. Grimm eingeführte Signatur, wie hd. hochdeutsch, ags. angelsächsisch u. s. w. Die keltischen Sprachnamen gaidelisch oder gadhelisch (irisch, hochschottisch), kymrisch (welsh, wallisisch), kornisch (im englischen Kornwales), britonisch (in der Niederbretagne) werden gewöhnlich abgekürzt in gadh., kymr., korn., brit.; kymrobritonisch bedeutet die kymrische und die ihr nächstverwandten Mundarten gegenüber dem gadhelischen Sprachaste.

Diez, Grimm und Zeuss ohne weiteren Zusatz bedeuten die Wörterbücher (das romanische und das deutsche) und die Grammatica Celtica der Genannten; Holtzmann, Glück, Brandes, de Belloguet deren Schriften: Kelten und Germanen Stuttgart 1855; Die bei Caesar vorkommenden keltischen Namen München 1857; Das ethnographische Verhältniss der Kelten und Germanen Leipzig 1857; Ethnogénie Gauloise I. Glossaire Gaulois Paris 1858.

I.

Ethnologie.

I

Ethnologie

Zu den merkwürdigsten Gegensätzen, die unserer Zwitterzeit zwischen zweien Jahrtausenden eigen sind, gehört der Doppeldrang der Völker zur weltbürgerlichen Einheit, und zur Erhaltung, ja zur Wiedergeburt, der Nationalitäten. Sie graben nach den Wurzeln ihrer Stammbäume und ihres geistigsten, oft schon von den Ahnen verscherzten, Erbtheils: der Sprache. Vor wenigen Jahren führte ein festlich geschmücktes Schiff eine Gesandtschaft der Kelten Kleinbritanniens zu den Stammverwandten nach Großbritannien hinüber; und beide bezeugten und begrüßten sich wieder als Brüder durch die, nach einer Trennung von fast anderthalb Jahrtausenden, noch unverhallte Harmonie der Sprachen. Die kosmopolitischen Deutschen suchen auch die fernsten Familienglieder auf, die die östliche Sonne gebräunt hat, aber deren Sprache noch mit uralt verwandtem Laute Vater, Mutter, Bruder, Schwester, Sohn, Tochter, Neffe begrüßt, und von welchen ein ahnungsvoller Spruch deutscher Vorzeit sagte:

Man sagit, daz dar in halvin noch sin,
Die dir Diutschin sprechin
Ingegin I n d i a vili verro.

Auch wir alle, die wir das Sinken der Scheidewände ersehnen und fördern, welche Farben und Kasten, Vorrechte und Unrechte, Glaube und Aberglaube, von den Urahnen ererbte Antipathien, Zwist und Blutrache zwischen den Völkern errichtet haben: wir können uns dennoch eines tiefen Mitgefühls nicht erwehren, wenn wir dem Ringen der bald zusammengeschmolzenen, bald durch Zerstreuung geschwächten Nationalitäten zuschauen. Mit dem Sonderhaße muß auch viel Sonderliebe vergeßen werden, und wann Materialismus und Spiritualismus Hand in Hand selbst die höchsten Grenzgebirge ebnen: dann werden auch Ahnengrabhügel und Mausoleen nicht mehr als Trennungsmale der Familien und Völker emporragen, aber auch nicht mehr von frommen Händen später Nachkommen an jährlichen Allerseelentagen bekränzt werden.

Wenn jedoch auch das »britonische Hoffen« auf König Arthurs Wiederkehr, wie das der Israeliten auf die Ankunft des nationalen

Messias, vergeblich ist, und wenn auch vielleicht heute nur Schwärmerei das verhallte Lied von dem unverlorenen Polen wieder anstimmt: so werden doch alle diese elegischen Septimenakkorde einen erlösenden, versöhnenden Schlußton finden, nicht rückwärts in der Tiefe, sondern vorwärts auf der Höhe der messianischen Zeit.

Keineswegs indessen erwarten oder wünschen wir ein Aufgehen aller Besonderheiten und Individualitäten in dem Gebräu eines Hexenkeßels, und glauben sogar: daß einige unserer gelehrten und übrigens keineswegs rechtgläubigen Genoßen allzuschnell und laut gegen die »chemische« Unterscheidung der Rassen den Bürgerherausruf des »Materialismus« erschallen ließen.

Angeborene und fortgepflanzte Unterschiede der Individualitäten, biß zu dem stärksten: der Rasse, hinauf, halten wir unleugbar, und werden sie unten weiter aus einander setzen. Neben und nach ihnen laßen sich gleichwol an unzähligen Stellen die stärksten Einwirkungen ven außen her kommender physischer und geistiger Strömungen annehmen und in vielen Fällen nachweisen. Sodann glauben wir aber auch an eine unberechenbar hohe Federkraft und Entwickelungsfähigkeit der, nach Abzuge aller Besonderheiten, sämtlichen Arten der Gattung Mensch gemeinsamen Eigenschaften; und suchen den Keim dieser dehnbaren Kräfte in der selben einheitlichen Natur jeder Rasse oder ihrer Urheber, in welcher auch deren starrere, mehr und minder physische Eigenschaften gegründet sind.

Wir würden desshalb z. B. in Nordamerika, wo neuerdings nicht bloß wahnsinnige Frevler gewaltsame Ausbreitung »des Segens der Sklaverei« predigen, sondern auch gebildete Anatomen und Alterthumsforscher die Unvertilgbarkeit der Rassencharaktere jenem Segen zu akkomodieren suchen, mit aller Humanität doch nur einen, unseren hiesigen »Thierquälervereinen« analogen, Verein gegen Sklavenquälerei zu gründen suchen, wenn wir jenen Gelehrten glaubten und nicht, wie dieß der Fall ist, überzeugt wären: daß die behauptete Imperfektibilität der Negerrasse ein physiologisches Unding ist, nicht bloß ein Anstoß für Philanthropen und Abolitionisten.

Wie weit aber ihr Wachsthum, unter günstigeren Umständen, reichen werde — ob nicht dereinst der letzte Mestize der schwarzen und der weißen Rasse fortpflanzungsunfähig verwelkt, nachdem der letzte Vertreter des schwarzen Vollblutes in einen Himmel eingegangen ist, der immer noch ein Stockwerk unter dem der weißen Rasse liegt — ob dann letztere allmällich nicht etwa zur Alleinherrschaft, sondern zum Alleindasein in der entfärbten Menschenwelt

gelangen wird: dieses Ende des heutigen Anfangs ist biß jetzt noch
ein Problem mehr der Phantasie, als der Wißenschaft, obgleich
bereits in dem Bereiche der letzteren einige Prämissen jener
Zukunft und selbst des »Endes aller Dinge« auf unserem Planetlein
liegen.

Zu den Dingen, welche schon jetzt, und zwar in geometrisch
fortschreitender Proportion, zu Ende gehn, gehören die nur noch
im vertraulichsten Verkehre, oft nur noch im Munde der niederen
Volksklassen lebenden Bruchstücke alter, volksthümlicher Sage,
Sprache und Redeweise. In ähnlichem Verhältnisse, wie die Volksmundarten zu der nivellierenden Bildungssprache, stehn zu dieser
nicht bloß die vordem in gleichem Range neben ihr lebenden und
ihr näher verwandten, später aber degradierten und in Mundarten
zersplitterten Sprachen großer Landestheile, wie dieß am auffallend-
sten in Deutschland und in Frankreich der Fall ist: sondern auch die
ursprünglich ihr fern stehenden und völlig selbstständigen Sprachen
der ebedem von quantitativ oder qualitativ stärkeren Völkern über-
wältigten, überwucherten oder absorbierten und desshalb jetzt nur
noch, als solche nämlich, in stets' abnehmenden Resten erhaltenen
Völkerschaften.

So theilen sich die Sprachen und mit ihnen die Bildung der
Deutschen und Slaven täglich räuberischer in die Erblande der herrlichen Litauersprachen, Engländer und Franzosen in die Reste des
Keltenthums, Franzosen und Spanier in das Gebiet der ältesten lebenden Sprache Europas, der baskischen.

Beeilen wir uns desshalb, die Sprachen und Sprüche aller in
ihrer Besonderheit auslebenden Völker und Volkstheile zu belauschen
und treu aufzuzeichnen, nicht um einer künstlichen Lebensverlänge-
rung willen, sondern um in ihnen Schlüßel der Vorzeit, kostbare
Mittelglieder und Faktoren der fortlaufenden Bildungsgeschichte,
insbesondere denn auch Zeugen für Abstammung und Verwandtschaft der Völker zu erhalten. Wir vermeiden dann die schwere
Unterlaßungssünde, welche die beiden klassischen Völker gegen die
»Barbaren« begiengen, und die wir bei allen sprachlichen und
stammgeschichtlichen Forschungen immer aufs neue bitter anklagen
und beklagen.

Indessen datiert sich die hohe und doch gemäßigte Werthschätzung der Sprachforschung für die Studien der Stamm- und
Bildungsgeschichte noch nicht allzulange her. Wir haben heute noch
zahlreiche Gelehrte und Autodidakten, die mit den römischen und

griechischen Klassikern Nichts gemein haben, als die geniale Ableitung der Völker und der Vokabeln.

Wäre die Völkerkunde auch nur Beschreibung und nicht zugleich Stamm-, Wanderungs- und Verkehrs-geschichte der Völker, so würde schon dann die feinste und geistigste Eigenthümlichkeit jedes Menschen und jedes Volkes: seine Sprache, ein Hauptgegenstand jener Wißenschaft sein. Aber keine echte Wißenschaft begnügt sich mit Dem, was die Oberfläche des Raums und die Gegenwart der Zeit der Beobachtung bieten. Und eben, wenn wir ein Volk nach seiner Vergangenheit befragen, nach der ganzen Zeit seines Werdens biß zu dem endlich aus ihm Gewordenen, sei dieß nun biß zu dem lebendigen Heute, oder biß zu einem längst verschwundenen Augenblicke, in welchem der Letzte des unverwandelten Stammes der Welt in seiner Muttersprache Valet sagte —: dann wird uns die Sprache erst recht zum Orakel, dessen freilich oft mehrdeutige Sprüche unsere Fragen beantworten.

An den Wiegen der Völker standen keine Geschichtschreiber; die schriftlichen Urkunden gehn bei keinem Volke so weit in sein Alterthum hinauf, daß nicht ein »Dunkel der Vorzeit« übrig bliebe. Freilich haben geistreiche Historiker diese Dunkelheit der frühesten Zeiträume und selbst ganzer Völkerleben eine »wolverdiente« genannt. Aber verdient Liebe und Haß, Lust und Schmerz, Dichten und Trachten unserer frühesten Jahre nicht, von uns Erwachsenen nachempfunden zu werden? Und ferner, was sich jemals in einem Leben artet oder ausartet: der erste Keim davon lag in dem, wenn auch nur erst vegetierenden, Beginne dieses Lebens; und Sonnenschein und Regen, der diesem Keime in den ersten Perioden seines Wachsthums zu Theile wurde, aber auch der erste Mehlthau, der ihn traf — es ist Nichts wieder ganz ungeschehen zu machen!

So erklären wir uns den mächtigen Reiz, mit welchem uns auch das Geheimniss der Völkerurzeit anzieht.

Indessen begnügen wir heutigen Menschen uns nicht, mit mystischem Schauer oder träumender Sehnsucht in die Tiefen der Vorzeit hinabzustarren. Wir wollen vielmehr mit scharfen Blicken und festen Tritten hinabklimmen, um die unterirdischen Schätze zu heben. Doch dazu bedarf es geistiger Weihen und Gelübde, unermüdeter Forscherlust und entsagender Genügsamkeit. Die Räume, in welche wir eindringen wollen, waren selbst einmal Oberwelt, von den Gestirnen beleuchtet. Jetzt aber braucht es künstlicher Mittel, um die verdunkelten Formen und Farben des tief versunkenen Lebens wieder zu erkennen.

Und diese Mittel müßen mit großer Sparsamkeit und Geduld angewendet werden. Hier ist kein Raum für die Kunst der Oberwelt, die »selbsterschaffenen« Lichter in neblichter Nacht durch galvanische Sonnen zu ersetzen, und mit Reverberen unvermuthete Strahlen in die Kabinette der diplomatischen Geschichtmacher zu werfen. Mit bescheidenen Grubenlichtern fahren wir in die Schachte. Erst wann wir viel taubes Gestein losgeschlagen haben, erweitert sich der Raum, und der befreite Metallglanz an den Wänden spiegelt und verstärkt den schwachen Schimmer unserer Lichter.

Dieser Lichter gibt es mancherlei Arten.

Die ersten Auswanderer hatten weder Heimatscheine und Pässe, noch Reisebücher, und vermissten sie auch nirgends. Wol aber beklagten ihre Enkel, daß sie nichts Sicheres von der schönen Paradiesesheimat und den wundersamen Wanderungen ihrer Ahnen wusten. Freilich hatte sich mündliche Kunde von einem Geschlechte zum andern vererbt, aber auch in jedem Munde verändert; Manches war vergeßen, oder auch nie erzählt worden, was nun gerade Neugier oder Pietät am lebhaftesten zu hören verlangte, und das nun von denkenden und phantasiereichen Köpfen ergänzt wurde. Die G e - s c h i c h t e war noch nicht; aber bevor sie kam, erzählte die S a g e von den Dingen, die »im Anfange« geschahen.

Sie thut es aber auch n a c h dem Auftreten der Geschichte, und wird dieser dann um so gefährlicher, indem sie als Fiktion der Literaten die leicht kenntliche Naivetät der eigentlichen Volkssage meidet, eine geschichtliche Maske vornimmt und sich sogar chronistisch mit den nüchternsten Zahlen versieht. Nicht selten impften Gelehrte und Dichter ihre fremden Produkte auf den Baum einheimischer Volkssage. So mochte es z. B. mit der unter vielen Völkern verschiedenen Stammes vorkommenden Sage von trojanischer Abkunft gegangen sein, die zuletzt sogar von den fränkischen Chronisten adoptiert wurde. Sie kam aus Griechenland nach Rom und über Rom, und ihre Namen wurden hier und da einem lauschenden Volke so oft in die Ohren gerufen, daß es endlich die Namen der urcigenen Sage gegen jene austauschte, vielleicht, ohne darum viel von dem Inhalte seiner Sage aufzugeben. Die Zigeuner thaten nicht bloß den Priestern ihrer Gastfreunde den Gefallen, sich von ihnen beschneiden oder taufen zu laßen, sondern sprachen auch ihren Gelehrten so lange und laut nach: daß sie selbst aus (Klein-) Aegypten gekommen seien, bis ganze

Länder sie Gitanos oder Gypsies nannten. Dagegen hörten wir neuerdings einen nicht ungebildeten Zigeuner sagen: »Wir heißen Rom, weil wir aus Romanien stammen«, und vielleicht werden ihm dieß viele seiner Stammgenoßen nachsprechen und weiter verbreiten. Diese Umstände müßen den Ethnologen und überhaupt den Geschichtsforscher der frühesten Zeiträume zur grösten Vorsicht bei Benutzung nicht bloß der wirklichen und noch lebenden Volkssage, sondern auch seiner eigenen Zunftgenoßen aus älterer Zeit mahnen. Er bedarf jedenfalls noch andrer und bestimmterer, wiewol großentheils immer noch mehrdeutiger, Merkmale und Zeugnisse, um hier durch weite Räume der Zeit und des Ortes getrennte Verwandte wieder zu vereinigen, dort die ursprünglich verschiedenen Grundstoffe gemischter Völker als theoretischer Chemiker wieder zu scheiden.

Die bedeutendsten und dauerndsten jener Zeugnisse sind Körperbau und Sprache, das erstere und derbere den Einwirkungen der physischen Potenzen mehr ausgesetzt, als die Sprache, die oft die grösten physiologischen Wandelungen der Völker überdauert, freilich aber dagegen selbst sehr häufig einer wildfremden Eroberin in solchem Maße das Feld räumt, daß sie, trotz ihrer eigenen quantitativen Uebermacht, nur wenige positive Spuren hinterläßt, statt dieser aber rächerische Narben in dem zerfleischten Antlitz der Siegerin. Das Volk, das seine Sprache aufgibt, erhält dagegen immer nur einen Jargon, der selbst bei späterer Standeserhöhung, wie z. B. der nordfranzösische, stets den plebejischen Ursprung verräth. Allerdings verlieren auch alle Stammsprachen immer mehr die Reize ihrer Jugend und mischen ihren Wortvorrath im wachsenden Völkerverkehre; aber diese Mischehen thun doch dem alten Adel ihrer Physiognomie nicht allzugroßen Eintrag, wenn sie nicht gar zu zahlreich und ungeniert vor sich gehn, wie z. B. in der englischen Sprache, in welcher jedoch, gerade bei ihrer Nymphomanie gegen die Fremden (einer Krankheit, die sie der Versöhnung mit den, zuvor unglaublich schnell verwelschten, Normannen verdankt), die Zähigkeit des edeln sächsischen Baues Verwunderung erregt. Dagegen ist jene Verwelschung, wenn sie auch langsamer vor sich gieng, eine Schwäche der meisten germanischen Eroberer gewesen, die sich schon desswegen nicht ausschließlich aus ihrer Minderheit erklären läßt, weil ja auch die romanisierenden Eroberer in der Minderheit waren. Wahrscheinlich würden die romanischen Mischsprachen die weit edleren germanischen nicht absorbiert haben, wenn sie nicht durch die ganze Macht ihrer römischen Mutter, als der Trägerin der abendländischen Bildung, sekundiert worden wären. Diese Macht der Bildung war es auch, die vorher der Minderheit der ersten Eroberer das sprachliche Uebergewicht verliehen hatte, und die damals in dem siegenden wie jetzt in dem besiegten Rom ganze fremde Völkerleben, keineswegs bloß Sprachen, aufgehen ließ. Hier ist uns die Geschichte des Rechtes, der Religionen und der socialen Einrichtungen noch manche Aufschlüße schuldig. Wir deuten hier nur an, daß die Triebfedern der Einbrüche in fremdes Land und die Milderungsnormen des Vae victis! durch »mores« und selbst »leges« bei der germanischen Völkerwanderung von denen der alten Römer verschieden waren. Wir dürfen auch nicht annehmen, daß jede eroberte Römerstadt den Deutschen ohne Weiteres zum »Capua der Geister« geworden sei und sie genöthigt habe, den in ihrer wildkeuschen Sprache unaussprechlichen Luxus des neuen Lebens zugleich mit seinem römischen Wörterbuche sich einzuverleiben.

Erst nach jenen beiden Zeugnissen (Körperbau und Sprache) dürfen andere geltend gemacht werden: physische und geistige Gewohnheiten, Trachten und Sitten, Stände und Kasten, Formen des Staates, der religiösen Vorstellungen und des Kultus. Solche Eigenschaften der Völker sind beweglicherer Natur, sind mehr der wechselnden Empfindung und Lebensanschauung, ja der Willkür der Menschen unterworfen. Das in diesen Beziehungen eingedrungene Fremde wird oft ganz einheimisch, sogar exklusives Eigenthum eines Volkes, und täuscht dann leicht, wenn der Beobachter nicht weit in die Vergangenheit zurückblicken kann. Wir erinnern an den wahrscheinlich einst von Vlamingen importierten Plaid der Hochschotten, der denn so gut zu dem buntscheckigen Geschmacke der alten Kelten passt; an die albanesische Tracht der heutigen Griechen; an die Religionsstifter, die ihre heimischen Gebräuche völlig in stammfremden Völkern einbürgerten. Man sagt, daß die Natur selbst durch unnatürliche Gebräuche der Völker gewöhnt werde, plattgedrückte Köpfe und überkleine Frauenfüße hervorzubringen.

Eben auch die Sprache, selbst wo sie im Ganzen und Großen mit so wunderbarer Treue, wie in Griechenland, in allen Stürmen der Zeit aushält, nimmt oft mit großer Innigkeit Eindrücke aus der Fremde auf, vorzüglich Wirkungen des Glaubens und Aberglaubens. Vor den neuen Göttern werden die alten, wo sie nicht ganz entweichen müßen, zu Teufeln und Unholden, der alte Segen zum Fluche; in anderer Weise heiligte dem zu dem »unbekannten Gotte« bekehrten Griechen der Zauber des christlichen Gedächtnissmals die alten Namen der gebräuchlichsten Lebensmittel so völlig, daß neue dafür in den Gebrauch des profanen Lebens kamen. Während der edle Name M e n s c h in mehreren Sprachen einer verächtlichen Nebenbedeutung ausgesetzt wurde, trat mitunter der C h r i s t, als der auschließlich berechtigte Mensch, an seine Stelle. Ein merkwürdiges Beispiel bietet hier die raetoromanische Sprache, in welcher der C h r i s t i a n u s nur als c r i s t i a n, c r i s t i a u n den C h r i s t e n bedeutet, den M e n s c h e n aber in den volksthümlicheren Formen c r a s t i a n, c a r s t i a u n u. dgl., während der altrömische h o m o als h o m, h u m das weibliche Geschlecht nicht mitumfaßt.

A m leichtesten und schnellsten nimmt der W ö r t e r v o r r a t h der Sprachen Fremdlinge auf, wogegen ihr innerstes Gewebe, besonders die A b b e u g u n g ihrer Wörter (Entlehnung von Bildungssuffixen ist häufig, von Präfixen seltener), selbst halbzertrümmert durch die feindliche Invasion, doch noch Stand hält und nicht leicht irgend einen fremden Ersatz neben sich duldet.

Dennoch sind die W u r z e l n das Hauptkriterion der Sprachverwandtschaft, weil sie sowol den ausgebildeten Wörtern, als den Präfixen und Suffixen zu Grunde liegen. Es gehört aber ein scharfes Auge dazu, um immer die reine eingeborene Wurzel von dem eingewanderten, oft sehr einfachen, Worte zu unterscheiden, das im Schoße der Adoptivmutter neue Sproßen treibt. Der Fall ist möglich, daß bei langer Trennung oder unter verschiedenartigen starken Einwirkungen von außen die Formverwandtschaft zweier Sprachen fast verschwunden sei, nicht aber die einer großen Zahl von Wurzeln; dann überwiegt das positive Zeugniss das negative. Dagegen überleben grammatische Eigenheiten vielleicht mitunter selbst die Sprache, der sie angehörten, indem sie formell in die Verdrängerin eintreten. Die Nachsetzung des Artikels, welche (ebenso auch den dumpfen Vocal ë, ü) die dakoromanische Sprache mit der albanesischen und der bulgarischen gemein hat, könnte von der Ursprache dieses Bodens ererbt sein, die noch in der albanesischen vollständiger fortlebte. Jedoch kann die gleiche Erscheinung in den skandischen Sprachen nicht in gleicher Weise erklärt werden. Dazu war bei dem ersten Eindringen jener Sprachen auf fremdes Sprachgebiet ein römischer wie ein slavischer Artikel vermuthlich noch gar nicht gebräuchlich, und wurde auch schwerlich später geradezu den Albanesen abgeborgt; doch konnte die alte Landessprache nicht minder auf die Stellung des lateinischen und des slavischen Demonstrativs hinter das Nomen Einfluss üben. Die romanischen Sprachen geben, bei ihrer gleich großen Gemeinsamkeit und Besonderheit in Verwendung des mütterlichen Erbes, wie des fremden Zuwachses, die mannigfachste Gelegenheit zu Schlüßen und Fehlschlüßen der vorstehenden Gattung.

Wo eine eingedrungene Sprache oder eine Reihe solcher Mundarten (wie eben der romanischen) in mehreren Hauptpunkten: in Wort-vorrathe, -biegung, -folge, und selbst in der Aussprache sich von den verwandten Grenznachbarinnen unterscheidet: da ist die Nachwirkung alter Landessprache sehr möglich, und ein Wahrscheinlichkeitsschluß auf ihre Grenzen, schwerer schon auf ihr Wesen, gerechtfertigt. Wir werden namentlich bei Raetien an diesen Satz erinnern.

Oft werden geschichtliche Fehlschlüße aus Fremdwörtern gefällt, die erst durch m e h r e r e Sprachen in die betrachtete gelangt sind; und nicht immer bietet Lautverschiebung u. dgl. genügende Fingerzeige. Aber jene Gefahr darf uns nicht abhalten, gerade in den Lehn- und Fremd-wörtern Zeugen zu suchen für die verschiedenartigsten Berührungen der Völker in materiellem und geistigem Wechselverkehr, in Begegnungen auf der Heerstraße der Völkerwanderungen, auf Missionen des Handels und des Glaubens, in Landwirthschaft, Jagd, Fischerei, Transport-, See- und Kriegs-wesen, Stoffen und Fabrikaten jedweder Industrie, Werkzeugen und Geräthen u. s. v. Namen der Thiere und der Pflanzen, besonders der Hausthiere und der in Küche und Apotheke gebrauchten Pflanzen, sind oft die merkwürdigsten Wahrzeichen für Heimat und Wanderstationen der Völker; aber häufig ist bei ihnen Urverwandtschaft und Entlehnung schwer zu unterscheiden. Sehr leicht ist dieß in einem bekannten Falle, der ein merkwürdiges Streiflicht auf die socialen Verhältnisse zweier Volksfaktoren zu einander wirft; wir meinen die französischen Namen der Hausthiere als schlachtbarer (und daher ihres Fleisches) neben den sächsischen für die Thiere an sich in der englischen Sprache.

Indem wir nach diesen allgemeineren Aeußerungen über unsere Wißenschaft ihre konkreteren Gebiete betreten wollen, so verweisen wir wiederholt auf unsere Absicht: mehr nur übersichtliche Umriße zu geben, nicht ein mit vollständigen Belegen der gesichertsten Sätze und mit ausführlichen Diskussionen über die noch in Frage liegenden versehenes Lehrbuch der Ethnologie. Schon eine streng geordnete, ausführliche und mit den nöthigsten Beispielen versehene Methodologie dieser Wißenschaft würde ein ganz andres Volumen in Anspruch nehmen, als die wenigen Blätter, auf welche wir unsre Andeutungen dazu beschränkt haben.

Da wir indessen den guten Willen haben, in organischem Zusammenhange vom Allgemeinen zum Besonderen fortzuschreiten, und in dieser ersten Abtheilung die ethnologischen Folgerungen aus unserem Lexikon selbst voraus zu zeichnen: so rechnen wir auch darauf, daß unsere Leser in jener auch die ihnen längst bekannten Partien nicht überschlagen. Sie werden dann mit desto rascherem Erfolge den lexikalischen Theil durchgehn, und hoffentlich darnach ihre kritischen Ansichten über dessen sprachliche Einzelheiten und ethnologischen Ergebnisse den Forschungsgenoßen nicht vorenthalten.

Seit den ersten Menschen: dem semitischen Adam und seinen Brüdern, hat es keinen lange in dem Paradiese seiner Kindheit gelitten. Wieweit äußere Triebfedern, wieweit innere Triebe die ersten Auswanderer fortdrängten: darüber können wir nur Vermuthungen aufstellen. Biß auf den heutigen Tag tritt der Auswanderungsdrang oft in fast epidemischer Weise auf; die heerdenweise lebenden Thiere vollends folgen oft blindlings dem Führer auf todbringende Flucht, und die Macht des grundlosen, panischen Schreckens bezeugt dabei nicht selten die Phantasie der Thierseele. Aber auch in dem dunkelsten Naturtriebe bewegen sich Embryonen oder auch nachgebliebene Schatten von Vorstellungen. Die Volkssagen reichen nicht wol als Erinnerungen in die ersten Aus- und Ein-wanderungen zurück, sondern sie erschließen deren Gründe und Umstände, trotz ihrer Romantik, meistens auf rationalistischem Wege. Allgemeine oder partiale Ueberschwemmung, Uebervölkerung, die aus gelobtem Lande hergebrachte Frucht, Zwist der Brüder und Nachbarn, oder auch gemeinsamer Beschluß nach friedlicher Berathung — diese und ähnliche Züge kehren in Osten und Westen vielfach wieder.

Wir streifen an allen diesen Räthseln für jetzt nur leise her, auch an den Fragen nach der Oertlichkeit und nach der Zahl der Paradiese, der ersten Brutstätten der Menschheit, sowie der Stätten ihrer Wiedergeburt nach dem ersten großen Verderben. So auch an den Präadamiten, den Mittlern zwischen Affe und Menschen, deren Reste im Diluvium neuestens vielleicht mit stärkerem Grunde behauptet werden, als zu Scheuchzers Zeit. Gewiss ist die Geologie die rückwärts schauende Seherin, von welcher wir noch am ersten Mehr als Sage von der Urzeit und den ersten Heimaten der Menschheit und ihrer einzelnen Rassen zu erwarten haben.

Sobald wir das (aus Frankreich nach Deutschland zurückgewan-

wanderte) Wort R a s s e aussprechen, kommen wir auf eine schwierige Scheidung der Verwandtschaft unter Völkern, wie unter Sprachen
in zwei Gattungen, die freilich oft in Einem Einzelwesen zusammenfallen.

Die eine, eigentlich die zweite, ist die Verwandtschaft im engeren
Sinne: die des Blutes, der Abstammung von Einem Urahnen; ihr
sicherstes Kriterion die Sprache, sofern diese nicht eine erlernte
und eingetauschte ist, freilich erst, sobald die Stamm- oder Urverwandtschaft der verglichenen Sprachen erwiesen ist. Diese Verwandtschaft ist die materiellere von beiden und schließt die andre
immer ein, da, wie wir biß jetzt glauben, auch die gröste Gestalt-
veränderung in ihrem Kreiße, wenn sie nicht durch Einimpfung
fremden Blutes bewirkt wurde, höchstens zur Ausartung, nie zur
völligen Ueberartung in den stammfremden Kreiß wird, obgleich
Annäherungen zu derselben, wie sich im Folgenden ergeben wird,
vorkommen und ganz naturgemäß sind.

Die andere Gattung der Verwandtschaft, welche mehrere, der
Abstammung nach, einander fremde Kollektivindividuen umfaßen
kann, beruht nicht auf g l e i c h e r Abstammung, d. i. ursprünglicher
E i n h e i t, sondern nur auf A e h n l i c h k e i t der Erscheinung, wie
der Faktoren. Sie offenbart sich bei V ö l k e r n zunächst in anatomischen Körperähnlichkeiten, bei S p r a c h e n in der Aehnlichkeit
von Bildungsmitteln und Formen, die dem syntaktischen Gebiete am
nächsten stehn, entfernter dem flexivischen, und am fernsten dem
lexikalischen. In dem Maße, als auch auf beiden letzteren Gebieten
die Aehnlichkeit zunimmt, wächst auch die Möglichkeit der Blutsverwandtschaft.

Wir wollen diese Verwandtschaftsgattung die d y n a m i s c h e
(qualitative), jene die geschichtliche oder s t a m m l i c h e (genealogische) nennen. Letztere begründet die F a m i l i e der Völker und
der Sprachen, erstere die R a s s e, ein nur von den Menschen, nicht
von ihren Sprachen, gebräuchliches Wort. Auch fragt es sich: ob
die eben bezeichnete dynamische Verwandtschaft der Sprachen, für
welche der Ausdruck S p r a c h e n k l a s s e n gelten mag, immer mit
der der Völker zusammenfällt, wie denn überhaupt diese über die
geschichtliche Urverwandtschaft hinausgehenden Vergleichungen und
Eintheilungen nicht bloß im Einzelnen, sondern selbst im Großen
und Ganzen noch zweifelhaft erscheinen. Auch unsere folgenden
Aeußerungen darüber sind mehr Fragen, als Aussagen.

Die wichtigsten Merkmale der Rasse liegen in dem Bau des

Skelettes, insbesondere des Schädels samt den Zähnen, demnächst
etwa des Beckens; sodann des Pigmentes, der Hautfarbe; der Farbe
und Beschaffenheit der Haare. Nicht alle Eigenschaften dieser Kategorien sind solidarisch verbunden. Wenn die Hautfarbe (jedoch freilich nur nach den weitest von einander entfernten Gipfelpunkten der
viele Schattierungen umfaßenden Gattungen schwarz, roth, gelb,
weiß u. dgl. m.) als sichtbarstes Merkmal der Rasse aufgestellt wird,
so finden sich dagegen Lang- und Kurz-köpfe, Gerad- und Schief-
zähner fast in jeder Rasse. Aber wenn die Australneger und die
dunkeln Urvölker, die sich in weitem Bereiche Asiens zu finden
scheinen, mit den dunkeln Farbenstufen der Afrikaner biß zur
eigentlichen Schwärze gleichen Schritt gehn: so weichen sie in
wichtigeren Eigenschaften von ihnen ab. Die Schädel der Südsee-
schwarzen sind breiter und kürzer, ihre Haare meistentheils sehr
lockig, aber ohne die Wolligkeit des Negerhaars.

So wenig wir auch hoffen können, die Gründe dieser Erscheinungen, dieser einenden und trennenden Merkmale, vollständig auf-
zufinden; so dürfen wir doch einige Hauptgattungen derselben aufstellen: Uranfänglichkeit vom Keime an, Einwirkung der Oertlichkeit
(tellurische, klimatische) und der Lebensweise, endlich Mischung
verschiedener Rassen und Stämme.

Alle diese Gründe laßen sich auf Einen Titel, Ein Gesetz zurück-
führen: Von dem Wesen und dem Wechselverhältnisse der Faktoren
hängt das der Produkte ab. Also (duo perfecte similia non dantur):
ähnliche Faktoren, in ähnlichen Maßen gruppiert und wirksam, erzeugen ähnliche Produkte, so ferne auch Zeiten und Orte einander
liegen mögen.

Unter diesen Satz stellen sich selbst die Extreme der Aehnlichkeit (und ihrer Abstufungen biß zu ihrem Gegentheile), vom
Keime an biß zu der vorhin noch ganz zur Seite gelaßenen Potenz
der Sitte.

Die generatio aequivoca, mit welcher jede wirkliche Rasse, jede
Gattung in allen Naturreichen begann (unbeschadet die Möglichkeit
eines Generationswechsels und der Larvenentwickelungen, die den
Begriff der Gattung sehr erweitern, aber nicht aufheben können),
und welcher der alte Zwist über Henne und Ei das »omne animal ex
ovo« entgegensetzt, gieng aus den Wehen der zur organischen Geburt gereiften tellurischen Stoffe hervor. Nur in Gan-Eden fand sich
der zum höchsten Kunstwerke des Schöpfers taugliche Erdenkloß.
Wo und wann nur irgend im Bereiche der Erde und ihrer Schöp-

fungszeiträume ähnliche Stoffe und ähnliche Bedingungen jener Reife
der früher (doch immer nur beziehungsweise) »anorganischen«
Stoffe zur Zelle, zum Ei, zum Wesenkeime vorkamen: da musten
auch die neuen Wesen einander ähnlich werden. Demnach waren
die Adame oder auch die Noahs und Deukalione der verschiedenen
Völkerfamilien, die in verschiedenen Zeiträumen und Breitegraden,
aber in ähnlichen Zonen und Klimaten zur Welt kamen und erwuch-
sen, zwar keine Blutsverwandte, aber dynamische Vettern. Aber
auch, wo ihre Nachkommen in späteren Schicksalen und Wanderungen und unter inneren Wechseln der alten Heimat von Hitze zu
Frost, von Ueberfluß zu Mangel, von ruhigem Behagen zu der Unruhe des dauernden Kriegszustandes, der aktiven und passiven Jagd
übergiengen: da konnten sich die Umstände, welche Aehnlichkeit
und Unähnlichkeit der Vorväter hervorbrachten, annähernd wiederholen, und musten dann bei dauernder Einwirkung auch ähnliche,
jedoch sehr ermäßigte, Wirkungen äußern. Ermäßigt wurden diese
durch den zweifellosen, alle Aehnlichkeit schwächenden Unterschied
der brütenden Schöpfungszeit von allen, auch den nächsten,
folgenden; sodann von der bereits biß zu gewissem Grade befestig-
ten, zur vollendeten Thatsache gewordenen Individualität des
Gegenstandes jener Einwirkungen: des Menschen, des Stammes
oder des Volkes.

Wo sich rassenartige Unterschiede innerhalb einer, wesentlich
gleichsprachigen, Völkerfamilie finden: da kann nur bei kleinen Abtheilungen eine, vielleicht der Geschichte nicht überlieferte, Einverleibung eines ursprünglich fremden Volks oder Volkstheils vermuthet werden, da das »geflügelte Wort« auch ganz oder fast ohne
Hülfe der Blutmischung Eingang finden konnte, wofür die Juden das
bekannteste Beispiel bieten. Aber bei großen Völkermassen neben
ebenbürtigen kann von Einverleibung nicht die Rede sein. Das Os-
setenvölkchen unterscheidet sich von den kaukasischen Nachbarn
nicht bloß durch seine sicher iranische Sprache, sondern auch durch
den gedrückteren Schädelbau, welcher von Manchen auch den übrigen Gliedern des iranischen, sowie auch denen des lituslavischen
Stammes zugeschrieben wird, während die meisten übrigen Kaukasier den anderen indoeuropäischen Völkermassen dem Körperbau
nach näher, der Sprache nach ferner, vielleicht gänzlich ferne, stehn.
Jedoch berichten mehrere Augenzeugen, daß sowol bei den alten
Bildern der Perser in Persepolis, wie bei den heutigen iranischen
Bewohnern Persiens biß zu den Balučen hinauf, lange Gesichter mit

hohen Stirnen Regel seien, wie denn auch die Alten die Schönheit und Größe der Perser, besonders der Frauen, rühmen.

Wenn jene entgegengesetzten anatomischen Beobachtungen sicher sind (leider sind es die wichtigsten physiologischen Prämissen oft nicht!), so müßen wir sie entweder aus, wenn auch uns unbekannten, örtlichen und zeitlichen Einwirkungen der vorhin rubrizierten Art erklären, da die allerdings in geringerem Grade mögliche turanische Beimischung zu iranischem Blute jene Annäherung zu den Rassenkennzeichen Turans nicht hervorbringen konnte, und die Abstammung der Iranier u. s. w. von Einem Urahnen mit den höchstorganisierten Hindus und Europäern nicht zu bezweifeln ist. Oder denn, wir müsten diesem Urahnen fast rassenartig verschieden organisierte Söhne zuschreiben, was wir mit der Voraussetzung animalischer Gesundheit und Integrität der Urmenschheit nicht gut vereinigen können; wir werden indessen nachher bei den Völkerfamilien auf ähnliche Fragen zurückkommen.

Viel deutlicher und leichter entscheidet sich die Einwirkung der Lebensschicksale in vielen Fällen, wo menschlicher Bruderhaß, häufiger als bloße Rache oder Nothwehr, unglückliche Völkerschaften ins Elend trieb, in Hunger und Kummer, in Kälte und Noth oder in die Glut der waßerlosen Wüste, biß der Verfolgte entweder zum scheuen Halbthiere oder zum vogelfreien Bandito wurde. Der schreckliche Stempel der physischen und geistigen Verkümmerung hat sich namentlich mehreren Südseevölkern, Ureinwohnern Amerikas und der Polarländer, südafrikanischen, finnischen, sibirischen Völkerschaften, sowie den Parias und Cagots und andern »races maudites« aller Zonen aufgeprägt, ohne jedoch den Rassencharakter je ganz zu zerstören und umzubilden.

Mehr und minder treten alle diese Unterschiede auch in die freiere, geistige Sphäre über. Hier aber kommt eben die Freiheit des Willens und der Wahl (unbeschadet der natürlichen Schranken, die auch ihr gesteckt sind) im Gefolge der Reflexion (Beobachtung und Erfahrung), mitunter auch des Geschmacks und der Laune, in Thätigkeit; und wir müßen uns, wie wir oben andeuteten, namentlich vor Fehlschlüßen aus Sittenähnlichkeit auf Verwandtschaft oder auch nur auf zufällige geschichtliche Berührungen der Völker hüten. Fourier hat seine Phalanstères ebensowenig nach den dorfartigen Gemeindehäusern der Urbewohner Centralamerikas und der hinterindischen Karenen entworfen, als diese einander die genannte Einrichtung abborgten. Viele Erfindungen brachte Zufall oder Bedürfniss in ähnlicher Weise, aber ohne allen geschichtlichen Zusammenhang, in weiten Entfernungen zu Wege.

Bei den Sprachen sind die Merkmale dynamischer Verwandtschaft, wie wir bereits bemerkten, schwieriger zu bestimmen, als (die außersprachlichen, derberen) bei den Völkern. In den meisten uns bekannt gewordenen konkreten Fällen ist die Möglichkeit der Stammverwandtschaft noch nicht so völlig zurückgewiesen, daß die rein dynamische behauptet werden könnte; oder die Merkmale der letzteren verlieren an Zahl und Stärke bei näherer Betrachtung.

Zu diesen Merkmalen gehört z. B. der Umfang und die Silbenzahl der Wurzeln im Allgemeinen; die Art und Zahl der Redetheile (partes orationis, Wörterklassen); der Grad der Wörterverbindung: Zusammen-stellung, -setzung und endlich Verschmelzung zu Einheiten mit wechselseitigen Opfern; die Wahl zwischen Prä-, Suf- und Infixen; Eigenthümlichkeiten des Lautsystems, u. a. Ausschluß einzelner Lautarten, unter gewissen Bedingungen erfolgende As- u. Dissimilierung der Laute, wozu die bekannte Vokalharmonie der uralaltaischen Sprachen gehört, welche man allzusehr als Sondergut dieser Sprachenklasse angesehen hat. Letztere, deren Ausdehnung seit Castréns Forschungen immer ungeheurer wächst, schwankt noch immer zwischen jenen Begriffen der Sprachen-klasse und -familie. Es fragt sich u. a.: ob die Entdeckungen verwandter Wörter in ihrem Kreiße sich biß zu Belegen ursprünglich identischer Wurzeln potenzieren werden; hier, wie anderswo, brachten die Kulturströmungen viele von einzelnen Orten ausgehende Wörter in sehr ausgedehnten Umlauf.

Bekannt ist die von W. v. Humboldt und A. Schleicher gegründete, jedoch in der Wirklichkeit nicht durch allzuscharfe Linien abgegrenzte Klassentheilung der Sprachen nach juxtapositiven (gewöhnlich einsilbigen), anfügenden oder agglutinierenden (mit Einschluße der zusammenfügenden oder inkorporierenden) und flektierenden. Diese Unterschiede sind allerdings dynamische, großentheils auch zugleich stammliche. Aber sie hangen nur sehr mittelbar von physischen Faktoren und Coefficienten ab, und ebenso auch weniger von dem angeborenen Organismus der Völker, also von ihrem Rassencharakter, als von ihren Bildungsstationen, deren äußerste von manchen früh untergehenden Völkern und Sprachen nie erreicht werden.

Wir müßen, bei aller Scheue vor dem Spectre rouge der Contrerevolutionäre, den Satz aufstellen: Die Kultur ist Nichts weniger, als konservativ! Sie zernagt sogar gerade ihr feinstes Organ: die Sprache, am ärgsten und degradiert das sinnvolle, aus natürlicher Nothwendigkeit entstandene Lautbild zur conventionellen Werthmarke.

Die höchst ausgebildete jener Sprachenklassen: die flektierende, die ihre Hauptvertreterin in der indogermanischen oder arisch-europäischen Familie hat, befindet sich bereits, zunächst gegenüber der agglutinierenden — deren Bildungsmittel noch mehr und minder zugleich in ihrer selbstständigen Wortnatur erkennbar sind — in jenem Zerfall, der aus der zunehmenden Raschheit des Denkens und Redens entsprang und derselben wiederum bequemere Mittel darbietet. Die flektierende Sprache hat nicht nur die Phase der Agglutination durchgemacht, sondern vor dieser auch die der Nebenstellung (Juxtaposition). Im Einzelnen wiederholen sich diese Stationen auch noch in der geschwächten Sprachbildung neuerer Zeit, wie in dem romanischen Futurum und in vielen Präpositionen, die in geschichtlich belegbarem Gange aus Nennwörtern entstanden, ähnlich, wie die wachsende Abstraktionskraft der früheren Menschen die Beziehungen der Gegenstände zu einander (die räumlichen voran) immer schärfer auffaßte, und correlativ damit die sie exponierenden Worte zu Prä- und Suf-fixen umprägte und verflüchtigte. Umgekehrt werden in einer späteren Sprachperiode untrennbar gewesene, d. h. gewordene, Präfixe zu selbstständigen Präpositionen.

Ueberhaupt überlebt sich die aus der Analysis entstandene Synthesis allmällich immer mehr und kehrt wieder zu jener zurück, indem der noch weiter entwickelten Abstraktion die Flexion nicht mehr bestimmt genug die Beziehungen und Unterschiede zeichnet und durch Präpositionen, Fürwörter und ähnliche Scheidemünze ersetzt werden muß, zumal wenn auch die flexivischen Endungen abgeschliffen wurden.

Die wortartigen Sätze, die Begriff- und Laut-verschlingungen der inkorporierenden Sprachen Amerikas finden wahlverwandte nicht bloß bei Völkern ähnlicher Bildungsstufe, sondern auch bei den civilisierten Basken. Freilich aber mögen diese in ihrer wunderbar erhaltenen Sprache immerhin noch das Zeugniss einer sehr frühen Bildungsperiode besitzen, deren Verhältniss zu der der amerikanischen Urvölker sich in der, übrigens oft überschätzten, (dynamischen) Verwandtschaft der beiderseitigen Sprachphysiognomien abspiegelt. Schon oder noch jetzt finden wir ja auch einige von den Weißen verschonte Urvölkchen in Amerika, deren Bildung sehr fortgeschritten ist, aber ihr Organ noch in den alten Sprachen findet.

Uebrigens bringt die antike Kraft indoeuropäischer Participialcon-
struction und Zusammensetzung mitunter eine, jener Inkorporation
ziemlich ähnliche, innige Verbindung von Begriffsreihen zu Begriffs-
kneueln hervor.

Im Grunde gibt es für alle dynamische Verwandtschaft der Sprachen
und der Sprecher Eine tiefste Wurzel, die wir für den Menschen
schon oben berührten. Wir meinen den menschlichen Gat-
tungscharakter im Wechselbunde mit der Einheit des Erd-
charakters in vielen — allen Wohnorten und, noch mehr, allen
Geburtsorten der Menschheit gemeinsamen — Eigenschaften.

Solange die Erde Menschenheimat ist, war sie von dem Schleier
der Atmosphäre umwoben, vom Ozean umrauscht, von farbenreicher
Pflanzenzier bedeckt, ihre Elemente von beweglichen Thiermassen
bevölkert, die Umriße ihrer Berge und Thäler in den fernsten Zonen
einander mindestens ähnlich. Die jugendliche Menschheit sah und
empfand eben nur diese ihre Welt, und ahnte noch nicht, daß deren
demüthiger Begleiter statt des Wolkenhimmels den dunstlosen Aether
über sich habe, freilich nur, weil seine todte Schlackenhaut keinen
Dunst aushauchen kann. Vor Erfindung der Ferngläser schloß der
Gestaltenkreiß des menschlichen Auges noch keine Ringgebirge des
Mondes, noch keine Planetenringe neben den Monden ein.

Und wie die Welt um den Menschen überall ähnlich gebaut war,
so auch er selbst in allen seinen Rassen. Wo der Vierhänder an-
fängt, hat der Mensch aufgehört, oder vielmehr umgekehrt, da Jener
der Erstgeborene ist. Was durch Auge, Ohr und alle Sinne in die
Menschenbrust drang, fand dort verwandten Wiederhall, der wieder
als neugeborener Klang über die Lippen, das ἕρκος ὀδόντων, drang.
Denn auch die Lippen und alle äußeren und inneren Sprachwerk-
zeuge sind allen Menschen ebenso gemeinsam, wie die Werkstätten
des Gedankens im Hirne; freilich aber gradweise bedeutend verschieden, wie die Wulstlippe und der thierischere Hirnkasten des
Negers von dem Haupte des sog. Kaukasiers, aber nirgends so verschieden, daß nicht unter den verschiedensten Rassen die ersten Laute,
die das Kind der Mutter entgegen lallte, verwandt geklungen hätten.

Beinah in der Mitte zwischen dynamischer und stammlicher
Sprachverwandtschaft, doch näher an letzterer, liegt ein räthsel-
haftes Gebiet, dessen Betrachtung wir indessen nicht von der der
Stammverwandtschaften sondern und ihr voranstellen können.

Verständigen wir uns über die ziemlich willkürlichen Gradbe-
zeichnungen der letzteren.

Familie ist uns der ganze Kreiß der von Einer Urahnin abstammenden Sprachen, auch wo sie von fremdstammigen Völkern angenommen werden, wogegen diese Völker selbst, als solche, dadurch nicht von ihrer Familie getrennt werden; das Selbe gilt auch für die folgenden Unterabtheilungen. Freilich entsteht dadurch ein Zwitterverhältniß; Spanier und Franzosen, soweit wir keine allzu starke Blutmischung bei ihnen annehmen, gehören als Völker noch zu den Basken und den Bretons, die die alten Sprachen der Iberer und Kelten noch reden, wogegen jene der Sprache nach sich zu den Italern stellen. Stämme heißen die einzelnen Kinder innerhalb der Familie, die sich eigene Häuser gegründet haben; Aeste die Kindeskinder; Zweige die Urenkel des (ersten) Familienvaters; Gruppen die häufig vorkommenden Paare oder größeren Komplexe von Sprachen Eines Stammes oder auch Astes u. s. w., deren Individuen sich in jüngeren Zeiträumen scharf von einander abgesondert haben, ohne die Wahrzeichen des engen Verbandes, andern Stämmen u. s. w. gegenüber, aufzugeben.

Ein Beispiel: Zu der indoeuropäischen Familie gehört der lituslavische Stamm, der durch seinen Dualismus zugleich Gruppe ist; seine Aeste sind der litauische und der slavische; die Zweige des ersteren die preusische, litauische und lettische Sprache; in der litauischen stellt sich wiederum eine Mundart durch beßere Erhaltung der wichtigen Nasenlaute und durch andere Eigenheiten in solcher Besonderheit dar, daß wir hier von Zweiglein oder Sproßen reden können, um das Bild fortzuführen. Aber auch die folgerichtigste und pedantische Durchführung desselben würde uns nicht ausreichen, da die oft wichtige Unterscheidung und Gruppierung von Mundarten selbst die Blätter des Stammbaums biß zum feinsten Geäder füllt. Verständigungsmittel mit dem aufmerksamen Leser, der den Hauptzusammenhang im Sinne behält, werden sich immer finden. Wo kein Missverständniss zu besorgen ist, werden wir das Wort Stamm in weiterer, üblicher Bedeutung gebrauchen.

Je weiter wir in die Vorzeit zurück blicken und schließen, desto zahlreicher ist das den Sprachen einer Familie gemeinsame Erbgut, desto größer also ihre Aehnlichkeit, geringer ihre Verschiedenheit. Und doch geht ein immer noch bedeutendes Minimum der letzteren biß in die erste, auch von den nächsten Verwandten geschiedene, Ansäßigkeit und Siedelung oder dauernde Wanderrast jedes Stammvaters zurück. Im heutigen Europa würde eine quantitativ und qualitativ so ungeheure Zersplitterung, wie sie z. B. unter den

amerikanischen Urbewohnern erscheint, nicht möglich sein. Größere
Einheiten der Gesetze und der Staatsverwaltung, der Religionen
und der, oft durch Vedas, Bibeln und Korane geförderten, Schrift-
und Bildungs-sprachen müßen allmällich den Hang der ältesten
Menschen und Menschenbünde zur Isolierung, und dadurch auch
zum allgemeinen und wechselseitigen Misstrauens-, Belagerungs-
und Kriegs-zustande, in sein Gegentheil umwandeln. Der erste
Sohn auf Erden wurde der erste Brudermörder; der antiksten Welt
war der Andere, der »Paras« der Hindus, auch der Feind; und
erst eine späte Zeit gab dem Namen des Nächsten die jener entgegengesetzte Bedeutung.

Daß indessen auch bei hoher und verbreiteter Bildung eines
Volksstamms in dessen Natur und Wohnplätzen gelegene Umstände, neben gemeinsamer Literatur und einer von allen Stämmen
verstandenen Dichtersprache, die einzelnen und nicht wenig verschiedenen Mundarten, und nicht bloß im mündlichen Verkehre,
sondern auch auf Denkmalen und in Schriften lebenskräftig erhalten und dabei wiederum den »Barbarensprachen« gegenüber
eine fest geschloßene Phalanx bilden laßen können: dafür zeugen
die Griechen.

In dem Maße, in welchem sich aus Einer Mundart, unter Beistande
der andern (nie aus allen zugleich) eine κοινὴ διάλεκτος, eine allen
Aesten eines Stammes, gewöhnlich auch den verschiedenstammigen
Völkern eines Staatsverbandes, zugängliche Kultursprache heraus-
bildet und Herrschaft gewinnt: in dem selben Maße tritt ein dieser
wachsenden Einheit der Sprache entgegengesetzter Vorgang ein.
Jede Mundart nämlich, die sich zu dem sie gebrauchenden Aste ähnlich verhielt, wie jetzt die Kultursprache zu dem ganzen Stamme,
und die durch ihre offizielle Geltung auch einen bedeutenden Grad
von Einheit bewahrte, verliert jetzt diesen Halt und differenziert sich
in viele Bruchtheile. So ergieng es den enterbten schönsten Kindern
manches Hauses, wie unserer sächsischen Schwester, in Frankreich
der Provençalsprache. Erst wann diese in zwiefachem Sinne zer-
fallenden Sprachen gliedweise ganz abgestorben sind und eine allen
Volkstheilen gemeinsame Durchschnittsbildung im Hause, wie auf dem
Markte, nur Eines Organes bedarf: erst dann wird die uranfängliche
Spracheinheit des Stammes gleichsam auf künstlichem Wege wieder-
erzeugt.

Im langsamen Gange früherer Jahrtausende, im immer rascheren
Laufe der letzten Jahrhunderte haben sich Völker und Sprachen immer

mehr gemischt, so daß wenigstens in allen den Europäern zugänglichen Ländern keine ganz ungemischte Mundart mehr besteht. Die
ethnologische Sprachforschung, die mit der geschichtlich zergliedernden und vergleichenden identisch ist, hat die Aufgabe: jene in mehr
chemischem Prozesse zusammengefloßenen Einheiten theoretisch
wieder aufzulösen, um die organisch erwachsenen wiederher-
zustellen. Die Aufgabe wurde längst erkannt; die wißenschaftliche
Methode ihrer Lösung aber ist noch so neu, daß sie noch nicht Eine
Sprach- und Völker-familie zu völligem Abschluße gebracht hat.
Belege dieser Verneinung bieten namentlich die beiden bekanntesten
und am besten durchforschten Familien: die semitische, und die
in den folgenden Blättern skizzierte arisch-europäische (in verbis simus faciles!), welcher — nicht ihrem wahrscheinlichen Alter,
aber ihren Vorzügen nach — der Vorrang vor allen Sprachfamilien
der Erde zusteht.

Ihre beiden Stämme in Asien: der indische (hinduische,
sanskritische) und der iranische (eranische), der wahrscheinlichst einst auch im östlichen Europa hauste, ritt und fuhr, bilden sämtlichen europäischen gegenüber eine Gruppe, die wir die
arische nennen dürfen; auf die Gründe dieser Benennung gehn
wir hier ebensowenig ein, wie auf viele ähnliche Einzelheiten, deren
nähere Kenntniss zur Deutlichkeit einer bloßen Skizzierung nicht un-
umgänglich nöthig ist. Wörtervorrath und Bau beider arischer Stämme
nach ihren ältesten Denkmalen stehn sich noch so nahe, daß beide
fast nur als stark geschiedene Mundarten erscheinen. Doch hält uns
ihre Ausdehnung und noch mehr die daraus gefloßene große Diffe-
renzierung in vielerlei Sprachen ab, sie auch nur als zwei Aeste Eines
Stammes zu betiteln; nicht aber: als zwei Stämme Einer Gruppe, wo
dieser Ausdruck Uebersicht, Vergleichung und Scheidung fördern
wird. In der räumlichen Mitte zwischen beiden ist auch vielleicht
die Ahnenburg beider Stämme, wenn auch nicht der ganzen Familie,
zu suchen. Als den Ursitz der letzteren bezeichnet Schleicher (Die
Sprachen Europas S. 124, vgl. Lassen, Ind. Alt. I. 526 ff.) das Hochland westlich von dem Gebirgsrücken des Mustag und Belurtag nach
dem kaspischen See hin. Was die arische Gruppe von den europäischen
Verwandten unterscheidet, ist theils ursprüngliches, von jenen auf-
gegebenes Erbe, theils nach der großen Trennung gewonnene Er-
rungenschaft; und gerade die Sanskritsprache, die Schutzheilige der
modernen Sprachforschung, besitzt in gleich auffallendem Maße gleichzeitig sowol diese beiden Unterschiede von den europäischen Schwes-

tern, als die deutlichsten Bürgschaften für die alte Einheit der Sippschaft in beiden Welttheilen.

Die ältesten Töchter der althinduischen Sprache, die wir (der
Zeit nach) mittelhinduische nennen können, sind die sog. Prakrit-
sprachen(prâkrïta vilis kommt auch wol für nicht hinduischeSprachen
vor), deren älteste, gewöhnlich nicht unter ihnen begriffene, die Pa-
lisprache, in den Religionsbüchern der Buddhisten enthalten ist,
wie die Sanskritsprache vorzugsweise das Organ des Brahmanis-
mus (in Nepal und wohl auch in Tübet des Buddhismus), eine Pra-
kritsprache (von Maharâstra) das der Gainasekte ist. Die neuindischen
Sprachen sanskritischer Abkunft sind zahlreich, und stehn in vielen
Lautverhältnissen sonderbarer Weise dem Sanskrit näher, als den
verderbteren Prakritsprachen, auch nach reichlichem Abzuge von
den auf gelehrtem Wege erhaltenen Sanskritwörtern in ihnen. In
allen Welttheilen ist der Sanskritstamm durch seinen Ahasveros: die
Zigeuner (Rom, Sinte), vertreten, die ihre wollautende aber
polizeiwidrige Sprache seit mehreren Jahren wieder an vielen von
ihnen lange nicht betretenen Orten vernehmen laßen. (In Franken
finden wir sie schon im letzten Drittel des 14. Jahrhunderts.) Trotz
der unglaublichen Leichtigkeit, mit welcher sie fremde Wörter ihrer
Sprache einimpfen, haben sie fast überall die eigne Flexion beibehalten; unsers Wißens allein in Spanien adoptierten sie die kasti-
lische. Einen ähnlichen Anblick, wie dieses mit sanskritischen Stoffen
biß auf die Extremitäten bedeckte Spanisch, bietet die malayische
Kavisprache. Aber auch die javanische und andre Sprachen malayi-
ischer Abstammung verrathen den unauslöschlichen Eindruck, den
brahmanische Bildung, Macht und religiöse Propaganda hinterlaßen
haben. Splitter derselben scheinen biß zu fernen Inseln der Südsee
geflogen zu sein, auf welchen, sogar einige Male auf dem Gebiete
der schwarzen Rasse, sich arische Klänge vernehmen laßen. Im
grösten Umfange zeigen sich sanskritische Einflüße auch bei den
vorhinduischen Völkern des weiten Hindustans, am stärksten in
den gebildeten Dravidas Südindiens. In Ceilon und Hinterindien
dagegen und biß in weite Fernen über den Himalaya hinaus theilt
die Tochter, das Pali, die Herrschaft mit der Mutter oder herrscht
ganz unabhängig von dieser auf religiösem Gebiete, und gebrochene
Paliwörter werden von Millionen der einsilbigen Rede ihres Stammes eingemischt. Die Rückwirkungen der von den brahmanischen
Einwanderern und Eroberern in Indien vorgefundenen Sprachen
auf die ihre konnten nicht fehlen, werden sich aber nicht so hoch

belaufen, als die (nicht sehr zahlreichen) der gallischen Sprache auf die französische. Die sanskritischen Lexikographen haben fast Nichts für die Ausscheidung des fremden Stoffes gethan. Eine höchst merkwürdige Einwirkung der dravidischen Sprachen ist die Erzeugung einer ganz besonderen Lautklasse: der cerebralen, die in jenen vorzüglich einheimisch ist, in arisch-europäischen Sprachen (außer der afghanischen Nachbarsprache, s. u.) aber nur vereinzelte und entfernte Analogien findet. Allzu kühn würde es sein, wenn man diese Articulation auch für das Sanskrit unmittelbar von den tellurischen Ursachen ableiten wollte, deren weit frühere Einwirkung auf das Organ der Urbewohner eher denkbar ist. Unter den Mischungen, welche eine der Sanskritiden, das Hindi, in dem bekannten, nicht an eine Landschaft gefesselten Hindustani erlitten hat, ist die persische weitaus die stärkste.

Die Geschichte eines so ausgebreiteten und fernhin wirkenden Stammes, wie des sanskritischen, verwebt sich mit der der verschiedensten und einander wiederum vielfach kreuzenden und drängenden Massen von Völkern und Sprachen. Der Zusammenhang der vorsanskritischen Bevölkerung läßt sich von den an iranische Stämme gränzenden Brahuis herab bis an die Südspitze Dekhans und bis auf die Lankainseln (Ceylon, Lakkediven) verfolgen; aber noch ist die ursprüngliche Einheit der hier gemeinten dravidischen Völker mit den isolierten und dunkelfarbigeren Urvölkern im mittleren und nördlichen Indien (geschweige denn mit den schwarzen Bewohnern der Andamaninseln) noch nicht hinreichend erwiesen, jedoch wahrscheinlich. Ferner hangen die einsilbigen Sprachen Hinterindiens mit den Sprachsphären jenseit des Himalaya sicher dynamisch, vielleicht aber nach einzelnen Merkmalen, wenn diese nicht auf verbreiteter Entlehnung beruhen, auch dem Sprachstoffe nach, also stammlich, zusammen. Endlich grenzt auch an das Sanskritgebiet das ungeheure der malayopolynesischen Inselwelt, dessen Kulturberührung und Sprachanleihen aus jenem wir bereits erwähnten, dessen innere Beziehungen: Einheit und Vielheit, mindestens Zweiheit; ferner dessen sichere Kolonien in Madagaskar, in Formosa, auf den Peljuinseln; sowie seine entfernteren und vielleicht theilweise nur mittelbaren Beziehungen zu den Fulahs, zu Darfur und anderen Landschaften in Afrika — eine Reihe von noch bei weitem nicht völlig gelösten Problemen bieten.

Wir folgen der arischen Spur wieder rückwärts nach Westen und Norden. In den Gebirgsländern zwischen Indien und Persien: im

Paropamisosgebiete, in Kafer-, Kabul-, Baluč- (Beluǧ-), Af-
ghan-istan treten die arischen Sprachen allmällich in das iranische
Gebiet über, ohne jedoch unsers Wißens irgendwo in der neutralen
Mitte zwischen diesem und dem hinduischen zu stehn und beider
Merkmale so sehr zu mischen, daß die Zuzählung einer Sprache zu
einem oder dem andern Stamme der Gruppe ganz unentschieden
bleiben müste. Die Afghanen oder Patanen wohnen auch noch
in ziemlicher Anzahl und mit erhaltener Nationalität in den früher
von ihnen eroberten Landschaften. Indiens. Wenn die, wenigstens
mundartlich, dem Afghanischen (Puśtu, Puchtu) mit den indischen
Sprachen gemeinsamen Cerebrallaute nicht in jenen späteren Wohnplätzen entliehen wurden, so sind sie, wie schon im Sanskrit (s. o.),
von der vorarischen Bevölkerung ererbt; vgl. nachher über das
Brahuiki. Obschon die afghanische Sprache auch noch durch viele
andere Eigenthümlichkeiten sich von den persischen Mundarten unterscheidet und, theilweise, den sanskritischen näher steht: so sind doch
ihre Stammzeichen der Mehrheit nach iranische. Wiewol dieß in
weit höherem Grade von der balučischen Sprache gilt, so hat
sie doch auch den sanskritischen ähnliche Aspiraten und einen ziemlich cerebral lautenden Nasal. Sie hat überdieß viele indische wie
auch arabische Wörter entlehnt. Chinesische Buddhisten fanden,
nach ihrer Aussage, unter Afghanen uud Balučen um 400 n. Chr.
sanskritische Sprache und Bildung, doch ohne Zweifel als fremde, da
beide Völker dem iranischen, die Kafirs oder Siah-pôš, -pûš dem
sanskritischen Stamme näher stehn. Dagegen sind die schon erwähnten Brahuis (Brahus), die neben den Balučen wohnen, ein höchst
merkwürdiger, wenn auch mit Iraniern gemischter, Rest der vorhinduischen (dravidischen) Urbevölkerung Indiens, und bezeugen deren
außerordentliche Ausdehnung, da sie wenigstens nicht aus fernem
Südosten in ihre heutigen Sitze heraufgedrängt worden sein können.
Pottinger glaubt, in der Sprache der Brahuis viele sanskritische Wörter zu finden und sieht sie von den großen und langköpfigen Balučen
durch dicke Knochen, runde Gesichter und flache Züge nicht minder,
als durch die Sprache, unterschieden; Haupthaar und Bart seien häufig
braun. Sie halten sich für Autochthonen; aber der Islam scheint ihre
Vergangenheit im Volksbewustsein ausgelöscht zu haben. Ihre drei
ersten Zahlwörter sind unarisch (dravidisch), die übrigen iranisch (nicht
sanskritisch).

Zwischen die iranischen Völker sind vielfach aniranische
oder turanische eingeschoben. Für jetzt nehmen wir letztere Be-

nennungen nur als verneinende, oder was das Selbe ist, als vielumfaßende. Wir begreifen für die Gegenwart darunter namentlich mongolische (wie die Aimak mit erhaltener Sprache im Paropamisos) und turukische Volksstämme. Anderseits finden wir nicht bloß in mehreren von Aniraniern beherrschten Gebieten, sondern auch unter Stammverwandten, wie unter den Balučen, eine persisch redende, zahlreiche und an den meisten Orten wahrscheinlich ursprüngliche Bevölkerung, die seit Menschengedenken Landbau betreibt und keine politische Selbstständigkeit besitzt. Ihr üblicher Name Tâǧîk, wird in Armenien und einigen andern Landschaften auch auf turukische und andre, nicht persische, Bevölkerungstheile angewendet; bei turukischen Völkern heißt ganz Persien Tâǧek; der Ursprung des Namens liegt noch im Dunkeln, obgleich man ihn schon im klassischen Alterthum zu finden glaubte.

Wir werden später unten Gründe finden gegen die Ausdehnung des Prädikats aniranisch auf die meisten von den Alten Skythen (Saken, Indo-, Kelto-Skythen) genannten Völker. Sie wurden allerdings oft ausdrücklich von den Persern und Medern unterschieden, aber auch ihre ursprüngliche Einheit mit diesen anerkannt; Ammianus Marcellinus XXXI. c. 2. sagt sogar geradezu »Persae qui sunt originitus Scythae«; doch kann hier eine Verwechselung mit den Parthern vorliegen.

Diese nämlich galten im Alterthum als Abkömmlinge der Skythen, neben welchen wir sie auch bei den indischen Schriftstellern zu finden glauben. Daß bei diesen beide: die Çakâs (Σάκαι) und die Páradas, gleich den Yavanas (Ἰάονες, Griechen), als Nichtarier gelten, fällt nicht gar schwer in die ethnologische Wagschale. Stephanos Byz. nennt nach alten Quellen die Parther »φυγάδες« der Skythen, ebenso Justinus XI. 1 c. 1. 2. deren »exules«, ihnen an Sitten gleich, und der Parther »sermo inter Scythicum Medicumque medius et ex utrisque mixtus«. Curtius VI. c. 2. sagt bestimmter: »Nec dubitatur, quin Scythae, qui Parthos condidere, non a Bosporo, sed ex regione Europae penetraverint.« Justinus II. c. 1. 3. dehnt die Gründung des parthischen Volkes und Reiches durch die Skythen auch auf das baktrische aus; Strabon XI. p. 517. spricht von den skythisch-nomadischen Sitten der Baktrianer und Sogdianer. Die den Parthern und Skythen gemeinsame Form des Bogens unterscheidet sich von allen sonst bekannten. Amm. Marc. XXII. 8. Mel. Terentian. lib. de Metris p. 2383. ed. Putsch. Vgl. noch Plin. Hist. nat. VI. passim, der die Skythen und die Parther

nahe gesellt, und L. Ann. Seneca Epist. CXXIV., der Beider Haar-
tracht unterscheidet: »Quid capillum ingenti diligentia comis?
cum illum vel effuderis more Parthorum vel Germanorum modo
vinxeris, vel, ut Scythae solent, sparseris.« Die Parthi der
späteren Chronisten (Zeuss, die Deutschen S. 744 ff.) sind wahrscheinlich Turuken.

So Vieles auch in den Keilschriften, trotz alles darauf verwandten
Fleißes und Schwindels, noch unerklärt geblieben ist: so erwarten
wir von ihnen doch noch die wichtigsten Aufschlüße über die Abstammung der verschiedenen aniranischen Bestandtheile des alten
Perserreiches. Gewiss ist biß jetzt nur, daß unter diesen der semitische Stamm zahlreich vertreten ist, wie denn noch heute (der
Araber zu geschweigen) aramäisch redende christliche Stämme in
Kurdistan wohnen. In Chuzistan (Susiana) soll (nach orientalischen
Schriftstellern bei Assemann. Bibl. orient. p. 758.) einst syrisch gesprochen worden sein. Bei Ptolemaeos heißt eine medische Landschaft Συρομηδία. Höchst wahrscheinlich reicht die Grenznachbarschaft und Mischung iranischer und semitischer Stämme biß tief in
Kleinasien hinein, ja von dort aus sporadisch biß auf die Inseln (vgl.
u. a. die Citate bei Knobel Völkert. S. 96) oder gar biß auf das
europäische Festland hinüber. Wie wir unten sehen werden, hießen
nach Herodotos die Kappadoken auch Syrer, nach Strabon
Leukosyrer; die, anderweitig aus Argos abgeleiteten, Kiliken
sollen von Syrern und Phoeniken abstammen; Herodotos VII.
91 sagt: »Κίλικες — — μὲν τοπαλαιὸν Ὑπαχαιοὶ ἐκαλέοντο· ἐπὶ δὲ
Κίλικος τοῦ Ἀγήνορος, ἀνδρὸς Φοίνικος, ἔσχον τὴν ἐπωνυμίην.«
Die Solymer, die Urbewohner Lykiens, waren nach Choirilos (bei
Euseb. Praep. ev. IX. 9. vgl. Ritter Kleinasien II. 730.) »γλῶσσαν
μὲν φοίνισσαν ἀπὸ στομάτων ἀφιέντες.«

Die Stationen und Kolonien der Phoeniken in mehreren Welttheilen dürfen wir nicht mit den massenhafteren Zügen und Uebersiedelungen ihrer Stammgenoßen in eine Kategorie stellen. Die
Alten nennen die Phoeniken oft in bald ruhiger, bald feindlicher
Berührung mit den Karen, eben auch auf den späterhin griechischen
Inseln. Phoenike hießen einst die Inseln Ios und Tenedos, auch
eine Landschaft auf dem karischen Festlande, wie denn der Name
des wanderlustigen Volkes an vielen seiner Rasten haftete. Wenn
jedoch auch wirklich auf Inseln und Küstenstrecken Phoeniken die
ersten Ansiedler waren, so darf dieß, bei der bekannten Amphibien-
natur dieses Volkes, noch nicht auf die Priorität semitischer Völker-

schichten im Großen und Ganzen in diesen Erdstrichen schließen
laßen. — In dem wunderlichen, der oben erwähnten kastilianischen
Zigeunersprache ähnlich gebildeten, Pehlevi oder Huzvâreš
erscheint ein kolossaler semitischer Propfzweig auf iranischem
Stamme.

Außer dieser nicht sehr alten Mischsprache sind uns als ältere
iranische Sprachen näher bekannt geworden die, wahrscheinlich
altbaktrische, Zendsprache, und die, in engerem Sinne so benannte, altpersische der Keilschriften, zu welcher wir auch die
meisten der in klassischen Schriftstellern erhaltenen »persischen«
Wörter und Namen zählen. Ihre Tochter ist die Schriftsprache der
sog. pazendischen Ausleger und der frühesten parsischen Dichter.
Allmällich geht das Parsi des mittelpersischen Zeitraums in das
Neupersische über, dessen Zersetzung bekanntlich in hohem Grade
durch das eingedrungene Arabische gefördert wurde, an welchem
jedoch der persische Sprachgeist ähnliche Verdauungskraft bewährt,
wie der angelsächsische an den eingedrungenen französischen
Stoffen. Die neupersische Sprache wurde noch vor Kurzem von
würdigen Germanen allzuzärtlich als nächste Base begrüßt.

Neben der bekannten Sprache der Literatur werden in Persien
mehrere bedeutend abweichende iranische Mundarten gesprochen,
unter welchen die kurdischen die bekanntesten sind und als
»Sprache« gelten, wie dieß auch mit dem Tat der Fall ist. Dagegen
ist die Sondersprache der Luris vielleicht eine aniranische; als
»Gaunersprache« wird sie nur in der Art, wie die zigeunische (die
ebenfalls in Persien vorkommt), gelten dürfen.

Eine durch ihren Inhalt, wie noch mehr durch ihre Oertlichkeit
äußerst merkwürdige iranische Sprache (nicht eine persische
Mundart) wird in mehreren Mundarten von einem Völkchen im Kaukasus gesprochen, das sich selbst Ir, Irón, d. i. wol Iranier
nennt, von den Georgiern aber Osi, sein Land Osethi genannt
wird, woher der übliche Name der Osseten, russich Asetinci.
Ihre Wichtigkeit für den Ethnologen wächst ungemein, wenn sie
wirklich, wie es scheint, die Alanen der früheren Zeit sind, die sich
(wenn anders ein und das selbe Volk) nach Reisenden des 13—15. Jh.
selbst As nannten. Welche weitere ethnologische Schlüße sich an
diese Gleichung knüpfen, wird sich weiter unten ergeben.

Die verdiente Aufmerksamkeit, die in neuerer Zeit diesem Volke
oder Volksreste und seiner Sprache zugewendet wird, läßt noch
manche interessante Aufschlüße hoffen. Es ist namentlich zu wün-

schen, daß seine religiösen Vorstellungen und Benennungen genau untersucht und verglichen werden. Nicht minder merkwürdig sind auch folgende physiologische Merkmale und Parallelen.

Wir haben bereits früher bemerkt, daß die Osseten durch ihre Kopfform von ihren kaukasischen Nachbarn und mindestens von vielen Iraniern sich unterscheiden. Von den meisten der Letzteren unterscheiden sie sich durch häufige helle Komplexion, d. h. blaue Augen und blonde oder auch rothe Haare. Wirklich treten auch ihre wahrscheinlichen Vorväter: die A l a n e n (»veteres M a s s a g e t a e«) bei Ammian. Marcell. XXXI. 2. »crinibus mediocriter flavis« auf; und Halling (Gesch. der Skythen S. 72.) macht auf die Uebereinstimmung der chinesischen Annalisten aufmerksam, welche die A l a n oder Y a n – t h s a i unter die fünf blonden und blauäugigen Stämme des Orients zählen und auf die Nordseite des kaspischen Meeres stellen. Diese Eigenschaften werden indessen auch in der Gegenwart zugeschrieben: vielen P e r s e r n; namentlich den K u r d e n, bei welchen wenigstens die Häuptlingsfamilien hellgraue und blaue Augen haben sollen; den Bewohnern von G i l a n, die eine sehr eigenthümliche persische Mundart reden; den K j a n g a r l i in N a c h i č e v a n; großentheils auch den A f g h a n e n; im Alterthum verschiedenen Völkern, die großentheils i r a n i s c h e n Stammes sein mögen. »So das Volk der B u d i n e n« $\gamma\lambda\alpha\nu\varkappa\acute{o}\nu$ $\tau\varepsilon$ $\pi\tilde{\alpha}\nu$ $\dot{\iota}\sigma\chi\nu\varrho\tilde{\omega}\varsigma$ $\varkappa\alpha\grave{\iota}$ $\pi\iota\varrho\varrho\acute{o}\nu$« Herodot. IV. 108., was man auf die Bemalung zu beziehen pflegt, obgleich nach c. 109. die unter den Budinen wohnenden g r i e c h i s c h e n G e l o n e n jenen »$o\dot{v}\delta\grave{\varepsilon}\nu$ $\tau\grave{\eta}\nu$ $\dot{\iota}\delta\acute{\varepsilon}\eta\nu$ $\ddot{o}\mu\iota\iota o\iota$, $o\dot{v}\delta\grave{\varepsilon}$ $\tau\grave{o}$ $\chi\varrho\tilde{\omega}\mu\alpha$.« Ferner vgl. für mancherlei Völker Aristoteles de Gener. anim. V. 3., wo S k y t h e n und T h r a k e n $\varepsilon\dot{v}\vartheta\acute{v}$– und $\mu\alpha\lambda\alpha\varkappa\acute{o}$– $\tau\varrho\iota\chi\varepsilon\varsigma$ genannt werden; Problem. XIV. 4., wo er sagt: die Südländer seien schwarz von Augen und Körper, die Nordländer aber blauäugig und weißleibig, indem »$\gamma\lambda\alpha\nu\varkappa\grave{\alpha}$ $\mu\acute{\varepsilon}\nu$ $\dot{\varepsilon}\sigma\tau\iota$ $\tau\grave{\alpha}$ $\ddot{o}\mu\mu\alpha\tau\alpha$ $\delta\iota'$ $\dot{\nu}\pi\varepsilon\varrho\beta o\lambda\grave{\eta}\nu$ $\tau o\tilde{v}$ $\dot{\varepsilon}\nu\tau\grave{o}\varsigma$ $\vartheta\varepsilon\varrho\mu o\tilde{v}$, $\mu\acute{\varepsilon}\lambda\alpha\nu\alpha$ $\delta\grave{\varepsilon}$ $\delta\iota\grave{\alpha}$ $\tau\grave{\eta}\nu$ $\tau o\acute{v}\tau o\nu$ $\dot{\alpha}\pi o\nu\sigma\acute{\iota}\alpha\nu$; ebds. XXXVIII. 2.: die Seeleute seien $\pi\nu\varrho\varrho o\acute{\iota}$, »$\varkappa\alpha\grave{\iota}$ $\pi\acute{\alpha}\nu\tau\varepsilon\varsigma$ $\delta\grave{\varepsilon}$ $o\acute{\iota}$ $\pi\varrho o\varsigma$ $\ddot{\alpha}\varrho\varkappa\tau o\nu$ $\pi\iota\varrho\varrho\acute{o}\tau\varrho\iota\chi\varepsilon\varsigma$ $\varkappa\alpha\grave{\iota}$ $\lambda\varepsilon\nu\varkappa\acute{o}\tau\varrho\iota\chi\acute{\varepsilon}\varsigma$ $\dot{\varepsilon}\sigma\tau\iota\nu$.« Plinius H. nat. II. c. 78. nimmt als sicher an: »A e t h i o p a s — — adustis similes gigni, barba et capillo v i b r a t o;« im N o r d e n aber »c a n d i d a cute esse gentes, f l a v i s promissas crinibus, truces vero ex coeli rigore« etc. Nach Vitruv. Arch. VI. 1. sind die N o r d l ä n d e r »immanibus corporibus, candidis coloribus, directo capillo et rufo, oculis caesiis« etc., die S ü d l ä n d e r »brevioribus corporibus, colore fusco, crispo capillo, oculis nigris, cruribus invalidis.«

Der *»ἐϱυϑϱαίων Ἀϱιηνῶν«* gedenkt. Dionysios Perieg. v. 714.
Von den S c r e n, den indischen Nachbarn der Skythen, sagt Plinius
H. nat. VI. c. 22.: »excedere hominum magnitudinem, rutilis comis,
caerulcis oculis, oris sono truci, nullo commercio linguae«, ein
nordisches Bild! Den S k y t h e n schreibt Hippokrates (de Aere etc.
§. 102.) helle Hautfarbe zu; *»ὑπὸ δὲ ψύχεος ἡ λευκότης ἐπι-*
καίεται καὶ γίγνεται πυϱϱή.« Kallimachos Hymn. in Del. 291. gedenkt der s k y t h i s c h e n *»ξανϑῶν Ἀϱιμασπῶν.«* Clemens Alex.
Paedag. III. 98. ed. Sylburg sagt: *»Καὶ τῶν ἐϑνῶν οἱ Κ ε λ τ ο ὶ*
καὶ οἱ Σ κ ύ ϑ α ι κομῶσιν, ἀλλ' οὐ κοσμοῦνται · ἔχει τὶ φοβεϱὸν τὸ
εὔτϱιχον τοῦ Βαϱβάϱου καὶ τὸ ξ α ν ϑ ὸ ν αὐτοῦ, πόλεμον ἀπειλεῖ,
συγγενές τι τὸ χϱῶμα τῷ αἵματι.« Die *Ἰσσηδοί* (i. q. *Ἰσσηδόνες,*
»ἔϑνος Σ κ υ ϑ ι κ ό ν « Steph. Byz., anders Herodot. IV. 13. s. u.)
heißen bei Tzetzes Chil. VII. v. 687. nach *»Ἀϱιστέας ἐν τοῖς Ἀϱι-*
μασπείοις« *»χαίτησιν ἀγαλλόμενοι ταναῆσιν* (*»χαίτησι λάσιοι«*
v. 692. geht eigentlich auf die Arimaspen), eine bei hellen Haaren
häufigere Eigenschaft. Prokopios blonde Skythen sind indessen
G o t h e n.

Diese sind auch gemeint in »G e t a r u m rutilus et flavus exercitus« bei Hieron. Ep. LVII. ad Laetum. Jedoch auch die eigentlichen
(thrakischen) Geten nennt Claudianus Rapt. Proserp. II. 65.
»flavos,« und Isidorus Hisp. Orig. XIX. c. 23. sagt: »Flavent intectis
capitibus G e t a e:« Diese stehn auch in der Völkerrcihe bei Orph.
Argon. v. 1031 sqq.:

»Ἠδὲ Γελωνὸν ἔϑνος, β α ϑ υ χ α ί τ ω ν τ᾿ ἄπλετα φῦλα,
Σαυϱομάτας τε, Γέτας καὶ Γυμναίους Κέκϱυφάς τε
Ἄϱσωπας τ᾿ Ἀϱιμάσπας (-σϑας).«

Für die T h r a k e n überhaupt, neben den S k y t h e n u. s. w., vgl.
Galen. de Temp. II. c. 6.: *»Κελτοῖς μὲν γὰϱ καὶ Γεϱμανοῖς καὶ*
παντὶ τῷ Θϱακίῳ καὶ Σκυϑικῷ γένει ψυχϱὸν καὶ ὑγϱὸν τὸ δέϱμα
καὶ διὰ τοῦτο μαλακόν τε καὶ λ ε υ κ ὸ ν καὶ ψιλὸν τϱιχῶν.«

Auch bei kaspischen Völkern t u r u k i s c h e n Stammes kommen
blaugrüne Augen und rothe Haare vor (Halling a. a. O. S. 35 ff.
nach Ritter). Die angeblich h u n n i s c h e n *Ἐφϑαλῖται »μόνοι δὲ*
Οὔννων λευκοί« bei Procop. B. Pers. I. 3. sind wahrscheinlich nicht
bloß die Grenznachbarn, sondern auch Stammverwandte der Perser.
Abnorme Albinos aber sind die nach Isigonus Nicaeensis ap. Plin.
H. nat. VII. c. 2. in A l b a n i e n (am Kaukasus) vorkommenden Menschen »glauca oculorum acie, a pueritia statim canos, qui noctu
plus quam interdiu cernant.«

Viel weiter, als jene merkwürdige, in mehrere Mundarten zer-
theilte Sprache des Ossetenvölkchens, hat sich von dem Baue,
wie auch, wol in etwas minderem Grade, von dem Wortvorrathe der
andern iranischen Sprachen die armenische (Haj ljezu) entfernt.
Um ihre Stellung unter den iranischen Schwestern völlig zu erkennen,
müßen diese erst noch beßer in ihren verschiedenen Zeiträumen und
Mundarten durchforscht sein, ebenso auch die kaukasischen (in
engerem Sinne, s. u.). Den persischen Schriftsprachen aller Zeiten
steht die armenische zwar näher, als irgend einer andern bekannten
Sprache, aber nicht so nahe, daß die Schwesterschaft leicht erkannt
würde, welche auch erst in neuerer Zeit kritisch, aber noch keineswegs vollständig, dargelegt wurde. Diese Besonderheit ihrer Bildung
ist eine gleich interessante Aufgabe für sprachliche wie für geschichtliche Forschung. Auf ihr Lautsystem, und durch dieses auf Entartung und Neubildung ihrer Formen, hat vielleicht die Natur ihrer
Bergheimat (Hajastan armenisch) bedeutenden Einfluß geäußert.
Sie erlitt indessen in geschichtlicher Zeit eine durchgreifende Lautverschiebung. Die Stelle bei Moses Choren. III. 65., nach welcher
die Armenier vor der Bildung der eigenen Schrift (durch Mjesrop
a. 406 p. Chr.) griechische und persische gebrauchten, wirft auch
Licht auf jene Bildung selbst, indem wir in der nationalen Schrift
sowol griechische als zendische Zeichen wiedererkennen.

Leider hat sich biß jetzt das Werk des ältesten armenischen Ge-
schichtschreibers, des Syrers Mar Ibas (um a. 150 a. Chr.), nicht
wiedergefunden; wir wißen nich einmal, ob er in syrischer oder in
armenischer Sprache schrieb.

Es ist bemerkenswerth, daß die Alten zwar einerseits die iranische Abstammung der Armenier richtiger erkannten, als manche
heutige Gelehrte, aber zugleich auch eine Verbindung mit den Syrern
und andern Semiten annahmen. Wir verweilen etwas länger bei
diesem Volke und zugleich auch bei seinen Nachbarn im Kaukasus und
vorzüglich in Kleinasien, bevor wir den Indogermanen nach Europa
folgen. Diese Exodus würde uns völlig undeutlich bleiben, wenn wir
den Eintritt in das ethnologische Labyrinth Vorderasiens scheuten.

Strabon I. p. 41. sagt: »Τὸ γὰρ τῶν Ἀρμενίων ἔϑνος καὶ
τὸ τῶν Σύρων καὶ Ἀράβων πολλὴν ὁμοφυλίαν ἐμφαίνει
κατὰ τὴν διάλεκτον καὶ τοὺς βίους καὶ τοὺς τῶν σωμάτων
χαρακτῆρας, καὶ μάλιστα καϑὸ πλησιόχωροί εἰσι. — — Καὶ οἱ
Ἀσσύριοι δὲ καὶ οἱ Ἀριανοὶ (al. Ἀριμάνιοι) παραπλησίως
πως ἔχουσι καὶ πρὸς τούτους καὶ πρὸς ἀλλήλους. — — Τοὺς γὰρ

ὑφ᾽ ἡμῶν Σύρους καλουμένους ὑφ᾽ αὐτῶν τῶν Σύρων Ἀρμε-
νίους (καὶ Ἀραμμαίους) καλεῖσθαι.« Freilich stellt er hier,
und wohl auch XI. p. 528. bei Kleinarmenien, mehrere arische und
semitische Völker allzunahe zusammen, und die Verwechselung der
Armenier mit den Aramäern kommt oft vor.

Mit der Genealogie der Ersteren und der Syrer verknüpft sich
auch die der Kappadoken und der Phrygen. Kappadokien,
altpers. Katpa'tuka, gehörte nach dem Geographen Vartan (bei
St. Martin, Mém. sur l'Arménie) zu der πρώτη Ἀρμενία, in welcher
Aram zuerst armenische Herrschaft und Sprache verbreitete. Herodotos sagt I. 72. (vgl. V. 49.): »Καππαδόκαι ὑπ᾽ Ἑλλήνων
Σύριοι ὀνομάζονται· ἔσαν δὲ οἱ Σύριοι οὗτοι, τὸ μὲν πρότερον
ἢ Πέρσας ἄρξαι, Μήδων κατήκοοι« etc.; und VII. 72.: »Οἱ δὲ
Σύροι οὗτοι ὑπὸ Περσέων Καππαδόκαι καλέονται.« Vgl.
Strab. XII. p. 542.: »Λευκοσύρων, οὓς (καὶ) ἡμεῖς Καππά-
δοκας προσαγορεύομεν« (eine Glosse bei Hesychios lautet: »Λευ-
κόσυρος· Βαβυλώνιος λευκόχροος). Die jüdischen Schriftsteller zäh-
len Armenier, Kappadoken und Phrygen zu dem Einen
Stamme Thogarma. Auf gleiche Sprache der Armenier und der
Kappadoken deutet Moses Chorenensis I. 13.

Die erhaltenen Namen kappadokischer Häuptlinge, die offenbar persische sind, gestatten darum noch keinen Schluß auf
die Abstammung des Volkes selbst, das, als syrisches, semitischen Stammes war, wenn nicht die Griechen ihm irrthümlich
jenen Namen beilegten. War die ältere Volksmasse semitisch, so
müßen wir annehmen: daß spätere Eroberer, Kolonisatoren und
Missionäre iranische Religion (Strab. XV. p. 733.), Monatsnamen
(gleichwie bei mehreren semitischen Völkern) und vielleicht auch
Sprache hereinbrachten.

Mit der Abstammung der Kappadoken verknüpft oder verwirrt
sich auch die mehrerer ihrer Nachbarn. Im Anfange des XII. Buches
sagt Strabo: die Kataonen seien ursprünglich den Kappadoken, auch der Sprache nach, fremd gewesen, zu seiner Zeit aber
»θαυμαστὸν πῶς ἠφάνισται τελέως τὰ σημεῖα τῆς ἀλλοεθνίας.«

Lukianos Pseudol. ed. Reitz. §. 14. t. III. p. 173. unterscheidet:
»— — ἐχρῆν ἢ κατὰ τὸ Παφλαγόνων ἢ Καππαδόκων ἢ
Βακτρίων πάτρια διαλέγεσθαί σοι.« Strabon XII. p. 553. bemerkt: »Πᾶσα ἡ πλησίον τοῦ Ἅλυος Καππαδοκία ὅση παρα-
τείνει τῇ Παφλαγονίᾳ ταῖς δυσὶ χρῆται διαλέξεσι, καὶ τοῖς
ὀνόμασι πλεονάζει τοῖς Παφλαγονικοῖς· Βάγας καὶ Βιάσας καὶ

Αἰνιάτης καὶ Ῥατώτης καὶ Ζαρδώκης καὶ Τίβιος καὶ Γάσυς καὶ Ὀλόγασυς καὶ Μάνης.«

Mit den **Phrygen** verbindet schon Herodotos VII. 73. die Armenier: *»Ἀρμένιοι — — ἐόντες Φρυγῶν ἄποικοι.«* Eudoxos bei Steph. Byz. v. *Ἀρμενία* und bei Eustath. in Dionys. Perieg. v. 694. sagt *»Ἀρμένιοι τὸ γένος ἐκ Φρυγίας, καὶ τῇ φωνῇ πολλὰ φρυγίζουσιν.«* Von beiden Völkern oder ihren Eponymen wird auch Einwanderung aus **Thessalien** (einem freilich oft genannten Völkerneste) nach Asien erzählt, s. Strab. XI. p. 503. 530., wo sogar die armenische Tracht thessalisch genannt wird. Ferner sagt nun Strabon X. p. 471.: *»οἱ Φρύγες Θρᾳκῶν ἄποικοι εἰσίν,«* vgl. unten ein Excerpt aus XII. p. 572. Von der Phrygen Auswanderung aus Europa erzählt Herodotos VII. 73.: *»Οἱ δὲ Φρύγες, ὡς Μακεδόνες λέγουσι, ἐκαλέοντο Βρίγες* [maked. *B*=griech. *Φ* s. u.] *χρόνον, ὅσον Εὐρωπήϊοι ἐόντες σύνοικοι ἔσαν Μακεδόσι· μεταβάντες δὲ εἰς τὴν Ἀσίην ἅμα τῇ χώρῃ καὶ τὸ οὔνομα μετέβαλον ἐς Φρύγας.«* Vgl. u. ein Excerpt aus Strab. VI. pag. 295.

Die von den Alten als **phrygische** aufbewahrten Wörter finden im heutigen **Armenischen** nicht so sehr speziellen Wiederhall, als den der allgemeineren Urverwandtschaft; vgl. indessen uns. Lex. v. *Μανιάκης* und besonders Gosche, de Ariana linguae gentisque Armeniacae indole Prolegomena (Berol. 1847). Allerdings konnte z. B. phryg. *βέκκος* (Brot; bei Herodot. II. 2. u. A., nach dem Schol. zu Aristoph. Nub. 397. zugleich **paphlagonisch**) längst verhallt sein, als das gleichbedeutende armen. **niạn** aufkam, das in Varianten nicht bloß in den meisten persischen Mundarten und im Hindustani, sondern auch in den finnischen Sprachen vorkommt; dagegen könnten die Brot bedeutenden Wörter pers. (mundartlich) **pekand** und alban. **bukë** zu *βεκκος* gehören. Petermann erklärt die Annahme phrygisch-armenischer Sprachverwandtschaft aus einer (irrigen) Versetzung des Ararat nach Phrygien in den sibyllinischen Büchern, was Gosche a. a. O. S. 20. bezweifelt. Der Gott (*Ζεύς*) *Βαγαῖος* der Phrygen ist wahrscheinlichst identisch mit dem altiranischen **bagha** und dem slavischen **Bogŭ**.

Zuverläßiger, als jene viel verschlungenen Sagen, sind die Aeußerungen der Alten über die Beziehungen der Armenier zu den Persern. Xenophon (Anab. IV. c. 5.) verkehrte mit dem armenischen Komarchen *διὰ »τοῦ περσίζοντος ἑρμηνέως.«* Strabon XI. p. 532. sagt: *»Ἅπαντα μὲν οὖν τὰ τῶν Περσῶν ἱερὰ καὶ Μῆδοι καὶ Ἀρμένιοι τετιμήκασι· τὰ δὲ τῆς Ἀναΐτιδος διαφερόντως Ἀρμένιοι«*

etc. Nicht die Armenier, aber die Perser, Meder, Baktrier und Sogdianer sind ihm (XV. p. 724.) *»ὁμόγλωττοι παρὰ μικρόν.«* Wir geben hier überall nur Weniges aus Vielem. Bei Philostratos V. Apollod. I. 19. stehn als Barbarensprachen neben einander die der Armenier, Meder, Perser und Kadusier.

Die Fremdwörter in der armenischen Sprache (als iranischer) sind zahlreich: in der gelehrten, auch biß heute erhalten, viele griechische, in der neueren Vulgarsprache türkische, kaukasische, arabische und selbst persische, die von den urverwandten oft nicht leicht zu unterscheiden sind. Außer allen diesen aber bleibt ein, bis jetzt namenloser, nicht unbedeutender, jedenfalls wichtiger Rest, der vielleicht aus einer oder mehreren alten Sprachen Kleinasiens und Kaukasiens stammt.

Noch fehlen viele Stücke des für das Völkerlabyrinth dieser Länder, insbesondere des in vielfachem Wechselverkehre mit dem Südosten Europas stehenden herrlichen Ostlandes (*Ἀνατολή*), das leider von Zeit zu Zeit von Erdbeben, wie von verheerenden Zügen, der Heuschrecken und von verheerenderen menschlicher Bestien gänzlich verwüstet wird.

Die Sprache, in welcher Paris mit himmlischen und irdischen Huldinnen verkehrte, war mit der phrygischen, wenn auch verwandt, doch nicht identisch; wenigstens unterscheidet der homerische Hymnos auf Aphrodite die Sprachen von Phrygien und Troas, Dionysios Hal. I. 29. die Völker. *»Πολλαὶ δ'ὁμωνυμίαι Θρᾳξὶ καὶ Τρωσίν«* sagt und erweist Strabon XIII. p. 590 ed. Cas.; p. 604. spricht er von der Herleitung der Troer und der zu ihnen gehörigen Teukrer aus Attika, Letzterer, nach Andern, aus Kreta. Dionys. Hal. I. 61. sagt u. a.: *»τὸ τῶν Τρώων ἔθνος Ἑλληνικὸν ἐν τοῖς μάλιστα ἦν, ἐκ Πελοποννήσου ποτὲ ὡρμημένον.«* Die Pamphylier, welchen noch die Apostelgeschichte II. 8 ff., gleichwie den Kappadoken, Phrygen u. A., eigene Sprache zuschreibt und die nach Euseb. Chron. nebst den Phrygen, Phoeniken und Aegyptern zu den schriftkundigen Chamiten gehörten, galten den Griechen, die jedoch vielleicht nur einen einheimischen Volksnamen hellenisierten und deuteten, als ein Mischvolk, das aus Flüchtlingen der Troer und ihrer Bundesgenoßen entstanden sein soll; vgl. über sie Herod. VII. 91. Pausan. VII. 3. und Strab. XII. p. 570.: *»Πάμφυλοι πολὺ τοῦ Κιλικίου φύλου μετέχοντες«*; XIV. p. 676. über Kiliken und Städte in Pamphylien; ebds. p. 668. nach Herodotos (l. c.) und p. 678. nach Ephoros, der (missverständlich) 16 kleinasiatische *γένη* nennt, von welchen *»τρία μὲν*

Ἑλληνικὰ, τὰ δὲ λοιπὰ βάρβαρα, χωρὶς τῶν μιγάδων· seien;
die drei ersten sind Κίλικες, Πάμφυλοι, Λύκιοι, die übrigen Βιθυνοί, Παφλαγόνες, Μαριανδυνοί (βάρβαροι auch Athen. XIV.),
Τρῶες, Κᾶρες, Πισίδαι (βάρβαροι auch bei Arrhian. Anab. I. 27.),
Μυσοί, Χάλυβες, Φρύγες, Μιλύαι. Die spärlich erhaltenen pam-
phylischen Sprachreste gehören einer alten griechischen Mundart
an, vgl.: »τοὺς Παμφυλίους χαίρειν τῷ β, προτιθένται αὐτὸ παν-
τὸς φωνήεντος· φάος φάβος, ἀέλιος βαβέλιος (jedoch bei
Hesych. pamphyl. ἀβελίην· ἡλιακόν, vgl. kret. ἀβέλιος ἥλιος),
ὀροίω ὀρούβω.« Eustath. I. 19. ap. Maittaire 162. Die als pamphy-
lisch angenommene Münzlegende Μαναψας Πρειιας entspricht
der griechischen Ἀρτέμιδος Περγαίας, hat aber selbst griechische
Flexion.

Herodotos VII. 75. berichtet: »Θρήϊκες — — διαβάντες μὲν
εἰς τὴν Ἀσίην ἐκλήθησαν Βιθυνοί; τὸ δὲ πρότερον ... οἰκέοντες
ἐπὶ Στρύμονι;« nach ihm gedenkt Thukydides IV. 75: der Βιθυνῶν
Θρᾳκῶν, οἵ εἰσι πέραν ἐν τῇ Ἀσίη.« Die Μαιδοβιθυνοί in Kleinasien
bewahren zugleich den Namen der thrakischen Μαιδοί in Europa.
Herodotos nennt I. 28. die von Kroisos beherrschten Völker Kleinasiens: »πλὴν Κιλίκων καὶ Λυκίων· (Λυδοί), Φρύγες, Μυσοί, Μα-
ριανδυνοὶ,Χάλυβες (auch im Pontos),Παφλαγόνες, Θρῆκες οἱ Θυνοί
τε καὶ Βιθυνοί, Κᾶρες, Ἴωνες, Αἰολέες, Πάμφυλοι.« In dem Verzeichnisse III. 90. erwähnt er ebenfalls »Θρηΐκων τῶν ἐν τῇ Ἀσίη.«
Eine sonderbare Nachricht über die Σιδῖται (in Pamphylien), welche
ihre griechische Muttersprache gegen eine nur ihnen eigene barbarische ausgetauscht hätten, gibt Arrhianos Anab. I. 26. Nach Plinius H. nat. V. 27. waren auch die Mylier »Thracum soboles.« Strabon zählt VI. p. 295. thrakische Völker in beiden Welttheilen auf;
die vielseitig interessante Hauptstelle setzen wir her: »Οἱ τοίνυν
Ἕλληνες τοὺς Γέτας Θρᾷκας ὑπελάμβανον· ᾤκουν δὲ ἐφ' ἑκάτερα
τοῦ Ἴστρου καὶ οὗτοι καὶ οἱ Μυσοὶ Θρᾷκες ὄντες καὶ αὐτοὶ καὶ
οὓς νῦν Μοισοὺς καλοῦσιν, ἀφ' ὧν ὡρμήθησαν καὶ οἱ νῦν μεταξὺ
Λυδῶν καὶ Φρυγῶν καὶ Τρώων οἰκοῦντες Μυσοί. καὶ αὐτοὶ δ'οἱ
Φρύγες Βρίγες εἰσί, Θρᾴκιόν τι ἔθνος, καθάπερ καὶ Μυγδόνες καὶ
Βέβρικες καὶ Μαιδοβιθυνοὶ καὶ Βιθυνοὶ καὶ Θυνοί, δοκῶ δὲ καὶ
τοὺς Μαριανδυνούς. Οὗτοι μὲν οὖν τελέως ἐκλελοίπασι πάντες
τὴν Εὐρώπην, οἱ δὲ Μυσοὶ συνέμειναν.« Vgl. XII. p. 541. sq.:
»Οἱ μὲν οὖν Βιθυνοὶ διότι πρότερον Μυσοὶ ὄντες μετωνομάσθη-
σαν οὕτως ἀπό τῶν Θρᾳκῶν τῶν ἐποικησάντων, Βιθυνῶν τε
καὶ Θυνῶν« etc.; Beleg dafür sei »τὸ μέχρι νῦν ἐν τῇ Θρᾴκῃ

λέγεσθαί τινας Βιθυνούς, τοῦ δὲ τῶν Θυνῶν τὴν Θυνιάδα
ἀκτὴν τὴν πρὸς Ἀπολλωνίᾳ καὶ Σαλμυδησσῷ. — — Εἴρηται δ'ὅτι
καὶ αὐτοι οἱ Μυσοὶ Θρακῶν ἄποικοί εἰσι τῶν νῦν λεγομένων
Μοισῶν.«

Hesychios gibt γάνος ὕαινα als phrygisch und bithynisch
zugleich. Die Abstammung der kleinasiatischen Myser »ἀπὸ τῶν
πέραν Ἴστρον Μυσῶν« erwähnt Strabon auch XII. p. 571. nach
Artemidoros. Zu den thrakischen Völkern stellt sie auch Homeros;
nach Einigen sollen sie von den Aeolern abstammen; nach alten
Quellen sind sie »Λυδῶν ἄποικοι« Herod. VII. c. 74. vgl. u. a.
bei Strabon XII. p. 572. eine zugleich sprachliche Angabe: »ὅτι τοὺς
Μυσοὺς (in Asien) οἱ μὲν Θρᾷκας οἱ δὲ Λυδοὺς εἰρήκασι — —,
ἐτυμολογοῦντες καὶ τὸ ὄνομα τὸ τῶν Μυσῶν ὅτι τὴν ὀξύην
οὕτως ὀνομάζουσιν οἱ Λυδοί· — — ἐκείνων δὲ ἀπογόνους εἶναι
τοὺς ὕστερον Μυσούς — — μαρτυρεῖν δὲ καὶ τὴν διάλεκτον μι-
ξολύδιον γὰρ πῶς εἶναι καὶ μιξοφρύγιον· τέως μὲν γὰρ οἰκεῖν
αὐτοὺς περὶ τὸν Ὄλυμπον, τῶν δὲ Φρυγῶν ἐκ τῆς Θρᾴκης πε-
ραιωθέντων ἀνελόντων τε τῆς Τροίας ἄρχοντα καὶ τῆς πλησίον
γῆς, ἐκείνους μὲν ἐνταῦθα οἰκῆσαι τοὺς δὲ Μυσοὺς ὑπὲρ τὰς τοῦ
Καΐκου πηγὰς πλησίον Λυδῶν.« Vgl. unser Früheres über die
Phrygen, deren Sprache auch in einer Stelle bei Stephanos Byz.
v. Ἀδραμύττιον von der lydischen unterschieden, zugleich aber ein
Wort derselben den Lydern in den Mund gelegt wird: »Τὸν Ἕρμωνα
Λυδοὶ Ἄδραμυν καλοῦσι Φρυγιστί«, wogegen Hesychios nur
sagt: »Ἀδραμών· ὁ Ἕρμων παρὰ Λυδοῖς.« Πάλμυς, bei Homer.
Il. XIII. 792. Eigenname, soll nach Tzetzes Chil. V. 10. lydisch und
ionisch König bedeuten; Benfey vergleicht sanskr. pâla Herrscher.
Vgl. auch in uns. Lex. v. Attis, wo lydische und phrygische Etymologien unterschieden vorkommen. »Μῶλαξ· Λυδοὶ τὸν οἶνου«
Hesych. erinnert an das gleichbed. pers. zigeun. mol, lyd. »ημωΰς·
ἡ γῆ« ib. kaum an sanskr. mahî id. In lyd. κανδαύλης σκυλο-
κλέπτης oder σκυλλοπνίκτης Tzetz. Chil. kann kan canis stecken. Der
Lyder Xanthos sagt bei Dionys. Hal. I. 28. von den Lydern und
den Torybern, deren Eponymen Atys Söhne seien: »τούτων ἡ
γλῶσσα ὀλίγον παραφέρει, καὶ νῦν ἔτι συλοῦσιν ἀλλήλους ῥήματα
οὐκ ὀλίγα, ὥσπερ Ἴωνες καὶ Δωριεῖς.« Der Myser und Lyder Brüder
sein sollten nach Herod. I. 171. die Karen (Κᾶρες), ein frühe seefahrendes Volk, das einst auf den Kykladen und andern Inseln und
selbst auf griechischem Festlande wohnte (vgl. u. a. Ukert I. 1. S. 35.
Knobel, Völkertafel der Genesis S. 98—193). Herodotos erzählt

a. a. O. u. a.: die Karen hätten unter Minos Herrschaft die Inseln bewohnt, »καλεόμενοι Λέλεγες«, von dort aber auf das (asiatische) Festland übergesiedelt, gleichwie viel später Dorier und Ionen; die Karen selbst aber behaupteten, Autochthonen des Festlandes zu sein und immer den selben Namen gehabt zu haben. Er fährt fort: »Διὸς Καρίου ἱρὸν ἀρχαῖον, τοῦ Μυσοῖσι μὲν καὶ Λυδοῖσι μέτεστι. — — τούτοισι μὲν δὴ μέτεστι· ὅσοι δὲ ἐόντες ἄλλου ἔθνεος, ὁμόγλωσσοι τοῖσι Καρσὶ ἐγένοντο, τούτοισι δὲ οὐ μέτα. c. 172. Οἱ δὲ Καύνιοι αὐτόχθονες, δοκέειν ἐμοὶ, εἰσί· αὐτοὶ μέντοι ἐκ Κρήτης φασὶ εἶναι. προσκεχωρήκασι δὲ γλῶσσαν μὲν πρὸς τὸ Καρικόν ἔθνος, ἢ οἱ Κᾶρες πρὸς τὸ Καυνικόν· τοῦτο γὰρ οὐκ ἔχω ἀτρεκέως διακρῖναι.« Vgl. Strab. XIV. p. 652.: »Ἀπέστησαν δέ ποτε Καύνιοι τῶν Ῥοδίων: — — φασὶ δ᾽αὐτοὺς ὁμογλώττους μὲν εἶναι τοῖς Καρσίν, ἀφῖχθαι δ᾽ἐκ Κρήτης.« Auf die Karen und ihre Sprache kommen wir nachher bei Lelegen und Pelasgern weiter zu sprechen.

Herodotos l. c. 173. sagt weiter: »Οἱ δὲ Λύκιοι ἐκ Κρήτης τὠρχαῖον γεγόνασι (dieß wiederholt auch Pausanias VII. 3.)· τὴν γὰρ Κρήτην εἶχον τοπαλαιὸν πᾶσαν Βάρβαροι. — — Νόμοισι δὲ τὰ μὲν Κρητικοῖσι, τὰ δὲ Καρικοῖσι χρέωνται.« Ebds. und VII. 92. sagt er, daß die Lykier früher Τερμίλαι (Lykien Trâmelē in den lykischen Inschriften; bei Stephanos Byz. Τρεμίλη, wozu Ritter Kleinasien II. 862. den heutigen Ortsnamen Dirmil oder Tremeli stellt) hießen und so auch noch fortwährend bei ihren Grenznachbarn; »ἐπὶ δὲ Λύκου τοῦ Πανδίονος, ἀνδρὸς Ἀθηναίου, ἔσχον τὴν ἐπωνυμίην« (VII. 92.); vgl. die Lykos-Sage bei Diod. Sic. V. 56.; vielleicht ist Mischung der Lykier mit eingedrungenen Semiten gemeint. Sie verschmolzen in Lykien, das früher Μιλυάς hieß, mit den damals Σόλυμοι geheißenen Μιλύαι, oder, wie Strabon XII. p. 573. diesen Bericht auffaßt, alle diese Namen nach einander trug ein und das selbe Volk; vgl. XIV. p. 667. 678., wo zugleich Citate für die Scheidung der Lykier von den Solymern und Milyern besprochen werden. Er unterscheidet XIII. p. 631. Μιλυάς und Λυκία, und I. p. 6. XII. p. 554. Σολύμους καὶ Λυκίους.

Zu den Solymern wurden, wie Strabon XIII. p. 630 sq. bemerkt, auch die Καβαλεῖς und die Τερμησσεῖς gerechnet; »ἡ δὲ Τερμησσός ἐστι Πισιδικὴ πόλις ἡ μάλιστα καὶ ἔγγιστα ὑπερκειμένη τῆς Κιβύρας. Λέγονται δὲ ἀπόγονοι Λυδῶν οἱ Κιβυρᾶται τῶν κατασχόντων τὴν Καβαλίδα. — — Τέτταρσι δὲ γλώτταις

4

ἐχρῶντο οἱ Κιβυρᾶται· τῇ Πισιδικῇ, τῇ Σολύμων, τῇ Ἑλλη-
νίδι, τῇ Λυδῶν·.... δὲ οὐδ᾽ ἴχνος ἐστὶν ἐν Λυδίᾳ.« Plinius
II. nat. V. c. 30. nennt nach Eratosthenes u. a. Solymer, Lelegen
und Bebryken unter den in Asien untergegangenen Völkern; vgl.
»Pisidae quondam Solymi appellati« ib. c. 27. Der späte Name
Jerusalems und seiner Bewohner ist vielleicht nur eine griechische
Anlehnung an den geläufigen der Solymer. In den Lykiern ver-
muthen namentlich Sharpe, Lassen und Mommsen Indogermanen,
Gosche weder diese, noch Semiten. Grotefend dehnt ihren Sprach-
stamm auf viele kleinasiatische Völker aus, u. a. auf Kiliken und
Lykaonen. Letztere hatten nach Apostelgesch. XIV. 11. und
nach Stephanos Byz v. Δέρβη: »δέλβειαν (φησὶ), ὅ ἐστι τῇ τῶν
Λυκαόνων φωνῇ ἄρκευθος« (vgl. den angeblich aegyptischen
Namen dieser Pflanze λιβιούμ Dioscor. I. 103.?) eine eigene
Sprache, über welche Jablonski schrieb. Semitischer Stämme in
Kleinasien gedachten wir früher.

Von den bei Homer. Il. IV. 429. zwischen Lelegen und Pelasgern genannten Kaukonen sagt Strabon XII. p. 542. u. a.: »οἱ
μὲν Σκύθας φασίν, οἱ δὲ τῶν Μακεδόνων τινάς, οἱ δὲ τῶν
Πελασγῶν« vgl. u. ein Excerpt aus p. 572.

Strabon zeichnet bündig XII. p. 565. Kleinasiens Völkerlebens-
lauf: »Αἱ δὲ νῦν μεταβολαὶ τὰ πολλὰ ἐξήλλαξαν, ἄλλοτ᾽ ἄλλων
ἐπικρατούντων καὶ τὰ μὲν συγχεόντων, τὰ δὲ διασπώντων. Καὶ
γὰρ Φρύγες ἐπεκράτησαν καὶ Μυσοὶ μετὰ τὴν Τροίας ἅλωσιν,
εἶθ᾽ ὕστερον Λυδοὶ καὶ μετ᾽ ἐκείνων Αἰωλεῖς καὶ Ἴωνες,
ἔπειτα Πέρσαι καὶ Μακεδόνες, τελευταῖοι δὲ Ῥωμαῖοι, ἐφ᾽
ὧν ἤδη καὶ τὰς διαλέκτους καὶ τὰ ὀνόματα ἀποβεβλήκασι οἱ
πλεῖστοι.« Erst lange nach Strabon aber hat die gräulichste Sint-
flut: die der türkischen Horden und Timurs Mordbanden, in Kleinasien und im alten Pontosreiche fast alle jene Völker und ihre
Sprachen tief unter den Boden hinab geflößt; selbst die alte Erbin
jener Sprachen, die hellenische Kultursprache des Ostens, ist mitunter dort vom eigenen Volke vergeßen, verdient aber in ihren
Resten eine Beachtung, die ihr noch nicht nach Gebühr ward.

Wol aber lebt in dem alten Kaiserreiche Trapezus biß weithin
durch Berge und Thäler des kaukasischen Gebietes eine merkwürdige Familie oder Klasse von Sprachen, die zu König Mithridates,
wenn nicht gar schon zu König Aietes, Zeit bereits so zersplittert
war, wie jetzt. Ihr Bau weicht von dem entschieden indoeuropäischen,
also auch von dem iranischen, in ganz anderem Maße ab, als der

armenische. Die Aehnlichkeit dieses Baues verbindet sie zunächst zu Einer Klasse; wir wißen noch nicht, ob wir dafür Familie sagen dürfen, und wie wir ihre unleugbaren lexikalischen Beziehungen sowol zu einander, wie auch zu den beiden arischen Stämmen, in manchen Einzelheiten auch zu deren europäischen Verwandten, zu deuten haben. Bopp hat mit gewohntem Scharfsinne ihre Korrespondenzen mit der indoeuropäischen Sprachfamilie dargestellt; gieng er zu weit, indem er sie diesen ganz zurechnete, so haben Andere ihre Unähnlichkeiten mit derselben, so wie mit einander, überschätzt, die jedenfalls zum großen Theile aus der Discentration und Isolierung der Gebirgsvölker entstanden. Anderseits scheint auch das Gemeinsame in der Gebirgsnatur in diesen Grenzgebieten zweier Welttheile bedeutende Wirkungen hervorgebracht zu haben: eben jenen im Allgemeinen analogen Bau der kaukasischen Sprachen; sodann die Entvokalisierung, und dagegen die Hypersthenie der Kehllaute, welche die kaukasischen Sprachen mit der armenischen und sogar theilweise mit turukischen Mundarten dieses Gebietes gemein haben.

Herodotos (II. 104.) Κόλχοι ημελάγχροες καὶ οὐλότριχες«, der Sage nach eine aegyptische Kolonie, waren vielleicht Reste jener dunkelfarbigen Urbevölkerung Asiens, deren Dasein freilich, trotz vieler scheinbarer Spuren, immer wieder zweifelhafter wird, als das der okeanischen Negritos. Es kann zwar Zufall sein, daß das georgische Zahlwort sami (3) dem charakteristischen einer großen Menge einsilbiger Sprachen von Hinterindien biß China entspricht; aber unbeachtet darf auch ein Zufall dieser Art nicht bleiben.

Im Allgemeinen haben die Kaukasier (in engerem Sinne) lange Gesichter; Augen und Haare sind häufig braun, die Haare auch schwarz oder auch roth. Koch fand vorzüglich die Lazen im Durchschnitt mittelgroß, Haarfarbe meist hellbraun, oft blond, sehr selten schwarz.

Von den Küsten Kleinasiens aus sahen die Asiamüden nach den Küsten eines andern Welttheils hinüber, der ureinst das gelobte Land aller Indogermanen war, welche nicht im arischen Mutterlande bleiben wollten. Seine Entdeckung durch sie dürfen wir nicht mit denen anderer Welttheile durch ihre Nachkommen vergleichen. Zwischen Asien und Europa wogte kein atlantischer Ozean. Ob die ersten Einwanderer weißer Rasse auch in Europa Autochthonen einer niederen vorfanden, steht dahin, selbst wenn die schon erwähnten Reliquien einer sehr niedrig organisierten Rasse im Diluvium richtig sind. Dagegen fanden die ersten Indogermanen in Europa bereits Glieder einer oder mehrerer andern Familien, aber gleicher, mindestens ähnlich edler, Rasse vor.

Diese Möglichkeit im Süden und Südosten Europas wird im Folgenden besprochen werden. Zur Gewissheit erhebt sie sich im Westende dieses Welttheils, wo wir später noch heute lebende Zeugen aufrufen werden, bei welchen zugleich die Wahrscheinlichkeit vorliegt: daß sie von den nachströmenden Indogermanen allmähllich durch alle Längegrade Europas gedrängt wurden, vielleicht selbst bereits eine, jetzt längst verstummte, Bevölkerung weißer Rasse verdrängend und verschiebend. Außerdem werden wir spätere Einwanderungen der Indogermanen im Norden und Nordosten Europas auf eine andere Familie treffen sehen. Doch wollen wir hier nicht weiter vorgreifen; Einwanderungen aus verschiedenen Familien in geschichtlicher Vorzeit werden sich gelegentlich ergeben.

Zunächst sehen wir Kleinasiens Völker, ohne Unterschied des Stammes, auf den Inseln zwischen beiden Welttheilen und schon gleichzeitig, d. h. in einer Zeit ohne Jahrzahl, auch auf beiden Festlanden. Die Griechen erkannten noch die alte Stammeseinheit vieler Nachbarn in Europa und in Kleinasien an sichtbaren und hörbaren Wahrzeichen. Aber es ist möglich, daß die Richtung ihrer Wanderung allmähllich von den Griechen in dem Maße umgedeutet wurde, in welchem diese selbst Europa als ihr Mutterland betrachten lernten. Wie ihre eigenen Trojazüge und Kolonien von dort nach der älteren Heimat hinüber giengen, glaubten sie auch in den meisten (nicht in allen) Fällen die kleinasiatischen Völker aus Griechenland und besonders aus Thrakien hinübergegangen, wofür wir Beispiele gaben und geben werden. Wir wollen nachher diese, wie die entgegengesetzte, Wanderungsrichtung etwas genauer aufstellen. .

In jedem Falle sind verschiedenzeitige Hinundherzüge seit jenen ersten Auswanderungen anzunehmen. Ueberhaupt gleicht der Prozess der Völkerschichtung dem geologischen. Die in ruhigerer Allmählichkeit gebildeten neptunischen Ablagerungen werden durch plutonische Aus- und Ein-brüche durchgeschmettert, auf die Seiten geschoben, auf und über einander geworfen.

Hätten die alten Athener auch nur die Stimmen ihres Wochenmarktes aus wißenschaftlicheren Gründen belauscht, als Aristophanes that, so hätten sie uns mit leichter Mühe die unzweideutigsten Zeugnisse für die Abstammung aller kleinasiatischen Völker hinterlaßen können. Die wenigen uns überlieferten Wörter ihrer Sprachen, und der möglicherweise diesen verwandten europäischen, wurden meistentheils durch Schriftsteller, die mit den Lauten und dem ganzen Bau dieser Sprachen unbekannt waren, nur mechanisch, oft auch fehlerhaft, aufgefaßt, oder gar erst mittelbar, nach wenig zuverläßigen Berichterstattern, aufgezeichnet.

Das Studium der aus Vieler Munde wiederholt aufgezeichneten Eigennamen findet nach Quantität und Qualität brauchbareren Stoff, sofern die Eigennamen und ihre Träger nicht Einwanderer sind.

So kommt es, daß die Annahme folgender Bestandtheile der kleinasiatischen Bevölkerung theilweise (bis jetzt, wie wir hoffnungsvoll oft hinzusetzen) nur Vermuthung bleibt: iranische; kaukasische (in engerem Sinne s. o.); thrakische; griechische aus verschiedenen Zeiträumen und Mundarten; semitische; keltische, über welche wir weiter unten berichten werden.

Noch viel hypothetischer ist die Entscheidung über die Fragen: welches Stammes, und ob vielleicht eines, vor allen obigen verlebten und verschollenen, Stammes Genoßen zuerst den Boden betraten, auf welchem die Götter leibhaftiger und menschlicher gewandelt haben, als irgend wo und wann auf Erden? Welches Stammes die Sprache war, in welcher Orpheus melodische Klage selbst die unterirdischen Mächte rührte, und die doch auch die Muttersprache seiner wüsten Mörderinnen war? In der That galten die Thraken den Griechen, welche doch ihre alte Dichtung, Tonkunst und Religion hochstellten, als rohe, wüste, trunksüchtige Gesellen. Wir werden ihnen bald näher begegnen.

Indem wir endlich Europa betreten, so sind die ersten sicheren Indoeuropäer, welchen wir in dieser Richtung begegnen, die Griechen. Sie sind die eine Abtheilung einer Gruppe, welche die beiden herrlichen Halbinseln des europäischen Südens bewohnt, und welche wir deßhalb die griechisch-italische (Italograeken) nennen, der Kürze wegen mitunter auch die pelasgische, aus welchem Grunde? wird sich bald ergeben.

Der unvergleichliche Einfluß dieser Gruppe auf die materielle und die geistige Entwickelung ganz Europas, und dadurch der gesamten Nachwelt, hat die meisten Aeste des griechischen Stammes und von dem italischen zunächst die Römer so allgemein bekannt gemacht, daß wir uns hier auf einige Andeutungen über ihre Unterschiede und Aehnlichkeiten beschränken können. Des italischen Theiles werden wir dabei nicht weiter, als nöthig ist, gedenken, da wir Italien und seine mannigfachen Völkerstämme erst auf Umwegen erreichen werden, um dort zu verweilen, nur von Zeit zu Zeit unterwegs hinüber blickend.

Die Griechen haben dafür gesorgt, daß wir noch heute ihre wichtigsten Mundarten in schriftlichen Denkmalen vor uns haben, jedoch immer nur die des engeren, sicher begrenzten Kreißes, welchen wir den hellenischen nennen können. In Italien aber kennen wir vollständig und genau nur den Latinersprachast; und selbst von den nächstverwandten Sprachen oder Mundarten haben wir nur Trümmer ausgegraben. So wenig zahlreich aber und so schwer zu deuten auch diese sind; so wichtig ist uns dennoch ihr ergänzendes Zeugniss für die ursprüngliche Einheit der Italer und der Griechen, da sie in Einzelheiten den Mundarten der letzteren näher stehn, als die lateinische Sprache.

Immerhin aber bleibt die Kluft zwischen der Sprachengesamtheit des italischen Stammes und dem Mundartenkreiße des griechischen eine so breite, daß die Breite des adriatischen Meeres zu ihrer Erklärung nicht hinreicht, und daß Lottner neuerdings in Kuhns Zeitschrift wagen durfte, die Zwillinge ganz aus einander zu rücken. Es fragt sich, ob er dieser Ansicht bleibt, wann er den Wörterschatz beider Theile ebenso gründlich vergleicht, wie er dieß mit ihren Formen that. Bei so verwickelten Rechnungsaufgaben darf keine Zahlengröße in Ort und Zeit unbeachtet bleiben, und ebensowenig irgend eine Klasse der Vergleichungsmerkmale. Zu diesen gehört namentlich der Accent, auf welchen erst die neueren Entdeckungen und Forschungen in Osten und Westen schärferes Licht geworfen haben. Der Gegensatz des griechischen Tonfalls zum lateinischen mildert sich indessen durch eine schon längst bekannte Vermittelung griechischer Mundarten, namentlich der aeolischen, die auch, nebst der verschwisterten dorischen, in Lauteigenheiten der lateinischen Sprache näher steht. Auch die räumlichen Verhältnisse: die aeolo-dorischen Volksstämme im Norden Griechenlands, und der wahrscheinliche Einzug ihrer Stammverwandten in Italien von Nordosten her, scheinen zu dieser Nähe zu stimmen, wenn anders bei dieser Einwanderung oder kurz vor ihr die nachmaligen Italer noch mit den Griechen unmittelbar zusammenhiengen, und der Abschiedsgruß der Scheidenden in jenem nördlichen Landstriche erschallte, während der Zug vielleicht durch fremde Volksmassen, besonders illyrischen Stammes, unterbrochen wurde.

In sprachlicher Hinsicht bleibt ein Kontrast merkwürdig: im Aeolischen und Lateinischen bei antiken Lautverhältnissen Verschiebung

des Tonfalls, darneben dessen Erhaltung auch in sonst viel entarte-
teren griechischen Dialekten; bekanntlich hat die Entdeckung des
altindischen (sanskritischen) Accentes dessen bedeutende Verwandtschaft mit dem gemeingriechischen, im Gegensatze zu dem aeolischen
und noch mehr zu dem lateinischen, herausgestellt.

Hätten wir etwa anderthalb Jahrtausende v. Chr. alte Urkunden
griechischer und lateinischer oder überhaupt italischer Sprache: so
würde die alte Einheit ohne Zweifel bedeutend hervortreten. Jedoch
auch dann noch erst als eine »alte.« Nehmen wir nun dazu noch
andre wichtige Potenzen: die Verschiedenheit des Charakters,
wie sie die Geschichte hinlänglich zwischen Italern und Griechen
zeichnet, wiewol auch hier, gleichwie bei den Mundarten, die
griechische Mannigfaltigkeit große innere Unterschiede, und dabei
dynamische Annäherungen nach Italien hin, zeigt; ferner: die alte
und tief gehende Verschiedenheit (neben Verwandtschaft) der Religionen; und die noch allzuwenig untersuchte des Organismus
in seinem mehr körperlichen Theile, der mit dem bekannteren (vorbezeichneten) des Charakters physio-psycho-logisch zusammenhängt, und durch Einwirkungen des Klimas und der Lebensweise
sich, wie überall, im Laufe der Zeit bedeutend discentriren kann. —
Für das eben erwähnte religiöse Gebiet gestatten wir uns nur eine
aphoristische Bemerkung. Adalbert Kuhn, Pott u. A. haben merkwürdige Berührungen griechischer Mythen mit arischen, zunächst
indischen, wahrscheinlich gemacht, die aus sprachlichen Gründen
nicht leicht aus späterer Entlehnung gedeutet werden können, wiewol andere Gründe für diese sprechen, namentlich die Schwierigkeit der Annahme: daß im Vaterhause der Indoeuropäer bereits vor
der Trennung so ausgebildete Mythen einheimisch waren. Auch
haben, wie es scheint, die Italiker keinen Theil daran, die doch, in
sprachlicher Hinsicht wenigstens, viel Antikes vor den Griechen
voraus haben. Ob sie jemals von einem andern Volke dieser Familie
nach Europa mitgebracht wurden, steht sehr zu bezweifeln, obgleich
einige Urgemeinschaft in Erschaffung der Götter wahrscheinlich ist.
Wir begnügen uns, auf die dauernde Verbindung der Griechen, zunächst der asiatischen Ionier, mit dem arischen Osten zu verweisen,
von welcher selbst die indische Wißenschaft und Religion einige
passive Spuren trägt.

Faßen wir alle jene Unterschiede zwischen Italern und Griechen
zusammen, so müßen wir für die bedeutende Qualität ihrer Trennung auch eine ähnliche Quantität und Zeitdauer derselben ver-

muthen, und für diese die Alternative aufstellen: Entweder waren beide Stämme schon in Asien lange Zeit hindurch getrennt und giengen in sehr verschiedenen Zeiträumen nach Europa über; oder sie waren bei diesem Uebergange noch Eins, trennten sich aber auf langes Nichtwiedersehen. Wir können erst weiter unten nochmals auf diese Fragen zurückkommen.

In Kleinasien, wie auf den Inseln und in beiden Griechenlanden Europas schweben Völkerschatten hinter den Griechen, mitunter noch körperlicher neben ihnen, kaum von ihnen unterscheidbar, ja mit ihnen verschmelzend, namentlich die Pelasger. Ohne Zweifel wurde den alten Hellenen dieser Name zum ebenso unbestimmten ihrer Vorfahren, wie ihren zu christlichen Ῥωμαῖοι (Oströmer) gewordenen Nachkommen der Name der heidnischen Ἕλληνες. Aber für einen bloßen Schemen, der nie einen Körper hatte, mögen wir denn doch nicht, wie Manche thun, die Pelasger halten.

Die ältesten griechischen Schriftsteller, wie Hesiodos und Herodotos, halten sie (oder ihren Eponymos) für Urbewohner, zunächst von Epiros und Thessalien, dann auch der Peloponnesos; Andere wenigstens für die ältesten Einwanderer in Griechenland, Einige für die nächsten Verwandten der Argiver und der Arkadier; nach Akusilaos bei Apollod. Bibl. I. 2. III. 8; waren Argos und Pelasgos Zeus und Niobes Söhne. U. a. gibt Herodotos VII. 94 sq. Πελασγοί als den alten Namen sowol der Aeolier, als auch der Ionier in der Peloponnesos und auf den Inseln an. Dionysios von Halikarnassos I. 17. sagt: »Ἦν γὰρ δὴ καὶ τὸ τῶν Πελασγῶν γένος Ἑλληνικόν, ἐκ Πελοποννήσου τὸ ἀρχαῖον.« In Thessalien indessen, das damals Αἱμονία geheißen habe, nimmt er barbarische Stämme vor den Pelasgern an, die durch die Eponymen Pelasgos, Achaeos und Phthios vertrieben wurden, die Pelasger aber später »ὑπό τε Κουρήτων καὶ Λελέγων, οἳ νῦν Αἰτωλοὶ καὶ Λοκροὶ καλοῦνται, καὶ συχνῶν ἄλλων τῶν περὶ τὸν Παρνασσον οἰκούντων.« Sie siedelten nun (c. 18.) an viele Orte auf Griechenlands und Kleinasiens Festlanden und Inseln über, namentlich auch auf Lesbos »ἀναμιχθέντες τοῖς ἐκ τῆς Ἑλλάδος στέλλουσι τὴν πρώτην ἀποικίαν εἰς αὐτήν«; ein großer Theil aber hinüber nach Italien, wo wir ihnen denn unten wieder begegnen werden.

Das Stammverhältniss der oftgenannten Leleger zu den Pelasgern und ferner zu den Karen wird verschiedenartig angegeben. In Kleinasien werden aufgezählt von Homeros Il. X. v. 428 ff.: Κᾶρες, Παίονες, Λέλεγες, Καύκωνες δῖοί τε Πελασγοί,

Αύκιοι, Μυσοί, Φρύγες, Μήονες, Θρῆκες; vgl. unsere obigen Excerple aus Herodot. I. 171 sq. und folgende, zumeist darauf gestützte, Stellen Strabons: »*Τό τε γὰρ τῶν Πελασγῶν· ἦν φῦλον καὶ τὸ τῶν Καυκόνων καὶ Λελέγων.* —— *Καὶ οἱ Κᾶρες δὲ νησιῶται πρότερον ὄντες καὶ Λέλεγες, ὥς φασιν, ἠπειρῶται γεγόνασι, προσλαβόντων Κρητῶν* etc. Strab. XII. p. 572 ff., und XIV. p. 661.: »*ὅτι οἱ Κᾶρες ὑπὸ Μίνω ἐτάττοντο, τότε Λέλεγες καλοίμενοι, καὶ τὰς νήσους ᾤκουν· εἶτ᾽ ἠπειρῶται γενόμενοι* —— *καὶ οὗτοι δ᾽ ἦσαν οἱ πλείους Λέλεγες καὶ Πελασγοί.*« Verstehn wir ihn recht, so gelten ihm Karen, Lelegen und Pelasger als Stammverwandte. Auch spricht er sich hierauf weitläufig gegen ein Missverständniss der »*Καρῶν βαρβαροφώνων*« bei Homer. Il. II. v. 867. aus, indem sie darum noch keine *βάρβαροι* seien. Er sagt aber dort p. 662. ferner: »*Οὐδέ γε ὅτι τραχυτάτη ἡ γλῶττα τῶν Καρῶν· οὐ γάρ ἐστιν, ἀλλὰ καὶ πλεῖστα Ἑλληνικὰ ὀνόματα ἔχει καταμεμιγμένα.*« Diese Mischung erklärt er durch den beständigen Verkehr der Karen mit den Hellenen als Söldlinge in Hellas, als Nachbarn auf den Inseln und in Asien. Daher komme ihr angewöhntes *βαρβαροφωνεῖν* d. i. *κακῶς ἑλληνίζειν*, unterschieden von ihrem darneben bestehenden ursprünglichen *Καριστὶ λαλεῖν, καρίζειν καὶ βαρβαρίζειν.*

Der Scholiast zu Homer. l. c. bemerkt: »*Βαρβαροφώνων, ἀγριοφώνων* [so heißen die Sintier auf Lemnos Odyss. VIII. v. 294], *καὶ τὴν Ἑλλάδα φωνὴν ἠχρηστηκότων, ὅτι τὰ μὲν ἀρρενικὰ θηλυκῶς ἔλεγον, τὰ δὲ θηλυκὰ ἀρρενικῶς.*«

Strabon zählt auch VII. p. 321. u. a. Kaukonen, Pelasger und Lelegen zu den früheren barbarischen Bewohnern von Hellas, und sagt noch u. a.: »*Περὶ μὲν οὖν Πελασγῶν εἴρηται, τοὺς δὲ Λέλεγάς τινες μὲν τοὺς αὐτοὺς Καρσὶν εἰκάζουσιν, οἱ δὲ συνοίκοις μόνον καὶ συστρατιώτας·* —— *ἥ τε Ἰωνία νῦν λεγομένη πᾶσα ὑπὸ Καρῶν ᾠκεῖτο καὶ Λελέγων· ἐκβαλόντες δὲ τούτους οἱ Ἴωνες αὐτοὶ τὴν χώραν κατέσχον.*« In Hellas nennt er mehrere Völker, namentlich die Lokrer nach Hesiodos und Aristoteles (vgl. auch o. Dionysios) als Nachkommen der Lelegen. Diodoros V. 84. sagt: die *βάρβαροι Κᾶρες* hätten nach und mit den Kretern die Kykladen bewohnt, jene meistentheils verdrängend, endlich aber selbst von den Hellenen verdrängt.

Die Züge nach Kleinasien scheinen nur nothgedrungene Rückwanderungen gewesen, und von ältester Zeit her daselbst Pelasger, Lelegen und Karen verblieben zu sein.

Das Verhältniss der Karen zu den Lelegen gleicht dem der Hellenen zu den Pelasgern, zu welchen auch jene selbst gestellt werden, wie wir sahen. Vgl. noch Pomp. Mela I. 16.: »Caria —.—Habitant incertae originis; alii indigenas, sunt qui Pelasgos, sunt qui Cretas existimant.« Ferner: Stephanos Byz. vv. *Nινόη* und *Μεγάλη πόλις*, wo noch stärker, als bei Strabon, die Lelegen mit den Pelasgern identificiert oder doch verwechselt werden. Dennoch unterscheiden wir sie mit Homeros, der ältesten Autorität. Auch werden Beider Ursitze unterschieden, indem die Lelegen vorzüglich in der späteren Hellas hausen und mehr nur in der Peloponnesos mit den Pelasgern als uralte Kolonen zusammentreffen. Der Kürze wegen verweisen wir auf die Citate bei Knobel a. a. O. S. 99., der, wol mit Recht, eine Verdrängung der Lelegen durch die Pelasger von Norden her annimmt. Keinesfalls suchen wir in Ersteren die Vorfahren, sondern nur die örtlichen Vorgänger der Hellenen; diese werden in geschichtlicher Zeit, zumal auf den Inseln, stets als Verdränger der lelegisch-karischen Völker bezeichnet. Auf Letztere deuten wir den Ortsnamen *Kαρία* sowol in Lakonika, als (*Kαρῶν λιμήν*) in Moesien.

Nach dem Vorstehenden galten die schon oben bei Kleinasien von uns genannten Karen den Griechen nicht bloß als *βαρβαρόφωνοι*, sondern auch als *βάρβαροι*. Mehrere Aussagen der Alten über die Sprachen der Karen und anderer Kleinasiaten beziehen sich auf die von ihnen adoptierte hellenische. Vgl. außer Strabon a. a. O.: »Caria et Phrygia et Mysia, quod minime politae minimeque elegantes sunt, adsciverunt — — dictionis genus, quod eorum vicini Rhodii nunquam probaverunt, Graeci multo minus, Athenienses vero funditus repudiaverunt.« Cic. Orat. ad Brutum VIII. cf. XV. Hesychios sagt: »*οἱ Ἡλεῖοι καὶ οἱ Κᾶρες* [koordiniert] *ὡς τραχύφωνοι καὶ ἀσαφῆ τὴν φωνὴν ἔχοντες*.« Die wenigen erhaltenen karischen Sprachreste verrathen theils Urverwandtschaft, theils (ganz späte) Mischung mit der griechischen Sprache, aber auch Berührungen mit den gleich spärlichen thrakischen und phrygischen Sprachreliquien; über ihre Beziehung zu andern kleinasiatischen Sprachen und Völkern s. o. Verwechselung der Karen mit den Phoeniken bei späteren Schriftstellern (vergl. Athen. p. 174 ff.) darf uns nicht zu ethnologischen Schlüßen verleiten.

Auch die Pelasger selbst erscheinen ihren hellenischen Enkeln oder Neffen mitunter als fremdsprachige Barbaren, vgl. unsere obigen Auszüge aus Strabon. Demnächst verweisen wir auf Strab. V. p. 221. Herodotos I. 57 ff. vgl. II. 50 sqq. VII. 124. VIII. 44. 116 ff. Die

Athener sind frühere Nachbarn der Pelasger, ja die Nachkommen
der pelasgischen *Κραναοί.* Nun aber kennt Herodotos wirkliche,
konkrete Pelasger als Zeitgenoßen, deren »barbarische« Sprache
von der seiner hellenischen Zeitgenoßen verschieden war, und von
welchen er I. c. 57. u. a. sagt: *»Ἥντινα δὲ γλῶσσαν ἴεσαν οἱ Πελασγοί, οὐκ ἔχω ἀτρεκέως εἰπεῖν· εἰ δὲ χρεών ἐστι τεκμαιρόμενον λέγειν
τοῖσι νῦν ἔτι ἐοῦσι Πελασγῶν, τῶν ὑπὲρ Τυρσηνῶν Κρηστῶνα
πόλιν οἰκεόντων· — — οἴκεον δὲ τηνικαῦτα γῆν τὴν νῦν Θεσσα-
λιῶτιν καλεομένην· καὶ τὴν Πλακίην τε καὶ Σκυλάκην Πελασγῶν οἰκισάντων ἐν Ἑλλησπόντῳ, οἳ σύνοικοι ἐγένοντο Ἀθη-
ναίοισι· — — εἰ τούτοισι τεκμαιρόμενον δεῖ λέγειν, ἦσαν οἱ Πελασγοὶ βάρβαρον γλῶσσαν ἱέντες. — — καὶ γὰρ δὴ οὔτε οἱ
Κρηστωνιῆται οὐδαμοῖσι τῶν νῦν σφεας περιοικεόντων εἰσὶν
ὁμόγλωσσοι, οὔτε οἱ Πλακηνοί· σφίσι δὲ, ὁμόγλωσσοι.«* Demnach
sprachen sie, wie es scheint, auch weder thrakisch, noch etwa my-
sisch. Herodotos schließt aus der fremdartigen Sprache dieser pelasgischen Kolonien, daß *»τὸ Ἀττικὸν ἔθνος ἐὸν Πελασγικόν, ἅμα
τῇ μεταβολῇ τῇ ἐς Ἕλληνας, καὶ τὴν γλῶσσαν μετέμαθε«* und denkt
nicht daran, daß sich das moderne attische Griechisch viel eher aus
der pelasgischen Sprache der attischen Vorzeit entwickelt haben
konnte. Damit ist nicht gesagt, wol aber möglich: daß die Kresto-
niaten u. s. w. das älteste Griechisch in ihrer Isolierung ähnlich bewahrt hatten, wie die Isländer das Altnordische, oder auch nur, wie
die Tzakonen das Lakonische. Da jene pelasgischen oder altgriechischen Kolonen nicht bloß von den Stammverwandten getrennt,
sondern auch von fremdstammigen Nachbarn umgeben waren: so
ist nicht bloß eine isolierte griechische Dialektbildung bei ihnen
denkbar, die gleichermaßen von den übrigen griechischen Mundarten, als von der gemeinsamen Mutter, abwich, sondern auch zugleich eine desorganisierende Mischung mit den barbarischen Nach-
barsprachen, wodurch endlich ein nur den Kolonisten selbst ver-
ständlicher Jargon entstand. Doch spricht die Homoglossie dieser
von einander ziemlich entfernten Kolonien mehr für gemeinsame Erhaltung der alten Sprache. Wahrscheinlich sprachen die Kresto-
niaten auch thrakisch vgl. u. a. Herod. VIII. c. 116: *»ὁ τῶν Βι-
σαλτέων βασιλεὺς γῆς τε τῆς Κρηστονικῆς, Θρήϊξ«*; besonders
Thukydides IV. 109., wo er von den Städten auf der Chalkidike sagt:
*»αἳ οἰκοῦνται ξυμμίκτοις ἔθνεσι βαρβάρων διγλώσσων. καὶ
τι καὶ Χαλκιδικὸν ἔνι βραχύ, τὸ δὲ πλεῖστον Πελασγικόν, τῶν καὶ
Ἀθήνας Τυρσηνῶν οἰκησάντων, καὶ Βισαλτικὸν καὶ Κρησ-*

τωνικὸν καὶ Ἡδονες.« Auch II. 99.: »Γρηστονίαν καὶ Βι-
σαλτίαν«, wornach Stephanos Byz.: »Γρηστωνία χώρα Θράκης
πρὸς τῇ Μακεδονίᾳ.« Die anl. Media hat auch Γραιστωνία
Athen. III. 77. d. Adelung (Mithr. II. 369.) bemerkt u. a.: Strabon
nenne die Sintier auf Lesbos Thraken, der Scholiast des Apollonius
Rhodius aber Pelasger, Appianos die sonst für Pelasger geltenden
Perrhaeber dagegen Illyrier. Auch Herodots und Anderer (vgl.
Strab. V. p. 221.) Pelasger in Attika fallen beinahe mit den obigen
Tyrsenern bei Thukydides und mit Strabons (VII. p. 321.) Thraken
in Attika zusammen; wenn dieser dabei sagt, fast ganz Griechenland
sei einst κατοικία Βαρβάρων gewesen, so meint er unter Letzteren
auch die Pelasger. Platon sagt im Kratylos XXV.: die Sprache der
Alten stehe der modernen ähnlich ferne, wie eine barbarische, und
werde (weil un- und miss-verstanden) als solche angesehen; jedoch
hätten auch wirklich die Hellenen von den barbarischen Nachbarn
viele Wörter angenommen, wie πῦρ: »φανεροί τ'εἰσιν οὕτως αὐτὸ
καλοῦντες Φρύγες, σμικρόν τι παρακλίνοντες· καὶ τό γε ὕδωρ καὶ
τὰς κύνας καὶ ἄλλα πολλά.« Wenn er hier die Phrygen nennt,
so hat er in folgender Stelle XXXVI. vielleicht die Begriffe der
Fremden und der Stammväter, der Entleihung und der Fortbildung
konfundiert: »παρὰ Βαρβάρων τινῶν αὐτὰ (τὰ πρῶτα ὀνόματα)
παρειλήφαμεν· εἰσὶ δὲ ἡμῶν ἀρχαιότεροι Βάρβαροι.« Gerade
die von Platon vermutheten barbarischen Lehnwörter im Griechischen,
wie πῦρ, κύων, sind sicher indoeuropäisch und wahrscheinlich recht
altgriechisch, obgleich sie in den meisten heutigen griechischen
Mundarten durch andre, ebenfalls echt griechische, ersetzt werden;
arische Lautverhältnisse haben sie am wenigsten. Wenn aber der
Name der Insel Δῆλος der ur- oder vor-griechische für die Sonne
ist, die auf albanesisch djeł heißt, so ist dieß merkwürdige Zusammentreffen schwerlich ein zufälliges.

Die altgriechischen Mundarten zerfallen, trotz mancher Kreuzungen, deutlich genug in zwei Hauptgruppen, die wir am besten
mit Strabons Worten (VIII. p. 333.) zeichnen: »τὴν μὲν Ἰάδα τῇ
παλαιᾷ Ἀτθίδι τὴν αὐτὴν φαμέν, τὴν δὲ Δωρίδα τῇ Αἰολίδι.«
Die letztere ist im Ganzen die antikere. Aber an sie schließt sich
eine dritte, nördlichere, Gruppe oder Mundart, deren bedeutende
Abweichungen, kombiniert mit der Lage und der Geschichte ihrer
Heimat, auf irgend eine fremdartige Mitwirkung schließen laßen.
Wir meinen die Mundart (oder Sprache) von Makedonien.

Ihre Anatomie wird dadurch noch erschwert, daß sie durch

Alexanders Eroberungszüge und Heeresmischung wahrscheinlich sowol iranische und semitische Wörter empfieng, als auch selbst Setzlinge an griechische Mundarten abgab, wofür Zeugnisse vorliegen, namentlich die Aeußerung bei Athenaeos III. 122. (c. 94.): *»Μακεδονίζοντας τ᾽ οἶδα πολλοὺς τῶν Ἀττικῶν διὰ τὴν ἐπιμιξίαν.«* Für die eigenthümliche Sprache der Makedonen zeugen folgende Stellen: Curtius VI. c. 9., wo Alexander großes Gewicht auf den »patrius sermo« der Makedonen im Gegensatze zur griechischen Sprache legt; c. 6., wo Philotas beschuldigt wird, »Macedo natus homines linguae suae per interpretem audire«, worauf ihm in c. 10. die bemerkenswerthe Aeußerung in den Mund gelegt wird: »Mihi quidem objicitur, quod societatem patrii sermonis asperner — — Jam pridem nativus ille sermo commercio aliarum gentium exolevit; tam victoribus quam victis peregrina lingua discenda est.« Plutarch. Eumen. XIV.: *»ἀσπασάμενοι Μακεδονιστὶ τῇ φωνῇ«*; und Arat. XXXVIII., die Makedonen mit andern Barbaren koordinierend: *»μὴ πάλιν τὴν Πελοπόννησον ἐκβαρβαρῶσαι φρουραῖς Μακεδόνων, μηδὲ πληρῶσαι τὸν Ἀκροκόρινθον Ἰλλυρικῶν ὅπλων καὶ Γαλατικῶν.«* Pausan. IV. 29.: *»ἔκ τε τῶν ὅπλων καὶ τῆς φωνῆς Μακεδόνας — — γνωρίζουσιν ὄντας.«* Wenn Seneca Consol. ad Helv. VI. sagt: »Quid sibi volunt in mediis Barbarorum regionibus Graecae urbes, quid inter Indos Persasque Macedonicus sermo?«, so wird die Besonderheit des letzteren nur wenig durch die Nebenstellung der ersteren geschwächt. Für die Sprachverwandtschaft der Makedonen mit nicht oder halb griechischen Nachbarn sind einige Zeugnisse vorhanden. Livius XXXI. 29. nennt »Aetolos, Acarnanas, Macedonas eiusdem linguae homines.« Einiges Weitere über diese Völker folgt bald unten. Weniger Gewicht hat es, wenn griechische Redner den makedonischen Philippos bald, wie Isokrates, als Herakliden, bald, wie Demosthenes, als Barbaren behandeln. Die Makedonen werden zwar häufig, auch noch in den Hauptstädten der Diadochen (Joseph. Ant. XII. 3, 1. XVIII. 9, 8.) von den Hellenen unterschieden, aber mitunter auch ihnen beigezählt, wie namentlich Strabon X. p. 460. *»τοὺς Μακεδόνας καὶ τοὺς ἄλλους Ἕλληνας«* nennt. Auf die Genealogien der Makedonen bei den Alten kommen wir unten.

Unsers Wißens finden die fremdartigen (ungriechischen) Wörter unter den aufbewahrten makedonischen bis jetzt keine Erklärung durch die albanesische Sprache. Nach Clemens Alex. Strom. V. wird ein bald durch Waßer, bald durch Luft verdolmetschtes

Wort βέδυ gewöhnlich den **Phrygen**, aber einmal auch den **makedonischen Priestern** bei Gebetsformeln zugeschrieben. Die
o. erwähnte, bei Herodot. VII. 73. Strab. VI. p. 295. vorkommende
makedonische Form Βρίγες=Φρύγες scheint aus Kleinasien selbst
zu stammen, mindestens dort ebenfalls üblich gewesen zu sein, vgl.
„Βρίγα Ἰόβας δὲ ὑπὸ Λυδῶν φαίνεται λέγεσϑαι τὸν ἐλευ-
ϑερόν“ Hesych. (öfters mit d. frei verglichen); vgl. auch die
Βρῦγοι. Uebrigens ist, wie o. bemerkt, B statt oder gleich griech.
Φ makedonisch, ebenso auch Δ statt Θ, Γ statt X, d. h. vielleicht:
die makedonische Sprache setzt für die Media aspirata die hauchlose.
Merkwürdiger Weise tauchen bei den **phrygischen** Sprachresten
wiederum Spuren der selben Lautstufe auf. Wol nur zufällig erinnert „πέλλης τὸ χρῶμα, ὅ ἐστι τεφρῶδες κατα τὴν Μακεδόνων
φωνήν“ Ulpian. ad. Demosth. de fals. Legat. an litau. **pellenai** m.
pl. τέφρα; richtiger werden wir die Sippen im Griechischen suchen
(vgl. u. a. M. Schmidt in Kuhns Z. IX. 4. S. 296.), wie denn überhaupt die meisten (besonders von Sturz gesammelten) makedonischen
Wörter und Formen griechischen, oder, wenn wir lieber wollen,
pelasgischen Charakter tragen. Nichtsdestoweniger konnte diese
Sprache dem Hellenen ebenso unverständlich sein, wie z. B. die
sächsischen, die friesischen und noch mehr die nordischen dem
Oberdeutschen. Indessen beachte man für πέλλης, wie auch in
ethnologischer Hinsicht, Strab. VII. Epit., wornach sowol die **Makedonen**, als die **epirotischen** Thesproten und Molotter „τὰς
γραίας **πελίας** καὶ τοὺς γέροντας **πελίους**“ nennen, freilich
aber auch die (**hellenischen**) Lakonen und Massalioten „τοὺς
γέροντας **πελιγόνας**“, womit die Vorgenannten „τοὺς ἐν τιμαῖς“
bezeichnen.

Sonst unterscheidet Strabon die **Epiroten** sowol von den
Makedonen, wie von den **Illyriern** und von den **Thraken**.
Er sagt V. p. 221.: „Πολλοὶ δὲ καὶ τὰ Ἠπειρωτικὰ ἔϑνη
Πελασγικὰ εἰρήκασιν, ὡς καὶ μέχρι δεῦρο ἐπαρξάντων.“ Plutarchos verknüpft in seinem Pyrrhos c. 1 sqq. die Urgeschichte
der Epiroten und namentlich der Thesproten und Molotter mit den
thessalisch-griechischen Mythen, aber als erst „διὰ μέσου βασιλέων
ἐκβαρβαρωϑέντων. — — Θαρρύταν πρῶτον ἱστοροῦσιν Ἑλληνικοῖς
ἔϑεσι καὶ γράμμασι καὶ νόμοις φιλανϑρώποις διακοσμήσαντα
τὰς πόλεις“ Zugleich überliefert er uns ein epirotisches Wort:
„Ἀχιλλεὺς ἐν Ἠπείρῳ τιμὰς ἰσοϑέους ἔσχεν, Ἄσπετος ἐπιχωρίῳ
φωνῇ προσαγορευόμενος.“ Merkwürdig wäre es, wenn die Deu-

tung dieses Beinamens als Synonyms des griechischen Ποδώκης
aus dem heutigen albanesischen špeite, dial. ĕpeite (schnell)
richtig ist! Thukydides I. 5. gedenkt »τῶν Βαρβάρων οἵ τε ἐν τῇ
Ἠπείρῳ παραθαλάσσιοι καὶ ὅσοι νήσους εἶχον.« Vgl. a. über
Aetoler u. s. w.

Justinus VII. 1. sagt von Makedonien: »Populus Pelasgi, regio
Paeonia dicebatur.« Knobel a. a. O. bemerkt dabei: »Der alte
König Pelasgus bezeichnet seine Unterthanen vom Strymon bis zum
adriatischen Meere als Pelasger«, und citiert Aeschyl. Suppl. 249 ff.
Pausan. V. 1, 2. 3. Liv. XL. 3. Manche Namen und Sagen deuten
auf griechische Abstammung der Makedonen, d. h. des Volkes,
welches dem Lande Emathia oder Paeonia seinen Namen gab
und die fremdstammigen Bewohner vertrieb oder absorbierte, weit
später aber wieder andere fremde Stämme zu Nachbarn im Lande
erhielt. In den ältesten griechischen Sagen (Hesiodos, Hellanikos,
Apollodoros) ist der Eponymos Makedon der Sohn griechischer
Götter, auch des Ur-Arkadiers Lykaon. Nach Herodotos I. 56.
VIII. 43. hieß der aus Histiaeotis vertriebene, den Pindos umwoh-
nende dorische Stamm ἔθνος Μακεδνόν. Eine andre Variante
der Makedonen lautet Maketen. Die Temenossöhne aus Argos,
die zuvor in Illyrien Hirtendienste geleistet haben sollen, eroberten Makedonien und vertrieben daraus — nach Thukydides II. 99,
vgl. Herodot. V. 22. — die thrakischen Pierier; Strabon X.
p. 471. sagt: daß jetzt die Makedonen Pieria und andre früher thrakische Orte inne haben, vgl. VII. Epit.: »ἐν Θρῄκῃ, ἡ νῦν Μακεδο-
νία καλεῖται«; und VII. p. 321.: »ἔχουσι Μακεδονίαν μὲν Θρᾷκες,
καὶ τινα μέρη τῆς Θετταλίας«; früher seien Thraken und Epiroten noch verbreiteter in Griechenland gewesen. Nach p. 326 ff.
wurden auch die epirotischen Μολοττοί von den Thessalern
abgeleitet. Ebds. ff. spricht Strabon von der allmählichen Ausdehnung
der makedonischen Macht und sagt u. a.: »Ἔνιοι δὲ καὶ σύμπασαν
τὴν μέχρι Κορκίρας Μακεδονίαν προσαγορεύουσιν, αἰτιολογοῦντες
ἅμα, ὅτι καὶ κουρᾷ καὶ διαλέκτῳ καὶ χλαμύδι καὶ ἄλλοις
τοιούτοις χρῶνται παραπλησίως· ἔνιοι δὲ καὶ δίγλωττοί
εἰσιν.« Welche Sprachen er hier meine, sagt er nicht; nach dem
Zusammenhange vielleicht eine den Epiroten und den Makedonen gemeinsame (vgl. o. Excerpte), und die der Illyrier,
welche örtlich mit den Epiroten »ἀναμέμικται«.

Illyrische Abstammung der älteren Makedonen mit O. Müller,
der späteren mit Droysen anzunehmen, dünkt uns immer noch hypo-

thetisch. Wenn z. B. Appianos B. Mithr. LV. illyrische Völker als
»περίοικα Μακεδόνων ἔϑνη« nennt, so sind sie eben nur deren
Nachbarn. Die »incolas permultos Gallos et Illyrios« der tertia
regio bei Livius XIV. 30. erhielt diese erst unter den Diadochen aus
Illyricum. Elymioten und ähnliche Namen von Völkerschaften und
Oertlichkeiten kommen in Makedonien und in Epiros oder Illyris
Graeca, Erstere aber auch in Arkadien und in Sicilien, sowie im
arischen Oriente vor; ähnliche Verbreitung zeigt der orestische
Name. Die Semiten belegten die Makedonen mit dem oft zur Unge-
bühr gebrauchten Namen Kittim, vielleicht durch Μαχέται veranlaßt, wie Κάρες und Μάκαρες verwechselt wurden. Daher gibt
Epiphanios (s. Knobel a. a. O. S. 103.) an : die Κίτιοι wohnten nicht
bloß auf Kypros und Rhodos, sondern auch in Makedonien.

Besondere Erwähnung verdienen noch die Aetoler. Sie grenzen an Thessalien, ein Hauptgebiet früherer Pelasger, sowie an
Epiros ;. Strabon nennt VII. p. 321. epirotische Völkerschaften in
Aetolien. Dort sollen einst die Kureten von den Aetolern vertrieben
worden sein, oder aber Aetoler und Lokrer werden mit ihren Vorgängern: den Kureten und den Lelegen, identificiert, vgl. u. a.
Dion. Halic. I. c. 17. (o. excerpiert); Strabon X. p. 463 ff., der auch
Ephoros Ansicht anführt: »τοὺς Αἰτωλοὺς ἔϑνος εἶναι μηδεπώποτε
γεγεννημένον ὑφ' ἑτέροις.« Strabons Zweifel an dem Hellenenthum
der Athamanen X. p. 449. scheint auch den unmittelbar vorher
genannten Aetolern und Akarnanen zu gelten, welchen Livius
in unserem obigen Excerpte samt den Makedonen Eine (besondere)
Sprache zuschreibt. Thukydides und Polybios halten die Aetoler
zum grösten Theile für Barbaren. Ersterer zählt sie, im Ganzen
genommen, bald zu den Epiroten, bald zu den Hellenen; vgl.
namentlich Thuc. I. 5. III. 95., wo er von den aetolischen Hauptstämmen sagt: »ἀγνωστότατοι δὲ γλῶσσαν καὶ ὠμοφάγοι εἰσίν.«
Vgl. unser Obiges über die Epiroten.

Makedonien und Epiros bilden, trennend oder vermittelnd,
die Grenzmarken zwischen den Hellenen und den, ihnen fremden,
ausgebreiteten Völkermassen der Thraken und Illyrier, deren
genealogische Stellung zu einander, wie zu den Hellenen, biß jetzt
noch nicht sicher angegeben werden konnte. Wir dürfen die Völker
des Alterthums ebensowenig immer in die uns bekannten Familien
einordnen, als in ihnen Glieder und Reste allzu vieler und verschiedener Familien annehmen wollen. Außer jenen beiden umfaßenden
Völkernamen tritt im alten Osteuropa noch der der Skythen auf,

zu welchem sich der der Sarmaten näher gesellt. Eine Reihe anderer Völkernamen ordnen sich den genannten unter; einige halb mythische Völkchen, die weder zu jenen, noch zu den Pelasgern gerechnet werden, können immerhin schon frühe ganz erloschenen Familien oder Rassen angehört haben; über die Kreuzundquerzüge mehrerer Völker zwischen Kleinasien und Europa haben wir bereits mehrmals gesprochen und werden noch öfters darauf zurückkommen müßen. Dabei gedachten wir auch der Phoeniken, dieser Noachiden, deren Archen alle Meere der alten Welt durchsuchten, und die auf sehr vielen griechischen Inseln siedelten, wofür Knobel a. a. O. S. 96. reichliche Belege giht. Im Folgenden werden wir, in unserer bißherigen Weise und Beschränkung, die vorhin genannten Hauptvölker und nur die wichtigsten ihrer Zweige oder Nachbarn mustern·

Strabon hält Thraken und Illyrier stets geschieden; wenn er VII. p. 315. sagt »(οἱ Ἰάποδες — — κατάστικτοι δ'ὁμοίως) τοῖς ἄλλοις Ἰλλυριοῖς καὶ Θραξί«, so vermittelt ἄλλοις nicht diese beiden Völker, sondern nur die Illyrier mit »Ἰαπόδων, Κελτικοῦ τε ἅμα καὶ Ἰλλυρικοῦ ἔθνους« ib. p. 313. (und ähnlich ib. p. 317. IV p. 207.). Dagegen wiegt es wenig, wenn bei einem Scholiasten des Aristophanes Thraken und Illyrier einerlei sind, oder hier und da Völkerschaften wechselnd Beiden zugezählt werden, wie z. B. die Skordisker von Florus III. c. 4. den Thraken, von Appianos Ill. passim den Illyriern, u. A. von Strabon VII. passim dagegen, im Gegensatze zu jenen Völkern, den Galaten; »τοῖς Ἰλλυρικοῖς ἔθνεσι καὶ τοῖς Θρᾳκίοις ᾤκησαν ἀναμίξ«, sagt Strab. VII. p. 213., vgl. u. a. ebds.: »τὰ Θράκια καὶ εἴ τινα τούτοις ἀναμέμικται Σκυθικὰ ἢ Κελτικά«; p. 296.: »Ἀναμέμικται ταῦτα τὰ ἔθνη (Σκύθαι καὶ Σαρμάται κ. τ. λ.) τοῖς Θραξί, καὶ τὰ Βασταρνικά — — Τούτοις δὲ καὶ τὰ Κελτικά· οἵ τε Βοῖοι καὶ Σκορδίσκοι καὶ Ταυρίσκοι«; auch ib. p. 304.: »Κελτοὺς ἀναμεμιγμένους τοῖς τε Θραξί, καὶ Ἰλλυριοῖς — Βοΐους καὶ Ταυρίσκους« uud p. 289.: »Μεσημβρινὰ δὲ τά τε Ἰλλυρικὰ καὶ τὰ Θράκια, καὶ ὅσα τούτοις ἀναμέμικται τῶν Κελτικῶν ἢ τινων ἄλλων μέχρι τῆς Ἑλλάδος«; wo überall nicht sowol Blutmischung und Verschmelzung, als gemischtes Wohnen zu verstehen ist. Vgl. auch »τά τε Θράκια γένη καὶ τῶν πλησιοχόρων Γαλατῶν« Diod. Sic. XVII. 113. Keltische Völkerschaften und Banden siedelten im Haemos und in Makedonien und stifteten in Thrakien ein kleines Reich.

Herodotos V. c. 3. nennt die Thraken das gröste Volk nach den Indern. Noch stärker tritt die räumliche Geltung ihres Namens

in ältester Zeit hervor in dem Mythos (nach Andron von Halikarnassos bei Tzetz. ad Lycophr. 894.), der Thrake neben Asia, Libye
und Europa als Okeanostochter nennt, d. h. als nördlichen Welttheil;
in ähnlichem Sinne gilt *Πέργη* (*Πέρκη*) als ältester Name Thrakiens,
der mit dem gleichen Stadtnamen in Pamphylien, so wie mit *Πέργα-*
μον u. s. w. zusammenhängt. Auf die zahlreichen Beziehungen der
Thraken zu Kleinasien (vgl. noch bes. Herod. VII. 73 ff. und unten
über die Kimmerier) haben wir schon früher hingewiesen, ebenso
auf die zu Griechenland, wo sie sporadisch an mehreren Orten des
Festlandes sowie auf den Inseln (Samothrake u. s. w.) vorkommen; Belege s. besonders bei Knobel a. a. O. S. 125. Strabon XI.
p. 531. hörte von ihnen weiter in Iran hinauf: *»Φασὶ δὲ καὶ Θρᾳ-*
κῶν τινας, τοὺς προσαγορευομένους Σαραπάρας οἷον κεφαλο-
τόμους, οἰκῆσαι ὑπὲρ τῆς Ἀρμενίας, πλησίον Γουρανίων καὶ
Μήδων«; der Name *Σαραπάραι*, obgleich in zweiter Hälfte dem
thrakischen Ortsnamen Bessapara gleichend, mag von den Iraniern ausgegangen sein; vielleicht bedeutet die erste Hälfte Kopf
und hat den iranischen Zischlaut (z. B. osset. sar) im Gegensatze
zu griechisch *κάρα*, aus neutralem çara.

Der Name der thrakischen Stadt *Πακτύη* klingt zu *Πακτύης* im
ionischen Kleinasien und zu der arischen *Πακτυϊκή* u. s. m. Strabon schwankt, wenn ihm XIII. p. 586. die *Τῆρες* »καὶ οὗτοι Θρᾷκες«, aber I. p. 59. nur *»σύνοικοι τοῖς Θρᾳξίν«* und wiederum
p. 61. und XIV. p. 647. *»ἔθνος Κιμμερικόν«* sind, wiewol er z. B.
XIII. p. 627. *Τῆρας* und *Κιμμερίους* unterscheidet; Weiteres
s. unten bei den Kimmeriern und Celt. II. 1. S. 180 ff.

Wie die Thraken hier wenigstens als Nachbarn der Kimmerier
erscheinen, so werden die u. a. nach Herodotos IV. 93. Strab. VII.
295. (s. o.) thrakischen Geten mitunter (wie von Dion, s. u.)
auch zu den Skythen gerechnet; Thukydides II. 96. läßt die Geten auf *»τοὺς ἐντὸς τοῦ Αἵμου τε ὄρους καὶ τῆς Ῥοδόπης Θρᾷ-*
κας« folgen und sagt, sie seien *»ὅμοροί τε τοῖς Σκύθαις καὶ ὁμό-*
σκευοι, πάντες ἱπποτοξόται.« Dazu gab auch für die Daken, die
sich zu den Geten ursprünglich ähnlich verhalten mochten, wie die
Moldauer zu den Walachen, aber später auch ganz mit ihnen zu-
sammenfielen (»Getae Daci Romanis dicti« Plin. H. nat. IV. c. 12.
vgl. u. aus Dion und Appianos), vielleicht der Name der skythischen
Δάαι, Dahae Anlaß, welcher nach Strabon VII. p. 304. irrig auf die
attischen Sklavennamen *»Γέται καὶ Δάοι«* bezogen wurde, während
vielmehr letzterer der alte Namen der Daken sei. Bemerkenswerth

ist bei Aristoteles (de Gen. an. V. c. 3.) die Zusammenstellung: »Οἱ μὲν ἐν τῷ Πόντῳ Σκύθαι καὶ Θρᾷκες εὐθύτριχες.« Aehnlich auch bei Galenos in einer o. angeführten Stelle über die helle Hautfarbe. Die Ἀγάθυρσοι, ein wahrscheinlich skythisches Volk, das an die Thraken grenzte oder unter ihnen wohnte (vgl. Herod. IV. c. 100. »ἔθνος ἐνδοτέρῳ τοῦ Αἵμου« Suidas), hatte nach Herod. IV. c. 104 sq. den thrakischen ähnliche Sitten und wird von Stephanos Byz.: »Τραυσοί· πόλις Κελτῶν· ἔθνος, οὓς οἱ Ἕλληνες Ἀγαθύρσους ὀνομάζουσι« mit Thraken und Kelten zugleich konfundiert. Ihr caeruleus capillus Plin. H. nat. IV. c. 12. ist nicht etwa das natürliche blauschwarze indischer Völker; sondern sie sind vielmehr »interstincti colore caeruleo corpora simul et crines« Amm. Marc. XXXI. 2. cf. Pomp. Mela II. 1. Avienus Orb. t. v. 345. bezieht die Malerei auf ihre Kleidung (saga), vielleicht durch die Melanchlaenen veranlaßt. Ausführlicheres über sie s. in Celtica II. 1. S. 227. 2. S. 214 ff. 233. nebst reichlichen Citaten, zu welchen wir noch Knobel a. a. O. S. 129 ff. stellen. Lukians Toxaris ist Thrake und doch auch des Skythen Anacharsis Landsmann, mit dem er »Σκυθιστί« spricht; vgl. J. Grimm Jornand. S. 30. Persische Δάοι kommen bei Herod. I. c. 125. vor, die wol von den skythischen nicht ganz getrennt werden dürfen.

Die große Ausdehnung thrakischer Völker noch in geschichtlicher Zeit, wo sie von den Seeküsten im Osten und Süden bis weit nach Westen als Geto-Daken und als Triballer reichen, unterstützt ihre von den Sagen beurkundete größere Ausdehnung in vorgeschichtlicher Zeit. Noch Plinius IV. c. 11. sagt: »Thracia sequitur (Macedoniam) inter validissimas Europae gentes.« Wegen der früheren, durch die sagenhafte Ferne der Zeit noch höher verklärten, Bildung der Thraken und ihrer Verwilderung in späterer Zeit zwei grundverschiedene Völker dieses Namens: ein pelasgisch-griechisches und ein barbarisches, anzunehmen, halten wir nicht rathsam; vgl. u. über die Geten.

Wir wißen, wie bereits belegt, daß die Thraken ein glatthaariges, blondes (speziell die Geten) Volk weißer Rasse waren; nach Clemens Alex. Strom. VII. bildeten sie ihre Götter, wenn wir ihn recht verstehen (s. Halling, Skythen S. 71.), blondhaarig und blauäugig. Es mag immerhin hier bemerkt werden, daß unter den heutigen Peloponnesiern blaue Augen neben schwarzem, seltener blondem, Haare häufig sind, die wir wenigstens nicht von Fallmerayers Slaven herleiten mögen. Unter den Albanesen soll hellblondes Haar und blaue

Augen einzelnen Stämmen eigen sein. Jul. Firmicus (4. Ih. n. Chr.)
I. 1. schreibt den Thraken rothe Hautfarbe zu: »Si luna facit candi-
dos, Mars rubros, Saturnus nigros: cur omnes in Aethiopia nigri,
in Germania candidi, in Thracia rubri procreantur?«

Die Sitten der Thraken (im eigentlichen Thrakien zumal), für
welche Knobel a. a. O. zahlreiche Belege gesammelt hat, gleichen
denen mehrerer modernen mohammedanischen Völker, und sind
großentheils von den altgriechischen sehr verschieden, noch mehr
aber von den germanischen. Von dem wichtigsten Kennzeichen: der
Sprache, wißen wir leider wiederum nicht Viel. Nach Form und
Inhalt hochwichtig ist die neuerdings aufgestellte Gleichung des Thrakischen Ὀρφεύς mit dem Indischen Rîbhus. Die Alten haben uns
nur wenige Wörter als »thrakische« bewahrt, wie: »σαλμὸν οἱ
Θρᾷκες τὴν δορὰν καλοῦσι« Porphyr. de Vit. Pythagor. XIV.
(vgl. auch die thrak. Stadt Σαλμυδησσός), was mit sanskr. čarman
osset. carm (tsarm) zusammenhangen kann; indessen wird richtiger
ζαλμόν gelesen werden, und Ζάλμοξις in der unmittelbar vorhergehenden Stelle statt »Ζάμολξις — — ἐπεὶ γεννηθέντι αὐτῷ δορὰ
ἄρκτου ἐπεβλήθη.« »οἱ μέθυσοι σανάπαι λέγονται παρὰ
Θρᾳξίν, ἧ διαλέκτῳ χρῶνται καὶ Ἀμάζονες« Schol. Apoll. Rhod.
II. 948.; vgl. die verderbte Stelle bei Hesychios: »Σάναπτην· τὴν
οἰνιῶτιν.« Daß Xenophon und seine Griechen den Thrakenkönig
Seuthes nicht verstanden, hilft uns ebensowenig auf die Spur, als
der dolmetscherlose Verkehr von Freund und Feind bei Homeros,
oder als Ovids getische Sprachstudien in Tomi.

Dagegen haben wir eine größere Zahl dakischer Sprachreste
in den Pflanzennamen bei oder zu Dioskorides, die von J. Grimm
und Leo so wie gelegentlich in unserem Lexikon besprochen, aber
nicht nach Wunsche ins Reine gebracht sind. Dakisch aber ist
getisch, also thrakisch: » — — παρὰ τῶν Γετῶν, ὁμογλώττου
τοῖς Θρᾳξὶν ἔθνους· — — ὁμόγλωττοι δ'εἰσὶν οἱ Δάκοι τοῖς
Γέταις.« Strab. VII. p. 303. 305. Da wir in den Ostromanen
(Dako- und Thrako-romanen) am sichersten die Nachkommen der
mit Römern gemischten Daken und Thraken suchen dürfen, so hoffen
wir noch in ihren Mundarten Reste der alten Sprache zu finden,
sobald deren übrige Bestandtheile: Lateinisch, Slavisch, Griechisch,
Türkisch, Magyarisch, Deutsch, Albanesisch, gesichtet sind. Ja, vielleicht ergibt sich, was darinn formell und im Wörtervorrathe mit dem
Albanesischen zusammentrifft, eben als jener gesuchte Rest, und das
Albanesische ist seinem Grundstocke nach eine thrakische, nicht eine

illyrische, Mundart. Gerade in der Epiros, deren alte Bewohner (s. o. bei Makedonien) keine Illyrier waren, sind die Albanesen eher Urbewohner, als in Attika, Boeotien, Argolis, Hydra, Elis, Lakonien, wo sie sich heutzutage und mindestens wol seit dem 11. Jh. n. Chr. finden. Ihr Land in Epiros heißt bei ihnen S k i p e r í, der Albanese selbst S k i p e t á r; der griechische Name Ἀλ–, Ἀρ–βανίτης (daraus entstellt A r n a u t) mag identisch sein mit dem alten der Ἀλβανοί, welche Ptolemaeos III. 13. unabhängig von ihrer Abstammung zum griechischen Illyrien rechnet. Von ihnen hatte Ἀλβανόπολις den Namen, das nach einer inländischen (doch ohne Zweifel gelehrten) Sage eine Kolonie von A l b a in Italien sein sollte, wie Leake berichtet, der auch an die nach Albanien verbannten Praetorianer des Septimius Severus erinnert, die in Pertinax Mord verwickelt waren. Die albanesische Sprache enthält ungemein viel älteres Latein, in welchem *c* noch *k* lautet, noch häufiger, als im Dakoromänischen; die lateinische und romanische Mischung dieser beiden Sprachen wird genau verglichen werden, so Gott und Pott helfen! Später Zeit gehören die albanesischen Auswanderungen nach Sirmien, Sicilien und Kalabrien an. Niebuhr macht auf eine Spur albanesischer Sprache aufmerksam (Vorträge S. 305.), indem der Name einer in I l l y r i e n auf einem Doppelberge gelegenen Doppelburg D i m a l o n (Polyb. III. 18. D i - m a l l u m Liv. XXIX. 12.) sich in der That sehr gut durch alb. d i zwei mal, m a l l i Berg erklärt. Ueber Ἄσπετος s. o. Wieweit sich die albanesischen Stämme von einander und von den Dakoromanen körperlich unterscheiden, muß erst noch genauer untersucht werden, als bis jetzt geschah. Vielleicht war es eine albanesische Mundart, die Jornandes c. XII. noch bei den Thrakischen Bessi vernahm. Auch bei Dioskorides III. 116. steht aus ihrer Sprache »Βήχιον – – Βέσσοι ἀσᾶ.«

Diodoros Sic. V. 47. erzählt von Samothrake: dort hätten Autochthonen gewohnt; nach Einigen seien Kolonen aus Samos und Thrakien dahin gekommen; »ἐσχήκασι δὲ παλαιὰν ἰδίαν διάλεκτον οἱ αὐτόχθονες, ἧς πολλὰ ἐν ταῖς θυσίαις μέχρι τοῦ νῦν τηρεῖται.« Herodotos II. 51. sagt: »Τὴν γὰρ Σαμοθρηΐκην οἴκεον πρότερον Πελασγοὶ οὗτοι, τοίπερ Ἀθηναίοισι σύνοικοι ἐγένοντο, καὶ παρὰ τούτων Σαμοθρήϊκες τὰ ὄργια παραλαμβάνουσι.«

Die Namen G e t e n und D a k e n wurden in ganz später Zeit mit denen der G o t h e n und der D ä n e n verwechselt; J. Grimms geistreiche, aber gewagte Begründung wirklicher Identität dieser Völkerpaare ist bekannt. Ritter u. A. glaubten den Namen der Geten in mancherlei Urkunden und Geschichten Asiens wiederzufinden. Wir begnügen uns, für dieses merkwürdige, aber unglückliche Volk, dessen Nachkommen bißher vorzüglich durch türkische und christliche Diplomatie in künstlicher Trennung erhalten wurden, nur noch einiges Wenige aus Vielem zu bemerken.

Nach Herodotos IV. passim (c. 93—97. V. c. 3 sq.) vgl. Strabon VII. p. 296 sq. waren die Geten die tapfersten, gerechtesten und mildesten unter den thrakischen Stämmen; sie hatten ausgebildete Religion und Gesetzgebung, und erinnern an jene Thraken der ältesten Zeit, von welchen selbst die Griechen mannigfache Bildung annahmen. Jedoch sagt Menandros bei Strab. VII. p. 297. im Gegensatze hierzu: »Πάντες μὲν οἱ Θρᾷκες, μάλιστα δ'οἱ Γέται, ἡμεῖς ἁπάντων — — οὐ σφοδρ' ἐγκρατεῖς ἐσμέν«, womit er indessen, wie die folgenden Verse zeigen, nur die Vielweiberei meint. Dion unterscheidet die Daken genau von den Deutschen, scheint aber über ihre ethnologische Stellung nicht ganz im Klaren zu sein; er sagt u. a. LI. c. 22.: »— — πρὸς ἀλλήλους Δακοί τε καὶ Σουῆβοι ἐμαχέσαντο· εἰσὶ δ'οὗτοι μὲν Κελτοί (d. i. bei Dion Germanen), ἐκεῖνοι δὲ δὴ Σκύθαι τρόπον τινά. — — Οἱ δ' (Δακοὶ) ἐπ' ἀμφότερα τοῦ Ἴστρου νέμονται· ἀλλ' οἱ μὲν ἐπὶ τάδε αὐτοῦ καὶ πρὸς τῇ Τριβαλλικῇ οἰκοῦντες ἔς τε τὸν τῆς Μυσίας νομὸν τελοῦσι καὶ Μυσοί, πλὴν παρὰ τοῖς πάνυ ἐπιχωρίοις, ὀνομάζονται· οἱ δὲ ἐπέκεινα Δακοὶ κέκληνται, εἴτε δὲ Γέται τινες, εἴτε καὶ Θρᾷκες, τοῦ Δακικοῦ γένους τοῦ τὴν Ῥοδόπην ποτὲ ἐνοικήσαντες ὄντες.« Nach LXVII. c. 6. beherrsche Δεκέβαλος die Daken, welche »Ἑλλήνων τινὲς Γέτας λέγουσιν, εἴτ' ὀρθῶς, εἴτε καὶ μὴ λέγοντες· ἐγὼ γὰρ οἶδα Γέτας τοὺς ὑπὲρ τοῦ Αἵμου παρὰ τὸν Ἴστρον οἰκοῦντας.« Vgl. »Γετῶν τῶν ὑπὲρ Ἴστρον, οὓς Δακοὺς καλοῦσιν« Appian. Hist. Rom. Praef. IV. Neuere Forscher haben allzuviel Gewicht auf die Anklänge Γέται: Μασσα-, Τυρι-, Θυσσα- γέται gelegt; wir berühren diese Völker weiter unten. Bemerkenswerth ist das in Dakien, sowie in Moesien sehr häufige -δανα, -dava, als zweiter Bestandtheil von Ortsnamen; im eigentlichen Thrakien finden wir es nicht, dafür etwa das seltene -bria (s. u. im Lexikon).

Später lagern sich hier Schichten auf Schichten, mit Hülfe von Blut und Feuer. Zu den Geten dringen Bastarnen, zu diesen skythische und sarmatische Völker; Zernichtung, Verdrängung, Mischung wechseln unter allen.

In Istrien, wo viele dakoromanische Gemeinden wohnen (vgl.

Kandler im »Ausland« 1843 Nr. 184.), hauste ein Volk, das Skymnos v. 390. Thraken nennt, Iustinus XXXII. c. 3. und ähnlich
Plin. H. nat. III. c. 19. (vgl. c. 23. »Oricum a Colchis conditum«)
aus Kolchis ableitet, Zeuss für illyrisch hält. Nach Kleinasien
hin deuten, wie bereits bemerkt, in diesen Landstrichen auch mehrere
Völkernamen, deren Stamm mitunter wechselnd thrakisch und illyrisch
genannt wird. Strabon VII. p. 326 sq. nennt unter den mit den
Epiroten (örtlich) gemischten Völkern u. a. (auch Παρθῖνοι, Par-
theni bei Plin. H. nat. III. c. 23. Pomp. Mela II. c. 3., zu Parthi,
Παρθναῖοι klingend) mehrmals Βρῦγοι (ed. Meinecke etc.; bei
Zeuss, die D. S. 252. Φρύγοι), die von den Βρύγοι Θρῄκες bei
Herod. VI. 45. VII. 185. nicht verschieden sein werden. Den troi-
schen Namen Δαρδάνιοι, Dardani trägt ein sehr rohes illyrisches
Volk (vgl. bes. Strab. VII. p. 316.), dessen Andenken die Darda-
nellen erhalten haben; einer Variante nach hätte Dioskorides ein
Wort ihrer Sprache aufgezeichnet, das wahrscheinlich keltisch ist
(s. u. Lex. Nr. 327. vgl. 67.).

Daß die Illyrier im Allgemeinen von den Thraken und Epiroten unterschieden werden, wißen wir bereits; den Alten galten
sie als Barbaren, wie z. B. »Οἱ δὲ Θρᾷκες καὶ Ἰλλυριοὶ καὶ Ἠπειρῶται — — οἱ Βάρβαροι« Strab. VII. p. 321. »Ταυλάντιοι βάρβαροι, Ἰλλυρικὸν ἔθνος« Thucyd. I. c. 24. »barbari Amantes et
Buliones« Plin. H. nat. III. c. 23. Diese Scheidung bezeugt zwar
ebensowenig ihre gänzliche Stammverschiedenheit von den Thraken,
als jene Wechselableitungen einzelner Völkerschaften ihre Stammeseinheit. Aber da beide Völkerkomplexe weit näher an einander
grenzen, als z. B. die beiden Stämme der griechisch-italischen
Gruppe, so müßen fürs erste beider Unterschiede bedeutend genug
gewesen sein, um Auge und Ohr der Beobachter zu füllen; und
zweitens beweisen eben diese Unterschiede bei so ziemlich ununterbrochener Grenznachbarschaft, daß sie nicht beide durch eine einheitliche Strömung hierher gelangt sein können, sondern entweder
als Dränger und Gedrängte verschiedenen Stammes (die Illyrier als
Gedrängte voran), oder von zweien verschiedenen Seiten her. Im
letzten Falle könnten sie weit früher getrennte Glieder Einer Familie gewesen, die Thraken von Nordosten her nach Westen und
Süden vorgedrungen sein, die Illyrier aber nicht sowol von Italien
her, wo ihre (wahrscheinlichen) Angehörigen noch in geschichtlicher Zeit wohnen, als von Nordwesten der (nachmaligen) Illyris
her, aus den nordöstlich oberhalb Italiens gelegenen Ländern, durch

die Kelten von mehreren Seiten her gedrängt, die auch später durch sie biß in und durch die thrakischen Gebiete dringen. Nur der kleinere Theil dieser, beide adriatische Küsten berührenden, illyrischen Strömung wäre dann auf der italischen Seite geblieben. Noch Strabon IV. p. 206. gedenkt der im raetisch-vindelikischen Alpenlande wohnenden »Βρεύνων καὶ Γεναύνων, ἤδη τούτων Ἰλλυριῶνα und unterscheidet sie von Raeten, Vindeliken und Norikern. Aber auch u. a. tief im Süden Italiens werden wir unten sehr möglicher Weise illyrische Stämme als Urbewohner finden. Wir finden übrigens gleiche Räthsel in den andern Gruppen der indoeuropäischen Familie, deren Hälften ebenso sicher zu einander gehören, wie sie gleichwol stark unterschieden sind, und zwar bei vollkommener Grenznachbarschaft. So Litauer und Slaven, Gadhelen und Kymrobritonen, Skandier und Deutsche.

Wechsel-berührungen und -siedelungen zwischen Illyriern und Griechen kommen öfters vor. Altionische Streifen scheinen durch Illyrien hindurch biß zum Adria, ja biß jenseit desselben zu gehn, und die Sage mischt Ionier und Illyrier, vgl. Theopomp. bei Strab. VII. p. 317. und dem Schol. Apollon. IV. 308.; Steph. Byz. v. Ἰάς. Schol. Dionys. Per. 92. Curtius, Ionier S. 3. 47. Geschichtlich sicherer sind griechische Siedelungen in der Epiros.

In geschichtlicher Zeit reichen illyrische Völker von der Ostseite des adriatischen Meerbusens biß einschließlich zu den Venetern. Wie die vorhin erwähnten Urbewohner Italiens, gehören wahrscheinlich zu den illyrischen Stämmen auch die Liburni, Λιβυρνοί (Strab. VI. p. 269.), die früher auf beiden Seiten des adriatischen Meeres wohnten, vgl. Plin. III. c. 14. (cf. c. 22.), der folgende Völkerwanderung annimmt: »Siculi et Liburni plurima ejus tractus (Galliae togatae) tenuere, inprimis Palmensem, Praeturianum Adrianumque agrum. Umbri hos expulere, hos Hetruria, hanc Galli.« Im vorhergehenden Kapitel nennt er »Castrum novum, flumen Batinum, Treventum cum amne, quod solum Liburnorum in Italia reliquum est.« Bei Liburnum, Livorno mag ihr Name auf einen ähnlich lautenden fremden gepropft sein. Von Denen »quos proprie Illyrios vocant« werden sie bei Pomp. Mela II. c. 3. unterschieden, von den Illyriern überhaupt durch Niebuhr. Die alte Zugesellung der Sikuler bei Plinius a. a. O. ist immerhin zu bedenken. Die Formation des Namens Liburni ist ganz lateinisch; mit dem der Libui in Oberitalien wird er nicht verwandt sein, noch weniger mit dem der Λίβυες in Sardinien (aus Libyen).

Die Veneti, *Οὐένετοι, Ἐνετοί, Ἐνετοί* habe ich in Celtica II.
1. ausführlich verhandelt, sowie auch die illyrisch-keltischen Mischvölker, die von ihnen nordostwärts hinauf wohnen. Ich beschränke
mich hier auf die nöthigste Begründung meiner jetzigen Ansichten.
Im Lexikon habe ich zwei Wörter aus ihrer Sprache aufgenommen:
cotonea und das wichtige ceva, das, wenn es ihr wirklich angehört, ihre Stellung unter den indoeuropäischen kennzeichnet. Nur
der älteste Zeuge nennt sie ausdrücklich: »*Ἰλλυριῶν Ἐνετούς*« Herod. I. c. 196. d. i. mit Digamma, latein. V, späterem griech. *Οὐ*,
das indessen der späte Eustathios (s. u.) als Vokal liest; Zeuss 221.
sucht in der ohne Zweifel von Römern und Kelten tausendmal aus
des Volkes Munde vernommenen Form Veneti eine keltische Umgestaltung der griechischen (hellenisierten). Die nächst wichtige
Aussage finden wir bei Polybios II. c. 17. über das Verhältniss der
Οὐένετοι zu den Kelten; sie sind »*γένος ἄλλο πάνυ παλαιόν* — —
*τοῖς μὲν ἔθεσι καὶ τῷ κόσμῳ βραχὺ διαφέροντες Κελτῶν, γλώττῃ
δ' ἀλλοίᾳ χρώμενοι.*« Von den Kelten unterscheiden sie auch
Plin. H. nat. XXVI. c. 7., Scylax Per. XX. (»*μετὰ δὲ Κελτοὺς
Ἐνετοί εἰσιν*«), und zugleich von den Etruskern Liv. V. c. 33. Strabon IV. V. hat kein eigenes Urtheil; er weiß eigentlich nur, daß
Viele sie für Kelten halten und namentlich von den armorischen
Venetern ableiten, andere von den paphlagonischen Heneti, *Ἐνετοί*;
zudem wurde die Trojasage auf sie angewendet, »Venetos Troiana
stirpe ortos, autor est Cato« Plin. H. nat. III. c. 19. cf. VI. c. 2.
Liv. I. c. 1. Patavium scheint wenigstens in der angenommenen
lateinischen Sprache noch syntaktische (eher als lexikalische) Nach-
wirkungen der alten Volkssprache verrathen zu haben, da bei dem dort
geborenen Livius »patavinitas« (Quintil. I. 5, 56. VIII. 1, 3.) ge-
rügt wird. Diese Stadt sollte von Antenor erbaut worden sein; in
der That findet sich eine gleichnamige in Bithynien (Ptol.), jedoch
auch Patavio in Noricum (It. Anton.), abgesehen von Patavia
Passau und statt Batavia Tab. Peut. Sonderbare Spuren jenseit
der Alpen sind lacus Venetus (oberer Bodensee?) bei Pomp. Mela
III. c. 2. und Tarvessedum in Raetien in Vergleichung mit Tar-
vesium in Venetien, wenn nicht beide Ortsnamen vielmehr keltisch
sind. Dagegen findet sich in ziemlich später Zeit der Name *Ἐνετοί*
am entgegengesetzten Ende des illyrischen Gebietes; Appianos B.
Mithr. c. I. V. nennt »*Ἐνετοὺς* (mit sp. asper oder lenis) *καὶ
Δαρδανέας καὶ Σίντους, περίοικα Μακεδόνων ἔθνη*«; und ein
Anonymos bei Eustath. ad Il. II. 852. »*ἔθνος παρὰ Τριβαλλοῖς*,

'Ἐνετοί«; vgl. Eustath. ad Dionys. Perieg. 378., wo die paphlagonischen 'Ἐνετοί nach Thrakien kamen und erst von dort aus *εἰς
τὴν νῦν Ἐνετικὴν περὶ τὸν τοῦ Ἀδρίου μυχόν.« Zu seiner Zeit,
sagt er von den Veneten am Pados, daß sie *τῇ ἐπιχωρίῳ γλώττῃ
Βενετοί« genannt werden, *οἱ δὲ παλαιοὶ Οὐενετίαν τὴν χώραν
πεντασυλλάβως ἐκάλουν κατὰ γλῶσσαν οἰκείαν.« Die Euga-
neer, die vielleicht Raeten sind, wurden zwar von den Venetern
verdrängt (Liv. I. 1.), scheinen aber eine Stammsage (den Eponymos
Enetos) mit ihnen gemein gehabt zu haben; mehrere raetische
Völkernamen lauten mit Ven an, und die Raeten selbst werden
wirklich mitunter zu den Illyriern gezählt; wir können erst später
unten näher auf sie eingehn, und müßen vor Allem, ehe wir auch
auf italischem Boden weiter wandern, die Illyrier wieder rückwärts
biß in die Donauländer begleiten.

Die Carni, *quondam Taurisci, tunc Norici« Liv. XLIII.
c. 5., die zwischen den Venetern und dem keltisch-illyrischen
Mischvolke der Iapoden wohnen, sind wahrscheinlich Kelten,
wogegen die Letzteren: Ἰάποδες, Ἰάπυδες, deren Name an die
Iapygen erinnert, eher ein illyrisches Volk sind, das aber in
hohem Grade mit Kelten gemischt wurde und sogar deren Sprache
annahm, wenn wir das Wort ἄλβιον (s. uns. Lex. v. Alpes) als
Wahrzeichen für die ganze Sprache nehmen. Stephanos Byzant.
nennt sie *ἔθνος Κελτικὸν πρὸς τῇ Ἰλλυρίᾳ«, Strabon IV. p. 207.
VII. p. 313. aber *Κελτικόν τε ἅμα καὶ Ἰλλυρικόν — ἐπίμικτον
Ἰλλυριοῖς καὶ Κελτοῖς«; VII. p. 315. stellt er sie den Illyriern etwas näher: *ὁ δ᾽ ὁπλισμὸς Κελτικός· κατάστικτοι δ᾽ὁμοίως καὶ
τοῖς ἄλλοις Ἰλλυριοῖς, καὶ Θρᾳξί.« Letztere, wenigstens ähnliche,
Sitte hatten übrigens auch die britannischen Kelten.

Grenznachbarn der Iapöden, wie auch der Karner, waren die
Pannonii, Παννόνιοι, Παίονες. Letzterer Name ist zugleich oder
vielmehr der eines wahrscheinlich thrakischen Volkes am Axios und
am Strymon, die nach Herod. V. c. 13. von den kleinasiatischen
Teukrern abstammen sollten, nach Strabon. VII Epit. (wahrscheinlich die thrakisch-makedonischen) von den Phrygen. Da diese Paeonen nur durch die Dardanier von den Pannoniern getrennt sind,
so bleibt ihre ursprüngliche Identität mit diesen möglich; jedoch
glaubt Dion XLIX. c. 36. an eine irrige Anwendung ihres Namens
durch die Griechen auf die Pannonier. Letztere *Παίονες μὲν ὑπὸ τῶν
Ἑλλήνων λεγόμενοι, καὶ Ῥωμαϊστὶ Παννόνιοι — — συναριθμού-
μενοι δὲ ὑπὸ Ῥωμαίων τῇ Ἰλλυρίδι — —, διὸ καὶ περὶ τῶνδε

μοι δοκεῖ νῦν κατὰ τὰ Ἰλλυρικὰ εἰπεῖν· — — Παίονές εἰσι τῶν κάτω Παιόνων, Ἰλλυριοῖς ἄποικοι« sagt Appianos Illyr. XIV.; ältere Nachrichten könne er nicht finden. Die Pannonier werden unsers Wißens nirgends ausdrücklich Illyrier genannt, jedoch vermuthlich als solche vorausgesetzt, namentlich von Strabon, vgl. Zeuss die D. S. 254 ff. Mehrere von ihm VII.. p. 314. zu den Pannoniern gezählte Völkerschaften rechnen Plin. II. nat. III. c. 22. und Vellejus Paterc. II. c. 115. zu den Dalmaten (oder Delmaten), einem Volke, dessen Wohnsitze in Illyrien wol sicherer sind, als seine (jedoch wahrscheinliche) illyrische Abstammung. Seine Sprache erscheint bei Hieronymos Comm. VII. in c. XIX. Esaiae (s. uns. Lex. v. Cervesia) als Eine mit der pannonischen; sein Name aber später bei slavischen Stämmen, und nicht bloß bei seinen Nachfolgern im Lande. Selbst die ganz oder gröstentheils keltischen Scordisci, Σκορδίσκοι in Pannonien werden mitunter für Illyrier erklärt, und in mythischen Genealogien der Eponymen für Verwandte der Illyrier und der Pannonier, zugleich aber auch der thrakischen Triballer.

Es bleibt immer auffallend, daß eine besondere pannonische Sprache von den Alten genannt wird; so von Tacitus Germ. XXVIII. XLIII., der sie den Osi und den Aravisci zuschreibt. Den Biernamen sabaj-a,–um findet Ammian. Marc. XXVI. in Illyricum, Hieronimos a. a. O. in Pannonien und Dalmatien; den wahrscheinlich verwandten παραβίη gebrauchen nach Athenaeos IX. c. 63. die Paeonen, den (nicht ganz sicher griechischen) Namen βρῦτον diese, aber auch die Thraken, und die Phrygen, wie es scheint. Die Pannonicae cattae in dem Epigramm Martial XIII. 69. stehen in einer Reihe von Vögeln und können kaum ein andres eßbares Thier bedeuten, am wenigsten die Katze, mit deren Namen der ihre identisch scheint. Eine andre Angabe von Hieronymos Comm. in c. IV. Ezechielis: »Zéαν sive ζείαν nos vel far, vel gentili Italiae Pannoniaeque sermone spicam speltamque dicimus« ist ein merkwürdiges Zeugniss ältester romanischer Volkssprache, neben (wol auch in) welcher die alte Landessprache damals noch vorkommen mochte. Die frühe Romanisierung des Landes bezeugt Vell. Paterculus II. 110, 5.: »In omnibus autem Pannoniis non disciplinae tantummodo, sed linguae quoque notitia Romanae, plerisque literarum usus, et familiaris animorum erat exercitatio.«

Der Name eines zu den Παίονες gehörigen Stammes Σιροπαίονες in Thrakien bei Herodotos V. c. 15. wird mitunter Συροπαίονες gelesen, und würde, wenn diese Lesung richtig wäre — wogegen aber

zunächst *»ἐν Σίρι τῆς Παιονίης«* Herod. VIII. c. 115. spricht —
ebenfalls auf Kleinasien zurückdeuten, wo zwar Homeros Il. II. 849 ff.
X. 428. XVI. 287 ff. nur vom Amydon am Axios (vgl. Strab. VII
Epit. Eustath. ad Il. II. 850.) hergewanderte P a e o n e n kennt, wohin aber die oben erwähnte Sage der strymonischen zurückweist,
welche diese bei ihrer partialen Versetzung nach Kleinasien durch
Darius erzählen. Wenn übrigens Homeros a. a. O. den paeonischen
Führern griechische Namen gibt, in ihrem Lande am Strymon griechische Städtenamen vorkommen, und endlich auch ihre teukrischen
Ahnen nach Homer. Hymn. in Aphr. 113. nicht phrygisch redeten:
so wirft dieß alles kein sicheres Licht auf ihre Abkunft.

Pannonien wurde vielleicht noch häufiger und in höherem Grade,
als seine südöstlichen Nachbarländer, zum Teufelsacker ermordeter
Hekatomben; wenn wir diesen Gegensatz zum »Gottesacker« der
friedlich Gestorbenen so nennen dürfen. Die Erben der Pannonier im
Laufe der Zeit waren namentlich theilweise die Gothen; dann die
Hunnen, deren Herkunft oft besprochen, aber noch nicht festgestellt
ist. Nach ihnen die Bulgaren, welche Zeuss (d. Deutschen I. 710 ff.)
in scharfsinniger Weise als »die nach Osten an den Pontus und die
Maeotis zurückgewichenen Hunnen« zu erweisen sucht; ähnlich, doch
minder bestimmt, auch Schafarik (Slaw. Alt. her. von Wuttke II.
166 ff.); der Name des bis tief in den Westen Europas streifenden
Volkes hat sich im französischen Schimpfworte b o u g r e erhalten,
wie ähnlich der eines ebenfalls hunnischen Volkes: der Σάβειροι,
im slavischen s e b r y plebejus. Die überall in Osteuropa zuströmen-
den Slaven mischen sich auch mit den Bulgaren und geben ihnen
ihre Sprache. Die nachher auftretenden A v a r e n (Ἄβαροι, Ἀβαρεῖς)
erinnern zwar sehr an die heutigen kaukasischen A w a r e n, sowie
auch etwa an die (dakischen?) Αὐαρηνοί bei Ptol III. 5., scheinen
aber gleiches Stammes mit den ihnen folgenden, wahrscheinlich turukischen, Völkern: den Chazaren, Patzinaken und Kumanen,
gewesen zu sein. Zuletzt kamen denn die finnischen Magyaren,
die bekanntlich auch einen großen Theil von Europa durchstürmten,
und die noch jetzt mit einer großen Zahl von Slaven und einer kleineren von Deutschen das Land theilen. Was sie sündigten, war nicht
mit Dem zu vergleichen, was sie durch die zeitweilig im Lande wü-
thenden mongolischen Unholde erduldeten. Auch die osma-
nischen Türken kamen und giengen, ohne so bedeutende Siedelungen zu hinterlaßen, wie früher die ihnen stammverwandten Kumanen, deren Nachkommen ihre Sprache gegen die magyarische auf-

gegeben haben. Die den alten Pannoniern (nach dem Obigen) vielleicht verwandten Dakoromanen werden immer zahlreicher in Ungarn und bilden in dem Völkergewirre des angrenzenden Siebenbürgens neben Magyaren, Deutschen, Griechen, Armeniern, Zigeunern die gröste Masse Eines Stammes.

Aufs Neue wenden wir uns ostwärts, woher wir kamen, und wo wir noch mehrere Völker des alten Europas zu nennen haben. Beim Beginne der Geschichte grenzten bereits die Thraken im Osten und Norden an Skythen und Sarmaten, und werden mitunter mit diesen und noch nördlicheren verwechselt, wofür wir schon o. bei den Geten Belege gaben. So sind die Skythen nach Stephanos Byz. ein thrakisches Volk; Gleiches sagt von Gelonen und Hyperboreern Vibius (de Gent. s. Ukert I. 2. S. 282.), von den Amazonen Vergilius, was freilich alles nicht sonderliche Beachtung verdient.

Bevor wir indessen bei Skythen und Sarmaten verweilen, versuchen wir, einige Hypothesen über den Bevölkerungsgang Südosteuropas zu zeichnen, soweit wir dasselbe biß dahin durchstreiften.

Wir haben im Vorhergehenden hinreichend gesehen, daß die meisten Völker des thrakisch-griechischen Halbinsellandes und Kleinasiens zwischen beiden hin und her wogten. Seit der Morgendämmerung der Geschichte im Trojazuge sehen wir besonders thrakische, sodann lelegisch-karische und pelasgisch-griechische Völker von Europa nach Asien gehn, der späteren geschichtlich klaren griechischen Kolonien nicht zu gedenken.

Es ist möglich, daß diese Völker in Kleinasien längst ansäßige Semiten, Kaukasier und Iranier fanden; aber auch (wie wir schon oben bemerkten), daß sie, trotz der Ansicht und Sage, welche Karen, Phrygen, Troer, Myser, Termilen-Lykier u. s. w. sämtlich aus Europa kommen ließ, eigentlich nur nach ihren eigenen früheren Sitzen in Kleinasien zurück wanderten. Bei einigen sind deutliche Spuren vorhanden, daß ein Theil der Volksgenoßen bei der Ankunft des aus Europa kommenden Theils in einer Landschaft Kleinasiens saß, ohne wahrscheinlich je drüben gewesen zu sein. Zudem gilt ureinstige Bevölkerung Europas von Asien aus beinahe als Postulat.

Nehmen wir an, daß der sehr frühe von den phoenikischen Seepionieren eröffnete Weg über die Engen und Arme des Meeres kürzer und bequemer war, als die Landwege aus Asien nach Europa: so erscheint Kleinasien als die Vagina gentium, aus welcher die verschiedenen Völkerschichten Griechenlands, Thrakiens, Illyriens u. s. w.,

und endlich auch mehrere früheste Italiens, kamen — ganz abgesehen
von den oben erwähnten kolchischen Kolonien im Donaulande bei
Plinius und Iustinus, oder auch von den auf Kleinasien zurückgehenden Tyrrhener- und Troja-sagen, welche italischen und andern
Völkern in früher Zeit eingeimpft worden sein mögen, wie später
den Arvernern und den Franken. Gleichwol werden wir diese Sagen
nirgends ganz unbeachtet vorübergehen laßen.

Diese Vordersätze laßen etwa f o l g e n d e H y p o t h e s e zu:

In vorgeschichtlicher Zeit ist Kleinasien biß an seine Küsten von
dem Stamme bewohnt, welchem die (nachmaligen) T h r a k e n angehören. Zu der weißen Rasse zählen wir ihn mit größerer Gewissheit, als zur indogermanischen Familie. Gehörte er zu letzterer, so
konnte er ihre früheste Ablagerung nach dieser Richtung hin sein,
ein Stamm eigner Art, vielleicht zwischen Iraniern und Griechen
mitten inne stehend, oder auch Letzteren ferner, zu Ersteren aber
in ähnlichem Verhältnisse, wie möglicherweise die Kaukasier (in
engerem Sinne, s. o.), wenn diese nicht gar seine discentrierten
Nachkommen sind. Doch warten wir noch umfaßendere Studien der
kaukasischen Sprachen und der thrakischen Ortsnamen ab, letzterer
namentlich im Vergleiche mit »pelasgischen« und andern in Griechenland und Kleinasien, welchen z. B. das Suffix s, ss (s a , s s o s)
gemeinsam zu sein scheint.

Zunächst hinter diesem t h r a k i s c h e n Stamme (so lautet unsere
Hypothese Nr. 1. weiter) wohnt, jenseits an Iranier und Semiten
grenzend, der p e l a s g i s c h e , d. i. der (damals noch) einheitliche
g r i e c h i s c h - i t a l i s c h e Stamm.

Dessen v o r d e r e Hälfte wird vorgeschoben und vielleicht
ganz von der andern abgeschnitten —, etwa durch s e m i t i s c h e
Einkeilung oder Einengung und Seitenbedrängung —, und bringt
die t h r a k i s c h e n Vordermänner dadurch in Unruhe und zur theil-
weisen Mitfahrt übers Meer. Diese siedeln in mehreren Theilen des
nachmaligen Griechenlands und wenden sich im Allgemeinen nach
Osten, die P e l a s g e r westwärts, biß sie später Italien erreichen.

Nach einiger, nicht allzu kurzer, Zeit drängen neue Bewegungen
der, ihrerseits hauptsächlich von Iraniern fortgestoßenen, Semiten
nun auch die zweite Hälfte der Pelasger: die U r g r i e c h e n (oder
Y a v a n a s , Ἰάονες, I o n e n , I o n i e r) vorwärts.

Ein Theil derselben faßt vorne in Kleinasien festen Fuß, bleibt
dort unter dem eben genannten alten, bei Ariern und Semiten gebräuchlichen Namen (für dessen Ursprung vgl. u. a. A. Weber in

Kuhns Zeitschrift V. 221 ff. gegen Lassen), und bildet sich und seine
Sprache selbstständig fort, jedoch nie ganz außer Verbindung mit
den nach Europa übergeschifften Brüdern, deren Sprache mit ihrer
gesamten Bildung in vielen Beziehungen alterthümlicher blieb, als
die der reicher und schneller, aber auch üppiger und weichlicher
fortgebildeten Ionier. Später kommen Massen der Letzteren auch
nach Griechenland und erzeugen dort die attische Sprache und
Bildung, die höchste Blüte der antiken Menschheit, während die in
Kleinasien verbliebenen und selbst die später dorthin zurückge-
gangenen Kolonien immer mehr, wenn auch langsam, von dem ent-
nervenden Hauche der Verbildung inficiert, freilich aber auch durch
keine Thermopylen noch durch hülfreiche Stammgenoßen gegen
den letzten iranischen Wogenschwall geschützt werden. Ein anderer
griechischer Stamm erduldet in Sybaris ein ähnliches Schicksal. Die
Spuren ionischen Namens im und am Adria und in Illyricum leiten
wir nicht sowol von der Nachwanderung der gebildeten Ionier nach
Europa ab, als von Genoßen jener ersten griechischen Uebersiede-
lung, wenn nicht gar einer noch früheren, die den Spuren der vorausgegangenen italischen Stammverwandten westwärts gefolgt war.
Da die kleinasiatischen Ionier ein frühe seefahrendes Volk waren,
dessen Name bekanntlich auf einem ganzen Seegebiete haftet, so
konnten wenigstens seine Küstensiedelungen zu verschiedenen
Zeiten erfolgen. Die alte Verbreitung des ionischen Namens im
Orient läßt vermuten, daß er mitunter auch bei den frühesten griechischen Europäern vorkam, ob er gleich seine umfaßende, und
eben durch die Zertheilung auch ausschließlich gewordene,
Geltung nur in der alten Heimat behielt, woher er denn später als
Sondername nach Europa herüber kam, wo derweile die Natur des
Landes die Zertheilung der vorausgegangenen Brüder in ziemlich
scharf gesonderte Völkerschaften mit selbstständigen Verfaßungen
und Sitten, Mundarten und Schriftenthümern begünstigt hatte.

Verfolgen wir einen Augenblick unsere Fäden rückwärts, um
sie nicht im Gedächtnisse zu verwirren. Wir nahmen zwei Zeiträume
für das Vordringen der pelasgischen Gruppe aus dem inneren
Asien an. Das Ergebniss des ersten war die Lostrennung des (nachmals) italischen Stammes, das des zweiten die Siedelungen
des griechischen im asiatischen Küstenlande und in Europa. In
ersterem kann eine Weile der ganze Griechenzug gerastet haben,
bevor dessen vordere Hälfte über See zog. Wir finden keinen
Grund, zwei verschiedene Richtungen und Zeiträume für den Grie-

chenzug nach Europa und den in das vorderste Asien anzunehmen, wie wir dieß für Italer und Griechen thaten. Der Unterschied dieser beiden Stämme und Sprachen Einer Gruppe ist, wie wir schon früher andeuteten, unendlich viel größer, als der zwischen den weichsten Klängen der ionischen und den rauhesten der aeolodorischen Mundarten. Die Trennung der beiden griechischen Hauptäste ist wahrscheinlich zu keiner Zeit eine absolute, isolierende gewesen. Keine Gebirge lagen zwischen ihnen, nur das Meer und seine Inselbrückenpfeiler, der Pontos, der nirgends ganz *ἄξεινος* und unwegsam ist und vielleicht samt lat. pons und ponto Weg bedeutet, gleichwie georg. ponthi osset. fandag zend. pañta sanskr. panthan lituslav. pentes, pat u. s. w.

In Europa nun finden die Griechen das später nach ihnen benannte Land, nach der vorhin aufgestellten Hypothese, von Thraken bewohnt; und siedeln sich theils in leidlichem Frieden und Bildungsverkehr (Orpheus, Thamyris, thrakisch-pelasgische Orgien u. s. w.) neben ihnen an, theils und allmählich drängen sie dieselben weiter nach Norden und Osten und selbst, durch keilartiges Eindringen, auch nach Westen, wo wir in geschichtlicher Zeit biß an die Donau hin Thraken fanden. Im entfernteren Nordwesten müßen wir indessen schon bei dieser Hypothese über den Gang der thrakischen Siedelung die Mitwirkung skythisch-sarmatischen Dranges aus Nordosten annehmen. Im Westen, besonders im Südwesten, werden die Thraken durch die Illyrier vom Küstenlande abgehalten oder zurückgedrängt; wir haben uns über die möglichen Beziehungen Beider zu einander bereits geäußert, und werden dieß alsbald wieder thun.

Die Ankunft der Griechen oder der Pelasger (in engerem Sinne, gegenüber dem mehr willkürlichen Gebrauche dieses Namens für die ganze Gruppe, aber auch abgesehen von dem engsten Sinne der von den Hellenen unterschiedenen Pelasger in geschichtlicher Zeit) in Europa liegt jenseit der Geschichte, wie auch die erste der Ionier in Kleinasien, mögen nun diese aus Innerasien dorthin gelangt sein, oder später aus Griechenland, wie man gewöhnlich annimmt. Etwas jünger und geschichtlicher erscheint die Zeit, in welcher (s. o.) Lelegen oder (und) Karen sowol in Kleinasien und auf den Inseln, wie auf dem griechischen Festlande auftreten, also in allen Gebieten, in welchen auch Griechen wohnen. Auf den Inseln und wahrscheinlich auch in der engeren Hellas haben sie mitunter früher geseßen, als die Griechen, die sie von Europa aus dort wegtrieben. Ansiedelungen seefahrender Völker auf Inseln und Küsten sind überhaupt beweglicher Natur, und dürfen für die Zeitrechnung der eigentlichen Völkerschichtenfolge nicht allzu geltend gemacht werden. Die ältesten Griechen aber, die »Pelasger«, sahen wir auf dem Festlande, namentlich in der Peloponnesos, als Vorgänger der Lelegen. Im Ganzen erscheinen die Wanderungen der Letzteren im Verhältnisse zu den pelasgisch-hellenischen nach Zeit und Ort mehr nur partial und fluktuierend (der Purismus verzeihe uns diese neulateinischen Ausdrücke!).

Stellen wir nun eine zweite Hypothese über den Bevölkerungsgang Osteuropas auf, oder erwägen wir wenigstens einige wichtige Theile der vorstehenden Möglichkeiten bei anderer Beleuchtung..

Die erheblichsten Einwendungen haben wir gegen die Einwanderung der Thraken aus Kleinasien nach Europa und gegen ihre Verdrängung nach Osten durch die Griechen zu machen. Letzterer widerspricht schon die numerische Schwäche der Griechen, deren Gewandtheit und Muth wol die sporadisch und in Minderzahl in Griechenland vorgefundenen Thraken überwinden und theils assimilieren, theils verdrängen, aber nicht die weit überwiegende kompakte Masse dieses Volkes vor sich her schieben konnte.

Dieses war vielmehr, nach den bereits mitgetheilten Daten, wahrscheinlich schon bei der Ankunft der ersten Griechen das große Nordostvolk der halbgeschichtlichen Sage; ja, es mochte damals noch bedeutendere Räume einnehmen, welche später einerseits Sarmaten und Skythen, anderseits Illyrier, und endlich die Griechen selbst besetzten. Diese einstmalige Ausdehnung läßt zwar auch unsere bißherige Darstellung zu, aber wir begnügen uns nicht, dem vorhin gemachten Einwurfe etwa mit der Modifikation zu antworten: Der Aufbruch der Thraken aus Kleinasien wurde zwar durch fortgedrängte und fortdrängende Völkermassen hinter ihnen veranlaßt, namentlich durch die Griechen, die ihnen später nachfolgten, keineswegs aber ihre große Mehrzahl in das nachmalige Thrakien drängten und gar noch weiter fort nach mehreren Richtungen. Vielmehr aus eigner Fülle und Schwere nahm gleich anfangs das thrakische Volk das große Land ein, und die Griechen fanden nur noch die Nachzügler, die ihnen den Raum der Dauer nach nicht versperrten.

Gerade aber der Umstand, daß in diesem südlicheren Lande die thrakische Bevölkerung keine Kraft oder keine Lust zum dauernden

Besitze zeigt, sondern den Griechen Platz macht, um vielleicht theilweise erst in Kleinasien den Kampf gegen sie aufzunehmen; und daß zweitens in dem rauheren und minder wohnlichen N o r d e n und O s t e n stets die überwiegende Hauptmasse der Thraken sitzt —: dieß läßt uns auch d o r t ihre u r s p r ü n g l i c h e n Sitze und in jener Richtung ihre älteste Wanderspur suchen.

Hinter ihnen kamen dann also nicht die Griechen, sondern vielmehr wahrscheinlich i r a n i s c h e Völker, deren bedeutendste unter den Namen der S k y t h e n und der S a r m a t e n bekannt wurden. Ein stärkeres Andringen derselben, verbunden mit dem südwärts sehnenden Naturtriebe der Thraken selbst, führte bedeutende Theile derselben nach Süden und Südosten, nach Griechenland und selbst vielfach nach Kleinasien hinüber. Zu diesen frühesten Ueberschiffungen mag immerhin lästige Nachbarschaft der ältesten, wenn gleich selbst früher aus Kleinasien gekommenen, G r i e c h e n beigetragen haben; vielleicht aber noch mehr auf der Westseite der Druck i l l y - r i s c h e r Völker, die biß nach Griechenland hereinstreiften. Diese können sogar bei dieser ganzen thrakischen Bewegung die stärkste hinten und neben angespannte Locomotive gewesen sein, indem ihr von Nordwesten und von der adriatischen Seeseite kommender Zug die sehr möglicher Weise auch einst ganz Illyricum bewohnenden Thraken nach Griechenland hinüber trieb, mitunter sie durchbrechend und verfolgend. In der That scheinen nach dem skythischen Osten hin die Thraken ruhiger und massenhafter zu wohnen. Daß übrigens der Name der Dardaner u. s. m. auch bei den Illyriern an Kleinasien erinnert, wurde bereits bemerkt.

Wir dürfen bei allen diesen Möglichkeiten die große Wahrscheinlichkeit nicht vergeßen, daß durch die spätere Illyris und die angrenzenden Straßen ureinst der eine Theil der pelasgischen Gruppe nach Italien wanderte, die Götter wißen, von Wem oder von Was so weit getrieben. Nach Osten fanden vermuthlich auch sie schon den Raum von Thraken besetzt, nach Nordwesten zunächst von Illyriern. Daß sie nicht ruhig in Illyricum blieben, daran hinderten sie vielleicht die auch dort übermächtig eingedrungenen Thraken, deren Wiederverdrängung durch den n a c h m a l i g e n illyrischen Völkersturm wir vorhin möglich fanden. Ebenso aber auch weiter oben die Einkeilung des letzteren zwischen die Glieder der, d a n n erst in Europa aus einander gerißenen, pelasgischen Völkergruppe.

Doch Genug! In solcher Ferne flimmern und zittern alle Lichter

irrlichterhaft, und doch verlockt uns ein Zauber, ihrem wechselnden
Scheine stets wieder zu folgen.

Auf die Kimmerier, die in der Dämmerung vor den Skythen
und den Sarmaten im Osten Europas wohnten, kommen wir mehrfach weiter unten. Die beiden letzteren Völker wohnten in Asien
und in Europa nördlich und östlich sowol von den Thraken, als von
den Kleinasiaten. Beide sind, wie wir vermuten, iranischen
Stammes, wenn wir spätere missbräuchliche Ausdehnung und Uebertragung ihrer Namen außer Rechnung laßen. Dieser vielgliederige
Stamm, dessen Spuren im Osten des alten Europas biß an die Donau,
ja biß an das adriatische Meer reichen, soll sogar in den äußersten
Westen dieses Erdtheils, nach Iberien biß nach Afrika hinüber gekommen sein, nämlich Meder, Perser und Armenier in Herkules
Gefolge; Sallustius Jug. XVIII. erzählt die Sage ausführlich, eine
Variation derselben Strabon XVII. p. 828.

Die Skythen, welche der Logograph Hekataeos bei Steph.
Byz. und Thukydides II. 97., vgl. auch Diod. Sic. II. 43., als ein ungemein großes Volk in beiden Welttheilen nennen, wohnten und
streiften nomadisch von Persien biß an die Donau, wo nach Herod.
IV. 99. die ἀρχαίη Σκυθική liegt. Die Arier, wenigstens die Perser,
nannten sie Σάκαι, Sacae Herod. VII. 64. vgl. Choerilus ap. Strab.
VII. p. 303.; Plin. H. nat. VI. 17.: »Persae illos Sacas in universum
appellavere a proxima gente, antiqui Arameos, Scythae ipsi Persas Chorsaros et Caucasum montem Graucasum hoc est
nive candidum«; Solin. IV.; die Çakás der sanskritischen Urkunden (s. o. bei den Parthern) sind wahrscheinlich die Selben; daher ihr Land »Σακαστήνη Σάκων Σκυθῶν« Isidor. Characen. ed.
Hoeschel p. 188. (bei Halling, Skythen S. 70.), d. i. sanskr. Çaka-
sthàna neupers. Segistàn u. dgl. Oppert (Lautsystem des Alt-
persischen S. 40 ff.) hält Σάκαι und Σκύθαι für ursprüngliche
Namen einzelner Stämme dieses Volkes und findet den zweiten, den
Griechen zuerst bekannt gewordenen, auch in der iranischen Form
Çkudra auf der Inschrift von Nakschi Rustam; er erinnert auch an
Mons Scodrus. Herodotos IV. 6. nennt bei Gelegenheit einer an
den Borysthenesstrom angeknüpften Stammsage der Skythen (von
Ταργίταος und dessen Söhnen Λειπό-, Ἀρπό-, Κολά-ξαϊς als
des Volkes Ahnen) einen dritten allgemeinen Namen: »Σκολό-
τους, τοῦ βασιλέος ἐπωνυμίην· Σκύθας δὲ Ἕλληνες οὐνόμα-
σαν«, wie er ausdrücklich hinzusetzt, jedoch auch c. 10. die weitere
Eponymensage: daß Σκύθης, Γελωνός und Ἀγάθυρσος Brüder ge-

6 *

so hätten wir hier eine neue Sorte von Kentauren. Namenvergleichungen laßen sich hier noch manche andre anstellen.

Unter den Völkern, die Herodotos IV. 100 ff. unter und neben den Skythen aufführt, mögen hier noch einige kurz erwähnt werden. Die Neuren (*Νευροί*), deren Gesetze er skythisch nennt, das Volk selbst aber nicht, sind die ersten Werwölfe, wie denn jenes ganze Gebiet von Fabeln voll ist. Die Menschenfreßer, *Ἀνδροφάγοι*, haben der skythischen ähnliche Tracht, aber eigene Sprache; die nach ihrer Tracht benannten Schwarzröcke, *Μελάγχλαινοι*, skythische Gesetze.

Die Budinen erwähnten wir schon früher wegen ihrer hellen Farbe. Nach Herod. IV. c. 108—9. (vgl. c. 21.) werden sie von den Griechen mit den vorhin genannten Gelonen verwechselt, die vielmehr eine unter ihnen gesiedelte griechische Kolonie in der hölzernen Stadt *Γελωνίς* seien und neben der hellenischen auch die skythische Sprache redeten. Griechen im Skythenlande erwähnt Herodotos auch kurz vorher IV. 105. Noch Ptolemaeos nennt dort *Βω—δηνοί* und *Ἀλαῦνοι*; Zeuss a. a. O. S. 703. rechnet sie zu den Alanen, wornach die iranisch-ossetischen Blondins der Gegenwart (s. o.) die Nachkommen der, gleich den Alanen überhaupt, blonden Budinen sein können. Daß unter den Iraniern mehrfach helle Farbe vorkommt, wurde oben bemerkt; bei den nach Norden vorgeschobenen Völkern dieses Stammes steht sie unter klimatischem Einfluße.

Die gleiche Eigenschaft der Skythen (s. o.) zeugt somit mindestens nicht gegen ihre iranische Abstammung; auch nicht einmal Hippokrates (De aere etc. §. 98 sqq.), der ihnen zwar helle Hautfarbe zuschreibt (s. o.), aber sie (nicht etwa als Mongolen! vgl. Kolster gegen Neumann in Fleckeisens Jahrb. 1858 S. 334.) als schlaffe Fettwänste schildert, welche keinem andern Volke glichen, sich selbst aber alle unter einander, was wol nur auf einen Stamm derselben gieng. Ueber ihre Abstammung müste ihre Sprache entscheiden, wenn wir Mehr von ihr hätten, als wenige Reliquien von zweifelhafter Zuverläßigkeit nach Form und Bedeutung. Herodotos verstand wahrscheinlich viel zu Wenig von ihr, um die ihm mitgetheilten Namenetymologien zu prüfen, und wenig Mehr von der persischen. Und selbst, wenn er beide genauer gekannt hätte, so hätte er sie doch vielleicht nicht verglichen, da die Alten überhaupt schlechte Sprachvergleicher waren, und weil das weite iranische Gebiet schon damals so starke mundartliche Unterschiede umfaßen mochte, wie z. B. heute zwischen der neupersischen und der armenischen Sprache. Weit stärker und zahlreicher, als Sprachreste, zeugen Eigennamen der skythischen Völker für ihre iranische Abkunft, ohne daß ein Grund vorhanden wäre, bei ihnen, wie z. B. bei mehreren anderen Völkerschaften Vorderasiens, fremde Herrschernamen zu vermuthen. Einstweilen verweisen wir für Namen und Sprache am liebsten auf Zeuss a. a. O. S. 285 ff., vgl. auch J. Grimm, Jornandes S. 25 ff. Schafarik-Wuttke Slav. Alt. I. S. 282 ff. Man bemerke auch zu der o. bei den Thraken bemerkten Kreuzung derselben mit den Skythen bei mehreren ethnologischen Angaben den Anklang der *»γυνὴ τῶν Μασσαγετέων βασίλεια Τόμυρις«* Herod. I. 205., »Scytharum regina Tomyris« Justin. I. 8., »Tamiris Getarum regina« Jorn. X. an den thrakischen *Θάμυρις*, Thamyras, den »Cilicem Thamyram« Tac. Hist. II. 3.

Was wir oben über die Beziehungen der Skythen zu Parthern, Persern, Baktrianern den Alten entnahmen, und wozu wir nachher noch Entsprechendes bei Alanen und Sarmaten finden werden, ist sehr beachtenswerth, jedoch noch kein apodiktisches Zeugniss für die iranische Abkunft der Skythen, solange die gleiche der Parther noch nicht erwiesen ist. Zeuss hat S. 285. einen interessanten Abschnitt über die Gleichheit skythischer und medopersischer Religion. Merkwürdig ist ferner ein Zeugniss von Altvater Herodotos V. 9.; er kennt *»πέρην τοῦ Ἴστρου«*, also ungefähr in oder nahe an dem alten Skythenlande, *»Σιγύννας, ἐσθῆτι δὲ χρεωμένους Μηδικῆ, — — μικροὺς δὲ καὶ σιμοὺς καὶ ἀδυνάτους ἄνδρας«*, mit zottigen, raschen Pferdchen und zu Wagen, biß zu den adriatischen Henetern (s. u.) wohnend. Sie hielten sich für *»Μήδων ἀποίκους«*, was aber auf alte Zeit zurückdeuten müße. Einen Zusatz a. a. O. über ihren Namen s. u. Lex. Nr. 294. Apollonios Rhod. IV. 320. schließt sich an Herodotos an, indem seine *Σίγυννοι* am untern Ister unter skythischen und thrakischen Völkern stehn; sein Scholiast sagt geradezu: *»καὶ Σίγυννοι δὲ ἔθνος Σκυθικόν.«* In älterer Heimat im Osten des Pontos erscheint das selbe Volk bei Strab. XI. p. 520.: *»Σίγιννοι δὲ τἆλλα μὲν περσίζουσιν, ἱππαρίοις δὲ χρῶνται μικροῖς, δασέσιν«* etc., und bei Orph. Argon. V. 754 ff. *»ἄξενα φῦλα Σιγύμνων.«* Ihr Name erhielt sich vielleicht in dem keltischen von *Σιγίνδουνον* (Ptol. etc.), einer sehr alten Stadt am rechten Donauufer in Obermoesien. Vgl. Celtica II. 1. S. 30 ff. Ukert, Germ. S. 319 ff. Herodotos Beschreibung ihrer verkümmerten Gestalt, wozu bei Strabon noch künstliche Verunstaltung kommt, wiederholt sich nirgends für die Skythen, da auch Hippokrates ungünstiger Bericht (s. o.) nicht dazu stimmt.

Die Alanen stellt Ammianus XXII. 8. neben die Massageten
an der Maeotis, sagt aber. XXIII. 5. »Massagetas, quos Alanos
nunc adpellamus« und XXXI. 2. »A. veteres M.« So auch Xiphilin.
in Hadrian p. 358.: » — — Ἀλανῶν, εἰσὶ δὲ Μασσαγέται«,
wogegen wiederum Claudian. in Rufin. I. v. 312. Beide neben
einander ordnet:
    »Massagetes, patriamque bibens Maeotin Alanus.«
Vielleicht verwechselt Dio Cass. LXIX. 15. die Ἀλανοί mit den
»Ἀλβανοί (εἰσὶ δὲ Μασσαγέται)«.

Nach Ammianus XXXI. 2. sind die Alanen ein ausgedehntes,
»gentes varias« umschließendes Volk, wild, ohne Wohnungen für
Götter und Menschen. »Proceri autem Alani paene sunt omnes et
pulchri, crinibus mediocriter flavis, oculorum temperata torvitate
terribiles, et armorum levitate veloces, Hunnisque per omnia sup-
parés, verum victu mitiores et cultu, latrocinando et venando, adusque Maeotica stagna et Cimmerium Bosporon, itidemque Armenios
discurrentes et Mediam.« Recht skythisch, aber wenigstens der Kör-
perschöne wegen nicht hunnisch, obgleich wir auch Prokopios Gleichung der Massageten und Hunnen sahen; übrigens trennt Ammianus l. c. 3. genau die Hunnen von den Alanen, deren Land sie
durchziehen. Wenn Vossius Emendation zu der verderbten Stelle bei
Ammian. l. c. 2. (»Mores et media et efferatam« etc.) »Mores e Media, at efferata« etc. richtig ist: so ist dieß ein Belege mehr für die
iranischen Beziehungen der skythischen Völker, jedoch ein noch stärkeres das oben erwähnte Fortleben der Alanen in den Osseten. Kein
iranisches Volk machte so ausgedehnte Streifzüge (kaum einmal Siedelungen) in Europa, als die Alanen. Ihre verwilderte medische
Sitte wäre denn nach jener Emendation der gemilderten hunnischen
in obiger Stelle gleich. Ptolemaeos unterscheidet Ἀλανοί im NO
der Scythia intra Imaum und Ἀλαυνοί in der europäischen Sarmatia,
nennt sie aber beide Skythen; so auch Iosephos B. Jud. VII. 7. die
Alanen an dem Tanais und der Maeotis. Nach Lukianos (Toxaris LI.)
war das Volk der Alanen von dem der Skythen unterschieden, aber
ihm ὁμόσκευος καὶ ὁμόγλωττος, nur trug letzteres das Haar länger.
Fernere Belege der alanischen Geschichte s. u. a. bei Zeuss S. 700 ff.
Schafarik a. a. O. I. 350 ff. Vullers Lex. Pers. v. Alan. Daß der Name
der, von Schafarik überhaupt als Sarmaten betrachteten, Alanen auch
in denen der skythischen oder sarmatischen Ῥακαλανοί, Ῥωξωλανοί,
Roxalani stecke, ist möglich. Dionysios Perieg. v. 305. 308.
nennt zwei Stämme der »πολυΐππων Ἀλανῶν«, einen oberhalb der

Tauren an der Maeotis, einen andern vor Jenen nach den Donau-
völkern, in der Gegend, wo wir früher Sigynnen sahen.

Eine Angabe über alanische Sprache in der Krim, wo der Name
des Volkes lange fortlebte, hat der zweite anonyme Periplus des
Pontus Euxinus (ed. Gail) §. 7.: »Νῦν δὲ λέγεται ἡ Θευδοσία τῇ
Ἀλανικῇ ἤτοι τῇ Ταυρικῇ διαλέκτῳ Ἀρδάβδα (vulg. Ἀρ-
δαύδα), τουτέστιν Ἑπτάθεος.« Wenigstens bedeutet nach dem
Ossetischen ἄβδα (avda) sieben.

Allmählich verschwinden die Skythen, vorerst ihr Name, aus
der Geschichte. Schon Plin. II. nat. IV. 12. sagt von den europäischen:
»Scytharum nomen usquequaque transit (transiit) in Sarmatas
atque Germanos, nec aliis prisca illa duravit appellatio, quam qui
extremi gentium harum ignoti propre ceteris moralibus degunt.«
Der pontische Mithridates hatte noch mit europäischen Skythen zu
schaffen Strab. VII. p. 309. Später beginnt Verwirrung und Verwechselung bei den Geschichtschreibern. Orosius VII. 34. rechnet
zu den skythischen Völkern Alanen, Hunnen und Gothen. Bei
Trebellius Pollio (Galieni VI.) sind die Skythen ein Theil der Gothen;
mit diesen, wie mit den (skandinavischen) Ros, werden sie bei den
Byzantinern verwechselt.

Mit Plinius a. a. O. stimmt auch eine andere und begründetere
Gleichung überein bei Diod. Sic. IV. c. 45.: »τῶν Σαρματῶν, οἷς
ἔνιοι Σκύθας προσαγορεύουσι.« Doch haben solche spätere
Stimmen nur sekundären Werth, da bereits Herodotos IV. 117. dieses
Volk als ein den Skythen sprachverwandtes kennt: »Φωνῇ δὲ οἱ
Σαυρομάται νομίζουσι Σκυθικῇ, σολοικίζοντες αὐτῇ ἀπὸ τοῦ
ἀρχαίου, ἐπεὶ οὐ χρηστῶς ἐξέμαθον αὐτὴν αἱ Ἀμαζόνες«; diese
sind nämlich ihre Weiber und Mütter. Hippokrates (De-Aëre etc.
§. 89.) paraphrasiert nur Herodotos; er nennt die Sauromaten (so
lautet gewöhnlich die griechische Form, die uns nicht an Syrien
erinnern darf) »ἔθνος Σκυθικόν — — διαφέρον τῶν ἐθνέων τῶν
ἄλλων.« Qu. Curtius VII. 7. sagt sogar: »Scytharum gens, haud
procul Thracia sita — — Sarmatarum — — pars est.« Beide
Völker pflegten ihre Pferde zu verschneiden Strab. VII. p. 312.
Jedoch war nach Ephoros ebds. p. 302. beider Lebensweise verschieden. Aber Strabon selbst sagt ausdrücklich XI. p. 492.: »Σαρμάται, καὶ οὗτοι Σκύθαι.« Nach ihnen nennt er die Aorser, vgl.
Plin. H. nat. IV. 12. Die Rhoxolanen werden bald den Skythen, bald
den Sarmaten zugezählt (Citate Celt. II. 1. S. 224 ff.).

Plinius H. nat. VI. 7. hat vernommen: die Sarmaten und ihre

»genera« am Tanais seien »Medorum soboles«, ähnlich auch Diodoros II. 43. Ihr Aussehen, ihre Tracht und Rüstung glich der parthischen P. Mela III. 4. Tac. Germ. XVII., welche nach Justin. XLI. 2., jedoch erst bei zunehmendem Luxus, der medischen ähnlich geworden war; während dagegen Mela a. a. O. sagt: »Gens (Sarmatiae) habitu armisque proxima, verum ut coeli asperioris ita ingenii« etc. Auch er beschreibt ihre Frauen als Amazonen. Ihre Rüstung ist vielfach beschrieben worden, s. Amm. Marc. ed. Erfurdt XVII. 11. nebst Citaten. Polyaenos VIII. 56. nennt einen ihrer Könige *Μηδοσάκκος* (–*ου* gen.), in welchem Namen der der Meder, schwerlich auch der der Saken, stecken mag. Die von Schafarik a. a. O. I. 366. aufgezählten Eigennamen tragen meistentheils iranisches Gepräge, vgl. auch Böckh Corpus Inscr. Graec. II. 107—117.

Wie viele der vorgenannten iranisch-skythischen Völker, treiben sich auch die Sarmaten in allen Donauländern umher, z. B. um und in Tomi, wo sie Ovidius kennen lernte. Wenn wir zwei Aeußerungen desselben Trist. III. 14. V. 12. parallelisieren, so unterscheidet er thrakisch-getische Sprache von skythisch-sarmatischer. Häufig, biß in späte Zeit, erscheinen sie in Osteuropa als Nachbarn und Genoßen deutscher Völker. Ein Trupp von ihnen ist einmal biß ins Rheinland herab gekommen, vielleicht nicht freiwillig, s. Zeuss S. 692. In Italien werden sie zweimal genannt, zuletzt mit den Langobarden ebds. ff. Sogar in Hispanien mag Silius Ital. III. 384. die »Sarmaticos muros« von Uxama nach einer Kolonensage benamt haben, die mit der persischen in Hispanien zusammenhangen kann, und aus viel früherer Zeit stammt, als die eben erwähnten Nachrichten.

Varianten des Hauptnamens sind Sar-, Syr-, Sauro-matae. Sie sind wahrscheinlich die Sermende des Angelsachsen Aelfrid, von welchen er die Ostsee Sermondisc nennt. Vielleicht steckt ihr Name in dem der Dakerhauptstadt Sarmizegetusa, Sarmategte T. Peut. Ein Eigenname Sauromates oder auch Sauromakes kommt öfters in Kaukasien u. s. w. vor, s. Amm. Marc. ed. Erfurdt XXVII. 12. mit Citaten. Die zweite Hälfte des Namens kommt auch vor in Iaxa- (Ixo-, Exo-), Agagam-, Chari-, Thisa-matae, Namen Jenen nächst verwandter Völker. Der Name der Ixomatin *Τιργαταώ* bei Polyaen. VIII. 55. ist fast identisch mit dem des skythischen Targitaos (s. o.).

Unter den sarmatischen Völkerschaften zeichnen sich die Iazygen durch die Dauer des Volksthums aus. Sie sind vielleicht die

Sarmaten κατ᾽ ἐξοχήν der späteren römischen Schriftsteller, vgl.
Zeuss S. 282. 691. Wenn sie wirklich, wie Schafarik a. a. O. I.
345. annimmt, Zeuss 677 ff. aber sehr unwahrscheinlich macht, die
Jadzwingen (litau. Jodweżai slav. Jatwjazi u. s. w.) in Podlachien wären: so würde die für Letztere anzunehmende litauische
Abstammung eine Revision der ganzen osteuropäischen Ethnologie
nöthig machen.

Nach Ammian. Marc. XIX. 11. war der Kriegsruf (signum belli-
cum) der Sarmatae Limigantes marha! marha! Leider ist dort
kein Wink für die Bedeutung gegeben. Der Zusammenhang läßt
nicht den Aufruf: Zu Pferde! vermuthen, der uns an ein bekanntes
deutsch-keltisches Wort erinnern würde. Vielleicht liegt Wurzel
mar (mors) zu Grunde.

Daß Orpheus Arg. (s. o.) die Sarmaten zu den Βαϑυχαίτοι stellt,
zeichnet sie wenig aus. Tacitus Germ. XLVI. stellt sie den Deutschen
als einen unedleren Stamm gegenüber, obgleich manche Völker
Züge Beider zeigen.

Ein fleißiger, wenn auch von einigen religiösen Vorurtheilen in
seinen Forschungen gestörter Schriftsteller: H. Lüken (Die Einheit
des Menschengeschlechts Hann. 1845) zieht aus den ältesten Aussagen über die Skythen und Sarmaten die bemerkenswerthe Ansicht:
daß sie in Asien vorzüglich in Westen und Süden des kaspischen
Meeres hausten, von dort über den Kaukasus nach Europa giengen
und sogleich bei ihrem Fortrücken auf die Kimmerier stießen. Der
Kaukasus habe drei Uebergangspunkte: an beiden Enden, und in
der Mitte, wo jetzt die russische Militärstraße nach Tiflis geht.

Von Herodotos Sarmaten, die mit dem Bruderstamme der
Skythen (Skoloten, Saken) oft in Zwist lagen, biß zu Melas
Zeit, wo Erstere das biß dahin von den Letzteren behauptete Recht der
Landesbenennung übernahmen, währt ein langer Zeitraum, welchen
jedoch der Name der Sarmaten noch bedeutend überdauerte, so auch
die Namen anderer skytho-sarmatischer Stämme. Und doch sind
diese ungeheuren Völkermassen, trotz dem edlen arischen Blute in
ihren Adern, für ewig aus Europa verschwunden mit den tausend-
fachen Spuren ihrer Rosse und Wägen, und selbst ohne daß wir von
den Geistern in diesen zahllosen Körpern eine Spur in der Bildungsgeschichte Europas suchen möchten. Bereits zu Tacitus Zeit (Germ.
XI. VI.) taucht in ihrem Gebiete der Name eines Stammes auf, der
lange nachher einen noch größeren Raum in Europa einnimmt und
den wir erst weiter unten besprechen: der Venedi nämlich.

Noch einem der pontischen Völker widmen wir hier einige Zeilen, weil es aus dem vorskythischen, »kimmerischen Dunkel« biß in ziemlich späte Zeit reicht. Wir beginnen mit einem Rückblicke auf die Kimmerier selbst.

Ob sie gleich den Alten seit Homeros gewöhnlich »ἠέρι καὶ νε- φέλῃ κεκαλυμμένοι« (Odyss. XI. 14 ff.) sind; so gehören sie doch keineswegs zu den rein mythischen Völkern, sondern bildeten ein- mal eine sehr greifbare und materielle Macht, so wenig sie auch in Kimbern und Kymren wieder auflebten. Ihre Einfälle in Kleinasien, deren wichtige Zeitbestimmung um 650 v. Chr., also lange nach Homeros, (andere Angaben s. Celt. II. 1. S. 178; dort passim reich- liche Citate und Angaben über Kimmerier und Treren; noch reichere bei Knobel a. a. O. S. 23 ff.) durch den Namen des Lyderkönigs Ardyes möglich wird, rücken zugleich die Ankunft der Skythen in Europa in späte Zeit herab, da sie erst nach dieser erfolgten, wenn wir u. a. mit Bähr und Duncker (Origg. Germ. p. 93.) Herodotos zum Bürgen nehmen, oder auch nach Strabon kurz vor derselben. (Ein Scholiast zu Hom. Odyss. XI. 15. läßt, gegen die Ueberlieferung, »ὑπὸ Κιμμερίων Σκύθας ἐξελασθῆναι.« Sie werden auch zu den Skythen selbst gerechnet; eine Glosse bei Hesychios lautet: »Κιμ- μέριοι· Σκύθαι. καὶ ἔθνος περὶ τὸν ὠκέανον.«) Der Name ihres Anführers Lygdamis ist uns aufbewahrt; er heißt Kimmerier und Trere. Treren oder Treronen aber sind, wie wir schon früher bemerkten, sowol Kimmerier, als Thraken; sie erschei- nen noch spät in Kleinasien »Τρῆρες καὶ οὗτοι Θρᾷκες« Strab. XIII. p. 586. und häufiger auch im europäischen Thrakien. Vielleicht stammt von dort das als kimmerisch und als makedonisch ange- gebene Wort argilla, argella Lex. Nr. 28., ob es gleich von Ephoros an eine angebliche Siedelung der Kimmerier in Unter- italien geknüpft wird. Ueber diesen Volksnamen selbst s. Lex. Nr. 98. Der jüngere Plutarchos hat in seiner Kompilation über die Flüße XIV. ein Wort aus dem Skythenlande und der Heimat der Hellespontossage aufbewahrt: »ὄρος, τῇ διαλέκτῳ τῶν ἐνοικούντων προσαγορευόμενον Βριξάβα, ὅπερ μεθερμηνευόμενον Κριοῦ μέτωπον«, welches dort richtig mit der Sage von Φρίξος, d. i. φρι- ξός der starrhaarige Widder, zusammengestellt wird (die Pflanze »τῇ διαλέκτῳ τῶν Βαρβάρων φρίξα καλουμένη« im folgenden Abschnittchen gehört zu den Fabrikaten des Sammlers), und die von uns bereits erwähnte phrygische, makedonische und vielleicht auch thrakische Lautstufe zeigt. Das Alter jener Sage läßt uns hier ein vorskythisches Wort vermuthen. Polyaenos Strab. VII. 2. schreibt den Kimmeriern »ἀλλόκοτα καὶ θηριόδη σώματα« zu.

Der Name der Kimmerier blieb an Oertlichkeiten haften; von dem Volke selbst spricht noch Dionysios Perieg. 163. im Präsens, wol nur poetisch, während es Prokopios B. G. IV. 4. wirklich in den damaligen Οὐτουργουροι am Bosporos sucht, worauf wir jedoch auch kein Gewicht legen.

Dagegen ist es möglich, daß die Kimmerier nach ihrer Vertreibung durch Ardyes Enkel, Alyattes, aus Asien (Herod. I. 16., der nicht sagt, wohin) unter dem Namen der Tauri, Ταῦροι auf der ihren Namen tragenden Halbinsel fortlebten. Herodotos IV. 99 sqq. trennt sie von den Skythen, deren Nachbarnreihe (c. 102.) er mit ihnen beginnt. Auch Skylax trennt Beide. Später werden sie öfters zusammengestellt (Citate s. Celt. II. 1. S. 146.), oder auch als Tauroskythen und Skythotauren gemischt. Medea spricht mit ihnen »τῇ Ταυρικῇ διαλέκτῳ« Diod. Sic. IV. 48.; so heißt (s. o.) bei einem späten Geographen die Sprache der Alanen in Tauris. Ihr Name verlockt leicht zu den buntesten Vergleichungen; die nächste und älteste mit dem des Taurosgebirges wird auch die richtigste sein.

Das maßlose Gemisch von Völkersplittern und Mundarten am Pontos zu Sultans Mithridates Zeit ist nur im Allgemeinen, leider nicht im Besonderen, beurkundet. Damals bestätigten die Barbaren alles Grauen der alten Hellenen vor ihnen durch den scheußlichen Frevel an den dem hehren Nationalgotte der Letzteren und an seinen wehrlosen Schützlingen auf Delos (Pausan. III. 23.); und der Teufel, der sie führte, trägt den griechischen Namen Menophanes.

Die Götterdämmerung der alten Hellas war dunkelroth von Blute. An Helios Stelle traten die Bilder der römischen Tyrannen und endlich der heilige Elias, dem Klange seines Namens zu Ehren; an die Stelle der schönen antiken Göttergestalten wüste Säulenheilige. Aber der entsetzlichste Wechsel des Schicksals, aller Raub und Mord der Barbaren von den Römern biß zu den Türken, eine lange Reihe von Jahrhunderten, in derem grausigem Dunkel die einst so fernhin strahlende Hellas ganz verschwand, dazu denn mit dem äußeren Geschicke in Wechselwirkung stehende innere Entartung: alles dieß konnte die wunderbare Lebenskraft dieses Volkes mit seiner Sprache und seiner vielfachen Begabung nicht zernichten. Flüchtlinge aus jener furchtbaren Stunde, in welcher in der Weltstadt am Bosporos, wie ein türkischer Geschichtschreiber frohlockt, »das misstönende Geheul der Glocken für immer verstummte«, brachten dem Abendlande in Wißenschaft und Kunstfleiß unschätzbare Reliquien ihres Volksthums und erweckten dessen Studium. Auf der Peloponnesos, die einst *ὅλη ἐσθλαβώθη*, erhielt sich, trotz Fallmerayers Exegese dieser Hyperbel des Porphyrogenneten, noch viel Antikes in der Sprache und selbt in den *Τζάκονες* ein Rest alter lakonischer Bevölkerung und Mundart, die freilich in der neuen *κοινὴ διάλεκτος* des hellenischen Staates bald aufgehn wird.

Wir gehn nun auf jene Halbinsel über, auf welcher der andere Stamm der griechisch-italischen Völkergruppe sich ausbreitete, die aber einst auch »tot populorum discordes ferasque linguas« (Plin. H. nat. III. c. 5.) umschloß. Ueber seinen Weg nach Italien haben wir bereits einige Vermuthungen ausgesprochen und wißen wesentlich keine anderen hinzuzufügen.

Laßen wir auf Festland und Inseln auch die rein mythischen Kyklopen und Genoßen weg, so bleiben doch, wie im Osten, Völkernamen zwischen Sage und Geschichte mitten inne, wie z. B. der Oenotrer (mit ihrem Weisen, Italos) und wiederum der unserer alten Bekannten: der Pelasger, der vielleicht ein mit denen der Casci, Prisci, Aborigines gleichbedeutendes Appellativ ist, jedoch kein mit diesen Eingeborenen der Sagengeschichte identisches Volk bedeutet, vielmehr ein eingewandertes: bald die griechischen Pelasger, bald die Tyrrhener (s. u.).

Der alte Name Italiens, *Οἰνωτρίη*, kommt schon bei Herod. I. 167. vor. Neben den *Οἰνωτροί* nennt Strabon VI. p. 253. (vgl. V. im Anf.) die *Λευκανοί* (Lucani) und die *Χῶνες*, letztere auch p. 255. »*Οἰνωτρικὸν ἔθνος*«, wie bei Aristot. Polit. VII. 9. »*Οἰνωτροὶ τὸ γένος*«; ihren Namen halten manche mit dem der *Χάονες* (Str. VII. p. 323 sq. u. A.) in Epiros identisch und sehen auch in den Oenotrern dorther gekommene Pelasger. Dionysios Hal. I. 11 ff. läßt ihren Eponymos *Οἴνωτρος* mit seinem Bruder *Πευκέτιος*, Lykaons Söhne und Pelasgos Enkel, aus der Peloponnesos kommen, Nikandros bei Anton. Liberalis die Eponymen Peuketios, Iapyx, Daunios als Söhne des illyrischen Königs Lykaon in Apulien einwandern; Pausanias VIII. 3. X. 13. nennt Peuketier und Oenotrer Barbaren; auf Erstere kommen wir nachher noch einigemal zurück. Wir bemerken hier übrigens, auch für das Folgende: daß mindestens bei den älteren Griechen, also auch deren Ausschreibern, in Italien alle Nichtgriechen, die Italiker eingeschloßen, Barbaren heißen.

Die aus der Peloponnesos stammenden hellenischen Pelasger, zu welchen gewöhnlich die Tyrsener (Tyrrhener) gezählt

werden (von Niebuhr auch die früher o. erwähnten Liburner),
sollen aus Thessalien zu den Aboriginen, der Römer Vorvätern,
der unteritalischen Oenotrer Abkömmlingen, gekommen sein und
mit ihnen die Sikeler bekämpft haben, wie Dion. Hal. I. 9.
17 sqq. II. 1 sqq. erzählt.

Um Weniges nur geschichtlicher sind diese Σικελοί, Siculi,
und die Sicani, »Σικανοί, γένος Ἰβηρικόν«, die nach Thucyd. VI.
2. Dion. Hal. I. 22. vor den Ligyen (aus Iberien) nach Trinakria
geflohen waren. Dieses hieß nun von ihnen Σικανία (so schon bei
Homer. Od. XXIV. 307.), und als die später aus dem ganzen Festlande Italiens gewichenen Σικελοί ebenfalls dorthin gekommen
waren, von diesen Σικελία. Schon Herodotos VII. 170. kennt diese
Zeitfolge des Landesnamens: „Σικανίην, τὴν ν.ῦν. Σικελίην
καλευμένην.« Dionysios a. a. O. erzählt auch noch andre Sagen,
welche zum Theile Sikeler, Pelasger und Ligyen (s. u. bei
diesen) verschmelzen; sodann I. 9. II. 1.: die Autochthonen des
römischen Gebietes seien die »barbarischen« Sikeler, die auch
viele andere Orte Italiens inne gehabt hätten, was noch heute durch
mannigfache μνημεῖα bezeugt werde, »ἐν οἷς καὶ τόπων τινὰ ὀνόματα Σικελικὰ λεγόμενα« (II. 1.). Nach Thukydides waren die
Sikeler vor den Opikern aus Italien geflohen, fast 300 Jahre vor
der ersten Hellenen Ankunft in Sicilien; doch, sagt er, wohnten
»ἔτι νῦν« Sikeler in Italien und Sikaner auf der Westseite Siciliens.
Letztere werden von Plinius, Vergilius u. A. auch als Bewohner des
italischen Festlandes genannt. Citate über diese Völker s. u. a. bei
Ukert. II. 1. S. 246. Celt. II. 1. S. 27 ff. Wir heben nur noch Einiges
hervor. Strabon nennt VI. p. 270. außer den Sikelern, Si-
kanern und Morgeten die Iberer, »οὔσπερ πρώτους φησὶ
τῶν βαρβάρων Ἔφορος λέγεσθαι τῆς Σικελίας οἰκιστάς.« Nach
Diod. Sic. V. 6. nahm Philistos (den auch Dion I. 27. citiert) die
Auswanderung der Sikaner aus Iberien an, Timaeos aber ihre Autoch-
thonie; mit ihnen vertrugen sich später die eingewanderten Sikeler
nach Kämpfen in friedlicher Abgrenzung; zuletzt seien die Griechen
gekommen, deren Sprache Jene (die Sikeler, wenn nicht auch die
Sikaner) endlich gegen ihre eigene »barbarische« eintauschten, und
zuletzt, mit ihnen verschmolzen, Σικελιῶται genannt wurden. Eustathios (s. Maittaire Diall. 369.) sagt: »Διαφορὰ Σικελιωτῶν
καὶ Σικελῶν· τὸ τοὺς μὲν Ἕλληνας, τοὺς δὲ Βαρβάρους
εἶναι.« Apulejus nennt die Sikuler »trilingues.« Was in geschichtlicher Zeit sikelische Sprache heißt, ist entweder eine griechische

Mundart, die der lateinischen Sprache besonders nahe steht, wenn nicht eher, gleich schriftmäßig bekannten sicilisch-griechischen Mundarten, lateinische Wörter aufgenommen und theilweise modificiert hat; oder sie ist eine ursprünglich italische, mit griechischer gemischte, Sprache. So z. B. soll nach Steph. Byz. v. Γέλα γέλα πάχνη (cf. lat. gelu) ντῇ Ὀπικῶν φωνῇ καὶ Σικελῶν« zugleich heißen; vgl. »Εἰς ἐρημίαν τῆς Ἑλληνικῆς φωνῆς Σικελία πᾶσα Φοινίκων ἢ Ὀπικῶν μεταβαλοῦσα« Plato ep. VIII. Varro de L. L. V. 20. meint: »Lepus, quod Siculi quidam Graeci dicunt λέπορινα sei ein von ihnen aus Rom mitgebrachtes Wort.

Die Namen Sikaner und Sikeler sind gleich alt und nur durch das Suffix unterschieden; Tzetzes in Lyc. 951. bemerkt: »Σικανούς τινες Σικελοὺς πάντας ὑφ᾽ ἑνὸς ἐδέξαντο.« Auch Letztere galten für Barbaren; Beide waren vielleicht ursprünglich Ein Volk und trennten sich gleich anfangs, indem der eine Theil in Italien, der andere in Sicilien siedelte, wohin denn auch jener bald gedrängt wurde. Aber die schon o. excerpierte Völkerfolge bei Plin. H. nat. III. c. 14., auf welche wir auch unten zurückkommen, stellt die Sikuler mit den illyrischen Liburnern, fast verschmelzend, zusammen; vgl. nachher über die Sikuloten u. s. w. Mommsen stellt die Liburner samt den Epiroten, Makedonen u. s. w. in eine von ihm selbst für noch unklar erklärte Kategorie »Hellenobarbaren«, die weder Illyrier u. s. w., noch Griechen sind, zu Letzteren aber leicht werden. Abgesehen von der entfernten Möglichkeit: daß der in der Sikanersage genannte Fluß Σικανός in Iberien vielmehr identisch mit der Sequana in Gallien sei: ist es uns wahrscheinlicher, daß die durch die Liguren verdrängten Iberer aus Gallien kamen, weil von Ersteren jenseit der Pyrenäen nur schwache Spuren vorhanden sind (s. u.), die, auch wenn sie echt sind, nur auf wenige Fluchtgenoßen der Iberer (aus Gallien) schließen laßen. Indessen verschiebe der Leser sein Urtheil, biß er mit uns unten bei dem Abschnitte von den Iberern und den Liguren die Stellen der Alten besichtigt hat. Bei Letzteren werden wir auch noch einmal auf die Sikuler kommen. Auch auf Sardinien kommen Σικουλένσιοι vor, die zu den dort eingewanderten Iberern gehören könnten, wozu jedoch ihr erst spätes Vorkommen bei Ptolemaeos wenig stimmt, auch nicht das zweite Suffix, das erst an Siculi gehängt ist, wie ebenso ein anderes in dem Namen der Siculotae, Σικουλῶται (Plin., Ptol.) in Dalmatien. Bemerkenswerth ist indessen, daß auch ein andres barbarisch genanntes, jedoch mit den Griechen ver-

muthlich mindestens gemischtes Volk: die **Elymer** oder (und?)
Segestaner, nach Illyricum und der thrakisch-griechischen Halbinsel hinüber deutet; die Elymer gelten der Sage auch für Trojaner
(s. u.); **Segesta** kommt öfters in der alten Welt vor, auch in Asien,
sodann im **ligurischen** Oberitalien, was hier zu bedenken ist, vgl.
Kämpf, Umbrica p. 34 sq., wo mehrere Korrespondenzen Liguriens
mit Sicilien aufgezählt werden.

Von jener Halbinsel herüber wird, gleich den italischen Völkern
in engerem Sinne, aber vor ihnen (trotz *»Αὐσονίων Ἰάπυγας φυγόν-
των«* in einer Sage Dion. Hal. I. 22.), ein Volk gekommen sein, das
wir nur erst im letzten Viertel seines politischen Daseins kennen
lernen. Wir meinen die **J a p y g e s**, Ἰάπυγες, Ἰήπυγες Μεσσάπιοι,
in welche sich die aus Sicilien *»κατὰ Ἰηπυγίην«* übergeschifften
Kreten wandelten (d. h. in welchen sie aufgiengen) Herodot. VII.
170. vgl. Strab. VI. p. 281 ff.; die φῦλα Ἰηπύγων (-ίων), die Bewohner Καλαβρίδος γαίης (Dionys. Per. v. 379.), der Ἰαπυγία,
die bei den Griechen (Strab. VI. p. 277.) Μεσσαπία (Grundform
wol erhalten in Μαρσαπίδος g. sg. Inscr. Gruter. CXLV. 5.), auch
Καλαβρία und Σαλεντίνη (l. c. p. 282.) hieß, die ältesten zwie-
sprachigen Καλαβροί und Σαλεντίνοι (mit einheimischem Namen
Strab. l. c.). Nördlich über ihnen die schon erwähnten *»Πευκέτιοι
τέ εἰσι καὶ Δαύνιοι κατὰ τὴν Ἑλλάδα διάλεκτον προσαγο-
ρευόμενοι, οἱ δ'ἐπιχώριοι πᾶσαν τὴν μετὰ τοὺς Καλαβροὺς
Ἀπουλίαν καλοῦσι, τινὲς δ'αὐτῶν καὶ Ποίδικλοι* (Pediculi
Plin. H. nat. III. 5. 11.) *λέγονται, καὶ μάλιστα οἱ Πευκέτιοι«* Strab.
p. 277. vgl. u. a. p. 254. 279., und 282., wornach (vgl. auch
Plin. l. c. c. 11.) ihr Eponymos Iapyx, Daedalos Sohn, die Kreten
hergeführt hat, mit der bemerkenswerthen Angabe: *»τῇ δὲ Μεσσα-
πίᾳ γλώττῃ Βρεντέσιον ἡ κεφαλὴ τοῦ ἐλάφου καλεῖται.«*
Varianten dieser Angabe s. bei Mommsen, Unterit. Diall. S. 46. 70.,
u. a.: *»Βρέντιον παρὰ Μεσσαπίοις ἡ τῆς ἐλάφου κεφαλή·
ὡς Σέλευκος ἐν δευτέρῳ γλωσσῶν«* Steph. Byz. h. v. *»Βρένδον
δὲ καλοῦσι τὴν ἔλαφον Μεσσάπιοι· καὶ βρέντιον Μεσσαπίοις ἡ κεφαλὴ τῆς ἐλάφου«* Etym. m. v. Βρεντήσιον. Eine
Glosse schreibt: *»Βρυνδύσιον χωρίον τῆς Ἰταλίας. εἴρηται δὲ οὕτως,
ὅτι λιμένα ἔχει κέρασιν ἐλάφου παραπλήσιον· βρύνδον δὲ τὸν
ἔλαφον καλοῦσιν οἱ Μεσάπιοι.«* Diese Etymologie wird, gleich
dem angeblich tyrrhenischen ἄριμος **Affe**, biß jetzt nur durch lettische (litauische) Wörter bestätigt (s. Lex. Nr. 1. 13.); doch vergleicht Stier in Kuhns Z. VII. 2. S. 159 sq. alban. **dreni** Hirsch.

Verwandt mit **B r u n d u s i u m** (altlat. **B r e n d a**) ist der Name des **B r u n d u l u s** Portus (jetzt **B r o n d o l o**) in venetischem Gebiete Plin. III. 16., wie denn der Name der dort nahen illyrischen, mit Kelten stark gemischten, **I a p y d e n** (s. o.) auch dem der **I a p y g e n** nicht ferne steht. Dem Namen **M e s s a p i a s** begegnen nächstverwandte in Lakonien und Boeotien. Nach Plin. H. nat. III. c. 11. *»*(Calabriam) Graeci **M e s s a p i a m** a d u c e appellavere, et ante **P e u c e t i a** a Peucetio Oenotri fratre.*«* Vgl. o. die Sage aus Dionysios Hal. I. 11 ff.; nach c. 13. wohnen diese **P**euketier *»ἐν τῷ Ἰονίῳ κόλπῳ.«* Ferner sagt Plinius a. a. O.: *»*B r u n d i s i o conterminus **P e d i c u l o r u m** ager; IX. adolescentes totidemque virgines ab **I l l y r i i s** tredecim populos genuere.*«*

Strabon sagt VI. p. 285., die **A p u l e r** glichen zu seiner Zeit den **D a u n i e r n** und **P e u k e t i e r n** in Allem, auch der Sprache, völlig, seien aber wahrscheinlich früherhin von diesen verschieden gewesen. V. p. 242. gibt er **D a u n i e r** als den griechischen Namen für die **A p u l e r**. Mommsen vermuthet auch in Apulien ursprünglich iapygische Bevölkerung, da es zu Timaeos Zeit, 350. a. Chr., als **b a r - b a r i s c h e s** Land galt; aber bereits an 200 Jahre später sei es durchaus griechisch gewesen, ohne daß griechische Kolonisierung als Ursache sichtbar sei. Auf Griechenland deutet ihm die merkwürdige Sprache der in messapischem Gebiete gefundenen Inschriften, die, ähnlich den etruskischen, biß jetzt nur gelesen, noch nicht verstanden wird. Sie scheint reiche Formen zu besitzen, unter denen die häufige Endung i h i, a i h i als Genitivsuffix gedeutet wird, das uns indessen lebhafter an iranische, als, mit Mommsen, an griechische Sprache erinnert, für welche im Uebrigen allerdings anderweitige Berührungen sprechen. Leider haben uns die Alten nur wenige messapische Wörter aufbewahrt. Außer dem erwähnten finden sich biß jetzt nur folgende bestimmte Angaben: *»Βίσβην δρέπανον ἀμπελότομον λέγουσι Μεσάπιοι · καὶ ἑορτὴν Βισβαῖα ἦν ἡμεῖς κλαδευτήρια λέγομεν«* (al. *βιρση, βιρσαῖα*) Hesych. *»Β α υ - ρ ί α οἰκία«* im Etym. m., wo die Belegstelle aus Kleon auch das halblateinische Wort *νέποδες* enthält; ebenso ist auch *»Π α ν ό ς · ἄ ρ τ ο ς Μεσσάπιοι«* Athen. III. mit lateinischen Anklängen im nahen Sicilien zu vergleichen. *»Σίπτα· σιώπα«* Hesych. steht dem griech. Worte nahe. Der sallentinische Jupiter **M e n z a n a** Fest. v. October equus bedarf noch der Untersuchung. Mommsen hält es möglich, daß das phoenikische Alphabet der messapischen Inschriften erst später einige griechische Einflüße erfahren habe. Daß die

Messapier-Iapygen den Griechen als Barbaren galten (Strab. VI.
p. 280. Theopomp. ap. Athen XII. Pausan. X. 10. Diod. XXI. Exc.
»βαρβάρους Ἰάπυγας καὶ Πευκετίους« u. s. M.), schließt ihre italische oder auch pelasgische Abstammung nicht aus. Uebrigens
galten die Messapier für Illyrier nach Varro ap. Probum ad Vergil.
Eclog. XI. 31., gleichwie die o. erw. Pediculi Plin. H. nat. III. 11.
und die Daunier Fest. v. Daunia. Eine Sage bei Strab. VI. p. 282.
läßt die o. erw. Einwanderer aus Kreta »ἐκ τῆς Σικελίας ἀπηρ-
κότες μετὰ τοῦ Ἰάπυγος — — ἀπελθεῖν εἰς τὴν Βοττιαίαν« in
Makedonien der vorgriechischen Zeit. Die alten Aussagen bei Skylax §. 15. 16., daß »ἐν δὲ τῇ Ἰαπυγίᾳ οἰκοῦσιν Ἕλληνες« und daß
die Πευκετιεῖς zu den 5 γλῶσσαι ἤτοι στόματα der Samniten
gehören, lauten unzuverläßig.

Vielmehr deutet wiederum auf illyrischen Ursprung eine
o. erwähnte Eponymensage und der Name der Peuketier, deren
Namensbrüder nach Plinius H. nat. III. c. 21., resp. nach Kallimachos,
zu den illyrischen Liburnern gehörten, welcher letzterer Spuren
in Italien bei Plinius H. nat III. c. 13 14. (s. o.) uns vermuthen laßen,
daß sie, gleich den Italern, Iapygen u. s. w. zu Lande von Osten
einwanderten. Ist diese Vermuthung für die Iapygen richtig, so
deutet ihre Stellung tief unten im Südosten auf ihr örtliches und
zeitliches Primat in einer Reihe der von Osten und von Norden her
eingewanderten Völker, jedoch mit Beschränkungen, die sich aus
dem Folgenden ergeben werden.

Nach Plinius l. c. c. 14. hatten die Sikuler und Liburner, d. h.
(beide? s. o.) illyrische Völker zuerst in Oberitalien Posto gefaßt.
Diese werden von den Umbri vertrieben, deren »gens antiquissima Italiae existimatur — — eorum oppida Tusci debellasse re-
periuntur«, welche denn endlich von den Galliern vertrieben werden.

Wir knüpfen hier Widersprüche einiger Angaben und Vermuthungen an. Nach unseren früheren kamen die Illyrier von
Norden herunter zu oder vielmehr erst nach der Zeit, in welcher der italische Stamm (der pelasgischen Gruppe) um den adriatischen Busen nach Italien zog. Zu diesem gehörten die Umbrer.
Nach Plinius Angabe, wie nach unserer vorstehenden Hypothese,
waren sie vor den illyrischen Völkerschaften in Italien; Plinius sagt
nicht, wohin sie jene drängten. Aber auch er weiß, daß die späteren
Liburni nur drüben in Illyricum zu finden sind, was zu ihrer Verdrängung durch die Umbrer von Süden und Westen her passt. In
diesem Abschnitte (III. c. 22.) treten nun auch unter den illyrischen

Völkern die schon o. genannten **Siculotae**, ein Völkchen von 24 Dekurien auf, und neben ihnen »populatores quondam Italiae Var-
daei« von nur 20 Dekurien. Dagegen finden wir die Hauptmasse
der **Sikuler**, welches Stammes sie nun auch sein mögen, südlich
unter den Umbrern, immer weiter südwärts gedrängt, biß nach
Sicilien. Wir fanden ferner die illyrische Abstammung der iapy-
gischen Völker sehr möglich. Nach Paulus Diaconus sind auch »Pe-
ligni ex Illyrico orti«, welche Ovidius (Fast. III. 95.) von den
Sabinern ableitet. Ihre örtliche Stellung, namentlich bei Plin. H. nat.
III. c. 5., macht iapygische Abstammung möglich. Wir versuchen
folgende Kombination.

Auf der Westseite der Halbinsel, besonders des mittleren Theiles,
war der **italische** Stamm der erste feste Ansiedler, seine Nachhut,
die **Umbrer**, in **Oberitalien** — also nur dort die »antiquissima
gens« im Superlativ; Dionysios Hal. I. 19. nennt sie »ἔθνος πάνυ
ἀρχαῖον.« Der Andrang der Nordvölker, namentlich der anfangs
noch unsichtbaren Kelten, treibt zuerst die **Illyrier** biß an das
adriatische Meer und auf seinen beiden Seiten herunter, auf Italiens
Ostseite allmählich biß in den äußersten Süden. Zwischen ihre
schmale Reihe keilen sich sehr bald die von den **Etruskern** ostwärts gedrängten **Umbrer** ein und drücken die **Liburner** nebst
dem Reste der **Sikuler** nach Illyrien zurück, während nahe an
dem von beiden beseßenen Ager Adrianus die illyrischen Veneter
ihren Platz behaupten, von welchen nach Südosten die Reihe der
illyrischen Völkerschaften sich fortsetzt, auch durch die herab-
rückenden Kelten nicht ganz unterbrochen, nur mit ihnen gemischt;
und während anderseits die Hauptmasse der **Sikuler** südwärts
weicht, aber in italischem Gebiete nicht lange sich erhalten kann
und nach Sicilien übergehn muß, da unter den bedrängten Stammverwandten in Apulien und Iapygien auch kein Raum für sie übrig
ist. Wenn nun, wie wir annehmen müßen, vor den Sikulern Sikaner
und andere Völkerschaften **iberischen** Stammes durch einen Theil
Italiens auf die Inseln flohen: so geschah dieß nur kurz vorher, da
auch bei dieser mehr westlichen Völkerwanderung die von Norden
herannahenden **Kelten** den Anstoß gaben, welche die **Liguren**
vor sich her trieben, diese ihrestheils die **Iberer**. Die Hauptmasse
der Letzteren gieng über die Pyrenäen, ein Theil, von jener durch
die mächtig eingedrungenen Liguren getrennt, aus Gallien südwest-
licher nach Italien, wo die nachdringenden Liguren denn dauernden
Besitz nahmen. Auf die Letzteren und die mit ihren Wanderungen

zusammenhangenden der übrigen italischen Völker kommen wir später nochmals zurück, wo wir von den Liguren im Besonderen handeln.

Von den Iberern wißen wir nur auf den Inseln Bestimmteres, nicht auf dem Festlande Italiens, wo nur von Einigen jene Sikaner, von Dionysios I. 89. in Rom, und von Plutarchos Marcell. III. *»οἱ δὲ τὴν ὑπεραλπείαν νεμόμενοι τῆς Ἰταλίας Ἴβηρες, Κελτικὸν ἔθνος«* — wol richtig in *Ἴνσομβρες* verbeßert, obgleich Ukert II. 1. S. 249. dieß bezweifelt — genannt werden, und wo nur spärliche und unsichere Namenvergleichungen angestellt werden können; einiges Weitere s. in Celt. II. 2. S. 21. Wirkliche Siedelung ist dort nicht anzunehmen; wir haben selbst für den Weg, auf welchem sie zu den Inseln gelangten, keine sichere Vermuthung; jedoch liegt die des Seeweges zu nahe, als daß wir eine beßere wüsten, mögen wir nun die südliche Küste Galliens, oder die östliche Iberiens, etwa mit der Station der Balearen, als Ausgangspunkt annehmen. Wir kommen später wieder auf diese Frage zurück. Die ursprünglich ziemlich breite Ausdehnung der Liguren von den Alpen biß zu den Apenninen und längst der Küsten des ligustischen Meeres (auf ihre halb mythische Ausbreitung in Italien kommen wir in dem von ihnen handelnden Abschnitte) läßt kaum einen Küstenraum an der Westseite Italiens für die vor ihnen her ziehenden oder fliehenden Iberer übrig.

Die Spuren der Letzteren sind, außer auf Sicilien, auf Sardinien und Korsika sichtbar; sehr zahlreich scheinen sie hier nirgends gewesen zu sein.

Es ist sehr bemerkenswerth, daß mit ihnen auf Korsika (Kyrnos der Griechen) auch Liguren erscheinen, nach Seneca Consol. ad Helviam VIII und den späteren Kommentatoren und Sammlern: Solin. III. 3. Eustath. ad Dionys. 458. Sallust. ap. Priscum IV. et ap. Isid. Hisp. Orig. XIV. 6. Bereits bei Herodotos VII. 165. stehn beide Völker als Hamilkars Hülfsvölker am Ende der Reihe Ἰβήρων, Λιγύων, Ἑλισύκων, Σαρδονίων, Κυρνίων; man bemerke, daß nach dem alten Hekataeos *»Ἐλίσυκοι ἔθνος Λιγύων«* (Steph. Byz. h. v.) waren und nach Avienus Ora mar. v. 585 ff. vordem (*»gens Elesycum«*) in Gallien um Narbo wohnten. Seneca, der in seinem Vaterlande Hispanien die nöthigen Vergleichungen anstellen konnte, sagt an jener mehrfach wichtigen, aber nur allzu kurz gefaßten Stelle: *»Transierunt et Hispani, quod et similitudine ritus apparet. Eadem enim legumenta capitum idemque genus calceamenti, quod*

Cantabris est, et verba quaedam; nam totus sermo ex con-
versatione Graecorum Ligurumque a patrio descivit.« Schade,
daß Seneca nicht sagt: ob er hier eine rein iberische Sprache
meine; indessen umfaßte der Name der Kantabrer der Hauptsache
nach rein iberische Völker, jedoch, den Eigennamen nach, auch
eine keltische Minderheit, wie denn ihre Grenznachbarn ganze und
halbe Kelten waren. Nach einer Sage bei Pausan. X. 17. wanderten
Iberer unter Norax in Sardinien ein und gründeten dort Nora.
Auch die zunächst von Korsika nach Sardinien gekommenen Βαλαροί
Paus. l. c. Βάλαροι Strab. V. p. 225. Balari Plin. H. nat. III. c. 7.
Liv. XLI. 6. waren vermuthlich Iberer, s. Lex. Nr. 43., wo es
zweifelhaft bleibt, welche Sprache unter der der Kyrnier gemeint
sei. Wenn auch jener Name mit dem der Balearen identisch ist,
so bleibt es doch möglich, daß der selbe Stamm von Gallien aus
gleichzeitig auf jenen Inseln siedelte, während eine schwächere Abtheilung nach Korsika kam und sich dort nicht halten konnte. Diodoros V. 14. und Pomp. Mela II. 7. nennen die Bewohner von Korsika im Allgemeinen Barbaren. Des Ersteren Aeußerung: sie seien
»τὴν διάλεκτον ἔχοντες ἐξηλλαγμένην καὶ δυσκατανόητον« ist
selbst ziemlich unverständlich und unverständig, erinnert aber sehr
an obige Senecas; W. v. Humboldt, Urbew. 168., versteht hier ver-
dorbenes Griechisch. Das von Diodoros den Kyrniern zugeschrie-
bene Männerkindbett gibt Strabon III. p. 165. bei den Kantabrern
an, deren Sitten er aber auch großentheils zugleich Kelten, Thraken
und Skythen gemeinsam hält; Letztere hatte eben jenen bizarren
Gebrauch auch nach Apoll. Arg. II. 1012. Valer. Flacc. Arg. III.
148.; bekanntlich auch amerikanische Urbewohner.

Auf Sardinien und auf Korsika werden auch (wie bei Diod. Sic.
V. 13. XL 88. Strab. V. p. 225.) Tyrrhener, sowie Libyphoe-
niken, Libyen und Karthager genannt, was durch die Nähe
Afrikas erklärlich ist, wesshalb wir auch nicht bei Pausanias a. a. O.
»ἀπὸ Λιβύων τῶν ἐνοικούντων καλουμένη Κορσική« mit O. Müller
(Etr. I. 180.) in Αιγύων emendieren mögen, obgleich diese Verwechselung nicht unerhört ist. Zeitweilig setzten sich auf Korsika
auch Phokäer und Tyrrhener fest, vgl. Diod. Sic. V. 13. Unter
ganz späten griechichen Kolonisten befanden sich Napoleons Ahnen.

Sardinien war von jeher, so wenig lockend es im Ganzen
heutzutage erscheint, das Ziel vielfacher Wanderungen. Dort wohnten auch einst die halbmythischen angeblich aus Griechenland gekommenen, aber »barbarischen« Ἰολαεῖς Diod. Sic. IV. 30. V. 15.

Strab. V. p. 225., nach welchem vor ihnen dort **Tyrrhener** wohnten; Beide hält Curtius (Ionier S. 30. 31. 53.) für aus Kleinasien gekommene **Ionier**. Die Iolaer werden, vielleicht der Trojanersage zu Liebe, zu **Iliern**, Iliensès Pausan. X. 17. Pomp. Mela II. 7. Plin. H. nat. III. 7. Liv. XLI. 6.; jedoch muß dieser Name in geschichtlicher Zeit wirklich der einheimische gewesen sein. Welcher unter den verschiedenen »sardischen« Sprachen die Wörter **mas-truca** und **musimo** (Lex. Nrr. 220. 230.) angehörten, wißen wir nicht. Die romanischen Mundarten der Insel sind äußerst merkwürdig. Wenn sie erst nach der völligen Romanisierung der Insel entstanden, so können noch **vandalische** und besonders **arabische** Elemente dazu gekommen sein, abgesehen von dem zugewanderten **katalonischen** Romanzo.

Wir kehren wieder auf das Festland zurück.

Bei dem wichtigsten Stamme desselben, dessen **lateinischer** Ast im Westen Mittelitaliens bekanntlich sich später über eine Welt ausbreitete, nur leider mehr mit der Wirkung des Upasbaumes: bei diesem Stamme der **Italer** oder **Italiker** in engerem Sinne können wir uns kürzer faßen, weil weniger Räthsel vorhanden sind. Diese Klarheit verdanken wir vorzüglich der Sprache, so bruchstückhaft auch unsere Kenntniss der ältesten **römischen** und der übrigen dieses Stammes ist. Jene steht, selbst nach den ältesten Denkmälern, sämtlichen übrigen der italischen Völker, welche unter einander enger verbunden sind, wie namentlich der **umbrischen** und der **oskischen**, nicht als bloße Mundart nach Art der griechischen untereinander, sondern als Sprache gegenüber. »**Obsce et Volsce** fabulantur, nam **Latine** nesciunt«, sagt Titinnius bei Festus. Vgl. auch u. a. den Gegensatz bei Strab. V. p. 233. (abgesehen von dem übrigen zweifelhaften Inhalte der Aussage): »τῶν μὲν γὰρ Ὄσκων ἐκλελοιπότων διάλεκτος μένει παρὰ τοῖς Ῥωμαίοις.« Auf fremdstammige Sprache darf » ὀππικίζειν τὸ βαρβαρίζειν« in Excerpt. Laur. Lydi nicht gedeutet werden, die Redensart mag nun von italischen Stammgenoßen ausgehn, oder von den Griechen vgl. u. A. Plin. H. nat. XXIX. 1. Die Sprachen der **Volsker** und der **Samniten** (**Safini**) werden wir oskische Mundarten nennen dürfen; nach Liv. X. 20. wurde in Samnium oskisch gesprochen; allmählich drang lateinische Sprache ein, vgl. Strab. VI. p. 258. Die Mundarten der (übrigen) **sabellischen** (**sabischen**) Völker sind nicht bekannt genug, um ihre Stellung genau zu bestimmen; sie zeigen besondere Berührungen mit den umbrisch-oskischen, aber auch mit der lateinischen, einige sogar mit der etruskischen; sie wurden sehr frühe latinisiert. Das Alphabet der spärlichen Inschriften in den Gebieten der Sabiner, Marser, Marruciner und Picenter verräth hier einen bildungsgeschichtlichen Bezirk, gegenüber dem lateinischen, wie dem oskischen. Aber alle diese Sprachen samt der lateinischen bilden, wie wir schon früher bemerkten, den griechischen (mit ihren Mundarten) gegenüber eine Kollektiveinheit, die eine Hälfte der griechisch-italischen Gruppe. Ihre verwickelten Wechselbeziehungen darzustellen, dürfen wir hier nicht einmal versuchen.

Die U m b r i sind, wie bereits bemerkt, das nördlichste Volk ihrés Stammes in Italien. Ihre spätere Herleitung von den Galliern (Citate s. Celt. II. 1. S. 112.) wurde durch die Siedelung der letzteren in der alten Umbria veranlaßt, die aber schon vorher durch die Etrusker besetzt worden war. Mitunter mochten Reste des verdrängten Stammes (dessen alte Größe die Geschichte nur andeutet) sich mit Galliern gemischt haben, ohne den alten Namen aufzugeben, wodurch die Sage zunächst entstehn konnte. Herodotos I. 94. IV. 49. bereits »'Ομβρικούς« in dem Lande, in welches die Τυρσηνοί kamen. Dionysios Hal. II. 49. cf. I. 19. berichtet nach Zenodotos von Troezene: die Ombriker »αὐθιγενεῖς τὸ μὲν πρῶτον οἰκῆσαι περὶ τὴν καλουμένην 'Ρεατίνην«; dort von den Pelasgern vertrieben hätten sie den Namen S a b i n e r angenommen; darauf folgen wieder andere Sagen, die wir zur Seite laßen. Eine andre Stelle I. 89., worinn er bei Roms Gründung ein babylonisches Gemisch von Opikern (Oskern), Marsern, Sauniten (Samniten), Tyrrhenern, Brettiern (Bruttiern), O m b r i k e r n, Ligyen, Iberern und Kelten mitwirken läßt, hat in der Ansicht später Gelehrten einen Wiederhall gefunden.

Die 'Οπικοί, O s c i (O b s c i), der Sprache nach zunächst vor den Umbrern eingewandert, sitzen in geschichtlicher Zeit im Süden Italiens. Die Griechen, die sie früher kennen lernten, bezeichnen mit ihrem Namen wol auch ihre übrigen Stammgenoßen, nicht aber die fremdstammigen Völker, in Italien. Nach Strab. V. p. 242. wurden sie bald (so auch von Aristoteles Polit. VII. 9.) mit den A u s o n e n identificiert, bald von ihnen unterschieden, ja sogar 'Οπικοί und "Οσκοι von einander. Wir lernten sie oben als Verdränger der Sikuler kennen, mit welchen sie manche Gelehrte identificieren.

Die Namen S a b i n i, S a b e l l i und wol auch S a f i n i, S a m n i t a e, Σαυνῖται scheinen von Einem Primitive abgeleitet. Von h e r n a saxa, einem nach Serv. ad Vergil. Aen. VII. 684. und dem Schol. zu Juvenal. XIV. 180. s a b i n i s c h e n, nach Festus m a r s i s c h e n

Worte wurde der Name der Herniker abgeleitet, die nach Jul.
Hyginus ap. Macrob. Sat. V. 18. von den Pelasgern abstammten.

Ein näheres Eingehn auf die Völker des italischen Stammes liegt
nicht in unserem Plane, ebensowenig auch auf die griechischen
Kolonien, die Unteritalien zu Großgriechenland machten und vermuthlich über ein Jahrtausend vor unserer Zeitrechnung ihre Einwanderung begannen, vor aller Zeit aber, im Bereiche der Mythe,
Evandros aus Arkadien und griechische Albaner in Latium u. s. M.
(Dionys. Hal. I. 31. II. 2. III. 10. Liv. I. 7. u. s. w.), womit denn
die Sage trojanischer Städtegründung wechselt. Pelasger
werden häufig im ältesten Italien genannt, obwol ihre Sprache in
Kroton (statt Kreston) s. o. bei Dion. Hal. I. 29. auf einer ver-
lesenen Stelle bei Herodotos beruht. Vielleicht schon aus den alten
griechischen Mundarten im Süden, wenn wir jene Kolonien in Latium für rein mythisch halten, kamen mehrere Wörter in die lateinische Sprache, die sich eigenthümlich umbildeten und als Lehnwörter das Bürgerrecht erhielten, während die späteren Fremdwörter als solche leicht kenntlich blieben. Da aber die griechischen Einwanderungen in Süditalien und auf den Inseln· sich in
den verschiedensten Zeiträumen biß in neuere Zeit wiederholten,
so zeigen selbst die italienischen Mundarten viele griechische Lehnwörter, die nicht durch die Literatur hereinkamen.

Tyrsener, Τυρσηνοί, Τυῤῥηνοί, werden bald mit den Pe-
lasgern identificiert, bald von ihnen unterschieden s. u. a. Dion.
Hal. I. 23. 25. 29. 30. Diod. Sic. XIV. 113. Pelasger vertrieben
die Umbrer aus dem nachmaligen Etrurien; s. Dion. Hal. I. 19.
Plin. H. nat. III. c. 5., der Weiteres berichtet: »Umbros inde (aus
Etrurien) exegere antiquitus Pelasgi; hos Lydi, a quorum rege
Tyrrheni, mox a sacrifico ritu lingua Graecorum Thusci sunt cognominati.« (Eine Variation dieser albernen Etymologie hat Dion.
Hal. I. 30.) »Ipsum Caere — — Agylla a Pelasgis conditoribus
dictum« (Plin. l. c.) stand mit Griechenland in geschichtlicher Zeit,
gleichwie Spina (Plin. H. nat. III. c. 16. Strab. V. p. 214.), durch
Opfer in Delphi in einer scheinbar ethnischen Verbindung, welche
wir schwerlich auf altgriechisches Pelasgerthum beziehen dürfen.
Indessen kommen, wahrscheinlich aus Kleinasien stammende, Pe-
lasger-Tyrrhener in Griechenland und Thrakien vor, s. u. a. o.
S. 59. Excerpte aus Herod. I. 57. und Thukyd. IV. 109.; Sophocles
ap. Dion. Hal. I. 25. Die obigen pelasgischen Verdränger der Umbrer
bei Plinius sind mit ihren eigenen lydo-etrusko-tuskischen entweder

ganz identisch, wie Plinius selbst III. 14. anzunehmen scheint; oder
sie bedeuten zwei Bestandtheile der Etrusker (s. nachher). Plinius
Aussage stützt sich zum Theile auf die bei Herodot. I. 94.: daß ein
Theil der Lyder unter einem Prinzen Τυρσηνός, nach welchem sie
Τυρσηνοί genannt wurden, ausgewandert und von Smyrna zu den
Ombrikern geschifft seien. Ebds. c. 163. stellt er ihr (nunmehriges)
Land Τυρσηνίη neben Ἀδρίη. Uebrigens vergleiche man mit der
Stelle bei Plinius auch die Sage bei Dionys. Hal. I. 28. (vgl. Strab.
V. p. 219.): Tyrsenos, Herakles und der lydischen Omphale
Sohn, habe in Italien die Pelasger aus dem nördlich vom Tiber ge-
legenen Theile ihrer Sitze vertrieben. Sodann bei Strab. V. p. 220.
eine Sage mit (pseudo-) etymologischer Beimischung: jene Stadt
Agylla sei von Pelasgern aus Thessalien erbaut, von lydischen
Tyrrhenern aber erobert und Καιρέα genannt worden.

Bereits Hesiodos Theog. v. 1011 ff. kennt die Tyrsener in Italien,
da er sie durch Agrios (der Wilde) und Latinos, Odysseus und
Kirkes Söhne, beherrschen läßt. So frühe verflicht sich homerische
Sage mit der Geschichte italischer Völker; dennoch wagen wir nicht,
von ihr auf die Erinnerung der letzteren an kleinasiatische Heimat
zu schließen. Sie kam vielleicht nicht sehr frühe von den Griechen
nach Italien, und verschmolz vermuthlich mit vorhandenen Stammsagen, auch nicht pelasgischer Völker. Bei letzteren läßt sich nicht
immer römische Vermittelung voraussetzen. Wie dort Odysseus, so
erscheinen auch Antenor bei den ebenfalls aus Kleinasien hergelei-
teten Venetern (Strab. XIII. p. 608. Liv. I. 1. s. o. bei Illyrien), und
Diomedes als Stammheros bei ihnen (Eustath. ad Dionys. Per. v. 378.),
Umbrern (Scylax §. 16.) und Sikulern (Tzetzes in Lycophr. 630 sq.);
Letzterer galt auch als Gründer der pelasgischen Spina an der Pa-
dusmündung Plin. II. nat. III. c. 16. Trojaner kommen zur See auf
das Festland und die Inseln Italiens, wo sie als Elymer in Sicilien
bleiben Thukyd. VI. 2. Dionys. Hal. I. 52. Strab. l. c. Lycophr.
v. 1226 sq., oder unter Aeneas von dort weiter fahren Liv. I. 1.,
vgl. auch (kaum) die obigen Ilienses in Sardinien. Nach Dionys. Hal.
I. 51. fährt Aeneas zuerst an der Südostspitze Italiens an u. s. w.;
nach II. 2. mischen sich seine Troer mit Arkadern, Pelasgern und
Epeiern aus Elis in Alba. Genug!

Dionysios sagt I. 26.: Manche hielten die Tyrrhener in Italien
für Autochthonen, Andere für Eingewanderte. Erstere leiteten
deren Namen von ihren Thurmwohnungen ab, die bei ihnen τύρσεις
(später gr. τύῤῥεις lat. turris) hießen, wie die μόσυνες, nach

welchen die asiatischen *Μοσύνοικοι* benannt wurden, was auch Strabon XII. p. 549. berichtet. Vielleicht hängt diese Etymologie mit dem Namen der etruskischen Seestadt *Πύργοι* (Strab. V. p. 225 sq.), Pyrgi (Liv. XXXVI. 3.) zusammen. Dionysios erzählt weiter c. 27 ff. u. a. die seit Herodotos von den Alten oft wiederholte und variierte Lydersage nebst dem Zuge zu den Ombrikern, wogegen jedoch der lydische Geschichtschreiber Xanthos zeuge, indem er von keinem solchen Zuge wiße. In der Metonymensage des Letzteren scheint das Brudervolk der Lyder: *Τόρυβοι*, an der Stelle der Tyrrhener zu stehn. Auf dieses Zeugniss gegen den Lyderzug legen wir weniger Gewicht, als auf Dionysios Aeußerungen c. 30.: *»Ἑτέρους εἶναι πείθομαι τῶν Τυῤῥηνῶν τοὺς Πελασγούς· οὐ μὲν δὴ οὐδὲ Λυδῶν τοὺς Τυῤῥηνοὺς ἀποίκους οἶμαι γενέσθαι· οὐδὲ γὰρ ἐκείνοις ὁμόγλωσσοί εἰσιν, οὐδὲ ἔστιν εἰπεῖν, ὡς φωνῇ μὲν οὐκέτι χρῶνται παραπλησίως, ἄλλα δέ τινα διαζώσουσι τῆς μητροπόλεως γῆς μηνύματα· —.— μηδαμόθεν ἀφιγμένον, ἀλλ᾽ ἐπιχώριον τὸ ἔθνος ἀποφαίνοντες, ἐπειδὴ ἀρχαῖόν τε πάνυ, καὶ οὐδενὶ ἄλλῳ γένει οὔτε ὁμόγλωσσον, οὔτε ὁμοδίαιτον εὑρίσκεται.«* Die Pelasger findet er indessen ebenfalls im alten Italien. Nach c. 29. hätten die Griechen einst unter dem Sammelnamen Tyrrhener-Latiner, Ombriker, Ausonen und viele andere Völkerschaften Italiens begriffen, ja sogar Rom *»Τυῤῥηνίδα πόλιν«* geheißen. Nach c. 30. die Tyrrhener *»σφᾶς αὐτοὺς ἀπὸ τῶν ἡγεμόνων τινὸς Ῥασένα τὸν αὐτόν ἐκείνῳ τρόπον ὀνομάζουσι.«* Dieß ist ein bereits abgeleiteter Männsname, wie Porsenna u. dgl., nach welchem vielleicht einst ein mächtiger Klan sich nannte, wie denn eine gens Rasenia auf einer perusinischen Inschrift, ein etruskisches Patronymikon-Rasnal, Lanzi Nr. 457. und Aehnliches (s. Steub, Urbew. Rätiens S. 138.) vorkommt.

Die öfters versuchte Verbindung dieses Namens Ras oder Rasena (wenn er nicht aus Tarsena u. dgl. verschrieben ist) mit dem der Raeti halten wir ebenso unstatthaft, wie die mit den übrigen, auf eine gemeinsame Grundform Turs zurückgehenden, Namen des Volkes: *Τυῤῥηνοί*, Etrusci, Tusci (umbrisch Tursce?), vgl. u. a. Dionys. Hal. I. 30. und Strabon V. p. 219., der wenigstens in Sardinien die Tyrrhener Barbaren nennt. Die modernen albanesischen *Τόσκιδες* dürfen wir nicht mit zur Rechnung ziehen.

Wir begreifen nicht, wie man aus diesem Rasenas ein fremdstammiges Volk machen konnte, das sich mit den, angeblich von

Anfange an griechisch gebildeten, von ganz anderer Richtung her nach Italien gekommenen pelasgischen Tyrrhenern nach Kämpfen vereinigt hätte. Kaum beßer zeugt für eine Zweiheit des Volkes die obige Reihenfolge von Pelasgern und Etruskern in einigen Sagen; wenigstens kommen Beide, hinter einander, wie es scheint, von Einer Richtung her in das alte Umbrerland.

Die griechischen Anleihen der Etrusker in Schrift, Mythologie, Kunst u. dgl. sind sehr eigenthümlich gestaltet und von denen der Italiker verschieden, deren (phoènikisch-griechische) Schrift namentlich jüngeren Typus trägt. Dennoch steht zu bezweifeln, daß die Etrusker die ihre aus Griechenland oder aus Kleinasien herüber-, resp. mit-brachten, obgleich ihr Urbild noch nicht in Großgriechenland nachzuweisen ist. Ob die von O. Müller (Etr. III. 1, 4.) mehrfach unterstützte Verwandtschaft der etruskischen Musik mit kleinasiatischer nicht bloß dynamischer Natur sei, wagen wir nicht zu entscheiden.

Die Abkunft der Etrusker aus Kleinasien, woher wir ja auch die der Italiker leiten, ist an sich durchaus nicht widersinnig. Sie könnten eher, als Diese, zur See gekommen sein, so gut, wie die Pelasger und Hellenen nach Italien, oder wie Ionier aus Kleinasien in das nach ihnen seitdem benannte Meer. Ehe sie durch Römer und Kelten erdrückt wurden, waren sie ein seemächtiges Volk, gleich den Karen, und Seeräuber, gleich den Kiliken.

Aber die Lage des Paduslandes, aus welchem sie die Umbrer nach Süden und Osten drängten, und aus welchem sie nachmals durch die Gallier verdrängt wurden, zeigt, daß sie zu Lande, entweder, wie wahrscheinlich die Umbrer und die übrigen Italiker, um den adriatischen Busen, oder eher nördlicher her kamen, nachdem sich die Umbrer mehr nach Westen hin ausgebreitet hatten. Wir können sogar ihre Spur noch weiter nordwärts verfolgen, wo sie einige Stellen der Alten in Raetien kannten, ohne in jenem Namen Rasena einen Irrweiser gefunden zu haben. Aber diese, nicht zahlreichen, Zeugnisse, besonders das älteste, deuten auf weit spätere Zeit, nicht auf die der etruskischen Einwanderung. Sie lauten:

»Raetos Tuscorum prolem arbitrantur a Gallis pulsos duce Raeto.« Plin. H. nat. III. c. 24. »Tusci duce Raeto avitis sedibus amissis Alpes occupavere, et ex nomine ducis gentes Raetorum condiderunt.« Justin. XX. 5. »Alpinis quoque ea gentibus haud dubie origo est (ab Etruscis), maxime Raetis, quos loca ipsa efferarunt, ne quid ex antiquo, praeter sonum linguae, nec eum incor-

ruptum, retinerent« Liv. V. 33. »'Ραιτοί· Τυ῀ῤῥηνικὸν ἔϑνος«
Steph. Byz. h. v.

Hier ist offenbar eine Verdrängung der bereits oberhalb der
Umbrer gesiedelten Etrusker durch die von Nordwesten kommenden
Gallier gemeint, welche keilartig eindrangen, die Hauptmasse hinab
drängten und eine versprengte Schaar hinauf ins Bergland; das damals zum grösten Theile vielleicht schon längst von Kelten, etwa
auch von Liguren bewohnt war. In geschichtlicher Zeit finden wir
in Raetien nur oder fast nur keltische Wahrzeichen. Wir wollen
jedoch glauben, daß es Livius nicht ergieng, wie heutigen Ethnologen, die in Graubünden noch etruskisch sprechen hören. Wol
aber deutet das dortige Romanzo mit seinen Schwestermundarten
möglicherweise auf eine von den Galliern verschiedene Urbevölkerung.

Auf diese kommen wir noch einmal bei den Kelten zurück,
müßen aber hier einstweilen Folgendes bemerken. Sie konnte von
den späteren Galliern verschieden, und doch eine keltische sein,
nämlich dem ersten keltischen Strome angehören, der sich nach
Europa ergoß, und der von Norden gekommen sein muß. Die
Etrusker, deren Götter auch im Norden zu Hause waren (s. Festus
v. Sinistrae aves; Lüken a. a. O. S. 129.), mochten durch diese
ältesten Kelten gerade auf diesem Wege allmähllich nach Italien
herabgedrückt worden sein, wobei Theile der Ersteren in Raetien
hangen blieben. Dort wurde ihr Dasein von den späteren Römern
bemerkt und aus der geschichtlichen, aber auch schon in sagenhafte
Ferne gerückten, Verdrängung der Etrusker durch die Gründer der
Gallia cisalpina erklärt. Wir geben dieß nur als eine Möglichkeit,
die auch dann noch bleibt, wann wir die keltische Bevölkerung
Raetiens lieber aus Gallia transalpina, somit aus relativ jüngerer
Zeit, herleiten werden.

Die große Siedelung der Etrusker in Kampanien erfolgte erst
vom mittleren Italien aus. Auch ihre Erscheinung auf den Inseln
rückt nicht in die Zeit ihrer ersten Einwanderung hinauf und darf
nicht, als eine Station derselben, auf eine Seefahrt von Kleinasien
oder von Griechenland aus schließen laßen. Wenn wirklich ihre
Spur in Iberien vorkommt und nicht auf dem Anklange von Tarraco beruht, so denken wir hier auch nicht an älteste Siedelung.
Die betr. Stellen lauten: »Caesareae Augustaeque domus Tyrrhenica propter Tarraco« Auson. cl. Urb. XII. 6. »Stagna sub
Oceani Tagus et Tyrrhenica Iberus« Gruter. Inscr. p. 690, 5.

wesen seien. Nach Strabon I. p. 33. XI. p. 507. nannten die alten griechischen Schriftsteller alle „*Προσβόρους* *Σκύθας* und *Κελτοσκύθας*.

Von den A g a t h y r s e n, von welchen nur zwei mit skythischen und massagetischen verwandte Männernamen (Zeuss S. 278.) aufbewahrt sind, haben wir bereits bei den Thraken gesprochen, sowie von den Kreuzungen der letzteren mit den Skythen in mehreren ethnologischen Variationen.der Alten. Der G e l o n e n (»ultimi Geloni« Horat. Carm. II. 20. u. s. m.) und anderer Völker in Skythien gedachten wir oben bei einem Exkurse über hellfarbige Komplexion; namentlich auch der I s s e d o n e n (*Ἰσσηδόνες*, E s s e d o n e s P. Mela II. 1., *Ἰσσηδοί*), die in Skythien und Serika wohnten. Sie werden später Skythen genannt, aber Herodotos erzählt IV. 13. (nach Aristeas): von den einäugigen A r i m a s p e n gedrängt hätten sie die Skythen vertrieben, diese aber die Kimmerier. Vorher (c. 11 ff.) berichtet er nach einer andern Sage: Die nomadischen Skythen in Asien seien, von den M a s s a g e t e n gedrängt, in das Land der Kimmerier gegangen, diese aber nun in die Chersonesos, wo später die Griechen Sinope gegründet hätten; I. 103. nennt er Madyes als König der Skythen, welche die Kimmerier aus Europa vertrieben.

Die M a s s a g e t e n am Araxes (Wolga?), *πε̃θνος μέγα καὶ ἄλκιμον*«, wurden von Manchen selbst für Skythen gehalten, wie Herodotos I. 201. sagt, vgl. II. 204. IV. 11. über ihr Land; Diod. Sic. II. 41; u. über die massagetisch - skythische Königin Tomyris. Ueber sie berichten viele spätere Schriftsteller, vgl. u. über die Alanen und s. die geogr. Handbücher; Halling a. a. O. S. 69.; ihren Namen bespricht Zeuss (die Deutschen S. 293.). Prokopios meint sie in den Hunnen wiederzufinden (vgl. u. über die Alanen und Zeuss a. a. O. S. 301.), Is. Tzetzes in Lycophr. in den A b a s g e n.

Auch die (blonden s. o.) A r i m a s p e n werden mitunter als Skythen betrachtet, wie bei Plin. H. nat. VI. 17. P. Mela II. 1. cf. Diod. Sic. II. 43. Str. XI. p. 507. Herodotos IV. 27. sagt: der Name sei skythisch; »*ἄριμα γὰρ ἓν καλέουσι Σκύθαι, σπου̃ δὲ τὸν ὀφθαλμόν*.« Für diese angeblich skythischen Wörter fand sich biß jetzt keine genügende Vergleichung; bei dem vielleicht nächstverwandten Volksnamen *Ἄριμοι* in Kleinasien hat Strabon XIII. p. 626. die Angabe: »*τοὺς πιθήκους παρὰ τοῖς Τυρρηνοῖς ἀρίμους καλεῖσθαι*; vgl. Lex. Nr. 1. Die Endung asp, die bei so vielen andern asiatischen Eigennamen vorkommt, ist iranisch und bedeutet Pferd; stammt auch jenes angeblich tyrrhenische Wort aus dem iranischen Asien,

Jedenfalls wanderten sie erst nach den Italikern ein, wenn auch
lange vor 750 a. Chr., wo die Kelten ihnen (räumlich) unmittelbar folgten. Ob die ersten griechischen Einwanderer sie bereits in
Italien vorfanden, wird schwer zu entscheiden sein. Daß sie hier die
Alten öfters zugleich mit den Pelasgern nennen und gar mit diesen
verwechseln, könnte auch so gedeutet werden: daß Ein, nicht allzu ausgedehnter, Zeitraum die griechischen Einwanderungen in
Unteritalien und die etruskische in Oberitalien einschloß. Cato ap.
Serv. ad Aen. X. 179. spricht etwas bestimmter von einer Zeit »ante
adventum Etruscorum«, als die obigen schwankenden Sagen von
einer Einwanderung.

Biß heute hat Dionysios von Halikarnassos Recht behalten: daß,
wenn ihre lydische Verwandtschaft fallen gelaßen wird, keine
übrig bleibt. Eine solche Isolierung kommt öfters vor, wie z. B. bei
den Iberern und bei den Liguren, wo wir statt Völkerfamilien nur
Völker erblicken. Die etruskische Sprache ist uns zwar lesbar, aber
noch räthselhaft, trotz der Zahl der Inschriften, zu welchen wenige
durch die Alten überlieferte Wörter kommen. Ihre Denkmale zeigen,
ähnlich wie die der umbrischen, zwei Entwickelungsperioden; in der
ersten ist sie voll Vokale und schöner Formen, in der zweiten so
vokalarm, daß man an bloß graphischen Schein denken möchte.

Den Römern erschienen die Etrusker als »obesi et pingues«,
was zunächst auf ihr Wolleben gehen mag, aber einigermaßen
durch die Gestalten der Bildwerke bestätigt wird. Diese zeigen
häufig kleine, untersetzte Statur, die Arme und die Nase kurz und
dick, das Gesicht groß, dessen Umriße rundlich, das Kinn stark und
etwas hervortretend, die Augen groß. Nicht alle diese Punkte deuten auf minder edle Rasse; sogar die edelste kaukasische kommt in
Schädeln etruskischer Gräber vor. Unsers Wißens reichen die Unterschiede dieser Fünde wiederum nicht hin, um zweierlei Rassen im
Volke anzunehmen. Die Bartlosigkeit der Männer auf den Bildern
gehört zur Tracht, welche im Uebrigen wenig Auffallendes zeigt.
Wo sich Farben erhielten, sind die Augen braun, die Haare etwas
heller. Martialis Epigr. X. 68.:

»Deque coloratis nunquam lita mater Etruscis«
deutet, wenn wir ihn recht verstehn, auf natürliche dunklere Färbung im Gegensatze zur künstlichen, wiewol letztere noch häufiger
unter coloratus verstanden wird, als z. B. die sonnverbrannte
Gesichtsfarbe.

Drei der in Italien und auf seinen Inseln vorkommenden Völkerstämme bleiben uns noch selbstständig zu betrachten, wobei sie jedoch immer einander berühren. Wir meinen Iberer, Liguren und Kelten, die selben drei Völker, von welchen, wie bereits in der Vorrede bemerkt wurde, die »Celtica« des Verfaßers ausführlich handelten. Dieser Umstand wird Letzteren nirgends zu einer Minderung des für unsere ethnologischen Zwecke nöthigen Bedarfs veranlaßen, wol aber zu nicht seltener Selbstcitierung ohne Ziererei, wo er dem weiter forschenden Leser dadurch einen Dienst zu leisten hofft, indem er ihm reichlich aufgeschichteten Stoff für Einzelheiten anzeigt, auf welche hier nicht genauer eingegangen werden durfte. Besonders bei den Liguren werden wir Anlaß zu Rückblicken auf Italien finden.

Die Iberer sind das einzige bekannte Volk ihrer Familie; ihr Stamm und ihre Sprache leben noch, relativ ungemischt, in den Basken fort. Die Alten unterscheiden sie stets von den Kelten, sowie von den Liguren, von Letzteren namentlich auch der Sprache nach in der o. S. 100 ff. ausgeschriebenen Stelle Senecas.

Obgleich ihre Sprache von allen bekannten der alten Welt, mindestens Europas, nicht bloß den Wurzeln, sondern auch dem Baue nach abweicht, und dagegen einigermaßen durch ihre Polysynthesis den amerikanischen ähnelt: so zeugt doch der Körperbau des Volkes, samt einigen geschichtlichen und geographischen Gründen, für dessen Herkunft aus Asien, gleich der der übrigen Europäer.

Die Annahme einer Einwanderung aus Amerika über den Ozean wäre, wenn auch Mehr, als jene nur dynamische und nicht allzunahe Aehnlichkeit der Sprache, dorthin wiese, wol nur durch eine Ueberbrückung des atlantischen Meeres vermittelst der platonischen Atlantis möglich, auch wenn diese nur in einer Anzahl von Inseln Stationen für die Kanoes der, seitdem gebleichten, Rothhäute abgegeben haben würde. Uebrigens bietet die polynesische Bevölkerung in der südlichen Waßerwelt noch viel größere Wunder.

Leibnitzens Gedanke an eine Herkunft der Iberer aus Afrika, woher später nach Iberien »feroces Libyphoenices« (Avien. Ora mar. v. 421.) und Karthager kamen, ist geographisch sehr zuläßig, darf aber in keinem Falle die Kluft zwischen der kaukasischen und der (ferner, als die rothe, abliegenden) schwarzen Rasse überspringen wollen. Dort könnte nur von dem, ureinst vermuthlich aus Asien nach Nordafrika eingewanderten, Stamme der Berbern die Rede sein, dessen Beziehungen zu den alten Bevölkerungen Aegyptens und der semitischen Welt noch bei weitem nicht hinlänglich deutlich sind. Aber weder Physiologie, noch Philologie unterstützt diese Möglichkeit; und sie verschwindet vollends, wenn wir die, im übrigen Europa ganz verschwundene, Spur der Iberischen Einwanderung auch nur in dem inneren Gallien auffinden, fern genug von der europäisch-afrikanischen Meerenge. Von der bereits bei den Alten vorkommenden Gleichung der westeuropäischen Iberer mit dem kaukasischen Volke dieses Namens (Citate s. Celtica II. 2. S. 12.) abstrahieren wir ganz, obgleich wir auch einigen Namen europäischer Nachbarn der Iberer später unten in Kleinasien begegnen werden.

Die Alten haben noch von einer Zeit vernommen, in welcher die Iberer in Gallien weiter nach Osten und nach Norden wohnten, als in geschichtlicher Zeit, namentlich biß zum Rhodanus und gar biß zum Rheine hin, den aber Nonnus (Dionys. XXVIII. 397. XLIII. 747.) und Andere vielleicht mit jenem verwechselten, wenn nicht vielmehr die älteste Vorstellung von Iberien als dem großen Westlande im Spiele ist. In Aquitanien wohnen Iberer noch heute. Die wichtigsten Stellen für jene frühere Ausdehnung sind folgende, die sich meist zugleich auf die L i g u r e n beziehen.

»Ἀπὸ δὲ Ἰβήρων ἔχονται Λίγυες καὶ Ἴβηρες μιγάδες μέχρι ποταμοῦ Ῥοδανοῦ. Ἀπὸ Ῥοδανοῦ ἔχονται Λίγυες μέχρι Ἄρνου« (al. Ἀλπίου, Ἀντίου, Ἀντιπόλεως? vgl. Ukert II. 2. S. 22.) Scylax Per. p. 2. »Nam quod Aeschylus in Iberia, hoc est in Hispania, Eridanum esse dixit eundemque appellari Rhodanum, Euripides rursus et Apollonius in Adriatico litore confluere Rhodanum et Padum, faciliorem veniam facit ignorati succini in tanta orbis ignorantia!« Plin. H. nat. XXXVII. c. 2. »Ἐπεὶ καὶ Ἰβηρίαν ὑπὸ μὲν τῶν προτέρων καλεῖσθαι πᾶσαν τὴν ἔξω τοῦ Ῥοδανοῦ καὶ τοῦ ἰσθμοῦ τοῦ ὑπὸ τῶν Γαλατικῶν κόλπων σφιγγομένου, οἱ δὲ νῦν ὅριον αὐτῆς τίθενται τὴν Πυρήνην« etc. Strab. III. p. 166. Der Γαλατικὸς κόλπος« kommt zuerst bei Aristoteles (de Mundo III.) vor; Herodotos (VII. 165.) kennt an der Küste und auf den Inseln des mittelländischen Meeres noch keine Galaten oder Kelten, wol aber Iberer und Liguren. Von der alten Iberia am Rhodanus weiß auch Avienus, Ora mar. v. 609 sqq.:

»— — hujus (Rhodani) alveo
Ibera tellus atque Ligures asperi
Intersecantur.«

Die Liguren, vielleicht längere Zeit hindurch die friedlichen Nachbarn der Iberer, werden später von den einziehenden Galliern gegen und auf Jene hin gedrängt. Bruchstücke dieser Kunde fanden wir in Italien, namentlich in der Sikanersage (Thucyd. VI. 2. Dionys. Hal. I. 22. u. s. w.). Minder sagenhaft erschienen dort beide Völker auf andern Inseln des Mittelmeeres, wohin sie aus Südgallien gekommen zu sein scheinen; in letzterem werden auch die von Herodotos a. a. O. neben ihnen stehenden Helesyken, auf die wir auch unten bei den Liguren verweisen werden, genannt.

Wir müßen hier sogleich einige nur von Letzteren handelnde älteste Nachrichten und Sagen erwähnen, für Ausführlicheres einstweilen auf Ukert II. 1. S. 252 ff. 476 ff. Zeus S. 167 ff. Celtica II. 1. S. 25 ff. verweisend.

In der frühesten Zeit, deren die obigen Excerpte gedenken, wohnen Iberer nicht bloß in Aquitanien, sondern auch biß zur gallischen Südküste hinab. Ihre östlichen Nachbarn sind die Liguren, die in geschichtlicher Zeit von dort ununterbrochen durch die Alpen biß tief in Italien hinein wohnen, gleichwie die Iberer durch die Pyrenäen und deren Halbinsel.

Auch die Liguren sollen einst weiter im Westen und im Norden gewohnt haben, wo kaum der Name des Ligerflußes, Λείγηρ, Λίγρος, statt dessen aber der eines undeutlichen und sagenhaften Λίγυρ (Artemidor. ap. Steph. Byz. v. Λίγυρες. Eustath. ad Dionys. Perieg. v. 76.) mit dem des Volkes zusammenhängt. Eratosthenes ap. Strab. II. p. 92. nennt als dritte (und westliche) Halbinsel, nach der Peloponnesos und der italischen, »τὴν Λιγυστικήν«, welcher wesentlich die Κελτική als großes auch Iberien umfaßendes Westland in dem nächsten Zeiträume entspricht (Citate s. u. a. Celtica II. 2. S. 24 ff. 33.). Stephanos Byz. sagt: »Λιγυστίνη, πόλις Λιγύων, τῆς δυτικῆς Ἰβηρίας (im Gegensatze zur kaukasischen im Osten) ἐγγὶς καὶ τῆς Ταρτησσοῦ πλησίον· οἱ οἰκοῦντες Λίγυες καλοῦνται.« Die griechischen Pflanzstädte Emporion im Westen, Antipolis im Osten liegen nach Skymnos v. 201 sqq. im Gebiete der nach den Iberern folgenden Ligyen. Avienus Ora marit. v. 129 sqq. sagt:

» — — Si quis dehinc
Ab insulis Oestrymnicis lembum audeat
Urgere in undas, axe qua Lycaonis
Rigescit aethra, cespitem Ligurum subit
Cassum incolarum; namque Celtarum manu
Crebrisque dudum proeliis
Ligures pulsi, ut saepe fors aliquos agit,

Venere in ista quae per horrenteis tenent
‾ Plerumque dumos.«

Verstehen wir ihn (und er sich selbst) richtig: so sind die Liguren von einem nordwestlichen Boden in ihr östliches Gebirgsland gedrängt worden; vgl. »pernix Ligus et sparsi per saxa Vagenni« bei Sil. Ital. VIII. v. 607., und bei Avienus v. 196 ff. selbst:

» — — pernix Ligus ‧
Draganùmque proles sub nivoso maxime
Septentrione collocaverant larem.«

Verschiedene Ansichten über beide Stellen aus Avienus s. bei Ukert II. 1. S. 475. 476. 478. Celtica II. 1. S. 26. Der cespes cassus der ersten Stelle blieb dieß wol nur biß zu seiner Besiedelung durch die Kelten, die hier, wie in der Sikanersage, die Verdränger der Liguren sind; aber es fragt sich, hier wie dort, ob die dämmernde Erdkunde der ältesten Zeit die Nordwestküste Galliens, oder den Norden jenseit der Pyrenäen mit jenem Cespes meint. Ukert macht bei der zweiten Stelle darauf aufmerksam: daß die unmittelbar zuvor bei Avienus als (südliche) Nachbarn der Liguren genannten Cempsi die Κεμψοί sind, die nach Dionys. Perieg. v. 338. auf der Westseite der Pyrenäen wohnten (ποῖ ναίουσιν ὑπαὶ πόδα Πυργναῖον.« Die Oestrymniden als Kassiteriden könnten uns gar veranlaßen, an England zu denken, dessen altkymrischer Name Lloegr auf die Liguren gedeutet zu werden pflegt, wie denn auf den britischen Inseln zu verschiedenen Zeiten auch iberische Kolonen gesucht werden (vgl. u. A. Celt. II. 2. S. 16 ff. Pictet in Kuhns und Schleichers Beitrr. I. S. 94 ff.)

Im Allgemeinen dürfen wir Folgendes annehmen. Die von Nordosten in Gallien eindringenden Kelten stießen am nächsten und unmittelbarsten auf die Liguren, welche in großer Ausdehnung von Osten biß Westen dort wohnen und nun südwärts auf die Iberer drücken. Diese weichen immer mehr westwärts, wo eine bedeutende Masse von ihnen in Aquitanien bereits saß und wahrscheinlich jetzt vermehrt und befestigt wurde, eine weit bedeutendere aber über die Pyrenäen zieht; kleinere Abtheilungen werden ostwärts durch Alpenpässe in das italische Festland, andere südwärts über See auf die Inseln des Mittelmeers, durch die Liguren und mit diesen, geschoben. Bei der Seefahrt blieb die Möglichkeit des Ausgangs von der Ostküste Iberiens, wo vorzugsweise Iberer wohnten, seitdem im Nordwesten der Pyrenäen Kelten nachrückten. Ob zwischen Letzteren und den Iberern auch Liguren nach Hispanien fliehen und ziehen, bleibt zweifelhaft; in Varros Völkerreihe (s. nachher) fehlen sie. Erst später schieben sich gallische Völkerschaften zwischen die Liguren und die aquitanischen Iberer. Erstere behaupten in nicht unbedeutender Zahl den äußersten Süden und Südosten der gallischen Küste, wo sich allmähllich, gleichwie auch häufig in den Alpen und im Paduslande, Kelten mit ihnen mischen.

Die Iberer wurden den Griechen zuerst durch die Hauptentdecker des Westens, die Phokäer, bekannt, vgl. Herod. I. 163 ff. Für die Zeit der ersten griechischen Besucher Iberiens schwanken die Chronologen bedeutend, zwischen 700—900 v. Chr. Dagegen besuchen im J. 369 iberische und keltische Miethstruppen Griechenland (Korinth). Für die zahlreich einander folgenden griechischen Kolonien in Iberien vgl. u. a. Strab. III. p. 158 sq. Ukert II. 1. S. 423 ff. Celtica II. 2. S. 24.

Was die Alten uns von iberischer Sprache aufbewahrt haben, hat geringen Werth. Die mit den Keltikern in Hispanien zwar in »συγγενεία« stehenden, aber in der That wahrscheinlich nur in den Grenzstrichen mit Kelten gemischten Turdetaner und (oder) Turduler hatten nach Strabon III. p. 139. uralte schriftmäßige Bildung. Er sagt u. a.: »Σοφώτατοι δ'ἐξετάζονται τῶν Ἰβήρων οὗτοι, καὶ γραμματικῇ χρῶνται· — — καὶ οἱ ἄλλοι δ'Ἴβηρες χρῶνται γραμματικῇ, οὐ μιᾷ δ'ἰδέᾳ, οἰδὲ γὰρ γλώττη μιᾷ.«

Die Verschiedenheit der γραμματική, der Schrift, wird durch die erhaltenen Denkmale bestätigt; die der γλώττη, womit hier theils rein iberische, theils mit keltischer Sprache gemischte Mundarten, vielleicht auch theilweise keltische Sprache neben iberischer, gemeint sein können, versteht sich auf einem weiten Gebiete von selbst, zumal auf einem so vielfach kolonisierten. Obgleich Strabon hier griechische und semitische (altphoenikische und punische) Sprachen nicht meint, so konnten auch diese nicht ohne Einwirkung auf die alten Landessprachen bleiben.

In der, wie es scheint, chronologischen Völkerreihe: »In universam Hispaniam M. Varro pervenisse Iberos et Persas et Phoenicas Celtasque et Poenos tradit« Plin. H. nat. III. c. 1. stehn die Iberer voran, jedoch nicht als Autochthonen, sondern, gleich den übrigen, als Einwanderer. Der Perser, die unseres Wißens sonst nirgends genannt werden, gedachten wir bei den »sarmatischen« Mauern von Uxama; möglicher tyrrhenischer Kolonen o. bei Italien. Als die germanischen Völker, auch Alanen, und nach ihnen (6—7 Jh. n. Chr.) Byzantiner, der späteren Einwanderer zu geschweigen, ins

Land kamen, war dieses, mit Ausnahme des baskischen Gebietes, längst romanisiert; auf diese frühe Romanisierung kommen wir noch einmal bei den Kelten. Unter den von den Alten aufbewahrten hispanischen Wörtern sind die meisten nur lateinische Idiotismen; s. unser Lexikon Nrr. 4. 21. 24 b. 27. 34: 38. 46. 75. 87. 94. 102. 103 ? 105. 109. 113. 127. 129: 131. 143. 159. 167. 186. 215. 222. 230. 239. 246 ? 277. 303. 308. 328. 348.

Die Münzlegenden und einige Inschriften haben mehrere eigenthümliche Schriftarten, die zusammengenommen eine Gattung des von den Phoeniken ausgegangenen Alphabetes bilden. Mommsen leitet sie lieber von den Griechen, als unmittelbar von den Phoeniken ab. Für die Kenntniss der Sprache hat leider die der Schriften noch keine ersprießlichen Früchte getragen. Für weitere Verfolgung findet sich einiger Stoff und Citate in Celtica II. 2. S. 19 ff.

Die baskische Sprache (Escuara, Euscara, das Volk Euscaldunac u. dgl., vgl. die Ausci in Aquitanien Plin. H. nat. IV. c. 19.?) ist zwar sehr gemischt, doch vielleicht nur in späterer Zeit mit romanischen Elementen. Einige keltische Anklänge in ihr, und zwar nicht bloß in den aquitanischen Mundarten, laßen wir lieber noch unerörtert, biß uns reichere lexikalische Hülfsmittel, als die biß jetzt vorhandenen, den baskischen Wortvorrath nach seinem organischen Bestande, wie nach seinen Lehnwörtern, bestimmter sichten laßen. Die Romanzi der iberischen Halbinsel enthalten immerhin, trotz dem frühen Erlöschen der iberischen Landessprache, eine nicht unbeträchtliche Zahl von Wörtern, welche theils aus dem heutigen Baskischen erklärt werden können (ungerechnet die unhaltbare Mehrzahl von Larramendis Etymologien), ohne aus diesem importiert zu sein, theils verwandten Charakter zeigen. Aber keltische Spezialitäten werden sich nirgends in den Schriftsprachen der Spanier und der Portugiesen mit Sicherheit nachweisen laßen.

Bekanntlich hat W. v. Humboldt mit Hülfe der baskischen Sprache viele alte Eigennamen auf der Halbinsel zu erklären versucht. Eine solche Erklärung kann nie vollständig aus dem iberischen Kerne einer seit zweien Jahrtausenden sehr gemischten Sprache einer einzelnen Völkerschaft erwartet werden. Aber wir glauben im Allgemeinen in den von allen übrigen Eigennamen der alten Länderkunde und Geschichte abweichenden iberischen, sowie noch mehr in vielen in dem ganzen heutigen Spanien verbreiteten Familiennamen, die aus iberischen Ortsnamen entstanden sein mögen, baskisches Gepräge herauszufühlen. Merkwürdig wäre es, wenn nicht bloß in den provenzalischen Mundarten Aquitaniens, sondern auch in italienischen baskische Reste, und seien ihrer auch noch so wenige, sicher nachzuweisen wären, die nicht durch spanische Sprache (wie in Neapel und Sardinien leicht möglich) vermittelt worden seien.

Die Physiologie der Iberer bietet ein ähnliches Räthsel, wie die der Kelten. Die heutigen Basken, Spanier und Portugiesen sind, mit Ausnahmen besonders in Spanien, gröstentheils sehr dunkelfarbig. Dieß sagt zwar Tacitus (Agricola XI.) auch von den alten Iberern, sofern er die Siluren in Britannien ihrer dunklereren Färbung und krausen Haare wegen von Jenen ableiten möchte, freilich im Abstiche gegen die blonden Britannier (s. u. bei diesen). Aber anders lauten die Aeußerungen anderer Schriftsteller. Bei Silius Ital. XVI. v. 472 sq. ist der freilich poetisch erfundene und mit Vergils Euryalus gemischte Eurytus aus Saetabis »comam rutilus, sed cum fulgore nivali corporis«, vgl. »lactea colla« v. 520.; »flaventia ora« v. 487. bedeutet vielleicht nicht sowol hellfarbig, als hellglänzend, wie »fulgentes (pueri — — ora ostendere)« v. 465. Calpurn. Flacc. Decl. II. (Quinctil. ed. Burm. III. p. 794.) sagt: »Rutili sunt Germaniae vultus et flava proceritas Hispaniae (al. Hesperiae); non eodem colore omnes tinguntur.« Jedoch dünkt uns die Stelle unkorrekt, und »flava proceritas« ebenfalls auf die Germanen bezüglich, von welchen der Ausdruck »proceritas« sonst vorkommt. Wir finden nirgends einen Gegensatz blonder Keltiker oder Keltiberer zu dunkelfarbigen Iberern gemeldet, wir müsten denn die späte Aeußerung bei Isidor. Hisp. Orig. IX. c. 2. §. 104. (Lex. Nr. 76.) dahin rechnen: daß die Galleken von der gleichen Eigenschaft, wie die Gallier, »a. candore« nämlich, den Namen haben und in der That hellfarbiger seien, als die übrigen Völker Hispaniens. Einen eigenthümlichen Umstand bemerkt Plinius H. nat. VII. c. 16. bei den o. erwähnten Turdulern: »Triceni bini (dentes) viris attribuuntur, excepta Turdulorum gente; quibus plures fuere, longiora promitti vitae putant spatia.« Eine ziemlich unbestimmte Angabe von Manilius IV. v. 718. s. u. bei den Kelten. Nach einem Berichte im »Ausland« 1850. Nr. 111. 9. Mai haben die heutigen Basken schöne Züge, runde Schädel, offene entwickelte Stirne, gerade Nase, sehr fein gezeichneten Mund und Kinn, ovales, unten etwas schmales Gesicht, große schwarze Augen, schwarze Haare und Brauen, bräunlichen, schwach gefärbten Teint, mittlere, aber vollkommen proportionierte Größe, kleine gutgeformte Hände und Füße.

In den Sitten der Völker Iberiens, deren Zeugnisse besonders
W. v. Humboldt zusammengestellt hat, ist wol manches Eigenthüm-
liche, aber mehr mit Bildungsgenoßen verschiedener Abstammung
Gemeinsames. Die in verschiedenen Proportionen erfolgte alte
Mischung iberischer und keltischer Völker läßt die stammliche
Quelle der einzelnen Eigenheiten häufig ungewiss; um so mehr, da
die Kelten weit früher eingewandert sein müßen, als die später bei
ihren Stammgenoßen, vorzüglich in Gallien, bekannt gewordenen
Gebräuche und Einrichtungen sich ausgebildet hatten. Vieles in
diesen vorgallischen Zuständen der Kelten auf der Pyrenäenhalbinsel mag dem iberischen Wesen gewichen sein, da Jene, vielleicht
schon seit ihrer Einwanderung, außer Verbindung mit dem Mutterlande Gallien waren, anders als die Gallier in Italien. Weiteres s. u.
bei den Kelten.

Für die L i g u r e n haben wir nur zu ergänzen, was wir bei den
Iberern und bei Italien über sie mitgetheilt haben. Das Volk heißt
Λιγυς sg., *Λίγυες,* bißweilen *Λίγυρες* pl., lat. L i g u s comm. (nach
dem Griechischen? statt L i g u r s?), seltener L i g u r sg., L i g u r e s
pl.; in beiden Sprachen Ableitungen L i g u s t —.

Wahrscheinlich wurde uns, daß die Liguren vor dem Eindringen
der Kelten auch im Norden Galliens wohnten; ob jemals ein Theil
von ihnen die Pyrenäen überstieg, blieb uns zweifelhaft. Die Griechen verflochten die von den ligurischen Völkern um Massalia vernommenen Stammsagen in ihre eigenen, vorzüglich in die von Herakles; vgl. Aeschylos (und Posidoniós) bei Strab. IV. p. 183. und bei
Dion. Hal. I. 41., welcher die Sage auf Kämpfe der Ligyen gegen
die eindringenden Hellenen deutet. Ukert II. 2. S. 276. citiert noch
Aristot. Meteor. II. 8. Galen. lib. VI. Epid. T. V. p. 454. Eust. in
Dionys. Per. v. 76. Tzetz. ad Lycophr. 1312. Theon. in Arat. p. 12.
ed. Mosell. Der Schauplatz der Sage ist in der Nähe von Arles zu
suchen, auf dem Steinfelde, daß noch jetzt den keltischen Namen la
C r a u (aus c r a g lapis, rupes) führt. In den Sagen bei Amm. Marc.
XV. 9. tritt an die Stelle des Eponymos L i g y s ein T a u r i s c u s,
der uns an die L i g y r i s k e r als Synonymen der T a u r i s k e r
(s. u.) erinnert; ein von dem lat. t a u r u s verschiedener Stamm
T a u r kommt öfters auf ligurischem, sodann auch auf illyrischem
und auf kleinasiatischem Gebiete vor. Mit der Heraklessage ver-
banden sich auch etymologische Ableitungen ligurischer Völker, s.
Plin. II. nat. III. c. 17. 20. (Lex. Nr. 205.). Andere Eponymensagen
über die Liguren s. Celtica II. 1. S. 35 ff.

Wie wir die L i g u r e n meistens neben und h i n t e r den I b e r e r n
genannt finden, so auch neben, aber mehr v o r den K e l t e n, dem
ihnen nachdringenden, oft mit ihnen befreundeten („bella Ligurum
Gallicis semper iuncta fuisse, eas inter se gentes mutua ex propinquo
ferre auxilia“ Liv. XXXVI. 39.), ja mit ihnen oft gemischten (*Κελ-
τολίγυες*), ethnisch jedoch bei den Alten stets von ihnen unterschiedenen Stamme. Nach Strab. II. p. 128. Kelten und Liguren in Gallien „*ἑτεροεθνεῖς μέν εἰσι, παραπλήσιοι δὲ τοῖς βίοις.*“

Daß die Liguren zu dem Vortrabe des großen keltischen West-
zuges gehörten, den wir in den Gaidelen der britischen Inseln
finden werden, ist eben nur m ö g l i c h. Ein Jahrtausend der Trennung konnte Beide einander so unähnlich gemacht haben, daß den
Römern in der späten Zeit ihrer Bekanntschaft mit den Gaidelen —
in welchen Tacitus nicht einmal die Stammbrüderschaft mit den
übrigen Kelten erkannte — keine Aehnlichkeit mehr in die Augen
fiel. Wir abstrahieren von dieser Möglichkeit, sowie von einer
zweiten, der Stammverwandtschaft mit den Iberern. Die Alten wusten, jene mythisch-etymologische Beziehung zu den Griechen abgerechnet, den Liguren keine bestimmte Verwandtschaft zuzuweisen.
Dionysios Hal. I. 10. erwähnt zweifelnd eine Ableitung der italischen
Aboriginen von ihnen und sagt darauf: „*ὁποτέρα δ'αὐτοῖς (Λίγυσιν)
ἐστι γῆ πατρίς, ἄδηλον· οὐδὲ γὰρ ἔτι λέγεται περὶ αὐτῶν προσω-
τέρω σαφὲς οὐδέν.*“

Der gebirgige Charakter ihrer Hauptgebiete in geschichtlicher
Zeit, von den Seealpen biß in die Apenninen, deutet auf altes Zu-
rückweichen vor Mächtigeren. Ganz späte gewaltsame Versetzung
ligurischer Völkerschaften durch die Römer in andere Theile Italiens
laßen wir hier unbeachtet. Aber die bereits erwähnten sagenhaften
und verworrenen Nachrichten von weiterer Ausbreitung der Liguren im ältesten Italien, namentlich in Etrurien und in Latium, verdienen immerhin einige Aufmerksamkeit.

Dionysios Hal. I. 22., wo er jene Flucht der iberischen Sikaner
vor den Ligyen nach Sicilien und die Nachfolge der Sikeler aus
Italien erzählt, berichtet darauf u. a. die Behauptung des Syraku-
saners Philistos, die an die Stelle der S i k e l e r die L i g y e n unter
König S i k e l o s, Italos Sohne, stellt, nach welchem seine Unterthanen Sikeler benamt worden seien. Diese Ligyen seien 80 Jahre
vor dem troischen Kriege aus Italien nach Sicilien gekommen;
„*ἐξαναστῆναι δὲ ἐκ τῆς ἑαυτῶν τοὺς Λίγυας ὑπό τε Ὀμβρικῶν
καὶ Πελασγῶν.*“ Nach dem Syrakusaner Antiochos seien die Sikeler,

wie dieß auch Thukydides annimmt, von den Opikern, sodann auch von den Oenotrern vertrieben worden, d. h. von den Italikern, wie denn Dionysios zu Anfange des Kapitels Pelasger und Aboriginen als Vertreiber der Sikeler nennt, was zu der Geltung der alten Sikeler als Barbaren bei den Alten stimmt. Die obige Sage wiederholt Silius Italicus XIV. v. 33 ff., wo den Sikánern aus Pyrene »mox Ligurum pubes Siculo ductore« und nachher Kreten folgen; Letztere werden hier und anderwärts auf den Inseln und Küstengebieten Italiens häufig genannt. Nach Festus v. Sacrani werden Liguren und Sikuler zwar unterschieden; aber beide zusammen als von den reatinischen Sakranern, d. h. von den Umbrern, vertrieben genannt: »Sacrani appellati sunt Reate orti, qui ex Septimontio Ligures Siculosque exegerunt; nam vere sacro nati erant.« Vgl. Serv. ad Verg. Aen. XI. v. 317., der die Sikuler an der Stelle der Sikaner nennt (s. die Citate Celt. II. 1. S. 34.): »Illi (Siculi) a Liguribus pulsi sunt, Ligures a Sacranis, Sacrani ab Aboriginibus.« Sodann vgl. Dionys. Hal. I. 14. II. 49. (cf. I. 19.) über Ombriker und Aboriginen (die Andere, wie schon erwähnt, »Λιγύων ἀποίκους μυθολογοῖσιν« Dion. Hal. I. 10.) in der Ῥεατίνη.

Bemerkenswerth ist der Besitzwechsel der Liguren mit den Etruskern, deren späteres Gebiet am Arno und an der Küste sie einmal vor Jenen inne hatten, wogegen ihre Ausdehnung in die Apenninen ihnen erst durch die Einwanderung der Gallier in Italien aufgedrungen worden zu sein scheint. Vgl. für diese Punkte O. Müller, Etrusker Einl. II. 13. p. 108. Kämpf, Umbrica p. 29 sq. 33. sq. Duncker, Orig. Germ. p. 71 sq. (auch für die Liguren im Norden und Osten Europas).

Die obige Verwechselung und Identificierung der Liguren mit den Sikulern deutet zugleich auch auf Latium, wo sie sonst nur in dem o. erwähnten Völkergemische bei Dion. Hal. I. 89. genannt werden. Ebds. c. 40. stehn sie in der Heraklessage neben und unter den Aboriginen. Ob Achilles »Λιγύρων« bei Lycophr. Cass. v. 178. Schol. Tzetz. p. 70. ed. Sebast. (Ritter, Vorhalle S. 373.) mit jener Ableitung der Liguren von den Griechen, oder etwa von ihrer Verwechselung mit den thessalischen Pelasgern zusammenhange, fragen wir.

Aus den bißher gesammelten Aussagen ergibt sich etwa Folgendes.

Während die illyrischen (und später die italischen) Völker an der Ostseite Italiens herunter zogen, thaten dieß auf der Westseite die Iberer und die zahlreicher ihnen folgenden Liguren, welche, außer den ihnen auch nachmals verbleibenden Gebieten in den Alpen und in Oberitalien, Etrurien und einen kleinen Theil von Latium besetzten, wo sie entweder Sikuler ließen, oder neben einem iberischen, wenn nicht illyrischen, Volke dieses Namens saßen und samt diesem durch die von Osten und Nordosten vordringenden Italiker (Opiker, Aboriginen, Umbrer) auf die Inseln verdrängt wurden. Die Umbrer okkupierten die Gebiete im oberen und mittleren Italien, aus welchen sie nachher großentheils durch die Etrusker verdrängt wurden; die Aboriginen blieben in Latium.

Für die Zeitfolge dieser Bevölkerungstheile bleiben mancherlei Räthsel. Es fragt sich namentlich: ob das erste Eindringen der Liguren (und der Iberer) in Italien durch die selbe keltische Bewegung in Gallien (den Bellovesuszug, s. u.), welcher die Gallia cisalpina stiftete, veranlaßt wurde; oder ob durch eine weit frühere, nämlich durch den ersten Eintritt der Kelten in Gallien, von welchen dann ungefähr gleichzeitig ein Theil die Etrusker von Norden herabdrängte. Nach Livius V. 34 sq. saßen vor dem Bellovesuszuge bereits ligurische Völker in Italien, wie die »antiqua gens« der Laevi am Ticinus. Die Italiker kommen zwar hinter den Liguren her, aber eher von Osten her, wo sie schon vor und mit ihnen innerhalb der Halbinsel gesessen haben können, nachdem sie die illyrischen Stämme südwärts hinabgeschoben hatten.

Ob die Liguren von Italien aus auch weiter nach Nordosten versprengt wurden, wo wir ihre Spuren unter oder neben den norischen Kelten und vielleicht bei dem Kimbernzuge finden werden, steht dahin; Näheres s. u. bei den Kelten. Mit den ligischen, richtiger lygischen, lugischen Völkern im germanischen Norden dürfen wir sie nicht, wegen des Namensanklanges, vergleichen, obschon unter jenen die Helisier an die altligurischen Helisyken erinnern, wie die Helvekonen oder Helvetonen an gallische Völker.

Dagegen tragen die *Λίγυες* in Kleinasien bei Herod. VII. 72. (verschieden von *Άλβυες* c. 71.) ganz den griechischen Namen des Westvolkes, das damals längst in Europa hauste und dort von Herodotos (c. 165.) gekannt und genannt ist. Ein Theil desselben könnte in Kleinasien zurückgeblieben sein unter dem alten gemeinsamen Namen. Dort kennt Eratosthenes bei Plin. H. nat. V. c. 30. auch die Bebryces als ausgegangenes Volk (neben den Lelegen), deren Name später bald auf der gallischen, bald auf der iberischen Seite der Pyrenäen genannt wird. In Kolchis werden wechselnd Ligyes und Libyes genannnt (Belege s. Celtica II. 1. S. 25.).

Schon Hesiodos nennt in einem Verse bei Strab. VII. p. 300.

„*Αἰθίοπάς τε Λίγυς τε ἰδὲ Σκύθας ἱππημολγοὺς*"
die Ligyen nicht etwa im Osten neben den Skythen, sondern zwischen
diesen als Vertretern des Nordostens und denen des Südens als
Vertreter des Westens, wie denn Eratosthenes ap. Strab. II. p. 92.
dort die große „*Λιγυστικήν*" Halbinsel (s. o.) nennt. Griechische
Dichter (Aeschylos, Sophokles, Euripides; vgl. Ukert II. 2. S. 277.)
gebrauchen die Namen *Λίγυες*, *Λιγυστικός* für ein unbestimmtes,
aber offenbar bedeutendes Gebiet in Westeuropa, wahrscheinlich
denn doch zunächst nur das durch Massalia zugänglich gewordene in
Gallien, wo es Hekataeos bei Steph. Byz. vv. *Μασσαλία*, *Ἄμπελος*,
Μόνοικος diese (griechischen) Städte umfaßen läßt und bereits als
westlich an die Iberer grenzendes Küstenland dem keltischen
Binnenlande gegenüberstellt. Dorther leiteten wir auch am liebsten
die bei Italien besprochenen Iberer.

Wir wißen noch weniger, als o. Dionysios, woher die Liguren
stammen. Ihre Stellung ist um so wichtiger, als sie die Mitte zwischen den iberischen Vorgängern der arisch‑europäischen Familie und deren frühesten Einwanderern in einem weiten Striche
Europas, den Kelten, einnimmt. Von ihrer Sprache ist uns
schimpflich Wenig erhalten; s. Lex. Nrr. 16? 33. 43? 179? 242.
274. 294.

Ueber Körperbau, Sinnesart und Sitte der Liguren haben
wir einige Nachrichten. Nach einer Mythe bei Aristot. Hist. an. II.
15. (c. 10.), die wenigstens die Annahme rassenartiger Besonderheit
bezeugt, hatten sie eine Rippe weniger, als die übrigen Menschen
(vgl. darüber Ukert II. 2. S. 287.). Sie waren nicht hochgewachsen
noch fleischig, aber hurtig, kräftig, durch Arbeit, Mühsal und die
Natur ihrer Wohnsitze abgehärtet. Vgl. o. „pernix Ligus", „adsuetumque malo Ligurem" Vergil. Georg. II. 168. Ausführliches
bei Diod. Sic. IV. 20. V. 39. über alle obige Kategorien; Mehreres
auch bei Strab. IV. p. 202 ff. Auch ihre Frauen waren sehr arbeitsam und abgehärtet, und gebaren sogar leicht mitten in schwerer
Feldarbeit um Tagelohn Strab. III. p. 165. cf. Diod. ll. c. Aristot.
Mir. Ausc. XCIII. Die Männer waren sehr kriegstüchtig, geübte
Schleuderer (Lex. Nr. 43.), auch Seefahrer und Seeräuber, vgl.
Strab. und Diod. ll. c. Ukert II. 2. S. 278 ff. 287 ff. hat noch mehrere
Angaben über sie gesammelt, die aber sämtlich keine dauernden
Stammeseigenheiten betreffen. Der Ruf der „Ligures fallaces" (nach
Cato bei den späten Sammlern, s. Ukert II. 2. S. 290.) bezeugt wol

nur, daß sie die Waffe des Truges gegen die übermächtigen und
noch treuloseren Römer gebrauchten. Ihr Kriegsgesang scheint, nach
Plat. Phaedr. und den Scholiasten (Ukert a. a. S. 278.) viel melo-
discher gewesen zu sein, als der der Iberer, Kelten und Germanen.

Warum wir jetzt der Ethnologie der Kelten einen ungleich be-
deuteren Raum widmen werden, als der der übrigen europäischen
Stämme, haben wir bereits in der Vorrede ausgesprochen. Der
nächste Grund ist der Raum dieses Stammes selbst, durch welchen
denn seine thatsächliche Mischung und theoretische Verwechselung
mit andern Stämmen veranlaßt wurde. Dazu kommt die Ferne der
Zeit, seit welcher weitaus die meisten Völker dieses Stammes als
keltische verschwunden oder doch verstummt sind, wie so viele
ihrer alten Nachbarn nach ihrer Volksthümlichkeit, während die,
nächst den Kelten, zahlreichsten Stämme: die der Germanen und
der Slaven, in der fortlebenden Sprache einen Wegweiser nach
ihrer Vergangenheit besitzen, mit Ausnahme der allerfrühesten in
Europa. Zu dieser Ausnahme gehören mehrere Völker, auf welche
Kelten und Germanen zugleich Ansprüche erheben, und welche
desshalb nachher bereits bei Ersteren zur Sprache gebracht werden
müßen. Da sogar der alte, wie wir glauben, paradoxe und nur
durch die Geschichtschreiber erhobene Anspruch jener beiden
Stämme auf einander selbst mit Haut und Haaren, nämlich auf
Identität in Europa (statt der viel älteren, alle Indoeuropäer
umfaßenden in Asien), neuerdings von ansehnlicher Stelle aus erneut
wurde: so haben wir sofern stillschweigende Rücksicht auf die
mögliche Berechtigung dieses Anspruches genommen, als wir die
Naturbeschaffenheit und Bildungsgeschichte der Kelten viel ausführlicher, denn die der übrigen Völker, und mit Seitenblicken auf die
der Germanen, verhandeln, wobei sich neben vielem Beide Unterscheidendem auch manches Beiden, gegenüber Andern, Gemeinsame
finden wird. Begreiflicher Weise werden wir besonders in diesem
Abschnitte, gleichwie bereits in den beiden letzten, ja noch häufiger,
als dort, die beiden geschichtlichen Bände (II. 1. II. 2.) unserer
Celtica aus praktischen Gründen citieren und auf die dortigen
Citate und Angaben verweisen, wo weder die Wichtigkeit derselben, noch auch die Aenderung oder Neuheit unserer Erklärung
und Schlußfolge eine ausführliche Erörterung in den vorliegenden
Blättern nöthig machen.

Damals, als »Καῖσαρ ὁ Θεός« nach echt römischer Weise: mit
ebenso großer Tapferkeit und Klugheit, wie Nichtachtung fremder

Berechtigung und Würde, die vor ihm kaum begonnene Eroberung
des transalpinischen Galliens zu Ende führte und seine merkwürdigen Memoiren schrieb — damals schon zeigte das keltische Welt-
volk überall ein hippokratisches Antlitz, obgleich in aufgeregten
Augenblicken auch noch oft kraftvoll schwellende Muskeln und Beispiele ritterlichen Opfermuthes. Hier einstweilen wenige Umriße;
später werden sich manche Einzelheiten ergeben.

Zunächst in dem Hauptlande, das den Römern jenseit der Alpen
lag und das wir im Folgenden unter »Gallien« (schlechthin) verstehen werden, sehen wir Staat und Gesellschaft von den obersten
aristokratischen Schichten biß zu den niedersten Massen herab in
den boaartigen Umschlingungen der Kirche. Die Religion ist zur
Superstition verzerrt, deren Gespensterfurcht die Aemter des Herr-
schers wie des Richters, des Arztes wie des Seelsorgers, in die geweihte Hand des Priesters gibt. Dieser schuf oder wählte die wal-
tenden Götter im Himmel und auf Erden, oder erhob sich selbst
unter sie, und sein Haupt war manchmal mit dem Herrscherschmucke
beider Welten geziert.

Zu der Herrschaft des Priesterthums gesellte sich, eine Stufe
tiefer, die des Adels und der Reichen über eine theils leibeigene,
theils schmarotzende Menge. Doch zeigt sich neben prunkendem
und liederlichem Junkerthum oft romantisch edles Ritterthum, neben
der Servilität des Gesindes Pietät und Dienertreue biß in den Tod.
Beide Lichtseiten erscheinen fast gleichermaßen bei den Kelten des
vorchristlichen Galliens, wie bei denen des christlichen Britanniens
biß zu dem Tage, an welchem der letzte Kymrenkönig und sein
ganzes Heer sich dem Hungertode weihten, um sich nicht den sächsischen Landräubern ergeben zu müßen.

Gallien diesseit der Alpen ist zu Caesars Zeit längst römische
Domäne und hat das Vae victis! seines Brennus an sich selbst erfahren. In Südosteuropa und in Kleinasien erzählen sich die Völker
nur noch von dem panischen Schrecken, den ihre Voreltern einst vor
den heranrasenden Keltenstürmen empfunden und nur allzu berechtigt
gefunden hatten.

Wann und woher die Kelten nach Europa kamen, ist eine schwer
zu lösende Zwillingsfrage. Wahrscheinlich bedeutend später, als die
Illyrier und die Italograecken, und auf anderem Wege, auf welchem
die Kimmerier, Skythen u. s. w. (s. o.) ihnen nachfolgten. Diese
mögen sie nordwärts und westwärts gedrängt, sie aber darnach
eine Weile ruhig im Norden gesessen haben, biß sie durch die auf

gleichem Wege nachfolgenden Germanen nach Süden und Westen geschoben wurden, wie sie denn die von uns bereits besprochenen Liguren und Iberer, vielleicht auch damals schon (später sicher) die Etrusker, vor sich her drängten. Strabon sagt I. p. 33.: die Griechen hätten missbräuchlich alle Westvölker unter den Sammelnamen Κελτοί, Ἴβηρες, Κελτίβηρες, Κελτοσκύϑαι begriffen. Letzterer erinnert vielleicht nur scheinbar an eine Zeit, in welcher die ersten keltischen Einwanderer in Europa die unmittelbaren westlichen Angrenzer der hinter ihnen aus Asien gezogenen Skythen waren.

Wir werden zwar theilweise auf dem vermutheten Herwege der Kelten durch Osteuropa in ziemlich später Zeit zu ihnen gehörige Völker finden, aber unserer Ansicht nach nicht von jenem Einzuge her diesseit Galliens verbliebene. In diesem Lande erst beginnt unsere Chronik des Stammes, ob wir gleich in beiden westlicheren Ländern Europas: in Iberien und in Britannien, seine Vorhut finden, mit deren Geschichte wir v o r der der gallischen beginnen müsten, wenn wir auch nur Eine sichere Spur von ihr (die späteren gallisch-britischen Kelten abgerechnet) auf dem Boden Galliens finden könnten, auf welchem sie doch auch einst eine Phase durchgemacht haben muß.

Für die Spuren des allmähllichen Vordringens der Kelten in Gallien verweisen wir auf unsere vorhergehenden Abschnitte. Die Bituriges Vibisci in Aquitanien, die Volcae Tectosages in Gallia Narbonensis sind offenbar erst ziemlich spät zwischen Iberer und Liguren eingeschobene Keile.

Das in die Pyrenäenhalbinsel auslaufende Westland galt den Griechen, soweit wir aus den ältesten Dichtern und Logographen ersehen können, in ziemlich rascher Zeitfolge als i b e r i s c h e, dann l i g y s t i s c h e Halbinsel und endlich als K e l t i k e. Entspricht diese Zeitfolge der der Völkerfolge im Westen, so muß letztere in nicht allzu früher Zeit und ohne lange Pausen vor sich gegangen sein. Wir sahen oben bei Hesiodos die Liguren als Vertreter des Westlandes gleichzeitig mit den Skythen als denen des Ostlandes, und die Phokäer gründeten Massalia in noch rein ligurischem Lande. Allerdings aber dürfen wir nicht aus dem Zeitalter jedes Schriftstellers, der den Westen mit einem jener drei Namen bezeichnet, auf das gleiche der wirklichen Volkesdauer in dem alten Bereiche schließen; die Kunde des Westens in seinen Entwickelungen verschwand oft auf längere Zeit, zumal bei dem Einzelnen, der sich mit dem Gebrauche überlieferter Nomenklatur begnügte. Dadurch aber verwirrt sich die Chronologie der griechischen Westkunde, und zudem sind uns viele Zwischenglieder in der alten Literatur ganz verloren gegangen oder nur in spärlichen Citaten der Späteren erhalten.

Dem Logographen Hekataeos von Miletos umfaßte der Name Iberien längst nicht mehr das ganze Westland. Zu seiner Zeit war das Ligyenland in Gallien von den Griechen nicht bloß gekannt, sondern auch kolonisiert (s. o. nach Steph. Byz.). Ja, er kennt auch schon einen keltischen Theil des Westlandes, und darinn (ebenfalls nach Steph. Byz.) die *Ναρβαίους*, deren Name die späte Narbo erhielt, und *Νύραξ;* einen Namen, der sich an verschiedene, vielleicht vorkeltische, anderer Länder anknüpfen läßt.

Für Herodotos I. 33. IV. 49. die Kelten *»οἱ ἔσχατοι πρὸς ἡλίου δυσμέων μετὰ Κύνητας οἰκέουσι τῶν ἐν Εὐρώπῃ«*; von ihnen und der Stadt *Πυρήνη* fließt der Istros biß nach Skythien. Diese Kyneten gehören zu den Iberern. Auch Ephoros (Strab. IV. p. 199 cf. VII. p. 293.) läßt die Kelten in Iberien biß gen Gades wohnen; sie seien dort *φιλέλληνες.* Sogar Pausanias I. 3. setzt die Kelten noch in die sagenhaften *»τῆς Εὐρώπης τὰ ἔσχατα«*, und in ihr Land den Eridanos mit den Heliaden, vielleicht diesen mit dem Rhodanos und zugleich die beiden Gallien diesseit und jenseit der Alpen verwechselnd.

Frühe, aber nicht nahe, wurden die Griechen mit den westlichen Völkern und namentlich mit den Kelten durch ihre Kolonien bekannt; später, wie bereits bei den Iberern bemerkt, die europäischen Griechen in Griechenland und Sicilien, sowie die Epiroten und Makedonier, mit keltischen Soldtruppen (s. Celtica II. 1. S. 285.). Die Kelten, die vom adriatischen Busen biß nach Thrakien hin gesiedelt hatten, scheinen die Griechen zuerst durch die Gesandtschaften an Alexander d. Gr. kennen gelernt zu haben (vgl. Diod. Sic. XVII. 113. Strab. VII. p. 301 sq. Arrhian. I. 4. VII. 15. Justin. XII. 13. Oros. VI. 21.), d. h. vielleicht nicht lange nach ihrer Ausbreitung gen Osten. Die Nachrichten über diese Berührung mit Alexander sind nicht vollkommen deutlich (vgl. Celtica II. 1. S. 121 ff. Brandes, Kelten und Germanen S. 205.). Bei der einen Nachricht Arrhian. VII. 15. deutet *»Κελτοὺς καὶ Ἴβηρας«* auf westliche Kelten; zwar stehn unmittelbar vorher *»πρεσβεῖς — — Σκυθῶν τῶν ἐκ τῆς Εὐρώπης«*, aber Jene bilden eine besondere Gruppe. Noch früher (zu Alkibiades Zeit) wurden vielleicht auch cisalpinische Gallier den

Griechen bekannt (vgl. Thukyd. VI. 90. und u. a. Duncker, Orig.
Germ. p. 17. 19. Celtica II. I. S. 459.).

Lange bevor jene östlichen Kelten den Griechen furchtbar nahe
rückten, thaten dieß ihre Vorfahren den Römern. Aber Rom erhob
sich phönixgleich aus seiner Asche; seine Rache, der Drang der
Selbsterhaltung gegen die ruhelosen Nachbarn in Oberitalien, und
endlich seine mörderische Herrschsucht und Habsucht nahm in ziemlich kurzer Zeit den cisalpinischen Kelten und ihren ligurischen
Bundesgenoßen ihr Volksthum, ohne ihnen ein vollgültiges neues
dagegen zu geben. Ganze Völkerschaften erlagen der Wuth der
Römer oder wanderten aus gen Osten und zurück über die kaum
überstiegenen Alpen.

Consul M. Fulv. Flaccus trug die römischen Waffen über die
Alpen in das Mutterland der keltischen und ligurischen Gegner, um
den gefährlichen Strom an seiner Quelle abzudämmen. Sein Nachfolger Sextius Calvinus gründete unter den besiegten (ganz oder
halb ligurischen) Salluviern die erste Römerstadt Aquae Sextiae,
das jetzige Aix in der Provence. Jenen hatten die keltischen Allobrogen beigestanden; sie wurden nun von den Römern angegriffen
und besiegt, trotz der Hülfe der mächtigen Arverner, ja, zu römischen Provincialen gemacht.

Das Unheil Galliens in diesem Kriege war der Wettstreit
seiner beiden mächtigsten Völker um die Hegemonie, die schon
mindestens seit dem Auszuge der Gallier nach Italien in der Hand
der Biturigen gewesen war, um welche aber jetzt Arverner und
Aeduer stritten; Letztere verführte der Verlust des Kampfpreises,
den fremden Eroberern die landesverrätherische Hand zu reichen.
Diese hatten nun eine breite Operationsbasis gewonnen, giengen
siegreich nach Südwesten vor, und gründeten in dem o. erwähnten
Narbo eine Kolonie, von welcher eine ganze Provinz den Namen
erhielt.

Für die Quellen dieser Ereignisse verweisen wir besonders auf
Ukert. I. 1. S. 151.

Altes Völkergemisch, die Nähe der See und die mannigfachen
Einwirkungen der phokäischen Kolonien, Massalias voran, hatten
Südgallien zum empfänglichsten Boden für materielle und geistige
Fremdherrschaft gemacht; und die friedlichere Invasion der Römer
nach der militärischen bildete in überaus kurzer Zeit den Tummel-
platz der ältesten Völkerwanderungen und Völkerjagden zur einheitlichen römischen Provincia κατ' ἐξοχήν um, in welcher sogar

später wieder die gestorbene Sprache Roms ihre erste und glän-
zendste Auferstehung als Provençalsprache feierte..

Von hier aus, von diesem römischen Boden in gallischem Lande
aus gieng Julius Caesars bald schleichender, bald zermalmender
Schritt durch das große Land. Sonderbarer Weise blieb ihm die
halb iberische Aquitania fast ganz unbekannt, so nahe sie auch an
die narboner Provinz grenzte, und obgleich Caesar selbst in Iberien
jenseit der Pyrenäen Krieg geführt hatte. Einige Jahrhunderte nach
Caesar war, außer jenem noch heute iberisch redenden Bezirke, fast
das ganze weite keltische Land zum römischen geworden. Auf seinen Feldern erfocht das daheim zusammenbrechende römische Reich
— magni nominis umbra! — seinen letzten Sieg, den ein elender
Kaiser dem letzten Helden Roms mit einem Dolchstoße lohnte.

Ehe wir uns näher in diesem Mutterlande zahlloser keltischer
Kolonien umsehen, wollen wir uns in Kürze über einige Namen ver-
ständigen, indem wir für Citate und weiteres Eingehen auf Celtica
II. 1. S. 6 ff. und auf Brandes a. a. O. S. 124 ff. verweisen.

Der bei den Römern und den späteren Griechen übliche allum-
faßende Name des Volkes Galli, den unter den keltischen Ländern
allein die beiden Galliae diesseit und jenseit der Alpen als große
gallische Komplexe trugen, ist wahrscheinlich identisch mit den
griechischen Sammelnamen Γαλάται, von welchem Γαλατία (in aus-
gedehntester Bedeutung, sowie für das kleine asiatische Keltenland)
abgeleitet wurde, und Κέλται, Κελτοί, für das Land Κελτική, dem
ältesten von den Griechen vernommenen und gebrauchten Namen,
ob er gleich lautlich im Vergleiche mit Γαλάται völlig entartet erscheint. Auch die sehr alten Kelten in Iberien: die Keltiker (Κελ-
τικοί, auch am Adria bei Arrhianos und angeblich deutsche am Rheine
bei Dion) und Keltiberen, tragen diesen Namen oder diese Namensform selbst bei den Römern. Ebenso die Zusammensetzungen Κελτο
-λίγυες, -σκύθαι, später sogar -γαλάται. Für Ἑλληνογαλάται
haben die Römer Gallograeci. Wenn Caesar B. G. I. 1. ausdrücklich sagt: Celtae sei der einheimische Name, während
Galli nur der römische eines Hauptstammes in Gallien; so hat er
wahrscheinlich irrig angenommen: die von den Griechen überlieferte
Synonyme seiner Galli rühre von seinen gallischen Zeitgenoßen unmittelbar her. Es fragt sich sehr, ob die Römer und nicht vielmehr
die alten Griechen, nach ihrer Gewohnheit, den einheimischen
Namen entstellten. Jedoch ist der Umstand zu beachten: daß Caesar
B. G. VII. 4. den Namen des Arverners Celtillus aus gallischem

Munde erfahren haben mag. Außer dieser Aussage Caesars, auf welche wir nachher weiter kommen werden, haben wir keinen Grund in Celtae oder Galli den Sondernamen eines einzelnen Keltenstammes zu suchen, obgleich Sondernamen, welche gerade zuerst den Angrenzern oder den Reisenden bekannt werden, allmählich ihre Geltung auf alle Aeste eines Stammes auszudehnen pflegen. Irrthum und Willkür einzelner Schriftsteller, wie z. B. Dions, der meistens mit Γαλάται die Kelten, mit Κέλται die Deutschen bezeichnet, kommt hier nicht in Betracht. Noch umfaßender nach Raum und Zeit würde die vermuthete Einheit jener Namen werden, wenn wir ihr auch den Namen des ersten und ältesten Stammes der keltischen Gruppe unterordnen dürften, dessen reinste, aber immer sehr junge Formen Gaidel, Gadhel (s. u. bei Britannien) lauten; in einer Inschrift kommt ein keltischer Mannsname Gadolus vor. Jedoch wäre er nur mit Gall zu vergleichen, wenn dessen ll aus dl, tl, und nicht aus lt, assimiliert wäre. Dagegen steht Γαλατ (vgl. etwa Galatum Itin. Ant. i. q. Κάλατον Ptol., auch mit andrem Suffixe Γαδηνοί Ptol. i. q. Cadeni Inscr. in Britannien) wiederum dem Namen der gaidelischen Caledones, kymr. Celyddon, nicht gar ferne. Stephanos Byz. leitet Γαλάται h. v. mit Verluste eines λ von Γάλλοι.

Da die Deutschen häufig die unmittelbaren Nachbarn und Nachfolger der Kelten sind, so wäre uns eine deutsche Form des (vermuthlichen) Sammelnamens wichtig. Vielleicht steckt sie in dem Mannsnamen Halidegastes (bei Vopiscus), und der Volksname wurde, wie häufig geschieht, zu einem Appellative, das sich in wechselnder Form und Bedeutung (Goth. Wtb. II. S. 524.) in dem heutigen Held erhalten hat. Freilich kann dieß auch ein einheimisches Gebilde sein, vgl. altn. halr ags. häle vir, und dann möglicher Weise mit dem Namen des Keltenvolkes urverwandt, wie J. Grimm annimmt.

Die alten Etymologien dieser Namen und die mit ihnen verbundenen Eponymensagen (gesammelt Celtica II. 1. S. 19 ff.) sind keine echten Stammsagen, sondern griechische Fabeln. Die Brüderschaft der Kelten mit Iberern und Illyriern in ihnen bedeutet nur Grenznachbarschaft.

Die Uebertragung des keltischen Namens auf deutsches Land und Volk rührt theils aus der alten Zeit her, in welcher die später von Deutschen bewohnten Gebiete noch den Kelten angehörten, theils aus Reproduction und Verwirrung später Schriftsteller. Dagegen versetzt der jüngere Plinius (Panegyr. XIV.) Germanien nicht bloß an die Alpen, sondern auch an die Pyrenäen, nach Germanien aber Vergilius (Ecl. I. 63.) und nach ihm Vibius Sequester den Araris, und Zosimos Paris. Wir werden aber auch ernstere keltogermanische Alternativen kennen lernen. Zunächst suchen wir jetzt die ethnologischen Hauptstellen für Gallien (Gallia transalpina, ἡ ὑπεράλπιος Κελτική, ἡ ἐκτὸς Κ. u. dgl.), voran die schon erwähnte Caesars.

»Gallia est omnis divisa in partes tres, quarum unam incolunt Belgae, aliam Aquitani, tertiam qui ipsorum lingua Celtae, nostra Galli appellantur. Hi omnes lingua, institutis, legibus inter se differunt. Gallos ab Aquitanis Garumna flumen, a Belgis Matrona et Sequana dividit. Horum omnium fortissimi sunt Belgae; — — proximi sunt Germanis, qui trans Rhenum incolunt, quibuscum continenter bellum gerunt; qua de causa Helvetii quoque reliquos Gallos (so nennt Caesar sonst gewöhnlich alle keltischen Bewohner Galliens, mit Einschluße der Belgen, wo er nicht absichtlich die einzelnen Stämme unterscheidet) virtute praecedunt.« Caesar. B. G. I. 1. Die Paraphrase übersetzt das erste Mal lingua durch φωνή, das zweite Mal durch διάλεκτος. Ferner erfuhr Caesar B. G. II. 4.: »plerosque Belgas esse ortos a Germanis Rhenumque antiquitus transductos — — Gallosque, qui ea loca incolerent, expulisse.« Der Metaphrast faßt »a Germanis« als Namen des Volkes, nicht bloß des Landes, und überträgt: »τοὶς μεν πλείστους Βέλγας τῶν Γερμανῶν ἀπογόνους εἶναι.« Dieser Abstammung berühmten sich, gleich den Belgen, auch die (später zu ihnen gezählten) Trevirer und Nervier in einem Zeitraume, wo sie allein noch die Tapferkeit und Sittenstrenge der gallischen Vorzeit und der germanischen Gegenwart bewahrten, am meisten aber auch gegen die Germanen als ihre Erbfeinde bewährten (s. Tac. Germ. XXVIII. vgl. Caes. B. G. II. 15. VI. 24. VIII. 25. Celtica II. 1. S. 80 ff.). Dagegen verleitete serviler Hochmuth die Arverner, gleich den Römern trojanische Abstammung in Anspruch zu nehmen. Daß es dagegen auch rein keltische »Germanen« gab, deren Verhältniss zu den Belgen vielleicht jene Stammsage begründete, werden wir nachher erfahren. Caesar l. c. II. 4. erzählt von den Belgen u. a.: daß sie ein »commune concilium« hatten und daß »nostra memoria« Divitiacus, der Häuptling der belgischen Suessionen und »totius Galliae potentissimus — cum magnae partis harum regionum, tum etiam Britanniae, imperium

obtinuerit.« Auch Livius V. 34. spricht in einer alten Sage (s. u.)
von den Celtae »quae pars Galliae tertia est.« Plinius H. nat. IV.
c. 19. nennt in Aquitanien eine einzelne Völkerschaft »Aquitani,
unde nomen provinciae.« Wir gedachten dieser und ihrer Bevölkerung bereits bei den Iberern. Strabon IV. p. 176. sagt von Gallien u. a.: »Οἱ μὲν δὴ τριχῆ διῄρουν, Ἀκυϊτανοὺς καὶ Βέλγας
καλοῦντες καὶ Κέλτας· τοὺς μὲν Ἀκυϊτανοὺς τελέως ἐξηλ-
λαγμένους οὐ τῇ γλώττῃ μόνον, ἀλλὰ καὶ τοῖς σώμασιν, ἐμφε-
ρεῖς Ἴβηρσι μᾶλλον ἢ Γαλάταις· τοὺς δὲ λοιποὺς Γαλατικοὺς
μὲν τὴν ὄψιν, ὁμογλώττους δ'οὐ πάντας, ἀλλ' ἐνίους μικρὸν
παραλλάττοντας ταῖς γλώτταις· καὶ πολιτεία δὲ καὶ οἱ βίοι
μικρὸν ἐξηλλαγμένοι εἰσίν. Ἀκυϊτανοὺς μὲν οὖν καὶ Κέλτας
ἔλεγον τοὺς πρὸς τῇ Πυρήνῃ, διωρισμένους τῷ Κεμμένῳ ὄρει.«
Er führt hierauf die geographische Abgrenzung dieser Bevölkerungstheile weiter aus und sagt p. 189.: »οἱ Πρότεροι« hätten die
Bewohner der Narbonitis (Gallia Narbonensis) Κέλτας genannt;
»ἀπὸ τούτων δ'οἶμαι καὶ τοὺς σύμπαντας Γαλάτας Κελτοὺς
ὑπὸ τῶν Ἑλλήνων προσαγορευθῆναι διὰ τὴν ἐπιφάνειαν, ἢ καὶ
προσλαβόντων πρὸς τοῦτο καὶ τῶν Μασσαλιωτῶν διὰ τὸ πλησιό-
χωρον.« Darnach wiederholt er, daß die Aquitaner, jedoch mit
Ausnahme der galatischen Biturigen, »διαφέρουσι τοῦ Γαλατικοῦ
φύλου κατά τε τὰς τῶν σωμάτων κατασκευὰς καὶ κατὰ τὴν γλῶτ-
ταν, ἐοίκασι δὲ μᾶλλον Ἴβηρσιν.« Er erwähnt p. 195. die (irrige)
Ansicht: die zu den Belgen gehörigen Οὐένετοι seien die οἰκισταί
der italischen. Er berichtet im Folgenden viele den Κελτοί und den
Βέλγαι gemeinsame Eigenschaften des Charakters und der Sitte;
Beide umfaßt »τὸ σύμπαν φῦλον, ὁ νῦν Γαλλικόν τε καὶ Γαλατικὸν καλοῦσιν. — — (p. 196.) Τούτων δὲ τοὺς Βέλγας ἀρίστους
φασίν« u. s. w. nach Caesar. Bei Ammian. Marc. XV. 11. ist vollends Caesars Eintheilung eine verschollene der Vorzeit: »Temporibus priscis, cum laterent hae partes ut barbarae, tripartitae fuisse
creduntur, in Celtas eosdemque Gallos divisae, et Aquitanos et Belgas lingua, institutis legibusque discrepantes.« Pomp. Mela III. 2.
hielt noch die dreifache Scheidung fest, ohne sie jedoch näher zu
charakterisieren. Für eine verworrene Angabe Diodors (V. 32.)
über einen früheren Unterschied zwischen Κελτοί und Γαλάται
verweisen wir auf Brandes S. 125 ff. Celtica II. 1. S. 10. nebst Citaten; wir werden sie nur noch einmal unten für die Hautfarbe der
Kelten citieren. ·

Die iberische Abstammung der meisten Völkerschaften Aqui-

taniens, welche Caesar noch nicht wol untersuchen konnte, ist durch
spätere Nachrichten biß auf den heutigen Tag bezeugt. Der Unterschied der Belgae von den Galli in engerem Sinne war keinesfalls
so groß, als er nach Caesars erster Angabe zu sein scheint, wie
sich mehrfach aus seinem eigenen Werke, so wie aus den späteren
Schriftstellern ergibt. Außer den bereits im Obigen enthaltenen
Gründen gegen einen stärkeren Stammesunterschied der Belgen s.
noch Manches Celtica II. 1. S. 57. Wir begnügen uns, noch folgendes Wenige über sie zu äußern.

Die Machtausdehnung des erwähnten Häuptlings auf Britannien
bezeugt die Dauer der Verbindung der dort Eingewanderten mit
dem Mutterlande; auch in Irland kennen die einheimischen Chronisten zugewanderte Belgen, für B o l g. Wir erinnern auch an den
den Belgen und den Britanni, d. i. wol den britischen Belgen,
gemeinsamen C o v i n u s (Lex. Nr. 121.). Außer diesem kennen wir
nur noch ein speciell belgisches Wort s p a d o n i u m (Lex. Nr. 299.)
bei Plin. H. nat. XV. c. 14., dessen Stamm sich in den britisch-kelti-
schen Sprachen noch reichlicher entwickelt hat, als in der lateinischen.
Die den Belgen nahe stehenden Trevirer sprachen noch spät keltisch
(s. u.). Es ist kein Zweifel, daß die gallischen Wörter unseres Lexikons großentheils auch den Belgen angehören; wie denn auch ihre
Eigennamen gallisch sind und den deutschen nicht häufiger ähneln,
als andre gallische; vgl. Zeuss S. 189. Celtica II. 1. S. 66 ff. Die
von Strabon IV. p. 196. (Lex. Nr. 197.) angeführten Benennungen
beziehen sich auf die Gallier*) überhaupt, nicht bloß auf die am
Anfange des Abschnittes genannten Belgen.

Ein engerer Bereich der Gallia Belgica hieß B e l g i u m; zwei
andere Orte hießen B e l g i c a und B e l g i n u m. In Osteuropa finden
wir ein Völkchen B e l g i t e s und bei den Brennuszügen den Heer-
führer B e l g i u s, Βόλγιος, vielleicht eigentlich dessen Gentilnamen;
aber die bei diesen Zügen vorkommenden südgallischen »Tectosagos
primaevo nomine V o l c a s« bei Auson. Cl. Urb. XIII. 9. (Narbo), wo
auch die Varianten B o l c a s, B e l c a s vorkommen, erwähnt man
unrichtig als »B o l g a s«.

Für die Einwanderungen d e u t s c h e r Völker in Gallien erlauben
wir uns auf Celtica II. 1. S. 66 ff. zu verweisen. Sie begannen

---

*) Bei so geläufigen Volksnamen, wie G a l l i e r und B r i t a n n i e r, folgen
wir der üblichen deutschen Anlehnung an den antiken auf -ia auslautenden
Landesnamen, während wir sonst den Unterschied der alten Endungen plur.
-es, -ae durch -en, -i durch -er, -ii durch -ier wiedergeben.

schwerlich lange vor Caesars Zeit; er sagt B..G. IV. 16.: »Germanos tam facile impelli, ut in Galliam venirent.« Die Zeit war vorüber, in welcher Sigovesus seine Gallierschaar nach Herkynien führte (s. u.), sowie auch die spätere, in welcher jeder gallische Abenteurer und Ritter ohne Land sich ein neues Leben über dem Rheine gründen konnte (Caes. B. G. VI. 24. Tac. Germ. XXIX.).

Die herandringenden Deutschen müßen die zahlreichen gallischen Bewohner der Gebiete des herkynischen Waldes und der Ströme Donau, Rhein, Main, Nekar theils zernichtet oder absorbiert, theils vor sich her nach Gallien gedrängt haben. Die fortgesetzten Züge deutscher Völker über den Rhein in geschichtlicher Zeit haben wir hier nicht aufzuzählen; sie giengen in der Regel bald in den Galliern und gallischen Romanen auf, aus welchen sie jedoch zur Vergeltung Franzosen machten. In alter Zeit mögen eindringende Deutsche die alten gallischen Gau- und Stamm-namen adoptiert haben, während der verdrängte Theil der Bewohner sie ebenfalls mit sich nahm und sie in anderen keltischen Gebieten, vielleicht biß nach Irland hin, wieder ansiedelte. Ein Anderes ist es mit mannigfachem Gemeingute neben weit mehrerem unterscheidendem Sondergute der Kelten und der Germanen, das wir unten bei einer sittengeschichtlichen Skizze gelegentlich berühren werden. Für die neuerdings von Holtzmann und Moke behauptete Einheit beider feindlicher Brüder und die korrelative Trennung der Gallier von den (lebenden) britischen Urbewohnern bemerken wir hier nur: daß unter den zahlreichen Numern unsers Lexikons, welche Streiflichter auf die Beziehungen wirklich und angeblich gallischer Sprachreste zu den jüngeren britannischen und germanischen Sprachvorräthen werfen können, besonders Nrr. 1. 18. 44. 58. 78. 141. 144. 163. 172. 255. 263. 279. 284. prüfende Aufmerksamkeit verdienen.

Besonderer Beachtung empfehlen wir die Wahrscheinlichkeit: daß der Name G e r m a n i nicht bloß gallischen Ursprungs ist, wie die bekannte Stelle bei Tac. Germ. III. (vgl. Lex. Nr. 175.) besagt, sondern auch ursprünglich einem gallischen Volke oder Völkerbunde zukam, dessen bedeutendster Rest noch als G e r m a n i c i s r h e n a n i zu Caesars Zeit in Gallien bestand.

Caesar B. G. II. 4. VI. 32. zählt zu ihnen: C o n d r u s i, E b u r on e s, C a e r a e s i (C e r o s i Oros.), P a e m a n i (cf. Germani), S e g n i. Vielleicht meint sie auch Tacitus Hist. IV. 15. »e proximis Nerviorum Germanorumque pagis.« Diese Gruppe besaß den Germanennamen, wie wir glauben, nicht »per affectationem«, sondern als einheimisches

Erbtheil. Aus der Blütenzeit dieses, mehrere gallische Stämme, und vielleicht früher auch die Belgen, umfaßenden Volkes, das seinen verweichlichten Stammgenoßen kein angenehmer Nachbar war, mochte die Uebertragung seines Namens auf die Deutschen stammen. Vgl. Zeuss S. 212 ff. Ukert, Celtica, Brandes passim. Duncker, Orig. Germ. p. 101 sqq. Jene **Eburonen** zählt Caesar zugleich auch zu den **Galli**. In ihrem Gebiete lag ein Ort **Aduatuca**, während die **Aduatuci** »ex Cimbris Teutonisque prognati« (Caes. B. G. II. 30., was Appian. Gall. Exc. IV. irrig auf die Nervier bezieht) zu Caesars Zeit an die Eburonen grenzen und von ihm B. G. V. 38 ff. als gallische Bundesgenoßen des Eburonen Ambiorix genannt werden. Ausführliches s. Celtica II. S. 77 ff. 81.

Altkeltische **Germani** erscheinen vielleicht auch unter oder neben den cisalpinischen Galliern in den Fasti Capitolini »de Galleis Insubribus et Germaneis« um 222 vor Chr., vgl. die Zusammenstellungen Celt. l. c. 74 ff. und für ihre Deutschheit Brandes S. 129 ff., sowie ebds. S. 194. über andere Germani vor Caesar; ferner S. 168 ff. nebst Citaten, auch Celt. l. c. 76. Zeuss S. 59. Ukert, Germ. S. 72 ff. Duncker l. c. 101 ff. über die hispanischen »Oretani qui et Germani cognominantur« Plin. H. nat. III. c. 4. Ptol. II. 6. 59.

In nähere Beziehung zu den Belgen, nirgends aber zu den Germanen, werden auch die o. erw. Veneter und andre Völker der **Aremorica**, des Seeküstenlandes (Lex. Nr. 26.) gestellt, des nachmaligen Kleinbritanniens, an welches wir u. bei der Sprache wieder erinnern werden.

»Galli se omnes a Dite patre prognatos praedicant; idque a Druidibus proditum dicunt«, vernahm Caesar B. G. VI. 18., d. i. sie hielten sich für Urbewohner in Gallien; vgl. die verschiedenen Sagen über diesen Gegenstand bei Amm. Marc. XV. 9. nach Timagenes, nach welchem jedoch andere Druiden der Einwanderung nicht vergeßen hatten. Auf letztere bezieht sich auch eine Sage bei Plutarch. Camill. XV. Autochthonen vor den Iberern sind uns in Westeuropa nicht bekannt, mit Ausnahme der fossilen Engländer im Diluvium, deren Dasein neuerdings mit Ernst behauptet wird.

Anziehender, als jene Sagen, sind uns die halbgeschichtlichen und theilweise mit Romantik durchflochtenen Wandersagen, welche die Gallier noch zur Römerzeit aus alten Tagen erhalten hatten. Am mannigfachsten erzählt wurde gerade die der Geschichte zunächst stehende, nämlich die des Auszugs in das gelobte Land Italien. Wir haben diese Sagen in Celt. l. c. 94 ff. 116 ff. gesammelt und besprochen, und lehnen hier unsern nothgedrungen kurzen Bericht vorzüglich an Liv. V. 34., eine romantischere und gleich verbreitete Sage, s. ebds. c. 33. Plin. II. nat. XII. c. 1. und besonders Dionys. Hal. XIII. 14 ff., zur Seite laßend.

Zu Priscus Tarquinius Zeit sendet Ambigatus, der König jener Celtae in engerem Sinne, deren Vorort schon damals die Biturigen waren, wegen Uebervölkerung des Landes seine beiden Schwestersöhne Sigovesus und Bellovesus aus, jeden als Führer einer Kolonie, die (nach Art des sabellischen Ver sacrum) ein neues Heim erwandern soll. Durch das Loß werden dem Ersteren »Hercynii saltus«, dem Zweiten Italien zu Theile.

Nur die Völker des italischen Zuges und mehrerer ihm folgenden sind namhaft gemacht. Sie ziehen über die Alpen und verdrängen drüben Umbrer und Etrusker. Gegen ligurische Völker haben sie schon diesseit der Alpen zum Beistande der gleichzeitig angekommenen Phokäer gekämpft. Bündige Angaben bei Polybios II. 15. 17. ohne sagenhaften Schmuck bestätigen im Wesentlichen diese Aussage; ebenso der Gallier Trogus bei Justin. XX. 5. XXIV. 4., der den östlichen Zug durch »Illyricos sinus« nach Pannonien und später nach Griechenland und Makedonien ziehen läßt; aus beiden Abtheilungen gehn, nach ihm, auch die beiden bekannten Brennuszüge hervor. Strabon IV. p. 195. leitet nur fast alle italischen Kelten aus Gallien her, nennt sie aber mit den gallischen V. p. 212. überhaupt ὁμοεϑνεῖς, wie ähnlich Polybios II. 15. Daß die Gallier auf beiden Seiten der Alpen längere Zeit hindurch in Verbindung blieben, ist geschichtlich erwiesen; auch nachdem die Wanderungsperiode vorüber war, erhielt sie sich, wofür Livius XX. 20. einen interessanten Beleg gibt. Für die übrigen Berichte und für die Einzelheiten der cisalpinischen Galliergeschichte verweisen wir auf die Quellensammlungen, namentlich Celtica l. c. (für die Sprachen der einzelnen Keltengebiete auf den betr. Abschnitt unten). Die kapitolinischen Gänse sind weltbekannt, und nach dem Brennuszuge wird die Geschichte allmählich freier von anekdotisch-sagenhaftem Beiwerke. Was Livius von dem bereits durch den Bellovesuszug vorgefundenen gallischen Gaunamen der Insubren, Dionysios Hal. I. 89. von Kelten (u. s. w. s. o.) bei Roms Gründung, Andere von keltischer Abstammung der Umbrer erzählen: kann uns eine noch weit frühere Einwanderung von Kelten nach Italien nicht beglaubigen.

Das Land zwischen beiden Gallien, das nachmals von den gallischen Helvetiern den Namen bekommen hat, beherbergte ver-

muthlich vor und neben der keltischen Bevölkerung auch etruskische und ligurische Stämme; nach und unter jener auch später,
relativ sehr frühe, deutsche, nach den »gentibus Semigermanis«
um den Penninus bei Livius XXI. 38. (Lex. Nr. 250.) zu urtheilen,
wo wir denn doch keine Ueberlieferung altkeltischer Germani und
Verwechselung mit den deutschen vermuthen..

Die Beziehungen der Raeti, Ῥαιτοί und ihrer Nachbarn in den
Alpen zu den Etruskern haben wir bei diesen angegeben. Zu
ihnen gehörige Völkerschaften werden mitunter auch zu den Illyriern (s. o.) gezählt. Da die meisten alten Ortsnamen keltisches
Gepräge tragen, so läßt sich vermuthen, daß vorkeltische Stämme
von einer keltischen Mehrzahl allmähllich keltisiert, und vielleicht
noch vor Vollendung dieses Processes romanisiert wurden. Wenigstens besitzt der raetoromanische Sprachast, der sich durch Graubünden, Engadin, Tyrol und vielleicht noch weiter erstreckt, Besonderheit genug, um einen nicht rein keltischen Vorgänger möglich
erscheinen zu laßen. Leider ist uns seine Vorzeit verschloßen,
wesshalb wir nicht sicher wißen, ob nicht doch vielleicht jene Besonderheit das Ergebniss später Isolierung ist. Aus ihm zunächst
müßen viele Ortsnamen in jenen Gebieten erklärt werden, deren
auffallende Bildung nicht selten für »etruskisch« gehalten wurde.
Sprachreliquien aus diesen Gegenden und der Schweiz sind in den
Nrn. unseres Lexikons 7. 176. 200. 219. 221. 250. 255. 274. zu
suchen. In dem Pferdekopfe als Hausverzierung bei den heutigen
Raetoromanen sieht Schreiber (Tasch. für Geschichte 1840.) ein
Wahrzeichen altkeltischen Erbes.

Mit den Raeten zusammen werden gewöhnlich die Vindelici,
Οὐἐνδελικοί genannt und demnächst auch die Norici, an welche
sich wiederum die fast identischen Taurisci anschließen, die endlich auch mit den bei den Liguren erwähnten Λιγυρίσκοι (s. u.)
Eins sein sollen. Alle diese Völker sind, wie wir glauben, aus theils
illyrischen, theils ligurischen Grundstoffen durch keltische Uebermacht und Mehrheit zu Mischvölkern geworden. Die bei den Illyriern
genannten halbkeltischen Karner und Japoden giengen später
in den Norikern auf. Zu Letzteren gehören die gallisch benamten
Anwohner bekannter Flüße Ἀμβι–σόντιοι, – δραυοί, – λικοί. In norischen Bereich fällt auch Aquileja, wo ein nach Tertullianus speciell
norischer, eher aber allgemein keltischer Nationalgott (Lex. Nr. 62.)
noch spät verehrt wurde. Daß hier, wie auf beiden Seiten der Alpen und weiter nach Osten hin, wesentlich eine und die selbe kel-

tische Sprache und Tracht üblich war, geht aus einer Erzählung bei Appian. B. civ. III. 97. hervor; dagegen die (spätere oder partiale) Romanisierung der Noriker zu einer Zeit, in welcher die Griechen bereits βρροῦνους virunus aussprachen, aus Suidas h. v. (Lex. Nr. 59.). Die norischen Völker hießen also auch die taurischen oder gehörten zu diesem weiteren Kreiße (s. Celt. l. c. 139 ff.), der zwar z. B. von Strabon VII. p. 293 ff. passim ausdrücklich keltisch und galatisch genannt wird, aber (mitunter) auch nach ebds. p. 296. (wo wir die Emendation Τευρίσκους statt Λιγυρίσκους nicht unterschreiben mögen) der ligyrische heißt, wie denn der Name des taurischen selbst bei den ursprünglich ligurischen, dann mit keltischer Mehrzahl gemischten Taurisci, Ταυρίσκοι (Polyb. II. 15. u. A.) oder, mit andrem Suffixe, Taurini, Ταυρινοί. (Polyb. III. 60.) an den Alpen in Oberitalien wiederkehrt. Die Eponymengleichung Tauriscus und Ligys wurde bereits oben erwähnt.

In der Nähe der italischen Taurisker, wie in engster Verbindung mit den norischen (Strab. VII. p. 313.) und mit ihnen unter Kritasiros zu Einem Staate verbunden, erscheint denn der unselige Ahasver seines Stammes, das Volk der Bojer, dessen Name endlich an Wüsten, oder an ihnen geraubten Ländern, wie Bojohemum und Baiern, haften blieb. Sehr möglich, daß diese zwiefache Gesellschaft gleichnamiger Völker ihren Wanderweg zeigt, wenigstens die beiden Endpunkte: Italien, aus dem sie die Römer verdrängten, und Noricum. Für die raumheischende und verwickelte Verfolgung der Bojer, die (oder nur der Name?) in vielen Theilen Europas und vielleicht auch in Kleinasien vorkommen, verweisen wir auf Duncker l. c. p. 17 ff. 112 ff. Celt. l. c. 149 ff. 167 ff. 276.

Diese Ostkelten und ihre Nachbarn wurden durch den von Norden herabströmenden Kimbernzug berührt und wahrscheinlich in einzelnen Schaaren mit ihm fortgerißen. Aber die Verbindung dieser Völker war damals vielleicht nicht mehr neu. Bei den Ostfahrten der Kelten und ihrer Genoßen nach Griechenland und Kleinasien werden von Appianos Illyr. IV. und von Diodoros Sic. V. 32. die Kimbern genannt, vgl. auch Justin. XXXII. 3. XXXVIII. 3.; freilich finden sich an diesen Stellen mancherlei Verwechselungen (vgl. Celt. l. c. 188 ff.). Dem Namen der Teutobodiaker bei den Ostzüglern begegnet der des kimbrischen oder teutonischen Teutobodus (-chus) und der der Teutonen selbst. Die Kimbernzügler kommen auch in Zusammenstöße mit Tauriskern und Skordiskern (s. u.), sowie mit den herkynischen Bojern.. Für ausführliche geschichtliche und ethnologische Verfolgung des Kimbernzugs, statt deren wir hier nur noch die folgenden Bemerkungen geben können, verweisen wir u. a. auf Ukert, Germania S. 6 ff. 321 ff. Zeuss und Celtica passim. Schiern, Orig. et migr. Cimbrorum (Hauniae 1842). Brandes, besonders l. c. 214 ff.

Der Name C i m b r i wurde mehrfach etymologisiert (s. Lex. Nr. 106) und ebenso leicht und fertig mit denen der Kimmerier und der Kymren konfundiert. Was die Alten von Gestalt, $\chi\alpha\rho\sigma\pi\acute{o}\tau\eta\tau\iota$ $\check{o}\mu\mu\acute{a}\tau\omega\nu$, furor (Celticus), Wägen und Wagenburgen, wilder Frauentugend, Priesterinnen u. s. w. der Kimbern erzählen, wird gleichermaßen von Kelten, Germanen und noch andern Barbaren berichtet. Der vielleicht kimbrische Name des todten Nordmeers: M o r i m a - r u s a (nach Philemon bei Plin. H. nat. IV. c. 13. s. Lex. Nrr. 180. 227.) ist nicht deutsch, sondern keltisch (kymrobritonisch), möglicher Weise den Lauten, aber nicht der Zeit, nach auch slavisch; in damaliger Zeit, ja noch viel später, muß slav. o noch a gelautet haben.

Die ältesten Quellen nennen die Kimbern Gallier, Kelten, was sich nicht schlechthin aus irriger Verwechselung der Letzteren mit den damals den Römern noch unbekannten Deutschen erklären läßt. In Oberitalien zumal muste der Unterschied eines der Mehrheit nach deutschen Völkerzuges von den Galliern gleich anfangs durch diese selbst den Römern kund werden, später denn auch in Rom selbst, wo eine Menge kimbrischer Sklaven neben gallischen beobachtet und behorcht werden konnte. Dieß hier nur beiläufig; Gründe für und wider die Deutschheit der Kimbern, welche von späteren Klassikern hinterdrein häufig angenommen wird, mögen ll. c. nachgelesen werden; uns dünkt sie noch nicht unumstößlich erwiesen. Allerdings verblieben ihre und der Teutonen Reste unter den alten Namen im Norden der nachmaligen Germania, gleich als Deutsche unter Deutschen; aber neben diesen finden wir gleichzeitig noch gallische Völkchen, wie die Gothinen unfern der Gothonen, die zwar abhängig geworden sind, aber Sprache und Volksthum erhalten haben. Es erscheint immerhin möglich, daß die „Ueberschwemmung", welche die Mehrzahl der Kimbern aus ihren nördlichen Sitzen trieb, eben die der den Kelten nachrückenden Deutschen war. In diesem Falle hätten wir in den Kimbern u. s. w. die wol einzigen Kelten zu suchen, die nicht aus Gallien, sondern bei der ersten Einwanderung nach Europa in den hohen Norden gekommen und dort selbst körperlich den Deutschen noch ähnlicher geblieben wären. Sonst hat uns diese vorgallische Keltike in Skandinavien oder nahe daran nicht viel Glaubliches. Freilich können die schwachen Reste der Kimbern und Teutonen später weiter nordwärts gedrängt worden sein. Der Name der Teutonen kann ebensowol deutsch als keltisch, illyrisch u. s. w. sein. Das Wort cateja (Lex. Nr. 94.), das Vergilius Aen. VII. 741. von ihrer Kampfweise gebraucht, kann gut lateinisch sein. Ihre Deutschheit steht auf ähnlichem Grade der Gewissheit, wie die ihrer »Brüder«, der Kimbern. Cato Orig. I. bei Serv. ad Verg. Aen. X. v. 179. und bei Plin. H. nat. III. c. 8. (cf. Steph. Byz. v. *Τίτανα.* Eust. ad Hom. p. 332.) kennt in Pisa voretruskische Teutones oder (richtiger) Teutani, Graece loquentes, Graeca gens, vielleicht Illyrier oder Epiroten? Martialis (Ep. XIV. 26. s. Lex. Nr. 282.), Claudianus (in Eutrop. I. 406.), und Merobaudes (ed. Niebuhr p. 19.), die noch nicht wol, wie die späteren deutschlateinischen Schriftsteller, durch den Anklang an den deutschen Volksnamen bestimmt wurden, gebrauchen teutonicus in ziemlich allgemeiner Bedeutung für deutsch; aber »teutonicas opes« bei Propert. Eleg. III. 2. bezieht sich zunächst auf die Teutonen des Kimbernzuges, wie »Mariano signo« zeigt.

Bei den Untersuchungen über die Ambronen haben Namenanklänge allzu großen Einfluß geübt. Der merkwürdigste und beachtungswertheste darunter: ihr eigener Stammname, der als Schlachtruf von den Liguren im feindlichen Heere nicht bloß verstanden, sondern auch gleichermaßen gebraucht wurde (Plutarch. Mar. XIX.), gibt der Vermuthung Raum: daß sie ein ligurischer Stamm waren, der mit Kelten gemischt sein konnte, wie wir dieß von den Tauriskern annahmen, und der sich in Noricum dem vom höheren Norden kommenden Zuge anschloß, vielleicht auch mit Theilen desselben mischte.

Wenn auch die Deutschheit der drei genannten Hauptvölker des Kimbernzuges durch viele Gründe unterstützt wird: so bleiben doch keltische Bestandtheile desselben geschichtlich sicher, die sich indessen erst in Italiens Nähe, in Helvetien nämlich, dem Zuge nach dem, von jeher Kelten wie Deutsche sirenengleich lockenden, Südlande anschlossen. Ein streitbarer Rest des kimbrischen Völkergemisches, der in der Nähe der früher feindlichen Belgen zurückblieb und vielleicht aus Stammverwandten derselben bestand: die Aduatuci »ex Cimbris Teutonisque procreati« (Caes. B. G. II. 29.), wurde vorhin bei Gallien erwähnt.

Trotz unserer noch nicht hinreichend gelösten Zweifel an der Deutschheit der Kimbernzüger, hegen wir ähnliche im Allgemeinen gegen alte Siedelungen der Kelten im hohen Norden Europas, wenn auch einzelne ihrer Streif- und Sold-züge ziemlich weit nordwärts kamen. In Skandinavien fanden aber auch die Germanen bei ihrer Einwanderung bereits finnische Ursaßen vor. Mit diesem Lande, das bei den britischen Kelten den Namen der baltischen See kymr. Llychlyn m. gadhel. Lochlinn f. theilte, standen dieselben sehr frühe in Wechselverkehr, und auf mehreren Inseln folgte skandische Bevölkerung früherer gaidelischer. Es mag hier bemerkt werden, daß das o in Morimarusa wenigstens der jetzigen Lautstufe des gaidelischen Hauptstammes (s. u.) nicht entspricht. Die Abkunft der Aestuer, die nicht weit von diesem Meere am rechten Ufer des suevischen wohnten, und in deren, für Tacitus (Germ. XLV.) der »britannischen« ähnlich klingenden, Sprache der Bernstein glaesum hieß (Tac. l. c. Plin. H. nat. IV. c. 13. Solin. XXXIII.), bleibt uns noch sehr ungewiss; Ausführlicheres s. Lex. Nr. 180.; wir kommen weiter unten wiederholt auf sie zurück.

Vom Norden biß in die Donaugegenden wohnten zu Tacitus Zeit (Germ. XXVIII. XLIII. vgl. Annal. II. 62.) verschiedenartige Völkerschaften, Trümmer eingeborener Nationen, Reste ein- und durchgewanderter. So die gallischen Gothini, die pannonischen Osi und Aravisci, damals noch an ihren Sprachen kenntlich. In Pannonien könnte man noch zu Attilas Zeit in den Βοΐσκοι bei Priskos (Ed. Bonn. p. 166.) den letzten Rest jener fast unvertilgbaren Bojer suchen, wenn sie nicht mit den Boisci an der Maeotis bei Jornandes XXIV. identisch wären, und hier wie dort in einer Reihe von Völkerschaften genannt, würden, die vermuthlich gar nicht der arischeuropäischen Familie angehören. Der Belgiten wurde oben gedacht; auf die Herkuniaten kommen wir nachher.

Dagegen tritt an der Donau und an den Karpathen in dieser Zeit eine bedeutende Volksmasse auf: die Bastarnen oder Basternen, von welchen eine Abtheilung nach der Donauinsel Peuke Peukiner hieß. Nach den wechselnden Nachrichten über ihre germanische, keltische, getisch-thrakische, sarmatische, skythische Abkunft und Sprache mögen sie ein mit allen diesen Stämmen, in gröstem Maße mit dem keltischen, gemischtes deutsches Volk gewesen sein, die Vorhut der Gothen und ihrer Vettern. Ihre kriegerischen Gewohnheiten und Anstalten waren ebensowol keltisch, als deutsch; ebenso auch ihre Körpergröße in den Augen der Römer.

Schiern (a. a. O. S. 54 ff.) sucht ihre keltische Abstammung zu begründen. Sie führten Familie und Habe auf Wägen mit sich, was
sarmatische und skythische, aber auch kimbrische Sitte war
(vgl. Lex. Nr. 55.). Die zwischen ihren beiden Haupttheilen
wohnenden Karper mögen aus ähnlicher, nur minder deutscher
und keltischer, Mischung bestanden haben; die Karpaten erinnern
noch heute an ihren Namen, während der einem Zweige derselben
einst gegebene der bastarnischen und peukinischen Gebirge verschwunden ist.

In Pannonien haben zu verschiedenen Zeiten keltische Völker
gewohnt. Das keltische Hauptvolk dieses Landstrichs, die Skordisker, trägt ebensowenig einen alten Stammnamen, wie mehrere
andere Kelten und Keltengenoßen in Osteuropa, sondern ist nach
dem Σκόρδον ὄρος, als Siedelungsmarke, benannt. Möglich, daß wir
aus solcher Benennungsweise auf eine Colluvies gentium schließen
dürfen, auf eine neugebildete Einheit zersplitterter und landflüch-
tiger Völkerschaften, wie in vorliegendem Falle der Nachkommen
der einst von Ambigatus ausgesandten Züge. Die Nachrichten über
die Herkunft der Skordisker, deren Masse und Kraft Aufsehen erregte, lauten verschieden. Eine griechische Eponymensage bei
Appian. Illyr. III. verbindet sie mit illyrischen und thrakischen Völkern, mit welchen sie jedoch nur örtlich, nicht stammlich, gemischt
wohnten, vgl. Strabon VII. p. 313., der sie öfters entschieden Galaten nennt. Gegen jene Grenznachbarn führten sie häufig Krieg.
Bei Dio Cass. LIV. c. 20. machen sie als Verbündete der thrakischen Dentheleten einen Raubzug nach Makedonien; nach c. 31.
sind sie den Pannoniern ὅμοροι und ὁμόσκευοι. Florus III. 4. nennt
sie Thraken, doch wahrscheinlich nur durch Missverständniss, wie
denn Livius Epit. LXIII. richtiger ihr Gebiet »in Thracia« nennt.
Diesen Theil ihres Gebietes im Osten, wie nicht minder im Süden
unter Illyriern und Thraken, hatten sie erst in geschichtlicher Zeit
besetzt, namentlich auf Kosten der thrakischen Triballer (Strab. VII.
p. 318. Appian. Ill. III.). Livius (vgl. noch XLIII. 21. XLIV. 31.
Epit. LVI.) nennt sie »gentem a Gallis oriundam«, den Bastarnen gleich nach Abkunft und Sprache. Nach Justinus und Athenaeos
waren sie vom Brennuszuge zurückgekehrte und »in confluente
Danubii et Savi« gesiedelte Kelten, die dort den neuen Namen annahmen. Aber sie, wie andere illyrische und keltische Völker,
wohnten (sogar nach den selben Quellen) bereits in diesen Landstrichen, als der Brennuszug westlich von ihnen herauf kam, und

sie schloßen sich diesem nur mehr oder minder an, d. h. dem herauf-
tosenden Sturme.

Denn bei der ganzen, kurz vor Alexander d. Gr. beginnenden,
alsbald nach ihm in vollen Fluß gerathenden Strömung der Kelten
nach Südosten können gerade die Skordisker die vorderste große
Woge sein. Jene Triballer, die erst durch sie verdrängt wurden,
wohnten bereits zu Herodotos (IV. 49.) Zeit hier, wie Letzterer
denn überhaupt in Osteuropa keine Kelten kennt. Indem die Skordisker einmal (c. a. 114 a. Chr.) einen Sieg über die Römer biß an
das adriatische Meer verfolgten (Liv. Epit. LXIII. Flor. III. 4. Eutrop.
IV. 24.), mögen sie ihren alten Herweg beschritten haben, sei es,
daß sie zu den durch die Römer aus Oberitalien vertriebenen Galliern
gehörten, oder zu jenen letzten Bellovesusvölkern, die dort keinen
Raum mehr fanden, das adriatische Meer umgiengen, und vielleicht
schon damals keltisch-illyrische Mischvölker bildeten. Es ist nicht
sehr wahrscheinlich, daß die Skordisker gerade jene adriatischen
Kelten waren, die an Alexander d. Gr. Gesandte schickten. Ueberdieß bleibt die Möglichkeit, daß ihre Vorfahren nicht unter Bellovesus, sondern unter Sigovesus aus Gallien zogen.

Für die Südostzüge der Kelten, bei welchen der zweite Brennus ihrer Geschichte unter den Hauptführern genannt wird, im Leben ein Raubmörder, im Sterben ein Heros — für diese Züge ganzer
Völkerschaften mit Weib und Kind, deren einige auf der Haemoshalbinsel und in Kleinasien in dauernden Siedelungen ihr Volksthum
erhielten, zum Theile sogar noch lange politische Organismen bildeten, während eben bei den Skordiskern die, wenigstens partiale,
Rückkehr der Auszüger oder ihres Restes zu dem in Pannonien verbliebenen Volksstock anzunehmen ist, anderseits aber von einem
Theile derselben der Berg Σκορδίσκος in Kleinasien (Ptol. V. 6.) den
Namen erhielt — für diese Züge verweisen wir auf die Monographien
von Wernsdorff (de Rep. Galat. Norimb. 1743) und W. A. S. Schmidt
(de Font. etc. Berol. 1834), sowie auf Schiern l. c. Celtica bes. II.
1. S. 237 ff.

Bestimmt sichtbar wird die Masse zuerst in den illyrischen und
thrakischen Donauländern, und nur Sagen und Eigennamen deuten
auf Westeuropa, namentlich auf beide Gallien, als Ausgangsort. Obgleich ohne Zweifel der erste Einzug der Kelten in Europa die Donauländer durchstreifte oder doch streifte: so halten wir doch alle in
geschichtlicher Zeit dort auftretenden für Enkel der transalpinischen
Gallier. Namentlich bei den Tektosagen ist es möglich, daß sie,

selbst nach Jahrhunderte langem Aufenthalte in Herkynien, mit dem
Muttervolke in Gallien in Verbindung blieben und dem uralten Na-
tionalheiligthume in Tolosa aus allen ihren Zügen und Zeiten Kriegsbeute zur Weihegabe sandten, gerade wie die Hellenen in Großgriechenland dem delphischen. Die Einheit der Sprache der östlichen
und der transalpinischen Kelten ist durch charakteristische Reste erwiesen. Sodann erinnern wir wiederholt an Decimus Brutus, welcher
die ihm in Gallien geläufig gewordéne Landessprache und sogar die
gallische Tracht benutzte, um als Gallier in den Keltengebieten
zwischen Rheinland und Makedonien, durch Noricum hindurch, gelten
zu können; *ἤλλαξε δὲ τὴν ἐσθῆτα ἐς τὸ Κελτικόν, ἐξεπιστά-
μενος ἅμα καὶ τὴν φωνήν, καὶ διεδίδραξε σὺν ἐκείνοις οἷά τις
Κελτός*‌ Appian. B. civ. III. 97.

Seit der Diadochenzeit siedeln oder schwärmen Kelten in Makedonien (Celt. l. c. 238.), wo Livius (XLV. 30.) noch solche kennt;
wie in Epiros, Aetolien und in Thrakien (Celt. l. c. 236. 277—280.
286. II. 2. S. 463.), wo sich ein kleiner Staat, vielleicht schon vor
dem delphischen Zuge, gebildet hatte; sogar am Pontos unter den
Skythen und ihren Nachfolgern (Ukert II. 2. S. 201. Celt. II. 1. S. 228
sq. 281—4. Duncker S. 82.). Bei einigen der hier citierten Stellen
der Alten scheint in die geschichtliche Kunde alte Sage von den ersten
europäischen Kelten hereinzuklingen.

Dauerndere Aufmerksamkeit, als diese Ostkelten in Europa, zogen
ihre (zwei oder mehrere) Ausläufer in Kleinasien auf sich, welche
dort ein Vierfürstenthum gestiftet hatten. Ausführliches über es s.
bei Wernsdorff und Celtica II. 1. S. 237—285. 303 ff. II. 2. S. 463 ff.
Wir kommen weiter unten noch auf die Erhaltung keltischer Sprache
und Volksthümlichkeit daselbst, bei gleichzeitiger Mischung mit ly-
disch-phrygischem und mehr noch mit hellenischem Wesen, wie
denn das Völkchen erst Galli, Γαλάται, später Gallograeci, Ἑλληνογαλάται heißt. Justinus (Trogus) XXXVIII. 4. läßt Mithridates
sagen: »hos, qui Asiam incolunt, Gallos ab illis, qui Italiam
occupaverunt, sedibus tantum distare, originem quidem ac virtu-
tem genusque pugnae idem habere.«

Wir haben schon mehrfach unsere Ansicht zu motivieren
gesucht: daß der erste Anstoß zu der südöstlichen Bewegung der
Kelten in Oberitalien gegeben wurde, wo im Grunde die Gallier
nie recht zur Ruhe kamen, von den ersten Kriegen mit Umbrern
und Etruskern an biß zu ihrem in den punischen Kriegen rasch
heranreifenden Verderben. Die niederstürzende Völkerlawine war

noch mächtig genug, um jenseit des Adria stammverwandte und illyrische Volkstheile mit fortzureißen und, durch sie geschwellt, nicht mehr als Flüchtling, sondern mit verheerender-Uebermacht fortzurollen, Es ist nicht unmöglich, daß Alarmboten auch im alten transalpinischen Mutterlande und eher noch bei den Geschwisterkindern in den »Hercynii saltus« Theilnehmer am Beutekreuzzuge nach Delphi warben.

Die Völker des S i g o v e s u s z u g e s, d. i. der nach Nordosten auswandernden Galliermasse, hat Livius V. 34., wie bereits bemerkt wurde, nicht genannt. Wir erfahren aber von Anderen mehrere Namen derselben, welche sich theilweise, gleich denen des Bellovesusżuges, an solche im Mutterlande anknüpfen.. Vor Allem ist das prosaische Seitenstück zu Livius Sage bei Caesar B. G. VI. 24 ff. nachzulesen, der die aus Gallien nach H e r k y n i e n eingewanderten (o. besprochenen) V o l c a e T e c t o s a g e s nennt. In Pannonien, wo ein Theil von ihnen bei den Südostzügen sitzen geblieben sein soll (Justin. XXXII. 3.), finden wir noch bei Plinius und bei P t o l e m a e o s ein Völkchen II e r k u n i a t e s. Tacitus Germ. XXVIII. XLII. cf. Hist. I. 67., der sich zugleich auf Caesar l. c. beruft, nennt H e l v e t i e r und B o j e r »inter Hercyniam silvam Rhenumque et Moenum amnes«; nicht aber (ib. XXIX.) »eos qui Decumates agros exercent«, die er schlechthin für Gallier erklärt, »quanquam träns Rhenum Danubiumque consederint.« Vgl. besonders noch Strab. VII. p. 292. Diod. V. 32. (beide Stellen leiden an Verderbniss). Dio Cass. XXXIX. c. 49., vgl. Celtica II. 1. S. 10.-69. Noch zu Ptolemaeos Zeit sind die Gebiete nicht bloß der Donau und des Rheins, sondern auch des Mains und des Nekars voll keltischer Ortsnamen. Auf dem ganzen Rheinufer zeigen sich überdieß Spuren nur allmähllicher und wahrscheinlich mit Mischung verbundener Besitznahme gallischen Gebietes durch Deutsche in keltischen Ortsnamen, welche deutsche Völkernamen enthalten, theils aber auch in letzteren, die eigentlich keltische sind und von den neuen Inhabern oder Theilhabern beibehalten wurden. Eine andre Spur mag biß heute in Körperbau und Farbe mit altgallischem Blute gemischter Deutschen verblieben sein.

Noch vorgeschichtlicher und räthselhafter, als hier im Osten, sind die schon bei I b e r i e n kurz erwähnten Kelten in diesem westlichsten Festlande Europas, ja sogar in dessen westlichen Gebieten: in Lusitanien und in den angrenzenden Landschaften. Dort wohnen K e l t i k e r und K e l t i b e r e r, nächstverwandt »sacris, l i n g u a, oppidorum vocabulis« Plin. H. nat. III. c. 1. cf. c. 3. IV. c. 20. Pomp.

Mela III. 1. Strab. passim. Die eigentlichen *Λυσιτανοί* waren nach Diod. Sic. V. 34. Iberer. Ueberhaupt wohnen die keltischen Völker der iberischen Halbinsel in der Zeit, worinn sie in der Geschichte bekannt werden, längst (*ἐκ τὸ παλαιόν* Diod. Sic. V. 33.) theils örtlich, theils auch stammlich so mit Iberern gemischt, daß aus ihrer dermaligen Stellung nicht leicht Schlüße auf Zeit und Weg ihrer Einwanderung aus Gallien sich fällen laßen. Und doch müßen sie dorther gekommen sein; und die Analogien, die wir oben bei den Iberern und Liguren in Gallien und Italien kennen lernten, stellen sie auch hier chronologisch hinter die Iberer, die auch auf dieser Seite der Pyrenäen biß heute in den Basken fortleben. Die Iberer blieben auch das zahlreichste Volk.

Daß sie mit den keltischen Ankömmlingen längere Zeit kämpften, dann sich versöhnten und mischten, versteht sich von selbst, und wird auch von den Alten (Diod. V. 33. u. A. Celt. III. 2. S. 29.) erzählt, aber ohne Zeitrechnung. So weit wir sehen können, sind die Kelten zwar die Minderheit der Landesbewohner, aber weder hörig gewordene Ureinwohner, noch eine »kleine aber mächtige Partei«, eine zu Feudalherrn gewordene Nachkommenschaft mächtiger Eroberer. Wenn Lucanus Phars. IV. v. 10 sq. sagt:

> »— — profugique a gente vetusta
> Gallorum Celtae miscentes nomen Iberis«,

so dürfen wir darinn einen Nachklang alter Volkssage vermuthen. Indessen geben auch die Sagen jenes großen Doppelauszugs aus Gallien häufig Uebervölkerung und Armut als Triebfeder an.

Für das hohe Alter dieser Einwanderung spricht zunächst der negative Grund des Vergeßens sowol der »profugi« selbst, wie der mütterlichen »vetusta gens«, welche denn doch der Ambigatusneffen noch vielfach gedachte und ihren Kolonien die eigenen Hauptnamen Galli, *Γαλάται* mitgab, von welchen bei den iberischen Kelten kaum eine Spur vorkommt. Jene älteste griechische Form, und zwar mit Ableitungssuffixen versehen, verblieb ihnen auch im Munde der Römer; als *Κελτοί* ohne Ableitung sind sie zu Herodotos (II. 33. IV. 49.) Zeit den Griechen bereits bekannt, auch wenn er selbst ihre westlichen Gebiete auf beiden Seiten der Pyrenäen nicht deutlich zu unterscheiden wuste. Weder politische, noch ethische Verbindung mit dem Mutterlande, kaum ein Rest keltischer Rüstung und Kampfart (bei den Keltiberern, neben unkeltischer Sitte Diod. Sic. V. 33.), verblieb ihnen, im Gegensatze mindestens gegen die Cisalpiner. Letztere freilich samt ihrer Geschichte wurden den Römern weit früher bekannt. Wir dürfen das Alter der keltischen Einwanderung nach Iberien nicht allzuhoch hinaufrücken. Sie werden sowol in der bei den Iberern excerpierten Stelle Varros, wie bei Strab. III. p. 158. erst nach den tyrischen Phoeniken genannt, aber vor den Karthagern.

Von mehreren Muthmaßungen über ihren Weg leuchtet uns am meisten der über die nördlichen (nordwestlichen) Pyrenäenpässe ein. Drüben fanden sie vielleicht in dieser Richtung das Land schon zugänglicher, oder sie drängten die iberischen Bewohner, die sich nicht mit ihnen vertrugen oder mischten, nach Südosten, wo diese desto zahlreicher und kraftvoller gediehen, biß die Macht der Römer über sie kam. Zur Ergänzung dieses Abschnittes verweisen wir auf die über Iberer und Liguren.

Und nun fahren wir endlich zu dem großen Insellande hinüber, das noch heute den, von den sächsischen Eroberern sogar usurpierten, Namen der keltischen Briten (Britanni, Britones) trägt. Galt es schon im Alterthum als Heimat des einflußreichsten keltischen Institutes: des Priesterthums, so hat es für die Gegenwart einen ungemeßenen Vorzug vor allen Keltenländern (mit Ausnahme der Bretagne) durch das dauernde Leben der Sprache und anderer alten Volksgüter, sowie durch den, wie es scheint, alleinigen Besitz eines ganz besonderen Keltenstammes, und zwar des ältesten. Raum und Zweck dieser Blätter aber gestatten uns nur: die bestimmteren Ergebnisse unserer und fremder Forschung möglichst bündig darzulegen, und für die Widerlegung jenes Divortiums zwischen Britanniern (vgl. S. 131 Anm.) und Kelten, als eines bizarren Attentates, theils auf Holtzmanns und seiner Kritiker Aeußerungen, theils auf die in fast allen Numern unsers Lexikons zerstreuten Vergleichungen zu verweisen. Was unsere Celtica betrifft, so ist der gröste Theil ihres dritten Bandes (Signatur II. 2.) diesen Inselkelten gewidmet.

Auch hier kommt eine Autochthonensage vor bei Caes. B. G. V. 12. Diod. Sic. V. 21., vgl. u. Tac. Agr. XI. und die gewöhnlich auf Irland bezogene Stelle bei Arist. mir. Ausc.: »Ἐν τῇ θαλάσσῃ τῇ ἔξω Ἡρακλείων στηλῶν φασιν ὑπὸ Καρχηδονίων νῆσον εὑρεθῆναι ἐρήμην« etc. Caesar bezieht diese Sage nur auf die Einwohner des inneren Britanniens; er vernahm sie wol von den »ex Belgis« oder »ex Belgio« eingewanderten Bewohnern der »marituma pars«. Letztere hatten, wie er erzählt, die heimischen nomina civitatum mitgebracht und sich sehr zahlreich angebaut; vgl. noch besonders B. G. II. 4. 8. 9. V. 14. VI. 13. Der Name Belgae (oder Velgae) haftet noch spät an einem einzelnen Gebiete (s. Celt. II. 2. S. 99.). Der dauernden politischen Verbindung mit den gallischen Belgen wurde bei diesen gedacht. Daß die britischen auch mit den Armorikanern in dauerndem Verkehre waren, läßt sich leicht erweisen. Auch wir wißen Nichts von vorkeltischen Bewohnern Britanniens, als — Präadamiten, Riesen und Zwerge ungerechnet — eine entfernte Möglichkeit: daß wiederum jene vorkeltischen Westvölker, Iberer und Liguren, auch hier vor den Kelten erschienen seien, indem Ueberlieferung und Muthmaßung nur von einzelnen Zuwanderungen der Iberer spricht (Siluren s. nachher; Bascles u. dgl. in Irland), und das Dasein von Liguren nur, kühn genug, aus den schon erwähnten Lloegrwys der kymrischen Triaden erschloßen wird. Für eine vorkeltische Bevölkerung (welches Stammes?) stimmt die (nach Qualität und Quantität hinreichend beglaubigte?) Angabe: daß in England Skelette mit schmaleren Schädeln, als den keltischen, samt steinernen Waffen und Werkzeugen gefunden werden; vgl. Norris (the Cornish Drama II. 460.), der den bildungsgeschichtlichen Unterschied der alten Britannier zugleich als rassenhaften auffaßt.

Tacitus Agric. XI. läßt die Autochthonenfrage zweifelhaft. »Habitus corporum varii, atque ex eo argumenta (seine Privatschlüße?); namque rutilae Caledoniam habitantium comae magni artus Germanicam originem asseverant. Silurum colorati vultus et torti plerumque crines et posita contra Hispania Iberos veteres trajecisse easque sedes occupasse fidem faciunt. Proximi Gallis et similes sunt; — — Gallos vicinum solum occupasse credibile est. Eorum sacra deprehendas superstitionum persuasione. Sermo haud multum diversus. — — Plus tamen ferociae Britanni praeferunt« etc. Dazu stimmt Strabon IV. p. 200., s. u. über Sprache und Volksthum der Kelten. Sehr gut und bündig stellt De Belloguet, Ethnogénie Gauloise I. p. 44 sq. die Zeugnisse der Alten für Berührungen und Gemeingüter der Gallier und der Britannier zusammen; ebenso Brandes a. a. O. S. 58 ff. Beider Ortsnamen. Für den ganzen Hort einheimischer Zeugnisse aus den kymrischen und gaidelischen Chronisten verweisen wir auf diese selbst und (mit wenigen Ausnahmen, s. u.) auf die Excerpte und Erörterungen in unsern Celtica, wo jedoch noch Viel nachzuholen ist, besonders die Vergleichung mit den Benennungen und Sagen der mittelalterlichen Erd- und Völker-kunde in Europa. Erst wann das von quasi gelehrten Chronisten Hereingedichtete ausgeschieden ist, darf ein geschichtlicher Kern vorsichtig bloßgelegt werden.

Aeußerungen der Alten bezeugen: daß die nähere Kunde von Britannien bei den Römern ähnliches Aufsehen machte, wie später die Entdeckung Amerikas bei den Europäern. Ob Hekataeos (bei Diod. Sic. II. 47.) in seiner Sage von der Hyperboreerinsel *ἀντι- πέραν τοῖς Κελτικῆς τόποις«* die älteste Nachricht von Britannien bringe, steht dahin. Die beiden grösten *νῆσοι Βρεττανικαί* heißen bei Arist. de Mundo III. *Ἄλβιον καὶ Ἱέρνη;* für die späteren Varianten dieser Nachricht, biß zu der Insula Albionum Avien. Ora mar. v. 112., s. Celtica II. 2. S. 56 ff. Der Name Albion scheint bei den, den Römern näher bekannten, Britanniern nicht gebräuchlich gewesen zu sein; er kommt erst spät in einer Triade als Provinz Alban vor und mag dort von den Schotten entlehnt sein. Bei diesen aber, bei den »albanischen« Gaidelen Hochschottlands ist noch heute Albainn (Alban) oder Alba Schottland und Gaidheal Albannach der Hochschotte gegenüber dem stammverwandten Gaidheal Eirionnach in Irland. Wahrscheinlich bezeichnete jener Name Schottlands die ganze Insel, als diese noch ausschließlich in dem Besitze des gaidelischen Hauptstammes war; in einem Zeitraume, den wir vor der Nachwanderung des jüngeren Keltenastes aus Belgien u. s. w. annehmen dürfen. Damals mögen die Griechen jenen Namen und überhaupt einige Kunde der Britanniden durch phoenikische Seefahrer erhalten haben, vielleicht auch durch ihre eigenen Kolonien in Iberien.

Jene Belgae, Fir Bolg der irischen Chronisten sind Einwanderer mit eigener Sprache und gewiss nicht, nach sonstiger Chronistenweise, von Caesars Belgen in Britannien übergetragen. Ob sie von diesen, vieleicht in Folge der römischen Eroberungen, herkamen, oder früher ungefähr gleichzeitig mit ihnen aus Gallien: können wir biß jetzt noch nicht unterscheiden. Zu ihnen mögen mehrere von Ptolemaeos in Irland genannte Völker gehören, deren Namen lebhaft an solche des gallischen und nachmals germanischen Festlandes erinnern, wie *Βολγαντες, Μανάπιοι, Καῦκοι;* sowie vielleicht die von Tacitus Agr. XXIV. gemeinten, wol in Küstengebieten wohnenden, Hiberner. Er sagt: »Solum coelumque et ingenia cultusque hominum haud multum a Britannia differunt; melius aditus portusque per commercia et negotiatores cogniti.« Ein vertriebener Häuptling war nach Britannien zu Agricola gekommen, bereit sein Volk zu verrathen.

Die Chroniken und Triaden der Kymren in Wales mischen Ueberlieferung mit Anlehnungen an die Klassiker und mit späteren

Fictionen. Die zweite historische Triade nennt drei Provinzen Britanniens: L l o e g r (das nachmalige England in engerem Sinne),
C y m r u (Wales, Cumberland u. s. w.), A l b a n (Schottland); Triade
5. als die drei (Triadenzahl!) ältesten Stämme (c i w d a w d m. sg. aus
lat. c i v i t a s) der Insel: C y m r y, L l o e g r w y s, und die B r y t h o n
(den Namen der Insel schreiben die Triaden P r y d a i n), die aus
L l y d a w (A r e m o r i c a) gekommen sein sollen, wo wirklich schon
vor der Einwanderung der (heutigen) Bretonen B r i t a n n i genannt
werden. Die L l o e g r w y s kamen *o dir G w a s g w y n*, was gewöhnlich *e terra V a s c o n i a e* übersetzt, von Aur. de Courson
(Essai etc. p. 6.) aber mit lesenswerthen Gründen auf das armorische
Veneterland bezogen wird. Von dem Namen dieser Völkerschaft,
dessen Anklang an den L i g e r und an die L i g u r e n wir bereits
erwähnten, stammen L o c r i n u s und L o h e n g r i n. Auch die
Trojasage adoptierten die britischen Chronisten und spannen sie
weiter aus.

Hauptsächlich auf s p r a c h l i c h e m Wege ist unsere Behauptung
zu erweisen: daß die alten Bewohner beider S c o t i a e, d. i. Ir-
l a n d s (gadh. Ere, Eire, Eirinn u. s. w.) und S c h o t t l a n d s,
mit Ausnahme jener belgischen, baskischen und einigen germanischen Einwanderer, die früh gaidelisiert wurden (spätere sächsische
Kolonien nur zum Theile nicht), einen b e s o n d e r e n k e l t i s c h e n
S t a m m oder Hauptast bilden, der nirgends unter den Keltenmassen
des Festlandes vorkommt, wir müßten ihn denn in den Kelten
Iberiens suchen. Sein Hauptland ist I r l a n d, woher auch Theile
desselben nach S c h o t t l a n d kamen, wie denn auch P i k t e n von
da nach Irland. Er mag auch in jenen Aboriginen des inneren Britanniens bei Caesar stecken und seitdem in stetem Kampfe mit dem
Bruderstamme immer mehr nordwärts gedrängt worden sein. Letzteren bezeichnen wir durch den Namen des k y m r o b r i t o n i s c h e n,
nach seinen noch lebenden Hauptästen in Wales (C y m r u, der Bewohner C y m r o, gadhel. C u i m e a r) und der Bretagne. Den älteren
nennen wir den g a i d e l i s c h e n oder g a d h e l i s c h e n, nach den alten
Formen G a i d e l i (latinisiert, bei Giraldus Cambrensis) u. dgl.; in der
Sprache selbst wird und wurde der Name des Volkes geschrieben
(vgl. u. a. Pictet in Kuhn und Schleicher Beitr. I. S. 87.) G a e d e l,
G a i d h e a l, G a e i d h e a l, G a o i d h e a l; daraus verderbt ist die
(englische) Schreibung G a e l e n, G â l e n. Die verwickelten Untersuchungen über den Ursprung der einheimischen Namen laßen wir
hier zur Seite.

Wann und wo die bedeutende, in der Sprache durch auffallende Lautverschiebungen und zahlreiche grammatische und lexikalische Unterschiede gekennzeichnete, Trennung der Kelten in zwei Hauptstämme begann: bleibt eine schwer zu beantwortende Frage, wie bei allen Völkergruppen: Italograeken, Lituslaven u. s. w. Schon der beschränkte Raum unseres Lexikons gibt viele Belege für die Unterschiede beider Sprachen, obgleich die dortigen Beispiele mehr das Verwandte hervorheben, wobei indessen die Lautverschiebungen desto sichtbarer werden.

Die Kaledonier der klassischen Zeit in Schottland (s. o.) gehören wenigstens zu dem selben Stamme mit den später lange und oft genannten Pikten, gadhelisch Cruithne. Diese machten, wie o. bemerkt, von Schottland aus öfters Züge nach Irland und Ansiedelungen daselbst, schwerlich umgekehrt (s. Celt. l. c. 248 ff.). Jedoch sind sie nach einer Sage bei Beda aus Skythien erst nach Irland gekommen, von dort aber durch die Skoten freundlich nach (dem nachmaligen) Schottland gewiesen worden. Dieses »Skythien« liegt, glauben wir, viel ferner im Nordosten, als Skandinavien, obgleich nach der 7. hist. Triade (»y Gwyddyl Ffichti a ddaethant i'r Alban drwy fôr Llychlyn«) die gaidelischen Pikten über das skandische Meer nach Schottland kamen. Dieß wären denn vorgermanische Kelten im Nordlande; freilich sind die Pikten von mehreren Forschern für germanische Skandier gehalten worden, wie wir glauben, mit Unrecht. Die von ihnen aufbewahrten Eigennamen und Sprachreste (Celt. I. Anh. A. II. 2. passim, besonders S. 325 ff. 359 ff.) sind rein gaidelisch. Ihr nördlicher Theil mag in den Hochländern fortleben. Beda unterscheidet die Sprachen der Pikten, Skoten und Britonen. Der irische Skote Columba predigte den piktischen »Gentiles barbari« durch einen »Interpretator« nach Adomnan. V. S. Columbae, s. darüber Celt. II. 2. S. 330 ff. und S. 319., wo eine Stelle aus Petrus Blesensis (a. 1170) unvermittelte Verständigung irischer Priester mit piktischen Laien wahrscheinlich macht.

Die Skoten, die den Namen ihrer irischen Heimat Scotia auf Nordbritannien übertrugen, brachten, mit den Pikten verbündet, die biß nach Südschottland wohnenden kymrobritonischen Völker zur unheilvollen Anrufung sächsischer Hülfe gegen die alten Blutsverwandten. Aus der ersten Scotia gieng die Propaganda der schottischen Mönche aus.

Vor jenen in Landräuber verwandelten Helfern floh ein Theil

der Britonen in die Gebirge von Wales, ein anderer, der zu den in Devonshire und Cornwall hausenden Dumnoniern gehörte, in die, vielleicht noch von Caesars Zeit her ziemlich entvölkerte, gallische Aremorica, welche daher Kleinbritannien genannt wurde. Schon im 3. Jh. n. Chr. jedoch sind Auswanderungen nach der gegenüberliegenden Küste bemerklich, die nach Courson a. a. O. vielleicht durch die Allectus-Wirren veranlaßt wurden. Mehrere Jahrhunderte hindurch währten massenhafte Uebersiedelungen nach der Bretagne fort, darzwischen Heimzüge und zeitweilig glückende Kämpfe gegen die Sachsen im Mutterlande.

Die Nachkommen der Uebergewanderten in der Niederbretagne sprechen noch heute eine kymrobritonische Mundart, deren ethnologischer Werth noch viel höher stehn würde, wenn wir darinn die gallische Sprache der alten Armorikaner suchen dürften, wozu wir Bedenken tragen. Ihre Verwandtschaft mit den kymrischen Mundarten in England, insbesondere mit der (erst im 18. Jh. erloschenen) im gegenüberliegenden Cornwall (Cernyw, wie auch in der Bretagne selbst ein Cerné, frz. Cornouailles), ist zu speciell, um nicht vermuthen zu laßen: daß die Britonen ihre Sprache in die bereits romanisierte Aremorica mitbrachten. Die merkwürdige Sage von den Letewicion bei Nennius besagt nichts Anders, ob sie gleich mit einer falschen Deutung des kymr. Namens Llydaw, Litau (Aremorica) verschmolzen ist; s. Celt. l. c. 166. 173. Bevor jedoch diese Frage geschloßen wird, müßen noch tiefere sprachliche Untersuchungen angestellt werden, namentlich auch über die bedeutenden Eigenheiten der Mundart des alten Veneterlandes (Vannes, briton. Gwéned, gleichnamig mit Gwynedd, latinisiert Venedotia, in Wales, kaum auch mit den gaidelischen Fened, gewöhnlich Fene, Feine, vgl. Zeuss Gramm. Celt. S. IX. cf. XXXIV.). Wir dürfen nicht vergeßen, daß die Reliquien der altgallischen Sprache aus allen Weltgegenden sehr häufig deren Einheit mit der kymrischen erweisen. De Belloguet (l. c. p. 43. 281.) macht auf die Wahrscheinlichkeit aufmerksam: daß im 5. Jh. n. Chr. Bischöffe aus dem Inneren Galliens dem Landvolke Großbritanniens sich durch ihre keltische Muttersprache verständlich machten; durch die lateinische (rustica) wenigstens konnte dieß nicht geschehen. Vgl. die obigen Excerpte und unten noch Einiges über die wesentliche Gleichheit gallischer und britannischer Sprache; sodann das Lexikon. Den Kelten der Bretagne, wie Großbritanniens, ist der Engländer der erobernde »Sachse« geblieben.

Wie im südlichen Britannien schon vor Hengists und Horsas halbmythischer Eroberung vermuthlich sächsische Eindringlinge und Kolonen erscheinen, so im nördlichen und in Irland frühe skandische. Nicht wenige schottische Klanshäupter mögen deren gaidelisierte Nachkommen sein, während das Volk altgaidelisch ist; vgl. o. über die Pikten. In Irland nahmen die frühe und zu verschiedener Zeit angesiedelten Angelsachsen (Engländer) so willig und schnell die gaidelische Sprache an, daß Gesetze der englischen Könige Einhalt thaten, während einzelne dieser Siedelungen ihre alterthümlichen sächsischen Mundarten biß heute erhalten haben. Die alterthümliche englische Mundart Niederschottlands, wo noch im 11. Jh. die gaidelische Sprache herrschte, soll sonderbarer Weise ihre erste Verbreitung durch eine große Masse kriegsgefangener Engländer gewonnen haben.

Seit dem wolverdienten Falle der Stuarts, der uns nur wegen der ihnen bewiesenen altkeltischen Lehenstreue auf Leben und Tod ein tragisches Interesse einflößt, zieht sich auch im schottischen Hochland die ehrwürdige Sprache der Autochthonen immer mehr zurück. Weder hier, trotz des Sommerhofhalts der Königin, noch in Irland wird die sterbende Sprache je wieder das Organ der Herrschaft werden, wie sie es noch nach dem 11. Jh. war. Im übrigen Britannien wurde das Volk nirgends ganz romanisiert, obgleich die keltischen Mundarten bedeutende Spuren römischer Einwirkung tragen. Lloegr, das mittlere England, wurde zuerst anglisiert; erst später Cumberland, dann Devonshire, endlich, sehr allmählich, Cornwall und Theile von Wales. Der Plagiator Price erzählt in seiner Archaeologia Cornu-Britannica (1790.): daß ein ungelehrter alter Mann seiner Bekanntschaft zu seinem Staunen die in seiner kornischen Heimat nur an wenigen Orten noch übliche Keltensprache in Morlaix (Niederbretagne) wiedergefunden hatte, und sich dort beßer mit dem Volke verständigen konnte, als mit dem eigenen. Dieß geschah in der Jugend des Mannes; Price wuste zu seiner Zeit nur noch von einigen alten Leuten, die der kornischen Sprache mächtig waren. Aber jene Date 1790 steht statt 1736 des Originals von Tonkin-Lhuyd, wie Norris (The anc. Cornish Drama Oxf. 1859 II. 466 ff. 471.) nachweist. Letzterer kannte noch einen alten Kornwalliser, der das kornische Vaterunser von seinem der lebenden Sprache mächtigen Vater oder Großvater in seiner Jugend (mechanisch) erlernt hatte.

Der neu erregte Herzschlag vieler alter Nationalitäten, der auch

die verhallende Stimme ihrer Sprachen neu zu stärken sucht, re-
agiert gegen die Uebermacht des Zeitgeistes, der aus politischen
und kosmopolitischen Gründen immer größere Einheiten herstellt.
Wo ein einst reiches Volksthum untergeht und in einem mächtigeren
aufgeht, bleibt immer noch lange von dem ersteren ein Nachgefühl,
wie Heimweh, wenn auch die neue Heimat beßer ist und nicht, wie
bei den gewaltsamen Versetzungen ganzer Stämme im Alterthum,
ein Trauerort der Verbannung. Der Zauber dieses Schmerzes klingt
uns aus den Volksliedern der britischen Kelten tief ins Herz hinein.
Auch sie werden verhallen!

Unsere Wanderung durch die lange Reihe keltischer Landmarken
ist jetzt zu Ende; aber wir haben noch, was bißher nur gelegentlich
berührt wurde: das Volksthum, das innere Leben der keltischen
Völker, in seinen Hauptrichtungen darzustellen. Die Gründe für die
weitere Ausdehnung dieser Darstellung wurden bereits in der Vorrede angegeben; um sie in möglichsten Schranken auszuführen,
werden wir noch sparsamer, als bißher, in Excerpten und Citaten
der, übrigens fortwährend gewißenhaft von uns benutzten, Quellen
sein.

Auch über den Grund, wesshalb wir hier die Sprache an die
Spitze aller ethnologischen Kategorien stellen, haben wir uns schon
oben, in unserer methodologischen Einleitung, ausgesprochen.

Ihre Kunde wird uns aus nicht allzu reichen und oft unsicheren
Mittheilungen der Alten (unter welchen auch mehrere mehr und
minder romanisierte Gallier) theils über die Sprachen im Allgemeinen,
theils über einzelne Wörter, die wir in unserem Lexikon verhandeln;
sodann aus Eigennamen bei den alten Schriftstellern und auf Inschriften; auch aus kleinen Texten in letzteren, deren Kunde jetzt
im Zunehmen ist; endlich und vorzüglich aus heute noch redendem
Volksmunde. Letzteres bezieht sich zunächst auf jenen noch immer
sehr reichen, wenn auch vielfach verarmten, verderbten und gemischten, Schatz lebender britannischer Keltensprache, an welchen
sich ein zweiter anschließt: die neuerdings besonders von Zeuss,
Glück, Norris, Stokes begonnene sprachliche Ausbeutung der bri-
tischkeltischen Literatur. Ihre noch bei weitem nicht vollständig
gesammelten Denkmale, deren älteste und zahlreichste Vorräthe politischer und religiöser Eifer zernichtet hat, gehn ungefähr biß in
die Zeit zurück, in welcher auf dem Festlande die keltische Sprache
in den letzten Verstecken des alten Volksthums ihren Schwanenge-
sang anstimmt, leise, fast ungehört von den Zeitgenoßen des eige-

nen Stammes, die zu Griechen, Römern und Deutschen geworden sind. Doch erhielt sich gar manches keltische Wort als romanisches Lehnwort, und bei vorsichtiger Benutzung öffnet sich auch in romanischen und deutschen Sprachen ein Blick in altkeltische.

Im allgemeinen bezeugt die Sprache die arisch-europäische (indogermanische) Abstammung der Kelten. Sodann ihre Theilung in zwei Hauptstämme, deren antikster, aber unverhältnissmäßig kleinerer, nirgends auf dem Festlande sichere Spuren hinterlaßen hat, obgleich auch die Gaidelen irgend einmal in Gallien gerastet haben müßen. Alle aus beiden Gallien in geschichtlicher Zeit ausgegangenen Kelten gehörten dem kymrobritonischen Sprachstamme an, so viele Mundarten sie auch reden mochten, wozu denn die notorischen Mischsprachen (wenigstens Mischvölker) in Illyricum und in Iberien kamen; bei letzteren nahmen wir die Möglichkeit der Bildung vor der Ausbreitung des jüngeren Stammes in Gallien an. Seit W. v. Humboldts Werke sind die Eigennamen Iberiens keiner eingehenden Untersuchung gewürdigt worden; diese bedarf der Kunde baskischer, wie keltischer Sprache.

Die (lebenden britisch-) keltischen Sprachen zeigen zahlreiche Sonderbeziehungen zu den germanischen, wie zu der lateinischen und deren Töchtern. Dabei ist Ursprünglichkeit und Entlehnung oft schwer zu unterscheiden, letztere in zweifelhaften Fällen lieber anzunehmen, wegen Verkehrs und Grenznachbarschaft in weiter Ausdehnung des Raumes und der Zeit. Aber auch viele mehr und minder sichere Zeugnisse altbewahrten keltischen Sondergutes aus dem arischen Osten haben Bopp und Pictet aus der Sanskritsprache geschöpft.

Der Unterschied der alten keltischen Mundarten, wie er z. B. nach unserem Obigen zwischen denen der Belgae und der Celtae in Gallien gewesen sein mag, war nicht so groß, daß die Alten eine derselben von der allgemeinen Kategorie der gallischen ausgeschloßen hätten. Wir erinnern nochmals an Decimus Brutus Reise durch viele Keltenländer. Auch die nach Caesar B. G. VII. 3. über ganz Gallien verbreitete Telephonie (»clamore per agros regionesque«) setzt Einheit der Sprache auf weitem Gebiete voraus.

Die Berechnung der Merkmale für die größere Alterthümlichkeit eines beider Hauptstämme ist sehr verwickelt. Im Ganzen stimmen, wie wir vorhin schon annahmen, die sprachlichen Merkmale mit den geographischen und geschichtlichen zusammen für die Anciennetät des gaidelischen Stammes. Wir können hier nur einige Punkte andeuten. So der alterthümliche, bißweilen durch falsche Analogie bei Lehnwörtern (wie Vesper, Purpur, Pascha) weiter ausgedehnte gaidelische Kehllaut gegenüber dem kymrobritonischen (verschobenen) Lippenlaute, wodurch sich zugleich ein Schiboleth für altgallische Wörter ergibt. Gleichwie diese Verschiebung auch bei den italogriechischen Sprachen vorkommt, so auch die eines ursprünglichen s in h, mitunter bei jenen wie bei den keltischen auch esoterisch, besonders in verschiedenen Zeiträumen je einer Sprache. So ist das kymrobrit. h aus s vielleicht erst seit dem ersten Jahrhundert unserer Zeitrechnung entstanden und später allmähllich ganz verhallt gleich dem griech. Spiritus asper. Das Selbe geschieht mit dem gaidelischen s bei der Aspiration (sh), wo beide Zeichen in der Aussprache verschwinden. Analoges zeigen die arischen Sprachen; unter Bedingungen wird sanskrit. s zu Visarga, im bengalischen Dialekte in Assam und bereits in den alten iranischen Sprachen zu h. Jene Verschiebung des Kehllautes ist schon uralt und kommt in beiden Gallien vor; vgl. Lex. Nrr. 151. 153. 154. 249. 250. 252. (vielleicht auch 27.).

Wo altgallische Wörter, abgesehen von jenen charakteristischen Lautstufen, vorzugsweise aus einem beider (lebenden) Sprachschätze erklärt werden können, ist immerhin früherer Gemeinbesitz möglich, was aber die bedingte Wichtigkeit solcher Fälle nicht schmälert. Kymrobritonische Wörter, Lautstufen (außer den obigen) und Formen überwiegen namentlich in den altgallischen Wörtern Lex. Nrr. 8. 10. 18. 26. 42. 84. (cf. 85?). 107. 190. 284. Vorzugsweise aus gaidelischem Wortvorrathe, aber meist ohne Rücksicht auf Lautbesonderheiten, erklären sich Nrr. (39?) 41. (137?) 142 (gadhel. u gegenüber kymrischem i). 349. Aus beiden Sprachästen Nrr. 1. 56. 61. 155. 262. 335. 339. 340. Man wäge mehr noch, als die Quantität dieser Zahlenreihen, die Qualität der einzelnen Fälle ab.

In unserem Lexikon konnten wir nur gelegentlich jenes weite Feld der Nachfolgerinnen keltischer Landessprachen berühren; vorzüglich in den Romanzi Frankreichs und der Schweiz sind keltische Reste zu finden. Soweit unsere Wahrnehmungen reichen, stehn letztere im Ganzen genommen dem kymrobritonischen Stamme näher, als dem gaidelischen.

Wir haben bereits viele Numern unsers Lexikons an betreffenden Stellen aufgezählt, und noch etwa folgende zusammenzustellen. Für die Alpengebiete Nrr. 7. 176. 200. 219. 221 b. 250. 255.

274? Speciell für Gallia transalpina Nrr. (außer den erwähnten belgischen 121. 299.) 8. 11. 42. 56. 88. 107. 110. 116. 128. 136. 142. Hier sind ungerechnet die als gallisch im Allgemeinen überlieferten Wörter, die Gallia cisalpina zugleich angehenden Bestimmungen für Letztere (außen den venetischen 104. 188. 242.) Nrr. 20. 36. 154. 242. 256. 270. 325. Zu ihnen gehören vielleicht auch noch einige unter den zahlreichen Numern unsers Lexikons, deren lateinischer Ursprung uns wahrscheinlich, aber doch nicht völlig gewiss ist. Daß von den Alten selbst nicht wenigen scheinbar oder wirklich lateinischen und auch griechischen Wörtern keltischer Ursprung zugeschrieben wurde, ergibt sich aus unserem Lexikon. Für griechische Ueberlieferung keltischer Wörter, außer den Pflanzennamen bei Dioskorides, s. Nrr. 1. 6. 47. 68. 89. 92. 147. 148. 151. 191 207. 237. 238. 253. 283. Unter diesen und unter den kleinasiatischen Wörtern Nrr. 5. 9. 37. können mehrere den kleinasiatischen Galaten angehören; bestimmt ist dieß der Fall in Nrr. 140. 191. 310. 323. Von den Alten überlieferte britannische Wörter sind Nrr. 6. 22. 53. 121. 124. 181? 260. Aus den Grenz- und Misch-gebieten stammen die bereits ihres Orts verzeichneten hispanischen und ligurischen; sodann die germanischen Nrr. 9 b. 13. 24? 40? 45? 51. 64. 71. 94? 106? 111. 124. 133 139. 166. 180? 189 b. 194? 195. 217? 224? 234. 261. 265? 271. 282? 288. 295. 331. 346 a. 352.

Die Sprache der Galli transalpini war durch Phraseurs und Redner in den Volksversammlungen u. s. w., wie durch die zahlreichen Denkverse der Druidenschulen ohne Zweifel bedeutend ausgebildet. Leider wurden letztere nur dem Gedächtnisse anvertraut; sie mögen den encyclopädischen Triaden der Kymren geglichen haben, wenn nicht deren wirkliche Vorfahren sein. Talleyrands Redekunst wurde schon von den zahlreichen gallischen Rhetoren geübt, die sich selbst in der adoptierten Römersprache auszeichneten (vgl. Brandes a. a. O. S. 179.). Cato Orig. II. ap. Charisium sagt körnig: »Gallica gens duas res industriosissime persequitur: rem militarem et argute loqui.« So läßt auch Tacitus Hist. IV. 73. Cerialis den Trevirern und Lingonen sagen: »Apud vos verba plurimum valent.« Diodoros V. 31. schildert eine eigenthümliche Art gallischer Beredsamkeit durch Sprüche und Räthsel.

Eitelkeit noch mehr, als Bildungsdrang, trieb die Gallier, schnell genug »incultum Transalpini sermonis horrorem« (Pacat. Paneg. in Theodos.) aufzugeben, zuerst begreiflicher Weise in der, wie be-

reits o. bemerkt, besonders durch Massalias Einfluß (Strab. IV. p.
181. vgl. Justin. XLIII. 4.) für fremden Samen empfänglich gewordenen Provincia. Für die Romanisierung der keltischen Völker in
Sitten, Sprache u. s. w. vgl. namentlich Cicero Fontej. I. cf. Caes.
B. G. I. 39. VII. 3. 55. über die Ueberschwemmung Galliens durch
römische Kaufleute und Makler; Strab. IV. p. 186. über die *Kaová-*
ρους »μετακειμένους τὸ πλέον εἰς τὸν τῶν Ῥωμαίων τύπον καὶ τῇ
γλώττῃ καὶ τοῖς βίοις, τινὰς δὲ καὶ τῇ πολιτείᾳ«; die treffliche
Schilderung bei Tacitus Agr. XXI.: wie Agricolas Staatsklugheit
den Bildungswetteifer der Britannier mit den bereits romanisierten
Galliern weckte. Die ganze gallische Alaudalegion (Lex. Nr. 10.)
wurde schnell »disciplina cultuque Romano instituta« Sueton. J. Caes.
XXIV. Die reichlich geöffneten Anstalten für literarische u. a. Bildung der Griechen und Römer, und den Drang der Gallier darnach
bezeugen Strabon l. c. Tac. Ann. III. 43. Horat. Od. II. 20. v. 20.
(»me peritus discet Iber Rhodanique potor«). Martial. Ep. VII.
88. VIII. 72. IX. 100. Sueton. de illustr. Gramm. III. und Calig. XX.
Auson. Professor. Juvenal. Sat. I. v. 44. Kaiser Claudius bereits
konnte in seiner merkwürdigen Rede Tac. Ann. XI. 24. von den
transalp. Galliern sagen: »Jam moribus, artibus, affinitatibus nostris
mixti« etc., wogegen früher J. Caesar »quosdam e semibarbaris
Gallorum recepit in curiam« Sueton. J. Caes. LXXVI.

So mächtig und gewandt jedoch seit Caesar die Römer den
Galliern die Palladien ihres Volksthums theils entwandten, theils
grausam entrißen: so glückte dieß Bestreben doch mehr nur bei
den Stadtbewohnern und den luxuriösen Reichen so schnell, daß
selbst der Römer Tacitus (Hist. IV. 57. 71.) darüber sich entrüstet.

Daß die Gallier den von römischen Kaufleuten ihnen theuer ver-
kauften Wein, den sie damals noch nicht selbst zu bereiten wusten,
ebenso gierig suchten, wie heutzutage die Bonvivants aller Zonen
und Religionen ihren Champagner: das war ihnen eher zu ver-
zeihen, als der gänzliche Austausch der eigenen schön gebauten
(wie schon die Eigennamen verrathen) und bildungsfähigen Sprache
gegen die, wenn auch weit gebildetere, der Eroberer, der Feinde.
Eine allmählich verhallende Sprache wird uns gleichsam zu einem
selbstständigen Wesen, ihre letzten Laute zu rührenden Todesklagen.

Wir geben im Folgenden eine Auswahl der wichtigsten Zeugnisse für die Fortdauer und die letzten Lebenszeichen keltischer
Sprache in ihren alten Gebieten, mit Ausnahme der bereits besprochenen britannischen, in welchen ja überdieß die Sprache noch

theilweise lebt. Für die ausführlichen Belege verweisen wir auf
unser Lexikon, auf Celtica II. 1. S. 84 ff. und auf de Belloguet l. c.
p. 39 sq.

In Gallia cisalpina lebten die Sprachen der Gallier und der
Liguren noch zu Plinius d. Aelt. Zeit (vgl. Lex. Nrr. 154. 242.), obgleich ungefähr 70 Jahre früher Polybios († 168 a. Chr.) nur noch
wenige keltisch gebliebene Ortschaften kannte. Die Römer hielten
es damals mit den Galliern, wie die Türken mit der Raja und die
christlichen Völker lange Zeit mit den Juden: sie ließen ihnen in
inneren Angelegenheiten Selfgovernment, hielten sie aber von Ehre
und Dienst des Krieges ferne. Sogar noch im 2. Jh. n. Chr. ist vielleicht mit der gallischen Sprache, deren (und der tuskischen) Dasein
eine Erzählung bei Gell. N. Att. XI. 7. bezeugt, die der Cisalpiner
gemeint; wo nicht, so gehört dieser Beleg zu den folgenden.

Gallische Sprache jenseit der Alpen wird vom 2. biß etwa
zum 6. Jh. bezeugt. Im 2. Jh. durch Lukianos, Hercul. (Lex. Nr. 237.)
und Pseudomant. p. 494.; Arrhianos, der mehrere keltische Wörter
überliefert (Lex. passim); Irenaeus, contra Haer. Prooem. für Gallia Lugdunensis. Im 3. Jh. durch die gallisch redende Druidin bei
Lamprid. Alex. Sever. LX.; Ulpian. Digest. XXXII. Tit. 1. §. 11.,
wornach die Fideicommisse auch in den Landessprachen, namentlich
»Punica vel Gallicana« im Gegensatze gegen »Latina et
Graeca« abgefaßt werden sollen. Späterhin (sicher nach dem
9. Jh.) wird auch bißweilen lingua Gallic-a, -ana für die neugebildete romanische Galliens genommen, vielleicht sogar schon im
4. Jh. bei Hieronymus ad Rust. »Gallicus sermo«, obwol derSelbe
die gallische Sprache noch im Lande selbst vernahm (Comm. in
Joel. III. 5, 18. s. Lex. Nr. 207. in ausdrücklichem Gegensatze
gegen die lateinische und germanische; freilich gieng das gall. Wort
leuca auch ins Romanische über), wie zugleich im asiatischen
Galatenlande, und zwar dort als wesentlich mit der Trevirersprache
identisch (Proom. ad. lib. II. in. Ep. ad Galatas), unter welcher eben
wegen dieser Zusammenstellung nur gallische verstanden werden
kann. Für das 4. Jh. zeugt ferner Marcellus Burdegalensis (Lex.
passim). Für 4—5 Jh. Sulp. Severus (Lex. Nr. 324.), der die römische Sprache der Gebildeten unterscheidet von »Celtice«, und
beide von »Gallice«; mit Letzterem muß er hier Romanisch gemeint
haben, wie er denn (Dial. I. 20.) einen »hominem Gallum inter
Aquitanos«, d. h. den vollständiger latinisierten Provincialen, sich
wegen seines, wahrscheinlich romanischen, »sermo rusticanus« ent-

schuldigen läßt, und anderswo (Dial. II.) den »rustici Galli« als solchen ein romanisches (lateinisches) Wort in den Mund legt (tripetias Lex. Nr. 324.). Die erstgenannte Stelle wird auch anders gedeutet, s. de Belloguet l. c. p. 42. Vielleicht versteht auch im 5. Jh. Sidonius Apollinaris Ep. III. 3. durch »sermonis Celtici squamam«, im Gegensatze zur gebildeten Rede, wenn auch nicht eigentliches Romanzo, doch unter Nachwirkung der alten Landessprache stehende lateinische Umgangssprache. Im 5. Jh. waren dem L. Patricius lingua Britannica, Hibernica, Gallica und Latina geläufig, wie sein Lebensbeschreiber zu Ende des 12. Jh. nach einer alten Quelle sagt, in welcher gewiss nicht gallisches Romanzo gemeint ist. Wenn freilich im J. 995 »Aymo episcopus surrexit et Gallice concionatus est« (Concil. Hard. t. VI. p. 1. col. 734.), so ist hier und an ähnlichen gleichzeitigen Stellen ebenso gewiss Altfranzösisch gemeint (vgl. u. a. Diez, Rom. Gramm. 2. A. I. 118.). Noch im 6. Jh. zeigt sich Leben und Verständniss gallischer Sprache. Venantius Fortunatus I. 90. legt den Namen Vernemetis aus (Lex. Nr. 140.). Gregorius Turonensis Hist. I. c. 30. (Lex. Nr. 332.) hört im Arvernerlande: daß einen dortigen Tempel »Gallica lingua Vasso Galatae vocant«; aber wahrscheinlich ist dieß Wort lateinisch und romanisch, und die im Praesens »gallisch« redenden »Galaten« romanisierte. Gleichwol ist es möglich, daß noch bedeutend spätere christliche Schriftsteller in einigen Gegenden wirklich altgallische Sprache fanden. Von der Sprache der Niederbretagne war bereits oben die Rede. In Frankreich haben die Namen der meisten gallischen Völkerschaften und Bezirke allen ethnischen und politischen Wandel biß heute überlebt, wenn auch in gleicher Verzerrung, wie altrömische Namen und Wörter. Unter den Eigennamen von Individuen und Familien sind dagegen, wie in Italien, sehr viele altdeutsche erhalten, was sich mehr aus der gesellschaftlichen Qualität, als aus der Quantität der Deutschen in Gallien erklärt.

Die Erhaltung der galatischen Sprache in Kleinasien wird noch ungefähr 200 Jahre nach dem obigen Zeugnisse des Kirchenvaters Hieronymos durch seine späteren Kollegen bezeugt (s. Lex. Nr. 310.). Frühere Zeugnisse sind: aus dem 2. Jh. n. Chr. bei Lucian. Pseudomantis LI. (ed. Jacobitz): »εἴ τις τῇ πατρίῳ ἔροιτο φωνῇ Συριστὶ ἢ Κελτιστί« etc.; und weit frühere die Erzählungen von der galatischen Heldin Chiomara, die ihrem Gatten Ortiagon (Orgiagon) das Haupt ihres römischen Ehrenräubers zur Sühne brachte; ihre Diener hatten diesen nämlich auf ihren, ihm un-

verständlichen, in ihrer Muttersprache ihnen zugerufenen Befehl getödet (Liv. XXXVIII. 24. u. A.). Wir erinnern uns hier noch eines
andern, von Polyaenos Strat. VIII. und von Plutarchos (de Virt.
Mul.) erzählten, Beispieles heroischer Frauentreue aus der asiatischen Galatia, indem die edle Artemispriesterin Kamma den um sie
werbenden Mörder ihres Gatten und zugleich sich selbst im Artemis-
tempel durch den Verlöbnissbecher vergiftete.

Iberien wurde bereits seit 133 v. Chr. zum grösten Theile
von den Römern beherrscht, wiewol erst Augustus Kantabrer und
Asturen völlig besiegte und die Basken nie romanisiert wurden.
Wenige Nachrichten bezeugen die im Allgemeinen sichere Romanisierung von bestimmten Völkerschaften, wie Strabon III. p. 151. von
den schon besprochenen (meist iberischen) Turdetanern, welche
ihre (nach p. 139.) durch alte Literatur gestützte Sprache dennoch
ganz vergeßen hatten, und ähnlich von ihren keltiberischen Nachbarn. Gallaekische Sprache,

» — — Gallaeciae pubem

Barbara nunc patriis ululantem carmina linguis«

erwähnt Silius Ital. III. v. 346. aus Hannibals, vielleicht indirekt
seiner eigenen, Zeit (1. Jh. n. Chr.). Nach Tacitus Ann. IV. 45.
sprachen die keltiberischen (arevakischen) Termestiner ihre
alte Sprache (»sermone patrio«), vielleicht neben der lateinischen,
noch zu Tiberius Zeit; wie denn Cicero de Div. II. 64. hispanische
Landessprache erwähnt (»quorum neque scientiam neque explana-
tionem habeamus, tanquam si Poeni aut Hispani in senatu nostro
sine interprete loquerentur«), und Plinius H. nat. III. 1. (s. o.) die
der Keltiker und Keltiberen. Daß die in unserem Lexikon als his-
panisch aufgenommenen Wörter gröstentheils vielmehr lateinisch
sind, wurde schon bei den Iberern bemerkt. Sertorius namentlich
förderte griechische und römische Bildung in Iberien in umfaßender
Weise, wie Plutarchos (Sertor. XIV.) erzählt.

Die griechischen Kolonien theilten sowol ihren italischen Stammverwandten und Nachbarn, als den Iberern und den Kelten ihre von
den Phoeniken empfangene Schrift mit; nur in wenigen Fällen
mag diese von den Phoeniken unmittelbar zu den Völkern des
Westens gekommen sein. Strabon erzählt IV. p. 181.: (Ἡ Μασσαλία) φιλέλληνας κατεσκεύαζε τοὺς Γαλάτας, ὥστε καὶ τὰ συμβό-
λαια Ἑλληνιστὶ γράφειν«; und Caesar B. G. I. 29.: »In castris
Helvetiorum tabulae repertae sunt, litteris Graecis scriptae«, deren
Inhalt Caesar berichtet, schwerlich aber unmittelbar kennen lernte,

da er die hier vorauszusetzende gallische Sprache ebensowenig verstand (vgl. seinen Verkehr durch Dolmetscher l. c. c. 19.), wie die Gallier in der Regel die griechische, wenn in der Stelle B. G. V. 48., wo Caesar eine »epistolam Graecis litteris conscriptam« an Cicero schickt, die bei etwaiger Auffangung von den Galliern nicht verstanden werden soll, »litteris« nicht bloß, wie in obiger Stelle, die Buchstaben bezeichnen sollte, sondern zugleich die Sprache selbst, wofür sich vielleicht »conscriptam« gegenüber jenem »scriptae« urgieren läßt. Aber für lateinische Sprache (mit griechischer Schrift) spricht der Umstand, daß Cicero »perlectam in conventu militum recitat.« Ferner vgl. Caes. B. G. VI. 14., wo von den Gedächtnissversen der Druiden gesagt wird: »neque fas esse existimant ea litteris mandare, cum in reliquis fere rebus, publicis privatisque rationibus Graecis (Ἑλληνικοῖς Interpr.) litteris utantur.« Dio Cass. XL. 9. drückt sich bei der Erzählung von jenem Briefe Caesars an Cicero so aus: „— — Ἑλληνιστὶ ἐπέστειλεν, ἵνα ἂν καὶ τὰ γράμματα ἁλῷ, ἀλλ᾽ ἀσύνετά γε καὶ τότε τοῖς Βαρβάροις ὄντα, μηδὲν σφᾶς ἐκδιδάξῃ.« Hierauf folgt ein Bericht über eine sonst von Caesar gebrauchte Geheimschrift. Polyaenos Strat. VIII. 23. spricht nur schlechthin von einem Briefe, den Caesar an Cicero gesandt habe. Diodoros V. 28. erzählt: »(Γαλατῶν) ἐνίους ἐπιστολὰς γεγραμμένας τοῖς οἰκείοις τετελευτηκόσιν ἐμβάλλειν εἰς τὴν πυράν, ὡς τῶν τετελευτηκότων ἀναγνωσομένων ταύτας.« Die Denkmale mit griechischen Inschriften an den germanisch-raetischen Grenzen, von denen Tacitus (Germ. III.) vernommen hatte, waren vielleicht keltisch. Etwas auffallend sagt Plinius H. nat. IV. c. 16.: »Britannia insula, clara Graecis nostrisque monumentis.« Unzweifelhaft ist zwar griechische Schrift (neben römischer) auf gallischen und halbgallischen Inschriften und Münzen, aber ohne Zweifel jüngere, als jene von Massalia frühe ausgegangene. Die Schriftgattungen der Iberer und Keltiberer haben wir bei Iberien erwähnt. Ueber das weitläufige Kapitel von den keltischen Schriftgattungen der britischen Inseln und der Niederbretagne wagen wir uns hier noch nicht auszusprechen.

Gehn wir von der Sprache der Kelten zu andern Aeußerungen und Merkmalen ihres Organismus über, so finden wir zunächst bei dem physischen Theile desselben, insbesondere in Bezug auf Farbe und Größe, einige Widersprüche, die in ähnlicher Weise auch bei den Germanen und selbst bei den Iberern vorkommen. Wir geben aber zum Voraus zu bedenken: daß die meisten der alten Bericht-

erstatter und ihrer Gewährsmänner der südlicher organisierten,
wenn auch den Kelten und Germanen urverwandten, Völkergruppe
der Italograeken angehörten.

Die meisten Berichte der Alten schreiben den Völkern des europäischen Nordens und Westens überhaupt (Plin. H. nat. II. c. 78.)
Körpergröße und hellfarbige Komplexion zu, nämlich weiße Farbe
der Haut, mehr und minder blonde der Haare, blaue oder blaugraue
der Augen. Die späteren Etymologen leiteten sogar den Namen
Γαλάται, Galli von γάλα (vgl. »lactea colla« u. dgl.), a candore ab.
Indem wir die Hauptstellen der Alten über die Körperbeschaffenheit
der Kelten mittheilen, können und mögen wir die öfters in den selben
Stellen besprochenen verschiedenen Kategorien der übrigen Volks-
eigenthümlichkeiten nicht immer sondern, indem wir übermäßige
Wiederholung vermeiden wollen.

Caesar B. G. II. 30. stellt die brevitas der Römer der magnitudo
corporum der meisten Gallier entgegen, wie ähnlich der der Britannier Strabon IV. p. 200. und der der Germanen Vegetius I. 1.
Letztere übertraf die der Gallier nach Caesar B. G. I. 39. cf. IV. 1.
Vgl. »mirifica corpora Gallorum Germanorumque« (stets Beide unterschieden) B. Afr. XL. Strabon spricht IV. p. 195. von den großen
Körpern der Kelten und vergleicht sie VII. p. 290. mit den Germanen als »γνησίοις« d. h. latein. germanis, und vielleicht wirklich
auch unter dem Einfluße dieser Deutung; beide Stämme seien einander
»παραπλήσιοι καὶ μορφαῖς καὶ ἤθεσι καὶ βίοις«, die Germanen
aber »μικρὸν ἐξαλλάττοντες τῷ τε πλεονασμῷ τῆς ἀγριότητος καὶ
τοῦ μεγέθους καὶ τῆς ξανθότητος«; sie haben also noch nördlicheren Typus. Vgl. Brandes S. 154 ff. über die Lesarten und die
Auslegung dieser Stellen. Eustathios ad Dionys. Per. v. 285. wiederholt Strabons Angabe. In einer Stelle bei Lucan. Phars. X. v. 129 sqq.
steckt schwerlich die selbe Vergleichung für »flavos crines« und
»rutilas comas (Rheni in arvis)«, da beide Ausdrücke vielmehr synonym erscheinen. Manilius IV. v. 716 sq. in seiner merkwürdigen
Völkerphysiologie macht ebenfalls den Unterschied:

»Flava per ingentes surgit Germania partus,
Gallia vicino minus est infecta rubore,
Asperior solidos Hispania contrahit artus« etc.

Für die Körpergröße vgl. u. a. Pausan. Phoc. c. 20. Sil. Ital. V.
v. 112., wo »ingentia membra« der Bojer eine poetische Anspie-
lung und Uebertreibung enthalten mögen; indessen vgl. auch IV.
v. 190 ff., wo Silius den Bojern »Celticum furorem (vgl. Gallica

rabies Liv. XXX. 17.), Gaesa, flavam caesariem, crinem auro certantem, rutilum sub vertice nodum, candida membra« zuschreibt; auch der (germanische) B**a**t**a**v**e**r ist ihm III. v. 608. »auricomus.« »Flavus« gebraucht auch Claudian. in Rufin. II. 110. und im Paneg: sec. in Stilic. II. 240. von den G**a**l**l**iern. Diodoros V. 28. sagt: »*Oἱ δὲ Γαλάται τοῖς μὲν σώμασίν εἰσιν εὐμήκεις, ταῖς δὲ σαρξὶ κάϑυγροι καὶ λευκοί, ταῖς δὲ κόμαις οὐ μόνον ἐκ φύσεως ξανϑοί, ἀλλὰ καὶ διὰ τῆς κατασκευῆς ἐπιτηδεύουσιν αὔξειν τὴν φυσικὴν τῆς χρόας ἰδιότητα.*« Auch den a**s**i**a**t**i**s**c**hen Galli schreibt Livius XXXVIII. 17. 31. »procera, candida, fusa corpora, promissae et rutilatae comae«, doch nach dem ersten Anprall und Schlachtzorne »mollia corpora« und »molles animos« zu; Eigenschaften, die jedoch ähnlich auch den Deutschen nachgesagt werden, wie z. B. von T**a**citus (Germ. IV. Ann. II. 14.), und die wol bei den Barbaren überhaupt, der römischen Kriegszucht und Taktik gegenüber, in die Augen fielen. Gleichermaßen äußert sich Appianos Gall. III. VII. VIII. über Größe, aber Weichlichkeit des keltischen Körpers, schwammiges Fleisch, wilde Geberden und Lärm beim Schlachtanfall. Bei den C**i**s**a**l**p**inern unter Brennos sagt er: »*Κελτῶν ἁπάντων μεγάλων τὰ σάματα ὄντων.*« Diesen gibt Vergilius Aen. VIII. v. 657 sq. lactea colla, Goldhaar und Goldschmuck, purpurstreifige Mäntel, Gaesa und lange Schilde (s. Lex. Nr. 176.). Die Kelten am i**o**n**i**s**c**h**e**n Meerbusen waren nach Arrian. Anab. I. 4. *ημεγάλοι τὰ σώματα καὶ μέγα ἐπὶ σφίσι φρονοῦντες.*« Für die Körpergröße der (mit Kelten gemischten, s. o.) B**a**s**t**arnen s. Liv. XLI. 15. Plutarch. Aem. Paul. XII. vgl. Polyb. Leg. LXII.

Die B**r**i**t**a**n**nier vergleicht Strab. IV. p. 200. mit den Kelten, d. h. den transalpinen Galliern. »*Oἱ δὲ ἄνδρες εὐμηκέστεροι τῶν Κελτῶν εἰσι καὶ ἧσσον ξανϑότριχες, χαυνότεροι δὲ τοῖς σώμασι. — — Τὰ δ᾽ἤϑη τὰ μὲν ὅμοια τοῖς Κελτοῖς, τὰ δ᾽ἁπλούστερα καὶ βαρβαρώτερα.*« Vgl. das ob. Excerpt aus Tacit. Agr. XI. Die Britannierin Bunduica hatte nach Dio Cass. LXII. 2. »*τὴν κόμην πλείστην τε καὶ ξανϑοτάτην — — καὶ — — ἐνεπόρπητο.*«

Man beachte in jener Stelle bei Tacitus, daß er noch ausschließlicher, als Strabon, Blondheit und Körpergröße den Germanen im Vergleiche mit den Galliern zuschreibt, mit welchen er nicht die Kaledonier, sondern die Südbritannier zusammenstellt. Nach Sueton. Calig. XLVII. nöthigte Caligula Gallier, »non tantum r**u**t**i**l**a**r**e** et submittere comam, sed et s**e**r**m**onem G**e**r**m**anicum addiscere et nomina B**a**r**b**a**r**ica ferre,« um sie erst dadurch als Deutsche hinzustellen. Als Haarfarbe gilt ξανϑός im Comparative auch, πυῤῥός (Galen. Comm. in Hippocr. de Diacta) nur, rutil-us, -ans, rufus, neben dem mit den Kelten gemeinsamen flavus, häufig auch für die Deutschen. Die Stelle bei Galenos lautet: »Οὕτως γοῦν τινὲς ὀνομάζουσι τοὺς Γερμανοὺς ξανϑούς, καὶ τοίγε οὐκ ὄντας ξανϑοῖς, ἐὰν ἀκριβῶς τὶς ἐϑέλοι καλεῖν, ἀλλὰ πυῤῥούς.«

Aus Ammian. Marc. XV. 12. machen wir einen längeren Auszug, auf welchen wir u. zurückverweisen werden. »Celsioris staturae et candidi paene Galli sunt omnes, et rutili, luminumque torvitate terribiles, avidi iurgiorum, et sublatius insolescentes. Nec enim eorum quemquam adhibita uxore rixantem, multo fortiore et glauca, peregrinorum ferre poterit globus; tum maxime cum illa inflata cervice suffrendens, ponderansque niveas ulnas et vastas, admistis calcibus emittere coeperit pugnos, ut catapultas tortilibus nervis excussas. Metuendae voces complurium et minaces, placatorum iuxta et irascentium; tersi tamen pari diligentia cuncti et mundi, nec in tractibus illis, maximeque apud Aquitanos, poterit aliquis videri, vel femina, licet perquam pauper, ut alibi, frustis squalere pannorum. Ad militandum omnis aetas aptissima — — , gelu duratis artibus et labore assiduo; — — vini avidum genus, adfectans ad vini similitudinem multiplices potus.« (vgl. Lex. Nr. 102.). Ammianus gibt hier eine lebendige, wenn schon bereits an den Schwulst der Hesperica famina u. dgl. erinnernde, Schilderung eines Volkes voll zuckender Lebenskraft und stets wechselnder Stimmung.

Auch Diodoros V. 32. sagt (in einer übrigens verworrenen Stelle) von den Galaten: ihre Frauen seien den Männern nicht bloß »τοῖς μεγέϑεσι παραπλήσιοι«, sondern auch »ταῖς ἀλκαῖς ἐνάμιλλοι«; ferner: die meisten Kinder seien von Geburt »πολιά«, bekommen aber erwachsend die Hautfarbe der Eltern. Nach seiner Mythe V. 24. war Galates des starken Herakles an Leib und Seele starker Sohn und eroberte viele Länder. Der Galaten Trunkliebe bezeugt er in c. 26. Seine Schilderung c. 28. wurde zum Theile schon o. ausgezogen. Für die o. von Ammianus gerühmte Reinlichkeit der Gallier, zugleich auch für ihre Putzsucht (Weiteres s. u.), vgl. den Artikel Sapo Lex. Nr. 282.

Nach den obigen Stellen, welchen noch mehrere zugefügt werden können (Citate s. bei Ukert II. 2. S. 211.), sind die keltischen Völker von Britannien biß nach Kleinasien im Vergleiche mit den Italograecken mehr oder minder großleibig und hellfarbig, werden aber in diesen Eigenschaften von den deutschen bedeutend über-

11 *

troffen, wozu auch noch andere Stellen stimmen, in welchen letztere allein beschrieben werden. Unter den britischen Völkern sind die einen mehr, die andern minder blond als die Gallier; die Siluren aber dunkelfarbig gleich als fremden Stammes, vielleicht wirklich eine iberische Kolonie oder Ursaßenschaft.

Heutzutage hat die Blondheit der Germanen an Qualität und Quantität sehr abgenommen, und alle Schattierungen von Lichtbraun biß Schwarz in Augen und Haaren kommen vor, besonders unter den Süddeutschen, vielmehr aber noch unter den Nachkommen der Gallier. Ebenso hat die Körperlänge beider Völker abgenommen. Im Ganzen jedoch hat sich die alte Proportion zwischen beiden nicht sehr geändert. Noch aber fehlt es für die Thatsachen der Gegenwart überall sehr an genauer Statistik der Physiologie, und vorzüglich an Unterscheidung allzu allgemeiner Angaben nach den verschiedenen Lagen und ethnischen Verhältnissen der Volks- und Landes-theile.

Ueber die Haarfarbe der ungemischten heutigen Kelten auf den britischen Inseln liegen uns widersprechende Berichte vor. Unter den Gaidelen findet sich hier weißliches, dort schwarzes Haar vorherrschend. In einem Gedichte des 11. Jh. hießen die schottischen Hochländer blondhaarig (folt-buidhe), in alten Chroniken die Iren weißhaarig, was noch jetzt wenigstens von ihren kleinen Kindern gilt. Die Erwachsenen beider Gaidelenstämme sind häufig blond. Rapin (Hist. of England Lond. 1735 p. 5.) sagt: »The Britons were tall and well made and, like most of the Irish, at this day, red haired.« Aus Prichards Naturgeschichte des Menschengeschlechtes entnehmen wir noch einige Angaben. Einer der alten Belgenkönige in Irland hieß Fiacba Cinnfionnan d. i. der Weißköpfe, welche nach Keating (Hist. of Ireland) häufig in Irland vorkommen. Im schottischen Hochlande herrscht, im Westen wenigstens, vor: dunkelbraunes schlichtes Haar, graue Augen, nicht ganz helle Hautfarbe (man vergeße nicht den überall starken Einfluß der Lebensweise und der Witterung bei den verschiedenen Bevölkerungsklassen auf die Farbe der Haut und selbst des Haars). In andern Gegenden kommen zwei Extreme neben einander vor: helle Haut mit gelbem oder rothem Haare, und kohlschwarzes Kraushaar. In dem früher vorzugsweise kymrischen Cumberland sind besonders die Frauen lichthaarig; auch in Nordwales herrscht helle Farbe der Haut und blaue der Augen, ganz dunkle dagegen in manchen Gegenden von Südwales, wo die Bevölkerung gemischter ist. Im All-

gemeinen nimmt Prichard ungefähr den neunten Theil der Bevölkerung Englands als dunkelfarbig an. Er hat bei einer, übrigens nur
kleinen, Anzahl alter, ihm vorgelegter, wahrscheinlich kymrischer,
Schädel besonders schmalen Vorderkopf gefunden. Der Schädel der
Bretagner gilt für ausgezeichnet hart.

Noch bemerken wir die Aussagen zweier Keltenfreßer. Pinkerton
(an Enquiry into the History of Scotland, new ed. Edinb. 1814. I.
p. 26. 37. 339.) behauptet: Die Kelten in Irland, Schottland und
Wales, namentlich in den schottischen Hochlanden, seien gewöhnlich klein, »with brown faces and complexions, with black curled
hair and dark eyes«, wogegen fast nur die höheren Klassen nor-
wegisches Aeußere: »fair faces and red or light hair«, haben.
Clement will bei Gaidelen und Wallisern nur oder fast nur dunkle
Haare und Augen gefunden haben. Dieß gilt in der That, nach
vielen Angaben, für die Kymrobritonen diesseit und jenseit des
Kanals.

Wir deuten nur einige Gründe für den Wechsel der physiologischen Erscheinungen an. So mag die Abholzung der Länder und
andere Einwirkungen der nach Zahl und Bildung zunehmenden Bevölkerung, ihrer Nahrung und Siedelungsweise sowol auf das Klima,
als auch unmittelbarer auf die Natur der Menschen Einfluß gehabt
und Länder und Leute minder nordisch gemacht haben — obgleich das, freilich in weit langsamerem Maße, zunehmende Erkalten
der Erde, mit welchem die wahrscheinliche Jugend der hellen Rassen
überhaupt zusammenhängt, für die Folgezeit die entgegengesetzte
Erscheinung vermuthen läßt; vorausgesetzt, daß die hier berührte
geologische Theorie anerkannt wird. Sicherer hat wechselseitige
Impfung und Mischung der Völker an ihrem Aeußeren und Inneren
gewandelt. Zu der, im Süden schon alten, keltischen Mischung
in vielen deutschen Gebieten ist auch starke slavische gekommen. In Südfrankreich, wo dunkle Komplexion vorherrscht,
waren von jeher viele iberische, ligurische und griechische, später
keltische und italische Stoffe gemischt. In Nordfrankreich ist Ka-
stanienbraun nicht selten, wol aber Blond, obgleich seit alter Zeit
zu den Galliern noch blondere Deutsche kamen. Mit dem zunehmenden Wechsel der Merkmale im Allgemeinen hängt die im Laufe
der Zeit und der Bildung zunehmende Individualisierung, Discentration und Mannigfaltigkeit in allen Naturreichen zusammen.

Nachdem wir bei den zwei wichtigsten Kategorien ethnischer
Unterscheidungszeichen uns länger verweilt haben, wiewol bei der

Sprache bei weitem nicht im Verhältniss zu ihrem vielseitigen Reich-
thum: so können und müßen wir uns bei den übrigen weit kürzer
faßen und aus der Fülle des Stoffes eine nicht immer leichte Auswahl treffen, der weiter fragenden Wißbegier unserer Leser oft
nur Citate statt der Auszüge bietend und sie auch öfters auf den
Inhalt unseres Lexikons verweisend.

Wir haben allerdings das - zweite Hauptmerkmal der Abstammung: den angeborenen Typus nur in seiner physischen, hand-
greiflicheren Hälfte besprochen; und die andere, geistige hätte das
Anrecht auf mindestens gleich ausführliche Verhandlung. Aber hier
ist die Mitgabe der Natur von den (guten und schlimmen) Errungenschaften des Lebens, das Angeborene von dem Angelebten (wobei
Gewinnst und Verlust wechseln) weit schwerer zu unterscheiden,
als z. B. die Rassenfarbe von der Wetterfarbe oder gar von Schminke
und Tattowierung. Solche Errungenschaften und die mit ihnen in
Wechselwirkung stehende Sitte sind immer nur ein minder aus-
schließliches und minder dauerndes Sondereigenthum der Völker,
als die physischen Eigenschaften, die von der Willensfreiheit nur
soweit berührt werden, als diese zur Körperpflege mitwirkt.

In den obigen Excerpten sind bereits einige Belege auch für die
folgenden Eigenthümlichkeiten der Kelten enthalten. Zu jener bün-
digen Charakteristik Catos geselll sich eine bei Dio Cass. XXXIX.
45.: »Ἄπληστοι γὰρ ἀλογίστως οἱ Γαλάται ἐς πᾶνθ᾽ ὁμοίως ὄντες,
οὔτε τὸ θαρσοῦν σφῶν οὔτε τὸ δεδιὸς μετριάζουσιν, ἀλλ᾽ ἔκ τε
τοῦ πρὸς δειλίαν ἀνέλπιστον, καὶ ἐξ ἐκείνου πρὸς θάρσος προπε-
τὲς ἐκπίπτουσιν.« Also Unmaß und jäher Wechsel 'in den entge-
gengesetztesten Dingen! Livius äußert sich über die cisalpinen
Gallier z. B. V. 37.: » — — flagrantes ira, cujus impotens est gens.«
XXXIII. 36.: »Boii, ut est gens minime ad morae taedium ferendum
patiens.«

Caesar B. G. VII. 22. nennt die Gallier »summae genus soller-
tiae, atque ad omnia imitanda atque efficienda, quae ab quoque traduntur, aptissimum«, ein an die Slaven erinnernder Charakterzug.
Diodoros V. 31. behauptet ihre Scharfsinnigkeit, Gelehrigkeit, Lust an
Lösung witziger Aufgaben, aber auch, gleich Anderen, ihr wildes
Aussehn, lautes prahlerisches Gebaren. Strabon IV. p. 195 ff. rühmt
auch jene und andere Lichtseiten ihres Charakters, zunächst aus
ihrer Vergangenheit, die er der Gegenwart der Germanen vergleicht;
zu seiner Zeit hätten sie sich an die Sitten ihrer römischen Besieger
gewöhnt; vgl. Tac. Ann. X. 18. Agr. XI. über die begreiflichen Ein-

wirkungen einer erträglichen Unterthänigkeit, wiewol die Gallier auch noch spät, wie bei den Script. Hist. Augustae, als unruhige Krawallér erscheinen. Wenn, im Gegensatze zu den älteren Quellen, Ptolemaeos (Tetrab. IV. 11.) den Galliern Bildung abspricht und Servius (ad Verg. Aen. VI. v. 724.) ihnen trägeren Geist unter klimatischen Einflüßen zuschreibt: so halten wir dieß für allzu allgemein gehaltene Aussprüche örtlicher Erfahrung.

Die große Eitelkeit der Kelten, zunächst der transalpinen Gallier, bezeugen außer Diodoros noch. Viele. Sie äußerte sich vielfach, auch in der Lust an Luxus, schon vor dem Eindringen der Römer, vor welchen sie sich sogar durch Goldschmuck, Ketten, Ringe (Gallier und Britannier Plin. H. nat. XXXIII. 6. vgl. Dio Cass. LXII. über Bunduikas Tracht; Herodian. III. 47., nach welchem die goldarmen Britannier eiserne Halsringe trugen; unser Lex. Nr. 213. und passim), buntgestreifte Kleider (Lex. passim, auch Bunduika l. c.), überhaupt durch Farben-sinn und -kunde auszeichneten. Gleiches gilt übrigens öfters von Barbaren den Griechen und Römern gegenüber, so z. B. von iranischen Völkern.

Die alten Gallier waren überhaupt so sanguinisch, wie die modernen; physisch und geistig zu Extremen geneigt, schnell aufgeregt und wiederum abgespannt und niedergeschlagen (vgl. o. Excerpte); wechselsüchtig, unbesonnen, leichtgläubig und neugierig, so daß sie selbst auf das Geschwätz eifrig ausgefragter römischer Commis voyageurs hin die wichtigsten Beschlüße faßten, die sie sogleich wieder bereuen musten (Caes. B. G. IV. 5. VI. 20. Strab. IV. 197.), wie sie denn auch im Kriege leicht überlistet wurden (Strab. l. c. p. 195.). Jene Lust am Wechsel gieng so weit, daß sie sich leicht zur Auswanderung bestimmen ließen (Strab. l. c. p. 196.).

Wir haben bereits bemerkt, daß sie nicht bloß in ganzen Völkerzügen über Land und See wanderten, theils um Beute, theils um neue Heimat zu gewinnen; sondern daß sie auch in fernhin schweifenden Söldnerschaaren das Kriegshandwerk trieben. Periodische, gesetzmäßig gewordene Wanderzüge, im Gegensatze zu den religiös-politischen Wanderverboten der Inder und Aegypter, sind den Galliern nicht ausschließlich eigen, sondern auch den Kimbern, Iberern, Italern. Mehr und minder allgemein erscheint in großen Zeitpunkten äußerer und innerer Drang zu Völkerwanderungen, die theils rein materiell durch das Gesetz der Schwere, theils gleichsam epidemisch, durch die Macht des Beispiels, ansteckend, durch ganze Welttheile sich fortsetzen. Freilich aber liegt die aktive und passive

Beweglichkeit der Völker auch in den Unterschieden des Temperamentes, eben denn bei den Kelten. Relative Uebervölkerung, d. h. Beengung nicht bloß der Lebenserhaltung, sondern auch des Behagens, die bei Jägern und Hirten auf weit ausgedehnterem Areale eintritt, als bei ansäßig und heimliebend gewordenen Ackerbauern, führt nicht immer zur Auswanderung, sondern auch zu widernatürlichen, Gegenmitteln, wie zu Kindermord und, bei schon gebildeteren Völkern, zur Beschränkung der Kinderzeugung.

Ein sehr bewegliches Volk, und in sehr bewegten Zeiten jedes Volk, m u ß entweder Jäger oder Wild sein. Zudem hat der romantische Urzustand der obersten. Thiergattung: der Krieg Aller gegen Alle, noch heute seinen Abschluß nicht gefunden, und die alten Kelten steckten mitten darinn. Sie werden von den Alten häufig als sehr wild (truces, Celticus furor etc. s. o.) und kriegslustig dargestellt. Ihr gigantischer Trotz gegen die neuen Götter der Erde gieng mitunter, gleichwie bei den Iberern, jedoch mit häufigeren Gegensätzen serviler Selbsterhaltung, biß zur- Selbstvernichtung. Diese sollen sie sogar bei heimatlichen Lustbarkeiten wie ein Spiel betrieben haben (Athen. IV. 13. 40.), jedoch immer noch nicht so freventlich, wie ihre und anderer unterjochten Völker Gladiatoren bei den Mordspielen in Rom. Ein Gelage ohne blutige Rauferei galt bei ihnen (Diod. Sic. V. 28. vgl. Polyb. II. p. 107.) für ebenso unvollständig, wie bei den Thraken (Horat. Carm. I. 27. Statius Thebaid. II. v. 85. Amm. Marc. XXVII. 4.), den- alten Germanen (Tac. Germ. XXII.) und den christlich - germanischen Kirmesbauern der späten Folgezeit. Ebenso war die Aufbewahrung feindlicher Schädel als Denkzeichen, Weihegaben, Trinkbecher den Kelten eigen, so u. a. nach Liv. XXIII. 24. den (cisalpin.) Bojern, den Galliern nach Strab. IV. p. 197 sq., Sil. Ital. XIII. v. 482 ff., Diod. Sic. V. 29., den Skordiskern nach Amm. Marc. XXVII. 4., Flor. III. 4. und Sextus Rufus c. IX., sowie vielen andern Völkern, namentlich germanischen und skythischen (Herod. IV. 65.). Kaum mehr Besonderheit zeigen die Gegensätze: ausgebildete Kriegs-kunst und -toilette (Lex. passim), und dagegen wildes Kriegsgeheul (u. a. Liv. XXXVIII. 17. bei den asiatischen Galaten, und XXI. 28.), Mähnenschütteln, Beides bei Galliern und Iberern (Appian. Gall. VIII. Hispan. LXVII.); sodann raubthiergleicher Sprung auf den Feind, dessen Missglücken keine Wiederholung gestattet und die eigene Flucht oder Niederlage zur Folge hat. Mit diesen Eigenheiten der Gallier vergleiche man ihre obigen allgemeinen Charakterumriße. Hier, wie anderwärts, organisch verbunden Avers und Revers: Heroismus und Bestialität, die maßvolle Mitte selten.

Bei einem ausgeführten Bilde würde auch die Vergleichung aller Lebensäußerungen mit denen anderer Völker detailliert werden müßen, während wir hier nur Weniges andeuten.

Die Einrichtung der Parabaten, der galatischen Dreireiterei (Τριμαρκισία Lex. Nr. 323.) bei den Ostzügern, vielleicht auch bei den Cisalpinern, deren genus pugnae das gleiche war (Justin. XXXVIII. 4.), ähnlich auch der Doppelkampf der Keltiberer zu Pferde und zu Fuße (Diod. Sic. V. 33.), der auch bei den Nordbritanniern zu gelten scheint, deren Rüstung und Kampfweise (zu Wagen, auf kleinen schnellen Pferden und auf flüchtigen Füßen) Dion LXXVI. 12. beschreibt: diese und ähnliche Einrichtungen waren auch germanischen Völkern eigen.

Wehr und Waffen hatten ihre Eigenthümlichkeiten; jedoch gelten bei den Klassikern viele Benennungen zweifelhaften Ursprungs nicht bloß für viele andre Barbaren und manche zugleich für die Römer selbst. Die Belege für diesen Satz gibt unser Lexikon. Das Fuhrwesen für Krieg und Frieden war bei den reinen Galliern, wie bei den Kimbern und den Bastarnen (s. u. a. Plin. H. nat. VIII. c. 40. Diod. Sic. I. 24.), sehr ausgebildet, obgleich diese Völker immer noch keine Ἀμαξόβιοι waren; und die Römer mochten schon frühe von den cisalpinen Galliern Fuhrwerksgattungen entlehnt haben. Neben sicher keltischen (gallischen, belgischen, britannischen) Namen sind auch einige wahrscheinlicher römische für, beiden Völkern gemeinsame, Fuhrwerke im Gebrauche (Belege im Lex.).

Die Kelten richteten auch Hunde zum Kriege, wie zur Jagd ab (Lex. passim. Strab. IV. p. 200. Gratian. Cyneg. Arrian. Cyneg. III. Ovid. Met. I. v. 533.). Dieß gilt auch von den Kimbern und andern Völkern (Plin. H. nat. VIII. 40.).

Die Posaunen spielten eine große Rolle (vgl. namentlich Lex. Nr. 89. Diod. Sic. V. 30. Eust. in Hom. p. 1139.), was zur gallischen Lust an Lärm und Selbstausposaunung passt. Auch anderer Musikwerkzeuge und des Gesanges der Gallier wird bei den Alten gedacht, ihre Stimme aber oft (wie die der Barbaren überhaupt) für rauh erklärt. Die britischen Kelten lieben biß heute Saitenspiel (vgl. Lex. Nr. 124.) und Gesang. Dagegen sind die jetzigen Franzosen ebensowenig ein musikalisches Volk, wie die Engländer.

Ueber Tracht und Körperzier der Kelten im Allgemeinen haben Römer und Griechen Vieles aufgezeichnet, was ihnen auffiel, doch selten an den Kelten allein. Die Römer waren Sansculotten, jetzt sind dieß nur noch einige ihrer Mönchsorden, und die Zeit der neugallischen verlief schnell, während dagegen Hosen vieler barbarischen Völker, die B r a c a e (Lex. Nr. 69.) der Gallier, nach welchen die Römer einen Theil ihres Landes benamten, die von Jenen entlehnten B r ü c h e der Germanen, jetst die Welttracht beider Geschlechter geworden sind, wenn auch in mannigfachen Moden. Das S a g u m (Lex. Nr. 272.) war Galliern, Liguren, Lusitanern und Germanen gemein. Die cisalpinen Gallier nahmen, nicht gar frühe, die römische Toga an. Die L a e n a der transalpinen, wenigstens die Benennung, ist eher altrömisch, als gallisch, vielleicht etruskischen Ursprungs (Lex. Nr. 197.).

Die S c h m u c k l i e b e der Gallier erwähnten wir schon. Ihre Vorliebe für das Bunte und Schillernde in Zeugen und Schmuck erstreckte sich auch auf die Haut, namentlich bei den Britanniern (vgl. Lex. Nr. 181.) nach Caesar, Plinius, Mela, Herodianos, Claudianus (de Laude Stil. II. v. 252 — 260.) und späteren Schriftstellern über pictos Britannos, Britonen, Pikten und Skoten (Lex. Nr. 76.). Aber das Färben und Stigmatisieren der Haut war bei den Barbaren, wiederum besonders bei den iranischen Völkern (Skythen u. s. w.), überhaupt häufig. Nach Herodian. III. 47. trugen die Britannier statt der Kleider über der Haut-Gemälde auf derselben, wie die amerikanischen Urbewohner, während sich neueuropäische Soldaten mit eingeätzten Bildern und Schriften auf der Brust oder den Armen begnügen. Selbst die von den Kelten zu den Germanen und den Römern gelangte S e i f e (Lex. Nr. 282.) diente nicht sowol zum Reinwaschen, als zur Haarfärbung, wiewol allerdings Reinlichkeit, besonders durch häufiges Baden, von K e l t e n (Amm. Marc. XV. 12., Excerpt s. o.), K e l t i b e r e r n (Diod. V. 33.), G e r m a n e n (u. a. s. Caes. B. G. VI. 21. Tac. Germ. XXII. Amm. Marc. XXVII. 2., wo sie lavantes und comam rutilantes zugleich sind, vgl. Zosim. IV. 23.) gerühmt wird. Das B a d e n der galatischen Frauen in Kleinasien bemerkt Plutarchos. Sympos. VIII. quaest. 9. Das Baden geschah auch zur Schwimmübung der Abhärtung wegen in kaltem Waßer, schon bei kleinen Kindern (Arist. Polit. VII. 17.), auch bei den Germanen (Caes. B. G. IV. 1. VI. 21. Pomp. Mela III. 3. Herodian. VII. 5. Galen. de tuend. Valet. I. 10.).

H a a r und B a r t, namentlich der Schnurrbart, waren bei den Kelten Gegenstände besonderer, oft wunderlicher Sorgfalt, vgl. u. a. oben über die Seife, Diod. V. 28., Claudian de Laud. Stil. II. 241.

über das Zurückkämmen des Haupthaars nach dem Scheitel. Wiederum hatte Gallia comata den Namen von den unverschnittenen Haaren der Bewohner. Diesen Gegensatz zu den Römern hatten auch andere Völker (vgl. u. a. J. Grimm, Jornand. S. 53.). Das Schütteln der Haare in der Schlacht wurde o. erwähnt.

Wohnung und Lebensweise wechselte ohne Zweifel bei den Kelten, wie überall, nach Ort und Zeit. Schon frühe wohnten sie in gleichem Gegensatze zu den Germanen, wie die Slaven, in Dörfern, Flecken und Städten, die in älterer Zeit bei den zwar kriegerischen, aber ackerbauenden Cisalpinern mauerlos waren vgl. Polyb. II. 17 sq. über deren Zustände überhaupt, welche wahrscheinlich ganz die älteren des Mutterlandes waren. Später fand Caesar bei den Transalpinern eine besondere Art des Mauerbaues (B. G. VII. 23. cf. 14. 15. über Befestigung überhaupt). Indessen wohnten mitunter auch Gallier, ähnlich den Germanen, auf Gehöften, „aedificio circumdato silva, ut sunt fere domicilia Gallorum, qui vitandi aestus caussa, plerumque silvarum ac fluminum petunt propinquitatem« (Caes. B. G. VI. 30). Jedoch ist damit noch nicht bestimmt ein einzeln stehender „Hof« oder eine „Bürenschap« nach deutscher Weise gemeint. Denn die Britannier bauten nach Strabon VII. p. 200 hölzerne „πόλεις«, Wohnorte für Menschen und Hausthiere in Waldverhauen auf; und die Wohnungen (wie die Sitten) der britischen Kelten waren nach Caesar (B. G. V. 12.) denen der gallischen ähnlich. Die Wohnungen waren gewöhnlich rund, aus Holz und Flechtwerk erbaut, mit einem großen Strohdache und mit tüchtigen Küchenanstalten versehen (Caes. B. G. V. 43. Strab. IV. p. 197. Vitruv. Arch. II. 1. 4.). Jenseit und diesseit der Alpen lagerten die Gallier beim Schlafen und Eßen auf dem Boden, mit irgend einer Unterlage; ohne Zweifel erst später auf weichen und erhöhten Lagerstätten. Zur Ergänzung unserer Belegstellen vgl. Ukert II. 2. S. 196. 218 ff., auch für das Folgende.

Fleisch, besonders von Schweinen, und Milch bildeten die Hauptnahrung der Gallier und der Britannier (vgl. u. a. Strab. IV. p. 197.). Die Britannier waren nach Strab. IV. p. 200. mitunter noch so roh, daß sie weder Käse bereiten, noch Land und Garten bauen konnten. Sie hielten auffallender Weise das Eßen des Hasen, der Henne und der Gans (Caes. B. G. V. 12.), im Norden auch der Fische (Dio Cass. LXXVI. 12.) unerlaubt; die asiatischen Galaten (s. darüber unten) das der Schweine. Letzteres war für die transalpinen Gallier auch ein wichtiger Exportartikel; vgl. Strab. IV. p. 197. Lex. Nr. 306. Den alten Briten (Strab. IV. p. 101.), den

I r e n (»τῶν Βρεττανῶν τοὺς κατοικοῦντας τὴν ὀνομαζομένην Ἴριν«
Diod. V. 32.), den **Attakotten** in Gallien (Hieron. adv. Jovin. l.
III. p. 53.), den asiatischen **Galaten** (Paus. X. 22.), in Belagerungs-
nöthen auch den **Galliern** (Caes. B. G. VII. 77. Κελτοῖς Strab.
l. c.), **Iberern** und Andern (Strab. l. c.), den **Usipiern** (in Britannien Tac. Agr. XXVIII.) wird Genuß des **Menschenfleisches**
nachgesagt; die Gräuel jedoch, welche der Kirchenvater von den Attakotten berichtet, haben später in viel scheußlicherem Maße die päpst-
lichen Soldaten ad majorem Dei gloriam an den Waldenserinnen verübt.

Die Kelten gastierten gerne (wie die Deutschen Tac. Germ. XXI.),
übten aber auch reichlich Gastfreiheit, diese Tugend, die im Zeitalter
der Hôtels seltener geworden ist, und die ebenfalls u. a. den Germanen (Caes. B. G. VI. 23. Tac. l. c. Pomp. Mela III. 3.) zugeschrieben
wurde; vgl. Diod. Sic. V. 28., wo die Sitte und Etiquette bei gallischen Gastmälern beschrieben wird. Wenn Horatius (Carm. III. 4.)
die Britannier »hospitibus feros« nennt, so soll dieß eher nur ihre
Wildheit bezeichnen, die zumal gegen römische Gäste, Spione u.
dgl. ungastlich war. Auch der **Keltiberer** Gastfreiheit rühmt
Diodoros V. 34. Die großen Gastereien der Kelten, die besonders
Athenaeos (IV. 36. 40.) ausführlich beschreibt, zeigen sehr ausge-
prägte aristokratische Formen. Namentlich wirft die, auch von
Strabon (IV. p. 191.) erwähnte, kolossale Gastfreiheit des Magnaten
Luerius, der einen ganzen Bezirk zum Speisesaale für seine An-
hänger und Schmarotzer (Parasiten-Barden, vgl. Lex. Nr. 50.) ein-
richtete, ein merkwürdiges Streiflicht auf die geselligen Zustände.
Trotz alledem duldeten die Gallier keine Dickbäuche, sondern be-
legten sie mit einer Strafe (Strab. IV. p. 199.). Ihre Trunkliebe
bezeugen u. a. Platon de Leg. I. p. 637. (bei Ukert II. 2. S. 188.).
Polyb. II. 19. Diod. Sic. V. 27. Polyaen. Strat. VIII. Amm. Marc.
XV. 12. (s. o.). Appian. Gall. VII. Der alte Nationaltrank war Bier
(Lex. Nr. 102.), wie bei Germanen, Iberern und andern alten Gam-
brinusverehrern.

Diodoros (V. 32.) u. A. beschuldigen die Gallier arger **ge-
schlechtlicher** Ausschweifungen, namentlich der Päderastie, obschon ihre Frauen schön seien. Dieses Laster sagt auch Adomnanus
(V. S. Columbae IV. ap. Bolland. Jun. 2.) den Iren nach. Von den
Britanniern wird Vielmännerei, oder auch Weiberkommunismus,
und Blutschande berichtet; s. Caes. B. G. V. 14. Strab. IV. p. 201.
Dio Cass. LXII. 6. LXXVI. 12. (einschließlich der von Tacitus irrig
für Deutsche gehaltenen Kaledonier).

Dagegen wird von den **Frauen** der Kelten nicht bloß Schönheit gerühmt, sondern auch Fruchtbarkeit und Kinderaufziehung (Strab. IV. p. 196.), wenn auch nur als nationalökonomische Tugenden. Die sonderbare Sitte (Caes. B. G. VI. 18.): daß die unerwachsenen Knaben wenigstens nicht öffentlich bei ihren Vätern erscheinen durften, läßt auf deren Erziehung durch die Mütter schließen. Strabon IV. p. 197. sagt: die Geschäfte seien bei den Galliern wie auch bei andern Barbaren anders, als bei den klassischen Völkern, zwischen Männern und Weibern vertheilt. Mehrere Zeugnisse sprechen für Werth und Werthschätzung der gallischen Frauen. So die heldenhafte Eponnina (Empone; Lex. Nr. 151.), Sabinus Gattin, bei Plutarchos (Amator. XXV.) u. A.; die schon erwähnten Heroinen Chiomara und Kamma in Kleinasien; die britannische Heldin Bunduika (Boudicea, Boadicea, Voadica), deren Geschichte bei Dio Cass. LXII. sq. Tac. Agr. XVI. und besonders Annal. XIV. 30 sq. zu lesen ist; der halbkomische ritterliche Beistand, den die Schönen ihren angegriffenen Männern, wie es scheint, im Wirthshause (wie man heutzutage sagen würde) leisteten Amm. Marc. a. a. O.; die priesterliche und prophetische Geltung, welche von Frauen bei den Galliern, wie bei den Germanen, geltend gemacht wird (s. u.). Nach Caesar (B. G. VI. 19.) fand für eingebrachtes und errungenes Gut der Gatten Rechtsgleichheit Statt; gleichwol war der Hausvater-Herr über das Leben von Weib und Kind. Indessen läßt der weitere Bericht a. a. O. arge Intriguen der Frauen in den Ehen vermuthen. Neben dem Paterfamilias im Singular ist dort von »uxoribus« die Rede.

Schweine-, Rindvieh-, Hunde-zucht der Fleisch und Milch verzehrenden und jagdkundigen Gallier und Britannier gieng schon aus unserem Früheren hervor. Des guten Rindviehs erwähnt ausdrücklich Varro R. r. II. 5. 10. vgl. 4. über die Schweinezucht (Lex. Nr. 106.); auch den Britanniern war »pecoris magnus numerus« eigen nach Caesar (B. G. V. 12.). Ein eigentliches Hirtenvolk waren die Gallier in den uns bekannten Zeiträumen nicht, ob sie gleich, nach einigen Zeugnissen, ein Vorurtheil gegen den Landbau gehabt haben sollen, das aber, wie wir glauben, Th. Mommsen allzu hoch anschlägt, indem er darinn einen Zug des Volkscharakters sicht. Im Grunde sagt Cicero de Republ. III. 9. nur: daß die gallischen Freibeuter mehr Ehre im Raube, als im eigenen Anbaue des Getreides suchen — c'est tout comme chez nous! Rohe und kriegerische Völker, zumal in unsicherer und vorübergehender Heimat, sind dem Ackerbau abgewendet. So seiner Zeit die **Bastarnen**, die **nur**

Krieg, nicht Schifffahrt, noch Ackerbau, noch selbst Viehzucht getrieben haben sollen (Plut. Aemil. Paul. XII.); die Germanen, die nur Viehzucht, Jagd und Krieg trieben (Caes. B. G. VI. 21 ff.).

Vielmehr hatte der gallische Ackerbau viel Eigenthümliches, eben auch bei den Cisalpinern, welchen ihn bereits Polybios a. a. O. zuschreibt und bei welchen ihn auch Plinius biß ins Alpenland hinauf kennt; vgl. die Gegenstände und Namen in uns. Lex. Nrr. 4. 29. 84. 102. 218. 255. 330. In Caesars Commentarien ist häufig von Ackerbau und seinen Ergebnissen die Rede, namentlich von Aussaat und Aufbewahrung, nicht etwa Import, des Getreides. So läßt er I. 3. die Helvetier »sementes quam maximas facere, ut in itinere copia frumenti suppeteret«, und sie hatten nach c. 5. dessen Genug, um das nicht Mitnehmbare zu verbrennen. Das Getreidemagazin Caesars (l. c. VII. 55.) in Noviodunum war gewiss im Lande selbst gefüllt. Ebds. V. 24. spricht er von einem Missjahre des Getreides in Gallien als von einer Ausnahme. Varro bezeugt R. r. I. 7., daß die Gallier bei ihrer Viehzucht auch den Gebrauch des Düngers nicht vergaßen. Begreiflicher Weise nahm der Ackerbau zu, als die Gallier mit Gewalt des Krieges entwöhnt wurden und das Eisen nur zu Pflugscharen verwenden konnten. Von den Galliern überhaupt und insbesondere von den Allobrogen erzählt dieß Strabon mit Einzelheiten über Korn- und Baum-früchte und den noch schwierigen Weinbau IV. p. 178. 186.

Nach Justinus XLIII. 4. lernten die Gallier von den Massiliern alle friedlichen Arbeiten und Künste, namentlich den Anbau des Getreides, Weines und Oelbaums; vgl. auch für Getreidebau um Massilia Caes. B. Civ. I. 34. Für Weinbau in Gallien s. Plin. H. nat. XIV. c. 3. 4. Daß Gallien früher keinen Wein baute, erhellt besonders aus Diod. Sic. V. 26. Αιvουϱγίαι, ἀϱγυϱεῖα, σιδηϱουϱγεῖα wurden dort betrieben nach Strabon IV. p. 191. In Britannien rühmt er p. 199. Feld, Weiden und Wald, Ackerbau, Ausfuhr von Getreide, Metallen, Thierhäuten, Sklaven, Jagdhunden; andere Berichte s. bei Caes. B. G. V. 12. 14. 20. Bei den Kallaeckern in Hispanien besorgten nach Sil. Ital. III. v. 350 ff. die Weiber »quidquid duro sine Marte gerendum«, namentlich den Ackerbau, ebenso nach Justin. XLIV. 3. »res domesticas agrorumque culturas.« Von den zu ihnen gehörigen Artabren oder Arotreben sagt Strabon III. p. 154.: sie hätten, den Ackerbau des Krieges wegen nothgedrungen aufgebend, das Land wüste liegen gelaßen.

Schon die Zahl und Mannigfaltigkeit der den Galliern, und nicht bloß den transalpinen, eigenthümlichen Zeuge, Kleidungs-, Schmuck-, Waffen-stücke-u. s. w. (s. Lex. passim) wiederräth uns, mit Th. Mommsen die ausschließliche Einführung der Fabrikation leinener und wollener Stoffe erst durch die Römer in Gallien anzunehmen; vgl. besonders Diod. Sic. V. 30. In geschichtlicher Zeit wurden namentlich warme Kleidergattungen aus Gallien nach Rom ausgeführt (vgl. u. a. Lex. Nrr. 49. 152.).

Sicher ist im europäischen Westen der Betrieb des Bergbaus und der Metallarbeiten durch Phoeniken, auch durch Griechen (s. o. und Strab. IV. p. 191.), lange vor der Ausbreitung der römischen Herrschaft. Die Gallier selbst betrieben diese Industrie in frühester Zeit und in einfachster Weise, erlernten aber die kunstreichere von jenen Völkern (Strab. l. c. Diod. V. 27.). Stollen, cuniculos (vgl. Lex. Nr. 129.) wusten die Westvölker geschickt zu schlagen (Caes. B. G. VII. 22.). In Gallien erfundene Metallarbeit (concoctilia) nennt Plinius H. nat. XXXIV. c. 17. ausdrücklich. Die Römer fanden in beiden Gallien und in Britannien, im Gegensätze zu ihnen selbst, jene Neigung zu blinkendem Metallschmucke. Allerdings wuchs Kunstfleiß, jedweder Verkehr und Handel in Folge der römischen Eroberung Galliens, sowol durch den friedlicheren Zustand, als durch die Wechselverbindung mit dem ganzen Weltreiche. Auch das Münzwesen wurde nicht erst durch die Römer eingeführt; spätere (arvernische) Münzen tragen römische Schrift. In Britannien fand Caesar (B. G. V. 12.), außer den aus gallischem Erze verfertigten oder fertig dorther importierten Münzen, eisernes Ringgeld (»utuntur aut nummo aereo, aut annulis ferreis ad certum pondus examinatis pro nummo«), wie es in späterer Zeit ähnlich auch in Irland vorkommt.

Für Handel und Krieg hatten die Gallier und Britannier besondere Schiffbaukunst; vgl. Caes. B. G. III. 12 ff. Strab. IV. p. 195. Lex. Nrr. 333. 258. 260.

Der geistigen Begabung, Bildsamkeit (vgl. besonders Strab. IV. 195.) und Bildung der Gallier haben wir oben bei Charakter, Sprache und Schrift gedacht. Ihre einheimische Bildung, die ungefähr in gleichem Schritte oder Laufe, wie ihre Sprache, der römischen wich, wurde hauptsächlich von ihren Genoßenschaften oder Orden verwaltet und geleitet. Geschichte, Wißenschaft mit Einschluße von Theologie und Magie, Physik und Metaphysik, Stern-, Pflanzen-, Heil-kunde, Juris-prudenz und -diktion waren in der Hand der Druiden; die mehr künstlerischen und gesellligen Thätigkeiten: Dichtung und deren Vortrag in Scherz und Ernst, Gesang und Saitenspiel verwalteten die Barden.

Einen halbmusikalischen Rhythmus mochten die Druiden für ihre zahllosen Denkverse haben. Aelianos (Var. Hist. XII. 23.) erzählt von Gedächtnissliedern über die Gefallenen. Kriegsgesang trug der Heerchor sich selbst zur Ermunterung, dem Feinde zum Schrecken vor. Die alten Römer, die übrigens nicht so musikalisch waren, wie ihre Nachkommen, fanden in den gallischen Schlachtgesängen »ululatus, cantus dissonos« der ersten Brennuszüger Liv. V. 39., der kleinasiatischen Gallier ib: XXXVIII. 17 ff., mit »tripudiis«, wie bei den ganz oder halb keltischen Gallaekern (Kall.) mit rhythmischem Aufstampfen und Schildschlagen verbunden s. Sil. Ital. III. v. 345 ff.; vgl. Aehnliches bei den Iberern ib. X. v. 230 ff. Wenn ebds. IV. v. 215. der Gallier Vogesus »patrio Divos clamore salutat«, so scheint dieß ein hymnischer Anruf gewesen zu sein.

Als die Romantik in Europa erschien, kehrte sie zuerst bei den Kymren ein und schüttete das Füllhorn ihrer Gaben über sie aus. Von ihnen stammt ein großer Theil der Sagen, die seit dem Mittelalter ganz Europa durchwanderten und vorzüglich in Frankreich und Deutschland verwandten Geist weckten. Aus den kymrischen Volksweisen klingt, ergreifend die tiefe Klage eines unterdrückten Volksthums, mit wilden, zornigen Rufen gemischt.

Für die Stellung und die Functionen der Druiden und der Barden im Einzelnen, sowie über andere Körperschaften und Gesellschaftsklassen verweisen wir auf Lex. Nrr. 18. 50 62. 137. 140. 298. 339. zur Ergänzung und weiteren Ausführung der folgenden Umriße.

Ueber die Einrichtungen der Kelten in Gesellschaft, Staat und Kirchenthum, sowie über den Inhalt ihres Wißens, Wähnens und Glaubens, ist uns ziemlich Vieles überliefert, aber oft nur in Bruchstücken und mit Widersprüchen, deren Ergänzung und Lösung weitläuftigere Erörterungen, als unser Raum gestattet, erfordert und doch noch manches Fragezeichen stehn laßen würde. Dieß zur Entschuldigung, wenn wir gerade in diesem wichtigen Schlußkapitel des keltischen Abschnitts, aus Furcht vor dem Allzuviel, Allzuwenig geben. Im Eingange desselben haben wir mit einigen Federstrichen unsere Gesamtansicht über die Zustände Galliens zu Caesars Zeit angedeutet.

Bereits den alten Galliern war, wie bereits bemerkt, der unersättliche Drang nach neuen Dingen und Formen eigen, der sich auch auf ihre politischen Angelegenheiten erstreckte. Das Bedürfniss eines konservativen Haltes erzeugte schon früh die Wahl eines mächtigen Staates zum Vororte der übrigen, wodurch dessen Häuptling der Herzog oder Präsident der übrigen wurde. Letzterer wurde vor der Römerzeit jährlich durch eine Wahlversammlung der meist »aristokratischen« Staaten, resp. ihrer Vertreter, mit parlamentarischer Ordnung (Strab. IV. p. 197.) gewählt. Daß die Druiden ihren Einfluß auf diese Wahl (vgl. Caes. B. G. VII. 33.) auch dazu benutzten, daß Einer aus ihrer Mitte gewählt wurde, oder auch, daß der Gewählte in ihren Orden trat: zeigt der Aeduerfürst Divitiacus, Caesars Verbündeter, der nach Cicero (de Divin. I. 41.) Druide war, und nicht mit dem etwas älteren oben erwähnten belgischen Fürsten gleiches Namens verwechselt werden darf.

Die Druiden, diese Théokraten Galliens, die ihren Ursprung aus Britannien herleiteten, wie Caesar vernahm, und deren Name in keinem andern Keltenlande, als in diesen beiden, genannt wird, jedoch mit dem der geweihten Mallstätte der asiatischen Galaten, Drynemetos, verwandt ist (Lex. Nrr. 137. 140.), hatten ihre besonderen Einigungspunkte. Alljährlich hielten sie an einer ungefähr in des Landes Mitte liegenden Stätte ein großes Nationalschiedsgericht (Caes. B. G. VI. 13.). Einen unter ihnen wählten sie zum lebenslangen Vorsteher des ganzen Standes; er war weniger Papst, als ein Bischof, primus inter pares. Wurde indessen die Klerisei über diese Wahl nicht einig, so griff sie zu weltlichen Waffen (Caes. X. l. c.). Die Druiden waren zu Caesars Zeit in corpore die einzigen Wißenden und Unfehlbaren in ganz Gallien, und verhängten Interdikt und Bann in strengster Form über die Widerspenstigen. Sie genoßen der staatsgefährlichsten Immunität. In ihren Händen lag Heil und Unheil, Belehrung und Betrug des Volkes, Landesverrath und Freiheitsrettung; und alles dieß übten sie wechselnd. Nach Umständen wusten sie sich mit den Römern zu verständigen, die geistliche Herrschsucht mit der weltlichen des Eroberers. Aber sie scheinen auch wiederum in Gallien und in Britannien (vgl. Tac. Ann. XIV. 30.) Volk und Volksthum gegen die Römer vertheidigt zu haben, biß diese ihren Orden endlich aufhoben.

Es gab auch Druidinnen, die besonders, zum Theile ausschließlich, bestimmte Mysterien verwalteten, außerdem aber schwerlich stimmfähige Ordensglieder waren. Auch trieben sich noch Opferer und Zeichendeuter umher, die höchstens die ordines minores erhalten hatten.

Die Barden bildeten einen Orden oder auch eine Zunft, die
wechselnd bald an die Skalden und Skopen der Germanen, bald an die
Minne- und Meister-singer und an die romanischen Ministerialen
erinnert. Sie erscheinen hier als die treuesten Diener, dort als Parasiten an den Feudalhöfen, hier als tragisch edle Vertreter des ge-
misshandelten Volksthums, dort als Bänkelsänger.

Das Genoßenschaftswesen stand schon in ältester Zeit
(bei den Galli cisalpini vgl. Polyb. l. c.) in Blüte. Die Nachrichten
über seine spätere Gestaltung lauten verschieden; s. Lex. ll. c. Caesar (B. G. VI. 13.) kennt in Gallien als Hauptstände nur Druiden
und Equites, Ritter, nicht die Barden, die jedoch hinreichend von
den Alten beglaubigt sind. Jene allein verdienen den Namen der
(bevorrechteten) Stände oder Kasten, den indischen Brahmanen
und Xatriyas vergleichbar, nur daß bei den Druiden, wie bei den
meisten christlichen Mönchsorden, das Noviziat von keinem Stande
abhängt, wiewol ihr eigener, wie noch sicherer der der Ritter,
erblich-gewesen zu sein scheint. Die Druidennovizen musten durch
die lange Dauer der Lehrzeit so in den Orden hineinwachsen, daß
die Abgeschloßenheit der Kaste und ihres Wißens, das überdieß
nicht durch Aufzeichnung den Laien zugänglich werden durfte,
durch sie keine Gefahr lief. Die Druiden, nicht die Ritter, können
wir auch einen Orden nennen.

Die altgallische Aristokratie samt ihrem Anhange und Gefolge
hat nicht sehr viel Aehnlichkeit mit dem späteren deutschen Ritterthum, desto größere aber mit dem Klauswesen in Schottland und
dem entsprechenden Verhältnisse bei den Kymrobritonen des Mittelalters. Der überreiche Häuptling schützte (und tyranisierte nach
Umständen) eine Menge höriger und halbfreier Leute (»plebs paene
servorum habetur loco« etc. Caes. B. G. VI. 13.) in Frieden und
Kriege (clientes, ambactos, soldurios s. Lex. ll. c.), die häufig den
Schutz der Mächtigen um freiwillige Hörigkeit erkauften, und, wenn
beide Theile ihre Pflicht erfüllten, ihren Herren biß in den Tod folgten. Aehnliches wird auch von den Cisalpinern, den Keltiberern
und andern Völkern Iberiens, so wie von den Germanen berichtet.
Was Polybios II. 17. von den Cisalpinern berichtet, entspricht ganz
Caesars transalpinen Schilderungen: »Περὶ δὲ τὰς ἑταιρείας
μεγίστην σπουδὴν ἐποιοῦντο, διὰ τὸ καὶ φοβερότατον καὶ δυνα-
τότατον εἶναι παρ' αὐτοῖς τοῦτον, ὃς ἂν πλείστους ἔχειν δοκεῖ
τοὺς θεραπεύοντας, καὶ συμπεριφερομένους αὐτῷ.« In beiden
Gallien standen sogar ganze Völkerschaften in Klientel einer mäch-

tigeren, wie z. B. die Lingonen in der der Bojer (Xenoph. Hell. VII.
1, 20.) und die »magnae clientelae« der Aeduer (Caes. B. G. VI. 12.).
Galliens Halbkirchenstaat trägt ebensowol aristokratische, als
republikanische Züge. Der Einfluß weltlicher und geistlicher Dema-
gogen auf das in zahllose Factionen (Caes. B. G. VI. 10.) gespaltene
Volk war oft mächtiger, als das Gesetz; »qui privatim plus possent,
quam ipsi magistratus«, klagt Liscus, der Vergobrete der Aeduer
(Caes. l. c. I. 17. cf. Lex. Nr. 339.); und bei den freieren (belgo-
germanischen s. o.) Eburonen gesteht Ambiorix: er habe gehandelt
»coactu civitatis, suaque esse eiusmodi imperia, ut non minus haberet in se iuris multitudo, quam ipse in multitudinem« (Caes.
l. c. V. 27.). Diese Multitudo brachte bewaffnet suo more ihrem summus dux Vercingetorix ihr lautes Zustimmungsvotum (Caes. l. c.
VII. 21.). Aehnliche Einrichtungen galten bei den Germanen (Tac.
Germ. VII. XI.). Bei den Galliern wurden sogar unvolksthümliche
und verrätherische Prätendenten und Häuptlinge hingerichtet (»pu-
blico consilio interficere conati« Caes. B. G. V. 54.) oder auch
durch einen ochlokratischen actum immediatae potestatis getödet.
Vgl. Caes. B. G. V. 25. 54. VII. 4. Polyb. II. 21. für die Cisalpiner.
Das Selbe wiederfuhr auch ganzen Senatsgremien (Caes. B. G. III. 17.).
Jene Zerspaltung der unruhigen, händel-, eifer- und herrsch-
süchtigen Gallier in Factionen, die endlich die Hauptschuld an dem
politischen Untergange der Nation trug, hatte einige Berechtigung
in dem Volkscharakter überhaupt, wie in den faustrechtlichen Zuständen des gallischen Mittelalters. Caesar B. G. VI. 11. sagt u. a.:
»In Gallia non solum in omnibus civitatibus atque pagis partibusque,
sed paene etiam in singulis domibus factiones sunt; earum facti-
onum sunt principes, qui summam auctoritatem eorum iudicio habere existimantur — —; idque eius rei caussa antiquitus institu-
tum videtur, ne quis ex plebe contra potentiorem auxilii egeret.
Suos enim opprimi quisque et circumveniri non patitur, neque aliter
si faciat, ullam inter suos habet auctoritatem (ritterlich! doch auch
si reges certant, plectuntur Achivi!). Haec eadem ratio est in summa
totius Galliae, namque omnes civitates in duas partes divisae
sunt. (c. 12.) Cum Caesar in Galliam venit, alterius factionis principes erant Aedui (»deiectos principatu« nennt er sie ib. VII. 63.),
alterius Sequani.« Aus dem Folgenden (für dessen lehrreichen Inhalt wir unseres Raumes wegen unsere Leser auf das Original verweisen müßen) geht u. a. hervor: daß die Schwächeren ihre Macht
durch Bündnisse mit Fremden, sowie durch Corruptionskünste —

»magnis iacturis pollicitationibusque«, »δωρεαῖς« (Interpr.) zu erweitern suchten.

Die Verfaßungsform der einzelnen Staaten war vielleicht nicht ganz gleichmäßig und lief bald mehr in eine monarchische Spitze, einen Rex, Vergobretus, Princeps, auch Dux, besonders, gleichwie Imperator (nicht bloß der Römer) im Kriege; bald in die oligarchische eines zahlreichen Senates aus; in der Regel verband sich Beides. Ueber Allem stand und urtheilte denn die gesetzliche Form des Factionswesens: die Concilia und Consilia des Adels (nobilitas, equitatus, was auch Reiterei im Gegensatze zum Fußvolke bedeutet, principatus, was auch mitunter für den höchsten Adel, die Häuptlinge gilt), des Heeres und des ganzen Volkes. Hier einige Belege.

Die Remer und die Aeduer hatten Senatus und Principes d. i. Adel Caes. B. G. I. 16. II. 5.; einen Senatus, und zwar einen sehr zahlreichen (die Zahl wird von Caesar, Livius, Plutarchos verschieden angegeben) und einen Dux Boduognatus, »qui summam imperii tenebat« die Nervier (l. c. c. 23. 28.); einen Senatus (den Caesar ganz ermorden ließ) die armorischen Veneter (l. c. III. 16.), die Aulerker, Eburoviken und Lexovier (die ihn selbst ermordeten ib. c. 17. vgl. unser Obiges). Für den Vergobretus (diesen gallischen Titel hat Caesar B. G. I. 16. ausnahmsweise aufbewahrt), welchen die Aeduer jährlich als »qui summo magistratui praeerat«, als republikanischen Präsidenten mit der Gewalt über Leben und Tod wählten, s. Lex. Nr. 339. Der »Magistratus« wird von dem »Senatus« bei Gelegenheit eines Gesetzes der Aeduer Caes. l. c. VII. 33. unterschieden, nach welchem Zwei »ex una familia, vivo utroque« in keiner beider Obrigkeitsklassen zugleich sitzen durften. Dort lesen wir auch: daß »iis qui summum magistratum obtinerent, excedere ex finibus non liceret« (wie dem Oberbürgermeister in Frankfurt a. M.) und daß Caesar »Convictolitanem, qui per sacerdotes, more civitatis, intermissis magistratibus esset creatus, potestatem obtinere iussit«, klug genug! Auch über die zu den Germani cisrhenani gehörigen Eburonen herrschen gleichzeitig zwei Häuptlinge l. c. V. 24. Ein ander Mal erhebt Caesar (l. c. VII. 39.) den Aeduer Virdumarus aus niedrem Stande »ad summam dignitatem.« Der »Magistratus« ließ sich in mehreren Staaten alle politischen Neuigkeiten zutragen, um sie nach Gutdünken für sich zu behalten, oder »multitudini« mitzutheilen (Preßzustände der Vorzeit!); »de republica nisi per concilium loqui non conceditur«

Caes. l. c. VI. 20. Ebds. VII. 63. cf. 4. erfahren wir von einem »totius Galliae concilium«, das zu Bibracte angesagt und abgehalten wird, und auf welchem »multitudinis suffragiis« einstimmig Vercingetorix zum »imperator« gewählt wird. Schon vor Caesar, oder richtiger biß auf ihn, fanden die parlamentarischen (Strab. IV. p. 197. s. o.) Wahlversammlungen Statt. Beim Ausbruche des zweiten punischen Krieges wurden nach Livius (XXI. 20.) die römischen Gesandten in Gallien vor ein bewaffnetes Concilium geführt, in welchem »magistratus« und »maiores natu« Ordner und Vorsitzer waren. Etwas anderer Art war die mit grausamer Ahndung der Säumigkeit verbundene Sitte bewaffneter Zusammenkunft bei Kriegsbeginne Caes. B. G. V. 56. vgl. etwa I. 6. VII. 21. Die Belgen hatten ein besonderes »commune concilium« ib. II. 4. Ganz regellos scheint »prope omnis civitas« der Aeduer nach Decetia, wohin Caesar (B. G. VII. 33.) den Staatssenat berufen hatte, zur Berathung mitgekommen zu sein.

Die Britannier hatten »reges« (l. c. V. 22. cf. 20 etc.), »δυναστάς« (Strab. IV. p. 200.); die asiatischen Galaten Tetrarchen. Bei Caesars Landung wurde von den Britanniern »summa imperii bellique administrandi communi consilio permissa Cassivellauno« (ib. c. 11.).

Die antike Eintheilung der einzelnen Staatsgebiete, die Caesar noch vorfand, überdauerte seine Ankunft nicht lange. Er hat keine vollständige Darstellung derselben hinterlaßen und leider keine einheimischen Benennungen angegeben. Die »civitas« (kymr. ciwdawd gens halten wir für Lehnwört) der Helvetier war nach B. G. I. 12. in 4 »pagos« getheilt; sie hatten an (»ad«) 12 »oppida« und an 400 »vicos« (l. c. c. 5., also 4 als Grundzahl?). Die Arverner waren in mehrere »pagos« getheilt (l. c. VII. 64.), aber auch die germanische »gens Suevorum« in 100 »pagos« l. c. IV. 1. und nach VI. 23. überhaupt die germanische »civitas« in »regiones« und »pagos«. Plinius (H. nat. III. 15.) zählt 112 »tribus« der italischen Bojer; Appianos (Gall. II.) 4Q0 gallische ἔϑνη, die Caesar besiegt habe.

Wir kommen nun noch einmal auf das, bei allen Völkern so wichtige, Gebiet des Glaubens und Aberglaubens zurück, indem wir uns auf das, namentlich bei den Druiden, oben und im Lexikon Vorkommende beziehen. »Natio est omnium Gallorum admodum dedita religionibus«, sagt Caesar B. G. VI. 16.

Kommt auch das Priesterthum weder unter jenem Namen, noch

auch mit der ungeheuren Macht, die es bei den überkirchlichen Transalpinen besaß, unter den übrigen Kelten vor: so werden doch auch bei ihnen mehrfach Glaubenssachen und kirchliche Dinge erwähnt. So bei den Norikern, wie schon erwähnt, der Nationalgott Belis; s. Lex. Nr. 62. Von den cisalpinen Bojern erzählt Livius (XXIII. 24.): daß sie in ihrem heiligsten Tempel den mit Golde ausgelegten Schädel des erlegten Römerfeldherrn zur Weihegabe als Priesterbecher darbrachten.

Auf der o. erw. Gerichtsstätte der asiatischen Galaten (Lex. Nr. 140.) mag auch religiöse Weihe geruht haben. Gewiss waren die »thörichten Galaten« ebenfalls »religionibus dediti«, in heidnischer, wie in christlicher Zeit; für letztere vgl. Lex. Nr. 310. Von ihrem Verbote des Schweinefleisches war bereits oben, im Vergleiche mit ähnlichen der Britannier, die Rede; dort ergab sich auch der Gegensatz gegen die sonstige Neigung der Kelten zu jenem Fleische. Pausanias VII. 17. berichtet dieses Verbot von den Galaten in Pessinus (»ὑῶν οὐχ ἁπτόμενοι«) und mischt bei dessen Motiven lydische und phrygische Mythen ein; vielleicht gieng die ursprüngliche Nachricht auf die »Galli« in Kybeles Dienste, in denen man neuerdings wirkliche Gallier sucht; vgl. Lucian. de Dea Syria und Wernsdorff de Rep. Gal. p. 322 sq. In Pessinus war der Gallier Brogitarus nach Cicero (de Arusp. Resp. Nr. 28.) Kybelepriester. Auf jüdische Einwirkung deutet außer dem Verbote des Schweinefleisches das Trinken des verlobten Paares aus Einem Becher im Tempel. Die schon angeführte ankyranische Inschrift bei Tournefort II. 450. feierte eine »Καραχυλαίαν (vgl. Caracalla u. dgl.) ἀρχιερείαν, ἀπόγονον βασιλέων, θυγατέρα τῆς μητροπόλεως, γυναῖκα Ιουλίου Σεουήρου τοῦ πρώτου τῶν Ἑλλήνων« (hellenischen Magistrats unter den Galaten?). Die o. mehrerwähnte Kamma war die Gemahlin des Tetrarchen Sinatos und zugleich »Ἀρτέμιδος ἱέρεια, ἣν μάλιστα Γαλάται σέβουσι« Polyaen. Strat. VIII. Die Religion der asiatischen Galaten verlor unter den hellenischen, lydophrygischen und jüdischchristlichen Einwirkungen vermuthlich nach und nach das alte Eigenthum ganz. Strabon XII. p. 558. erzählt von galatischen Priestern in Komana und p. 567. von Zeus Erzkolosse und Asyltempel in der Galatenfeste Ταούιον (Jupiter Tavianus). Altgalatisch waren die früheren Menschenopfer Liv. XXXVIII. 47.

Diese waren bei den Galliern mit Todtenfeiern und selbst mit Verbrecherstrafen verbunden, namentlich bei den gräßlichen Hekatomben, die Caesar B. G. VI. 16. beschreibt. Ebds. erzählt er: daß die Gallier in jedweder Lebensgefahr Menschen für sich opferten oder ihre Selbstopferung gelobten (Beides kehrt in milderer Gestalt bei den christlichen Klostergelübden wieder); diese Opfer führten die Druiden aus. Diodoros V. 32. fügt zu den vermuthlich nach Caesar l. c. beschriebenen Brandopfern hinzu: daß sie auch die mit den Menschen kriegsgefangenen Thiere verbrannten oder in anderer Weise zu Tode marterten! Diese Scheußlichkeit kontrastiert mit den dogmatischen Geboten der Schonung und Milde gegen Thiere bei den Kymren. Auch Strabon IV. p. 198. wiederholt kurz diese Berichte und setzt einige neue Angaben hinzu. Dionysios I. 38. sagt, daß die Kelten noch zu seiner Zeit Menschen opferten. Vgl. u. a. unser Lex. Nr. 50. Ukert II. 2. S. 225 sq. mit Citaten über diese Opfer. Von jenen Holokausten in geflochtenen Kolossen scheint sich die noch im J. 1766 von Saint Foix erzählte abscheuliche Verbrennung einer Anzahl in Körbe gesperrter Katzen (auch Füchse) am Johannisabend in mehreren französischen Städten erhalten zu haben, vgl. Ritson, Memoirs of the Celts p. 81; Mannhardt (Götterwelt S. 201.) dagegen gibt germanische Vergleichungen zu diesem Gebrauche.

Caesar erzählt B. G. VI. 19.: »Funera sunt pro cultu Gallorum magnifica et sumptuosa; omniaque, quae vivis cordi fuisse arbitrantur, in ignem inferunt, etiam animalia; ac paullo supra hanc memoriam servi et clientes, quos ab iis dilectos esse constabat, iustis funeribus confectis, una cremabantur.« Dieser Gebrauch kam bekanntlich auch bei andern Volksstämmen, namentlich den alten Preusen, vor, und hieng, eben auch bei den Galliern, mit dem Glauben an individuelles Aufleben in einer andern Welt und an Seelenwanderung zusammen. Pomponius Mela III. 2. erzählt von den früheren Menschenopfern der Gallier: »Manent vestigia feritatis iam abolitae — —; ubi devotos altaribus admovere, delibant.« Die Druidenlehre von einem zweiten Leben habe früher u. a. bewirkt, daß Manche »se in rogos suorum, velut una victuri, libenter immitterent.« Vgl. die o. berührte Verpflichtung der Soldurier (Lex. Nr. 298.) zur Selbsttödung Caes. B. G. III. 22. und Aehnliches bei den Germanen Tac. Germ. XIV. Die Weihung und Opferung lebender und lebloser Kriegsbeute mag allen gallischen Stämmen (vgl. u. a. Caes. B. G. VI. 17. Strab. IV. p. 188.) mit den meisten alten Völkern gemein gewesen sein.

Die Römer hatten das Verdienst, die Menschenopfer in Gallien abzuschaffen vgl. besonders Plin. H. nat. XXX. c. 1. s. Lex. Nr. 137.

Suetonius erzählt von Claudius (c. XXV.): »Druidarum religionem apud Gallos dirae immanitatis, et tantum civibus sub Augusto interdictam, penitus abolevit.« Wenn Tertullianus Apol. c. IX. seine gallischen Zeitgenoßen noch als Menschenopferer denunciert, so ist dieß kirchenväterliche Taktik.

Bei den transalpinen Galliern wird unsers Wißens nur von Leichenverbrennung berichtet, mit Ausnahme einer Aeußerung Melas (III. 2.), die neben (doch nicht nach?) jener auch Begrabung angibt: »cum mortuis cremant ac defodiunt apta viventibus.« Andere lesen, mit abweichender Satzverknüpfung, »mortuos«. Die Keltiberer ließen aus religiösen Gründen ihre geehrten Gefallenen den Geiern zur Beute liegen, was nicht keltische, sondern iberische Sitte war (Sil. Ital. III. v. 340 sq. XIII. v. 471 sq.) und auch von den nicht gar fernen Barkäern in Kyrenaika berichtet wird (Aelian. X. 22.).

In der druidischen Dogmatik heben die Alten jene Wanderung und Unsterblichkeit der von dem Leibe trennbaren Seelen hervor, die im Grunde nichts Auffallendes hat. Nach Caesar B. G. VI. 14. lehrten die Druiden: »non interire animas, sed ab aliis post mortem transire ad alios«; nach Valer. Max. II. 6.: »animas hominum immortales esse«; Diodoros V. 28. setzt dazu: »καὶ δι᾽ ἐτῶν ὡρισμένων πάλιν βιοῦν, εἰς ἕτερον σῶμα τῆς ψυχῆς εἰσδυομένης«, und gibt an: »ἐνισχύει γὰρ παρ᾽ αὐτοῖς ὁ Πυθαγόρου λόγος.« Umgekehrt stellt Alexandros bei Clemens Strom. I. Pythagoras in die zweite Stelle: »ἀκηκοέναι δὲ Γαλατῶν.« In der That aber steht die Druidenlehre der pythagoräischen weit ferner, als der pharisäisch-christlichen. Vgl. noch Lucan. Phars. I. v. 454. und die romantisch-schauerliche Sage bei Prokopios (IV. 20.) über die Charonsfahrt, die sich nach E. Souvestre (Derniers Bretons) noch jetzt in der Niederbretagne finden soll. Auch bei den alten Iren soll eine Seelenwanderungslehre vorgekommen sein, s. O'Connor, Rer. Hib. Scr. p. XXXVII. Strabon IV. p. 197. dehnt das Dogma noch weiter aus: »Ἀφθάρτους δὲ λέγουσι καὶ οὗτοι καὶ ἄλλοι τὰς ψυχὰς καὶ τὸν κόσμον, ἐπικρατήσειν δέ ποτε καὶ πῦρ καὶ ὕδωρ.«

Mit der druidischen Götterlehre ergeht es uns, wie oben mit der keltischen Schrift. Stoff ist reichlich vorhanden und wächst gerade in neuerer Zeit durch die Inschriftenkunde. Aber einer organischen Anschauung können wir weder uns, noch Andere biß jetzt berühmen, und begnügen uns daher mit wenigen Worten. Die Römer und Griechen (vgl. Lex. Nr. 237.), Caesar (B. G. VI. 17.) an der Spitze, suchten hier, wie anderwärts ihre eigenen Göttergestalten in den fremden. Caesar l. c. vergleicht sehr schön die Functionen der römischen Gottheiten mit den entsprechenden der gallischen, deren Namen er, leider! nicht nennt. Wir wißen aus Anderen, daß die Gallier gerne ihren Belenus (Belis) mit Apollon verschmolzen (vgl. Lex. Nrr. 62. 137.), wie denn auch die Inschriften gewöhnlich gallische Götternamen den römischen zugesellen, theils als Synonymen, theils als Lokalbezeichnungen je eines Gottes, wozu u. a. die verschiedenen und oft rivalisierenden Mütter Gottes im christlichen Spanien den Pendant bilden. Die blutdürstigen Gottheiten der Skordisker übersetzt Ammianus (XXVII. 4.) in Bellona und Mars. Gelegentlich kommen auch in unserem Lexikon keltische Mythologica vor; vgl. Nrr. 9. 22. 62. 136. 137. 140. 144. 153. 184. 193. 237. 250. 279. 309. 311. 338.

Die transalpinen Gallier hatten das stolze Bewustsein, Göttersöhne zu sein. »Galli se omnes ab Dite patre prognatos praedicant, idque ab Druidibus proditum dicunt: Ob eam caussam spatia omnis temporis non numero dierum, sed noctium finiunt« etc. (Caes. l. c. 18.). Diese Zählung kommt bei Kelten und Germanen vor. Die nhd. Woche: »acht Tage«, auch frz. »huit jours«, ist bei den Kymren wythnos f. d. i. Achtnacht, bei den Angelsachsen, mit andrer Zahl, seofonniht eng. sevennight, und in altdeutschen Gesetzen gelten Formeln, wie »super noctes septem.« ·

Die von den späteren Schriftstellern erwähnten volksthümlichen Tempelbauten Galliens (vgl. Lex. Nrr. 140. 195. 332.) gehören vermuthlich zum Theile dem vorrömischen Cultus an, der auch in Hainen gefeiert wurde, vgl. den, wol keltoligurischen, mit rohen Holzbildern gezierten, Opferhain bei Massilia Lucan. Phars. III. v. 399 sqq.; Plin. H. nat. XVI. c. 44., der den höchst feierlichen Mistelschnitt der Druiden im heiligen Eichenhaine beschreibt. Die bekannten Steindenkmale (Dolmen, Peúlvan) der Bretagne sind nur oder mindestens zugleich britannischen Ursprungs; doch sollen sich ähnliche auch in dem Süden, bei Aix und bei Vaúvenargues in der Provence, finden (Statist. du Dép. des Bouches du Rhône t. II. p. 368.).

Aus Großbritannien wird uns, trotz der Druidenhochschule, wenig Theologisches berichtet. Vgl. unsere obigen Citate für Vergleichung der Britannier mit den Galliern und einige der o. verzeichneten Numern unsers Lexikons; Tacitus Ann. XIV. 30 ff. über die Scenen auf Mona und die römische Stiftung eines »divo Claudio« geweihten Tempels in Camalodunum. Desto reicher fließen die einheimischen Quellen in nachklassischer Zeit, aber mit so gemischter

Flut, daß das Echte von dem Gemachten nur durch eine schwierige Filtrierung geschieden werden kann.

Noch Weniger wißen wir von dem Volksglauben der iberischen Kelten. Plinius nennt in der o. excerpierten Stelle H. nat. III. 3. nur beiläufig »sacra«. Strabon III. p. 164. berichtet: »Ἔνιοι δὲ τοὺς Καλλαϊκοὺς ἀθέους φασί, τοὺς δὲ Κελτίβηρας καὶ τοὺς προσβόρους τῶν ὁμόρων αὐτοῖς ἀνονύμῳ τινὶ θεῷ ταῖς πανσελήνοις νύκτωρ πρὸ τῶν πυλῶν πανοικίους τε χωρεύειν καὶ παννυχίζειν.«

Bei den germanischen oder deutschen Völkern faßen wir uns, unbeschadet unseres Patriotismus, schon desswegen viel kürzer, weil die meisten sie betreffenden ethnologischen Angaben, Fragen und Alternativen bereits bei den ihnen vorausgegangenen Stämmen vorgekommen sind, vorzüglich bei den Kelten, welchen sie auf den meisten, seit ältester Zeit von diesen betretenen, Länderräumen entweder begegneten oder nachfolgten — Letzteres oft, nachdem die Kelten Jahrhunderte lange vorhergegangen waren, wie in Italien, Griechenland, Kleinasien.

Die Sturm- und Drang-periode der Völkerwanderung schleuderte die deutschen Völkermassen nicht minder weit umher, als ein noch stärkerer Naturdrang in ähnlichen Zeiträumen die Kelten. Indessen war dieser Drang z. B. bei den Herulern und später bei den Nordmannen, deren blutige Fußtapfen Rennwege durch ganz Europa bezeichnen, nicht geringer, als bei den Kelten. Dazu waren, wie es scheint, beide Stämme und demnächst der slavische die zahlreichsten aller europäischen, obgleich dem Griechenvölkchen einst Thraken, wie Skythen, als sehr-große Nationen erschienen. Nur aber dort, wo auf diesem großen Raume die Abstammung, entweder ganz oder doch ihrem Kerne nach, deutscher Völker bei den Alten verschieden angegeben wird, wie z. B. der Kimbern, der Bastarnen; oder wo innerhalb des Stammes selbst stärkere ethnische Unterschiede vorkommen: nur da verpflichtet uns unser Arbeitsplan zu längerem und breiterem Verweilen. Je näher wir der Gegenwart treten, desto unzweideutiger werden in der Regel die ethnischen Wahrzeichen und laßen uns in erwünschter Kürze verfahren.

Das wichtigste dieser Wahrzeichen: die Sprache in ununterbrochener Dauer biß heute, besitzen unter den bißher verhandelten Völkern in ähnlichem Maße, wie die Deutschen, nur ihre einst ebenbürtigen Vorgänger in der Geisterherrschaft: die Griechen, deren älteste Mundarten zudem weit reichlicher in Schriftmälern aufbewahrt sind, als die unseren. Eben auch bei diesen fanden wir darum nicht Anlaß zu längerem Verweilen, während wir den mehr und minder verstummten vor, neben und zwischen ihnen wohnenden Völkern uns länger, spähend und horchend, zuwandten. Die Römer hatten die Iberer, Liguren und Kelten, mit wenigen Ausnahmen, als solche zernichtet und in die von dem westlichen Finis terrae biß nach Thrakien reichende Romanenwelt aufgehn laßen. Und diese stürzte endlich theils durch sittliche Schwindsucht im Inneren, theils durch die Orkane der Völkerwanderung zu Boden, zum Theile, ohne sich je wieder aufrichten zu können.

Unter allen Stämmen, die seit dem Beginne der Völkerwanderung die römisch gewordenen Völker, und zur Abwechselung den eigenen Leib, zerfleischten: war der deutsche der am kräftigsten und edelsten organisierte und desshalb auch am meisten befähigt, die zertrümmerten Staaten neu zu organisieren. Dagegen wurden die zahlreichen Heere und Horden der Alanen, Hunnen u. s. w. in Europa über Nacht fast ganz zu Leichenmassen. Und diese Zernichtung war etwas ganz Anderes, als jenes Aufgehn der meisten keltischen und später selbst vieler deutschen Stämme im Romanismus, Ersterer als Besiegter, der meisten deutschen aber als Sieger. Obgleich die Zahl dieser Deutschen weit geringer war, als die der Kelten, so brachten sie doch eine weit größere Masse sprachlichen Eigenthums mit in die von ihnen angenommenen romanischen Mundarten, als früher die Kelten in das von ihnen adoptierte Mischlatein.

Jene schreckliche Vernichtung mit Weib und Kind, bei welcher nur das verkürzte Menschenalter eines Sklaven noch als Lebensfrist erscheint, traf die ältesten in der Geschichte auftretenden Germanenstämme, sofern wir diese in den Kimbern und ihren meisten Genoßen suchen.

Thun wir dieß mit Recht, so fällt uns die bedeutende Frist biß zum nächsten Auftreten deutscher Völker in der Römerwelt auf. Der kimbrische Schreck, der erst die Römer getroffen hatte, muste mit dem unseligen Schicksale des Völkerzuges seinen Rückschlag gegen die im Nordosten der Siegesbotschaft harrende deutsche Welt richten.

Die vorgermanischen Völker der Westhälfte Europas: in Italien einerseits, in Iberien und Gallien anderseits, wozu denn noch ein Theil Thrakiens kommt, sind die Romanen der Gegenwart, in deren Adern auch viel deutsches Blut rinnt, mehr, als romanisches in Schweiz, Baiern u. s. w. früh in deutsches verwandelt wurde. Die Romanen in den Donauländern sind von den übrigen durch den Raum, sowie durch viele theils ethnische, theils kulturgeschichtliche: politische, kirchliche, sociale, Faktoren getrennt. Aber auch die übrigen sind weit entfernt, ein einheitliches Volksthum darzustellen, obgleich sie auch, biß jetzt, noch einen geistigen Mittelpunkt in dem Nachfolger des Pontifex maximus zu Rom besitzen. Sie theilen sich geographisch, politisch und ethnisch in drei Hauptkörper: Italiener, Iberer und Gallier oder Bewohner der Pyrenäenhalbinsel und Frankreichs. Unter den einzelnen finden sich indessen, auch die Reste vorrömischen Volksthums ungerechnet, noch bedeutende Unterschiede und Gruppierungen. So z. B. geht der hier nicht besonders hingestellte raetoromanische Stamm durch mehrere politische Gebiete; oberitalienische Stämme zeigen Berührungen mit dem Franzosen und selbst mit dem verhaßten Tedesco; die Südfranzosen bilden eigentlich mit den Katalanen einen besonderen Romanenstamm, dessen beide Hälften durch politische Trennung immer mehr aus einander und hier dem nordfranzösischen, dort dem kastilianischen Körper zu wachsen. Letzterer wird sich auch allmählich den portugiesischen Ast in Gallizien einverleiben.

Wir werfen diesen Blick auf die römische Ganerbschaft, um die merkwürdige Thatsache hervorzuheben: daß jetzt noch (1858–9) gerade die einzige politische Großmacht der Neurömer keine römische, sondern in der That eine keltische ist. Wir sahen in Gallien zu Attilas Zeit den Schatten der in Rom selbst verschwundenen Römerherrlichkeit, und heute begegnet in Italien selbst der Caesar Galliens dem deutschen des Ostreichs als Nebenbuhler.

So setzt denn das nicht mehr in der Sprache, aber im Volkscharakter fortlebende Keltenthum noch jetzt den alten Kampf mit dem Germanenthum fort — trotz aller entente cordiale seines Kaisers mit der Inselkönigin des keltenfeindlichsten Stammes, und trotz einer Urzeit, in welcher Kelten und Germanen einander noch ähnlicher als hellfarbige, riesige Nordvölker den weit kleineren und dunkelfarbigeren Stämmen Iberiens, Liguriens und Italiens gegenüber standen.

Und während das Keltenthum diesen Kampf fortsetzt, tritt bereits der jüngste arisch-europäische Hauptstamm aus seiner hyperboreischen Dämmerung und Abgeschloßenheit heraus in die Reihe der weltgeschichtlichen Völker: der slavische nämlich, und zwar, nachdem eine Menge seiner Völker vorlängst germanisiert wurden, ähnlich, wie Gothen, Franken, Burgunder u. s. w. romanisiert wurden, ehe das deutsche Reich sich bildete, nur freilich wiederum mit dem obigen Unterschiede von Siegern und Besiegten.

Zeit und Weg der ersten germanischen Einwanderung in Europa hangen mit der wahrscheinlich zunächst vorhergegangenen keltischen enge zusammen. Nur ist ein Theil der Germanen weiter nach Norden hinauf geschoben worden. Zeuss nennt die Deutschen den Mittelstamm, das Centralvolk Europas. In der Völkerwanderung, sagt er, sind um sie herum die Kelten von Westen nach Südosten vorgerückt, die Wenden von Osten nach Südwesten. J. Grimm sagt: vermuthlich habe Pytheas (zu Alexanders d. Gr. Zeit) wirkliche Deutsche an der Ostsee gefunden; zu ihnen gehörten Ptolemaeos Guten und Daukionen auf der Insel Skandia. Von 113 biß 102 v. Chr. zogen Kimbern und Teutonen von der nördlichen Halbinsel dem Rhein entlang über die Alpen, fanden aber vermuthlich unterwegs schon andere Germanen, welche Tacitus für Indigenen hielt (s. u.; vgl. o. über den Kimbernzug).

Im skandischen Norden dagegen sind die Germanen auf Kosten der nordwärts gedrängten Finnen eingezogen. Ueber ihren Weg dorthin laßen wir Rask in seiner Muttersprache reden: »Vare Forfädre indvandrede i Norden sönder fra, dels over Oestersöen, dels igjennem Tyskland til Danmarken, hvilken sidste Vej Odin med Aserne tog; ti det er en al Sandsynlighed, og al Historie modstridende Mening, at de ere kommen igjennem Finland og over Aalandsöerne nid i Sverrig. De alleräldste Indbyggere, som de forefandt, vare alle af den finniske Folkeklasse, skjönt delte i mange mindre Stammer under Navn af Hrimthussar, Thussar, Bergrisar, Risar, Tröll, Jötnar (wol verschieden von Jôtar d. i. Jüten), Dvergar, Kvener o. fl.« Also, von Süden, nicht etwa von Finnland aus, kamen die Germanen nach Skandinavien.

Nach Norden aber zieht kein Volk ungedrängt. Die Deutschen fanden bei ihrer Einwanderung in Europa die Mitte, vielmehr noch den Süden des Welttheils bereits besetzt und brachen sich ihre ersten Bahnen nicht durch die dichtesten Bevölkerungen. Allmählich breiteten sie sich vom schwarzen Meere weithin durch die Gebiete der Donau (später erst des Rheins) biß zur Ostsee und zur Weichsel aus. Hinter ihnen her kamen besonders iranische (skythische, sarmatische) und lituslavische Völker. Rask vermuthet einen Theil der Gothen durch die Letten nach Skandinavien gedrängt. Ob dort wirklich jemals Gothen wohnten, welche sonst in geschichtlicher Zeit vorzüglich in den Ländern am schwarzen Meere und an der Donau auftreten, laßen wir unentschieden, solange weit Urtheilsfähigere, als wir, die Fragen über Jornandes Gautigoth, über

Gautar und Gothen, Götar und Gutar, Gothland in Skandinavien
u. s. w., kaum verneint, schon wieder als ungeschloßene hinstellen.
Die G u d d a i der Litauer und G u d d i der Letten, welche Jenen
Russen und Polen, Diesen Weißrussen bedeuten, und die man für
Erben des deutschen Volksnamens nach Abzuge des Volkes halten
kann, besprechen wir unten bei den Preusen.

Daß die Germanen lange Zeit hindurch in nördlicheren Gegenden
hausten: dafür zeugen viele ihrer körperlichen Eigenschaften und
mehrere der geistigen in alter. Zeit. Die Alten mochten richtig
sagen: wie die Germanen jener Gegenwart beschaffen waren, so
die Kelten der Vorzeit. Und jetzt ist auch uns Neugermanen jene
Gegenwart längst zur reckenhaften Vorzeit geworden.

Den Griechen waren die Deutschen von Herodotos biß auf den
Massilier Pytheas herab namenlose Hyperboreer. Ephoros und
Aristoteles (de Mundo III.) kennen immer nur Skythen im Nordosten, Kelten im Westen (*πρὸς δύσιν δὲ Κελτοὺς, πρὸς δὲ βορ-
ρᾶν ἄνεμον Σκύθας* Ephoros bei Strab. I. p. 34.), und nicht das
Mittelvolk. Die *Ἀρκύνια ὄρη*, die Aristoteles (Meteor. I. 13.) in
Keltike kennt, sind wirklich damals noch von den Nachkommen des
Sigovesuszuges bewohnt. Selbst der angeblich aus Aristoteles ent-
nommene Name *»Γέρμαρα, Κελτικῆς ἔθνος, ὃ τὴν ἡμέραν οὐ
βλέπει«* bei Steph. Byz., wenn wirklich so alt und aus *Γέρμανα* verschrieben, bedeutet dann nur erst keltische Germanen (s. o. Kelten).
Polybios, der selbst jenseit der Alpen gereist hatte, kennt ebensowenig den Namen, als den (deutschen) Stamm der Germanen; er
sieht in den Bastarnen, bei welchen wir deutschen Hauptstock vermutheten, noch erst ein keltisches Volk. Wenn Pytheas Guttonen
bei Plinius H. nat. XXXVII. c. 2. »Germaniae gens« heißen, so ist
dieß von Plinius geographischem Standpunkte aus gemeint. Zu
Ciceros Zeit ist zwar der Name G e r m a n i für D e u t s c h e den
Römern bereits geläufig, aber selbst Caesarn und vielleicht noch
mehreren Späteren nicht mit Ausschluße keltischer Namensgenoßen.
Der Landesname G e r m a n i a ist zu Augustus Zeit gäng und gebe.
Ob der Römer Sisenna schon S u e v e n kannte, bleibt bei der Unsicherheit der Lesart fraglich; s. Lex. Nr. 199.

Vielleicht besaßen die deutschen Völker im Alterthum keinen
einheimischen Gesamtnamen. G e r m a n i wurden sie von den Kelten
geheißen, zu welchen der Name als (gaidelisch) G e a r m a i l t e a c h
erst durch neuenglische Vermittelung wieder zurückgekehrt sein
wird. Einheimisch dagegen ist der jüngere Name d e u t s c h,

t h i u d i s k s, der vielleicht dền Gegensatz zu dem slavischen, in
ganz Osteuropa gebräuchlichen N j e m e c (Stummer) bildet, indem er
den d e u t l i c h Redenden, oder gar den Redenden schlechtbin, bedeuten kann. Freilich sind vielleicht die D e u t s c h e n eigentlich die
einheimischen Leute, Volksgenoßen, gentiles, von t h i u d a, d i o t a
gens; aber v o r dem Namen des V o l k e s gilt der der S p r a c h e,
d i u t i s k â bei Nôtkêr, lat. t h e o d i s c a u. dgl. ungefähr seit 800,
d. i. vulgaris, im Gegensatze zur gelehrten lateinischen, schwerlich
schon als h e i m i s c h e oder gar ethnisch als d e u t s c h e gemeint;
ags. g e t h e o d e bedeutet sogar Sprache schlechthin, auch die fremde,
z. B. der Finnas und Beormas (Aelfr. Peripl.). Der Name der Sprache
dürfte demnach erst auf den Redenden übergegangen sein. Die Geltung des eigentlichen Volksnamens tritt erst ungefähr im 12. Jh.
ein, so im altn. T h ŷ d h s k a r, T h ŷ z k a r, T h y d v e r s k a r, worinn jedoch unsers Wißens die Nordmänner nicht sich selbst mitein-
begriffen. So schließt auch bei den späteren Schriftstellern häufig
der Name G e r m a n i die Nordmänner wie auch die Sachsen u. A.
aus, und gilt nur dem Volke längs des Rheines und auf dessen beiden Seiten, besonders stromaufwärts, tief ins Binnenland hinein.
Mit T u i s c o hat der d e u t s c h e Name ebensowenig zu schaffen,
wie mit den T e u t o n e n. T e u t o n i c u s für d e u t s c h kommt seit
Ende des 9. Jh. sehr in Gebrauch, hat aber diese Geltung schon
einigemal in einer Zeit, in welcher der von t h i u d a abgeleitete
Volksname noch nirgends galt und, noch sicherer, den Römern unbekannt war (s. o. bei den Teutonen).

Auch der erst seit Ptolemaeos (am Südende der kimbrischen
Halbinsel) den Alten bekannte Name S a x o n e s, S a c h s e n, S a x-
l a n d u. s. w. gilt mitunter bei den Skandinaviern und selbst den
Friesen, sodann bei den Finnen und Esten, den lüneburger Wenden
(S j o s t j e Deutsche) und den Zigeunern für D e u t s c h e und D e u t s c h-
l a n d, bei den keltisch‑britischen Völkern aber für die Engländer.
Bekanntlich bedeutet bei mehreren romanischen Völkern der Name
des a l a m a n n i s c h e n Volkes oder Völkerbundes die Deutschen
überhaupt; so auch bei den Kymren A l l m a n, pl. E l l m y n.

Tacitus (Germ. II sqq.) hält (»crediderim«, »opinionibus accedo«)
die Germanen »indigenas, minime mixtos, tantum sui similem gentem«, wegen der Unzugänglichkeit ihres Landes und weil »habitus
quoque corporum, quanquam in tanto hominum numero, idem: omnibus truces et coerulei oculi, rutilae comae, magna corpora et
tantum ad impetum valida« (c. IV.). Er hat (c. III.) einheimische

Sagen vernommen, in welche sich, wie bei so vielen barbarischen Völkern oder vielmehr bei ihren klassischen Pseudochronisten, die Trojasage und die von Hercules Zügen eingesmuggelt hat. »Cele-brant carminibus antiquis, quod unum apud illos memoriae et anna-lium genus sit, Tuisconem deum terra editum et filium Mannum, originem gentis conditoresque. Manno tres filios assignant, e quorum nominibus proximi Oceano Ingaevones, medii Herminones, ceteri Istaevones vocentur.« Andere, sagt er, leiten von dem Gotte auch noch »Marsos, Gambrivios, Suevos, Vandilios (Vandalios)« ab. Aus gleicher Quelle stellte willkürlicher (vgl. Zeuss S. 70 ff.) Plinius (H. nat. IV. c. 14.) auf »Germanorum genera quinque: Vindili, quorum pars Burgundiones, Varini, Carini, Gut-tones; alterum genus Ingaevones, quorum pars Cimbri, Teutoni ac Chaucorum gentes; proximi autem Rheno Istaevones, quorum pars Cimbri; mediterranei Hermiones, quorum Suevi, Hermunduri, Chatti, Cherusci; quinta pars Peucini Basternae — — conter-mini Dacis.« Vorher (c. 13.) nannte er bereits im Norden die Ingae-vones und in einem Theile der Insel Scandinavia »incompertae magnitudinis« die große, 500 pagos bewohnende gens Hillevionum, deren Name jenen deutschen ähnlich lautet; Plinius gibt ihre Ab-stammung nicht an. Ausführliches über diese alten Eintheilungen und Stammsagen s. u. a. bei Zeuss a. a. O.; J. Grimm in Mythol. 2. A. S. 318 ff. 1213 ff.; Ingwi von Wachter in Ersch und Gruber En-cyclopädie.

Bei unsern Voreltern selbst entdecken wir nur schwache Spuren der von den Römern aufbewahrten Stammsage und Hauptvölker-namen, ungerechnet die von Schriftstellern verschiedener deutscher Stämme und von dem Britonen Nennius verfaßten Nachbildungen und Karrikaturen der obigen klassischen Stellen. Aber die Römer selbst scheinen nur aus einem einzigen deutschen Berichte geschöpft zu haben. Möglich, daß jene umfaßenden Namen unter den späteren verwandte haben; sie selbst aber kommen sonst nirgends vor, nur mit Ausnahme der einmal auch bei Pomp. Mela III. 3. genannten »ultimi Germaniae Hermiones«. Dieser Name steckt auch in den Hermunduri, sowie in dem des Thoringerkönigs Herminafridus Cassiod. IV. 1. i. q. Hermenefridus Greg. Tur. III. 4.; über die preusischen Hermini (Zeuss S. 675.) s. u. Etwa an der Stelle von Plinius Hilleviones liegen bei Tacitus Germ. XLIV sq. Suio-num civitates, deren Namen in den aus altnord. Zusammensetzungen, wie Svithiod (bei Jornandes Svethidi) u. dgl. entstellten modernen Namen S c h w e d e n s fortlebt, und an welche nach Tacitus die frauenbeherrschten, jedoch »cetera similes« (also nicht finnischen?) S i t o n u m gentes grenzen, vielleicht Jornandes S u e t h a n s nach J. Grimm in Gött. Anz. 1829 Stück 36., vgl. jedoch Zeuss S. 513.

Die vorgermanische Bevölkerung Skandinaviens suchen wir mit Rask (s. o.) in den F i n n e n, nur mit Ausnahme sehr nördlicher Inseln, namentlich I s l a n d s, wo vielleicht einst (vgl. Adam. Brem.) Stammverwandte der Grönländer und später christliche Iren, jedoch in geringer Zahl, verweilten. Letztere und überhaupt Gaidelen aus England streiften auch vielleicht schon in vorgermanischer Zeit weiterhin nach Skandinavien.

Leider kennen wir die Sprachen vieler altdeutschen Völker höchstens aus aufbewahrten Eigennamen, deren Aussprache dazu von undeutschen Ohren aufgefaßt und in unzureichender Schrift wiedergegeben wurde. Wir können uns für Stammtheilungen innerhalb des deutschen Völkerreiches nur an die uns bekannten Mundarten halten und hier nur die weiteren Umriße geben.

Ewig schade, daß wir an den deutschen Sprachen, diesem hochwichtigen Gliede der arisch-europäischen Kette, nur erst aus christlicher Zeit zusammenhängende Texte, und nicht einmal eigentliche deutsche Urtexte, besitzen! Wie mögen diese Sprachen, gewiss noch wenig zerspalten, zu Vater Homeros Zeit geklungen haben? Und wie selbst noch kurz bevor der furchtbare Wogenschlag der Völkerwanderung viele ihrer Laute und Beugungen zerschellte, andere in der sogenannten L a u t v e r s c h i e b u n g durch folgerechten und geregelten Nothzwang zweimal umwandelte, biß zu dem Gegurgel und Gezische der hochdeutschen Sprache herab — welcher aber zur Vergütung für diese organische und musikalische Einbuße (sie hat auch ein Zuviel in unorganisch eingeschobenen Vokalen zur Stützung der etwas breiten und trägen, aber schallreichen Aussprache) in Vokalismus und Flexion viel edles Alterthum als Sondergut verblieb. Selbst die herrliche gothische Sprache ist, mit Ausnahme ihres nur dem sanskritischen in alter Reinheit vergleichbaren Vocalismus, schon um viele alte Kleinode gekommen, wenn wir besonders die fast noch jugendliche Fülle und Schönheit der erst seit dem 16. Jh. bekannten preusisch-litauischen Sprachen vergleichen, der lateinischen Sprache zu geschweigen, die als Volkssprache zu Ulfilas Zeit schon vielfach zerrüttet war.

Um das ethnologische Verhältniss der gothischen Sprache zu den

Schwestern genau feststellen zu können, müsten wir sie in der Zeit
der ältesten Texte aus letzteren kennen, und zwar aus Gebieten, wo
sie mit diesen sich ungefähr gleichmäßig entwickeln und nur ähnliche Einwirkungen allophyler Sprachen erfahren konnte. Dieß ist
aber nicht der Fall. Wir wißen nur aus spärlichen Zeugnissen, daß
sie in Westeuropa biß ins 9. Jh. fortgelebt hat, in der Krim sogar
wahrscheinlich biß in die Mitte des 18. Jh., wo ein deutscher Jesuit
einen aus dem alten Asyle der Gothen und der Alanen stammenden
Proletarier an der Sprache als Landsmann erkannte, statt aber kostbare Sprachreste aus dessen Munde aufzuzeichnen, vielmehr sich darüber ereiferte: daß die letzten Nachkommen des nach tapferem
Wiederstande erst türkischer und russischer Barbarei erlegenen
Völkchens an der Stelle des Kruzifixes nur einen naturwüchsigen
Baum anbeteten.

So viel jünger aber auch die Schriftmäler der sächsischen,
friesischen und nordischen Mundarten sind, denn Ulfilas Bibel:
so theilen sie doch mit der gothischen Sprache in den Hauptpunkten
den wichtigen Gemeinbesitz des Consonantismus, zugleich als Sonder-
besitz dem älteren, um Eine Stufe zurückstehenden lateinischen, sanskritischen u. s. w. einerseits, wie anderseits dem um Eine Stufe und
allmähllich (besonders in den Dentalen) noch weiter fortgerückten
hochdeutschen gegenüber. Wiefern im Verlaufe der Zeit andere
arisch-europäische Sprachen, wie die armenische und die griechische,
ebenfalls durchgreifende Lautverschiebungen erlitten haben, ist hier
nicht zu erörtern.

Im Verhältnisse zu den vielfachen Berührungen der damaligen
(zunächst der moesischen) Gothen zeigt ihre Sprache nur geringe
Mischung: griechische, lateinische, und, was wichtiger ist, einige
lituslavische, wenn nicht rein slavische; finnische vielleicht gar nicht,
da p a i d a χιτών zwar finnisch, aber noch mehr germanisch ist.

In einigen Punkten des Vocalismus der gothischen und selbst
der althochdeutschen nachstehend, im Uebrigen aber, wie uns dünkt,
die wolklingendste und feinste der altdeutschen Sprachen ist die alt-
sächsische. Ihre Schwestern sind die reiche, aber schon die zer-
quetschten vokalischen Misslaute ihrer halbverwelschten neueng-
lischen Tochter zeigende Sprache der Engilsahsun, lingua angu-
lisca, anglica, saxonica, anglosaxonica; sodann die nie-
derländische (dutch der Engländer), deren ältester Zeitraum biß
jetzt gar nicht, obgleich der mittlere sehr reich, belegt ist. Innerhalb der sächsischen Mundarten Niederdeutschlands haben die west-

fälischen in Lauten und Wortvorrathe viel Eigenthümliches. Auf die niederrheinischen kommen wir nachher.

Den sächsischen Sprachen oder Mundarten zunächst stehn die friesischen, jedoch mit vielen Eigenheiten und vokalischen wie konsonantischen Verschiebungen in dem sonst unverhältnissmäßig antiken Bestande ihres Mittelalters, der auch einige Einwirkungen der nahen Nordmannsprachen zeigt, oder vielleicht lieber mit diesen gemeinsam festgehaltenes oder neugeformtes Sondergut. Neuerdings entarten und verschwinden die Mundarten des kerndeutschen, leider durch die politische Geographie und selbst durch Meeresfluten zersplitterten Friesenstammes nur allzuschnell. An scheinbaren Kleinigkeiten geht dabei dem Sprachforscher mitunter sehr Wichtiges verloren, wie z. B. der auf Wangeróg, und dort mehr nur bei alten Leuten, noch fein und fest gehaltene Unterschied der beiden Dentalaspiraten.

Die Sprache der Nordmannen übertrifft die friesische noch weit in Alterthümlichkeit relativ junger Schriftsprache, die sogar mit wunderbar geringen Abänderungen im einsamen Island noch heute als Sprache des lebendigen Volkes blüht. Auch in einem Bezirke Schwedens und auf einigen Inseln, zumal den Faröern, haben sich antikere Gestaltungen der nordischen Sprache erhalten; nach ihnen folgt die schwedische Schriftsprache und so eben noch einige norwegische Volksmundarten; die dänische Sprache samt ihren Mundarten ist am meisten gesunken, weniger lexikalisch, als lautlich, in verklungenen Vokalen (gleich den übrigen neudeutschen) und in wirrer Konsonantenverschiebung. Im Ganzen fällt die Schnelligkeit dieser Entartung und überhaupt die heutige Discentration der nordischen Sprachen auf, indem sie noch im späten Mittelalter eine weit weniger unterschiedene Einheit bilden, als sich diese in so weiten Länderstrecken zu erhalten pflegt.

Es fragt sich: ob die Sprache der Skandinavier deren, in der Geschichte und in dem Volksbewustsein vielfach hervortretende, Scheidung von allen übrigen germanischen Stämmen so laut bekräftige: daß sie und ihr Volk als der eine Theil einer Gruppe dastehn. Beim ersten Blicke möchte man dieß meinen, und in der That bilden die nordischen Sprachen in grammatischem wie in lexikalischem Verhältnisse zu den übrigen deutschen, am meisten natürlich zu der hochdeutschen, einen ziemlich genau begrenzten Kreiß. Dennoch sind die meisten dieser Merkmale nichts eigentlich den Schwestern Fremdartiges oder doch so Ferngerücktes, wie es sich z. B.

bei den antikeren Minoritäten der keltischen und der lituslavischen Sprachgruppen zeigt. So scharf unterscheiden sich nur zwei Punkte, und diese reichen wahrscheinlich nicht einmal in die Zeit zurück, in welcher die hochdeutsche Mundart durch ihre (zweite) Lautverschiebung sich stärker von allen Schwestern sonderte. Wir meinen die Suffixion des Artikels, die ihr Gegenbild u. a. auf romanischem Gebiete findet, und das ebenfalls aus Suffixion oder Enklisis entstandene Medialpassiv, dem auch eine andere germanische Sprache, die gothische nämlich, etwas leidlich Aehnliches zur Seite stellt. In den nordischen Schriftsprachen ist kaum einmal ein finnisches Wort zu finden, während dagegen Finnen und Lappen viel Nordisches besitzen, und mitunter antikeres, als die uns erhaltenen altn. Schriften.

In den ältesten Urkunden der hochdeutschen Sprache, sowie noch in heutigen oberdeutschen Mundarten, sodann in einigen allgemein hochdeutschen Wurzelentfaltungen sind noch einige Reste aus der Zeit vor der Lautverschiebung sichtbar, insbesondere bei den Dentalen. In den Mundarten des Schweizerkantons Wallis und besonders des nahen Monterosagebietes, etwas minder bei den alamannischen »Cimbärn« in Italien, haben sich noch Bruchstücke althochdeutscher Laute und Flexionen erhalten.

Vom Rheingau biß weit längs des Stromes hinab, sowie auf seinen beiden Seiten landeinwärts und sogar noch über Westerwald und Wetterau eine Strecke mainaufwärts sind seit unvordenklicher Zeit deutsche Mundarten einheimisch, die in wechselnden Proportionen hochdeutsche und niederdeutsche Eigenschaften mischen, sei es durch Völkermischung veranlaßt, oder weil ein einheitlicher Sprachast den hochdeutschen Lautverschiebungsprozess nicht ganz durchführte.

Wir denken dabei zunächst an die F r a n k e n des Alterthums, sofern dieser Name, wenn auch mehrere, doch nahverwandte Völkerschaften umfaßte. Der große Karl der Franken, der in religiöser und politischer Hinsicht die unheilvolle Verbindung Deutschlands mit Italien theils gründete, theils vorbereitete, seinen Göttern Hekatomben der urdeutschen Sachsen opferte, und gleichwol in andern Beziehungen des deutschen Namens würdig erscheint: hat, wie man erzählt, die alten Lieder seines Volkes sammeln und aufzeichnen laßen. Aber sie sind unter den Trümmern der alten Kaiserpfalzen begraben oder mit Mönchspsalmen überschmiert und endlich von den heillosesten Vandalen des späteren Mittelalters, den Buchbinbindern, zerschnitten worden. Die Sprache der mächtigen Franken

hat nur wenige Spuren in Eigennamen und in Gesetzbüchern samt
der sehr wichtigen, aber leider noch nicht in einer unverketzerten
Handschrift aufgefundenen Malbergglosse hinterlaßen. Diese Reste
zeigen eine lautliche Merkwürdigkeit in einem anlautenden c h, das
zwischen allgemein germanischem h und vorgermanischem k mitten
inne steht; ob ein in westgothisch-lateinischen Eigennamen vorkommendes anlautendes c h das selbe sei, fragt sich.

. Sogar deutet eine von Ammianus XXXI. 4. erhaltene, wahrscheinlich aus zweien deutschen Wörtern zusammengesetzte Benennung auf eine deutsche Mundart, die das dem sehr alten gothischen u. s. w. h vorausgegangene k in In- und Aus-laute erhalten
haben könnte. Er nennt nämlich bei den Kämpfen zwischen Gothen,
Sarmaten und Römern im siebenbürgischen Hochlande »Cauca-
landensem locum altitudine silvarum inaccessum et montium«,
während der entsprechende gothische Ausdruck hauhaland,
hauhland lauten würde. Zeuss S. 411. bemerkt indessen, daß
Ammianus die anlautende Aspiration von Ὑμέης durch Comeus
wiedergebe, ohne jedoch diese Gleichung näher zu begründen. Die
alte Lautstufe von hauhs steckt vermuthlich in litau. kaukaras
collis u. s. m. Aber in jener Benennung könnte auch ein Volksname
Caucus stecken. J. Grimm (Jornand. S. 50.) vermuthet die Identität
mit dem getischen Gebirge Καγαλρον (Καγαλωνος Strab. VII. p. 298.).

Die Langobardensprache hatte außer der beinah vollendeten
hd. Lautverschiebung die den romanischen und kymrobritonischen
Sprachen eigene Wandelung des anlautenden w (v) in g w, g u; vgl.
u. a. Paul. Diac. I. 9. Diez, Rom. Gramm. I. 303.

Die meisten Lehnwörter in den deutschen Sprachen sind lateinischen, später auch romanischen Ursprungs, viel zahlreicher aber
die deutschen in den romanischen Sprachen. Das selbe Verhältniss
zeigt der Tauschhandel der germanischen Sprachen mit den keltischen und slavischen. Keltische Wörter werden sich kaum in den
germanischen Schriftsprachen außerhalb Englands; und auch dort
nur wenige, bestimmt nachweisen laßen; eher in volksthümlichen
Namen von Pflanzen und Thieren. Slavische Wörter kommen am
häufigsten in oberdeutschen Mundarten aller Gebiete vor, obgleich
unter den Massen germanisierter Slaven auch viele auf Niederdeutschland kommen. Die Spuren vorslavischer, also vermuthlich
keltischer und römischer (romanischer) Volksreste, die als Hörige
unter den germanischen Siegern in Deutschland wohnen blieben,
bedürfen noch bestimmteren Nachweises.

Die wichtigsten organischen und kulturgeschichtlichen Stammes-
eigenschaften der Deutschen haben wir, außer der vorhin mitgetheilten Stelle aus Tacitus, bereits bei den K e l t e n gegeben, weil
gerade diese beiden großen Stämme am genauesten verglichen und
aus einander gehalten werden müßen. Wir wollen hier nur Weniges
zusetzen, da die Angaben sich fast überall gleichen, und verweisen
zur Ergänzung auf Zeuss S. 50 ff. Ukert, Germania S. 198 ff.

Am meisten fielen den Alten die Eigenschaften der Germanen
auf, die sie mit den Kelten gemeinsam, aber in weit stärkerer Qualität,
besaßen: Leibesgröße und helle Farbe, die »inusitata corporum magnitudo« (Quintil. Decl. III. 13.), häufig ihre »proceritas«; ihre Körper
heißen immensa, immania. Für ihr Haar gelten die Ausdrücke ξανθός,
πυῤῥός (vgl. besonders o. eine Stelle aus Galenos), fl a v u s, rufu s,
rutilu s u. dgl. Nach der bei den Iberern angeführten Stelle aus
Calpurn. Flacc. Decl. II.: »rutili sunt Germanorum vultus« (vgl.
Hieronymos o. bei den Geten) wäre auch ihre Gesichtsfarbe roth (wie
von den Thraken Aehnliches gesagt wird, s. o.), wogegen z. B. die
Gothen nach Procop. B. Vand. I. 2. »λευκοὶ τὰ σώματά τε εἰσὶ καὶ
τὰς κόμας ξανθοί.«

Von Sitten und Einrichtungen der alten Deutschen haben wir
das nöthig Erachtete ebenfalls bei den Kelten berichtet. Die zahlreichen Aehnlichkeiten beider Völker laßen sich meistens aus dynamischen Gründen erklären. Wild und grausam waren beide Stämme;
von den Deutschen wißen wir mehrere und blutigere Bruderzwiste,
wahrscheinlich aber nur, weil uns die vorrömische Geschichte der
Gallier fast unbekannt ist; daß diese vorlängst in unzählliche eifer-
süchtige Parteien zerfielen, erfuhren wir durch Caesar, obgleich
erst durch die Uebermacht der Römer unter den Galliern auf beiden
Seiten der Alpen der Verrath der Blutsverwandten einheimisch wurde.
In Kriegen gegen Fremde erscheinen die Kelten mehr nur als Zer-
störer, die Deutschen als Neubildner. Aber ob sie gleich biß heute
vor den Galliern das Organisationstalent voraus haben, so haben
doch auch sie einst gerade Griechenlands altgeweihten Boden nicht
minder grausam verwüstet, als einst Brennus Delphistürmer. Aber
selbst die blut- und beute-gierigsten Scharen der Deutschen fröhnten
nur dem einen jener zwei entadelnden Hauptlaster, welche beide
den transalpinen Galliern nachgesagt werden: nämlich dem Trunke,
nicht den geschlechtlichen Ausschweifungen.

Für die kurze Strecke, die wir noch zurückzulegen haben, finden
wir nur am Eingange noch Führer des klassischen Zeitraums. Die

nun noch auftretenden Völker schreiten vielfach über schon vor ihnen zertrümmerte Theile beider Römerreiche, vorzüglich des östlichen. Die Slaven haben noch weniger Verständniss, als Alareiks Gothen, für die Bildung der preißgegebenen Griechen; und wenn Letztere nur aus christlichem Vandalismus die hellenischen Tempel zerstören, so wüten die Slaven auch gegen die byzantinischen Kirchen, biß sie selbst das neugriechische Kreuz annehmen. Sie haben indessen eben-bürtige Gesellen an den raubmörderischen Russen aus Skandinavien, die später das mächtigste Slavenreich gründeten, in welchem ihr germanisches Volksthum bald aufgieng, gleichwie das der Franken in dem von ihnen gegründeten mächtigsten Keltenreiche.

Das Schlimmste für das Ostreich war, daß die eingebrochenen Slaven nicht gut wieder abziehen konnten, weil der Raum hinter ihnen bereits von zahllosen Massen des eigenen Stammes erfüllt war. Sie siedelten sich auf illyrischen, thrakischen, griechischen Völker-gräbern fest an; nur in Griechenland musten sie nach langem Verweilen wieder weichen oder sich hellenisieren laßen, und zwar in solchem Maße, daß wol viele slavische Ortsnamen biß heute verblieben, aber in den griechischen Volksmundarten nur sehr wenige slavische Wör-ter. Vielmehr erhielt sich gerade in der Peloponnesos, welche einst von Slaven längere Zeit hindurch überflutet wurde (»ὅλη ἐσϑλαβώϑη« o. S. 93.) nicht bloß in der Mundart der Mainoten viel Althellenisches, sondern sogar ein Rest der alten Lakonen (= Tzakonen) mit einer aus ihrer uralten entwickelten Sprache. Was die Slaven gegen die Griechen frevelten, wurde ihnen später reichlich durch die Deutschen vergolten.

Nicht politisch, aber ethnologisch müßen wir den Slaven (Slawen) den bei weitem kleineren, aber antikeren Theil der lituslavischen Gruppe zuvorstellen: die Litauer, unter wel-chem Namen wir im Folgenden gewöhnlich alle Völkerschaften dieses Stammes oder Astes begreifen. Bei der keltischen Gruppe fanden wir das selbe Zahlverhältniss.

Wir haben den fremden Ausdruck »antik« gewählt, weil »älter« zugleich die zeitliche Stellung der Litauer in Europa einbegreifen würde, während nur die Alterthümlichkeit der Sprache erweislich ist. Diese steht nämlich selbst dem antiksten und besterhaltenen Slavischen reichlich so ferne, wie das Gothische dem Mittelhochdeutschen, welches nie gothisch war; oder wie das Isländische dem Rabendänischen, welches einst, und zwar nicht vor allzulanger Zeit, dem Altnordischen gleich nahe stand, wie das wenig veränderte heutige Isländische.

Aber bei den slavischen Sprachen reicht kein Denkmal so weit hinauf, daß z. B. die Flexionen den litauischen in einem wesentlichen Punkte näher stünden, als die heutigen slavischen. Die Brücke über diese Kluft ist für uns völlig abgebrochen, und doch zeigt auf beiden getrennten Seiten das Gefüge die alte Einheit, wie die Kreidefelsen auf beiden Seiten der Manche. In Wort-vorrathe, -bildung und -beugung haben die litauischen und slavischen Sprachen so Vieles gemein, was sie von den urverwandten scheidet, daß die Größe der eigenen beiderseitigen Trennungsmerkmale dagegen fast unsichtbar wird. Zugleich indessen haben sie mit sämtlichen europäischen Schwestern einen schwer zu zergliedernden Typus gemein, der sie zusammen von den in Asien verbliebenen arischen unterscheidet, welche freilich in ihren ältesten Urkunden einander gruppenhaft nahe stehn, da hingegen die europäischen viel weiter aus einander giengen, so weit unser Blick reicht.

Wir haben vorhin eine Frage angedeutet, die bei allen ähnlichen Verhältnissen wiederkehrt: Zeugt die Alterthümlichkeit einer Sprache auch für das Alter des Volkes, d. h. für dessen frühe Auswanderung aus der alten und Einwanderung in die neue Heimat? Die Behauptung des Gegentheils liegt nahe, da die beßer erhaltene Vollständigkeit und Frische der besten Mitgabe von Hause, die noch erst um Weniges gemindert und durch wenig Neues und Fremdes gemehrt ist, vielmehr bezeugen muß: daß die Wanderung, wenn auch durch weiten Raum, rasch vorgegangen, und die Trennung vom Vaterhause noch ziemlich neu sei. Aber hier kommen noch andere Urtheilsgründe zur Sprache. Reinheit und Vollständigkeit einer Sprache kann, wie auf Island, durch frühe Isolierung und Zurruhesetzung eines Volkes nach einer nicht vielen Hemmungen und Mischungen ausgesetzten Wanderung erhalten worden sein.

Dieser letzte Fall ist z. B. auch für die Gaidelen der britischen Inseln gegenüber den festländischen Kelten anzunehmen. Bei ihnen zeugen deutlichere geographische Gründe für ihre chronologische Priorität in Europa, als bei den Litauern gegenüber den Slaven. Beiläufig bemerkt, steht die litauische Sprache weit höher und alterthümlicher über den slavischen, als die gaidelische über den kymrobritonischen.

Ferner dürfen wir den bedeutenden Unterschied nicht vergeßen, der zwischen der Angehörigkeit zweier verglichenen Sprachen nur zu Einer Familie, und der zu Einer Sprachengruppe stattfindet. Zwar wurde dort, wie hier, die Zweiheit aus älterer Einheit geboren; aber wie die Qualität der Entzweiung, ist auch ihre Quantität: nämlich die zeitliche Entfernung jener Geburten von einander, eine weit stärkere, als bei zweien Sprachen Einer Gruppe. Schon in Asien konnten die nachmals in Europa erwachsenden Hauptglieder unserer Völker- und Sprachen-familie deutlich unterschieden sein, als sie noch in gesonderten, aber nahe an einander stehenden Wiegen lagen. Dagegen muste später jedes erwachsene Volk erst lange in seiner Einheit bestanden und gewandert sein, bevor aus ihm zwei wurden, welche dann in der Regel auch räumlich nicht allzuweit aus einander giengen und bei aller Individualisierung leicht als Geschwister kenntlich blieben. Es ist somit undenkbar, daß der Litauer ein halbes Jahrtausend vor dem Slaven Asien verlaßen hätte; aber er mag frühe, vielleicht von Anfang an mit zahlarmer Familie, zur Ruhe gekommen sein, während sein slavischer Bruder eine starke Familie bekam, die er auf weiten Räumen nähren und ansiedeln muste. Ein anderer Fall ist es, wo schmale Meeresarme, wie zwischen kleinasiatischen Ioniern und europäischen Hellenen, eher die Verbindung fördern, als hemmen.

Wo und wann nun finden wir die ersten Litauer? Nach Zeuss u. A. in den Aestuern (altdeutsch Aistvôs?), die wir in dem keltischen Abschnitte und besonders im Lexikon Nr. 180. näher besprechen. Unter den verschiedenen Möglichkeiten ihrer Abstammung mag immerhin die der deutschen noch das Meiste für sich haben. Der Ausdruck »Aestuorum gentes« bei Tacitus Germ. XLV. kann eben so gut einen den Deutschen fremden Völkerkomplex bezeichnen, als einen den Sueven, deren »ritus habitusque« Tacitus den Aestuern zuschreibt, stammverwandten und nur durch den Accent und Laut der Mundart von ihnen unterschiedenen. Der Name, den die Aestuer dem Bernstein gaben, ist gerade nur der deutsche, der litauisch-lettische aber ein anderer und besonderer.

Dagegen erinnert Zeuss mit Recht an die schon früher gewahrte merkwürdige Thatsache, daß Ptolemaeos III. 5. einige Völker namhaft macht, die biß in späte Zeit unter den Preusen genannt werden; Zeuss rechnet sie zu den, von Ptolemaeos nicht genannten, Aestuern-Aisten. In der europäischen Sarmatia nämlich a. a. O. wohnen, östlicher als Φίννοι, Ὀμβρωνες u. a., unter den Οὐενέδαι die Γαλίνδαι und Σουδηνοί. Finnen, Galinden und Wenden findet Schafarik auch auf den beiden Münzen des Kaisers Volusianus (a. 253.) in den Aufschriften »F. Gal. Vend., Φιν. Γαλ. Ουενδ.« Dusburg (a. 1326) kennt in Preussen am Spirdingssee die Namen der Landschaften und

Völkerschaften Galindi-a,-tae und Sudovi-a,-tae; Praetorius (Acta Boruss. II. 900. s. Zeuss S. 673.) sagt auf deutsch »in Galinden, Sudauen«; Galandia, Galendia, Golenz kommt öfters in Urkunden vor. Der Name Σουδηνοί, Σουδινοί, den Ptolemaeos auch in Germania unterhalb der Markomannen nennt, erinnert an den der Σουδητα ὄρη.

Der Möglichkeit, daß der Name Σουδηνοί der von litauischen Nachfolgern übernommene eines deutschen Völkchens sei, antworten ähnliche. Der Name der deutschen Σιλίγγαι (Ptol. II. 11.) scheint sich in dem des Flußes Slęza, Sleza (der kleinen Lohe am Zobten) und des Landes Szląsk, Silesia, Schlesien erhalten zu haben; der der ᾽Ρακάται (den Zeuss S. 122. in dem Stadtnamen Rehze, Retz sucht) in der slavischen Benennung Oesterreichs, böhm. Rakausy pl., sloven. Rakušánija; der der Κορκοντοί am Riesengebirge in dessen slavischem Namen böhm. Krkonoše pl., poln. gory Karkonoskie. Sogar in den Hermini, einer älteren Namensform der altpreusischen Ermländer, könnte der uralte Name der deutschen Herminones erhalten sein (o. S. 192.). Der Name der, möglicher Weise ursprünglich deutschen, Aisti selbst, die bei Eginhard V. Caroli M. XII. neben den Sclavi auf der Südküste des baltischen Meeres sitzen, kann damals schon auf die mit dem slavischen Bruderstamme vorgerückten Litauer übergegangen sein, wie von diesen später auf die ihnen nachgefolgten finnischen Bewohner Estlands. Umgekehrt erhielt das deutsche Preussen[*]) seinen Namen von dem litauischen, durch die Deutschordensherrn theils zu Tode gequälten, theils stumm gemachten Kernvolke in seinem Osten.

Zeuss (S. 670 ff.) glaubt: dieser Name, bei Nestor Prusi zwischen Ljachen (Polen) und Tschuden (Finnen), sei der slavische Sammelname für die litauischen Völker gewesen. Aber nicht bloß gilt litau. Prusai lett. Prûši heute für die jetzigen Preussen, sondern auch bei den alten für sich selbst, da der deutsche Uebersetzer des Katechismus das Gentilwort prusiskas ohne Zweifel aus dem Munde des Volkes nahm, nicht aus slavischem.

Bei einem Synonym des latinisierten Namens Prussi, Prutheni: nämlich Gethae (Belege bei Zeuss S. 672.), welches Zeuss ebenfalls für einen alten Sammelnamen der Litauer hält, spielt jedenfalls die ethnologische Ansicht polnischer Gelehrten eine Hauptrolle, welche offenbar die »Dacosque Getas« der Alten mit ihrer

---

[*]) Richtiger Preusen (aus Prus-), welche Schreibung wir hier nur für den antiken Volksnamen beibehalten.

bekannten Seelenwanderungslehre als die Vorfahren der Preussen
betrachten. Auch der bei den Chronisten bißweilen vorkommende
Uebergang dieses Namens in den der Gothi wird nicht anders zu
beurtheilen sein, als bei Jornandes u. A.

Wir trennen lieber ganz davon die oben bei den Gothen erwähnte volksthümliche litauische Benennung der slavischen Grenznachbarn als Guddai (mit bemerkenswerther verächtlicher Färbung), welche um so sicherer als vorslavischer am Lande haftender
Volksname betrachtet werden kann, da er zu Praetorius Zeit bei
den alten Preusen nicht bloß für die »Reussen«; sondern auch für
die Litauer und für eine Anzahl preusischer Völkerschaften und
Mundarten gilt; Praetorius erklärt diese »guddische Sprache« ge-
lehrt als »gothische.« Ist diese Erklärung richtig, so dürfen wir
weiter gehn und in den deutschen Aestui als Vorgängern jener lituslavischen Völker zugleich die Vorfahren der Gothen suchen. An
die Gethae klingen auch Varianten des Namens Jaczwingi (s.
nachher) an, wie (terra) Getuesia (wiederum neben Gotwezia),
Getwezitae u. dgl.

Die Sprache der litauischen Völker, deren Urkunden leider
Gottes lange nicht so weit hinaufreichen, als die der slavischen, erregte bei ihrer Entdeckung durch die Wißenschaft mit Recht kaum
minderes Aufsehen, als etwas früher die der Sanskritsprache. Bei
beiden wurden mitunter die engeren Familienbande verkannt, weil
ihre in so bedeutendem Maße erhaltene Integrität auch viele ent-
ferntere Verwandtschaftsgrade in deutliches Licht stellte.

Im Anfange des 16. Jh. waren noch mehrere Nationalitäten und
Hauptmundarten des litauischen Stammes übrig, als heute. Matthias
v. Miechow (Chron. Polon. p. 40.) kennt noch vier Hauptmundarten:
»Quattuor ergo gentes; Pruteni, Iaczwingi, Lithuani cum
Samagitis, et Lotihali (i. e. Letgali, Letti Zeuss S. 674.),
habent propria linguagia, valde in paucis consonantia et convenien-
tia.« Dieß bestätigt auch Dlugoss, der u. a. sagt (Zeuss S. 678.):
»Gens autem Iacwingorum natione, lingua, ritu, religione et
moribus magnam habeat cum Lithuanis, Pruthenis et Samo-
gitis conformitatem.«

Die Sprache der Preusen ist seit Ende des 17. Jh. ausgestor-
ben und hat nur einige Wörter in dem jetzigen Deutsch ihres Gebietes hinterlaßen. Noch früher erlosch die der Iaczwingen, über
welche Zeuss S. 677. nachzulesen ist. Die Samogiti heißen litauisch Žemaiczei (pl. d. i. Nieder-land und -länder, sing. Že-

maitis) altruss. Žcmojty, das Land lett. Zmuddu russ. Žmudy poln. Žmudz, f. Sie unterscheiden sich durch ihre Mundart, die u. a. das alte n beßer bewahrt, aber auch viel Polnisches aufgenommen hat, von den nächstverwandten Nachbarn. Die Namen der Litauer und der Letten sind offenbar ursprünglich identisch; (späte) lateinische und griechische Formen hat Zeuss S. 679 ff. gesammelt, lituslavische und finnische Schafarik-Wuttke I. S. 466. Wir bemerken nur, daß auf litauisch Lё̆tu.wá Litauen, Lё̆tuw-is, -ninkas der Litauer, der Lette aber Latwys und sein Land Latwijá heißt. Für die übrigen Abtheilungen des litauischen Stammes verweisen wir vorzüglich auf Zeussens scharfsinnige und gelehrte Erörterungen, ob uns schon einige seiner Vergleichungen gewagt erscheinen.

Der litauische Völkerkreiß bildete, dem slavischen gegenüber, ein auch durch Politik und Religion abgeschloßenes Ganzes, eine kirchenstaatliche Einheit, durch welche nur wenig eine ältere des Götterglaubens durchleuchtet. Er hatte, wie Dusburg meint, sein Rom mit einem Papste, nämlich Romowe mit dem „Kriwe«, der nach Jeroschin „der obirste ewarte« war. Dieser Titel, den wir nicht mit Sicherheit aus den litauischen Sprachen zu erklären wißen, erinnert an die vielleicht slavischen Nachbarn der Litauer: Kriwiči, und an den lettischen Namen der Russen: Kreewi.

In Romowe stand die hochheilige Götterdreiheit, in ihr der Donnergott Perkúnas, der in Litauen noch jetzt nicht ganz todt ist, lettisch Pêrkunis (als Appellativ pêrkons Donner), preusisch Perkons, merkwürdiger Weise auch bei den finnischen Mordwinen Porguini, bei den Slaven, mit wol ausgeworfenem Kehllaute, Perunü, vielleicht ursprünglich Eins mit dem Fiörgynn der germanischen Nordmänner (vgl. Goth. Wtb. F. 11.), deren Freyr Zeuss S. 38 ff. mit dem slavischen Prowe vergleicht. Aber es gibt außer den einzelnen Götternamen bei Litauern und Slaven je ein Wort für Gott im Allgemeinen, dessen Zweiheit zu den merkwürdigsten Scheidemarken innerhalb der Gruppe gehört. Die litauischen Völker haben mit den meisten Indogermanen den Gottesnamen gemein, der bei ihnen litau. dё̆was (dews Perkuno! als Anrede an den vorchristlichen Gott in Davids Chronik) lett. deews preus. deiwas heißt, während der slavische bogü der arische Bhaga, Baga ist (o. S. 45. vgl. u. a. Kuhn u. Schl. Beitr. 1858. III. S. 275.). Den altslavischen Obergott Svętovitü (sveto sanctus) vergleicht Zeuss mit Brahma.

Nach dem heutigen Standpunkte der Sprachkunde dürfte die chemische Ausscheidung der fremden Bestandtheile in den litauischen Sprachen nicht allzu schwer sein, und wurde auch bereits sporadisch ausgeführt. Am schwierigsten sind, wegen der nahen Verwandtschaft, die zahlreichen slavischen Lehnwörter auszuscheiden, wo sie sich nicht durch specielle Lautverhältnisse verrathen; leichter die deutschen, unter welchen nur wenige sehr alte vorzukommen scheinen, was zu beachten ist. Mit den finnischen Sprachen finden einige, manchmal räthselhafte, Wechselberührungen Statt.

Für die erste Kunde der Alten von den S l a v e n weist der Name der W e n d e n oder W i n d e n leichteren Weg. Plinius H. nat. IV. c. 13. und die Tabula Peuting. (einmal) nennen sie V e n e d i, Tacitus Germ. XLVI. und einmal Jornandes V e n e t i, Ptolemaeos Oὐενέδαι, die o. erw. Münzen (ohne Bindevokal) V e n d -, Jornandes W i n i d a e, die Tab. Peut. als V e n a d i Sarmatae, d. h., wie ebds. L u p i o n e s Sarmate, in Sarmatia Europaea, gleichwie die älteren Quellen. Sie heißen ahd. W i n i d ä mhd. W i n d e ags. V e o n o d a s. Plinius hat bereits vernommen: »quidam tradunt«, Länder im skandinavischen Norden »habitari ad Vistulam usque fluvium a S a r m a t i s, V e n e d i s, S c i r i s (et H i r r i s).« Tacitus sagt a. a. O.: »Peucinorum V e n e t o r u m - q u e et F e n n o r u m nationes (also von dreifacher Abstammung!) G e r m a n i s an S a r m a t i s adscribam dubito. — — V e n e t i multum ex moribus (Sarmatarum) traxerunt; — — hi tamen inter G e r m a n o s potius referuntur, q u i a et domos fingunt et scuta gestant et peditum usu ac pernicitate gaudent, quae omnia diversa S a r m a t i s sunt, in plaustro equoque viventibus. F e n n i s mira feritas, foeda paupertas.« Strabon VII. p. 306. gesteht seine Unkunde über die jenseit der sarmatischen Völker wohnenden: »ὑπὲρ δὲ τῶν Ῥωξολανῶν εἴ τινες οἰκοῦσιν, οὐκ ἴσμεν.«

Ein späterer, besonders die westlicheren Stämme umfaßender Sammelname ist eben der der S l a v e n, früher auch S k l a v e n (woher das bekannte Appellativ, mhd. 13. Jh. s l a v e vgl. G e t a u. dgl.), eine verkürzte Form, wie lat. S c l a v i gr. Σκλάβοι, da die älteren ein bemerkenswerthes Suffix haben: Σκλαβηνοί Procop. u. A., S c l a v e n i Jorn., später auch Σθλαβανοί, Σθλαβοί; slav. S l o v - j e n i n i u. dgl.

Auf folgende Stelle aus Procop. B. Goth. III. 14. werden wir uns am Schluße nochmals beziehen. Er sagt von den beiden Hauptstämmen des Volkes: »Ἔστι δὲ καὶ μ ί α ἑκατέροις φωνὴ ἀτεχνῶς (!) βάρβαρος. οὐ μὲν γὰρ οὐδὲ τὸ εἶδος ἐς ἀλλήλους τι διαλ-

λάσσουσιν. εὐμήκεις τε γὰρ καὶ ἄλκιμοι διαφερόντως εἰσὶν
ἄπαντες, τὰ δὲ σώματα καὶ τὰς κόμας οὔτε λευκοὶ ἐς ἄγαν ἢ
ξανθοί εἰσιν, οὔτε πῃ ἐς τὸ μέλαν αὐτοῖς παντελῶς τέτραπται,
ἀλλ᾿ ὑπέρυθροί εἰσιν ἅπαντες. Καὶ μὴν καὶ ὄνομα Σκλαβη-
νοῖς τε καὶ Ἄνταις ἓν τὸ ἀνέκαθεν ἦν. Σπόρους γὰρ τὸ
παλαιὸν ἀμφοτέρους ἐκάλουν, ὅτι δὴ σποράδην, οἶμαι, διε-
σκηνημένοι τὴν χώραν οἰκοῦσι.«

Gewöhnlich sucht man in diesen Σπόροι der griechischen Etymologisierung zu Gefallen verwelschte Σόρποι u. dgl., einen bekannten umfaßenden und, gleich dem der Wenden, bei mehreren
einzelnen Völkerschaften wiederkehrenden Namen: slav. S e r b y
(Nestor), S r b j e u. s. w., Σέρβλοι Const. Porph., S e r b e n, S o r b e n,
S o r a b i. Schwerlich dürfen wir an der Maeotis in Plinius (H. nat. VI.
c. 7.) S e r b i, Ptolemaeos (V. 9.) Σίρβοι slavische Serben suchen, obgleich nach Procop. B. Goth. III. 40. von dem alten Kimmerierlande
an der Maeotis »καθύπερθεν ἐς βορρᾶν ἄνεμον ἔθνη τὰ Ἀντῶν
ἄμετρα ἵδρυνται.« Ein nördlicheres Skythenland, als das maeotische,
meint auch Anonymus (Guido) Ravennas (9. Jh.) I. 12.: »Sexta ut hora
noctis Scytharum est patria, unde S c l a v i n o r u m exorta est prosapia«;
nachher kommen die patriae der Sarmaten und Roxolanen.

In Südosteuropa traten die Slaven, wie viele Nachrichten seit
Beginne des 6. Jh. zeigen, sogleich in ungeheuren Massen auf, ohne
Zweifel aus dem nordöstlichen Europa kommend, wo sie erst nur
langsam, Land vor Land, den Deutschen nachgerückt sein mögen,
und zwar biß in späte Zeit, wo sie, den nach Süden und Westen
ziehenden folgend, halb Deutschland anfüllen, minder als Eroberer,
denn als Siedler. Mitunter verhält sich hier die Muse der Geschichte
so schweigend, daß z. B. ein noch heute nicht ganz germanisierter,
noch 1842 durch den Mund einiger Greise wendisch redender
Stamm im Wendenlande bei Lüneburg wie ureingeboren dort sitzt,
und Weg und Zeit seiner Einwanderung nur vermuthet werden
kann. Die weit zahlreicheren Wenden im Königreiche Sachsen
verlernten schon im 14. Jh. ihre Sprache, welche die Lausitzer Sorben
noch jetzt in zwei Hauptmundarten reden, aber nicht lange mehr
reden werden. In der preussischen Altmark erlosch die einheimische
Wendensprache im 18. Jh.; in Pommern aber reden die K a š u b e n
(K a š e b) noch eine polnische Mundart; ebenso die »Waßerpolaken«
in Schlesien, wo die Germanisierung noch schneller fortschreitet, als
in Westpreussen und Posen; auf Rügen wurde noch im 15. Jh. slavisch
gesprochen. Meklenburg und Altenburg sind längst völlig germanisiert.

Eine Classificierung der jetzigen Slavenvölker nach den Sprachen ist wegen vieler sich kreuzender und aufwiegender Merkmale schwierig und jedenfalls zu weitläufig, um hier versucht zu werden. Auch für die theils stammliche, theils staatliche Eintheilung der in den Staaten Russland, Türkei, Oesterreich, Preussen, Sachsen verbreiteten Slaven mit lebender Sprache dürfen wir auf die geographischen Lehrbücher verweisen. Wir können ihre Spur sogar in Italien verfolgen, auch abgesehen von Ragusa, Triest und andern meist italienisch redenden Städten in slavischem Lande; um Fiume, dessen entsprechender slavischer Name Rjeka ist, gibt es noch slavisch redendes Landvolk und in mehreren Gegenden Friauls ganze Slavenvölkchen. In Petermanns Mittheilungen. 1857 S. 536. lesen wir: „daß seit länger als 500 Jahren eine slavische Kolonie (woher?) in der neapolitanischen Provinz Molise, 15 Miglien vom adriatischen Meere entfernt, noch heutzutage besteht. Sie macht etwa 3000 Seelen aus, bewohnt den Ort Wadajwa [=živa?], ital. Acquaviva, und hat ihre Sprache und Bildung bewahrt, welche der der umgebenden italienischen Bevölkerung weit voransteht." Auch die sogenannten Hunnen in zwei Dörfern in Oberwallis (Schweiz) sind Slaven.

Die oben excerpierte Stelle aus Prokopios unterscheidet die Komplexion der Slaven. von der helleren anderer Nordvölker. Ganz ähnlich äußert sich der Araber Ibn-Foslan über die Russen am Itil, welche freilich die skandinavischen sein können (Zeuss S. 563.): „Nie sah ich Leute von ausgewachsenerem Körperbau; sie sind hoch, wie Palmbäume, fleischfarben und roth." Die heutigen Russen sind besonders im Norden meist hellblond und haben in vielen Gegenden auch rothes oder hellbraunes Haar, wogegen die Polen zum Theile, die Südostslaven (Kroaten, Serbier, Slavonier) in der Regel dunkle Haare und Augen haben. Bei so weit verbreiteten Volksstämmen äußert der Länge nach das Klima mächtige Einflüße. Die Slowaken sind in der Regel groß und stark und von heller Komplexion, während die ihnen nächstverwandten Czechen oft stämmig und dunkelfarbig sind, wie denn auch viele Russen.

Wir haben nun unsern Lauf durch die arisch-europäischen Völker Asiens und Europas vollendet; die spät in Europa eingewanderten und in der halben Welt zerstreuten hinduischen Rome oder Zigeuner laßen wir hier zur Seite, wie auch die vielleicht ebenfalls mit indischen Elementen anderer Art gemischten Afenen in Russland, und die Juden samt der ganzen semitischen Familie, dem Range nach der nächsten nach der arisch europäischen, also der zweiten der Erde. Auch die Türken, deren späte Völkerwanderung als ein dichter, alles Leben vernichtender Auswurf eines Vulkans über den herrlichsten Kulturstätten Kleinasiens und der Haemoshalbinsel lagert, gehören uns nicht zum alten Europa. Wir suchen sie nicht in Herodotos (IV. 22.) *Ἰύρκαι*, obgleich an ihrer Stelle Plinius H. nat. VI. c. 7. und Pomp. Mela I. 21. Turcae haben. Die bei Adam. Brem. de Situ Daniae c. 222. neben den Scüti (den finnischen Čuden, vielleicht an die Skythen angelehnt) genannten Turci sind auch schwerlich wirkliche Türken, die nur in Asien neben und unter finnischen Völkern wohnen. Zeuss S. 689. erinnert bei ihnen an den finnischen Namen der Stadt Åbo: Turku. Dieser aber bedeutet nichts Andres, als Marktflecken; für seinen merkwürdigen Wortstamm verweisen wir auf Goth. Wtb. II. 656.

Die Finnen dagegen haben das Recht als alte Europäer, unsere Völkerreihe zu schließen. Zeuss S. 273. vermuthet sie sogar schon in jenen *Ἰύρκαι*, sowie in den *Θυσσαγέται* u. s. w. bei Herodot. IV. 22. 123.; und ist überhaupt für mögliche Kunde der Alten von den Finnen nachzulesen. Wir fanden sie als Fenni, *Φίννοι* gleichzeitig mit den Venedi in unsern obigen Citaten bei Tacitus, Ptolemaeos und auf Münzen; bei Jornandes stehen Finni neben Trefennae, wie bei dem Angelsachsen Alfred Finnas neben Terfennas; Prokopios (B. Goth. II. 15.) nennt die *Σκριθίφινοι*, einen später in mannigfachen Varianten vorkommenden Namen, der vermuthlich, wie auch der einfache Name der Fenni u. s. w., germanischen Ursprungs ist; jedoch heißen sie auch bei ihren alten Nachbarn litauschen Stammes Pennai, Pinni. Ob der o. erw. Name der Sitones Finnen bezeichne, bezweifelten wir. Der ihnen oft beigelegte slavische Name Čudü bedeutet überhaupt die sagenhaften vorslavischen Bewohner Russlands, die Riesen der Vorzeit; mit ihm soll ein andrer slavischer Name zusammenhangen: Čuchary, Čuchonec, Collectiv Čuchna. Ein die Finnländer, Karelen, Esten und Lappen umfaßender Name ist Suome, Somme, Grundform Same, die auch im altnord. Mannsnamen Samr (wie Finnr) erscheint.

Die Finnen in Europa hangen, wie kein andere altes Volk dieses Welttheils, noch heute in wenig unterbrochener Reihe mit den Stammverwandten in Asien zusammen, wie die Sprache und uralte Gemeinsamkeit eines Gottesnamens (Jumala u. s. w.) mehr, als die in verschiedenen Klimaten und Lebensweisen wechselnde Körperbeschaffenheit (s. u.), zeigen. Wir bezweifeln desshalb auch, daß sie jemals viel mehr südwärts in Europa wohnten, als sie die geschicht-

liche Zeit hier und in Asien zeigt. In diesem Bereiche werden sie
unmittelbar den nachdringenden Ariern vorausgegangen sein, welche
nachmals als nördliche und westliche Europäer auftreten und theilweise schon als solche einander nordwärts gegen die damals von
Finnen bewohnten Landstriche drängten. Daß dieß Germanen und
Lituslaven thaten, ist ziemlich deutlich; nicht so, ob bereits die Kelten. Von Finnland wurden die Finnen vermuthlich ebensowol in
gerader Richtung immer weiter nordwärts geschoben, wie nach Skandinavien hinüber, und dort wiederum durch die Germanen biß nach
Lappland hinauf. Wir wißen nicht sicher, ob die sporadisch noch
jetzt in Schweden, biß ziemlich weit nach Süden hin, vorkommenden
Finnen aus der ältesten Zeit zurückgeblieben oder später aus Finnland eingewandert sind; den besten Aufschluß muß die Sprache geben.

Durch die Fahrten nordmännischer und wol auch einzelner ang-
lischer Handelsleute und Räuber wurden frühe die (ags.) Beormas,
die finnischen Bewohner des russischen Gouvernements Perm in
Asien, Biarmaland der Nordmänner, bekannt. Unter den asiatischen
Finnen unterscheiden sich am stärksten die Ostjaken am Oby; einige unter diesem Namen begriffene Völkerschaften scheinen gar
nicht finnischen Stammes zu sein. Die türkischen Čuwašen werden
öfters irrig als Finnen genannt, obgleich ihre Sprache sie deutlich
kennzeichnet und von ihren finnischen Nachbarn, den Mordvinen,
unterscheidet.

Die plastische Schönheit und in vielen Fällen erhaltene Alterthümlichkeit der Sprache der Finnländer weist ihnen die erste
Stelle unter ihren europäischen Stammverwandten an. Zu ihnen
gehören die Karelen und andere Völkerschaften; nahe verwandt
ist die Sprache der Esten (im Lande der alten Aestui, s. o.), zu
welchen ein unter den Letten wohnender Rest der Liven gehört;
demnächst die Sprache der Lappen, die sich durch die Fähigkeit,
Konsonantengruppen kräftig auszusprechen, vor den Schwestern
auszeichnet. Endlich gehören hierher die lange nach den alteuro-
päischen Finnen eingewanderten Magyaren oder Ungarn, bei den
Byzantinern Ούγγροι, slavisch (Ungri, Ongri?) Ugri, (poln.)
Węgry; ihre Sprache zeigt sowol durch ihre esoterische Entwickelung, wie durch ihre mehrfache Mischung (mit slavischer namentlich in ähnlichem Maße, wie die englische mit französischer), den
eigenthümlichen Lebenslauf des Volkes an.

Trotz dieser Isolierung, die sich in anderer Weise auch bei der
o. erw. Ostjakensprache findet, tragen die Sprachen der finnischen

Völker den Charakter einer **Familie** zur Schau. Grenznachbarschaft und Kulturgeschichte haben von frühe her viele Lehnwörter
aus germanischen, lituslavischen, iranischen (vielleicht altskythischen),
türkischen u. a. Sprachen eingeführt, und oft so tief herein, daß
Entlehnung und Urverwandtschaft schwer zu scheiden ist. So z. B.
ist der arische **martya, mard** u. s. w. homo (vgl. Goth. Wtb. M. 23.)
so eingebürgert in den Sprachen der asiatischen Finnen, daß er wahrscheinlich auch zum Volksnamen (der **Mordvinen**) geworden ist;
neben ihm aber erscheint in finnischen und kaukasischen Sprachen
auch der semitische **adam.** Wir dürfen nicht vergeßen, daß der
Begriff **homo** erst ein Erzeugniss höherer Bildung ist, ähnlich dem
der **Humanität.**

Dabei aber müßen wir noch auf einige divergente Erscheinungen
und Fragen in ethnologisch-sprachlicher Hinsicht aufmerksam machen,
ohne hier auf ihre weitere Verfolgung eingehn zu können.

Einerseits scheint sich der Kreiß der finnischen Sprachen in einer
den arisch-europäischen Sprachen abgekehrten Richtung in Asien
biß zu fast unbegrenzten Fernen hin zu erweitern, und zwar in zwie-
facher Weise. Theils nämlich **lexikalisch**, in langen Ketten von
Lautübergängen, deren Ringe in ununterbrochener Folge durch
unsere Hände laufen müßen, wenn wir den Zusammenhang der
äußersten nicht unmöglich finden sollen. Theils **grammatisch**,
in einer leichter in die Augen fallenden, aber nur formalen, seltener
stofflichen, Gemeinschaft der Lautgesetze (einer mit unserem Um-
laute dynamisch verwandten Vokalharmonie), der Wort-bildung und
-beugung, correlativ mit der des Satzbaues. Diese beiden Richtungen,
welche oft getrennt und bei verschiedenen Sprachen auftreten, soweit biß jetzt unser Blick reicht, gleichwol aber eine in die andere
gerechnet werden müßen, zeichnen dann die weite und vage Umfangs-
linie des **ural-altaischen Sprachkreißes**, welcher mehrere
Familien einschließt, wie die **finnische, türkische, mon-**
golische, tungusische, samojedische. Dazu kommen noch
vielfache Berührungen des finnischen Wortvorrathes mit dem der
kaukasischen Sprachen, biß in die **iranische** der Osseten hinein.

Auch die kaukasischen Sprachen bilden, wie wir bereits bemerkten, unter sich die sonderbare Gattung des Verbandes, den wir **Spra-**
chenkreiß oder **Sprachenklasse** nennen, und welcher dem
physiologischen der **Rasse**, als **dynamischer** Einheit gegenüber
der **genealogischen** der **Familie**, entspricht. Er hat oft nicht
die Wurzeln, immer aber den Grundriß des Baues als Gemeinbesitz,

der für erstere immer nur bei Nachkommen je eines Adams stattfindet. Das umfaßendste Beispiel dieses Verbandes bilden die Ursprachen Amerikas, und zwar, wie es scheint, des ganzen ungeheuren
Welttheils.

Aber die Erweiterung auch der (lexikalischen) Urverwandtschaft
der finnischen Sprachen (mit einander) in der den arisch-europäischen
abgekehrten Richtung sucht sich nun nach diesen hin geltend zu
machen. Wir meinen hier nicht bloß die große Aehnlichkeit der zur
Conjugation verwendeten Personfürwörter, sondern auch vieler
andern Wurzeln, wie sie namentlich in Zeitwörtern auftreten, worauf
wir mehr Gewicht legen, als auf die, immerhin mitunter bei bloßer
Entlehnung seltene, Verwandtschaft von Appellativen.

Wir bezweifeln indessen diese Mission der finnischen Sprachen
zur Vermittelung mindestens zweier großer Sprachwelttheile, durch
welche die Zahl der Adame sehr verringert werden würde.

Aber wir dürfen gegen die Möglichkeit der geschichtlichen Verwandtschaft zwischen Finnen und Indogermanen nicht eine praesta-
bilierte Beschränkung derselben auf den von uns als Familie bezeichneten Kreiß aufstellen. Vielmehr bleibt uns die Annahme verschiedener Grade der Blutsverwandtschaft unverwehrt. So
z. B., nehmen wir Japhet und Sem als die Stammväter der Indogermanen (Japetiden) und Semiten: so waren sie Brüder, die nach verschiedenen Richtungen hin, und vielleicht auch in verschiedenen
Zeiten, etwa als älterer und jüngerer Bruder, aus dem Vaterhause
giengen und große Familien gründeten, deren Ursprachen bereits
zwei ähnliche, nicht gleiche waren; jede Familie aber hat nur
Eine Ursprache. Aehnlich, wie bei den finnischen Sprachen, ist
auch bei den semitischen die ursprüngliche Verwandtschaft mit den
arisch-europäischen noch nicht erwiesen, und eröffnet sich anderseits
nach dem Norden und Westen Afrikas hin die Möglichkeit verschiedener Grade semitischer Sippschaft.

Wenn wir indessen an die Stelle der Urverwandtschaft
zwischen finnischen und arisch-europäischen Sprachen Entlehnung
treten laßen: so bedarf das Erklärende wiederum in hohem Grade
der Erklärung und Begründung.

Klaproth hat eine besondere Abtheilung der »germanisierten Finnen« aufgestellt, die zwar nur die europäischen umfaßt, deren Kennzeichen aber weiter reichen. Wenn wir nicht Urverwandtschaft der
ganzen Sprachen annehmen wollen, so finden wir hier germanische
Wörter, die sonst ihrer Natur nach nicht zu Lehnwörtern taugen, so

14 *

innig mit der Sprache verwachsen und durch eine Reihe von Mundarten variiert, daß wir gar nicht an ihre Entlehnung denken würden,
wenn nicht in den übrigen finnischen Sprachen tiefer in Asien andere an ihre Stelle träten. Wie lange und enge müßen diese Finnen
mit Germanen verkehrt haben! Wir Deutsche nennen freilich Oheim
und Muhme, Vetter und Base mit welschen Namen Onkel uud Tante,
Cousin (nur Fremdwort) und Kusine (Lehnwort); aber wie viel ent-
deutschter würden wir sein, wenn wir bei S c h w e s t e r und T o c h-
t e r die deutschen Benennungen gegen fremde ausgetauscht hätten!
Und dieß thun die europäischen Finnen, sowie mehrere asiatische im
Wolgagebiete, wo die Votjaken sogar die nach finnischer Weise
unterschiedene ältere Schwester s u s e r nennen. Diese Finnen sind,
wenn sie jene und andere deutsche Wörter nicht erst mittelbar durch
ihre europäischen Stammgenoßen erhielten, die merkwürdigsten
und fast einzigen Zeugen und Genoßen asiatischer Germanen, die
wol ihre südlichen Nachbarn waren, immer noch hoch genug im
Norden. In den selben finnischen Sprachen kommen mehrere slavische, begreiflicher Weise an Zahl immer zunehmende, Wörter
vor, auch einige türkische.

Die Angaben über die K ö r p e r e i g e n s c h a f t e n der verschiedenen finnischen Völker weichen zwar von einander ab, laßen sich
jedoch so ziemlich vermitteln. Wir dürfen nicht versäumen, die
Unterschiede der Wohnorte und noch mehr der Lebensweise mit
in Anschlag zu bringen; gleichwol bleiben hier und da starke und
unleugbare besonders der Farbe übrig, die sich nicht bloß aus jenen
Gründen erklären laßen — was indessen auch bei den Slaven und
anderen sehr weit ausgedehnten Völkerstämmen mehr oder minder
der Fall ist. Im Allgemeinen scheinen die Finnen der kaukasischen
Rasse näher zu stehn, als der mongolischen.

Vollends die F i n n l ä n d e r, die so ziemlich das Aussehen der indoeuropäischen Nordvölker haben, mit Ausnahme der unter den finnischen Völkern, namentlich den jenen näher verwandten E s t e n und
L a p p e n, sowie den V o g u l e n, häufigen tieferen Lage der Augen.
Die Finnländer sind groß und hellfarbig. Linné unterscheidet
sie von den L a p p e n, wie folgt: »F e n n o n e s corpore toroso; capillis flavis prolixis; oculorum iridibus fuscis. L a p p o n e s corpore
parvo; capillis nigris, brevibus, rectis; oculorum iridibus nigrescen-
tibus«. Vieles in dem Organismus der Lappen läßt sich durch ihre
Landesnatur und Lebensweise erklären; aber in so nördlicher Breite
fällt die dunkle Farbe auf. In der That aber gilt diese nur für einen

Theil der lappischen Stämme, während andere, sich auch beßer
dünkende, blondes, rothes oder braunes Haar, rosig blühende, jedoch, besonders bei den Männern, etwas gelblich dunkelnde Gesichtsfarbe und helle blaue Augen haben. Scheffer gibt Finnländern und
Lappen gleichermaßen wohlgebildete Glieder, schwarzes Haar und
breite Gesichter. Die Lappen haben häufig hohe Backenknochen,
weiten Mund und dünnen Haarwuchs; ihre Größe ist verschieden,
im Allgemeinen indessen unter der mittleren; der Schädel rundlich
und dick, die Stirne vorragend, die Augen groß, die Nase kurz und
platt, die Brust breit, die Beine dünn, der Körper schlank, hager,
aber stark und flink. Die Esten, großentheils durch Sklaverei und
Entbehrungen entartet und im Wuchse gedrückt, haben in der Regel
bläuliche Augen und gelbes, dünnes, langes Haar, bißweilen auch
schwarzes bei dunkler Haut; den Schädel eckig, doch oft oval, nicht
rund, die Stirne ziemlich platt und nieder, den Brustkasten dünn und
flach, desto breiter erscheint das Becken; der dünne Hals ist vorne
vorgeneigt. Die Votjaken, Mordvinen und Ceremissen
haben häufiger rothes, als braunes Haar; die dünnbeinigen, kleinen
Ostjaken meist röthliches, aber ihre Nachbarn, die Vogulen,
häufiger dunkelfarbiges, gleich ihrer Haut, ja schwarzes; dabei sagt
man ihnen kleine Augen, kurze und dicke Nasen nach; die dunkelfarbigen Magyaren haben, wol erst allmähllich, weit edleren
Typus gewonnen.

Die Kreuzung der Völker, sowie eine die klimatischen Unterschiede ausgleichende Pflege und Bildung des gesamten Organismus
werden vielleicht schon in einem Jahrhundert nur Einen europäischen
Typus annehmen laßen, der aber Jeden nach seiner Façon wachsen
und helle oder dunkle Komplexion erzeugen läßt — die reichste Individualisierung und Mannigfaltigkeit in der Einheit!

II.

Lexikon

der von den Alten aufbewahrten Sprachreste der
Kelten und ihrer Nachbarn, insbesondere der Germanen und der Hispanier.

A.

1. *Ἀβράᾳς* (Reines. emend. ἀββάᾳας) Κελτοὶ τοὺς κερκοπι-
θήκᾳς." Hesych. ϱ kann vielleicht durch die folgende Glosse „ἀβϱανίδᾳς,
κϱοκϱωτούς (emend. κϱοκοτούς; cf. c r o c u t a s Plin. Hist. nat. VIII. c. 21.),
Λάκωνις" herein. Das verglichene arab. a b r a m a (pl., b o r a m sg.) finden
wir bei Freitag nicht. kymr. a b, g w r a b (g w r mas) neben e p a, e p p a m.
gadh. a b f. a p m. a p a (pl. a p a n) f. manks a p e; aber brit. m a r m o u z m. aus
m a r m o t t e, ital. m a r m o t t - o, -a; das Weibchen m a r m o u z e z f. neben
m o u n a (auch aprov.), m o u n i c a, das zu einem verbreiteten romanischen
Wortstamme für Affe gehört; brit. a b é c i, a b é g i nachäffen, das Edwards
und De Belloguet aus verlorenem a b leiten, gehört formell zu a b e c (a b é g o u,
pl.) m. Ursache. ags. (schwed. f.) a p a altn. a p i ahd. a f f o m. finn. a p i n a
(aus altn. a p i n i a f. ? dagegen estn. p e r t i k aus lett. p ê r t i k i s (k virgul.),
p ê r t e id., die an ital. b e r t u c c i o, aus b e r t a, erinnern). böhm. o p i c e f.
russ. o b e z y j a n - a, dem. -k a, vgl. litau. b e z d o n i s, b e z d z o n - i s m. -e
f. u. s. m. mit vielleicht schon zweiter Aphärese, da neben a p i u. s. w.
sanskr. k a p i armen. k a p i k gr. κῆπος, κεῖπος steht; die Griechen erhielten
den Namen vielleicht aus Indien; vgl. Plin. Hist. nat. VIII. c. 19.: „ex Aethiopia quas vocant c e p h o s, κήπους", i. q. κῆβους cf. Aelian. H. anim. XVII. 8.
Das altkelt. n - suffix zeigt sich mehrfach bei diesem Wortstamme. Es ist schwer
zu sagen, welche Völker den Namen aus der alten Heimat mitbrachten, welche
ihn entlehnten und woher. Die Semiten mochten ihren k ô p h (hebr. קוֹף)
ebenfalls aus Indien haben. Die Lituslaven haben zum Theil den Namen
m a i m û n u. dgl. mit andern Ostländern gemein; davon scheiden sich wiederum poln. m a ł p a wend. n a ł p a; lett. ê r m s, das merkwürdig an „Ἄρι-
μος· πίθηκος" .Hesych. „ — — τοὺς πιθήκους φασὶ παρὰ τοῖς Τυῤῥηνοῖς
ἀρίμους καλεῖσθαι" Strab. XIII. p. 626. erinnert.

2. A c a u n u m a r g a s. M a r g a. A g a u n u m.

3. A c h l i s s. A l c e.

4. A c n u a (a c n a, a g n a). „Actus quadratus undique finitur pedibus CXX.
Hoc duplicatum facit jugerum — — Hunc actum provinciae B a e t i c a e rustici a c n u a m vocant, iidemque XXX pedum latitudinem et CLXXX longi-
tudinem p o r c a m dicunt. At G a l l i c a n d e t u m appellant in areis urbanis
spatium C pedum, in agrestibus autem pedum CL [quod aratores c a d e t u m
nominant], semijugerum quoque a r e p e n n e m vocant." Columella V. 1.
Ed. Bip. „Actus quadratus qui et latus est pedes CXX et longus totidem, is
modus a c n u a L a t i n e appellatur." Varro r. r. I. 10. Ed. Bip. „Actum provinciae B a e t i c a e rustici a g n a m vocant; p o r c a m iidem B a e t i c i III
pedum latitudine et CLXXX longitudine definiunt. — — G a l l i c a n d e t u m
(al. c a n d e c u m i. e. c a n d i d u m) appellant in areis urbanis spatium C

pedum, quasi centetum; in agrestibus autem pedum quadratorum candetum (varr. wie o.) vocant." Isid. Or. XV. 13. Für die Bedeutung von actus als Feldmaße s. Plin. Hist. n. XVIII. c. 3. §. 9. Das mit gr. ἄκαινα, ἄκενα verglichene Wort acnua etc. sieht eben nicht sehr lateinisch aus, wol aber porca (weitere Belege u. v. Lira), das organisch dem d. furche, ahd. ags. furh u. s. w. (estn. würkus u. dgl. entl.) entspricht. Es ist immer auffallend, dass diese u. a. lateinische Ackerbauwörter nur oder fast nur in Hispanien vorkommen. Wenn auch die baetischen Bauern jener Zeit längst lateinisch sprachen, so waren sie doch der Mehrzahl nach alte iberische Grundbesitzer, die gerade für den Landbau am ersten einheimische Ausdrücke aus alter Zeit behalten haben konnten. Auf die gallischen Wörter kommen wir unten.

5. Adarca ist wol weder lateinisch, noch griechisch, obgleich Plin. H. n. XXXII. c. 10. s. 52. sagt: »Calamochnus Latine adarca appellata.« Vgl. Diosc. V. 136.: »Ὁ δὲ προσαγορευόμενος ἀδάρκης γίνεται μὲν ἐν Γαλατίᾳ (al. Καππαδοκίᾳ).« Galen. Fac. simpl. XI. p. 370. schreibt ἀδάρκιον, ἀδάρκη, ἄδαρκος. Vielleicht gehörte das Wort einer kleinasiatischen Sprache an; es wird hier aufgeführt, weil die Griechen den Namen mit der Sache aus dem Galatenland in Kleinasien erhalten haben konnten. Plinius nennt den Namen noch XVI. §. 167. XX. §. 241. Formell stimmt gadh. adharc f. cornu, ein den Schwestersprachen fremdes, aber dem glbd. bask. adarra, adar nahe stehendes Wort. Der Name calamochnus erhielt sich in ital. calamaco.

6. Ἀγασσαῖος. »Ἔστι δέ τι σκυλάκων γένος ἄλκιμον ἰχνευτήρων,
Βαιόν, ἀτὰρ μεγάλης ἀντάξιον ἔμμεν ἀοιδῆς·
Τοὺς τράφεν ἄγρια φῦλα Βρετανῶν αἰολονώτων,
Αὐτὰρ ἐπικλείδην σφας Ἀγασσαίους ὀνόμηναν« etc.
                                          Ὀππιαν. Κυνηγ. I. 467 sq.
Eine Verwechselung der ἀγασσ-αῖος, -εὺς ib. v. 476. mit den ἐγὕσιαι (s. u.) ist schon wegen der zu stark abweichenden Vokale nicht anzunehmen. Ἀδράστης s. Ἀνδάτης.

7. »Agaunum (monasterium, ad inferiorem Valesiae limitem, i. q. Acaunum urbs Nantuatum) accolae, interpretatione Gallici sermonis, saxum dicunt.« V. S. Mauritii apud Wilk. Concil. IV. p. 215. (interpol. v. Bolland. ad 22. Sept.). »Agaunus Gallico priscoque sermone — — petra esse dignoscitur.« V. S. Romani abbatis Iurensis (Bolland. 28. Febr. praef.). Das selbe Wort kommt auch mit der Tenuis vor: Acaunus Zeuss S. 38. aus den Bollandisten; »Gadolo Aug. et Acovnis sacr. Orell. Nr. 1995. inscr. Agunt. (auch der Stadtname Aguntum selbst scheint damit in Verbindung zu stehn); acaunumarga u. v. Marga; cf. Icauna (jetzt Yonne). Wenn a hier nicht stammhaft ist, so vergleicht sich der Ortsname Gaunodurum (Canton Schaffhausen), dessen heutiger Name Stein auffallend zustimmt. Der Name der ligurischen Ingauni (deren Stadt Albingaunum) lautet sehr keltisch, dürfte aber Ing-auni sein, wie denn auch in unserem Worte eher aun Ableitungssilbe, als a Präfix ist.

8. Agennum (auch Aginno, Agennum, jetzt Agen in Guyenne) hat, angeblich nach der V. S. Caprasii (nach Mithr. II. 42.) den Namen »ab hiatu

speluncae". Vgl. den kelt. Ortsnamen **Agendicum**, wenn nicht richtiger **Agedincum**. Sodann kymr. **ag**, **agen** neben **gag**, **gagen** f. opening, cleft, cranny (hiatus, spelunca) **agennu**, **gagennu** to cleave or chap as the ground does (versch. von **agori** korn. **agery** aperire) u. s. m. brit. **agen**, jetzt gewöhnlich **aiénen**, **eiénen**, bißweilen **driénen** f. Springquell. gadh. **gâg** f. rima, fissura; vb. dehiscere c. deriv. Germanogallische Etymologie würde auf **ginon**, **genen** verweisen.

Agna s. **Acnua**.

9 a. *Αλάβανδος.* Wir nehmen diesen Artikel auf, nicht weil wir die kleinasiatischen *Καρείς* mit den keltischen bei Paus. I. 35. (cf. Celtica II. 1. passim; Ukert II. 2. p. 72.) verwechseln möchten, sondern weil ein ziemlich starker Anklang an keltische Wörter uns zugleich daran erinnert, daß mitunter kleinasiatische Wörter (s. u. v. **Tascodrugitae**) bald den Galaten, bald andern Stämmen des Landes zugeschrieben werden. Selbst der halb appellative Felsenname *Κράγος* in Kleinasien steht dem brit. **crag** kymr. **craig** gadh. **creag** rupes am nächsten.

„*Υλλούαλα, δῆμος Καρίας* — — *Άλα* γὰρ οἱ *Κάρες* τὸν ἵππον ἔλεγον. *Ἀλάβανδα, πόλις Καρίας* — — ἐκλήθη δὲ ἀπὸ *Ἀλαβάνδου* (τοῦ Εὐίππου) — ὅ ἐστι κατὰ τὴν *Καρῶν* φωνὴν *Ἱππόνικος.* *ἄλα* μὲν τὸν ἵππον, *βάνδα* δὲ τὴν νίκην καλοῦσιν. ἔνθεν καὶ παρὰ Ῥωμαίοις *βάνδον* τὴν νίκην φασίν." Steph. Byz. Dazu die Varianten (e gloss. Salm.): „*βάνδον* τὸ σιγγνόν φασίν"; cf. „*βάνδον* καλοῦσι Ῥωμαῖοι τὸ σημεῖον τὸ ἐν πολέμῳ" Suid. (cf. Const. Tact.). Dagegen „*βάνδον* λιγγνόν" (st. σιγγνόν, Ann. Holst.). Die Verwechselung des karischen Wortes mit dem romanischen **bandum** signum ist klar; darum aber dürfen wir nicht an eine ähnliche von **ala** equus mit der alten Glosse **alae equites** denken. Das von Shaw gegebene gadh. **al** equus mag immerhin hier genannt werden. *βάνδα* steht nicht sehr ferne von gadh. **buad, buaid (buaidb)** kymr. **bud (budd)** f., einem **Vortheil** und **Sieg** bedeutenden Wortstamme, wenn wir auch die Variante *Βουνδουΐκα* (Dio Cass. LXII. 2.) mit ihrem Nasale neben **Boudicca** u. s. w. in dem vermuthlich zu jenem Stamme gehörigen Namen der britischen Heldin (vgl. u. a. Zeuss S. 27. Glück S. 53.) nicht hoch anschlagen. Vgl. u. a. noch u. Nr. 21. v. *Ἀνδάτης.*

9 b. *Άλαμανοί.* „*Οἱ δὲ Ἀλαμανοί,* εἴγε χρὴ Ἀσιννίῳ Κουαδράτῳ ἕπεσθαι, ἀνδρὶ Ἰταλιώτῃ καὶ τὰ Γερμανικὰ ἐς τὸ ἀκριβὲς ἀναγραψαμένῳ, ξὺγκλυδές εἰσιν ἄνθρωποι καὶ μιγάδες, καὶ τοῦτο δύναται αὐτοῖς ἡ ἐπωνυμία." Agath. Hist. I. 6.

Zeuss (Die Deutschen S. 306.) legt dem Namen die Ableitung **alamannida** (communio) zu Grunde. Auffallend bleibt der Unterschied des einfachen und gedoppelten l in goth. **allaim alamannam** (vgl. u. a. Goth. Wtb. I. S. 42.).

10. Alauda. „— — parvae (avi) quae ab illo (apice) **galerita** appellata quondam, postea **Gallico** vocabulo etiam legioni nomen dederat **Alaudae.**" Plin. H. nat. XI. c. 37. s. 44. „Legio **Alaudarum**" Cic. Att. XVI. 18. (cf. Phil. I. V. XIII.) „— — (unam legionem) etiam ex **Transalpinis** conscriptam, — — vocabulo quoque **Gallico Alauda** enim appellabatur." Suet. J. Caes. XXIV. „— — Vocabula — — **Gallorum** ac caeterorum. Nam dicunt ab alauda alaudas et sic alia." Varro V. §. 65. ed. Mülber (c. 36). »In ecclesia Arverna avis corydalus quam alaudam vocamus ingressa." Greg. Turón. IV. 31. „Avis galerita quae gallice alauda dicitur. — — Corydalus avis i.. e. quae alauda vocatur." Marc. Empir. c. XXIX. „Vidit auiculam nomine accredulam (vgl.. mein Gloss. lat.germ. V. Accedula) quam vulgus vocauit alaudam." Adhelelm. Ep. Sagiens. in Mirac. S. Opportunae c. XIV. ap. Dufr. Ein Mannsname Alauda, ohne Angabe der Nationalität, kommt bei Martialis Ep. XII. 58. (Ad Alaudam) vor. Nahe an klingt der gall. Gottesname „Olloudio (Marti) Inscr. Murat. 1981, 3., wenn nicht richtiger Ollordio Orell. 2006.

Daher mlt. laud-ila, -ula, entstellt landula (mein Gloss. lat.-germ.); ital. allodola, gew. lodola sicil. lodana altspan. aloeta, aluda nspan. alondra aprov. alauz-a,-eta nprov. alauv-, lauv-, lauz-eta wallon. alaou-ïe, -re rouchi aloéte afrz. aloc, alour nfrz. alouette. Die Erscheinung des Wortes in so vielen Töchtersprachen der lateinischen bezeugt seine völlige Einbürgerung in letzterer. Ob altn. lóa (vgl. Grimm, Reinh. Fuchs S. 370. Diez Wtb. S. 12.) aus afrz. aloe entstanden sei, laßen wir dahin gestellt; die Schreibung lafa, lava führt auf die Kette der germanischen Namen ags. láverce f. (dessen â freilich nicht zu jenem nord. a stimmt) schott. laverock nd. nl. niederrhein lêwer-ke, -ik f., -ich (m. Gloss. lat.-germ. vv. Alauda. Laudula.) u. s. m. mhd. (einmal) lêwerch, aber zusammengezogen schon ahd. lêrihhâ u. dgl., umgedeutet in nnl. leeuwerik u. dgl. westerwäld. löweckerche. Da das germanische Wort, auch wenn wir in nord. lô, lóa nicht dessen Primitiv suchen, ohne Zweifel eine doppelte Ableitung enthält (deren erste Hälfte wir vielleicht nachher auch im britonischen Worte finden), so wäre eine Verwandtschaft mit dem keltischen möglich, wenn dort lau die Stammsylbe wäre, wogegen wir lieber in den altkelt. Wörtern al-, bag-, basc-auda u. s. w. gleiche Bildung suchen. Eher stammen die finn. Namen des nordischen Vogels finn. leiw-o, -oinen estn. leoke mit dem germanischen aus Einer Quelle, sowie auch mit indischen und iranischen Vögelnamen, vgl. Pictet in Kuhns Zeitschr. VI. S. 192 sq., wenn auch hind. lová alouette bei Pougens nicht verbürgt ist.

Zu dem reichlich verbürgten altgallischen Worte gehören sicher die brit. Formen all- (angeblich), alch-, éch-, ch-wéder, -wédez m., dessen Genus abweicht, und dessen eingeschobener Guttural auch in dem nahe anklingenden alchwez f. = kymr. allwydd, allwedd m. clavis korn. alved clausura dialhyet (bei Price ahuel) clavis (Zeuss 1120) auftritt; man bedenke auch die gutturale Aussprache des kymr. ll, lh. Holtzmanns Ableitung des briton. Wortes aus dem nfrz. Deminutive alouette leuchtet uns viel weniger ein, als die esoterische, wiewol dem Begriffe nach noch unerklärte, von dem Schlüßelnamen durch die geläufigen von Holtzmann übersehenen Süffixe er und (das sonst weibliche) ez. Die kymr. Lerchennamen uchedyddud und hedydd m. gehören nach unserer Ansicht (anders J. Grimm Märc. S. 9.) weder zu dem briton. Worte, noch zu einander, da das nächste Primitiv von uchedydd : uchedu to soar, elevate von kymr. brit. uch (gadh. uach- cf. sskr. učča?) superior, supra abstammt, während die sichere Wurzel von hedydd : hed fliegen — auch ehedydd: ehed mit praefigirtem, vielleicht nur prothetischem e — bedeutet; letzteres hat eine Ableitungssilbe, jenes deren zwei.

Zu uchedydd gehört korn. ewidit, evidit id. vgl. korn. ewhal neben uhal = brit. huel kymr. brit. uchel altus. Andre kelt. Namen der Lerche sind z. B. bardala (s. u.); gadh. fuiseog (uiséog) und riabhag; kymr. me-, meï-lierydd f. a lark, a sky lark, welchem korn. melhuez (lark, bei Pryce zerlegt in mel huez a sweet breath) näher steht, als den zu alauda gehörigen neukelt. Namen. Zugleich aber führt melhuez über auf briton. milvid, milfid, milchwid m. (mauvis) und die Namen mlt. malvitius span. malvis, malviz m. ital. malvi-zzo, -ccio neap. marvizzo engl. mavis frz. mauvis und mauviette, die wir nicht von einander, wol aber von frz. mouette picard. mauwe (Mewe) trennen, obschon sich in diesem Wortstamme neben den sich kreuzenden Bedeutungen der Lerche und (vorherrschend) der Drossel auch die der Mewe vorfindet; vgl. Diez S. 684 ff., wo auch noch henneg. mauviar turdus merula den Stamm malv mit andrem Suffixe zeigt. Wer weiß, ob er nicht auch in den auf einer Inschrift in Köln (Orell. Nr. 2089.) mit Sylvanus zusammenstehenden Diabus Malvisis vorkommt. Auch roman. (mlt.) calandrus bedeutet bald Lerche, bald Drossel. Pictet a. a. O. bezeichnet auch ein irisches laireog (auch learthóg mit stummem th) als Lehnwort aus engl. lark; gadh. learg m. colymbus immer dagegen könnte mit λάρος, larus verwandt sein und ebensowenig mit learthog, als obiges mouette mit mauviette. Wir können uns die Erwähnung einiger andern Vogelnamen nicht versagen. Obigem brit. milchwid u. s. w. nähert sich wiederum mwalch (pl. mwilchi) kymr. mwyalch korn. moelh, f. merula. Mit der deutschen Drossel ahd. drosc-a, -ela u. s. w. (engl. thrush deutet auf ein ags. dhrosc neben dhrosle und dhrisc) identisch sind die gleichbed. Namen brit. drasc, drascl m. kymr. tresglen f. gadh. trosg m. (asellus piscis; liatrosg, liathtroisg f. turdus pilaris zsgs. mit liath canus); während gadh. druid, truid m. (truid auch thrush) kymr. drudw-y, -en f. (drudwst m. chattering as birds) brit. tréd, dréd (pl. tridi, dridi), treidi (pl. treidied) m. sturnus sich zu lat. turdus stellen. Zu Drossel etc. gehören ferner afrz. trasle (grive) nfrz. trâle sologn. tris (mauvis) ital. dressa u. dgl., wahrscheinlich auch frz. draine, dial. traine u. s. m.; sodann litau. strazd-à f., -as m. lett. strazds m. poln. drozd russ. drosty u. s. m. lapp. trasta (schwed trast) finn. rastas estn. rästäs turdus.

Es fragt sich, ob jene Alaudae der gallischen Legion nach einem Helmschmucke benamt waren, oder als Behelmte nach der galerita, dem κορυδαλός, der Haubenlerche, die kymr. hedydd coppog brit. kabellek m. (eig. adj. huppé), wie ital. capellina u. dgl. m., nhd. dial. Kobellerche, heißt.

Bemerkenswerth ist die Erhaltung des keltischen Mewennamens in frz. goéland = brit. gwé-, goé-, goi-lan, goulen (pl. gwéleni, goulenni) m. kymr. gwylan f. korn. guilan gädh. foilenn (alcedo Gloss.), faoilea-nn m., -g f. larus canus, engl. gull, das einer kürzeren kelt. Form entlehnt scheint, ob es sich gleich an das engl. Zw. gull anlehnt; engl. the gulaund duck anas borealis scheint vollends mit goeland identisch, ebenso altn. gulönd f. mergus major longiroster. Das vielleicht zu Grunde liegende, die Stimme des Vogels als Weinen bezeichnende Zeitwort lautet passend brit. gwéla kymr. gwylaw, aber gadh. guil, dessen An-

laut nur zu diesen Zww. passt, freilich aber, wie gädh. f, aus ursprünglichem v entstand. Aehnlich lautet der Name des colymbus troile kymr.
g wilym engl. guillem engl. frz. guillemot.

11. Alausa. „Stridentesque focis, opsonia plebis, alausas.“ Auson.
Mos. 127. Ohne Zweifel gallisch und erst durch Ausonius aus der Volkssprache seiner Umgebung ins Lateinische eingeführt. Die spätere Form alosa
(prov. noch alausa diphthongisch) ist ital. span., daraus frz. nhd. alose,
auch wol nhd. dial. laus-, leuse-fisch (assimiliert), wogegen das vermuthlich sehr alte nhd. alse den tonlos gewordenen Vokal ausgeworfen
hat, ebenso die Nebenformen else, ilse; alet geht auf ahd. alunt alts.
alund zurück; elst und das schon bei Kilianen vorkommende nl. elft stehn
näher zusammen. Zu den roman. Varianten rechnen wir span. prov. ala-
cha, lacha, prov. lacca u. s. m. Andere vielleicht gallische Namen dieses
Fisches s. u. vv. **Attilus. Clupea.**

῎Αλβιος etc. s. **Alpes.**

12. ῎Αλβολον. „Γλήχων — — ῾Ρωμαῖοι πολεῖαμ, Ἀφροὶ ἀπολεῖαμ,
Γάλλοι ἄλβολον, οἱ δὲ γάλλις ὄψις.“ Diosc. III. 30. Adelung liest (wo?)
als richtigere Form albogon, wozu das gleichbedeutende maurische alue-
gen in Pandectario ap. Boxhorn. Ant. Gall. stimmt, zu ἄλβολον die merkwürdigen, aber verdächtigen frz. (afrz.?) Formen alvolon, avolon. Letztere klingt etwas an das afrikanisch-römische ἀπολεῖαμ. Wer weiß, ob
nicht auch ἄλβολον, das in den neukeltischen Sprachen keinen Nachhall
findet, zu den zahlreichen Entstellungen aus pulegium gehört? Statt
γάλλις ist vielleicht Γάλλοι zu lesen, ob wir gleich an γαλίοψις, galeopsis (scrophularia) erinnert werden; aber die Synonyme des letzteren:
γαλεόβδολον (neben γάλιον), galeobdolon Plin. H. n. XXVII. c. 9. s.
57. klingt nicht minder zu Γάλλοι ἄλβολον!

13. Alces, alce. „Sunt (in Hercinia silva) quae appellantur alces,
harum est consimilis capreis (al. capris) figura et varietas pellium, sed magnitudine
paullo antecedunt, mutilaeque sunt cornibus et crura sine nodis articulisque habent“ etc. Caes. B. G. VI. 27. „Germania (gignit) insignia boum ferorum genera,
iubatos bisontes excellentique vi et velocitate uros quibus imperitum vulgus
bubalorum nomen imponit, cum id gignat Africa, vituli potius cervique quadam
similitudine. Septentrio fert et — — alcem, ni proceritas aurium et cervicis
distinguat iumento similem. Item notum in Scandinavia insula nec unquam
visam in hoc orbe, multis tamen narratam achlin (al. machlin), haud
dissimilem illi, sed nullo suffraginum flexu — — labrum ei superius prae-
grande.“ Plin. H. n. VIII. c. 15. S. 15. („Hanc labri magnitudinem Solinus
CXXXIII. alci, non machli, tribuit; quo fit ut verba haec ex sua sede
perperam huc videantur traiecta, cum tribus ante versibus locum habeant
post illa verba: iumento similem.“ Glossa edd.) η(῎Αλκαι pl.) τὸ ἐν Κελτικῇ θηρίον.“ Paus. El. V. 12. „Ἔστι δε ἄλκη καλούμενον θηρίον, εἶδος μεν
ἐλάφῳ καὶ καμήλῃ μεταξύ, γίνεται δὲ ἐν τῇ Κελτῶν γῇ.“ Ib. Boeot. IX. 21.
Nach Plinius hat Isidor. Hisp.: „Bubali — — hos Africa procreat. Uri
agrestes boves sunt in Germania. Or. XII. Germania — — bisontes
(varr. visontas, insontes, iussotonas) quoque feras et uros
(vulg. ursos) atque alces parturit.“ Ib. XIV. Wahrscheinlich beschreibt

auch Polybios die Alce, ohne sie zu nennen (Ed. Schweigh. t. VIII. p. I. p. 199.).

Die Alke oder Alkes, in mlt. Glossen gewöhnlich **alx**, wohnte in dem einst von Kelten, später von Germanen bewohnten Norden; Solinus nennt die große Insel Gangavia, vor Germanien gelegen. Die Deutschheit des Namens, wenigstens der überlieferten Form, zeigt sich in dem entsprechenden, jedoch fast durchweg männlichen, ahd. e l a h o, e l h o, e l o h o, h e l o h o, h e l a h o, e l c u. dgl. (missv. auch h e l f a n t) alx, tragelaphus mhd. elche, e l c h m. ags. e l c h engl. elk altn. e l g r m. ilgia f. (y l g r, y l g i a) schwed. norw. e l g m. (norw. alg, ölj.) dän. elsdyr (aus e l g s d y r) n. Auffallend stimmt das deutsche „nomen A l c i s" bei den lygischen Naharvalen Tac. Germ. XLIII., das indessen mit einer anders gestalteten Reihe deutscher Wörter zusammenhangen kann, vgl. den buntscheckigen Artikel in m. Goth. Wtb. v. A l h s; wieweit beide Reihen gleichen Ursprung und Grundsinn haben können, laßen wir dahingestellt; Zacher (über die Rune e o l h), der ihre Verwandtschaft annimmt, ist uns nicht zur Hand (vgl. Mannhardt, Götterwelt S. 257.). A c h l i s scheint nach Form und Bedeutung nur eine durch Verschiedenheit der Ueberlieferung entstandene Variante von **alces** zu sein. Die Zurückführung auf den sanskr. Bären r x a hätte formell wenig Bedenken, wenn dieser nicht mit einer langen Reihe von Sippen andrer Gestalt und Bedeutung zusammenhienge; Weiteres s. bei Pott, Et. F. I. 85. Weber in Kuhns Zeitschr. VI. 320. auch über sanskr. r ç a Rehbock u. s. w.

Gewiß gehören zu **alces** mehrere andre Thiernamen der Hirschgattung, unter welchen eine Reihe deutscher Synonymen des Elchs lituslavische Lehnwörter sein können. Es fragt sich, ob bei ihnen und bei ἔλαφος der gutturale Auslaut von a l c, a l h sich verflüchtigte, oder ob ihre Suffixe mit diesem Gutturale zu coordinieren sind. Erst spät (16. Jh., bei Luther, Kiliaen u. s. f.) erscheint nl. elland, ellend, eland m. hd. ellend (z. B. bei Frischlin a. 1603), elend, elen n. (gew. mit dier, thier zsgs.), aus welchen erst frz. briton. (angeblich auch isländ. span.) élan m. entlehnt wurde; Nemnich gibt auch ein hierher gehöriges böhm. elegen für cervus alces. Nun sind zwar die lituslav. Namen für diesen abweichend: litau. lett. b r ě d i s m. (landschaftlich auch cervus elaphus cf. messap. βρένδον acc. id. o. S. 96., vll. auch gadh. b r u cerva?) slav. los (sloven. alcén aus alce in nhd. Munde; syrjän. lóss a. d. Russ.); aber litau. elnis slav. jolenj m. cervus laßen sich nicht von elen trennen. Im 15. Jh., wo der Elch in Deutschland verschollen, das Elen (Elenn) noch nicht eingeführt war, wird lat. alce, verschrieben alte, alalte, durch capra und geiß glossiert, vielleicht durch die Lesart capris bei Caesar veranlaßt.

Zu jelenj u. s. w. stellen sich kymr. eilon m. elain f., die nur für Männchen und Weibchen des jungen Hirsches gelten; gadh. eilid, cild cerva zeigt vielleicht den selben Stamm mit andrem Suffixe. Die keltischen Namen des Hirsches kymr. carw korn. carau brit. carv (gadh. carr–fiadh m, wol nicht hierher) stimmen zu lat. cervus, gadh. damh. zu dama. Nur die gadhel. Sprache hat einen alteinheimischen Namen für das Elenn: lon m., der auch merula, ferner sowol voracitas, als loquacitas, bedeutet, und zu litau. lonŏ slav. lanj cerva aslv. tragelaphus stimmt; eine Aphaerese wagen wir hier nicht anzunehmen.

In theilweise alten lateinisch-deutschen Glossen vermengen sich Namen eines andern Thieres mit dem der Alce: hiena (i. puto, nicht die Hyäne) elentes, elintesel, elute (ellinsin biaeninum sc. pellicium) neben hellunt und illitiso, iltis, noch jetzt in Mundarten ellen-bult, -katze u. dgl. mustela putorius; daher auch die merkwürdige lat. Glosse igena alcis im Voc. optimus. Die andern obigen Thiernamen bei Plinius u. A. verhandeln wir unten.

14. **Alesia**, Alisiia (Inscr.), (Άλεξία), Ἀλεσία, bei Diod. IV. 19. Ἀλησία, die Stadt der Mandubier, deren romanischer Name **Alise'** zu der authentischen Schreibung **Alisiia** (auch zu mehreren Ortsnamen in · Gallien und Germanien) stimmt, erwähnen wir hier wegen Diodors klassisch-barbarischer Ableitung 'ἀπὸ τῆς κατὰ τὴν στρατείαν ἄλης.' Ueberdieß ist sie uns durch eine der wenigen erhaltenen Inschriften in altgallischer Sprache merkwürdig geworden (vgl. u. n. u. v. **Ievrv**, Heidelb. Jbb. 1857 Nr. 42.).

Ἀλιουγγία etc. s. Σαλιάγχα.

15 „**Allobrogae** Galli sunt. Ideo autem Allobrogae dicti quoniam **brogae** Galli agrum dicunt, alla autem aliud; dicti igitur quia ex alio loco fuerant translati." Schol. in Juven. VIII. 233. (ed. Crameri p. 347.) Cf. „**Allobroges** sunt Galli, rufi et Sequanici dicti, incolentes illum tractum Alpium qui est a Visontio in Germaniam." Schol. in Horat. Epod. XVI. 6. Dazu die gall. Namen **Brogi-tarus** (Gallograecus, Cic. pro Sest.), **-marus**, **-mara** (Glück 3.), **Antebrog-ius** (Caes.), **-es** (Plin.), **Latobrogii** (Oros.). Bei Letzteren ist allerdings die richtigere Form **Latobrigii**, aber statt **Allo-broges** erscheint auch **-briges**, **-bryges**. Berosus (der falsche) de Reg. Assyr. deutet aus dem Aramäischen den Eponymos „Allobrox quasi Allodrox i. e. australis commixtio" etc.

Der Name lebt noch ganz im kymr. allfro s. f. an other country; adj. exiled, i. q. elend, ahd. elilenti, aus kymr. brit. gadh. (gew. eile) all (mit dem Artikel verbunden kymr. korn. brit. arall; Ausführliches s. Goth. Wtb. v. Alis) alius, und kymr. brit. bró f ς pl. kymr. broydd brit. bróyou, regio, kymr. häufig vallis. ð deutet auf alten konsonantischen Auslaut, der aber nirgends mehr hervortritt, nicht vor den Vocalen im Plural, noch in kymr. broaidd, broig thalhaft u. s. m. Dagegen lebt noch die alte Form in (alt) gadh. brog f. domus, neben bru f. regio, wenn anders beide hierher gehören. Exoterische Verwandte von brog, brð sind uns nicht sicher. Neufranzösisches Fabrikat ist das angeblich afrz. bro, abro pays, rive bei Ménage und Roquefort.

16. **Alpes**. „Sane omnes altitudines montium licet a Gallis **alpes** vocantur, proprie tamen montium Gallicorum sunt. — **Alpes** Gallorum lingua alti montes vocantur." Serv. in Vergil. Aen. X. 13. IV. 442. Georg. III. 474. Isid. Orig. XIV. 8. (wo nur die selben Worte umgestellt sind). „Ἡ δὲ Ἄλπις μέγιστον ὄρος — — φασὶ δὲ τὴν λέξιν ταύτην κατὰ τὴν εἰς τὸ Ἑλληνικὸν μετάληψιν ταυτὸν δύνασθαι τῇ Κλεισούρᾳ." Eustath. ad Dionys. Per. 295. „**Alpes** a candore nivium dicti sunt, qui perpetuis fere nivibus albescunt; Sabini enim alpum dixere quod postea Latini album, inde **Alpium** nomen." Fest. „Ἄλπεια, ὄρος τῆς Κελτικῆς. Διὰ τὸ πλῆθος τῆς λευκῆς χιόνος ἄλπια ἐκλήθη τὰ ὄρη· ἢ παρὰ τὸ ἄλτον, ὅ ἐστι ὑψηλόν, Ἄλτις κεκλῆσθαι." Etym. m.; lateinische Etymolo-

gien, wie sie öfters vorkommen. Einfach und richtig sagt Suidas: *"Άλπεις·*
ὄρη ἐπιμήκη."

Der Name wird gewöhnlich mit der Tenuis geschrieben: Alpis sg.,
Alpes pl., *ἡ Άλπις* (bereits bei Herodot. IV. 49., aber als Flußname),
αἱ Άλπεις, τὰ Άλπια, τὰ Άλπεια, Ἀλπεινὰ ὄρη. Aber Strabon IV.
p. 202. sagt: *"Ἀλβίγγαυνόν ἐστι πόλισμα — — Άλβιον Ἰντεμέλιον (τῶν*
Λιγύων) — Τὰ γὰρ Άλπεια καλεῖσθαι πρότερον Άλβια, καθάπερ
καὶ Ἀλπεινά. Καὶ γὰρ νῦν ἔτι τὸ ἐν τοῖς Ἰάποσιν ὄρος ὑψηλὸν συνάπτον
πως τῇ Ὄκρα καὶ ταῖς Άλπεσιν Άλβιον λέγεσθαι, ὡς ἂν μέχρι δεῦρο τῶν
Άλπεων ἐκτεταμένων." Vgl. ebds. VII. p. 314.: *"ἵδρυνται γὰρ οἱ Ἰάποδες*
ἐπὶ τῷ Ἀλβίῳ ὄρει τελευταίῳ τῶν Άλπεων ὄντι." Für die Doppelform
vgl. *Ὄλπια* Et. m.; *"Ὄλβια, νῦν δὲ Άλπια"* Athen. III. 5.; *"Άλπεις*
καὶ Άλπεια ὄρη, καὶ Άλβια, διχῇ γὰρ ἡ γραφή; καὶ διὰ τοῦ π, καὶ διὰ
τοῦ β." Steph. Byz. Mit der Media auch: *Άλβιοι, Άλβανον ὄρος* Ptol.
II. 15.; die *Ἀλβίοικοι, Ἀλβιεῖς,* Albici (Caesar, Strabon) in Südgallien; die Alba bei Vopiscus Prob. XV., die heutige rauhe Alp; Al-
biorix Mars Inscr. bei de Wal 292.

Eine sehr alte Quelle gibt ein anlautendes s: *"καὶ Σαλπίων βεβῶσαν*
ὀχθηρῶν πάγων" Lycophr. 1361., wo Tzetzes verbeßert: *"Άλπια, οὐ Σάλ-*
πια, ὄρη Εὐρωπαῖα τῆς Ἰταλίας μεγάλα — — Άλπια δὲ τὰ ὄρη ἐκλήθησαν
ἀπό τινος Άλπιδος, ἐπὶ τοὺς τόπους ἀνῃρημένου."

Nach Protarchos bei Stephanos Byz. v. Ὑπερβόρεοι und nach Athenaeos
III. 5. ist *Ῥίπαια* der ältere, d. h. der den Hellenen, wahrscheinlich durch
die Skythen, zuerst bekannt gewordene, Name der Alpen, zugleich auch,
nach Zeussens Auslegung (Die Deutschen S. 2.) der (keltischen) Arkynien,
vgl. Plutarch Camill. XV., und des Urals, vgl. Aristot. Metereol. I. 13. Ist
der Name skythisch-iranisch, so kann er identisch mit dem der Alpen sein,
indem das (sanskritische) vokalische rp, sowol arp, als rap, rîp lauten
kann und r mit l wechselt.

Es mag bemerkt werden, daß die seltnere mehr appellative Anwendung
des Namens auf Gebirge außer den eigentlichen Alpen (*"Κελτῶν ἄλπεις"*
Phil. Epigr. 68. vgl. o. Servius) gerade bei dem noch mit altgallischer Sprache
bekannten Sidonius vorkommt. Auch die Stelle bei Ammian. Marcell. XXXI. 2.:
"Alani ex montium adpellatione cognominati" mag eigentlich auf die
Nebenform Albani gehn. Auf die Urbedeutung des Namens verzichtend,
begnügen wir uns mit der konkreten des Hochgebirges u. dgl.

In den neukeltischen Sprachen ist der Name nicht recht lebendig. Im
Cymraeg, besonders in der Mundart von Glamorgan, bedeutet alp a craggy rock
or precipice; gadh. obsol. ailp m. alp f. (sonst crassus acervus, i. q. kymr.
talp m. mass, lump) alb m locus editus, mons, Alpe; wenigstens im Gadhelischen wahrscheinlich nur durch die Gelehrten eingeführt, wie im Deutschen,
Romanischen u. s. w., obgleich schon ahd. alpûn die Alpen, mit der Ableitung alpisc. Erst mhd. albe f., das mit den Prädikaten wild und hoch
vorkommt, gewinnt, wie es scheint, neue, mehr appellative Kraft und, namentlich im Trojanerkriege und öfters im 14—15. Jh. bei Schmeller I. 47.,
die heutige Bedeutung (Hochgebirgsweide) des in allen oberdeutschen Mund-

arten gebräuchlichen alp, alben, daraus alm, f. welche, trotz ihrer jetzigen Lebendigkeit und Ableitungskraft, keineswegs als die ursprüngliche erscheint. Häufig schlagen früh eingeführte Lehnwörter so tiefe Wurzeln, daß sie nicht bloß zahlreiche, sondern auch von der ursprünglichen Bedeutung ganz fernabliegende Sprößlinge noch in später Zeit zeugen. Das Gebiet der oberd. Albe ist durchweg altkeltisches. Vermuthlich gehört auch Albion und der noch für Schottland geltende Name Alban hierher, schwerlich aber ἄλιψ πέτρα und ἀλίβας ὄρος Hesych. Kymr. alban f. bedeutet auch aequinoctium und solstitium. Gdh. ailbhe, ailbhinn f. silex. soll nach Armstrong auch rupes bedeuten und mag immerhin beachtet werden.

Alus s. **Halus.**

17. **Amalchium** s. **Morimarusa.**

18. „**Ambactus** apud Ennium lingua **Gallica servus** appellatur." Fest. p. 4. ed. Lind „Eorum (equitum Gallorum) — — quisque — — circum se ambactos clientesque habet." Caes. B. G. VI. 15. Vgl. u. über die **Soldurii.** Eine Glosse bei Dufresne lautet: „Ambactus δοῦλος μισθωτός, ὡς Ἔννιος." Eine andre, vermuthlich von P. Diac. halb verlesene, bei Festus, die wir auch hierher ziehen: „Ambaxioque circumeuntes catervatim." Die Glosse bei Placidus und Vgutio „ambi servi, ab ambiendo i. e. circumeundo dicti" ist eher aus Festus oder seiner Quelle genommen und aus ambacti verlesen und umgedeutet, als aus ambuli (Laufboten bei Ioann. de Ianua), oder auch aus anci, woraus ebenfalls in den Isidorischen Glossen ein andres ambus verlesen scheint; spätere Glossen verwechseln auch ambire und ambigere. Mehr und minder sicher gallisch sind die Namen **Ambactus** auf Münzen (Glück S. 20. aus Duchalais) und auf einer Inschrift bei Steiner Cod. Inscr. R. Rhen. Nr. 877.; Urbanus **Ambat.** ib. Nr. 822., vgl. den Ortsnamen Ambatia, Ambacia, jetzt Amboise und mit Belloguet Ethn. G. p. 68. einen bei Phlegon vorkommenden, wahrscheinlich keltischen, Lusitanier Ambatos; **Ambacthius** Orell. 2774. J. Grimm (Gesch. der d. Sprache S. 133. 536.) zieht auch den deutschen **Antabagius** bei Valer. Max. V. 4. hierher, der jedenfalls zu goth. andbahts ὑπηρέτης passt, woraus bekanntlich J. Grimm **ambactus** ableitet. Betrachten wir beide Wörter genauer.

Caesar gebraucht a. a. O. das Wort als ein mit dem altlateinischen, vielleicht auch zugleich einem fast gleichlautenden gallischen (Wz: clu), entsprechenden Worte clientes (auch ganze Völker hatten solche, so die Aeduer Caes. B. G. I. c. 31. VI. c 12.) gleich geläufiges und nicht völlig synonymes. Wenn nämlich clientesque richtig ist, so übersetzt es das vorgestellte **ambactos** nicht, das denn auch nicht ausdrücklich hier als ein dem Sprecher und vielleicht auch seinen Lesern geläufig gewordenes Fremdwort gegeben wird, immerhin aber stillschweigend als solches verstanden sein kann, gleich andern von Caesar in Gallien aufgenommenen. Das Wort lautet übrigens ganz lateinisch, als Particip von ambigere, von welchem es auch ganz gut abstammen konnte (vgl. Zeuss S. 761.), besonders wenn dasselbe sonst Bedeutungen erzeugte, wie sie bei ambire, ambitio, ambitus vorkommen. Weder aber ist dieß der Fall, noch gebraucht ein anderer Schriftsteller **ambactus** wie Ennius und Caesar. Dazu bezeugt die Angabe des Grammatikers die herkömmliche Geltung des Wortes als gallischen, wie es denn auch nur für ein speciell gallisches, weder römisches, noch deutsches, Gesellschaftsverhältniss gebraucht wird, gleichviel ob Festus u. A. gallische und deutsche Sprache unterscheiden konnten, oder nicht.

Wenn wirklich goth. andbahts ahd. ambaht gall. ambactus Ein Wort sind, so fragen wir: findet hier Urverwandtschaft oder Entlehnung statt? Und wenn letztere: war der Gallier oder der (in jenes Land eingewanderte) Deutsche der Entleiher? Zu bedenken ist gegen die Urverwandtschaft, daß b im Gallischen zum Präfixe, im Gothischen zur Wurzel gehört. Altgallische Etymologien haben wir nicht; neukeltische, wie von gadh. Wrz. ag = lat. agere oder gadh. kymr. ac, ach genus, generatio (Zeuss 761.) sind nicht minder unsicher, als Grimms deutsche Etymologie durch bak Rücken, andbahts als Rückenhalter u. dgl., oder als bakiarl comes pedissequus, während Holtzmann eine Wurzel bah = facere vermuthet; der esoterischen Vergleichungen mit missverstandenen Lehnwörtern bei Graff, wie der exoterischen mit sanskr. bhakta serviens u. dgl. zu geschweigen. Näher lägen wol dann immer noch lateinische ambacti, Umgebung und Gefolge, das sich in der Nähe des Herrn umhertreibt. Das Präfix kann weit eher altgallisch und lateinisch amb- sein, als altdeutsch am-b. aus ant-b. Zu den obigen gallischen, mit unserem ambactus innigst zusammenhangenden Namen gesellen sich zahlreiche andere gallische, nicht deutsche, die mit ambi, amb anlauten. Ueberhaupt ist der Anlaut amb u. dgl. im Altdeutschen selten, eben auch als Umgestaltung aus ant (int u. s. w.), goth anda, and nebst folgendem labialem Stammanlaute. Wir werden alsbald nachher die hierher gehörigen und aus dem Deutschen in andre Sprachen übergegangenen Wörter in reichlicher Auswahl zusammenstellen. Wir sehen dort das betonte Präfix bald die Natur der Stammsilbe annehmend, seinen labialen Auslaut assimiliert oder verschwunden, seinen Vokal getrübt und umgelautet, und die persönliche Bedeutung (servus, minister) des gallischen und des gothischen Wortes nur in ahd. ambaht-(kaum in mhd. amt), und in altn. ambátt, einem merkwürdigen Femininum, erhalten. Besonders deutlich in den nordischen Sprachen erscheinen neben den einheimischen Wörtern dieser Sippschaft von den Schwestern entlehnte. Ueberhaupt klingt auch das vollständige alte deutsche (sächsische, nordische u. s. w.) ambaht dem gall.ambactus fast näher, als dem goth. andbahts (vgl. das o. Gesagte); und wenn das erste aus dem zweiten früh direkt entlehnt wurde, so kann dieß bei dem dritten durch Vermittelung eines deutschen Nachbarstammes geschehen sein, dessen noch halbkeltisches und etymologisch unverstandenes, aber eingebürgertes ambahts der Gothe zu einem ihm mundgerechter und organischer lautenden, wiewol ebenfalls ohne Etymon in der Sprache stehenden andbahts umwandelte und einige Ableitungen davon machte. Unmittelbare Berührungen der Gothen mit gallischen, resp. gallisch redenden Völkern kennen wir nicht; wol aber konnte Ulfilas ambactus in römischem Munde vernehmen. Wäre das gothische Wort nicht, so würden wir gar nicht an der Entlehnung des deutschen von den Galliern zweifeln, die gewiss nicht zu Caesars Zeit ein nationales, zu Ennius Zeit schon in Gallia cisalpina bestehendes und ohne Zweifel dorthin mitgebrachtes Institut mit einem Worte aus der Sprache ihrer neuen Nachbarn bezeichneten.

Nun bleiben uns noch die neukeltischen und die romanischen Nachkommen der **ambacti** aufzusuchen und zu erwägen. Zählen wir indessen zuvor die wichtigsten der deutschen Formen auf.

Ahd. **ambahti, ambaht, amphat, ampht** u. s. m. msc. minister, exactor, satelles, conductor, villicus n. ministerium, episcopatus altn. **ambâtt** f. ancilla mhd. vielleicht einmal **amt** m. minister; **ambahte, ambaht, ambehte, ambet, ammet** mnhd. afrs. nnd. nnl. schwed. dän. **amt** nnl. ält. nhd. **ampt, ambt** alts. **ambaht, ammaht** afrs. **ambucht, ombecht, ambet** u. s. m. mnl. **ammet, ampt** nnd.-**ammet** nnl. saterl. **ambacht** nfrs. **aempte** ags. **am-, om-, em-biht, -beht** altn. **ambt** schwed. **embete** norw. **am-, embätte** dän. **embede, embed** n. ministerium, dignitas, officium (quodcunque ecclesiae, jurisdictionis etc.); praefectura, districtus, Gerichtsbezirk; ältere und neuere Formen unterscheiden sich oft auch durch die Bedeutung, z. B. nnl. **ambacht** bedeutet auch Lehngut und Handwerk, dän. **amt** auch Zunft. Abgeleitete Zww. sind u. a. goth. **andbahtjan** amhd. **ambahten** altn. norw. **embätts** servire; nord. auch pecora mulgere; norw. **embätte** gilt namentlich für häusliche Verrichtungen überhaupt, altn. **ambâtt** ist die Hausmagd, **embättismadhr** vorzüglich der Taglöhner.

So ist auch ähnlich der kymrische **amaeth, ameth** (eine Form **amath** würde regelmäßig aus altkelt. **ambact** entstanden sein), pl. **emeith, emyth**, der Ackerknecht, dann auch der selbständige husbandman oder ploughman. In den ziemlich zahlreichen Derivaten herrschen beide letztere Bedeutungen; das Zw. **amaethu** bedeutet to plough und to do husbandry work. Die Schwestersprachen zeigen keine sicheren Verwandten; brit. **amézec** adj. s. m. vicinus (mit einigen Abll.) ziehen wir lieber zu dem gleichbedeutenden kymr. **cymmydog** m., wobei wir jedoch eine Verstümmelung des britonischen Praefixes voraussetzen müßen.

Diez (Wtb. S. 14 ff.) ist geneigter, das frühe mlt. Derivat **ambaxia** neben dem weit häufigeren **ambascia**, aus **andbahti**, als aus dem gallischlatein. **ambactus** abzuleiten, da das Suffix ia sonst nicht üblich sei, worinn wir jedoch keinen apodiktischen Gegenbeweis finden. Die Bedeutung von **ambactus**, der Herrendienst, tritt sowol bereits in der „dominica ambaxia" der Lex Sálica, wie in der modernen der abgeleiteten **ambasciata**, **ambassade** hervor. Daß das ital. einfache **ambascia**, Zw. **ambasciare**, Beklommenheit u. dgl. bedeutet, ist nicht zu verwundern, vgl. u. v. a. laborare, πονεῖν. Den Dakoromanen, die das romanisierte Wort, wenn es gothisch war, am ersten erben konnten, blieb es fremd, wogegen sein erstes Vorkommen in Westeuropa: in den Gesetzen der Salier und der (freilich den Gothen nahe verwandten) Burgunder, vollends aber bei Columbanus, überall keltische Nachbarschaft hat. Diez nimmt an, daß in **ambaxia** (überhaupt so in dem selteneren -xia der Ableitungen; vgl. auch o. die alte Glosse ambaxi...) -xia=-csia aus -ctia entstanden und in -scia umgestellt sei. Eigentliche Umstellung ist es nicht, da -xia, -ctia guttural -kzia, -ksia lautete, nicht aber das damals bereits gequetschte c vor dem hellen Vokale in -scia; wir finden vielmehr hier einen völligen Lautwandel, der sich öfters sowol aus altem (-ctia) -xia, als -stia entwickelt; die völige Erweichung der heutigen ital. Aussprache (in ša) fand aber gewiss damals noch nicht statt. Auf -ctia deutet auch ein einzelnes mlt. **ambatiare**. Ein möglicherweise den verschiedenen romanischen Formen zu Grunde liegendes **ambastia** aus am-

bastus (wofür kein Beispiel bekannt ist) würde nicht auf gallisch ambactus, eher vielleicht auf deutsch ambahts deuten, wiewol mehrere
früher aufgestellte Belege für den Uebergang eines altdeutschen ht in roman.
(mlt.) st bei näherer Untersuchung nicht Stand halten.

Unmittelbar aus germanischen Sprachen entlehnte Wörter sind: lett. am-
mats lapp. ammat, amptes, embikt. finn. ammatti estn. ammat officium, estn. auch (wie nol.) Handwerk (Zunft u. dgl.), und üble Gewohnheit;
litau. amtmonas Amtmann. Schafarik sucht das goth. andbahts in russ.
jabednik (Zungendrescher) als hybridem Fremdworte.

19. „Ambrones fuerunt gens quaedam Gallica qui, subita inunda-
tione maris cum amisissent sedes suas, rapinis et praedationibus se suosque
alere coeperunt, eos et Cimbros Teutonosque C. Marius delevit. Ex quo
tractum est, ut turpis vitae homines Ambrones dicantur." Fest.
ed. Lindem. Corp. Gramm. T. II. p. 15. Hier ist sogleich der Grund angegeben, der die appellative Bedeutung veranlaßt habe, die später sich immer
mehr ausgeprägt hat. Ebenso auch in der Gloss. Placidi: „Ambronem
perditae improbitatis : a gente Gallorum qui cum cibris omnesque (emend.
Hildebr. Cimbris Teutonisque) grassantes periere." Als Quelle vieler
späteren Glossen excerpieren wir nur die zu Isidor : „Ambro devorator,
consumptor, patrimoniorum decoctor, luxuriosus, profusus". So geringen Werth
sonst die Etymologien der alten Grammatiker zu haben pflegen, so halten
wir doch die Deutung bei Festus und Placidus für die richtige, da sie Seiten-
stücke in Menge findet. Wir sehen desshalb von der ganz entgegengesetzten
Ableitung aus einem angeblichen irischen ambra nobilis ab, sowie von der
merkwürdigen Begegnung der Ambronen mit den Liguren in dem Schlachtrufe
Ἀμβϱονες! nach Plut. Mar XIX. vgl. o. S. 138., und von der gallischen oder germanischen Abstammung der Ambronen, für welche wir auf die in unsern Celtica II. 2. zusammengestellten Zeugnisse und auf die seitdem veröffentlichten
Untersuchungen, namentlich Zeuss, die Deutschen S. 150 etc. Waiz in Nordalb.
Studien I. 159. Rieger in Haupts Zeitschr. XI. 2. S. 202 ff., verweisen dürfen.
Nach unserer Regel : uns hier auf keine durch alte Ueberlieferung unbe-
zeugte Deutung von Eigennamen einzulaßen, würde uns auch die späte Glossierung des Namens Ambrones nicht zu dessen Aufnahme veranlaßt haben,
wenn nicht schon Festus seinen appellativen Gebrauch bezeugt hätte.

20. Amella ist nach Servius eine vorzugsweise in Gallia (cisalpina)
wachsende Pflanze. Den Werth seiner Etymologie zeigt das Excerpt : „Mella
fluvius Galliae est, iuxta quem herba haec plurima nascitur, unde amella
dicitur, sicut etiam populi habitantes iuxta Lemannum fluvium Alemanni
dicuntur." Serv. ad Vergil. Georg. IV. 271. Freund schreibt amellus „pur-
purne italische Sternblume"; vgl. auch „amellum μελόφυλλον, melissophyllum"
Laurenberg ap. Dufr.; amell-a, -us, -o binensug (Gloss. saec. XV.), stern-,
meyer-kraut" m. Gloss. lat.-germ. Der lateinische Name wurde von den
modernen Sprachen adoptiert; er mag immerhin mit mel zusammenhangen,
welcher indogermanischen Sprache er auch ursprünglich angehöre.

21. Analentidium. „Chamaelaean Itali labrum Veneris — —,
Hispani analentidium, Daci sciate, alii (Galli?) calox cardiatos
nominant." Apul. Madaur. I. Die Stelle gehört zu Diosc. III. 11. : „Αἴψα-
κος — — οἱ δὲ χαμαιλέων, οἱ δὲ ὀνοκάρδιον — —, Δακοὶ σκιαρή",

vgl. ebds c. 21. (u. v. Κιοτϑκαπετά), wo σκοῖαϱ zu dem dak. Namen (über
diesen spricht Leo in Kuhns Ztschr III. 192.) stimmt, vielleicht auch λεβέννατα
mit analentidium zusammenhängt. J. Grimm erinnert bei σκιαϱή an ahd.
scerilinc, oder an scheuerkraut equisetum; Leo u. a. O. an sanskritische Pflanzennamen. Calox cardiatos erinnert einerseits an den
gallischen calocatanos (q. v.), anderseits an den Pflanzennamen
cardiac-us, -a; aber das zweite Wort dürfte eher zu carduus
gehören.

22. Ἀνδάτης. „Ἡ Βηνδηῖκα τὴν χεῖϱα ἐς τὸν ἠϱανὸν ἀνατείνησα εἶπε·
χάϱιν τε σοὶ ἔχω, ὦ Ἀνδράστη (Sturz; al. Ἀνδάστη, Ἀδϱάστη)i. q.
Astarte Phoenicum") καὶ πϱοσεπικαλῆμαί σε γυνὴ γυναῖκα!“ Dio Cass. LXII. c.
6. Cf. ib. c. 7. : „ἐν τῷ τῆς Ἀνδάτης (al. Ἀνδϱάστης, Ἀδϱάστης;
Sturz bemerkt dabei : Ἀνδάτης hic habet qui supra Ἀδϱάστη) ἄλσει — —
οὕτω γὰϱ καὶ τὴν νίκην ὠνόμαζον καὶ ἔσεβον αὐτὴν πεϱιττότατα (Βϱεττανοί).“
Dem dichterischen Verfaßer der schönen Erzählung, die uns lebhaft an W. Scotts
Ave Maria erinnert, dürfen wir immerhin zutrauen, daß er die unkeltischen
Göttinnen Ἀδϱάστεια oder auch Astarte durch die edle Britannierin an-
rufen laße. Aber in der That finden wir einen wahrscheinlich hierher gehörigen gallischen Namen in einer Inschrift, die in der alten Stadt der Vo-
contier, Colonia Dea Augusta, jetzt Die, gefunden wurde : „Deae. Aug.
Andartae L. Carisivs Serenvs“ Orell. 1959. Sodann bleibt uns die britannische Bedeutung in der zweiten Stelle die wichtigste Thatsache. Sollte
irgend ein Zusammenhang zwischen dieser britischen Siegesgöttin und der
von selbst im Tempel zu Camalodunum herabgestürzten und dadurch Bou-
diceas Sieg vorbedeutenden Tac. Ann. XIV. c. 32. bestehn? Wir werden
durch Ἀνδάτης νίκη (Siegesgöttin) an βάνδα τὴν νίκην o. Nr. 9. v.
Ἀλάβανδος erinnert, wo wir überdieß uns veranlaßt sahen, der hier vorkommenden Βηνδηῖκα zu gedenken. Die Lesart Ἀνδϱάστης dagegen würde
nicht sowol auf die Ἀδϱάστεια führen, als geradewegs auf die mit Menschenopfern gesühnte altbritannische Göttin des Zorns, der Wut, Andrasta,
welche Baxter in dem kymr. Worte andras wiederfindet — wenn er nicht,
wie es scheint, dieses Wort willkürlich gedeutet und sogar seine Andrasta
aus Dion oder einer sekundären Quelle entliehen hätte. Von seiner kymrischen Andras f. the goddess of fury“ mag auch der männliche Andras
a fury, an infernal deity gadhelischer Lexikographen abstammen. Viel bemerkenswerther sind die von Belloguet zugezogenen gallischen Matronae
Andrustehiae bei Steiner Inscr. 1093.; scheinbar auch der Πεϱσικὸς δαί-
μων Ἀνανδάτης, var. Ἀνανδϱάτης, bei Strab. XI. p. 512. Schlüßlich
mag auch an das wunderliche persische Ἀνδϱαπταδαϱανσαλάνης bei Procop.
B. Pers. I. erinnert werden.

23. Ἀνεψᾶ. „Ἑλλέβοϱος λευκός — —Ῥωμαῖοι Βεϱάτϱημ ἄλβημ,
Γάλλοι Λάγινον, οἱ δὲ Ἀνεψᾶ.“ Diosc. IV. 145. Λάγινον erinnert
eher an den Pflanzennamen Iago, gen. Iaginis (i. q. echite, scammonia
tenuis) Plin. XXIV. c. 15. s. 89., als an den kymrischen llewyg, der
eigentlich Betäubung bedeutet, oder den gadhelischen laogh-lus (eig. Kalbs-
kraut) orpine, vgl. auch laoghan (laodhan) m. ligni medulla.

24 a. *»Ἄγγωνες ἐπιχώρια δόρατα παρὰ Φράγγοις.«* Suidas. *»Ἄγ-γος εἶδος δόρατος Φραγκικοῦ, ἅτε λίαν μακροῦ, οὗ τὸ πλεῖστον σιδήρῳ πρoιέχεται.«* Eustath. Etymol. Beide schöpften aus Agathias I.: *»Brevia tela quae ipsi (Franci) angones vocant, cujus pars major ferro obducta est, ita ut ex ligno aliquid praeter membrum vix extet; in superiori ferro tanquam hami utrimque sunt et deorsum vergunt.«* Caelius Rhod. antiqu. lect. XVIII. c. 3. sagt: *»Angones tela sunt gentium plerisque peculiaria.«* Zunächst vgl. ahd. **ango** aculeus.

24 b. *Ἀπαρία. »Ἄγρωστις — –. Ῥωμαῖοι γράμεν — — Ἱσπανοὶ* **ἀπαρία**, *Δακοὶ κοτίατα* (var. *κοτίητα*).« Diosc. IV. 30. Der hispanische Name erinnert sehr an griechische Pflanzennamen *ἀπαρίνη*, *ἀπαργία*. Mit dem dakischen vergleicht Leo n. a. O. den sanskritischen **kóti** medicago esculenta; J. Grimm litau. **kótas** lett. **kâts** m. Stengel und den thrak. Mannsnamen *κότυς*; **cotiata** lautet übrigens ziemlich lateinisch.

Arapennis s. **Arepennis**.

25. *Ἄραρ* s. **Attilus**. **Rhodanus**.

26. **Aremorica**. *»Universis civitatibus quae oceanum adtingunt quaeque eorum (Gallorum) consuetudine* **Armoricae** *appellantur.«* J. Caes. B. G. VII. 75. cf. V. 53. VIII. 31. Die richtigere Form **Aremoric-ae, -a, -us, -i** erscheint bei gallischen und der gallischen Sprache diesseit und jenseit der Alpen kundigen Schriftstellern Plin. H. nat. IV. c. 17. s. 31. Auson. Ep. IX. 35.; Prof X. 24. Rutil. Numant. I. v. 213. Sidon. Apoll. Carm. VII. 247. 369. 548. Auch bei der späten Etymologie in Itin. Hieros. in Itin. Ant. ed. Wesseling p. 617. (Fragm. de V. S. Galli): *»Aremorici ante mare; are ante, more dicunt mare; et ideo* **Morini Marini**.« Cf. *»Armor ad mare vel supra mare«* Mabill. II. 60. cf. III. 439.; *»Nannetensi civitate, in qua haec nunc scribimus mense Octobri MDLXIII, quam antiqui* **Armoricam** *(haec vox illorum lingua iuxta mare sonat) dicebant.«* Pr. Sanctacrucius ap. Dufresn. Diese verkürzte Form mit **ar** statt **are** (vgl. Glück S. 31 ff.) kommt allerdings in allen biß jetzt bekannten Redactionen Caesars vor, dann aber erst wieder bei Eutrop. IX. 21. und seitdem namentlich (u. a. **armoric-us, -anus** tractus in der Notitia dign. ed. Böcking II. 106., bei Oros. VI. 11., Venant. Fort. III. 8., Zosim. VI. 5.: *»ὁ Ἀρμόριχος ἅπας καὶ ἕτεραι Γαλατῶν ἐπαρχίαι«;* ebenso bei Paeon. (transl. Eutr.) IX. c. 21.: *»τὸν Ἀρμόριχον,«* var. *Ἀλμορχου«;* sogar *Ἀρβόρυχοι* bei Prokopios, der jedoch die neukeltische Form brit. korn. **arvor** ec maritimus nur zufällig berührt. Das Stammwort finden wir auch noch in den altkelt. Namen **Morimarusa** (s. u.), **Morini** (s. o.), **Moritasgus** (Caes., Inscr. Orell. 2028.; vgl. u. v. **Tascodrugitae**), **Moridunum** (Britanniae oppidum Itin. Ant., Geogr. Rav. V. 30.; vgl. u. v. **Dunum**), *Μορικάμβη* (*εἴσχυσις* Ptol. II. 2.). Vielleicht lag sogar die kleinasiatische Stadt **Armorium** nicht bloß in Galatia, sondern hatte auch den keltischen Namen. Das Präfix **are** erscheint nicht selten in alten Völker- und Orts-namen Galliens und andrer keltischer Gebiete. Dieses Präfix lautet in den neukelt. Sprachen, ebenfalls ohne vokalischen Auslaut, wie das altlateinische **ar**, sikelische *ἄρ* (*πρός*), kymr. korn. brit.

gadh. ar, gadh. auch air nebst älterem ir, er, und bedeutet vorzüglich (ar), ad, in. Völlig lebt auch noch die alte Zusammensetzung, sowie daraus gebildete Ableitungen durch ic (ec) und andre Süffixe, in brit. arvôr m. Seeland, Seeküste, deren Bewohner arvôrad u. s. m., adj. arvôrec maritimus, ad mare situs, dagegen fingiert nach dem Lat. Breiz-arvôric Bretagne Armorique, während das gleichbed. korn. Brethyn arvorec bei Lhuyd praef. Gr. Corn. organischer gebildet ist; auch das altbriton. cosquor (populus) Armory in der Buhez sant Nonn wird nur gelehrte Benennung sein. kymr. arfor kommt vor z. B. in arfor-dir m. terra (tir) maritima, -dref f. (tref) civitas maritima, -ol maritimus. Lhwyd und Price geben ein sonderbares kymr. korn. armor f. a wave, pr. of the sea.

De Belloguet p. 172. stellt, wol mit Recht, hierher auch den Pflanzennamen armorac-ia (Plin. XIX. 26. XX. 12.), -ea (Pallad. XI. 11.), -ium (Colum. XII. 9.). Außer den davon abgeleiteten roman. Formen, wie ital. armorazzo u. dgl., zeigt der frz. Name la grande Bretagne wol die Beziehung auf Armorica, wo die Pflanze in der That häufig ist, aber gerade am Meere. Auf dieses bezieht sich auch der hd. Name. meriratich, mer-, mir-rettich u. s. v.; abgekürzt merich, mirrich im 15. Jh., damals, und jetzt in der Wetterau, mirch; nnd. mir-, mnnd. mar-redick, nl. mieredik, mierik u. dgl. Die Verbindung mit dem Meere verschwindet öfters und wandelt sich in nd. marredik u. dgl. in den Begriff des engl. horse-radish. Aus den deutschen Namen entwickeln sich auch lituslavische und finnische.

Ausführliche Angaben und Vermuthungen über kelt. môr mare nebst Zubehör enthält die btr. Numer M. 33. m. Goth. Wörterbuchs; wir stellen hier nur das Wichtigste zusammen.

môr m. mare in den drei neukelt. Sprachen kymrischen Stammes, in Cornouailles (Cerné) mour; plur. kymr. früher myr (auch sing. msc.), jetzt moroedd, brit. môryou. kymr. merinwr a mariner ist hybride Bildung, wogegen das gleichbed. gadh. maraiche m. organisch gebildet ist. Auch im Gadhelischen legt Zeuss (S. 16.) die Form môr, mori zu Grunde und gibt (S. 1000.) aus irischen Glossen gen. sing. und nom. pl. mora. Unsere modernen Quellen geben alle gadh. muir comm., gen. mara, n. pl. marann -a, -an. Im alten wie im heutigen Gadhelischen kann ui Umlaut von a, wie von o (auch von u) sein. Wären jene wenigen, aber wichtigen Glossen nicht, so würde die Grundform mari auch hier den gadhelischen Sprachast dem ganzen altkeltischen Sprachgebiet, gleichwie dem kymrobritonischen Aste, gegenüber stellen, und zwar, wie anderswo, als den antikeren.

Ein ähnliches Verhältniss bieten die lituslav. Sprachen vgl. litau. mares f. pl. (gewöhnl. für kleinere Meerestheile gebr.) gegenüber dem slav. more n., woraus wahrscheinlich syrjän. und perm. more id., während in den übrigen finn. Sprachen meri cstn. merri lapp. mär, märra aus den neugermanischen Sprachen entlehnt sein mag. In letzteren ist e aus a entartet; die Grundform mari, die das Germanische mit dem Lateinischen theilt, erhielt sich noch in goth. mari f. ahd. mari und in pio marina in pelagus der Malbergglosse. Den übrigen indogermanischen Sprachen fehlt dieses mari, das wir in sanskr. mira m. oceanus nicht suchen, kaum eher in sanskr. vari zend. vairi aqua; vgl. Curtius in Kuhns Zeitschr. I. 33. Die drei lettischen Sprachen gebrauchen für Meer gewöhnlich jûra f. (litau. wiederum den Plural jûres), das etwas an finn. järwi estn. järw lacus major erinnert. albanes. det steht ganz ferne; der europäische Patriarch, der Baske, nennt das Meer itsasua; der Magyare tenger, andre finnische, auch turukische, Völker tengis u. dgl., turuk. tengri u. dgl.; der indische Zigeuner benennt es mit dem uralten Waßernamen pâni.

27. **Arepennis** („-em semijugerum vocant Gallii«) bei Colum. V. 1. s. o. Nr. 4. v. **Acnua.** »Hunc Betici **arapennem** dicunt, ab arando scilicet.« Isid. Or. 368, 1. (aus Varro); wozu Rudorff Gramm. Iust. nach Salmasius bemerkt: »aber auch arepennis ist rustikes Latein für arvi pondo«. Gewiss nicht! Vielmehr aus einer Gallien und Hispanien gemeinsamen Sprache, wahrscheinlich einer keltischen, im Lateinischen aufgenommen. Die große Verbreitung des Wortes bezeugen seine - zahlreichen mlt. Formen und die wichtigeren romanischen prov. arpen frz. arpent altspan. arapende. Die Lateiner des Mittelalters dachten an arare; auch Angleichungen an ager, sowie an arvum und pendere (vgl. das Obige), kommen vor. Vgl. u. a. mlt. aripennis (semijugerum, eine häufige alte, mit arapennis ebenbürtige Form), arpen-nis, -nu, -na, -num, -tum, -tium, -tinus (-tator, -tarius agrimensor), arpinium, aripend-us, -ium, aripentus, arvipen-num, -dium (σχοῖνος γεωμετρικός Gl.), agripen-nis, -na, -nus, -tum, -pennius ager, -pedalis pertica, agripinnus, eripennus. Somit fiel in den meisten mlt. rom. Formen, gleichwie in ob. **Aremorica** u. s. w., das leichtere e (eher als a, i) aus.

Da die Wz. ar arare auch in den kelt. Sprachen, theilweise freilich bei Lehnwörtern, vorkommt (vgl. u. v. **Plaumoratum**), so könnten wir vielleicht Isidors Ableitung auch bei kelt. Ursprunge des Wortes annehmen. Aber gerade die älteste Form **arepennis**, wenn sie richtig ist, stimmt nicht sonderlich dazu, sondern könnte aus jenem Präfixe are, ar (o. Nr. 25.) und pen, penn caput zusammengesetzt sein; vgl. auch Pott Et. F. II. 117 fl. über kelt. Ackermaßnamen. In der That wird aus jenem pen der Ausdruck pena terrae (modus agri) in einer niederbretagn. Urkunde abgeleitet; ferner brit. penuawi glauer, vgl. penn-éd m. arista, eig. caput frumenti. Jene Zusammensetzung ist wirklich lebendig in kymr. arben s. m. arbennig adj. sovereign, principal u. s. m.; wahrscheinlich auch in brit. arbenn kymr. korn. erbyn entgegen, Begegnung; ihr entspricht gadh. ar-chenn, -chiunn Zeuss p. 577. 618. Sie hilft uns aber wenig, da uns die etymologische Bedeutung von **arepennis** nicht überliefert ist. Der Feldmaßname kymr. erw (pl. erwri, erwydd) f. brit. erv (erf, erô, pl. irvi) m. bedeutet eigentlich Furche und steht in der fig. Redensart brit. »cas ann érô da benn« conduire le sillon à bout auch mit penn (caput, finis) zusammen, ohne uns dadurch zu bestimmterer Vergleichung zu veranlaßen.

28. **Ἀργίλλαι.** »Ἔφορος δὲ τοῖς Κιμμερίοις προσοικειῶν (τὸν τόπον) φησὶν αὐτὴς ἐν καταγείοις οἰκίαις οἰκεῖν, ἃς καλῆσιν ἀργίλλας.« Strab. V. c. 49. p. 351. ed. Falc. Diese Kimmerier sollen am Avernus zwischen Bajae und Cumae gewohnt haben. Strabon berichtet weitere Sagen über ihre Gewohnheiten, sucht aber die Fabelhaftigkeit des ganzen Berichtes zu erweisen.

Allerdings sind die Kimmerier (Ausführliches über sie o. S. 91 ff. Celt. II. 1.
S. 173 ff.) überhaupt ziemlich nebelhaft (nomen et omen, s. u. v. Κέμμερον);
aber schon ihre Identificierung mit den Kimbern bei den Alten (der Kymren zu
geschweigen), so schwach auch deren Gründe sein mögen, verpflichtet uns,
angebliche Sprachreste derselben hier zu verzeichnen. Bei dem vorliegenden, der aus italischem oder großgriechischem Munde aufgezeichnet worden sein
mag, denken wir zunächst an ἄργιλλος, ἀργῖλος, lat. argilla, als den Stoff,
aus welchem jene Jurten gebaut oder in welchen sie gegraben waren. Einen
andern Vokal zeigt "ἄργελλα· οἴκημα Μακεδονικὸν, ὅπερ θερμαίνοντες
λούονται" bei Suidas, ähnlich bei Phavorinus. Vgl. etwa auch den wol thrakischen Stadtnamen "Ἄργιλος (am strymon. Busen) und die wahrscheinlich
thrakische Abstammung der biß nach Makedonien hin wohnenden Kimmerier-
Treren. Formell vgl. noch "Ἄργιλλον, ὄρος τῆς Αἰγύπτου" Plut. de Flum.
XVI. 3. Auf ganz andre Spur, als auf die der argilla, würden uns die
neukelt. Sprachen leiten, wenn nicht in dem folgenden argil u. s. w. i aus
älterem u und die Media aus einem zu Ephoros Zeit und gar früher noch
nicht geltenden Lautgesetze entstanden wäre. Aus Wz. cul, cil (vgl. Goth.
Wtb. II. 25. 82.) entstehen u. a. folgende Wörter: brit. argil m. recul, Zw.
(auch korn.) argila reculer, to recoil neben dem gleichbed. Simplex brit.
cila; kymr. cilio (recedere, fugere, fugare), encilio id.; gadh. cuil f. angulus, locus abditus, conclave cuile f. cella penuaria. Somit treten hier
die Bedeutungen des Rückzugs, der Flucht und der Zuflucht, wie auch der
Verborgenheit auf; auch der lat. culus gehört in die Sippschaft. Doch widersprechen die ursprünglichen Lautverhältnisse so sehr, daß wir mit diesen
Anführungen nur den Schein zeigen wollen, der uns und Andre früher
lockte.

29. „Arinca (frumenti genus) Galliarum propria, copiosa et Italiae
est." Plin. H. n. XVIII. c. 8. s. 19. „Tunicae frumento plures; hordeum maxume nudum et arinca (varr. arunca, alica), sed praecipue avena."
Ib. c. 7. s. 10. „Olyram arincam diximus vocari. Hac decocta fit me-
dicamentum, quod Aegyptii atheram (al. atharam) vocant." Ib. XXII.
c. 25. Auch ohne die Variante mit u erinnert das Wort an aruncus, den
Bart der Ziegen, l. c. VIII. c. 50., gr. ἤρυγγος, ἠρύγγιον als Pflanzenname.
Die Grannen eines Getreides sind ja eben dessen Bart, und Plinius schreibt
Sache und Namen nicht ausschließlich Gallien zu, so daß letzterer auch ita-
lisch sein könnte. Auch die deutschen Namen Ziegen-, Bocks-bart
kommen vielen Pflanzen zu. Das spanische Ackermaß (jugerum) arinchada
könnte immerhin von dem Getreidenamen abgeleitet sein, aber die Nebenformen aranzada, arenzada, arencata, deren erste jetzt noch in Spanien
gilt, führen weiter ab. Die von Chorier (Hist. Delphin. I. p. 54.) verglichene
Weizenart riguet im Dauphiné mögen wir nicht zu arinca stellen, in
welchem wir lieber mit Zeuss S. 774. eine Ableitung aus Wrz. ar sehen,
wenn es ein gallisches Wort ist. Dagegen rechnen wir jenes Wort zu dem
sehr verbreiteten Namen einer andern Getreideart, an dessen kymrische Form,
die freilich vielleicht aus der angelsächsischen entlehnt ist, sich riguet anschließt. Die wichtigsten Formen sind: ahd. roggo, rocco (mlt. rogga,
rogo) altn. rugr dän. rug schwed. råg nd. frs. rogge u. dgl. ags. ryge,
rige engl. rye kymr. rhyg coll. (rhygen ein Roggenkorn; korn. sygal

brit. **segal** gadh. **seagal** m. aus secale) litau. **ruggei** m. pl. (sg. **ruggys** ein Roggenkorn) lett. **rudzi** pl. (**ruggaji** Roggenstoppeln) slav. **rož**, **rež** u. dgl., daher magyar. **rózs**; in finn. Sprachen Asiens **ros**, **rusa**, aber in denen Europas **rukki** u. dgl.; wahrscheinlich läßt sich der Name auch noch weiter in die uralischen Sprachen verfolgen. Da wir das Vaterland des Namens nicht kennen, so mögen wir einer etymologischen Vergleichung mit **robus**, **robum** bei Columella u. a. nicht zustimmen. Diez S. 672. versucht zweifelnd, frz. **arigot**, **larigot** (Pfeifchen) zu **riguet** und **arinca** zu ziehen; mit nprov. **ariga** f., der Frucht des (Crataegus) **Aria**-Baumes kann **arigot** noch weniger zu schaffen haben. — Wenn wir in **arinca** **ca** als Suffix betrachten, so läßt uns gadh. **aran** m. panis das Wort als Brotfrucht deuten, gleichwie kymr. **barllys** engl. **barley** goth. **baris** u. s. w. (Goth. Wtb. B. 24.) hordeum vgl. kymrobrit. **bara** panis; aber gadh. **aran** entstand wahrscheinlich aus **baran** erst in jüngerer Zeit.

30. **Armoracia** s. **Aremorica**.

31. **Arrugia** s. **Balux**.

32. **Arverni** soll nach dem Itin. Hieros. in Itin. Ant. ed. Wesseling (dem jedoch diese Worte verdächtig sind) „**ante obsta**" bedeuten, wie ebds. **are** ante in **Aremorici**; **obsta** wird aus einem Substantiv verderbt sein.

Arunca s. **Arinca**.

33. **Asia**. „**Secale Taurini** sub Alpibus **asiam** vocant." Plin. XVIII. c. 40. Die Tauriner, deren Namen die Alten bißweilen mit dem der Taurisker verwechseln (s. o. S. 136), gehören zu den bereits vor der gallischen Einwanderung Oberitalien bewohnenden ligurischen Völkern, die vielleicht, gleich den Gadhelen der britischen Inseln, den früh vorausgegangenen Vortrab der großen keltischen Einwanderung in Westeuropa bildeten. Nach den geographischen Lagen, in welchen wir sie beim Beginne der Geschichtschreibung finden, könnten sie auch der Nachtrab der iberischen Einwanderung sein, in deren Nachbarschaft oder auf deren Fersen sie überall ebenso erscheinen, wie die Gallier auf den ihren (vgl. o. S. 113 ff.). Desshalb dürfen wir immerhin den leider nur wenigen überlieferten Wörtern ligurischer Völker auch in der baskischen Sprache nachspüren, obgleich bei ihnen, wie bei vielen ligurischen Eigennamen, keltische Verwandtschaft wahrscheinlicher wird. Daß Seneca (o. S. 100 ff.) die ligurische Sprache von der iberischen unterscheidet, wie denn auch beide Völker stets genau unterschieden werden, hat weniger Gewicht, da Stamm und Sprache der Liguren auch nirgends denen der Kelten verwandt genannt werden. Das Nähere ergibt unsere geschichtliche Abtheilung. Das echt bask. **asia** (**acin**, **hacin**) semen würden wir unbedenklich vergleichen, wenn uns die iber. Stammverwandtschaft der Liguren sicher wäre.

34. **Aspalathus**. „Volgaris quoque haec spina ex qua acnac (viele Varr.) fullonis inplentur radicis usus habet; per Hispanias quidem multi et inter odores et ad unguenta utuntur illa **aspalathum** (al. **asthalatum**, **ast palatum**) vocantes." Plin. H. n. XXIV. c. 12. s. 68. Verwandt lautet zunächst der Pflanzenname **aspalax** l. c. XIX. c. 6. s. 31. Ob beide, ἀσπάλαθος, ἀσπάλαξ (sonst Maulwurf bed.) griechischen Ursprungs seien, fragt sich; ebenso bei **asparagus**, ἀσπάραγος, attisch ἀσφάραγος. Griechische

Etymologien versucht Benfey I. 198. 542. 587. II. 360. Mit der Spargel akklimatisierte sich auch ihr Name bei vielen Völkern; daher auch brit. sparf m.

35. **Asturcones** s. **Thieldones.**

36. „Attilus (piscis) in Pado, inertia pinguescens, ad mille aliquando libras — — atqui hunc minimus piscis appellatus clupea — — morsu exanimat." Plin. H. n. IX. c. 15. Dieser wol nur verhältnissmäßig „minimus piscis" wird von Kallisthenes l. XIII. τῶν Γαλατικῶν als „μέγας ἰχθύς" in einem andern Keltenlande und sein Name als dort üblicher genannt. Wir nehmen um so mehr beide, unsers Wißens nur hier, und in keltischen Gebieten, vorkommende Namen auf, von der möglichen Benennung der clupea nach der Schildform absehend. Nemlich vergleicht oberital. adella, eine Störart, mit attilus. Kallisthenes Sybar. (l. c. ap. Stobaeum περὶ νόσον) sagt u. a.: „Ἄραρ ποταμός ἐστι τῆς Κελτικῆς, τὴν προσηγορίαν δὲ εἰληφὼς παρὰ τὸ ἡρμόσθαι τῷ Ῥοδανῷ, καταφέρεται γὰρ εἰς τὸν κατὰ τὴν χώραν τῶν Ἀλλοβρόγων· γεννᾶται δὲ ἐν αὐτῷ μέγας ἰχθὺς κλωπαῖα προσηγορούμενος ὑπὸ τῶν ἐγχωρίων." Das aus clupea entstandene venez. chiepa ital. cheppia gehört wol vorzugsweise der alten Gallia cisalpina an. Nun kommt aber noch ein dritter Name hinzu, den die Parallelstelle bei Plutarch. de Flum. VI. nennt. Sie lautet: „Ἄραρ κ. τ. λ. ἐκαλεῖτο δὲ πρότερον Βολγουλος" κ. τ. λ.; es folgt eine Legende von zweien Brüdern Ἄραρ und Κελτίβηρος, hierauf die obige Stelle mit dem Fischnamen σκολόπιδος statt κλουπαῖα (das Hercher in den Text stellt; er bemerkt noch κλοπίας ap. Lydum de Mens. III. 8. et Anon. in Boisson. An. Gr. Vol. I. p. 417. und κλωπίας ap. M. Glycam Ann. I. p. 88, 9.), ohne Zweifel griechisch von σκόλοψ Gräte u. dgl. vgl. die auch auf Fische angewendeten Benennungen σκολοπ-αξ, -ένδρα; möglich, daß der Abschreiber den ihm fremden Namen verlas, oder auch, daß eine Nebenform von κλουπαῖα vorlag; die neukelt. Sprachen zeigen einen Zwillingsstamm sklp- und klp. Die Deutung des Arar, der sonst bei den Alten (Caes. B. G. I. 12. Plin. H. n. III. 5. Claud. XVII. 53.) den Ruf der Langsamkeit hat, wagen wir nicht zu verfolgen und übergeben sie den Gallogermanisten, da Vergilius Deutschland an die Gestade dieses Stromes versetzt; übrigens vgl. Zeuss. Gr. Celt. p. 13 sq.

37.a. **Attis** verhandeln wir hier nur, um zu zeigen, daß er nicht hierher gehört, und um die weitere Fortpflanzung einer bereits von Mehreren getheilten Versetzung des phrygischen Namens unter die keltischen zu verhüten. Die betr. Stellen lauten nämlich: „Solem sub nomine Attinis ornant (Phryges)". Macrob. Saturn. I. „Attidem cum nominamus, solem, inquit, significamus et dicimus; sed si Attis sol est, quemadmodum connumeratis (sic) et dicitis, quis erit Attis ille quem in Phrygia genitum vestrae produnt atque indicant litterae?" etc. Arnob. V. c. 42. cf. c. 6: „— — quoniam Lydia scitulos sic vocat, vel quia hircos Phryges atagos elocutionibus nuncupant, inde attis nomen ut sortiretur."

Augustidunum s. **Dunum.**

37b. **Avis tarda** s. **Ganta.**

B.

Bacaudae s. **Bagaudae.**

38. Baccha. „Vinum in Hispania baccha." Varro L. lat. VII.
§. 87. Vielleicht ein an Bacchus angelehntes hispanisches Wort.

39. *Βάκκαρ.* „Ἄσαρον — —'Ρωμαῖοι, περιπρέσαμ οἱ δὲ βάκχαρ,
Θᾶσκοι σάκκινημ, (Ald. addit) Γάλλοι βάκκαρ." Diosc. I. 9. Sprengel
bemerkt dazu: daß diese Pflanze, bei Virgil (Buc. VII. 27.) baccar, noch
jetzt verones. baccara, bacchera heiße. Vgl. bei Plin. II. n. XII. c. 12.
s. 26. XXI. c. 6. s. 16. ib. c. 20., wo gesagt wird: daß bacchar, baccha-
ris irrig für nardum rusticum gebraucht werde, da es vielmehr das griech.
assaron sei. Beide Namen verbinden sich in mlt. (auch engl.) asara bacca,
(auch span.) a. bacara, asabaccara, span. asabacar (versetzt bask.
basacara). Gadh. bachar m. digitalis, lady's glove wird unterschieden
von bachar m. glans quernea cnô bhûchair mimosa scandens — wahrscheinlich nicht ureingeborene Namen. Die übrigen bei Dioskorides sind die
lat. perpressa, succinum. Zu beachten ist auch die Glosse bei Hesychios: „βάκκαρις' μύρον ποιόν' ἄλλοι δὲ μύρον Λύδιον."

Baccharidae s. **Bagaudae.**

40. Bacchinon. Cum duabus pateris ligneis quas vulgo bacchinon
(sic?) vocant." Greg. Tur. Hist. IX. c. 28. „Duos ex aere urceos quos
vulgo bachinos vocamus." L. miracc. S. Austrebertae VI. 43. apud
Dufr. Aus diesen alten Formen, deren zahlreiche Sippschaft bald Gefäße,
bald Fahrzeuge (wie so oft zugleich) bedeutet und zu welcher bacar vas
vinarium (Festus) und bacca vas aquarium (Gloss. Isid.) als älteste Glieder
gehören mögen, entstand, wie es scheint, das schon ahd. bechin, später
becken, bevor sich das c in ital. bacino prov. altspan. bacin frz. bassin
erweichte. Es wäre zu kühn, in dem wahrscheinlichen Schreibfehler bei
Gregorius die kymr. Pluralendung on zu wittern. Zu seiner Zeit (6. Jh.)
erklang in Gallien neben der neulateinischen sowol deutsche, als vermutlich
hier und da (auch außerhalb Armoricas) noch keltische Sprache. Welche
dieser Sprachen jene Sippschaft zeugte, wagen wir nicht zu bestimmen; für
jede laßen sich Gründe vorbringen. Brit. basin f. (wie frz. bassine) ist
spätes Lehnwort.

41. Baditis. „Herba quae est graece nymphaea, latine clava Herculis, gallice baditis appellatur." Marc. Burd. c. XXXIII. Gdh. bile
oder bhileag oder duilleag bhaite f. nymphaea, wörtlich folium vel
frons maris? bhaite kann zwar zu obs. bath marc gehören, ist aber gewöhnlich part. pass. prt. von bàth ertränken i. q. kymr. boddi brit. beûzi
(wogegen gadh. bath, bat kymr. badd m. dem glbd. engl. bath entlehnt
scheinen; gadh. bat m. clava, baculus mögen wir nicht der clava Herculis
zu Liebe hierher ziehen).

42. Bagaudae, Bacaudae (Hieron. Idac.), **Baogaudae** und **Bao-
gandae** (varr. Salvian.), **Vacaudae** (Oros.), **Bug-, Bacch-aridae**
(varr. Pomp. Laet. et Idac.), **Baugaredi** (l. de Castro Ambasiae num. 8.

ap. Dufr.), οἱ περὶ τὰς Ἄλπεις Βακαῦδαι (Zosim. VI), gentes **Baquates**
(Inscr. ap. Scalig.); „latrocinio **Bagaudicae** rebellionis obsessa“ (Eumen.
rhetor in Paneg. III. 4. do Schol. inst.). Sie waren Guerrillas eines Bauern-
krieges in Gallien; vgl. u. a. Oros. VII. c. 15.; Eutrop. IX. c. 20.: „Cum
tumultum rusticani in Gallia concitassent et factioni suae **Bagaudarum** (varr. „f. s. **Bagaudarum**, f. **Senecaudorum**, factione
sua **Baucadarum**, f. saeva **Caudarum**“ etc.) nomen imponerent“;
in Pacanii vers. Gr.: „Στασιάζοντος δὲ ἐν Γάλλοις τᾶ ἀγροικικοῦ καὶ
Βακαύδας καλοῦντος τῆς συγκροτηθέντας“ etc. Pomp. Laet. in Dioclet.: „hoc (**Bagaudarum**) nomine se appellavit turba rusticorum“;
Ilieron. in Chron. Euseb. num. MMCCCIII.: „Diocletianus in consortem regni
Herculium Maximianum assumit qui, rusticorum multitudine oppressa, quae
factioni suae **Bacaudarum** nomen indiderat, pacem Gallis reddit“;
Salvian. de gubern. Dei IV. (V).: „**Bagaudae** per malos judices et cruentos
spoliati — — etiam honorem Romani nominis perdiderunt. — — Imputamus
his nomen calamitatis suae, imputamus nomen quod ipsi fecimus et vocamus
rebelles, vocamus perditos quos esse compulimus criminosos; quibus enim
aliis rebus **bagaudae** facti sunt, nisi iniquitatibus nostris?“ (folgt weitere
Schilderung römischer Schändlichkeiten gegen das arme Volk; Salvianus lebte
unter Honorius und Theodosios); Sigebert. Gembl. ad a. 437.; Aurel. Victor
(Scotti) de Caes. XXXIX. sagt bestimmter: „per Galliam excita manu agres-
tium et latronum quos **Bagaudas** incolae vocant“; Prosper. Aquit. in
Chron. gebraucht den Singular, wie Salvianus, appellativ und nach Art des
span. guerrilla: „Omnia pene Galliarum servitia in **bagaudam** con-
spiravere — — Eudoxius, arte medicus, pravi sed exercitati ingenii, in
bagauda id temporis mota delatus, ad Chunnos confugit“; Idacius in
Chron. gedenkt auch in Spanien der **Bacaudarum** Tarraconensium und
Aracelitanorum unter den Gothenkönigen Rechila und Theodorich; die Vita
S. Mauricii kennt sie als Christen, was zu Salvians Eifer stimmt.

Die Ableitungen von βαγεύειν = vagari u. s. w. können wir übergehn.
Die gleiche altkeltische Endung finden wir in .al-, basc-, **Cass-auda,
Sapaud-us, -ia, Apaudulus** u. s. m. (vgl. Zeuss S. 753 ff. Glück
S. 45.); die kymrische awd ist theils die alte, theils aus âd, át entstanden;
in den folgenden Wörtern, in welchen wir die alte Bezeichnung der „turba
rusticorum“ wiederzufinden glauben, stehn der gallischen Endung andre, jedoch nächst verwandte gegenüber.

kymr. m. brit. f. **bagad** korn. **bagat** (council, consultation), **bagaz**
(bush) gadh. **bagai-d**, -lt (-s, -st baggage ist Lehnwort) m. bedeuten
alle turma, Haufen oder Truppe von Menschen oder Thieren; kymr. korn.
gadh. häufiger racemus, Traube, Büschel, woher u. a. das Zw. kymr. **bagadu**
to cluster, bunch (**bagadeu** pendants erinnert doch nur zufällig an mlt.
baccatum margaritatum, ahd. casteinit); die britonische Bedeutung **batelée**
(auch das frz. Wort bedeutet nicht bloß Schiffsladung, sondern auch Truppe,
Haufen) führt merkwürdiger Weise auf **bac** (brit. auch bag), welches brit. (f.),
gadh. (m.), frz., nl. Boot, Führe, frz. auch, nl. häufiger ein Gefäß bedeutet.
Für beide Bedeutungen vgl. u. a. o. Nr. 36. (**Bacchinon**); mlt. **baccus,
bacca, bacula** u. s. m. für Waßerfahrzeuge, auch frz. **bachot**, und **ba-
quet**, das früher auch Nachen, jetzt aber situla, Kübel u. dgl., wie das

identische niederschott. backet gadh. bacnid f., bedeutet. Eine kymr. Nebenform von bagad ist magad. -

Es ist an sich nicht wiedersinnig, an die Nebenbedeutung der Wörter bagage, Pack (Packvolk) u. dgl. zu denken, da die Bagauden vielleicht, gleich den Gueusen u. A., den von den Gegnern ihnen gegebenen Schimpfnamen adoptierten. Oder sie konnten, wie die deutschen Bauernkrieger den Bundschuh, ihrerseits den Sack u. dgl. zum Kennzeichen und Sinnbilde wählen; in andrer Weise wechselt die Bedeutung im facchino, faquin, der sowol den Sackträger, als den Stutzer und den Schelm bedeutet. Einige Wörter für diese Deutungen sind u. a. roman. bagage, bagaglia, gadh. bagais (s. o.; aber auch gadh. brit. deutsch pac mlt. paccus brit. pacad gadh. pachd m.), das sich einerseits als impedimenta an gadh. bac altnord. baga impedire, anderseits an gadh. engl. bag m. mlt. baga (afrz. bague, baghe in engeren Bedd.) f. saccus altn. baggi m. sarcina neben brit. béach, bech f. kymr. baich m. id. anschließt.

St. Maur de Fossez (Dep. Seine) führt den wahrscheinlich alten Namen Castrum Bagaudarum

43. *„Βαλαρὲς γὰρ τὰς φυγάδας καλῶσιν οἱ Κύρνιοι.“* Paus. Phoc. XVII. Das Wort kann ligurisch sein und nach Belieben mit brit. baléer marcheur; promeneur (von baléa, bala *βαλίζειν*, ambulare) verglichen werden. Ob vielmehr Baleares (funditores); mlt. balea balista u. s. w. zu vergleichen sei, fragen wir, da die Volksnamen identisch erscheinen und die, von den vorher mit ihnen verbündeten Puniern verdrängten, Balari ihren Namen, der erst später post eventum gedeutet wurde, aus der iberischen Heimat mitgebracht hatten. Auch ein (lusitanischer) Vettone Balarus wird bei Sil. Ital. III. 378. genannt. Diod. Sic. V. c. 17. (nach ihm Isid. Or. XIV. c. 6.) sagt: „ — — *νῆσοι καταντικρὺ τῆς Ἰβηρίας — — ὑπὸ δὲ τῶν ἐγχωρίων καὶ τῶν Ῥωμαίων προσαγορεύονται Βαλλιαρεῖς ἀπὸ τοῦ βάλλειν ταῖς σφενδόναις λίθους μεγάλους κάλλιστα τῶν ἁπάντων ἀνθρώπων.“* Nach Strabon XIV. p. 654. dagegen „*φασὶ δὲ τοὺς Γυμνήτας ὑπὸ Φοινίκων Βαλεαρίδας λεχθῆναι.*“ Vgl. auch u. a. die „funditores Baliares“ Liv. XXI. c. 21.; „Baleares funda bellicosas“ Plin H. n. III. c. 5.; Aristot. mirab c. XCII. rühmt die Schleuderkunst der *Λιγυστίων.*

Balluca s. Balux.

44. **Balma** soll nach der Vita S. Romani (28. Febr. bei De Belloguet p. 140.) ein gallisches, mit lat. cingulum synonymes Wort sein, das auch die Bedeutungen Fels, Berg erhalten habe; vgl. u. a. „Pertricus a. 1084 basilicam sub balma quae nunc dicitur alta petra consecrari fecit“ Hist. Mediani Monast., wo jedoch schon die Bedeutung des überhangenden Felsen u. dgl. hervortritt. Im Provenzalischen (und Catalonischen) bedeutet nicht bloß balma (nprov. baumo) Felsenhöle, daher auch Grabgrotte, sondern auch ein Zw. baumar aushölen. So afrz. balme oberital. schweizerdeutsch (bei Scheuchzer auch palm) balm f., mitunter auch für Anhöhe. Als Ortsname kommt mlt. Balma häufig vor, auch in Italien einmal; in Frankreich Balme, Baume. Diez citiert aus Schott auch eine roman. Form barme. Auch in den Gebieten des Inns und der Salzach bedeutet balfen, palfen c. die Höhlung unter oder in dem Felsen; ein locus qui „an der palven“ dicitur wird schon in alter Urkunde bei Schmeller I. 172. angeführt. Verwandt ist vielleicht mlt.

baletum frz. dial. balet briton. baled m. nprov. balén m. auvent, Wetterdach, Vordach.

45. Balteus wird von Varro l. XVIII. Rer. hum. (ap. Sosipatrum I. p. 59. P.) ein tuskisches Wort genannt, ob er es gleich l. IV. L. lat. „quod cingulum e corio habebant bullatum" erklärt (bulla sabinisch nach Macrob. I. 6.). Schwenck vergleicht es mit βαλάντιον und hält es für kein Fremdwort. Da es aber bei den Alten als solches galt und besonders von Schriftstellern gebraucht wird, bei welchen wir, namentlich gallische, Fremdwörter suchen dürfen; da ferner der Belt, unbeschadet oder trotz der späten lat. Deutung Balticum fretum (cf. B. mare, litauisch als weißes Meer gedeutet, Baltia insula bei Plinius), in altem keltischem wie germanischem Bereiche liegt, wesshalb auch J. Grimm Gr. III. 448. balteus und Belt für deutsch hält: so gestatten wir uns, die Spuren des Wortes hier weiter zu verfolgen. Es lautet mit gleichen Lautstufen altn. belti nnord. belte n. ags. engl. belt m. ahd. balz, palz m.? gadh. balt, bolt m. (gen. built; baltach laciniatus); dem Vokale nach kann das gadh. Wort aus dem Lateinischen, nicht so wol aber aus dem Sächsischen oder Nordischen entlehnt sein; jedoch stehn auch neben dem sonderbaren engl. Synonyme welt die keltischen kymr. gwald f. gwaldas, gwalteis m. c. deriv. und gadh. faltan, foltan, fail-, foil-, fùil-tean m., das mit falt, folt m. (coma, kymr. korn. gwallt m.) verbunden und gar verwechselt wird. Die Media erscheint in den Ableitungen mlt. baldr-ellus, -ingus, baudrea etc. prov. baudrat afrz. baudré nfrz. baudrier, woher entlehnt (vgl. Diez 562.) portug. boldrié it. budriere (neben balza limbus dakorom. baltiu, sprich baltz, laqueus halblat. ital. span. port. balteo); dazu ebenfalls mit d, resp. dr, die vielleicht nur germanisierten Formen ahd. balderich, (mhd.) palderich altengl. baldrick, baudrick, die wir von dem zu goth. balths gehörigen Eig. ahd. Baldrih (frz. Baudry?) trennen. Erwähnt werden mag, daß auch hier, wie bei kelt. gwalteis, faltan, ein späteres balz, balzan, balzer coma, cirrus auftritt.

46. Balux. „Aurum arrugia (al. auriga) quaesitum (in Hispania) — — Inveniuntur ita massae — — palagas (varr. palac-as, -ras, pallacras, placas, palas, palatas), alii (varr. Hispani, alii) palacurnas (varr. psalacurnas, pa-, pal-lacranas, palaceornas, ascurvas), id autem quod minutum est balucem vocant." Plin. H. nat. XXXIII. c. 4. s. 21. π'Εν δὲ τοῖς ψήγμασιν τῆ χρυσίᾳ φασὶν εὑρίσκεσθαί ποτε καὶ ἡμιλιτραίας βώλας, ἃς καλῶσι πάλας." Strab. III. p. 146. πΒάλλεκα ψῆφον" Hesych: In späteren Glossen balluca, baluca πχρύσαμμος, ἀχώνευτος γῆ ἢ χρυσώδης", πγήδιον χρυσᾶ ἀκαθάριστον", valuca χρύσιον γ. ἀκ., al. χρυσάδιν ἀκ." Vgl. bei Martial. Epigr. LVII.: πillinc balucis malleator Hispanae."

span. arrugia f. Goldstollen, (obs.) baluce, baluz m. Goldstänglein, Goldklümpchen palacr-a, -ana f. -an m. Stange oder Klumpen gediegenen Goldes sind technische Lehnwörter. Die Bed. χρύσαμμος unterstützt Potts Vergleichung mit sanskr. bâlukâ, bâlikâ f. arena (primitiver hindust. zigeun. bâlû u. dgl. m.), weniger mit einem isolierten irischen beal m. sands, sandbanks of the coast. Formell entspräche kymr. balwg m. tufts of flax; aber bei hispan. Wörtern hat immer iberische Abstammung das Vorrecht. Plinius erhielt vielleicht aus einer andern Quelle palaga als ursprünglich mit balux identisches Wort. In arrugia dürfen wir den neubaskischen Anlaut arr st. r nicht suchen.

47. „Βαραχάχαι· ἅγιοι διαφέραι (emendd. βράχαι· αἴγειοι διφθέραι u. dgl.) παρὰ Κελτοῖς.“ Hesych. Vorher ebds. „Βαραχίς· γλαύχινον ἱμάτιον.“

Die wahrscheinlich richtige Emendation αἴγειοι führt uns weit weg auf pers. barah $\left(بَرَه\right)$ pehlv. varak $\left(ورق\right)$ arab. baraq $\left(بَرَق\right)$ agnus, et. aries (signum coeleste), aber auch auf Zeug- und Kleider-namen, wie pers. barak $\left(بَرَك\right)$, barg $\left(بَرَك\right)$, barhânag $\left(برهانج\right)$, bei Sousa (Vestigios, aus Golius) auch das ins Arabische übergegangene „bargana“ (bartkânah بريكان), nach Diez 43. (aus Freitag u. A.) arab. barrakân, barkan.

Letzteres ist eine Variation eines seit langer Zeit und weithin verbreiteten Zeugnamens, der wahrscheinlich, nur durch andres Suffix, von gleichem Stamme abzuleiten ist, wie das angeblich keltische Wort bei Hesychios, wenn wir dieses nicht lieber in βαραχάναι emendieren wollen. Die Bedeutung des Kamelots hat dieser Name mit ob. pers. barak gemein. Die wichtigsten Formen sind: mlt. barracanus, später barg-, parg-, parc-, parch-anus, parch-onus, -andus, frz. barracan span. barragan port. barregana it. baracane raetorom. barchom m. mhd. barragân, barkân, später barch-an, -en, -at, (noch nhd.) -et, nhd. -ent, neben parchant u. dgl., sogar barch, barck (wenn nicht missverstanden), mnd. parcham mnl. berchaen nhd. auch berkan poln. barakan böhm. barchan m. u. s. m.

Ob der pers. Thiername mit litau. barónas slav. baran aries, das auch in finn. und turuk. Sprachen vorkommt, verwandt sei, laßen wir ununtersucht; das span. port. borrego agnus gehört nicht hierher, vgl. Diez. 63. Wol aber mögen wir nicht übergehn, daß das lituslav. Wort baran-ka, -ek (nhd. baranke) Lammfell, eig. Lämmchen, von jenem baran direkt abgeleitet ist, und eine Emendation βαράγχαι u. dgl. bei Hesychios begründen dürfte.

gadh. barrachas, barrchas krausbehaart glauben wir nicht zuziehen zu dürfen.

48. Bard-ala, varr. -aea, -aja χορυδαλλός vet. Gloss.; „Bardi apud Gallos sunt cantores et bardaea vel bardala alauda.“ Turneb. Adv. XIII. c. 25. (XXIII. c. 24.) cf. XX. c. 37. Cf. Dufr. h. v. Boxhorn. Orig. Gall. XXXIII. Möglich, daß es ein aus der alten Sprache erhaltenes, mit bardus zusammenhangendes Wort ist. Roquefort gibt afrz. bardal, bardac alouette. Aehnliche frz. und prov. Vogelnamen, wie bardet colymbus minor, auch ardea garzetta, haben mit den alten Barden sicher Nichts zu schaffen.

Barditus s. Baritus.

49. Bardocucullus.

„Sic interpositus vitio contaminat uncto
Urbica Lingonicus Tyrianthina bardocucullus."

Martial. Ep. I. 54.

„Bardocucullus.

Gallia Santonico (varr. Sardo-, Sumini-, Samni-nico) vestit
te bardocucullo
Cercopithecorum paenula nuper erat."

Ibid. XIV. 128.

wogegen „cuculli Liburnici" (var. Tiburnei; vgl. tyburnium Gloss.
germ. - lat.?) ibid. 139.; und für Hülle, Düte:

„Vel turis piperisque sis cucullus."

Ibid. III. 2.

„— — quo si nocturnus adulter
„Tempora Santonico velas adoperta cucullo.".

Juven. Sat. VIII. v. 144 sq.

„Translatus subito ad Marsos mensamque Sabellam
„Contentusque illic veneto duroque cucullo.".

Ibid. III. v. 169 sq.

Das Wort veneto erscheint durch seine Coordination mit duro als Appellativ, resp. Synonym von caeruleo; gleichwol weist der Scholiast auf das
Volk der Veneter, vielleicht der gallischen, hin. Vgl. auch ebds. Sat. VI.
v. 330.:

„Illa jubet sumto juvenem properare cucullo",
und ib. v. 118.:

„Sumere nocturnos meretrix Augusta cucullos",
vgl. „nocturnales cucullos" Sidon. Apoll. VII. Ep. 16. (ap. Dufr.). Ein
Scholiast zu Juvenalis erklärt den Cucullus durch „galerum fuscum et horri-
dum ardeliunculum, quales sunt latrunculorum." Ferner vgl. „Qui nocte va-
gabantur obtecto capite cucullione viatorio." Jul. Capit. in Vero c. IV.
Diese Ableitung auch bei Lamprid.,in Heliog. c. XXXII.: „Tectus cucullione
mullionico, ne agnosceretur"; und schon bei Cato R. r. II.: „Cum tempestates
pluviae fuerint, centones, cuculliones familiam oportuisse sibi sarcire";
sogar das Deminutiv: „Tegillum, cuculliunculum ex scirpo factum."
Fest. In einer Glosse: „Cuculio, σκεοπαστόν" emendiert Casaubonus
σκέπαστρον."

„Cuculli Bardaici" (al. bardiaci) kommen bei Jul. Capitol. in Per-
tinace c. VIII. vor; vgl. „Bardaicus calceus" Juven. Sat. XVI. v. 13 sq.,
was gewöhnlich als illyrisch, von dem Scholiasten aber als gallisch gedeutet wird. „Bardocucullum unum, cucutia (Meursius emendiert
cucullia) villosa duo." Trebell. Pollio in Claudio c. XVII. „Sagis
cucullis" hat Columella I. 8 (gegen Kälte und Regen), gleichbedeutend
mit „sagatis c." ib. XI. 1.; vgl. die späte „cuculla de sago, unde
hroccus fieri pòssit" bei Adalardus in Stat. Corbei. I. c. 3. ap. Dufr. und
u. v. Sagum.

Ein Ort Cuculle (jetzt Kuchel) in Noricum kommt auf der Tab. Peut.
vor, vgl. Castellum Cucullis Eugipp. V. S. Severin. c. IX.

Zahlreiche spätere lateinische Formen des cucullus und der cuculla (schon im 5. Jh., bei Hieronymus) Dufresne und m. Gloss. lat.-germ. Das Wort durchwanderte ganz Europa und lebt noch heute vielfach. Hier Beispiele.

Eine alte latinisierte Form für ein irisches Gewand, jedoch in kymrischem Munde, gibt die Vita S. Cadoci Cambrensis (ap. Spelman): „— —' iubae in tua c o c c u l a, quod v u l g a r i t e r vocatur quoddam genus indumenti quo H i b e r n e n s e s utuntur, de foris plenum prominentibus iubis seu villis quae in modum crinium sunt contextae“ — — i. q. c o c u l a in Concil. Cloueshauensi a. 747 c. XXVIII. et apud Bonifacium Archiep. Mogunt. Ep. XLVII. (Dufr.). Kymr. b a r d d g w c c w l l m. the bards cowl ist, wie afrz. b a r d o c u c u l l e, nur gelehrtes Lehnwort aus dem Lateinischen; auch c w c c w l l m. korn. c u g o l Mönchskapuze, woher kymr. c y c c y l l u to put on a cowl u. s. m., verräth den Ursprung aus dem Mönchslatein, wogegen brit. c w g w l (k o u g o u l) m. (pl. - y o u) cape, capuchon der Name einer noch üblichen Volkstracht, eines Regenmantels bei den britonischen Bauern, besonders auch den Küstenbewohnern, ist. Den Vokal von c o c u l a zeigt das der Form nach noch volksmäßigere kymr. c o c h l m. cloak, mantle, woher c o c h l o g cloaked, das äußerlich mit den Ableitungen von c o c h (coccineus) zusammenfällt (dagegen engl. c l o a k = kymr. c l o g gadh. c l ò c, c l i o c m.). gadh. c u b h a i l m. vestis religiosa kymr. c w f l m. cucullus monachalis c w f l e n f. a cap or hat verm. aus ags. c u f l e (s. u.). Verschieden ist kymr. c ò b, c o b a n f. mantellum. Den lebendigsten Wechsel der Bedeutung (und den Vokal o) zeigt gadh. c o c h u l l m. (ir. Glosse bei Stokes c o c h a l l cassula st. casula) cucullus, pallium; siliqua, putamen; scobs; c. a' c h r i d h e the heart sac, pericardium; cochullach tunicatus, siliquosus. Sodann entspricht c o c h u l l auch dem engl. cockle lat. c o c h l e a u. s. w. Außerdem geben die Wtbb. ein einfacheres gdh. c ù l l a d h, c u l l a, pl. c u l l a i d h e a n, m. cucullus, das von c u l a i d h f., einem bes. Kleidung, auch Zeug in mehrfachem Sinne bed. Worte (Goth. Wtb. II. 82.), zu trennen und für eine jüngere Verkürzung des mlt. Wortes zu halten ist. Auch mlt. c u l l a ist theils aus c u c u l l a verkürzt, theils erst, wie c o l l a regelrichtiger, nach frz. c o u l e gebildet. Ags. c u l e, wol c ù l e, neben c u h l e, c u g l e, c u f l e. Letzteres, sowie frz. c o u l e f. (neben c u c u l l e f.), wenn identisch mit engl. c o w l, mnl. mnd. c o u e l e, c o u e l haben f, v, u aus g entwickelt. g ist besonders in den hd. Formen k u g u l a, k u g e l, (auch nd.) k o g e l, g u g e l, g o g e l einheimisch, welche durch die Mönche eingeführt wurden, aber auch, wie ngr. κηκῆλα, Zw. κηκηλώνω, weltliche Bedeutung gewannen. Ein dazu gehöriger Stoffname ist hd. g u g l e r mnd. k o g h e l e r. Span. cuculla, cugulla, cogulla port. cucula, cugula port. prov. c o g u l a ital. cucull-a, -o, cocoll -a, -o Kaputze, Kutte stammen ebenfalls geradewegs aus dem Mönchslatein, während katal. c o g u l l a d a span. c o g u j a d a nprov. c o u c o u l i à d o illyr. kukuljava (alauda) böhm. c h o c h o l - o u š, - k a (auch crista i. q. c h o c h o l s. u.) f. alauda cristata sich lebendiger aus dem alten Worte entwickelten. Dieß gilt auch von span. c o g o l l o Wipfel; Schößling, Kohlherz u. dgl., das wir nicht mit Diezens Hypothese von c a u l i c u l u s ablciten mögen. Auch span. c o g u j o n m. Zipfel (häufig k o g e l-, k a p p e n - z i p f e l u. dgl. cuculla in Glossen des 15. Jh.) gehört hierher; dagegen port. c o g u l o Uebermaß zu dem redupliciert aussehenden span. c o g o l m o = c o l m o (wunderlich be-

gegnet finn. k u k k u l n id.; cacumen). Bei dakorom. çu c l u i u m, Zipfel,
Wipfel macht die Erweichung des Anlauts die Ableitung aus cu c u l l u s
zweifelhaft; doch mögen wir magyar. c s u k l y a cucullus von b e i d e n nicht
trennen. Auffallend ist russ. böhm. sorb. poln. c h o c h o l m., das nicht bloß
Kogel, cucullus, sondern noch vielmehr crista avium, Busch, Schopf bedeutet
und in dieser Bedeutung sich lebhafter entfaltet, als c u c u l l u s in irgend
einer andern Sprache. Neben diesem, vielleicht urverwandten, Worte zeigt
sich nun das entlehnte poln. böhm. k u k l a f. russ. k u k ù l j m. cucullus
(böhm. auch cacumen tecti), in weiterer Ableitung böhm. k u k l i c e illyr
k u k u l i c a f. id., sogar k u k u l i a t i incapucciare, vermummen und k u k u l -
j a v a alauda (s. o). Auch bei einem andern deutschen Worte, das von c u -
c u l l u s abgeleitet sein könnte, und den daran geknüpften weiteren Untersuchungen müßen wir die lituslavischen Sprachen mit zu Rathe ziehen.

Dieß ist das im Ahd. nicht vorkommende, im Mhd. seltene Wort k u g e l f.
globus, welches im Nhd. das vor ihm üblichere k û l e, k a u l e (globus Gloss. saec.
15—6.; noch jetzt wetterau.), dem. k u l c h e n, k e w l e l i c h i n (globulus Gloss.
saec. 15.), nhd. (schnell-) k e u l c h e n, aus der Schriftsprache verdrängt hat.
Ungefähr gleichzeitig erscheint nl. k o g e l m. (bei Kilisen auch k e u g h e l);
nd. k u g e l erst a. d. Hd. entlehnt, ebenso dän. k u g l e. Dagegen entspricht
schwed. k û l a f. sowol dem ob. k û l e altn. k û l a globus, als dem dän.
(mhd.) mnnd. k û l e mnl. k u y l e (nnl. k u i l) fovea, caverna. Ein drittes
Wort, das bei Benecke-Müller zu k û l e Kugel gestellt ist, ist mhd. k i u l e,
hd. nd. k u l e (Glss. saec. 15.), hd. k e u l e u. dgl. (15.—19. Jh.) clava, fustis, das bald Synonyme von k o l b e, bald (als dessen dickes, rundes Ende)
davon ausdrücklich unterschieden ist. Diese Unterscheidung deutet die Grundbedeutung an. Die lebenden Sprachen bezeichnen damit eben immer nur die
kurze, dicke, runde clava, die Streitkeule, den Streitkolben, und zugleich
einen ähnlich geformten Theil des Schlachtviehes (wetterau. k e u l m.), nd.
auch den Vogelschenkel. Aber sie unterscheiden das Wort von obigem k u l a.
Die nhd. k e u l e lautet nd. k û l e (nur landschaftlich k û l = k û l e fovea)
dän. k ö l l e kurzvokalig. Einzuordnen ist wetterau. k e u l e r m., bei Nemnich k a u l -, bei Schmeller k e i l - a r s c h, das schwanzlose Huhn mit dickem
Hintertheile. Ebenso der k a u l - h a u p t, - b a r s c h, vll. kurzvok. ahd. c u l -
h o u b i t (Gloss. Trev. saec. 12.), mnnd. k u l - h o u v e t, - b a r s, - q u a p p e,
in hd. Mundarten k a u l m., k e u l i n g, k a u l - r u p p e, — k r a p p e u. dgl.
neben k u g e l r a p p e, k o l b e f. u. dgl. cottus gobio; ebenso k a u l, k ù l, bißw.
k u l in vielen andern Namen von Thieren und vielleicht selbst von Pflanzen.
Altn. norweg. schwed. k û l a f. bedeutet auch Beule, tuber, wofür auch
norw. k û l m. (Ein altnorweg. Mannsname C ù c u l l a ist ohne Zweifel das
mlt. Wort.)

Wie in den germanischen Sprachen k û l a u. s. w. das ältere und tiefer
wurzelnde Wort ist, aus welchem sich vielleicht erst k u g e l zerdehnte,
wenn auch unter Einwirkung der fremden k u g e l, k o g e l cucullus; so finden wir auch litau. k u l ê (auch K e u l e, Schlägel landsch. bed., wogegen
k y l y s lett. k t l i s Mörserkeule u. dgl., K e i l aus nd. k ļ l) sorb. poln. k u l a
sorb. k u l j a („die K u g e l, K a u l e, B ä u l e" bei Zwahr), böhm. k u l e,
auch finn. k û l a (Schießkugel, auch wie nord. B e u l e), k u l i estn. kul globus, wahrscheinlich a. d. D., neben den jüngeren illyr. k u g l j a sloven.

kugla, krugla id., und einem zu cucullus gehörigen litau. kukulys, kuklys lett. kukkuls m. runder Brotlaib u. dgl., „Kugelbrod", litau. auch Kloß u. s. m., vgl. poln. kukielka Weck, Semmel.

In der öfters hervortretenden Bed. crista, cacumen erscheint cucullus in bask. cucula, während cuculcea se cacher, disparaître, wenn es anders hierher gehört, mit obigen Zww. aus der Bed. des Kleidungsstückes abzuleiten ist. Die Bed. cacumen hat sich besonders reichlich in Oberdeutschland für kegelförmige Bergspitzen entwickelt; die Hauptform ist kogel m., wovon kofel m. nur Nebenform zu sein scheint. schwed. kulle m. cacumen. montis gehört nicht hierher.

Ob wir gleich o. culla u. dgl. für verstümmelte Formen erklärten, so halten wir doch eine Reduplication in cucullus möglich. Für diesen Fall finden wir wiederum ein durch die Bed. saccus, pera (vgl. u. a. auch „cugila vel tasca pera" Gl. Fl, wenn c. mlt. ist) mit dem altgall. Worte vermittelbares Wort auch der Form nach vergleichbar, indem die überall gleich erscheinende Gutturalstufe nicht bestimmt auf Entlehnungen deutet: ahd. kiulla f. ags. altn. kyll m. (altn. kyllir m. id; scrotum i. q. finn. kulli) litau. kullys m. kulle f. (auch scrotum bed.) lett. kulla f. (pautu kullite scrotum) russ. kuly f. alban. kulétē pera, von welchen wir lat. culleus nicht trennen; neukelt. Wörter dieses Stammes mit der Bed. pera finden wir nicht. — Sollte deutsch huljan (Goth. Wtb. II. 82.) urverwandt sein?? — Nehmen wir (mit Zeuss 729.) die häufige Ableitung ull an, so finden wir wiederum etwa zu vergleichen litau. kykas m. russ. kûka f. mitra muliebris, mit Lautverschiebung sächs. hûke (ags. engl. nl. nd. Formen s. Goth. Wtb. II. 513.), woraus mlt. huca, in frz. Mundarten huque u. dgl., kymr. bûg f. amiculum, ricinium, tegumentum capitis et corporis. Da neben goth. bakuls (l. c.) auch die nord. Nebenform hukull cucullus auftaucht, so haben wir vielleicht Unrecht, in diesem Worte das deutsche Gegenbild des gallischen cucullus zu bezweifeln. Um so mehr ergeben sich die obigen deutschen Wörter mit unverschobenem Gutturale als Lehnwörter.

Was die erste Hälfte der alten Zusammenstellung bedeute, bleibt ungewiss. Die Adjektivform hardiacus wurde früher auf die Barden bezogen, bardaicus nicht immer (vgl. o. Schol. ad Juv.) auf die illyrischen Bardaei. Das mlt. roman. barda Pferdegeschirr u. dgl. (vgl. u. a. Diez 44.) gibt kein Licht; eher altn. bardhattr galérus cf. battbard als pilei von bard n. Krempe, Rand u. dgl., wofür wir keine neukelt. Parallele finden. De Belloguet verweist auf kymr. parddu m. fire black, smut, dessen anl. Tenuis und wahrscheinliche Zss. mit du black widersprechen, ob es gleich auch an „fuscus" o. S. 242. erinnert. Die Erklärung als Reisemantel durch die ältere Lesart „βάρδοι αἱ ὁδοὶ παρὰ Γαλάταις" Hesych. ist durch die Emendationen οἱ ὁδοί, ἀοιδοί zurückgewiesen. Auffallend ist kymr. barddawd m. („bardocucullus" a French cloak, with a cowl or hood to it to travel with (aber auch bardic science).

50. Bardus. Indem wir die wichtigsten Stellen über diesen Namen der altgallischen und neukeltischen Sänger (der nur irrig auch auf die germanischen angewendet wurde) excerpieren, verweisen wir für die Erklärung anderer dabei vorkommender Namen keltischer Stände und Orden auf deren alphabetische Stellen. Wir erinnern zuvor daran, daß Caesar B. G. VI. c. 13.

nur sagt: „In omni Gallia eorum Hominum qui aliquo sunt numero atque honore genera sunt duo — — alterum est Druidum, alterum Equitum.“ Dagegen erscheinen bei Strabon IV. p. 197. (ed. Casaub.) in der Parallelstelle zu dieser Caesars „ — — τρία φῦλα τῶν τιμωμένων (διαφερόντως ἐστί)· Βάρδοι τε καὶ Οὐάτεις καὶ Δρυΐδαι. Βάρδοι μὲν ὑμνηταὶ καὶ ποιηταί, Οὐάτεις δὲ ἱεροποιοὶ καὶ φυσιολόγοι, Δρυΐδαι δὲ πρὸς τῇ φυσιολογίᾳ καὶ τὴν ἠθικὴν φιλοσοφίαν ἀσκῆσι.“ Ammian. Marc. XV. c. 9. nennt (nach Timagenes) zweimal Bardos, Euhages (al. Eubages; s. v. Druides) und Druidas, einmal Drysidae; er sagt u. a. (Ed. Wagner et Erfurt): „Drysidae memorant revera fuisse populi (Gallorum) partem indigenam. — — Et Bardi quidem fortia virorum illustria facta composita versibus cum dulcibus lyrae modulis cantitarunt; Euhages vero scrutantes seriem et sublimia naturae pandere conabantur; inter hos Druidae ingeniis celsiores, sodaliitiis adstricti consortiis, quaestionibus occultarum rerum altarumque erecti sunt, et despectantes humana pronuntiarunt animas immortales.“ Diodoros V. c. 31. (p. 354.) berichtet: Βάρδοι dichten und singen zu lyraartigen Instrumenten Lob- oder Schimpf-lieder; Δρουΐδαι (al. Δρυΐδαι) seien Philosophen und Theologen, hochgeehrt, wie auch die Μάντεις, die aus Vogelflug und Opfern, mitunter Menschenopfern, weißagen. Athenaeus VI. c. 12. (p. 246.) sagt: „Ποσειδώνιος δὲ ὁ Ἀπαμεὺς ἐν τῇ εἰκοσιοστῇ καὶ τρίτῃ τῶν ἱστοριῶν· Κελτοί, φησι, περιάγοντες μεθ᾽ ἑαυτῶν καὶ πολεμήντες συμβιωτάς, ἃς καλῶσι Παρασίτας. ἦτοι δὲ ἐγκώμια αὐτῶν καὶ πρὸς ἀθρόας λέγουσιν ἀνθρώπης συνεστῶτας; καὶ πρὸς ἕκαστον τῶν κατὰ μέρος ἐκείνων ἀκρωομένων, τὰ δὲ ἀκύσματα (sic) αὐτῶν εἰσιν οἱ καλῆμενοι Βαρδοί. ποιηταὶ δὲ ἦτοι τυγχάνουσιν μετ᾽ ᾠδῆς ἐπαίνας λέγοντες.“ Cf. „Solidurios vertunt παρασίτης alii, alii εὐχωλιμαίης. Cf. Eust. Il. X.“ Alberti ed. Hesych. (Leyden 1746). — In der Stelle bei Lucan. Phars. I. v. 444 sqq. vgl. Lactant. div. Inst. I. 21.):

> „Et quibus immitis placatur sanguine diro
> Teutates horrensque feris altaribus Hesus
> Et Taranis Scythicae non mitior ara Dianae“

hat u. a. Bentley gar Teutates in Teut Vates emendieren wollen, um die v. 442 sqq. besungenen Druidae (Priester) und Bardi (Lobsänger u. dgl.) zu ergänzen, obgleich Lucanus darauf die Barden selbst vates nennt, welches Prädikat oder Synonym auch anderswo für die Druiden gilt. Die Stelle lautet weiter (v. 447 sqq.):

> „Vos quoque, qui fortes animas belloque peremtas
> Laudibus in longum vates dimittitis aevum,
> Plurima securi fudistis carmina, Bardi!
> Et vos barbaricos ritus moremque sinistrum
> Sacrorum Druidae positis repetitis ab armis.“

(Folgen Lehren der Druiden). Von den Scholien zu diesen Stellen bemerken wir: „Bardos vocat Leodicenses.“ „Bardi Germaniae gens“, wogegen Schol. ad Juvenal. Sat. XVI. 3.: „Bardos; est autem gens Gallica.“ Sodann : „Druidae i. Slavi“; auch Driadae u. s. m. — „Βαρδοί ᾠδοὶ παρὰ Γαλάταις“ Hesych. (cf. Nr. 45.). — „Bardus gallice cantor appellatur qui virorum fortium laudes canit.“ Paul Diac. h. v. Eine Stelle aus der irischen V. S. Columbae s. u. v. Druides.

kymr. bardd (pl. beirdd, m. v. Abll., fem. barddes; berddig bardie, poetical barddas m. poetry etc. barddoni pl. poets) bardus, poeta korn. barth id.; vulg. mimus comicus, tubicen brit. barz. (pl. barzed) bardus, poeta, tibicen, rhapsodus; jetzt mehr nur historisch, aber noch ein häufiger Familienname; lebendiger barzez f. rhapsoda, poetria, cantatrix; barzonek m. kymr. barddoneg f. poema u. dgl., auch mehr nur historisch gbr. gdh. bárd (pl. báird, bárda) bardus, poeta, dem. bárdan vilis poeta; (manks bardagh poeta bardoon nenia) bárdachd f. poesis bárdas m. satira bárdamhuil, bárdail poeticus, satiricus; bairsigh rixari bairseachd m. rixa, satira wird vielleicht mit Unrecht von einem unbelegten báir abgeleitet.

Diese Wörter sind meist nur noch in der Literatur einheimisch, das alte Sängerthum wurzelt aber tief im Volksthume, in Wales und Irland noch biß in neuere Zeit. Sehr bemerkenswerth aber ist, daß die Gaidelen einen volksthümlicheren Namen für den Barden haben: file, fileadh, filidh; auch philosophus, orator glossiert, ein altes Wort, das mit filcir, fidhleir kymr. ffilor Fiedler Nichts gemein hat; daher u. a. fileachd m. ars poetica fileant-a facundus -achd f. facundia. Ein anderes Hofamt bei den Klanshäuptlingen hat der seanachaidh, pl.-ean, der geschichtskundige Erzähler, Genealoge und Archivar. Der ollamh ist der Gelehrte überhaupt, auch der graduierte Doktor aller möglichen Fakultäten; der Ableitung ollamhan gibt Armstrong, außer den selben Bedeutungen, auch die des „bard of the first order"; hierfür gibt Walker (Histor. Memoirs of the Irish Bards, der sieben Bardenklassen namhaft macht) Ard- (arduus) -filea und -ollamh als Synonyme. De Belloguet (p. 32.) findet bei den irischen Hagiographen gar nicht die Benennung Barde, wol aber officielle königliche Poetae und Archipoetae; manchmal ist Einer „poeta et magus (d. i. Druide)", Andre trennen magi oder haruspices von den cytharistae. Dagegen ist den irischen Chronisten und Hagiographen schon in den ersten Jahrhunderten unserer Aera, nach de Belloguets Citaten p. 28 sq., neben dem Synonym des Magus auch der Name des Druiden geläufig; vgl. u. bei diesen.

Die Kymren haben eine reiche Bardenliteratur erhalten, obschon christliche und (später) englische Eroberer, von ihrem Standpunkte aus mit Recht, mit Mord und Brand gegen die heimischen Palladien der Kelten und die Träger derselben kämpften. Wir wollen darum nicht ihnen allein den Verfall des volksthümlichen Bardenthums zuschreiben. Der unter den Kelten so alte Feudaldienst erstreckte sich namentlich in Wales auch auf die Barden. Die edleren unter ihnen sangen mit begeisterter Treue das Lob und die Heldenthaten ihrer Herrn, der letzten Heroen des untergehenden Volksthums; Viele aber sanken zu Lustigmachern und Parasiten der tafelnden Junker und endlich auch des großen Publikums herab, und wurden zuletzt fahrende Leute, gleich ihren Kunstverwandten in Deutschland und den roman. Jokulatoren.

Einen Charakterzug des kymrischen Bardenthums im Mittelalter hat uns Giraldus Cambrensis, der im 13. Jh. schrieb, verzeichnet (de jure et statu Menevensis ecclesiae): „Processit in fine prandii coram omnibus vir quidam linguae dicacis, cujusmodi lingua Britannica sicut et Latina Bardi dicuntur." Das Bardenthum, Sache, Namen, und die Tradition seines nationalen Alterthums, war in Cymru (Wales) zu einheimisch, um es oder auch nur seinen Namen von gelehrter Sage abzuleiten. Man vergleiche z. B. die mönchische Trojanersage unter den Franken, die nicht über den Kreiß der Chronisten und halbgelehrten Poeten hinaus in das eigentliche Volk drang. Dagegen erinnern wir an die gewichtigere Sage bei Caesar : daß das Druidenthum, in welches wir das Bardenthum einbegreifen müßen, in Britannien seine eigentlichste Heimat habe. Zunächst wenigstens denken wir dabei an den kymrobritonischen Stamm, zu welchem wir alle übrigen Kelten des Alterthums (außer den Kaledoniern und Iren) zählen. Es ist möglich, daß die Gadhelen, die ersten keltischen Einwanderer, die Institutionen des Druiden- und Barden-thums bei ihrer Ankunft noch gar nicht besaßen, mindestens noch nicht so ausgeprägt hatten, als ihre jüngeren Stammverwandten, und sie erst später, gleich den Galliern, mehr und minder von diesen annahmen; vgl. die obigen Bemerkungen über die gadh. Benennungen und den Artikel über die Druiden. Im schottischen Niederlande kommt der entlehnte Name b a i r d bardus, poeta, vll. auch satiricus, unter Jakob VI. und in Gedichten des 16. Jh. vor; auch b a i r d i n g. scolding, invective; vgl. die gadh. Bedeutungen.

In den übrigen alten germanischen Sprachen kommt der Name der Barden ebensowenig vor, als in den heutigen Volksmundarten, wir müsten denn in dem altn. b a r d i gigas einen Barden erblicken, oder im b a r d i t u s (s. nachher v. B a r i t u s) der Germanen bei Tacitus einen tyrtäischen Bardengesang vernehmen, was allerdings Viel für sich hätte, wenn die Form b a r d i t u s die richtige, oder die ableitende Natur des d in b a r d u s deutlich wäre. Holtzmanns übrige Gründe für die Deutschheit der Barden (Kelten u. Germ. S. 91 ff.) beruhen auf kritischer, resp. dialektischer, Deutung der Klassiker, besonders des Sinnes, welchen die Namen Galli, Γαλάται bei ihnen haben.

Der o. erwähnte b a r d i der Skandinavier ist, obgleich gelegentlich der Name eines Skalden, doch als solcher kein B a r d e, ihr b a r d a g i (m. praelium) keine bardische Function; statt des gallisch-britannischen B a r d e n aber haben sie ihren sonderbar geschlechtslosen S k á l d, die Angelsachsen ihren S k ô p, die Oberdeutschen ihren S k ô f u. dgl.; auch hier, wie bei den Barden, scheint der Begriff des Gesanges in den des Schimpflieds, der Satyre überzugehn. Das frühe deutsche Alterthum hatte überdieß keinen Sängerorden nach keltischer Weise ausgebildet, und erst spät entsteht eine Sängerzunft; Bragi ist zwar der Gott des Gesanges, aber nicht sowol der Sänger, die wenigstens nicht als seine Priester erscheinen. Es fragt sich sogar, ob nicht ahd. s c e l t a n (erst neunord. s k ä l l a) dem altn. s k a l l d, s k á l d näher stehe, als die merkwürdige vereinzelte ahd. Glosse s c a l d o, s g a l l o sacer. Daß die griechischen μάντεις ganz die selben waren, wie die galatischen bei Diodoros, und diese, wie die alamannischen bei Agathias II., ist auch nicht anzunehmen. Freilich aber hatten alle Völker Priester, Weißager und Sänger und werden sie auch behalten, jedoch ohne magische Weihe und Ausschließlichkeit.

Keine Sprache bietet uns ein genügendes tieferes Etymon für den jedenfalls sehr alten Bardennamen. Möglicher Weise mit ihm zusammenhangende Benennungen s. in Nrr. 44. 45. 47. Vielleicht ist mlt. b a r d i c a t i o (cf Dufr. h. v.) i. q. incantatio. Das bei Felix Gerwensis monachus in V. S.

Guthlaci n. 9. (saec. 8. ap. Boll. 11. April) vorkommende Wort b a r d i -
g i o s u s übersetzen wir nicht mit Dufresne durch lat. b a r d u s , stultus,
sondern lieber.durch ob. kymr. b e r d i g , wie auch Holtzmann und de Belloguet ähnlich thun. Die Stelle lautet: „Guthlacus non puerorum lascivias,
non garrula matronarum deliramenta, non vanas vulgi fabulas, non r u r i -
c o l a r u m b a r d i g i o s o s v a g i t u s , non falsidica p a r a s i t o r u m
frivola, non variarum volucrum diversos crocitus, ut adsolet illa aetas, imi-
tabatur." Der Angelsachse Gûdhlâc fand damals noch überall keltische Bauern,
die, trotz Mönchen und Sachsen, ihre alten Bardenlieder sangen. Wenn einerseits die vorhergehenden Prädikate zu Dufresnes Deutung passen, so erinnern
andersreits die „parasitorum frivola" an die o. Stelle bei Athenaeus, ja an die
Möglichkeit, daß sie der Biograph kannte. Die eindringenden christlichen
Priester und Dichter degradierten Druiden und Barden, wo sie sie nicht den
neuen Göttern als Opfer schlachten konnten. Dieser Gegensatz war z. B.
noch im 5. Jh. lebendig, wo Prudentius (s. de Belloguet p. 40.) Moses pries,
weil „quem non b a r d u s pater aut avus a u g u r rem docuere Dei."

51. B a r i t u s . . „Sunt illis (G e r m a n i s) quoque c a r m i n a , quorum
r e l a t u quem b a r i t u m (al. b a r d i t u m , b a r r i t u m) vocant, accen-
dunt animos futuraeque pugnae fortunam ipso cantu augurantur. — — affec-
tatur praecipue asperitas soni et fractum murmur objectis ad os scutis" etc.
Tac. Germ. III. „C o r n u t i et B r a c a t i usu proeliorum diuturno firmati,
eos jam gestu terrentes (al. excipiunt eos, jam gesturientes), b a r r i t u m
civere vel maximum, qui clamor ipso fervore certaminum a tenui susurro
exoriens paulatimque adolescens ritu extollitur fluctuum cautibus illisorum."
Amm. Marc. XVI. c. 12. „ — — terrifico fremitu quem B a r b a r i dicunt
b a r r i t u m." Ib. XXVI. c. 7. „R o m a n i voce undique martia concinentes
a minore solita ad majorem protolli (al. propelli), quam-g e n t i l i t a t e , a d p e l-
lant b a r r i t u m, vires validas erigebant." Ib. XXXI. c. 7. „C l a m o r
quem b a r r i t u m vocant non prius debet exaudiri, quam acies utraque se
junxerit." Veget. r. mil. III. c. 18.

In den meisten dieser Stellen wurde später b a r r i t u s in b a r i t u s
emendiert und von b a r r i t u s Elephantengeschrei getrennt, das, wie b a r r i-
n u s und b a r r i r e, späte und seltene Ableitung des bereits bei Horat. Ep.
XII. 1. vorkommenden b a r r u s ist. Vgl. „Elephas apud I n d o s a voce
b a r r o vocatur, unde et vox ejus b a r r i t u s dicitur et dentes ejus e b u r."
Isid. Or. XII. c. 2. (vgl. u. a. Pott, Et. F. I. S. LXXXI. II. S. 518.).

Jedenfalls sind beide Wörter ursprünglich unlateinisch, und treffen von
verschiedenen Weltgegenden her nur zufällig zusammen. Erst spät findet
sich, beiden gegenüber, oberd. a. 1532 b a r e n bei Schmid Schw. Wtb. für
schreien, für die Stimme des Bären b a r r e n bei Henisch, das nach Stalder
noch jetzt krachen, brummen (in der Schweiz) bedeutet. Henisch indessen
schöpfte aus gleicher Quelle, wie Kiliaen, der die selbe lat. Glosse hat, wie
Jener: „sublate et ferociter clamare more ursorum", auch b a r i t u m edere
nl. b a e r e n , b e r e n , g h e b a e r e n. mlt. b a r d i r e rugire gilt für den Ele-
phanten und den Hirsch. Nach obigen Beschreibungen ist auch der b a r i-
t u s der Krieger kein eigentlicher Gesang, obgleich Tacitus anderswo (Hist.
II. 22. IV. 18.) den Begriff mit c a n t u , c a n t u t r u c i wiedergibt. Er steht
bei Amm. Marc. XXX. 7. dem (römischem Ohre mißtönigen) Kriegsgesange

der deutschen Barbaren gegenüber, und wird hauptsächlich von den gegen Letztere auf römischer Seite stehenden Braccati und Cornuti angestimmt, vgl. noch XV. c. 5., wo beide Hülfstruppen (Eines, und zwar gallischen, Stammes?), und XXXI. c. 8., wo die Cornuti allein genannt sind. Die Verbindung des baritus mit gestu läßt vielleicht auch das ob. deutsche baren zu bären, ja noch mehr den baritus zu ahd. barida f. gestus, motus gesellen; bar der Meistersänger dürfte weit ferner stehn.

52. *Βάῤῥων.* „*Tὸ δὲ Βάῤῥωνος* (i. e. Terentii Varronis) *ἐπώνυμον τὸν ἀνδρεῖον κατὰ τὴν Κελτῶν φωνήν, κατὰ δὲ Φοίνικας τὸν Ἰαδαῖον σημαίνει, ὡς Ἑρέννιός φησιν.*" Lydus de Magistr. I. c. 12. Obgleich hier griech. *B* bereits die moderne Aussprache als V hat, so halten wir uns, wie z. B. u. v. *Βηρῦνϑς*, an das Zeichen. Ueberdieß wechseln auch gerade bei den mit Varro verwandt lautenden Wörtern lat. B und V, wie in baro, varo (schon bei Lucilius ap. Festum), varro homo stupidus neben varo homo fortis. So auch die Lesart bei Cornutus ad Pers. Sat. V. 138.: „Gallorum lingua barones (al. varones) dicuntur servi militum qui utique stultissimi sunt, servi videlicet stultorum." Dazu passt der alte Gebrauch des Wortes (außer den Grammatikern und den späteren Glossatoren) bei Cicero, u. a. „nos barones stupemus" Cic. Fin. II. 23. cf. de Divin. II. 70. ad Att. V. 11. ad Famil. IX. 26. Dagegen gründete sich spätere griechische Etymologie auf die Stelle: „Mercenarii sunt qui serviunt accepte mercede, iidem et Barones Graeco nomine, quod sint fortes in laboribus; *βαρύς* enim dicitur gravis, quod sit fortis." Isid. Or. IX. c. 4. Wiefern die ähnliche Deutung bei Lydus mit dieser zusammenhange, fragt sich. Daher die Glossen „baro vir fortis" u. dgl. m. Unabhängig von dieser Deutung kann mit obiger durch *ἀνδρεῖος* zusammenhangen die alte Glossa Philoxeni „baro *ἀνήρ.*" Die schönste Erklärung des baro, der unter den Menschen sei, was der grosse barrus unter den Thieren, hat ein Glossar in Mais Sammlung.

Auch in den zu lat. baro gehörigen roman. Wörtern zeigen die Sprachen der pyrenäischen Halbinsel ein, dort freilich näher an b grenzendes, v in span. varon port. varão vir neben b in prov. bar, acc. barò, afrz. ber, acc. baron, nfrz. (dakor. span.) baron ital. barone raetor. barun. Die Bedd. vir, maritus, vir fortis (*ἀνδρεῖος*), vir nobilis treten oft neben einander auf; in letzterer gieng das Wort in alle lebenden Sprachen über und schied sich in span. baron port. barão von obigen noch heute für vir geltenden Formen mit v; raetor. barun theilt mit dem ital. barone die Bed. nebulo, wegen welcher wir nicht zwei verschiedene Stämme annehmen mögen. Die besonders im Süden wie im Norden Frankreichs häufige Bed. fortis, *ἀνδρεῖος* (auch u. a. baronie afrz. *ἀνδρειότης*) läßt vermuthen, daß Lydus dorther seine, auf den altrömischen Namen Varro angewandte, Deutung schöpfte. In dem mlt. baro, barus der altdeutschen Gesetze herrscht die Bed. vir, der femina gegenüber, vor.

Wir leiten zwar die romanischen Formen unmittelbar nur aus dem im Lateinischen einheimischen Worte ab, finden uns aber durch die spätere Deutung desselben als Fremdwortes veranlaßt, nach Anhaltspunkten für diese Deutung zu suchen, welche entweder traditionell war und die schon alte Empfindung des Wortes als Fremdlings bezeugte, oder durch die Wahrnehmung verwandt klingender Wörter in den fremden, den späteren Römern und Griechen zugänglichen, Sprachen entstand.

Diez ist geneigt, für diesen Fall den baronem servum militum als Packknecht u. dgl. aus einem afries. bera, formell = afrz. ber, zu erklären, fühlt aber die Unursprünglichkeit des tonlosen afrz. e, wie auch jener Bedeutung. Der deutsche Mittelstand der Parmanni, Parloute (Barliute), Barscalci, auch Frauen : daz Parwip, quedam Pardiu, stimmt auch im Vokale zu dem barus, der in den Leg. Alamann. (cf. Schmeller I. 184.) nicht bloß der femina, sondern auch dem servus gegenüber steht; die seltneren Formen parnlawt, parnerman sind vielleicht mit baron (baro) zu combiniren. Aber es fragt sich sehr, ob die Deutschen nicht Wort und Sache erst von den Romanen erhielten. Die Glossierung der parones durch servi in einer alamann. Urkunde vom J. 744 hängt vielleicht näher mit den Angaben der lateinischen Grammatiker und Glossographen zusammen, als mit dem, zuerst in Urkunden von 892 und 950 auftretenden, deutschen Barschalk oder der Pardiu, die trotz des Dienernamens als freie oder halbfreie Leute von den Leibeigenen, den servi, unterschieden werden. Keine servi, sondern Gerichtsbeamte sind sowol die Sagibarones der Lex. Sal., wie die Barigildi (et Advocati) der Capit. a. 864 Caroli C. tit. XXXI. c. 32. die sich in afrz. barigel span. port. barrachel ital. bargello erhielten.

Schafariks Ableitung des mlt. baro von altruss. baarin (aus boljarin, bojarin) können wir zur Seite laßen. Aber auch ein obsol. gadh. bar filius, vir doctus, heros (neben dem entl. barankymr. barwn Baron) nicht minder, als den etwa mit dem Sagibaro vergleichbaren kelt. barn, barnwr, barner judex.

53. Bascauda.

„Barbaris de pictis venit bascauda Britannis,
Sed me jam mavult dicere Roma suam." Martial. Sat. XIV.

„— — bascaudas et mille escaria" etc. Juven. Sat. XII. v. 46.
Ilss. Juvenals (Schol. p. 464. ed. Cramer) haben die Variante mascauda, die in der That Nebenform sein könnte, da kymr. anl. b und m wechseln, vgl. u. a. o. v. Bagaudae, zugleich auch für das kelt. Suffix aud. Auch die Glosse macusta βαύκη emendiert Salmasius in mascauda. Eine andere Variante, wahrscheinlich nur ein trivialer Schreibefehler, lautet bascanda; daran schließt sich die Glosse barcanda concha aerea Gl. Isid., richtiger bei Papias „bascaudae conchae aereae, genera vasorum." Ein alter Scholiast Juvenals erklärt das Fremdwort durch „vasa ubi calices lavantur, cacabus." Desshalb dachte schon Martini, darnach Graff I. 1081. an eine Waschwanne. Eher aber wäre es ein Waschkorb; vielmehr aber ist es ein geflochtener Korb überhaupt, wie noch in den modernen Sprachen.

kymr. basgawd, basged (mit Abll.) korn. engl. basket gadh. bascnid afrz. basc-aude, -ade, -od f. quasillus. Das Kymrische, worinn das Wort noch am lebendigsten ist, bietet auch ein passendes Etymon, und zwar ebenfalls mit Zwillingsanlaut b und m: basg, masg f. lattice-, mesh-, net-, basket-work, plaiting masgu to interweave, reticulate, form mesh-work masgol interwoven, reticulated, daher masglog having mesh-work, und zugleich having masgl pl. pods, shells (sing. mesglyn m.). Beide Bedeutungen vereinigt auch das (vielleicht nur halbe) Lehnwort gadh. mogul,

mogal m. retis macula; folliculus, siliqua; daher moglaich siliquas
detrahere i. q. kymr. masglu brit. masclou s. u. v. **Emarcum**. Zu
macula gehört kymr. magl m. in beiden Bedd. des lat. Wortes, a spot, a
mash in a net, a knot in knitting; aber f. = kymr. korn. maglen f. laqueus
(auch nhd. masche), woher kymr. maglu illaqueare.   Späte Lehnwörter
aus frz. maille sind brit. maly (mał, l mouill.) m. id. und gadh. màile f.
= engl. mail. Alle diese Wörter scheinen auch etymologisch Eines Stammes,
wenn wir auch auf ein vereinzeltes mlt. masclis (= maculis) ornatus
i. e. loricatus? keinen großen Werth legen wollen.

Zu kymr. masg macula gehören zunächst ahd. masca mnhd. mnl.
masche nnl. mûs engl. mash altn. möskvi schwed. maska dän.
maske f., nur altn. m.; weiterhin litau. mázgas lett. mazgs m. nodus
litau. mézgu, inf. megsti knüpfen, (Netze) stricken.   Für beliebigen
Stoff zu weiteren Untersuchungen vgl. Goth. Wtb. I. 248—250.

54. **Basilea** soll bei Amm. Marc. XXX. c. 3. nach Adelung der keltische Name der Eiche sein, aber er hat lat. robur missverstanden. Die
Stelle lautet: „Munimentum aedificanti prope Basileam (Stadt Basel) quod
adpellant accolae Robur."

55. **Basterna** ist ein wahrscheinlich deutscher Volksname und zugleich die spätlateinische Benennung eines Fuhrwerks oder einer Roßbare,
die mit jenem identisch sein kann, da die Basternen oder Bastarnen nach Art
der Kimbern, wie der Sarmaten und Skythen (mit welchen sie gemischt sein
mochten) Kind und Kegel auf Wägen mit sich führten (Dio Cass. LI. c. 24.
Zonar. X. c. 32.).   Möglich, daß der offenbar abgeleitete Volksname ähnliche
Bedeutung hat, wie Ἁμαξόβιοι.   Man hat schon frühe bei dem Appellative
an prov. mnl. schweiz. bast nfrz. bât ital. basto m. clitellae als Grund-
wort gedacht; das Suffix kann lateinisch wie deutsch sein. Ist der Name des
Volkes geradezu auf das Fuhrwerk übergegangen, wie Aehnliches bei Klei-
dungsstücken u. s. w. vorkommt, so ist die Etymologie nicht nach der sekundären Bedeutung zu suchen. Das Wort ist bei den späteren Lateinern
ziemlich häufig. Vgl. namentlich Hieron. in c. 66. Isaiae: „Cum umbraculis,
quae nos dormitoria interpretari possumus vel basternas";
Lamprid. Heliogab. XXI.: „dedit quadrigas, equos stratos, mulos, basternas
et rhedas." Als Frauenfuhrwerk in Rom nennt sie Ammianus XIV. c. 6.,
bei den Franken in Gallien Gregorius Turon. Epit. XVIII.   Bei den Glossatoren wird das Wort häufig als Synonyme von esseda, pilentum durch
ahd. sambuoh u. dgl. glossiert, später durch roßbär ags. bêr u. s. w.
Es erhielt sich in span. ital. basterna frz. basterne. Auch mgr. βάσ-
τερνα (λεκτίκιον, κράβατον) βαστέρνιον kommt vor. In Aethici Bre-
viarium von Hieronymus ist basterna oder bastarma eine fahrbare
Belagerungsmaschine, neben welcher der tru-, tra-currus genannt wird.

Baucadae, Baugaredi s. **Bagaudae.**

56. **Beccus.** „(Antonius) — — cui Tolosae nato cognomen in pueritia **Becco** fuerat; id valet gallinacei rostrum." Sueton. in Vitell.
XVIII. Die roman. Formen lassen becco nicht als Nominativ erscheinen,
für welchen Pott afrz. bechu (aquilinus) vergleicht, obgleich z. B.
Schnabel häufiger Name in Deutschland ist. Gleiche Bedeutung haben
brit. ält. gadh. prov. frz. nl. bec engl. beak ital. becco span. (nur

obsol. Schnabelspitze einer Mütze) port. b i c o, alle m., aber gadh. (auch
niederschott.) b e i c f., wie denn auch wallis. (schweiz.) b e c c a cacumen
montis·prov. b e c a uncus. Neben b i c o steht ein verw. kymr. p i g span.
port. p i c o prov. frz. p i c it. p i c c o m. rostrum, cuspis, wiederum nebst
p i c a u. s. w. fem., mit reichlichen kymr. rom., auch deutschen Ableitungen;
brit p i c m. entspricht zugleich dem frz. p i c m. und p i q u e f., gadh.
p i c f. dem engl. p i k e, p e a k und p i c k a x e; brit. p i g e l f. dem
mnhd. b i c k e l, nhd. auch p i c k e l m., aber kymr. p i c c e l l f. dem mlt.
b i c e l l u s hastula amentata.

. Aus brit. b é c, b é g (pl. b é g o u) m. rostrum, facies abgeleitet sind u. a.
b é c a, h é c é t a i. q. frz. b e c q u e t e r (frz. b ê c h e r = ital. b e c c a r e etc.),
unterschieden von b é g a cuspide munire; auch die Fischnamen b é g e c
(sonst adj. rostratus, cuspidatus) m. i. q. frz. b e c c a r d, und b é c é d m.,
in frz. Mundarten b e c h e t, b e q u e t (engl., p i k e), esox lucius mit gleicher
Bildung wie frz. b r o c h e t und deutsch h a k e t h, h a c h i t, h e c h t.

57. Βελιϑχάνδας. „Μ υ ρ ι ό φ υ λ λ ο ν — — Γάλλοι βελιϑχάνδας.“
Diosc. IV. c. 113. „M y r i o p h y l l o s, I t a l i m i l l e f o l i u m, G a l l i bel-
l i c o c a n d i u m, alii v i g e n t i a m, D a c i d i o d e l a.“ Apul. Mad. de
herb. LXXXIX. Vgl. Βιλιϑντία, auch vielleicht für den dak. Namen, wenn
bei der lat. Redaction zwei Pflanzen vermischt wurden. Ihre Form lehnt
sich vielleicht an lat. b e l l i c u s, da diese Pflanze im Mittelalter herba militaris u. dgl. heißt. Jedoch lauten auch nicht wenige gallische Eigennamen
B e l l i c - u s, -i u s, vgl. u. a. De Belloguet p. 190 sq., und eine vermuthlich gallische Inschrift. 1. b e l l i c c u s 2. s u r b u r, die auf einem
Tempelrelief in Lothringen über den Bildern 1. eines Löwen oder eher eines
Hundes und 2. eines Ebers steht (Martin, Rel. de Gaulois I. p. 340 l. c.).

Wie in den griech., lat. und vielen andern, auch neukelt. Namen dieser
Pflanze (kymr. m i l d d a i l brit. m i l d é l y e n f. neben brit. m i l f l e r,
m i l f e r wol aus einem frz. m i l l e f l e u r, korn. m i n f e l aus m i l l e -
f o l i u m engl. m i l f o i l) die Zahl der Blätter hervorgehoben ist: so vielleicht auch in dem altgall. Namen durch c a n d (c a n t) centum (vgl.
C a n d e t u m) und eine alte, dem gadh. b i l e f. foliolum, flosculus (cf.
v. B a d i t i s) entsprechende Form, obgleich die Zahl eher als erstes Glied
der Zusammensetzung. zu erwarten ist. In der That heißt zwar nicht die
Achillea millefolium, aber nach gleicher Anschauung, und zugleich durch
Missdeutung des lat. Namens, die Centaurea gadh. c e u d - b h i l e a c h i. e.
Centifolia. Dagegen bedeutet der gadh. Name des Millefoliums: c a -
t h a i r t a l m h a i n n c a t h e d r a telluris, mit der sonderbaren Nebenform
a t h a i r - t. i. e, pater t., wesshalb auch hier die Umdeutung einer alten,
mit -χάνδας verwandten Form vorliegen könnte. Auch kann in kymr. m a d -
f e l e n (woher engl. m a t - f e l o n) centaurea scabiosa βελιϑ— stecken.

V i g e n t i a, bei Tabernaemontanus nach Apul. de h. v i g e n t i a n a, ist
lateinisch. diodela lautet andern dak. Pflanzennamen ähnlich; die für die
Centaurea zeigen die Varianten: „Κ ε ν τ α ύ ρ ε ο ν τ ὸ μ ι κ ρ ὸ ν — — Δακοὶ
τ ο υ λ β η λ ά“ Diosc. III. c. 7. „C e n t a u r i a minor, Daci stirsozila“
Apul. Mad. de h. XV. Mit τ ο υ λ β η λ ά vergleicht J. Grimm (Gesch. der d.
Spr. 206.) u. a. τ ο υ λ β ε λ ι im Γοτϑικόν bei Const. Porphyr., mit sanskr.
Wörtern Leo in Kuhns Z. III S. 192.

Bellinuntia s. *Βιλιναντία.*

58. „**Benna** lingua **Gallica** genus **vehiculi** appellatur, unde vocantur **combennones** (i. q. **convennones** Apul.) in eadem **benna** **sedentes.**" Fest. h. v. cf. **bennae** Cato r. r. XXIII. „Haec omnia vehiculo quod **vulgo benna** dicitur imposuit." Flodoard. Hist. Rem. I. c. 19. (ap. Dufr.). „Coxit panes et carnes et accepit cerevisiam in vasculis, prout potuit, quae omnia in **vase** quod vulgo **benna** dicitur collocavit." V. S. Remig. ap. Surium 13. Jan. (ib.). Vas könnte hier eher, da es für Schiff und Geschirr überhaupt gilt, einen Korbwagen für allerlei Fracht, wie in der sehr ähnlichen Stelle Flodoards, oder auch einen Speisekorb oder Flaschenkorb bedeuten, als ein Gefäß von dichterer Gattung. So auch mlt. (frz.) **benna** eher einen (zweihenkeligen) Korb, als eine Kufe, wo es als, mit **biscornuta** synonymes, Gefäß für Wingertzehnten in einer Lyoner Urkunde von 1493 genannt wird; vgl. **bennae** bladi und **vasa** bladi bei Dufresne.

Die mlt. Formen führen uns zunächst zu den romanischen ital. raetor. **benna**, auch wie nprov. **bena** (nprov. cuve d'osier ou de paille où l'on garde le blé), **begna** (Sattelkorb u. dgl.), afrz. **benne** nfrz. **banne** (id.) bedeuten vorzugsweise Flechtwerk, sei es Korb, bes. auch Wagenkorb, wie in Oberitalien, auch lothr. deutsch **benn**, oder Korbfuhrwerk, bes. schlittenartiges Fuhrwerk mit Seitengeflecht, wie ital., auch bair. öst. **pernel** n., oder mit Seitenbretern, wie raet., auch schweizerdeutsch **benne** f. neben einem fast gleichbed. **bing** m. Im Jura bedeutet **bannes** pl. eben diese Seitenbreter, **bannon** einen Korb, bes. zu Brodteig. raet. **stoosbenna** (hybrid) Stoß-, Schieb-karre. mlt. **benellus** afrz. **bennel**, **benneau** genus vehiculi neben mlt. **benella**, **bellenea**, **belne-ria**,-**um** „onus vehiculi quod **belneau** vocant" Dufr. Abll. mit a : u. v. a. raet. **panitsch** Mistwagen mit 4, **banaigl** m. mit 2 Rädern frz. **bannette** Korb **banneton**, Fischkasten, auch Backschüßel.

Korb bedeuten: mlt. **bansta**, **basta** wallon. **banstai**, **bástai** afrz. **baste**, neben **banast**- mlt. -**um**, -**onus**, mlt. span. nprov. -a afrz. -e, -re (piemont. Plunder bed.), nprov. -ra, afrz. **balaste** nfrz. **benate** (Salzkorb) u. s. m. bes. nprov. Ableitungen. Wir haben die Formen mit betonter Stammsilbe und konsonantisch anlautendem Suffixe vorangestellt wegen der wichtigen möglichen Beziehung zu dem schon, ja nur gothischen, durch gleiches Suffix abgeleiteten **bansts** m. *ἀποϑήκη.* Diez verneint diese Beziehung aus uns nicht genügenden Gründen, indem er die Betonung des Suffixes **asta** allzusehr betont und dabei obige Formen, welche dessen anl. a gar nicht besitzen oder nur als unbetontes besaßen und desshalb fallen ließen, völlig ignoriert; und indem er dieses Suffix selbst aus dem lateinischen **aster** (das nur in den seltenen Formen auf **astr-a**, -e vorkommt) ableiten möchte, weil ein selbstständiges Suffix **ast** unerweislich sei. Wenigstens in der altkelt. *Τόλαστα χώρα* Ptol. V. 3., die in der Tab. Peut. **Tolosocorio** heißt, kommt dieses Suffix vor neben *Τολιστόβογοι* Ptol., auch **Tolostobogi** Flor., -**bagi** Plin. var. Freilich kann das spät aus -**as** und dgl. entstandene nhd. -**ast** in **Morast**, **Palast** nicht geltend gemacht werden; aber ein ahd. **bánasta**, woraus die roman. Formen **banásta** u. s. w. neben **bánsta** entstehn konnten, ist sehr denkbar.

Die Verbindung des ohne Zweifel echt deutschen **banst**s mit der gallischen **benna** würde jedenfalls gewichtig sein, sei es für die ausschließliche Deutschheit der letzteren, oder für die Urverwandtschaft beider.

In der Mitte zwischen beiden, wenn wir nicht **banst**s durch die Annahme eines bloßen t-Suffixes näher rücken, stehn : mlt. **bansa** vitis species (als Ranke, vimen, Flechtzeug) **bansella** Korb wallon. **banse** großer Korb, Wiege (ähnlich wie **berceau** u. dgl. aufzufaßen), **bansetai** Korb (cf. o. **bansta**?), **bansli** m. Korbmacher nd. **banse** (holt-, körn-b.) horreum nordengl. **bense** (Kuhstall) ags. engl. (dial.) **bós** m. (ags. **bósig** m.) annord. **bás** (**bás**) m. schwed. n. praesepe (vimineum), stabulum. Im Hd. scheint dieses Wort nur Lehnwort der Schriftsprache zu sein, da es den heutigen Volksmundarten fehlt, obgleich Stieler **bans**, **bansen** m. und einige andere ältere Schriftsteller **bansam**, **bansem** m. haben. Jedoch soll **bansen** m. auch schlesisch sein. Frisch schreibt **banze** f. (nach Coler. Hausb.), daher **banzen** mergites ponere **banzer** dispositor mergitum in horreo i. q. **banser** im Encycl. Wtb. (Zeitz 1793), wo **banse** auch durch Waarenkorb erklärt wird. sorb. (oberlaus.) **bazen** „die **Bansenwand** in der Tenne" (Bose) ist Lehnwort. Schambach (Nd. Wtb.) gibt u. a. **banse** f. Garbenlagerplatz neben der Scheuer; auch i. q. **bansige** f. [vgl. o. ags. **bósig** m.] **bansen** m. „die Banse", aufgeschichteter Haufen u. dgl. **bansen**, **bensen** aufschichten **banser** m. Aufschichter.

Desto einheimischer ist die **benna** in den hochdeutschen Sprachgebieten, jedoch auch den sächsischen nicht ganz fremd, wol aber den friesischen und nordischen, beinah auch den eigentlich niedersächsischen, mit Ausnahme der pommerschen, in welcher nach Dähnert **benne** die Weidenruten bedeutet, womit die Hürden gebunden und befestigt werden, nach Weber Term. Lex. die Hürde selbst, so auch nach Gr. Wtb. I. 1472. in Niederdeutschland den aus Weidenruten geflochtenen Pferch. Der „**pennwagen**" bei Pomarius Magd. Chronik wird eher zu **penne** Zapfen, Nagel gehören. Mit den romanischen Formen sind die deutschen so enge verbunden, daß wir sie schon oben nicht von einander trennen konnten, und wirklich nicht beide aus Einer gemeinsamen (altgallischen) Quelle, sondern nur eine Reihe von der andern als Lehnwörter ableiten mögen. Wir haben noch nachzuholen: **benna**, plostrum die **bennen** f. bei Maaler, ein **benn** bei Frisius und Dasypodius, neben **bennones bennen**, gesellen Das. Ein abgeleitetes hd. obersächs. **benner**, **béner**, **bénert**, **bénerich** m. corbis gehört auch hierher. Der Theutonista hat das Wort nicht; Kiliaen „**benne** cista plana, corbis planus; mactra, arca panaria; dem. **benneken**; so auch nnl. **benne**, **ben** f. und ags. engl. **binne**, **bin** f., namentlich engl. **benna** blädi (s. o.), ags. auch, wie **bós**, **banse**, praesepe; niederschott. **binn**, **bing** Schopf oder Hürde für Getreide u. dgl., sonst **bing** acervus, cumulus, wie schwed. **binge** m. (isl. **bingr**?), wogegen norfolk. und dän. **bing** vannus, Kornkasten bedeutet, dän. auch Beutel.

Dieses **bing** zeigt merkwürdige Berührungen nach mehreren Seiten hin, abgesehen von **Bingium** und ähnlichen Namen. Fürs erste stimmt es zu schweiz. **bing** (kleiner Mistwagen; die Bedd. kreuzen sich auf diesem ganzen Gebiete), vielleicht auch zu nprov. **begna**. Sodann erinnert die Bed. cumulus an hd. **pígo**, **pígs** mhd. **bíge** nhd. **beige**, **beig** acervus, und die dänische an ags. altengl. bung ciumena, bursa; weitere Vergleichungen wurden Goth. Wtb. P. 13. versucht.

Auf andere (wirkliche oder scheinbare) Nebenformen von **benna** werden uns sogleich die neukelt. Sprachen führen.

gadh. **ben benna** ist ein gemachtes Wort, **feun** m. vehiculum ein unverwandtes. Dagegen erscheint kymr. **benn** f. vehiculum (wie öfters, vgl. u. a. vv. **Bascauda. Bagaudae.**) als lebendige Nebenform eines mit m anlautenden Stammes, der sich weiterhin verfolgen läßt.

kymr. **men, menn** m. (al. f.) i. q. **benn**; daher u. a. **meni, meniad** m. a carting **mennaid** m. a cart lood **menwr** m. a carter. Mit **menare**, deutsch **mennen** (aus lat. **minare**) hangen diese Worte nicht zusammen, vielleicht aber (gleichwie ein andres kymr. m. brit. f. **menn** neben **mann** f. locus, ubi steht) mit **maned** f. i. q. engl. **maund,** hand-basket; in den alten Gesetzen **mannad** f. Butterkorb; **mannaid** f. dessen Inhalt; brit. **mann** m. i. q. frz. **manne** picard. **mande,** corbeille sans anses; **manncein** m. id. zwar ganz zu frz. **mannequin** klingend (das aus mnl. **mandekîn** entlehnt ist), aber mindestens umgedeutet als Rückenkorb: **cein** Rücken, deshalb pl. **manou-cein.** Brit. **ménad** m. (in Vannes) großes Getreidemaß dürfte, wie nprov. **menada** Saum-, Fuhr-last, zu **menare** gehören, nicht zu mlt. **manata** nprov. **manada** manipulus. Die Heimat jener Wörter scheint Niederdeutschland zu sein, vgl. ags. nnl. **mand** ags. **mond** mnnl. (auch im Theut.) nd: **mande** engl. **maund,** in den vom Niederrhein durch Nassau und Oberhessen gehenden Mundarten **mann, mâne,** alle f. sporta. mlt. **manda** Geldkiste im 14. Jh. hierher?

Räthselhaft bleibt noch mlt. **venna** (selten **vinna, vanna,** vll. **benna**) afrz. **venne** (Roq.) nfrz. **vanne** (spr. **vâne**) f., dem. **vannet,** septum, mlt. und ähnlich nfrz. ad intercipiendos pisces, bes. in deutschen, resp. fränkischen Urkunden seit Anfang des 9. Jh. Die Stadt Chalevanne an der Seine hieß „Caroli **venna,** hoc est piscatoria.“ Mit nl. **venne** palus u. dgl. dürfen wir es nicht verwechseln, auch in ob. **convennones** keine alte Nebenform von **benna** suchen. Möglich indessen, daß sich dieses zu **venna** etwa verhalte, wie **binden** zu **winden.** Landschaftlich bedeutet engl. **van** eine Art Wagens.

59. *Βηράνας.* Nur scheinbar gehört dieß Wort hierher, auch in alphabetischer Beziehung, da es nach schon ganz moderner Aussprache **virunus** auszusprechen ist. Suidas erzählt nämlich v. *Βηράνιον*: Ein Mann hatte einen Epigonen des kalydonischen Ebers getödet, und darauf „οἱ δὲ Νωρικοὶ ἐπεβόησαν· εἷς ἀνήρ! τῇ ἰδίᾳ φωνῇ, τητέστι *Βηράνας, ὅθεν ἡ πόλις Βηράνιον ἐκλήθη.*“ Als diese Deutung des Stadtnamens Virunium (Virunum) aufkam, sprachen demnach die Noriker schon lateinisch; vir unus will wol sagen : Ein Mann allein!

60. **Betilole.** „Graeci prosopites aut prosopes etc., Itali personatiam, Gallibetilolen, Daci riborasta.“ Apul. Mad. de herb. XXXVI. gehört zu Diosc. IV. c. 105. : „Ἄρκειον, οἱ δὲ προσωπίδα κ. τ. λ., Ῥωμαῖοι περσωνάκεαμ, οἱ δὲ λάππαν.“ Cf. personata Plin. H. n. XXV. c. 9. s. 58., in deutschen Glossen groß kletten; krotenbletter; buchholder; hufflatig vel roßhuff (Dasyp.).

Einen entsprechenden Namen finden wir in keiner lebenden Sprache; am nächsten steht formell die ebenfalls keltische b e t u l a (s. u.). Zeuss 301. schlägt vor, b e t i d o l e n „manifolium" zu lesen. .

· Βεττονική s. V e t t o n i c a.

61. „B e t u l l a (al. b e t u l a); G a l l i c a haec arbor — — terribilis magistratuum virgis, eadem circulis flexis, item corbium costis. Bitumen ex ea G a l l i a e excoquunt." Plin. H. nat. XVI. c. 18. s. 30.

Daß der Baum in seiner Heimat auch seinen Namen empfieng, bezeugen die noch in den neukeltischen und mitunter in den romanischen Sprachen üblichen Primitivformen. Die Mehrzahl der rom. Namen geht von dem suffigierten lateinischen oder latinisierten aus. Wir setzen sie voran.

Neben den mehr lateinischen Formen mit der Tenuis ital. port. span. b e t u l la, -a treten mehr solche mit der Media auf, welche zwar die dentale Tenuis der gallisch-lateinischen Form zur Media und gar, gleich der britonischen, zum Zischlaute erweicht haben, aber mannigfache Spuren der Unabhängigkeit von der lat. Bildung zeigen. Späte mlt. Glossen und Glossarien haben häufig b e d u l a, b e d a l a; Suffix u l a und sogar weit häufiger u l u s (Plinius XXXVII. c. 9. s. 51. nennt nach Sotacus einen Edelstein b e t u l u s) in cremon. b é d d o l catalon. b e d o l y galic. b e d u l, b i d u l o, b i d u o, weiter suff. b i d u e i r o, mit prothetischem a span. (castil.) a b e d u l galic. astur. a v e d u l, masc.; gleichsam mit gesteigerter Deminution ital. b e d e l l o masc.; afrz. b o o l, b o u, b e o u, b o u x (aus b e d o l; vgl. auch mlt. b o l e t u m, b o o l e - t u m, -y u m in Frankreich für umgerodeten Birkengrund?) wallon. b è o l, b ô l e, b ô l i rouchi b o u i rouchi picard. champ. b o u l e, woraus dem. frz. b o u l e a u m., anders suff. b o u i l l a r d m.; zu den seltneren Femm. wallis. (schweiz.) ja b i o l l a; auffallend gebildet die raet. Mascc. b a d - o i g n, - u g n, - u o g n, engadin. - u o i n, v d u o g n; merkwürdig das primitive afrz. und noch nprov. catal. b e s nprv. b e, v e s, m., woraus unmittelbar nprov. b e s s ó l m.

korn. b e z u l a mag späte Bildung aus roman. b e d u l a sein, wiewol roman. Einfluß hier sonst nicht vorauszusetzen ist; lebendiger ist auch hier das Primitiv b e d h o, b e z o, b e s s o w (pl.?) kymr. b e d w (sing. b e d w e n f.) brt. b é z ò (sing. b é z v e n f.), dial. b é ò, b é e ù, msc. gadh. b e t h, b e i t h comm., gadb. auch der Runenname des zweiten Buchstabens, daher b e i t h - l u i s - n i o n f. alphabetum Ogmicum. Villemarqué vindiciert der Birke und ihrem Namen mannigfach bedeutsame Anwendung und symbolischen Gebrauch. Verwandt erscheinen die Pflanzennamen b e t i l o l e (vor. Nr.); brit. b é z v o u d m. convolvulus, wenn nicht germanische Namen andern Weg zeigen, besonders stimmt nhd. b e d e w i n d e (vll. aus w e d -); altir. b e t h e (Zeuss), b e i t h e (Stokes) ist durch buxus glossiert.

Von keltischem Standpunkte aus lautet das Primitiv von b e t u l a b e t u, vom lateinischen aus könnte es b e t a lauten. In der That kommt der Pflanzenname b ê t a, mit der Nebenform b e t i s und der sehr häufigen, wahrscheinlich alten, mlt. b l e t a, für den Mangold vor. Die roman. Formen schließen sich fast alle an b l c t a an, die keltischen und deutschen an b e t a. Vgl. ital. b i e t a, b î e d a, b i e t o l a frz. Schriftspr. b e t t e, in Lyon b l e t t e nprov. b l e t a, b l e d a, b l e a f. b l e t m. (chenopodium glaucum), in Besançon b l è d e f. (frz. b e t t e - r a v e nprov. b e t a -, b l e t a - r a b a). Nfrz. b l e t t e f. nprov. b l e t (s. o.) span. b l e d o catal. b r e d port. bredo,

m. amaranthus blitum, gehören zu mlt. bleta, wie denn auch gr. βλίτον, später auch βλῆττόν, βλίττος, bei Diosc. II. c. 143. „βλῆτον — —, ῾Ρωμαῖοι βλίτημ, Δακοὶ βλῆς", Namen und Sache, hierher gehören. Zu beta, betis gehören unverschoben kymr. bettysen f. brit. coll. pl. bêôtez m. sing. bêôtézen f. (neben boéd-rabezen f. betterave) gadh. biotais, bitis f.; ags. nl. dän. bėtė engl. beet schwed. bêta, verschoben ahd. bieza u. dgl. mhd. (oberd.) biezc, bieße u. dgl., umgedeutet in beyz-, beiß-, nl. beyt-, sogar hd. weiz-, weiß-kol (Gloss. saec. 15—16.) u. dgl. m. So unsicher auch der Zusammenhang von beta mit betula ist, so fällt es doch auf, daß ähnlich obiges bleta zu alban. bletesa betula (Nemnich) klingt. Die ahd. Nebenform von letacha, leticha (aus lactuca): pletacha, bleticha u. dgl. mag auch auf einem andern einheimischen Pflanzennamen beruhen.

Pott hat früher an das ob. afrz. nprov. bes den deutschen besen (ahd. besamo mnhd. nd. besem ags. besma engl. besom), auch etymologisch also an „der Birke struppiges Haar", geknüpft. Dem stellt sich die verschiedene Natur beider s entgegen, da wir frz. s, wie brit. z, aus einem Dental entstanden, das deutsche aber stammhaft halten. Dagegen ist der frz. Name des Besens keltischen Ursprungs und mit Pflanzennamen verwandt. balai m. bedeutet afrz. (auch baleys) und prov. virga, virgeum flagellum; aber kymr., neben balawg f., the tongue of the buckle, ganz wie afrz. balave Roq. (balawg adj. jetting, flapping, valved). nprov. balàtch m. gilt für frz. balai und balais. altkymr. bala (pl. balaon) germen, surculus nähert sich der prov. Bed. virga, calamus; dazu gehören u. a. kymr. balant m. germinatio balannu germinare. nprov. balay m. bedeutet sowol frz. balai, verge, als balle, Balg, Getreidehülse, vgl. mlt. balleyum (a. 1221), balagium (a. 1312), baladium, balaticum (a. 1209) purgamenta frumenti, frz. balayeures; es eriunert auch an kymr. ballasg m. husk, pill, das jedoch zu einer ganz andern Wörterreihe gehören kann. Dentalen Auslaut zeigt die prov. Form balát f., jetzt bolá gesprochen, wie o. balaticum u. s. w. Ein andres afrz. Wort: balain flagellum, schließt sich unmittelbar an brit. balaen f. balai. Nicht dessen Primitiv, aber ihm wahrscheinlich nahe verwandt ist brit. balan (sg. -en f.) neben banal, früher banazl, vann. benal, bonal m. kymr. banadl coll. m. banad pl. banhadlen f. sing. (aur-, cor-fanadl sweet broom) korn. banathel, bannal, sing. bannolen, gadh. ballan m. (auch i. q. ballag kymr. ballasg, s. o., putamen), bealaidh m., bealuidh f. genista. Richards gibt auch korn. bynollan besom.

Grimm (Wtb.) zieht auch den durch die germanischen und lituslavischen Sprachen gehenden (auch in finnische übergegangenen) Namen birke in die weitere Verwandtschaft der betula; dazu klingt das merkwürdige, aber in der Bed. Betula vereinzelte gadh. barrach m., das sonst rami, impr. rami summi (von bárr m. cacumen), auch brushwood, als adj. cacuminatus, superans, nimius bedeutet.

62. Βιλινavτία. „Ὑοσκύαμος, οἱ δὲ διοσκύαμος — — ῾Ρωμαῖοι ἰνσάνα, δεντάρια, οἱ δὲ Ἀπολλινάρις — — Θῆσκοι φαβελώνια, Γάλλοι βιλινavτία, Δακοὶ διέλεια (var. διέλλεινα)." Diosc. IV. c. 69. „Hyoscyamos — — Galli bellinuntiam, Daci die-

liam (vocant)." Apul. Mad. de Herb. virt. c. IV. cf. ib. c. XIX. : „Graeci dicea — —, Itali Apollinarim — —, Dacicolida."

Die herba Apollinaris ist noch bei den Britonen einer christlichen Enkelin des alten Sonnengottes gewidmet und heißt u. a. louzawen sañtez Apollina, bei den Slovenen trava sv. Apolónije; und Belenus, den mit Apollon verglichenen Keltengott, dürfen wir ebenfalls als Pathen der Pflanze betrachten, wie denn auch der dakische Name mit dem der Sonne zusammenzuhangen scheint (s. u.). Wir wollen daher zunächst die weiteren Spuren des Gottes verfolgen.

Voran stellen wir das Zeugniss des Galliers Ausonius Burdig. Prof. IV. (das Excerpt s. u. v. Druides) für Belenus als Apollo („Beleni sacratum genus" und ib. X.: „Beleni aedituus"). Wie in Gallien, wurde er besonders bei den (keltischen) Norikern verehrt, sogar als Lokalgott, wie Tertullian. Apol. XXIV. bezeugt („unicuique etiam provinciae et civitati suus est deus — ut Noricis Belenus"), sodann speciell für Aquileja Hist. aug. Maxim. XXII., wo Maximins Krieger den Belenus der Städter Apollo nennen, und Herodian. VIII. 7., der von dem ἐπιχώριος ϑεός der Aquilejer sagt : „Βέλιν δε καλῶσι (οἱ κατοικῶντες τὴν ᾿Ακυληΐαν) τῦτον, σέβησί τε ὑπερφυῶς, ᾿Απόλλωνα εἶναι ἐϑέλοντες", endlich auch eine Inschrift aus jener Stadt bei Orell. 1967.: „Belen. Avg. et Vir. Aqvil." vgl. ebds. 1968.: „Apollini Beleno" etc., sowie den vielleicht verwandten Götternamen ebds. 1431. 1969.: „(Minervae) Belisa-mae, -nae", vgl. die Inschrift von Vaison u. v. Δρυναίμετος, und Βελίσαμα (Fluß oder Aestuarium in Britannien) bei Ptol. II. 3. und mehrere Ortsnamen. Der allgemeine Name für Priester, briton. bélec, wird auch auf Belenus bezogen; vielleicht hängt er eher mit dem o. Nr. 53. erwähnten gall. Namen Bellicus zusammen. brit. bélec wird auch für eine Stintart, sowie für die Bachstelze gebraucht; vgl. vielleicht afrz. belleque mnhd. belche ahd. pulicha u. s. w. fulica atra, sowie den schweizerdeutschen Fischnamen belche, felche; diese Wörter verdienen tiefere Untersuchung. Auch altbritische Mannsnamen, wie Κυνοβέλλινος, Cunobilinus (vgl. Zeus 100. 102.), mögen hierher gehören.

Der gallische Pflanzenname scheint durch ein öfters in keltischen Namen vorkommendes Suffix (vgl. Zeuss 760.) aus diesem Gottesnamen gebildet, dessen auslautendes n auch in dem ob. Accusative Βέλιν enthalten sein mag. Bei den britischen Kelten fehlt aber dieses n, sowol in dem Gottesnamen, wenn anders dieser mit Recht in kymr. Beli m. (sonst tumultus, vastatio) und in dem gadhel. bealltuinn f. u. dgl. (vgl. Grimm Myth. 579.) zu suchen ist, wie in dem kymr. Namen der Bilse: bele, bela m., der aber eher den Stamm des Namens Belenus zu enthalten, als von diesem abhängig zu sein scheint. Kymr. bela, auch bala (pl. balaon) bedeutet auch lupus, bele (pl. beleo-n, -d), bei Nemnich bela, mustela martes, woraus noch afrz. bele nfrz. belette span. beleta, in ital. Mundarten (vgl. Nemnich und Diez 564) béllora, béllua, ballótula, bérola, benula u. s. m. (mannigfach an bello angelehnt) mustela vulgaris. Auch hd. bille (Frisch, Nemnich), bilch c. ahd. pilih f. arctomys citellus, auch myoxus glis, gehört zu der Sippschaft, wenn die slav. Namen poln. pilch böhm. plch sloven. polh (pouh, ·puh) serb. puch m. aus dem Deutschen stammen und nicht auf ein dem litau. pilkas cinereus entsprechendes Wort zurückgehn, wogegen wiederum litau. pelē lett. pelle f. mus (daher pelēkas, pellōks murinus, mausgrau) sich an bille und bele anschließen würden, wenn wir geheimnte Lautverschicbung annehmen, wie dieß bei ˙weitverbreiteten und vielfach entlehnten Namen von Thieren und Pflanzen oft geschieht.

Eben auch in den Namen ‚des Ilyoskyamos müßen vielfache Ent- und An-lehnungen vorausgesetzt werden. Wir stellen die anklingenden zusammen. russ. belená f. poln bieluń magyar. belend, bolonditó böhm. blen, blin, m.; ags. belene, hän-belle (engl. hen-bell, -bane ˙frz. hanebane u. dgl. cf. Diez h. v.) mnd. belne ‚(daraus vll. enstellt boinkrut Gloss. saec. 15.), billen zat, bille abd. bilisa, belisa, bilsa, später hd. bilse, auch bilre, binsel-, binsen-kraut u. s. w.; vielleicht das βελένιον des Pseudo -Aristoteles (vgl. u. v. **Limeum**); span. port. beleño, veleño mischt sich mit venenum. hd. belisa u. s. w. erinnert an die Göttin Belisama.˙ Der nhd. Name tolle dille bei Nemnich findet sich ähnlich schon in dyll eines mhd. Glossars; nhd. hünertod u.˙s. m. entspricht obigem engl. hen-bane, dem sich,˙außer dem frz. Worte, noch anschließen dän. hônsebane, während schwed. hônsabale (Nemn.) sich an hän-belle reiht; aber die nnord. Namen bulm, bolm mögen Nachkommen des einen gemeinsamen uralten sein. Vielleicht gar auch milimindrum (acc.)˙ ‚‚vulgus dicit, propter quod alienationem mentis inducit‘‘ Isidor. Or. XVII. c. 9, 4., ein wahrscheinlich iberisches Wort, da es sich in portug. meimendro span. milmandro erhalten hat. Der kymr. Pflanzennamen benfelen senecio kann aus belen, wie aus kymr. brit. melen (gelb; auch s. m. brit. Safran; raet. mellen nprov. ˉmelin mlt. melinus u. s. w. aus gr. μήλινος) gebildet sein, vgl. kymr. melenydd neben felenydd hieracium. Das Selbe gilt von korn. felen absinthium, das jedoch an eine Reihe mit p anlautender Namen dieser Pflanze sich anschließt: litau. pelinos lett. pellenes, f. pl. aslv. pelūin-ŭ, -j, (poln. piolun u. s. f.) dakorom. türk. sloven. pelin alban. pelind estn. pellin. Plinius Valerianus (Seburius) nennt die Bilse auch galliculans, worinn De Belloguet p. 96. gallice nebst gall. Namen sucht.

dak. διἰλεια erinnert uns an alban. dieɫ sol und vielleicht an Apollons Insel Δῆλος, aber auch an obiges deutsche dille und dgl., wenn dieß keine Verwechselung mit anethum ist.

63. **Birrus**, selten **birrum**, wird durch ‚‚**birrum gallicum**‘‘ bei dem Schol. zu Juven. Sat. VIII. v. 146. (p. 326. ed. Cramer.) und etwa auch durch Vopiscus Carin.: ‚‚donati sunt ab Atrebaticis **birri** petiti, donati **birri** **Canusini**‘‘, wo letzteres Prädikat nur dem Stoffe gilt, mindestens als gallisches Kleidungsstück angegeben. Aber der Name ist ungallisch. Wir geben nur Weniges aus der Ueberfülle des hier sich anknüpfenden Stoffes.

Bei Suidas ist βίῤῥον synonym mit μανδύης und ἐφεστρίς; vgl. mgr. βῆρος,‚ηβηρίον ἔνδυμα μοναχικόν‘‘. Zahlreiche Stellen, in welchen **birrus** als Kleidung, seltener als Zeug, in späteren Glossen vorzüglich als Geren, Kleidesschooß auftritt, s. h. v. bei Dufresne und in meinem Gloss. lat.-germ. Augustin. Serm. 356. schreibt ‚‚**byrrhum** vel lineam tunicam‘‘; andere

Formen s. ll. c. Ursprünglich ist das Wort eine Umbildung des Farbennamens
πυῤῤός, trotz des **birrus albus** der Neugetauften bei Gregor. M. Epist.
VII. 5. ad Januar., vgl. „illi (Graeci) **birrum rubrum** (emend. aus **b i-
brum**) dicunt" Isid. Or. XIX. c. 24. „**birrus rufus**" Gloss. Isid. „quod
Graeci **coccum**, Latini veteres **birrum** appellant." Schol. ad. Juv.
Sat. I. ap. Dufr. Zu Grunde liegt die Stelle bei Festus (nach Ennius Ann.
VI. 5. ap. Merulam): „**burrum** dicebant antiqui quod nunc dicimus rufum,
unde rustici **burram** appellant **buculam** quae rostrum habet rufum"
etc. Diese ältere Form mit u kommt eben so selten für Kleidungsstücke,
als die mit i für Farben vor. Den Uebergang bildet ob. **byrrhus** und
selbst in mgr. Glossen „βυῤῥὸν, ξανϑὸν καὶ πυῤῥὸν" (Dufr.).

Das Simplex erhielt sich in frz. **bure** grobes Wollenzeug, mit einer Ableitung durch **-eus**, **-ius** gemischt in afrz. **buire** braunroth, sowie in
lombard. **bur** ital. **bujo** dunkel, eig. dunkelfarb? Unter einer Menge romanischer Ableitungen zeichnet sich aus mlt. **burellus** prov. u. s. w. **burel**,
(auch brit.) **burell** nfrz. **bureau** (daraus entl. nprov. **burèou** span. **bureo**
u. s. m.) mit merkwürdigen Begriffsentwickelungen vgl. Gl. m. und Gloss.
lat.-germ. vv. **burellu-s**, **-m**, Diez v. **bujo**. Auffallend bleibt das fast
ausnahmslose einfache r bei allen diesen Formen, wogegen die manchmal in
verwandten Bedeutungen erscheinenden (wahrscheinlichen) Sprößlinge des
seit Ausonius bekannten lateinischen (Lehnwortes?) **burrae** stets doppeltes
r zeigen; vgl. u. a. Diez vv. **borra**, **burla**, **burro**. Indessen doch nprov.
bourre brun überh., wogegen freilich frz. **bourre rouge** die Farbe der
bourre de chèvre ist.

Zu den Ableitungen aus **birrus** gehört auch unser (auch nkelt?) **Barett**,
bei dessen Formen in Deutschland einfaches r häufiger ist, als doppeltes;
vgl. u. a. Gl. m. v. **birretum**, Gloss. lat.-germ. v. **biretum**, Diez v. **berretta**.

64. **Bison**, Grundform **bisont**, aber Griech. βίσων, gen. βίσωνος.
Btr. Stellen aus Plinius und Isidorus s. v. **Alce**; bei Seneca in Hippolyto v. 65.:

    Tibi villosi terga **bisontes**
    Latisque feri cornibus uri.

Beide stehn auch in der Erzählung des Monachus Sangall. II. c. 2. zusammen, wo „Carolus (Magnus) ad venatum **bisontium** vel **urorum**
in nemus ire — — parat." Vgl. ferner : „Turpes **esseda** quod trahunt
bisontes" Martial. Ep. I. 104. (105.), wo der Bison als häßliches Zugthier
erscheint. Sodann Pausan. Phoc. c. 13. (über die Jagd βίσωνος ταύρου).
Oppian. Cyneg. II. v. 159 sq.

Erst spät kommt mlt. **vison** und in der Lex. Alamann. **uesont-** neben
bisont-, **bissont-** vor, während doch nur deutsches v in hd. **wisunt**,
wisint u. s. w. altn. **visundr** ags. **vesend** und in dem Namen des Heru-
lers Οὐΐσανδος (Procop. B. Goth.) erscheint. Dagegen herrscht in dem
vielleicht verwandten Ortsnamen Οὐισόντιον Ptol., **Vesontio** Caes., Vi-
sontio Auson. u. s. w. neben dem erst späten **Besantio**, nfrz. **Besançon**
anl. v vor. Die **vesonum i. q. putosiorum pelles**" Petr. Vener. in Stat.
Ord. Clun. c. XVII. ap. Dufr. gehören nicht hierher, sondern zu **wiesel**.

65. **Blutthagio.** „Herba quae **gallice** dicitur **blutthagio** nascitur
locis humidis, eam teres, succumque eius — — auribus instillabis." Marcell. Burd. Med. IX.

Die Endung gleicht der bei Pflanzennamen üblichen - ago. Die loci hu-
midi können auf einen Stamm deuten, der dem nord. blaudhr neben blautr
mollis entspricht, da dieser auch die Bedd. der Näße und des Sumpfes entwickelt, vgl. Goth. Wtb. I. 307. Liegt dagegen eine Zusammensetzung vor,
so werden wir an die kymr. brit. Pflanzennamen erinnert, welchen kymr.
blodau, sing. blodeuyn korn. blodon brit. bleuzven, bleuñ gadh.
blûth m. flos vorgestellt ist, wiewol der Vokal nicht ganz stimmt.

66. Bodincus s. Padus.

67. Bolus serron. „Cissos melas Itali hederam nigram,
Galli bolus serron (varr. bolus-seron, -sellon nach De
Belloguet), Daci arborriam." Apul. Mad. de Herb. c. XCIX. Dagegen
„Κισσός — — Γάλλοι σουβίτης." Diosk. II. 210., während bei Dios-
korides (mlt. bolus) βῶλος für das Sparganium gilt. Ein lat.-deutsches
hs. Glossar des 13—14. Jh. hat Bolluseron ebehy.

Schwerlich hat Apulejus eine Verwechselung mit slav. bljuštj κισσός
oder einer ähnlichen Form begangen, wozu, beiläufig bemerkt, die von Nemnich angeführte gleichbed. brit. Dialektform broust nicht gehört, obgleich
mehrere slavische Mundarten r für ob. l haben. Gall. bolus würde, wenn
es die Epheubeere bedeutet, sehr nahe stehn an brit. bolos, polos kymr.
bwlas gadh. bulos, m. prunum, impr. silvaticum, insititium; aber diese
Wörter sind vermuthlich späte Lehnwörter, vgl. engl. (afrz.) bullace, früher
auch bulloes, afrz. baloce, beloce, belloche id., afrz. beloce, bel-
loce neben breloquie (i. q. nfrz. breloque, doch s. Diez 676. v. loque)
Kleinigkeit; dazu auch mlt. buluga, bolluca kleine Aepfelgattung, und
anderseits prov. beluga nprov. bouluga afrz. bellugue (vgl. jedoch
wiederum Diez h. v.) nebst zahlreicher und vieldeutiger Sippschaft, die von
Ménage auf unser balux (o. Nr. 46.) zurückgeführt wurde.

Mit serron finden wir vollends keine Vergleichung.

σαβίτης ist freilich i. q. angeblich afrz. subites, suibite Roq., aber
vielmehr haben die afrz. Gelehrten hier Kunststücke gemacht. Vielleicht steckt
darinn kymr. swb m. bundle, bunch, woher u. a. syb-wydd fir-
trees; wenn syfi strawberries zu gadh. sûbh m. bacca gehört, so trennt
sich dieses von kymr. swb. Wahrscheinlich den selben Namen finden wir
in dem angeblich dardanischen einer andern Kletterpflanze, der Aristolochia
clematitis: σωπίτις, s. u. v. Θέξιμον.

Die keltischen Namen des Epheus kymr. eiddew, eiddiorwg korn.
idhio brit. élyò, ilyò, m. gadh. eidhean f. hangen mit hedera
zusammen.

68. „Bosbuc βοτεγεροι ὡς οἱ Γάλλοι." Gloss. Philoxeni. Vielleicht mit dem nkelt. Worte für Hirt, kymr. bugail korn. brit. bugel
gadh. buachail, m. zusammenhangend, wenn βοτεγεροι für βοτήρες u. dgl.
steht.

69. Bracae, braccae, βρακαί, βράχες (ἀναξυρίδες Hesych.),
selten sing. braca u. dgl., die Beinkleider der barbarischen Völker, insbesondere der Gallier, von welchen das Wort ausgieng. Wir stellen das ent-
schiedenste Zeugniss für diese Abstammung voran und excerpieren die btr.
Stelle Diodors vollständiger, um später Wiederholungen zu vermeiden und
nur der Zurückbeziehung zu bedürfen.

Diod. Sic. V. c. 30. sagt: „(Γαλάται) χρῶνται... ἀναξυρίσιν, ἃς ἐκεῖνοι βράκας προσαγορεύουσιν· ἐπιπορποῦνται δὲ σάγους ῥαβδωτούς — — ὅπλοις δὲ χρῶνται θυρεοῖς μὲν ἀνδρομήκεσι, πεποικιλμένοις ἰδιοτρόπως — — σάλπιγγας δ'ἔχουσιν ἰδιοφυεῖς καὶ βαρβαρικάς — — ἀντὶ δὲ τοῦ ξίφους σπάθας ἔχουσι μακράς — — προβάλλονται δὲ λόγχας, ἃς ἐκεῖνοι λαγκίας καλοῦσι." Auf diese Stelle, wie auf folgendes gleich alte 'Gesamtbild der belgischen Rüstung, werden wir mehrfach zurückverweisen. Propertius Eleg. IV. 10. v. 39 sq. singt:

> „Claudius Eridanum trajectos arcuit hostes,
> Belgica cui vasti palma relato ducis
> Virdumari; genus hic Rheno jactabat ab ipso
> Nobilis e tectis fundere gaesa rotis.
> Illi virgatis [vgl. u. v. Sagum] jaculantis ab agmine bracis
> Torquis ab incisa decidit unca gula."

Vgl. ferner u. v. Λαῖνα Strabons Schilderung der Belgen, wo er indessen nur von „ἀναξυρίσι περιτεταμέναις" spricht. Ebenso Polyb. II. c. 30.: „Τοῖς μὲν ὀπίσω τῶν Κελτῶν πολλὴν εὐχρηστείαν οἱ σάγοι μετὰ τῶν ἀναξυρίδων παρεῖχον."

Bekannt ist Gallia braccata, neben der comata; vgl. u. a. Plin. II. nat. III. c. 4.: „Narbonensis provincia appellatur pars Galliarum — — braccata ante dicta." Auf sie bezieht sich „bracatae cognationis dedecus" bei Cic. Pis. XXIII.; jedoch braucht Cicero dieses Prädikat auch in weiterer Geltung, wie für mehrere „bracatas nationes" Fam. IX. 15., „sagatos bracatosque" Font. XI. Gallier sind auch „Braccatorum pueri Senonumque minores" Juven. Sat. VIII. v. 245.; sowie die o. v. Baritus erwähnten Braccati (und Cornuti) bei Amm. Marc. Bemerkenswerth ist der Gebrauch von braccatus bei Pomp. Mela, einestheils, nach Plinius, II. c. 5.: „Pars (Galliae) — — fuit aliquando bracata, nunc Narbonensis"; sodann für ein skythisches Volk, und zwar als deckende Kleidung überhaupt II. c. 1.: „Satarchae (so Tzschucke; Varr. Sata-, Sa-richae, Sartae, Sarmathae) — — totum corpus bracati sunt, et, nisi qua vident, etiam ora vestiti." Die Sarmaten werden übrigens wirklich, doch auch andere östliche Völker, von Dichtern angeführt. So bei Lucan. Phars. I. v. 430.: „qui te laxis imitantur, Sarmata, braccis Vangiones", woraus denn zugleich der Gebrauch der braccae bei einem germanischen (vgl. u. a. auch Tac. Germ. c. XXVIII.), freilich in frühzeitige Berührung und vielleicht Mischung mit den Galliern gerathenen Volke hervorgeht; vgl. dagegen Tac. G. c. XVII. über den Unterschied der germanischen Tracht von der sarmatischen und parthischen. Mit Unrecht schloß man übrigens aus der Stelle bei Sueton. in Caes. 80.: „Iidem in curia Galli braccas deposuerunt, latum clavum sumpserunt" auf eine ähnliche Bedeutung des Wortes bei den Galliern selbst, wie bei Melas Skythen; vielmehr tritt hier die Bedeutung der braccae als gallischer Nationaltracht recht hervor. Sie sind der Gallier Hosen, wie σάγος, sagum (s. u.) deren Mantel, neben welchem sie öfters genannt werden, vgl. die ob. Stellen aus Polybios, Diodoros und Cicero, sowie die bei Tacit. Hist. II. c. 20.: „(Caecinae) Ornatum municipia et coloniae in superbiam trahebant, quod versicolori **sagulo braccas**, barbarum tegmen, indutus, togatos alloqueretur." — Wiederum nennt die Sarmaten auch Valer. Flacc. Arg. v. 425. : „**Sarmaticis** permutans carbasa **bracis**." Ovid. Trist. 1. V. die Bewohner von Tomi, d. h. nach el. 1. 7. „**Geticum litus** i. q. **Sarmaticae orae** i. q. inter **Sauromatas** i. q. Scythici in finibus Istri" ein Völkergemisch, von welchem er el. 7. v. 49 sq. sagt:

„Pellibus et laxis arcent mala frigora **braccis**
Oraque sunt longis horrida tecta comis";

und ferner el. 10. v. 33 sq. mit einem neuen Prädikate der **bracca** (sing.):

„Ilos quoque, qui geniti Graia creduntur ab urbe
Pro patrio cultu **Persica bracoa** tegit."

In späterer Zeit bleibt die vorzugsweise gallische Abstammung dieses Kleidungsstückes bekannt. Vopiscus in Aureliano nennt sie **braccas gallicas**. Der gelehrte Alcuin lib. de Offic. divin. erzählt den Grund der Benamung der **Gallia braccata**. Viel häufiger jedoch ist in späteren, namentlich auch kirchlichen, Schriften und Glossen der allgemeine Gebrauch für Hosen. Sogar läßt der **braccarius** bei Lamprid. in Alex. Sev. auf ein besonderes Handwerk schließen, das dieses Kleidungsstück noch damals zum Gegenstande hatte. Spätere mlt. Ableitungen sind namentlich **brac-ale**, **-ile**, **-arium** u. dgl., häufig von deutschen, auch französischen Glossen begleitet, vgl. Dufr. und Gloss. lat.-germ. Auch mgr. $\beta\varrho\alpha\kappa\iota\alpha \; \beta\alpha\varrho\beta\alpha\varrho\iota\kappa\dot\alpha$ i. q. $\dot\alpha\nu\alpha\xi\upsilon\varrho\ell\delta\varepsilon\varsigma$, $\varphi\eta\mu\iota\nu\dot\alpha\lambda\iota\alpha$ kommt vor, und noch jetzt bedeutet $\tau\dot o \; \beta\varrho\alpha\kappa\ell$ die Hosen, (auch sing. **die hose** in Mitteldeutschland), $\beta\varrho\dot\alpha\kappa o \zeta\dot\omega\nu\eta$. den Hosenbund, mhd. **bruoch-riem**, **-bendel**. Dagegen werden wir altgr. $\beta\varrho\dot\alpha\kappa o\varsigma$ ($\beta\varrho\alpha\kappa\dot o\varsigma$, $\kappa\dot\alpha\lambda\alpha\mu o\varsigma$, $\iota\mu\dot\alpha\tau\iota o\nu \; \pi o\lambda\upsilon\tau\varepsilon\lambda\acute\epsilon\varsigma$ Hesych.) ganz trennen müßen, auch wenn es nicht eine, zugleich durch Enantiosemie abweichende, alte Dialektform von $\dot\varrho\dot\alpha\kappa o\varsigma$ ist. Auf eine ganz falsche Herleitung aus $\beta\varrho\alpha\chi\acute\upsilon\varsigma$ stützt sich Isid. Or. XIX. c. 22. : „**bracae**, quod sint **breves**" und seine Ausschreiber.

Roman. Formen : ital. **braca**, **bracca**, **brachessa**, **braghessa** catal. span. port. (selten mlt.) **braga** prov. **braya**, nprov. auch **bradza**, **bralha** frz. **braie**, afrz. auch **brague**, **brae** piemont. raet. **braja** (raet. Hosenlatz) raet. **brajessa**, meist pl. Hosen, sp. prov. frz. auch Windeln u. dgl.

Neukelt. Formen: brit. **bragez**, pl. **bragou**, **bragézéier**, m. culotte **bragéza** culotter gadh. **briogais** (**brìgis** etc.), pl. **briogaisean**, poet. **brisnean** f. braccae **briogaiseach** braccatus. Das Kymrische hat das Wort nicht; **brycan**, **bryccan** m., ein altes Wort, welches bald als Kleidungsstück, bald als Bettuch, bald als Ueberschuh (vgl. gadh. niederschott. **bròg** Schuh?) gedeutet wird, gehört wol nicht zur Sippschaft, eher zu dem nationalen **breacan** m. dem buuten (**breac**) Tartan und Plaid der Hochschotten. Andere kelt. Namen für Hosen sind kymr. **llafyr**, **llafon** korn. **lafroc** brit. **lavrec**, m.; kymr. **llawdr**, **llodr**, pl. **llodrau** m. Strumpfhosen korn. **loder**, pl. **lydrau** brit. **loer** f. Strumpf, vielleicht (vgl. nl. **lèrse** ocrea) verwandt mit kymr. **lledr** brit. **lezr**, **ler** gadh. **leathar** (**leathrach**, **learach**), m. altn. **lethr** engl. **leather** hd. nd. nnord. **lêder** n. Auch die allgemein deutsche, häufig auch den Strumpf u. dgl. bedeutende, ahd. altn. **hosa** sächs. hd.

bose ist in gadh. osan m. kymr. korn. hos kymr. hosan, f. hose,
stocking brit. heûz m. guêtre, botte vertreten. ·

So zieht sich denn auch die alte braca (bráca?) mit organischem
Aussehen durch die germanischen Sprachen: sächs. fries. altn. brók hd.
bruoch (bruch) nnl. broek dän. brog, auffallend schwed. bracka,
engl. breech, bald n., bald (u. a. ahd. bruocha) f. Hose, amhd. auch
Hüftgürtel, neben bruochach, mlt. bracale (s. o.) afrz. braieul, brael,
brayer; dagegen picard. brouques pl. Hosen aus nl. broek, und schweiz.
bräßmen bei Fris und Maaler wiederum aus dem Romanischen?

Auch alban. mbreká lapp. brakkoh finn. prakut, rakut pl. estn.
proki, progi, rogi (grobe Hosen, a. d. Nord.), russ. brjúki Schiffer-
hosen bezeugen die Verbreitung des Wortes; gehört sloven. bregéže f.
pl. Linnenhosen hierher?

Die deutsche Zusammensetzung ahd. thiohpruah, theohbroch u. s. w.
mhd. diechbruoch d. i. Hüft-bruch, -gürtel (vgl. Gloss. lat.-germ. vv.
deurus, lumbale) lehnt sich an Variationen eines räthselhaften, aber
wahrscheinlich mit braca und brók ganz unverwandten Wortes für eine
Art Stiefeln oder Gamaschen, dessen älteste Formen „tubrucos vocatos
quod tibias braccasque tegant; tubraci quod a bracis ad tibias
usque perveniant" Isid. Or. XIX. c. 22., tybrugi, al. tubragi Paul
Warn. Gest. Lang. IV. c. 33., tibracae Bed. in V. S. Guthberti lauten.
Aehnlich lehnte man das alte plautinische baxeae durch eine späte Form
braxeae an braccae (mlt. auch einmal braxae), und vielleicht durch
eine andre: buxeae calcei (cf. buxus tibiolae Glss. Mai.?) an altn.
buxa schwed. byxa, böxa hd. dän. buxe nd. boxe, búxe bracca,
woher estn. pûksid pl. id.

70. Brace. „Galliae quoque suum genus farris dedere, quod illic
bracem (varr. bracum, brance) vocant, apud nos sandalam (varr.
scandal-am, -am, -um etc.) nitidissimi grani." Plin. H. nat. XVIII. c.
7. s. 11. Weiter unten sagt Plinius: „Galliae et Hispaniae frumento
in potum resoluto [cf. v. Cervesia], quibus diximus generibus, spuma
ita concreta pro fermento (sc. panis) utuntur."

Roquefort gibt ein gemachtes afrz. brace seigle ou méteil. Dalechamp.
ad l. c. Plinii sagt: „brancen Galliae rustici hodie blance vocant,
Allobroges blancheen." Letzteres hat auch Roquefort und erklärt es „fleur
de farine"; aber der Name der Farbe liegt zu Grunde.

Plinius widmet jenen Abschnitt mehr der Verwendung des Getreides zum
Brote, als der zum Biere. Da nun aber der Name dieses Getreides, wie es
scheint, nicht, gleich andern gallischen Wörtern und Dingen, im alten Italien
sich einbürgerte, und erst im Mittellatein andrer Länder wieder auftaucht, und
zwar mit der Bedeutung des Malzes, die es auch in der neukeltischen und
romanischen Nachkommenschaft hat und weiter entwickelt: so dürfen wir
auf unmittelbares Erwachsen der letzteren aus altgallischem Gebrauche des
Wortes in diesem Sinne schließen; nur die Dakoromanen erhielten ihr brahá
Malz anderswoher, schwerlich unmittelbar aus dem Lateinischen, sondern von
den Slaven (s. u.). In Italien dagegen erhielt sich der Name scandella
(mlt. scandula) hordeum distichum; Nemnich gibt ital. scannella triticum spelta. Ch. Grandgagnage, Dict. Wallon v. Brá macht darauf aufmerksam,

daß der Spelz von den Wallonen biß in neuere Zeit vorzüglich angebaut wurde und noch heute am meisten zu Biere verwendet wird.

Dufresne gibt nur wenige Belege für den mlt. Gebrauch der alten Form brace, auch „braces (pl.?) unde fit cerevisia" Gloss. msc. Bei Eginhard. Epist. XXIII. XXXVII. ist es mit farina koordiniert, beide werden aus „annona" gemacht. In V. s. Columbani XXIV. ist es von frumentum unterschieden, so von annona in Stat. Corbei. Mon. I. c. 7., wo, wie bei Eginhard, auch der Ausdruck bemerkenswerth ist : braces facere.

Die alte Glosse lautet bei Papias schon : „bracium unde cerevisia fit." Seitdem entwickeln sich viele mlt. Ableitungen, mehr und minder aus den lebenden romanischen Sprachen, in den Bedd. Malz, Mälzer, malzen, brauen u. s. w. Jedoch bedeuten einige Ableitungen sogar noch eine Getreideart, wie namentlich „de braciaco VIII. gerbas", während sextarius u. dgl. de braciaco, brasio, afrz. bracatge, braisis, bres, auch decima brasi, ebenwol auf das Malz gehn kann. Eine frühe und volksthümliche Ableitung theilen die Acta Sanct. t. I. Sept. p. 706. mit : „Potum autem nullum praeter aquam et sicerae dulcoramen, quod bracisam rustici nuncupant, sumebat." Vielleicht ist auch bracii im Capit. de Villis XXXIV. „butirum, bracios, cervisias, medum" ein von dem Biere unterschiedenes Getränk. Ob brassium afrz. brasse Roq. in der Bed. Bier zu belegen sei, steht dahin; braza, brazia scheinen von ganz späten Lateinern in Deutschland für Bier geformt zu sein. In den mlt. Ableitungen wechselt der Stammauslaut; vgl. z. B. bra-ciare, -siare, -ssare, -zare, -tsiare, -xare u. s. w. brauen, i. q. altspan. brasar frz. brasser (worin mehrere Ableitungen und Bedeutungen zusammenlaufen) wallon. bressé, bréser; afrz. bres (s. o.), bras, braux, breiz etc. altwallon. braz Malz, wogegen nfrz. brai m. rouchi braie f. wallon. brā (wenn nicht aus braz) id. davon zu trennen sind, sowie auch von wallon. braht Malz rösten, wenn dieses mit frz. braiser (Diez 66. Goth. Wtb. I. 327.) identisch ist, was wir nicht entscheiden mögen. Jenes brai dürfte Gemisch überhaupt bedeuten, vgl. auch mlt. braium lutum und Diez 66. v. Brago.

Während brai von einem mit hartem Guttural auslautenden, wenn auch von altem brake ganz verschiedenen, Stamme ausgehn kann, beruhen die franz. (daher span.?) Formen, mit Ausnahme von bracatge, schon auf der allmählllich immer mehr erweichten Ableitung bracea, bracia u. dgl. Dagegen bezeugen die neukelt. Sprachen durch den harten Guttural, sodann auch durch ihre offenbar von der romanischen verschiedene, esoterische Entwickelung den unmittelbaren Zusammenhang mit dem altgall. Worte. Vgl. kymr. korn. brag, sing. bregyn, m. gadh. braich f. Malz kymr. bragu gadh. brach malzen kymr. bragwr gadh. brachadair Mälzer u. s. m.; ferner kymr. bragawd, bragod, bragodlyn m. korn. altengl. bragot korn. brakat, bregaud, daher engl. bracket, bragget, ein aus Bierwürze und andern Ingredienzien bereiteter kymr. Nationaltrank; der Singular bragodyn m. germen ist das gleichbed. briton. (leon. Dial.) bragez m., vb. bragézi keimen (wie ja auch das Malz thut) kymr. bragodi to spring up, stir, ferment, neben bragur m. a sprout, germ, vb. braguro; jenes bragawd scheint identisch mit dem obsol. bragad m. progenies; auch kymr. bragwair m. (gwair foenum) hay that bears seed gehört hierher, und b r e g u i. q. goth. b r i k a n weist unserer ganzen Numer vielleicht ihre organische Stellung an. Auslautende Tenuis zeigen kymr. b r e c c i , b r e c c i n i m. wort of drink; b r e c - h a u (h a u to sow) maischen, to mash malt in brewing. Lehnwort a. d. Frz. ist brit. b r e ç z a brasser c. deriv. (bei Rostrénen-Jollivet), auch wol b r á z , b r a z é d m. méteil, grain moulu, worinn man b r á z· grand und é d blé sucht.

Wenn wir oben im Brechen, Hervorbrechen, Sprießen, sei es des ursprünglichen Getreides, oder des Malzkornes, die Grundbedeutung suchen, so zeigen die gadhel. Wörter unseres Stammes die Nebenbedeutung des Gährens und Faulens; b r a c h vb. ntr. bedeutet faulen b r a c h a d h malting, fermenting, rotting b r a c h a n m. putredo, any thing rotted or fermented; fermented liquor; leaven; wogegen b r e u n kymr. b r a e n brit. b r e i n putridus einen besonderen Stamm oder Ast bilden.

Im Deutschen finden wir, außer dem angeblichen älteren nhd. b r a s s Malz, einen nl. Stamm b r a s m. mixtio, conditura, dann helluari, vb. b r a s s e n (daher nhd. p r a s s e n; die Segel b r a s s e n ist aus einem andern frz. b r a s s e r entlehnt), der sich bei Kilian gruppiert „b r a s s e n endc b r o u w e n commiscere, inpr. aquas frugibus, coquere cerevisiam", wie denn auch b r a u e n , g e b r ä u, besonders auch nnl. b r o u w e n die Nebenbedeutung des Gemisches haben. Diesen Stamm halten wir aus frz. b r a s s e r entlehnt, obgleich sich auch andre Anknüpfungen zeigen, vgl. Goth. Wtb. I. 320. 324. II. 754. Das Grimmsche Wörterbuch läßt sich nicht über die Abstammung von b r a s u. s. w. aus, wogegen es das formell weiter abliegende b r a u e n , das jedoch goth. b r i g g v a n, nach Holzmann altd. b r a c v a n, lauten und den Kehllaut verloren haben kann, mit b r a c e verknüpft, sei es durch Urverwandtschaft, oder durch Entlehnung der b r a c e von den Deutschen.

Jedenfalls ist das ursprünglich starke Zw. hd. b r i u w e n ags. b r e o v a n, schwach altn. b r u g g a, echt deutsch; Formen, litu-slav. und finn. Lehnwörter s. Goth. Wtb. I. 328.; weitere Vergleichungen ebds. und S. 326. Grimm stellt es zu f r i g e r e und zu φρύγειν· Auch βρύτος gehört hierher, s. u. v. C e r v e s i a.

Weit merkwürdiger, als die eben erwähnten Lehnwörter, sind die sehr alten, wenn nicht mit b r a c e urverwandten, litau. b r ó g a lett. russ. (auch b r á ż k a) b r á g a poln. b r a h a, f. Branntwein-maische, -spülicht (nhd. in Litauen „der b r a g e n"; daher lett. b r á d z i n e e k s Branntweinbrenner), slav. auch Bierart, Gerstentrank u. dgl.; davon scheidet sich poln. böhm. b ř e č k a Maische u. dgl.

Kaum werden wir βραχός, κάλαμος Hesych. und β ρ ά κ α ν α τὰ ἄγριο-λάχανα Hesych. Suid. erwähnen dürfen.

71. B r a c c h i o. „Erat tunc temporis apud Arvernam urbem Sigivaldus magna potentia praeditus, in cuius servitio erat adolescens quidam nomine B r a c c h i o (var. B r a c h i o) quod eorum lingua interpretatur u r s i c a-t u l u s." Greg. Tur. ex vitis Patrum XII. c. 2. Cf. Ejusd. Hist. Franc. III. c. 13. und V. c. 12. : „B r a c h i o (var. msc. B r a c c o), abbus cellulae Manatensis [Kloster Menat in Puy-de-Dome], fuit autem genere T h ö r i n g u s, in servitium Sigivaldi quondam ducis venationem exercens." Dufresne und

nach ihm Holtzmann deuten „eorum" auf die Arverner, es geht aber offenbar auf die beiden Thüringer. Bracchio oder Bracco starb in der zweiten Hälfte
des 6. Jahrhunderts. Auch Holtzmann citiert „Brachio genere Thoringus",
ohne ihn mit jenem in der ersten Stelle zu identificieren, bezweifelt jedoch
die Richtigkeit des irischen brach ursus bei den Lexikographen. Aber auch
der für den aktuellen Bestand der Sprache zuverläßige M'Alpin hat gadhel.
brac ursus. Ehe wir seinen deutschen Vetter näher betrachten, mustern
wir noch einige andre Formen und Wörter. Zunächst steht ein andrer älterer gadhelischer Thiername von unbestimmter oder wechselnder Bedeutung:
braich, auch braich-e, -eamh m. urus, cervus; vielleicht sogar noch braicne
m. felis. Sodann vereinigt gadh. breac, gen. bric m. mehrere Thiernamen
verschiedenen Ursprungs : 1) salmo fario, salar cf. kymr. brychiad m. salmon
trout brychyll m. trout, von gdh. breac kymr. brych (niederschott.
braikit schwed. brokig dän. broget) maculosus. 2) lupus, bei Bopp
Gloss. sanscr. breach, brech, mit sanskr. vrka id. verglichen. 3) in breac-
laogh hinnulus, d. i. Hirsch-kalb, vgl. o. braich. 4) ursus meles, sonst
gdh. broc, selten brochd (daher brocair vulpium, pr. melium venator)
kymr. korn. brit. broch, m. ags. broc (angeblich auch horse, jade vgl.
altn. brockr? auch lizard, wie denn auch das keltische Etymon die graue,
gemischte, bunte Farbe bedeutet) engl. brock dän. brok.

Es wird nun nicht mehr verwundern, wenn wir mit dem brachio,
bracco ursi catulus den näher, als obiger ursus meles, vielmehr noch als
Grimms und Holtzmanns „berachio" (von ber, ursus), stehenden Namen
zusammenstellen : ahd. bracco, bracho mhd. bracke nhd. nnl. brack
(bair. Thiermännchen, bes. des Hundes) engl. brach (canis femina), m. hd.
breckin f., mlt. bracc-o, -us prov. brac m. braca f. afrz. bracon,
brache etc. (s. Roq. h. v.) frz. braque, brachet ital. bracco span. port.
braco canis, inpr. venatorius, lisciscus, auch culpar (Schooßhund) vgl. Gloss.
lat.-germ. h. vv. Afrz. brachis petit ours bei Roq. (und Nemnich) ist wol
erst nach brachio gebildet.

72. Brennus, Βρέννος (bei Suidas Βρῆννος, acc. Βρῆννον, al. Βρηην-
νόν, Βρήν, der erste, der zweite bei Euseb. Chron. ed. Scal. p. 50. und bei
Porphyr. p. 175. Βέρνος) hieß sowol der uralte gallische Eroberer Roms,
wie der Führer des galatischen Delphizuges, woraus man auf eine appellative
Bedeutung des Namens schließt. Bei den britischen Chronisten werden nicht
bloß diese beiden Brenni verschmolzen, sondern es kommt noch ein dritter,
britischer hinzu, der in den kymrischen Texten Bran, in den gadhelischen
aber Bras heißt. Mit dem kymr. korn. brit. gadh. Feminin bran cornix,
corvus hat dieser kymr. Name Nichts zu schaffen; aber es bleibt auffallend,
daß die kymrischen Chronisten ihren Bran, wenn sie ihn mit dem alten
Namen Brennus zusammenstellen wollten, ja letzteren selbst, der bei ihnen
auch Bran heißt, nicht lieber Bren nannten, was dem modernen kymr.
brenhin, kymr. altbriton. brenin rex näher steht. Entweder wurzelte bei
der Abfaßung der Chroniken der Name Bran noch zu fest im Volke, um
ihn zu modificieren, oder das Appelativ brenhin lautete damals noch anders.
Wahrscheinlich war Beides der Fall. Ob ein obsol. gadh. brain, braine
regulus; nauclerus cf. brain principium; adj. largus, ingens in Betrachtung
zu ziehen sei, laßen wir dahin gestellt.

Nach den kymr. Lexikographen wurde **brenhin** früher geschrieben **breenhin**, **breyenhin**, **brennin**; **ec**, **eye** können aus **ehe**, **ege** entstanden sein, wie 'denn bereits Pott Et. F. II. 272., ohne jene älteren Formen zu kennen, an ags. **brego** rex erinnert; vgl. auch Goth. Wtb. I. 266. Zeuss S. 101. 162. und nach ihm Glück S. 129. zerdehnen, e und i gleichend, **brenhin** in ursprünglichen **brigentin**, **brigantin**, obgleich die Wz. **brig** noch unverkümmert im Kymrischen wurzelt und sich zugleich von **breg** genau unterscheidet. Vielleicht hängt kymr. **brehyr**, **breyr**, pl. **breyron**, generosus, nobilis, baro etymologisch mit **brenhin** zusammen, wie anderseits korn. **brenniat** proreta; vallum, castrum munitum, während dagegen korn. **bryntyn** excellens, regalis; s. pl. nobiles, lords immer noch eher aus **brigentin** entstanden sein könnte, zunächst jedoch auf kymr. korn. **bryn**, **brynn** collis zurückgeht, dieses aber nicht, wie Zeuss und Glück meinen, auf **brigin**, sondern auf **bron** (einen ganz andern Stamm, den wir hier nicht verfolgen wollen, vgl. Goth. Wtb. B 8. 60.) Das Volk der **Brigantes** heißt bei den kymr. Chronisten „guir o **Brinaich**", auch **Bryn-aich**, **-eich**, bei den lateinisch schreibenden aber **Bernicii**, wesshalb hier eine Verschmelzung zweier verschiedener Namen möglich erscheint; dagegen bezeichnet oder bezeichnete kymr. **brigant** m. sowol einen Berggipfel, wie i. q. **brigantiad** m. einen Bergbewohner, besonders den schottischen Hochländer (nicht den nordbritannischen **Brynach**), sodann einen Räuber, bei welcher Bedeutung aber, gleichwie bei dem gleichbed. brit. **brigant**, das neue frz. **brigand** mitgewirkt haben mag.

Es verdient mindestens Erwähnung, daß die Variante bei dem Namen des ältesten Brennus bei Suidas mit zwei η dem altkymrischen **breenhin** gleicht. Aber auch ohnedieß deutet das doppelte n auf die Möglichkeit einer Zusammenziehung oder Assimilation, die nun freilich in sehr mannigfaltiger Weise stattgefunden haben kann. Je älterer Zeit eine Form angehört, desto weniger gewaltsame Processe dieser Art dürfen wir vermuthen; aber zu des ersten Brennus Zeit waren die Lautverhältnisse mehrerer indogermanischer Sprachen schon den stärksten Veränderungen unterworfen. Vergleichungen von Mannsnamen wüsten wir keine, als etwa den (deutschen) Kanninefaten **Brinno** Tac. Hist. IV. 15.; Graff III. S. 309. führt auch einen **Brenno** an. Bemerkt werden mag, daß eine Aeußerung Strabons (IV. p. 259 sq. ed. Falc.) die Nationalität des zweiten Brennos in Frage stellt: „ — — τὸν ἄλλον Βρέννον τὸν ἐπελθόντα ἐπὶ Δελφοὺς Πραυσόν τινές φασιν· ἀλλ' οὐδὲ τοὺς Πραύσους ἔχομεν εἰπεῖν, ὅπη γῆς ᾤκησαν πρότερον." Auf diese Πραῦσοι wollen wir hier nicht weiter eingehn. Ebenso unklar ist eine späte Stelle bei Martin. Minorita (Eckart. p. 1562. bei Schmidt De Fontibus etc. p. 49.): „Brennius, dux Gallorum, qui dicitur fuisse Syrenus". W. A. Schmidt l. c. sucht zu erweisen, daß Βρέννος der Titel, Ἀκιχώριος der Name des Anführers der Delphistürmer gewesen sei. Der eine seiner Kollegen: Βόλγιος, Belgius, ist vielleicht auch nur unter diesem Namen seines Stammes bekannt; die übrigen Führernamen jedoch weisen keinen Weg nach dieser Richtung. In den vielfach verworrenen Berichten über die südöstlichen Galatenzüge wird vielleicht hier und da Brennus nicht bloß mit Acichorius, sondern auch mit Belgius zu Einer Person. Der ältere Brennus scheint zum Nationalheros geworden zu sein. Wir setzen wiederum eine Stelle aus Sil. Pun. IV. v. 148 ff. die uns zu dieser Bemerkung veranlaßt, ausführlicher her, weil wir mehrfach auf die darinn enthaltene Schilderung der bojischen Kriegertracht zurückweisen werden:

„Boiorum ante alias Cryxo duce mobilis ala
Arietat in primos obicitque immania membra.
Ipse, tumens atavis, B r e n n i se stirpe ferebat
Cryxus, et in titulos Capitolia capta trahebat,
Tarpeioque jugo demens et vertice sacro
Pensantes aurum Celtas umbone ferebat.
Colla viri fulvo radiabant lactea torque,
Auro virgatae vestes, manicaeque rigebant
Ex auro, et simili vibrabat crista metallo.“

Auf die o. erwähnte Wz. b r i g kommen wir in der folgenden Numer.

73. Βρία. „Μεσημβρία, Μεγαρέων ἄποικος, πρότερον δὲ Μενεβρία, οἶον Μένα πολις, τοῦ κτίσαντος Μένα καλουμένου, τῆς δὲ πόλεως βρίας καλουμένης Θρακιστί, ὡς καὶ ἡ τοῦ Σήλυος πόλις Σηλυβρία προσηγορεύεται, ἥ τε Αἶνος Πολτυοβρία ποτὲ ὠνομάζετο.“ Strab. VII. p. 319. Cf. Stephan. Byzant.: „Μεσημβρία (Νικόλαος πέμπτῳ) ἐκλήθη ὑπὸ Μέλσου, βρία γὰρ τὴν πόλιν φασὶ Θρᾷκες· ὡς οὖν Σηλυμβρία ἡ τοῦ Σήλυος πόλις, Πολτυβρία ἡ Πόλτυος πόλις.“ Aber Stephanos findet dieß βρία auch in Hispanien und sagt: „Βρυτοβρία, πόλις μεταξὺ Βαίτιος ποταμῦ καὶ Τυριτανῶν· δηλοῖ τὴν Βρουτού πολιν. Τὸ γὰρ βρία τοῦτο πόλιν σημαίνει, ὡς Πολτυμβρία“ κ. τ. λ. Er verwechselt zwar die Tradition, findet aber richtig die gleiche Erscheinung im Ibererlande, wie anderseits W. v. Humboldt das iberische b r i a in Thrakien. Hesychios, der „Βρία — — πόλις Θρακίας“ erwähnt, sagt ohne Angabe der Sprache: „Βρίαν· τὴν ἐπ᾽ ἀγροῖς κώμην.“ Auch die dardanischen Γαλάβριοι (anders die ital. Καλαβροί) „παρ᾽ οἷς πόλις ἀρχαία“ Strab. VII. p. 316. können hierher gehören. Ein drittes „Bria εἶδος ἀγγείου“ einer alten Glosse, mit. ein Weinmaß bed., lassen wir zur Seite. Dagegen müssen wir den Endungen b r i g a, b r i c a und b r i v a und den Namenlauten B r i g- u. s. w. einige Blicke gönnen. Dieselben wechseln mitunter mit b r i a und sind hauptsächlich, wie dieses selbst, im Westen Europas zu Hause, obgleich auch der Stamm b r i g gerade aus einer östlichen, jetzt längst verschollenen Sprache verdolmetscht wird. Hesychios sagt v. Β ρ ί γ ε ς : „Ἰόβας δὲ ὑπὸ Λυδῶν φαίνεται Βρίγα καλεῖσθαι τὸν ἐλεύθερον.“ Stephanos nennt diese Β ρ ί γ ε ς nach Herodotos VIII. ἔθνος Θρακικόν, und sagt: „Ἡρωδιανός — — Βρίγαντας αὐτούς φησι“, worinn er jedoch, wol mit Recht, eine Verwechselung mit dem britannischen Volke dieses Namens zu finden scheint.

Μεσημβρία, Μεσαμβρίη kommt nicht bloß am schwarzen, sondern auch (schon bei Herod. IV. c. 33. VII. c. 108.) am aegaeischen und sogar auch am persischen Meere als Stadt- oder Bezirks-namen vor, und ist außerdem das griechische Wort für Mittag, worinn β nur phonetischer Zuwachs ist. Auf der pyrenaeischen Halbinsel sind auch vielleicht die Ortsnamenendungen b r i u m und b r i s, etwa auch der Name P r i a (Itin. Ant. 430.; wenn nicht aus I r i a entstellt) hierherzuziehen. Ueberhaupt ist in den dortigen Namen die Lautgruppe b r häufig; dem heutigen baskischen Organe widerstrebt sie. Ein altspan. b r i g a urbs ist Machwerk.

Auch in Gallien kommt b r i a vor; als Erweichung aus b r i g a, wie in
A d -, A-m a g e t o b r i a, A m a -, M a-g e t o b r i g a, richtiger a d M a-
g e t o b r i-e, -a m neben a d m a g e t o b r i g e bei Caes. B. G. I. 31. vgl.
Glück 121 ff.; S e g o b r i-e n s e s, -g e n s e s in Hss. bei Plin. H. n. III.
c. 3. ser. 4. von S e g o b r i g a. Es fragt sich, ob solcher Wechsel nur
auf Verschreibung, oder auf Erweichung in der noch lebenden Sprache beruht. Eine mittelalterige B r i a (S. Roberti) in Gallien steht neben B r a j a,
ihre frz. Benennungen B r i c, B r i e und B r a y e wechseln; so B r i g-,
B r i-, B r a j-e n s i s ager, jetzt B r i e. C a t ù b r i a in Urkunden bei
Graff III. 261. ist mit C a t u r i g e s und vielen andern gall. Namen verwandt, und steht neben C a t o b r i g a in Lusitanien, das indessen bei Ptole-
mäos Καιτόβριξ heißt. Nach De Belloguet hieß Suèvres sur Loire S o d o-
b r i a. Der alte pagus B r i a g o n t i n u s civitatis Placentiae in den Tabulae
alimentariae wird wol mit B r i g a n t-i a, -i n i montes, -e s u. dgl. zusammenhangen; b r i a g erschiene dann neben b r i g und seltenem b r e g,
anderer Nebenformen bei den Geographen zu geschweigen. Ob nun mit
dem in allen Keltenländern vorkommenden B r i g a n t- die wiederum in
Thrakien bei Herod. VII. 108. vorkommende „χώρη Γαλαϊκή, νῦν δὲ Β ρ ι α ν-
τ ι κ ή" zusammenzustellen sei, wißen wir nicht. Auch nicht, ob die romanischen b r i g a n t i, b r i g a n d s, die b r i g a n-t e s, -t a e, -d i, -t i n i,
-c i i (Soldaten) des Mittelalters geradewegs, gleich so vielen ähnlichen, von
alten Volksnamen abstammen, oder nur aus gleicher Wurzel mit ihnen, wofür
die B r i g a d e und viele andre romanische Wörter zeugen; vgl. u. a. Dufresne vv. B r i g a sq. Diez h. v. Wie neben mlt. roman. b r i g a rixa
auch bißweilen mlt. b r i c a auftritt, so wechselt auch z. B. auf der pyr.
Halbinsel M i r o b r i-c a, -g a; Νερτόβριγα Ptol. mit ᾽Ερχόβρικα Polyb.,
freilich bei mehrfacher Entstellung; T a l a b r i-c a It. Ant., -g a Plin. Appian. Ptol, auffallend zu Ταλαβρόκη in Hyrkanien Str. XI. klingend; L a c o-
b r i-g a, -c a, -c e n s e s Plin. (Λαγγοβρήται Plut.), neben L a n c o b r i-
g a, -c a und L a g o- oder L a n g o-b r i g a; A r c o b r i-g a, -c a (bei
Graff l. c.); S e g o b r i-g a, -c a (ebds.); in Gallien E b u r o b r i-g a,
-c a (ebds.). Meistentheils erscheint hier jedoch b r i c a entweder als fehler-
hafte Schreibung, oder als spätere Erhärtung, statt der üblicheren Erweichung.
Im gallischen Rheinlande kommt zweimal B a u d o b r i c a vor, wo indessen
wiederum eine Nebenform B a u t o b r i g a in der Notit. Imperii. A r d o-
b r i c a in Hispanien kann mit Αρτόβριγα u. s. w. zusammengestellt werden;
N e m e t o b r i g a liegt auch dort, L i t a n o b r i g a in Gallia Belgica (aber
silva L i t a n a in Gallia Transpadana), Caesars L a t o b r i g i werden richtiger L a t o v i c i heißen, vgl. Glück 112. Bei den gallischen N i t i o-,
A l l o-b r o g e s, -b r i g e s ist, wenigstens sicher bei A l l o b r o g e s,
-b r o g e s allein richtig.

Für den in allen Keltenländern häufigen Ortsnamenanlaut B r i g finden
unsere Leser leicht Beispiele in den Wörterbüchern. Ein Bataver B r i g a n t i-
c u s kommt bei Tacitus vor. Der falsche Berosus De reg. Hisp. c. VII. „De
B r y g o quarto Hispaniae rege" hat den anklingenden Namen ein ganzes Kapitel gewidmet. In den neukelt. Sprachen vergleicht sich zunächst kymr.
b r i g m. Gipfel, Wipfel nebst Verwandten, vgl. vor. Nr. und u. a. Goth.
Wtb. I. 263. Glück 126., der für gdh. b r í g h f. in der angeblichen obsol.

Bedeutung mons ein kurzvokaliges b r i g annimmt; die gewöhnlichste Bed. virtus, valor wird u. a. schon durch die Erklärung des Frauennamens Brig „i. e. vigorosa vel virtuosa" Bolland. 3. Mart. bezeugt; b r i o g h a c h valens soll auch montosus bedeutet haben.

Beachtenswerth bleibt der Umstand : daß die Ortsnamenendungen b r i g a, b r i c a nicht bloß vorzüglich auf der iberischen Halbinsel, sondern dort auch häufig in Grenzen vorkommen, innerhalb deren in geschichtlicher Zeit keine Kelten wohnten. Ein ausführliches und übersichtliches Verzeichniss s. bei W. v. Humboldt, Prüfung 23. Abschnitt.

Den weit seltener bei kelt. Ortsnamen vorkommenden Stamm b r i v werden wir sondern müßen. Er kommt vor in Gallien: S a m a r o b r i v a, B r i v o -, später auch B r i o - d u r u m, umgekehrt in Britannien D u r o - b r i v a, D u r o c o b r i v a; gesondert, in Gallien, B r i v a Isarae (Pontoise), B r i v a C u r e t i a, B r i v a s, B r i v a t e s. Die herkömmliche Deutung durch p o n s stützt sich auf die Begegnung beider Wörter in Ortsnamen im Wechsel der Zeiten und Sprachen; mit der deutschen b r ü c k e (Goth. Wtb. I. 324. II. 754.) hat b r i v a nur den Anlaut gemein. Roquefort hat ein afrz. b r i v e pont gemacht. Wol aber kann dauph. b r i v a, b r i o (Dz. 580.) via hierher gehören.

74. B r i c u m u s (-um?). „A r t e m i s i a herba est quam g a l l i c e b r i c u m u m appellant." Marc. Burd. Med. c. XXVI. Vielleicht b r i t u - m u s, vgl. kymr. b r y t t w n, b r y t w n aurone, artemisia a b r o t a n u m; jedoch dürfte b r y t t w n, wie ags. p r u t e n e böhm. b r o t a n, und anderseits jenes eig. frz. a u r o n e, brit. a v r o n nl. a v e r ò n u. s. v. Formen aus mlt. a b r o t o n u m gebildet sein. Außerdem finden wir noch die neukelt. Namen kymr. l l y s i a u ' r c y r p h (herba c o r p o r u m), s i w d r m w d r (aus ags. s u d h é r n v u d u engl. s o u t h e r n w o o d) korn. d e h o u l e s (d e x t e r a herba) brit. a v r o n, a f r o n, l o u z a w e n - a n n - d r é a n (herba spinae), f. gadh. m e a t h - c h a i l t u i n n (debilis, oleaginus corylus?) m. artemisia a b r o t a n u m vel fruticosa. Marcellus meint aber wahrscheinlich die Artemisia vulgaris, den B e i f u ß, sächs. m u g w o r t u. dgl. Sie heißt kymr. b y d i a w g - oder b e i d i o g - (vivus), c a n w r a i d d - (hundert-wurzelig), l l y s i a u - (herba) - l l w y d (canus, weißgrau, rutilus), auch l l y s i a u Jeuan (Johanniskraut) korn. l e s - l u i t, l ū i t -, l o t - l e s (herba cana) brit. h u é l é n -, u c h é l e n - w e n n f. (Weißrock) gadh. l i a t h - l u s (cana herba), g r ò b a n m. (dentatus?). Diese durchgehende Bezeichnung durch die weißgraue Farbe läßt uns in b r i c u m u s eine Ableitung von b r y c h, b r o c h (canus, varius etc.) o. v. B r a c c h i o suchen. Vgl. noch u. v. Πονέμ.

75. B r i s a. „Vinaceos calcare, adjecto recentissimo musto, quod ex aliis uvis factum fuerit, quas per triduum insolaveris. Tum permiscere et subactam b r i s a m praelo subjicere" etc. Colum. XII. c. 39. „B r i s a στέμφυλον, vinacia." Gloss. Diese Glosse hängt zusammen mit der Aussage bei Athenaeos II. c. 46. p. 56.: „Ἀθηναῖοι δὲ τὰς τετριμμένας ἐλάας στέμφυλα ἐκάλουν, βρύτεα δὲ τὰ ὑφ' ἡμῶν στέμφυλα, τὰ ἐκπιέσματα τῆς σταφυλῆς" und mit zweien Glossen bei Hesychios: „Βρυτ- τία· στέμφυλα· ἔνιοι· εἶδος σκορόδου. — Βρυτταί· τὰ λείψανα [σταφυλῶν?]." Das ausschließliche Vorkommen bei Columella und der fortdauernde Gebrauch

des Wortes für Weintrester in Aragonien und Katalonien läßt uns darinn ein altspanisches sehen, jedoch kein iberisches, aber auch kein lateinisches, höchstens eine Umbildung aus τὰ βρύτεα, βρύτια (Galen.).

Unter mehreren gleichlautenden roman. Wörtern steht oberital. (milan. piem.) prov. brisa Bröckchen, Krume, pl. nprov. brisas „le bris de châtaignes, ch. ou bejannas brisées" (Honnorat) am nächsten. Die Nebenformen prov. brica, briga, bria u. s. m., ital. bricia, briccio, die nfrz. Synonyme briu u. s. m. mit br anl. rom. Wörter stammen theils aus den keltischen, theils aus den germanischen Sprachen. Erst von brisa abgeleitet erscheint prov. brisar frz. briser (wallon. brihî s. Grandgagnage darüber). mlt. brisare verdolmetscht nicht bloß Cornutus (in Persium) durch exprimere, sondern diese Bedeutung herrscht auch überhaupt in den Glossen vor; die spätern übersetzen es durch nl. wtpersen, hd. vßtrucken, ja ausdrücklich wein außtorcken, meist mit der (griech.) Synonyme brisin. In dem Verse bei Nonius XX. 2. aus Afranius in Divortio: „Qui coner noctu clanculum rus ire dotem" las man früher brusire, brasire, was Calepinus in brisare emendieren wollte.

Von den zahlreichen Verwandten (vgl. u. a. Diez 580. Goth. Wtb. I. 319 ff. 322. II. 754.) heben wir nur einige zunächst stehende oder doch klingende hervor. nl. brijsel mica brijse-n, -len in micas frangere, conterere (ags. brysan engl. bruise id. Wz. brus); engl. dial. brise, brisse (frangere) schott. briz, briss (conterere), letzteres aus brits vgl. ags. brittan? oder aus brist? vgl. das sehr übliche gadh. bris frangere, das auch die Nebenform brisd hat; brit. bresa chiffonner, froisser; fouler; presser; etwa auch bresc, brusc fragelis gadh. brisg id.; alacer, wie briosg (brîsg; auch pressus) kymr. brysg engl. brisk, wovon sich wiederum das roman. brusco, brusque abzuscheiden scheint. Sodann bei verwandten Lauten gleiche Begriffsentwickelung in brit. bruzun vann. bréchon, berchon, m. fragment, miette (vgl. o. ital. prov. brisa etc.) i. q. briénen f. arag. prov. frz. brin port. brim.

76. „Britones latine nominatos quidam suspicantur, eo quod bruti sunt." Isidor. Orig. IX. c. 2. §. 102. „Britannia — — a vocabulo suae gentis cognominata." ib. XIV. c. 6. Eine spätere appellative Anwendung des Volksnamens Britones (grassatores etc.) s. Dufresne. Mlt. britonare britonisch sprechen, pejorativ frz. bretonner stottern, kauderwelschen. Rumex aquaticus, bei Plin II. nat. XXV. c. 3. s. 6. c. 8. s. 55. herba britannica, verschieden von der britannica (cochlearia) des Mittelalters, sowie von brettonica aus betonica (vgl. vv. Vettonica. Vibones). Britan-nicum Gloss. Isid., -neum Pap. etc. i. deambulatorium marmoreum, aus prytaneum! — Isidorus Hisp. l. c. etymologiert weiter: „§. 103. Scoti propria lingua nomen babent a picto corpore, eo quod aculeis ferreis cum atramento variarum figurarum stigmate annotentur. §. 104. Galli a corporis candore nuncupati sunt; γάλα enim graece lac dicitur. §. 110. Galleci a candore dicti, unde et Galli, reliquis enim Hispaniae populis candidiores existunt."

Unter diesen wunderlichen Etymologien aus dem Kreiße unserer Gegenstände finden sich einige Spuren von Wahrheit. Die candida colla, die verhältnissmäßig weiße Hautfarbe der Gallier gab Römer und Griechen Anlaß

zu jener Deutung; vgl. u. v. Galatae. Dagegen mag sowol bei der Etymologie der Scoti, als bei der verschwiegenen, vielleicht mit jener identischen von Britannia (vgl. „stigmata Britonum" Isid. XX. 23.) die Ableitung
aus den britischen Landessprachen Grund haben; sogar die Zusammenstellung
mit brutus erinnert an den Eponymos der Briten, der von den lateinischen
Chronisten bald Brutus, bald Brito genannt wird, und an den Wechsel
der Vokale in Βριττανοί, Βρεττανοί, ἐν Βρύτεσσι, kymr. Brython u. s. w.,
ags. Brytas, Brittas, Brettas.

Für die nicht bloß bei den Skoten (Gadhelen), sondern auch bei den
übrigen Völkern der britischen Inseln, übliche Bemalung und Tatowierung
läßt sich aus dem jetzt bekannten Sprachbestande etwa anführen: gadh. sgot
m. macula sgotadh m. cicatrix neben sgath (air) stigmatisieren sgathadh
incisio, punctura. Die Brython gehören zwar formell zu brythu tumultum
vel bellum facere, aber nahe genug steht der sehr lebendige Stamm brith
maculosus, variegatus, woher Brithwr der Pikte, vielleicht keine bloße
Umdeutung dieses zuerst bei Ammianus vorkommenden Namens, der dem
Volke selbst fremd geblieben zu sein scheint und desshalb eine lateinische
Uebersetzung des einheimischen Volksnamens sein kann. Das um 1020 ge-
schriebene Chronicon Pictorum kopiert, ohne Quellenangabe, obige Stelle
Isidors, in welcher es sogar Picti statt Scoti liest oder doch setzt. Ersterer
gadhelischer Name ist Cruithn-e,-each, pl.-ich; die versuchten Ety-
mologien laßen wir zur Seite. Jenes kymr. brith lautet korn. breth (in
Abll.), bruit brit. briz gadh. obs. briot; mitten inne zwischen brith und
bryth steht brych o. v. Bracchio.

77. Brogae s. Allobrogae.
Bugaridae s. Bagaudae.
78. „Bulgas Galli sacculos scorteos vocant." Fest. Varro LXXX.
Περὶ νομίσμ. braucht bulga für Geldsack, ebenso Lucilius Sat. l. VI., und
XXVI. „Bulga matris" für matrix (ahd. uterpalc). Nonius erklärt, indem
er diese Stellen citiert: „Bulga est omnis folliculus, quam et crumenam
Veteres appellarunt; et est saccus ad brachium pendens." Martini gibt neben
diesen Stellen aus Nonius auch solche mit der Form vulga. „Κώρυκος,
θυλάκιον τὸ παρ' ἡμῖν βουλγίδιον, ἢ πλίγμα ἑκτικὸν ἄρτου." Suid. neben
βόλγιον, bulgetarius βουλγιοπόλης" Gloss. „Bulga (ags.) hydig-
faet." Gloss. Aelfrici. Spätere Glossen haben bulga, vulga (hd.) wat-,
ledder-sack; pulga i. saccus coreus vel escarius (hd.) pulgen.

Das frühe Vorkommen des Wortes im Lateinischen macht dessen Einführung aus Gallia cisalpina wahrscheinlich. Es kam jedoch nie recht in Gebrauch, selbst nicht im Latein des Mittelalters, obgleich die roman. Sprachen
es aus einer secundären latein. Form (vgl. Diez 59.) schöpfen, dazu auch
das Wort stets in den keltischen und germanischen Sprachen lebendig war.
Seine Anlautstufe gegenüber der keltischen und germanischen erschwert die
Annahme, daß es sich als urverwandtes in den pelasgischen Sprachen fand,
wenn wir auch eine acol. Form βόλγος neben gemeingriech. μολγός hierher
stellen. Letzteres steht nahe an dem deutsch-keltisch-romanischen malha
pera (s. Goth. Wtb. I. 271.).

ital. bolgia (auch Gruft bed., vgl. frz. bouge) raet. bulscha,
buscha frz. bouge (nicht in der Bed. bulga, sondern in mehreren

andern, meistentheils mit der Grundbed. der Krümme oder Höhle; für die
Bed. coquina, coenaculum, verschieden von celarium, lautet es mlt. b o u -
g i u s, während afrz. b o u g e s pl. unter den *hernesia* eines lat. Textes
vorkommt), b o u g e t t e nl. altniederschott. b u l g e t nl. b o e g e t engl.
b o u g e t t, b o g e t t, jetzt b u d g e t nprov. b o u a bulga, escarius; auch
span. b u r j a c a id. gehört nach Diez hierher, nicht aber span. port. b o l s a
aus b o r s a.

Gleichen Stamm zeigt der Volksname B e l g a, gadh. B o l g, vgl. den
Galaten B e l g i u s oder Βόλγιος (o. v. B r e n n u s); kymr. b e l g m. a
ravager ist fingiert, um den Volksnamen B e l g i a d, pl. B e l g w y s zu erklären; b w l g m. soll *a b u l k, a bulky round body* bedeuten, scheint
aber nur das restaurierte Primitiv zu sein von b w l g a n, b o l g a n f. bulga; dazu gehört zunächst gadh. b o l g, b u l g, b a l g, alle mit gen. und
plur. b u i l g, m. bulga, saccus; pharetra; venter, uter; pustula; pl. folles;
b a l g -, b a l g a n - s e i d i d h m. (sacculus flatus) follis; b u l g auch i. q.
(a ships) b i l g e, eine engl. urspr. franz. Nebenform von b u l g e, jedoch
kommt auch einmal (altengl.) b u l k für alveus navis vor; gadh. b o l g tumere.
Viele angrenzende Wortstämme, namentlich für folliculus und venter, laßen
wir weg; Beispiele derselben in den verwandten Sprachen stellten wir Goth.
Wtb. I. 270 ff. zusammen.

Im Deutschen unterscheiden wir : 1) wo nicht bloßes Lehnwort, mit dem
gallischen eines und urverwandt ahd. b u l g a, b u i l g a, p u l g a bulga,
fiscus mhd. nhd. dial. b u l g e, p u l g e sacculus, zaberna, uter, bei Stalder
auch bauchige Blechflasche, bei Frisius und Maaler bulga, demin. b ü l g e l e
vidulum; ags. b y l g uter, a b u l g e, bag. 2) nd. mhd. (im Passional) und
ä. nhd. b u l g e bei Kiliaen bulghe, bolghe, in m. Gloss. lat.-germ. ganz
und halb nd. bulghe, bulge, bulie, bolge hd. waßerbulgen; engl.
b i l l o w altn. b y l g j a schwed. b ö l j a dän. b ö l g e, f. unda, fluctus.
3) goth. b a l g s (ἀσκός, m a t i b a l g s πήρα) hd. nd. nl. b a l g ags. nnord.
b ä l g engl. b e l l y (venter), b e l l o w (follis) altn. b e l g r uter, follis, folliculus, venter, matrix, pellis, tumor. Dazu kommt nun ein starkes Zw.
b e l g a n tumere, irasci nebst vielen schwachen, darunter auch ein nd. Denominativ von ob. Nr. 2. : b u l g e n wogen. Neben dem männlichen b a l g
stehn auch Feminine, namentlich nd. b a l g e alveus, Waßerrinne u. dgl., vll.
grundverschieden von b a l g e, b ä l j e situla. Näheres und Weiteres s. Gr.
Wtb. vv. B a l g. B a l g e. B e l g e n. Goth. Wtb. l. c.

79. B u r i c u s s. M a n n u s.

80. *Βούτυρον*, dessen griechische Etymologie mehr einer Umdeutung
gleicht, war nach Plin. II. n. XXVIII. c. 9. cf. XI. c. 41. (auch Diosc. II.
c. 81.) bei den barbarischen Völkern beliebt, nach Strab. III. p. 209. ed.
Falc. speziell bei den Lusitaniern, wesshalb wir es hier registrieren. bask.
b u r r a, neben g u r i a (auch adj. mollis), trägt freilich den Stempel der Entstellung, und gerade die roman. Mundarten der pyrenäischen Halbinsel, Siciliens und Neapels haben statt b u t y r u m das eigenthümliche m a n t e - c a,
- g a, - i g a (Schmalz), die kelt. Sprachen brit. a m a n n, a m o n e n korn.
m a n y n, m e n e n kymr. y m e n y n gadh. l m, m.

C. K. Ch.

Cadetum s. Candetum.
Caecos s. Cecos.
81. Caelia s. Cervesia.
Καίτρεαι etc. s. Cetra.

82. **Calliomarcus.** „Ad tussem remedium efficax herba quae
gallice **calliomarcus**, latine **equi ungula** vocatur." Marc.
Burd. c. XVI. An den ersten Theil des Wortes klingt der deutsche Name
der ungula caballina : **kalenwurz**, in Zeningers Vocabular vom J. 1482.
Dem lat. Namen der Pflanze entsprechen ihre germanischen : **roßhuf** u.
dgl. und der kymrische **carn** oder **troed yr ebawl** m. i. e. ungula vel
pes pulli equini, cf. engl. colts foot; zur zweiten Hälfte erhielt sich der alte
Name in brit. **troad-** oder **paô-march** m. d. i. Fuß oder Pfote des
Pferdes; zur ersten Hälfte (s. u.) klingt kaum gadh. **gallan** (m. ramus)
greannchair (von **greannach** crinitus, hispidus? **gearran** m. equus
rusticus vel castratus, woher das Ad. **gearranach**, liegt ferner ab).
Ein andrer kymr. Name der Pflanze: **alan**, der sonst animans, animal bedeutet, erinnert an ob. gadhel. **gallan.** Ferner heißt sie kymr. **gwrth-
lys** m., wörtlich dem span. **contrayerva** (peruanische Giftwurzel) ent-
sprechend; auch **pesychlys** m. i. e. tussilago, Hustenkraut, wie
auch der brit. Name **Iouzawen ar pâz** f. Ein irischer Name ist **fa-
than** m.

Die zweite Hälfte des alten und eines neuen Namens werden wir v.
Τριμαρχισία näher untersuchen.

Für die erste Hälfte bietet sich kymr. **caill** (pl. **ceilliau**) f. brit.
call, calch m. (gadh. **clach**, pr. lapis) testiculus (unverwandt mit hd.
geilen pl.), vgl. die Pflanzennamen testiculus vulpinus, hircinus u. s. m.
Die Gestalt des Fußes verschwindet freilich bei diesem Bilde.

83. **Calocatanos.** „Fastidium stomachi relevat **papaver silvestre** quod gallice **calocatanos** (al. **calocatonos**) dicitur, tritum et ex lacte caprino potui datum."

Der Anklang an **calox cardiatos** o. v. **Analentidium** mag
zufällig sein, wie auch an frz. **coquelico-t**, -q neben **coque** id.
(nicht von kelt. **coch** ruber, sondern eig. **coq** Hahn vgl. Diez 599 ff.), und
an nl. **kollebloem** (s. u.). kymr. **paby coch yr yd** bedeutet rother
Kornmohn, brit. **roz-aer** m. Schlangenrose, gadh. **codalan**, **lus-a-
chodail**, m. Schlafkraut, von **codal, cadal, cal** m. somnus, sopor
caidil, cal dormire. Diese späte Zusammenziehung möchten wir nicht
in **calo-** suchen, eher noch in **catan** eine antike Nebenform von **cadal**, deren Genitivstand in zweiter Hälfte dem Sprachgeiste angemeßener ist.

Der obige, auch von J. Grimm herbeigezogene, nl. niederrhein. Name
kollebloem ist wahrscheinlich Synonym von **klatsch-**, **klapper-rose**,
da nl. **kollen** vor den Kopf schlagen, dann auch zaubern bedeutet, was
zwar auch auf die betäubende Kraft der Körner gedeutet werden könnte,

aber doch vielmehr nur auf die Blume geht, welche die Kinder in vielen
Gegenden zusammenzufalten und knallend zu zersprengen pflegen, indem sie
sie wider die Stirne schlagen. So deutet auch das Aachener Idiotikon von
Müller und Weitz den Namen. Mit dem Zeitworte scheint nd. k.olle f.
weißer Fleck auf der Pferdestirne, in Redensarten auch Stirne, Kopf überhaupt, zusammenzuhangen. Dagegen lautet nd. kolle satureia auch kölle,
nl. keule und ist von kollebloem zu trennen.

84. Candetum spatium centum pedum, mit dem sonderbaren Zu-
satze von cadetum für 150 Fuß, der zwar sehr verdächtig ist, aber
doch bereits Isidorus Hispalensis vorlag, wie die Texte o. v. Acnua zeigen.

Dieses gallische Wort ist vielleicht identisch mit brit. cañtved kymr.
canved centesim-us, -a pars, und stammt ohne Zweifel von kymr. cant brit.
cañt korn. canz gadh. cead, ceud 100, das dem lat. centum alban.
kint unter den zahlreichen Verwandten (aufgezählt Goth. Wtb. II. 582 ff.)
zunächst steht, sich aber durch den antikeren Vokal unterscheidet, die altgallische Form wiederum durch den erhaltenen Nasal von der gadhelischen;
beider d wird durch n erweichtes t sein, ein nicht seltener Vorgang. Schon
wegen des Vokals suchen wir das Zahlwort nicht in den Namen des asiatischen Galaten Centaretus, var. Citaretus, bei Plin. VIII. c. 42., und
der hispanischen Stadt Centobrica. Doch sind auch die Cantae und
Cantii u. s. m. nicht hierher zu ziehen.

85. Candosoccus. „Nonnullis tamen in vineis characatis animadverti
et maxime helvenaci generis prolixos palmites, quasi propagines, summo solo
adobruere, deinde rursus ad arundines erigere et in fructum submittere, quos
nostri agricolae mergos, Galli candosoccos vocant." Colum. V. c. 5.

„nostri agricolae" sind römisch sprechende in Hispanien oder in Italien;
mergus erhielt sich in ital. mergo (Taucher und Senker), margott-o, -a
nprov. margot, margota, marcota frz. marcot, marcotte Senker.

Die erste Hälfte klingt zwar um so mehr zu candetum, da beide
Wörter bei Columella vorkommen; aber das Zahlwort wüsten wir hier nicht zu
deuten, auch nicht ein andres kymr. cánt u. v. canthus, womit wol das in
einer Glosse vorkommende, einen geflochtenen Zaun, wie sogar hd. kant-
zaun (beim Waßerbau, s. u. a. Encycl. Wörterb. 1800 Bd. III.), bedeutende
Wort identisch ist. „ad arundines" läßt an ein mit κάννα, canna zusammenhangendes Wort denken, das die nkelt. Sprachen nicht zu besitzen scheinen.

Die zweite Hälfte kann dem alten σύκχος, soccus entsprechen, wenn
dieses wirklich folgenden Reihen den Ursprung gab (außer dem deutlichen
und gleichbedeutenden Lehnworte in vielen modernen Sprachen), zumal der
ersten : 1) mlt. socca, soca, soqua, socus, zoccus, zucheus ital.
zocco (auch zoccolo neben soccolo socculus) prov. soc m. soca f.
nprov. souc m. souca f. (notá bene souca auch Weinrebe) frz. souche.
2) mlt. soccus frz. gadh. soc engl. sock kymr. brit. swch korn. brit.
soch korn. zôh, m. vomer, kymr. rostrum, snout, nose, Zw. swchio; brit.
souch auch adj. stumpf, daher soucha stumpf machen oder werden; gadh.
soc auch rostrum, mentum, cuspis anterior; dem. socan m. little snout,
beak or ploughshare; socach adj. rostratus; s. m. i. q. soc; terrao lingua
inter duo flumina; portio terrae arabilis, nur scheinbar i. q. mlt. soca, soga.
Man beachte diese Lebhaftigkeit des Wortes in den nkelt. Sprachen. Es

wäre sonderbar, wenn das schon ahd. sêh, sech nur zufällig zu diesen Wörtern stimmte.

86. Cantherius. „Ego faxim muli, precio qui superant equos,
Sint viliores gallicis cantheriis.“
Plaut. Aulul. III. 50, 5. v. 20—21.

Damit ist zwar noch nicht die gallische Abkunft des Wortes entschieden, und es kommt bekanntlich bei Lucilius, Cicero, Seneca, Columella (wesshalb wir nicht ob. cando- damit vergleichen dürfen), Varro, Festus, auch bei Tertullianus (u. v. Epona) vor, ohne daß selbst die Grammatiker von barbarischer Abkunft sprächen; aber schon das wahrscheinlich alte th (Freund u. A. ziehen t vor) läßt wenigstens an κανθ-ος, -ων, -ηλιος denken; die Verschneidung des Pferdes wäre dann nur als Degradation zu fassen.

In der Bed. Wallach, Saumthier erhielt sich das Wort im mlt. (auch cantarus u. s. m.) und in nl. kanter (Wallach, bei Kiliaen), neben dem vielleicht doch von canthus-abgeleiteten kanteel, k.- hout, staecksel für die abgeleitete Bedeutung; für diese ferner in nhd. kunter (der Seidenweber, s. Enc. Wtb. a. a. O.), kenter (dem. kenterlein, hei Frisch), ganter (Höfer, Schmeller), engl. gaunter (umgedeutet gauntree) afrz. gantier ital. cantiere port. canteiro span. canterio (vll. auch in cantel) frz. chantier. Dagegen ist brit. caût m. chantier. wiederum identisch mit dem Worte für circulus, s. die folgende Numer. poln. kętnar böhm. kantnef m. Lagerholz, Kellerbaum entsprangen einer deutschen Nebenform.

87. Canthus. „Barbarismum pluribus modis accipimus: unum in gente, quale sit, si quis afrum vel hispanum latinae orationi nomen inserat: ut ferrum quo rotae vinciuntur, dici solet canthus, quanquam eo, tanquam recepto, utitur Persius.“ Quint. Inst. I. 5.

„ — — quamvis temone sub uno
Vertentem sese frustra sectabere canthum,
Cum rota posterior curras et in axe secundo.“
Pers. Sat. V.

In nachklassischer Zeit u. a.: „cantus, ferrum circa rotas vel ligna, vulgo gaurle, al. cauil-e, -la“ Gloss. (auch gavilium etc., ital. gavello Felge neben caviglia etc. aus lat. clavicula, vgl. Diez 95.). Im Breviloquus etc. „i. curvatura vel circumferentia rote.“

Mit dem griech. κανθός theilt canthus in mlt. Zeit auch die zweite Bedeutung und wird in dem alten Voc. Sussanaei erklärt: „pars communis superioris inferiorisque palpebrae, quam duplicem habet uterque oculus, alterum juxta nasum, juxta tempora alterum.“

Eine dritte mlt. Bedeutung (cantus 4. decl.; einmal camtus) ist angulus exterior überhaupt, in den lehenden Sprachen weitaus die verbreiteteste, die auch wegen ihrer inneren Allgemeinheit die ursprüngliche seín könnte; freilich aber hat die Sprachentwickelung manchmal die entgegengesetzte Logik.

Noch andre Bedeutungen werden sich im Folgenden nebenbei ergeben.

Eine merkwürdige Synonyme „camis (einmal canis) i. lignum sine ferro quae cantum dicitur“ hat sich besonders im späteren Mlt. geltend gemacht und theilt mit cantus die deutsche Glossierung durch felge. Auch ein Plural camites kommt früh vor und erhält eine Legitimisierung durch brit. cammed, pl. -ou, f., das auch i. q. canm f. kymr. cam (pl. c a m r a u) passus, brit. auch ingressus, vestigium bedeutet. Ferner gehören hierher kymr. c a m m o g, pl. c e m m y g, c a m m e g a u, m. (gadh. c a m a g quodvis rotundum) Felge, vielleicht auch wallon. c h a m e, c h a m m f. id., verschieden von frz. wallon. j a m b e Bein, aber doch wol eher zu altspan. port. c a m b a Felge gehörend, das indessen mit c a m e g u. s. w. wurzelverwandt ist; frz. j a n t e afrz. g a n t e Roq. f. Felge stellt Diez 667 ff. lieber zu c a m i t e m, als zu c a n t h u s. Alle diese Wörter gehören zu der verbreiteten indogermanischen, in den kelt. Sprachen besonders deutlich hervortretenden, Wurzel k a m curvum esse, und c a m i t hängt nur dann mit c a n t b zusammen, wenn wir in jenem die Urform erkennen wollen, aus welcher erst c a m t entstand; was zwar keineswegs ohne Analogien, aber immerhin sehr gewagt wäre.

Sei c a n t Wurzel, oder nur abgeleiteter Stamm, so wollen wir hier einige Beispiele zusammenstellen.

Felge oder vielmehr den ganzen Reif, die circumferentia rotae, ebenso auch des Siebes, endlich auch k a n t z a u n (s. vor. Nr.) bedeutet kymr. c a n t m., die Abl. c a n t e l l f. circulus, circumferentia, circulus überhaupt, ebenso brit. c a n t m., insbesondere den Siebreif u. dgl., sodann cantherius (s. vor. Nr.), und hat in allen diesen Bedeutungen Derivate. Die beiden Schwestersprachen haben das Wort nicht; es scheint frühe aus dem Lateinischen (in Großbritannien) eingedrungen.

ital. span. port. canto afrz. cant, m. angulus, margo; span. port. auch lapis angularis, daher, bes. in Ableitungen, lapis überhaupt; ital. auch latus, regio, wie c a n t o n e, span. prov. oberital. frz. c a n t o n, das auch Ecke, ital. auch lapis angularis bedeutet; port. c a n t ã o Kanton scheint Lehnwort; ital., namentlich piem. auch (wie nprov. c a n t e l, sonst Stück) vicus, Stadtquartier, (waldens.) Abtheilung; raet. c a n t u n, c h a n t u n, mit der merkwürdigen, zu c a m i t e m, c a m t u s stimmenden Nebenform c h a m a d u n, m. angulus; nur die Form c a n t u n, manchmal Lehnwort c a n t o n, gilt für Kanton. Weiteres s. bei Diez 85. Ngr. καντοῦνι angulus a. d. Ital.

Der Mangel der Lautverschiebung bezeugt das Lehnwort in den germ. Sprachen : altn. k a n t r nnord. nl. engl. ahd. (selten; vll. auch c a m i t e s bed.) k a n t, m. nnd. (daher nhd., im Süden selten) k a n t e f. angulus, margo, ora, latus, später auch fimbria denticulata. Hettema gibt ein sonderbares westfries. k a e d. Die nord. und sächs. Sprachen leiten auch Zeitwörter davon ab. Engl. c a n t bedeutet auch schief, wie a s k a u n t, a s - k a n c e, asquint, squint nd. s c h û n s, s c h i e n s nl. s c h u i n, s c h u i n s c h, s c h u i n s jütländ. aa-s k a n d s westfries. s k â n, s c h e a n, die zum Theile fremdartig genug aussehen, obgleich auch ital. s c a n c i o, s c h i a n c í o und das sicher zu canto gehörende piemont. b e s c a n t Schiefe bedeutet, ital. b i s c a n t o angulus. J. Grimm Gr. III. 213. möchte auch das lautverschobene ahd. c h a n z u u a g a n mhd. k a n z w a g e n currus hierher ziehen; darneben steht wiederum ein schon ahd. s c h a n z w a g e n von s c h a n z e f. Seiten- oder Trag-stange des Wagens (Schmeller III. 374.), welchem das u. a. in Danzig und am Harze, nach Weber auch in Oesterreich, nicht für Wägen, sondern für tragende Menschen übliche s c h a n d e, s c h a n n e f. Trag-stange, -joch entspricht; auch sorb. b a n d a Karr-, Achsel-band böhm. b a n d y pl. Hosenträger. Demnach ist sowol s c h a n z e und **s c h a n z k o r b**, wie anderseits schwäb. **s c h a n z** i. q. ital. **s c ą n c i a**, **s c a n s i a** (Schm. l. c. Diez 132.) zu trennen.

lett. **k a n t e** f. ist das nd. Wort, und daher stammen auch die Ableitungen; auffallend aber unterscheiden sich poln. **k a n t** m. Kante (**k a n t a k** kantiges Holz; **k a n t o n**, wie anderswo) und das echt slavisch aussehende **k ą t** m. Winkel c. derivv., regelrecht böhm. **k o u t** (woher u. a. **k o u t n i c e** Augenwinkel i. q. russ. **k u t ó k**; Winkelmaß) sloven. **k ó t** sorb. illyr. russ. **k û t**, m. id,; daher u. a. poln. **p o k ą t n y** im Winkel, heimlich, duckmäusig; verschieden von **p o k u t n y** poln. sorb. bußfertig i. q. litau. (žem. Lehnwort) **p a k u t n a s**; böhm. strafbar (**p o k u t a** böhm. Sühne, Strafe poln. sorb. Kirchenbuße, wie litau. **p a k u t a**).

Wiederum tritt hier eine Form mit m auf, die, wenn sie nicht völlig zu trennen ist, zugleich die einheimische Urform des lituslav. Sprachstammes darstellen würde; am meisten vermissen wir an ihr den ausl. Dental, an dessen Stelle ein dem m homogener Labial steht. Litau. **k a m p a s** bedeutet sowol Winkel, wie Gegend u. s. w.; **p a r k a m p i n n i s** ist i. q. poln. **p o k ą t n y**. Doch auch abgesehen von der möglichen Identität von **k a m p** und **k ą t**, ist das Indigenat des letzteren um so eher glaublich, da selbst ξανθός nur Lehnwort im Griechischen sein dürfte, vielleicht auch κάνθος (vgl. vor. Nr.). Für **k a m p** : **k a n t** mag aus etwas fernerem Sprachkreiße erwähnt werden die finn. Synonyme **k a m p u r a** und **k a n t t u r a** curvus. Spät entlehnt ist estn. **k a n t** Kante u. s. w.

C a p n u m a r g o s s. **M a r g a**.

88. **C a r a c a l l a**. „**C a r a c a l l i** nomen accepit (Antoninus) a **v e s t i-m e n t o** quod populo dederat, demisso usque ad talos, quod ante non fuerat; unde hodie **A n t o n i n i a n a e** dicuntur **c a r a c a l l a e** hujusmodi in usu maximo plebis frequentatae.“ Spart. in Antonino Caracallo, simil. in Severo. „Aur. Antoninus Bossianus **C a r a c a l l a**, Lugduni genitus, cum e **G a l l i a** vestem plurimam devexisset talaresque **c a r a c a l l a s** fecisset, — — **d e n o m i n e h u j u s v e s t i s C a r a c a l l a** cognominatus est.“ Aur. Victor Epit. XXI. Mit Unrecht vergleicht man einen kürzeren Mantel bei Martial. Ep. I. 102. (103.):

„Dimidiasque nates **G a l l i c a p a l l a** tegit.“

Der Name verblieb einer Mönchstracht, die noch bei Hieron. Ep. 128. (al. 64. Nr. 15.) von „absque **c u c u l l i s**“ unterschieden wird, aber auch damit identificiert wurde, so in der Glosse η καρακάλλιον cuculla.“ Die alte V. S. Eugendi Abb. c. II. ap. Dufr. sagt: „aestivis temporibus **c a r a c a l l a** vel **s c a p u l a r i** cilicino utebatur.“ Dazu stimmt prov. **c a r a** cilicium (belegt bei Roquefort), wenn es richtig gedeutet ist. Freund citiert noch Edict. Dioclet. p. 21. Zeuss 728. vgl. 275. sucht in **c a r a c a l l a** eine Ableitung.

Anklänge lassen wir lieber unberührt, da uns deutliche Verwandte nicht bekannt sind. Die gallische Natur des Wortes ist ja auch noch nicht sicher.

C a r b i d o l u p o n s. Ταρβηλοδάθιον.

89. „Κάρνον τὴν σάλπιγγα Γαλάται.“ Hesych. „Τρέτη (σάλπιγξ) ἡ Γαλατικὴ, χωνευτή... ἔστι δὲ ὀξύφωνος καὶ καλεῖται ὑπὸ τῶν Κελτῶν κάρνυξ.“ Eustath. ad Hom. Il. p. 1139, 57., nach Mommsen vielleicht aus Posidonios. Vgl. auch **Cernunnos** u. v. **Tarvos**.

Das Dict.-Scoto-celt. gibt ein alleinstehendes „cârn m. a horning, mandatum quo quis in vincula conjicitur." Dazu stellt sich zunächst kymr. cyrniad m. cornicen (s. nachher corn), ceirniad m. id.; animal cornupes; kymr. korn. brit. carn m. cornu vel ungula equi etc., während cornu, llorn im Allg., wie für tuba, κάρνος, und in der roman. und german. Bed. angulus sich in einer so großen Zahl namentlich kymrischer und britonischer, von der Form corn ausgehender, Wörter verzweigt, daß die Entlehnung, die wir anzunehmen geneigt sind, sehr früh stattgefunden haben muß. Den alteinheimischen Wurzelvokal aber hat noch gadh. ceârn f. angulus; regio, vicus (wie nd. fries. horn) mit mehreren Ableitungen; sodann nochmals cârn (gen. càirn, cùirn) m, worinn sich mehrere, vielleicht sämtlich von unserer Numer zu trennende, Wortstämme zusammenfinden; in der Bed. congeries, impr. lapidum, vielleicht auch rupes, entspricht ihm obiges kymrobrit. carn, besonders die Abll. kymr. carnedd m. brit carnez, carnac f.; daher gadh. cârn kymr. carnu congerere, to heap up, wogegen brit. carna se former en corne; aber auch aus corn bildet sich kymr. cyrnen congeries vb. cyrnennu (bes. ŷd bladam). Beide Vokalismen stoßen auch zusammen in brit. cornel, cornyel m. Schuhabsatz (wenn es nicht roman. Lehnwort ist) und kymr. cernial m. Schuhsole, auch Zw. to buck with the head, to bicker cf. cern m. Kopfseite, Wange; brit. cacumen, wofür sich wiederum kymr. gadh. caran m. vertex capitis u. s. m. zu weiteren Untersuchungen bietet, auf welche ich hier verzichte, indem ich auf mein Goth. Wtb. II. 40 ff. verweise und hier nur noch den nkelt. o-Stamm eklektisch darstelle.

_ kymr. korn. brit. corn m. cornu, tuba, tubulus (kymr. Rolle brit. Tabakspfeife); brit. auch angulus; pl. kymr. cyrn korn. cernow, brit. zwiefach: cern, cernyel cornua cornou, cornyòu tubae, tubuli fumo ducendo, anguli. gadh. còrn, gen. cùirn m. poculum corneum; obs. velum còrnadh m. complicatio; sinus, ora, fimbria, engl. corner, skirt; brit. cornařen f. trachea kymr. corn breuant, corn y gèg id.; kymr. korn. cornel korn. corna-l, -t gadh. còirneil, m. angulus; cy. corni to grow horny; to form into rolls, to swaddle cornio to push with the horns brit. corna cornu carnere, corner, tinter; cornubus firmari.

90. **Carpentum.** Ann. Florus I. c. 18. erzählt von einem Triumphzuge : „Ante hunc diem nihil nisi pecora Volscorum, greges Sabinorum, **carpenta Gallorum**, fracta Samnitum arma vidisses." Und III. c. 10. von einem andern über die Allobrogen und ihre gallischen Brüder : „rex ipse Bituitus discoloribus in armis argenteoque **carpento, qualis pugnaverat.**" III. c. 3. erzählt er von den Frauen der Kimbern, daß sie „objectis undique **plaustris** atque **carpentis,** altae desuper quasi e turribus, **lanceis** contisque pugnarent." Als Streitwägen der Britannier erscheinen sie ebds. c. 10 : „trepidantia — — **carpenta** volitabant." Zu diesem Ausdrucke stimmt : „**carpento** pervolavi" Apul. XI. Wort und Sache, namentlich als Frauenwagen, war schon von Alters her bei den Römern bekannt; vgl. Liv. V. c. 25.: „Honoremque ob eam munificentiam ferunt matronis habitum; ut **pilento** ad sacra ludosque, **carpentis** festo profestoque uterentur." Beide Fuhrwerke stehn einander gegenüber auch bei Trebell. Pollio in Zenobia : „Usa vehiculo **carpen-**

tario, raro pilento, equo saepius." Sodann bei Festus, nach Livius:
„Pilentis et carpentis per urbem vehi matronis concessum est" etc.
Ferner vgl, mit einer wunderlichen Herleitung (von Carmenta), Ovid. Fast. I.:

> „Nam prius Ausonias matres carpenta vehebant;
> Haec quoque ab Evandri dicta parente reor."

Später wechselte der Gebrauch. Die Etymologisierung bei Isidor. Hisp.
Or. XX. c. 12. stützt sich auf obige Stellen bei Florus, in deren erster auch
das Wort pompa bald im Texte folgt. Jener sagt : „Carpentum
pompaticum vehiculi genus est, quasi carrum pompaticum."
Außer dem Prachtwagen gab es auch ein geringeres „carpentum pri-
vatum" (Amm. Marc. XIV. c. 11.). Bei Vegetius II. c. 25. sind die carpenta Geschützwagen, die den onager tragen.

Wir haben das Wort zunächst wegen seiner mehrmaligen Beziehung
auf keltische und vielleicht germanische Völker bei Florus hier aufgenommen, weil er es schwerlich nur durch Zufall und Willkür wählte. Bei
dieser Gelegenheit setzen wir eine Stelle aus Ἀῤῥιαν. Τέχνη ταχτιχή c. 33.
her, an welche sich unsere Leser öfters erinnern mögen :

> „Καίτοι οὐκ ἀγνοῶ χαλεπὴν ἐσομένην τὴν δήλωσιν τῶν ὀνομάτων ἑκά-
> στων, ὅτι οὐδὲ αὐτοῖς Ῥωμαίοις τὰ πολλὰ τῆς πατρίου φωνῆς ἔχεται,
> ἀλλὰ ἔστιν ἃ τῆς Ἰβήρων ἢ Κελτῶν, ἐπὶ τὰ πράγματα αὐτὰ Κελ-
> τικὰ ὄντα προσέλαβον, εὐδοκιμήσαντος αὐτοῖς ἐν ταῖς μάχαις τοῦ Κελτῶν
> ἱππικοῦ." ·

Für den römischen Ursprung von carpentum spricht etwa, daß es vielfach in klassischer Zeit vorkommt, jedoch nur mit dem seltenen Derivat carpentarius (Plin., Treb. Pollio s. o., artifex carp. Lamprid. in Severo), das
erst seit Isidor. Hisp. als Substantiv vorkommt mit der Bed. Wagner und noch
später in der des Zimmermanns, die es neben der andern in ital. carpentiere
hat, ausschließlich aber in prov. carpentier, frz. charpentier; span.
carpintero port. carpenteiro ist i. q. bei Vgutio mlt. carpentarius,
„omnis faber lignarius", in den altd. Glossen zimberman, carpenta, frz.
charpente, zimmer. Für die zahlreichen mlt. Ableitungen und Bedeutungen
des Wortes ist Dufresne und Gloss. lat.-germ. nachzusehen. Sonderbarer
Weise aber hat sich das Primitiv nur erhalten in raet. carpien m. Molken-
schlitten für die Alpen, pl. carpiens Feldgeräthschaften; einige Mundarten
haben charbaint m. charpainta f. Breterboden für Mundvorrath oder
Feldfrüchte, das ob. mlt. carpenta. gr. κάρπεντον ist Fremdwort.

`J. Grimm Myth. S. 1223. hat die alte lat. Deutung aus carpere viam
adoptiert, und vergleicht die Verwandtschaft von Wagen und Weg.

Aber außer den Beziehungen bei Florus sprechen noch andre Gründe
für die keltische Abstammung des Wortes, das die Römer früh von den cisalpinischen Galliern empfangen haben mögen.

Wir finden es in dem gallischen Stadtnamen Carpentoracte Plin.
H. n. III. c. 36. und in dem britannischen Καρβαντόριγον Ptol. II. 3.,
vielleicht aber nicht in der schottischen Cairpentaloch Nenn. Hist. Brit. XIX.
Desto sicherer aber bei den ältesten und den alten Römern am fernsten und
fremdesten geblieben britannischen Kelten, den Gaidelen, nicht bloß das Wort
selbst, das indessen namentlich auf kirchlichem Wege eingedrungen sein könnte,
nebst Ableitungen, sondern, wie es scheint, auch dessen Primitiv.

gadb. carbad, in Cormacs Glossar carpat, carbat, aus carpant, καρβαντ (ob. Ptol.) m. currus, et bellicus, et levior; lecticula, Roßbahre, Senfte (auch maxilla, cf. cairbhin gingiva carbalm. palatum); carbadar m. auriga i. q. obs. carboir und cairbne m. von cairb f. carbh m. asser; currus; navis (an corbis und zugleich an carabus erinnernd); cairbh classem apparere carbhodach nauta u. s. m.; cairbhist m. currus, onus, scruta. Die britonischen Sprachen haben nur scheinbare Anklänge. Carrus scheint unverwandt; „ubi carpenta vel carra ducuntur" stellt die Lex Burgund. addit. I. tit. I. c. 4. ap. Dufr. zusammen.

Carrocco s. Corrocco.

91. Carrus ist wiederum zwar nicht als Fremdwort beglaubigt und könnte eine specialisierte Nebenform von currus, aber auch ein aus Gallien, auch aus Germanien und Hispanien eingeführtes Wort sein.

Der wichtigste Gebrauch des Wortes kommt bei Caesar vor, der es jedoch nicht erst aus Gallia transalpina eingeführt hat, da es schon Varro und Sisenna kannten, und Plin. H. n. XXXIII. c. 11. eine Ableitung: „nos carrucas ex argento caelare invenimus."

Zur Auswanderung „(Helvetii) jumentorum et carrorum quam maximum numerum coemere" B. G. I. c. 3., und „pro vallo carros objecerant" ib. c. 26. Bestimmter heißt es B. civ. I. c. 51.: „venerunt eo sagittarii ex Rutenis, equites ex Gallia cum multis carris magnisque impedimentis, ut fert Gallica consuetudo", wobei freilich carris mit impedimentis koordiniert ist, wie denn auch B. G. I. c. 6. bei dem Wege „inter montem Juram et flumen Rhodanum, quo vix singuli carri ducerentur" das Wort nicht als Fremdwort, jedoch als für einen landüblichen Gegenstand gebraucht wird. Wie oben den Galliern, so schreibt Caesar B. G. IV. c. 14. den Germanen „carros impedimentaque" zu; beide Worte stehn auch bei Sisenna in Wechselbeziehung. Ferner sind es wiederum bei Caesar B. G. I. c. 51. die Germani, die ihre Wagenburg schlugen, „paribusque intervallis Harudes, Marcomannos, Triboccos, Vangiones, Nemetes, Sedusios, Suevos omnemque aciem suam redis et carris circumdederunt, ne qua spes in fuga relinqueretur" etc. Ein ntr. pl. carra hat der Verf. des B. Ilispan. VI., die Pompejus in Hispanien gebraucht; ferner Nonius (s. u.), der Maskulinbeispiele nur als Ausnahmen citiert. Seit Pollio (XXX Tyr.) und der Etymologisierung bei Isid. Or. XX. c. 12.: „carrum a cardine rotarum dictum" kommt dieses Neutrum öfters vor, auch in halb griech. Glossen: „carrum ἅμαξα", „κάρρον carrum", „κ. raeda"; so auch jene Ableitung „καρούχιον rheda", „ῥηδίον κ." neben καρούχα Hesych., καρήκα; carruca steht auch bei Martial. Ep. XII. 24. neben essedum und covinus s. u. h. v. Sodann bedürfen folgende hierher gehörige Glossen bei Hesychios noch der Untersuchung: „Καράμῳ πιθῳ· καράμια ἡ ἐπὶ τῆς ἁμάξης σκηνή. — Κάραρυες οἱ Σκυθικοὶ οἶκοι· ἔνιοι δὲ, τὰς κατήρεις ἁμάξας."

Diese Gleichung mit der gallischen reda, wie die Stellung unter den gallischen Streitwägen bei Martialis a. a. O. und bei Liv. X. c. 28.: „essedis carrisque [„forte carpentis" Lemaire] superstans armatus hostis (Gallus) ingenti sonitu equorum rotarumque advenit", wie bei Sisenna (s. nachher) neben dem fremdartigen sarraca (sarruca), auch neben

c a r p e n t a in vor. Nr., unterstützen die Vermuthung fremder Abstammung.
Vegetius III. 10. scheint diese anzunehmen, wenn er sagt : „Omnes b a r -
b a r i (Kelten und Germanen) c a r r i s s u i s“; vgl. nachher über c a r r a g o.
Nonius Marc. III. p. 195. sagt : „C á r r a neutri generis esse, consuetudine
persuasum est. Masculini Sisenna Hist. l. IV. : „„Impedimentum collocant
omni, construunt c a r r o s et s a r r o c a crebra disponunt.““ Varr. Caei
(Cati?) lib. II. :

„„G a l l i c a porta c a r r o s adcurat usque politos““,
eine dunkle Stelle, in welcher immerhin eine Beziehung der c a r r i zu
Gallien liegt.

Allmählich verschwindet das msc. c a r r u s fast ganz aus dem Gebrauche;
im 8. — 9. Jh. stellt sich auch ein fem. c a r r a ein, das bald den Wagen,
bald die Wagenlast und Aehnliches bezeichnet. „Plaustrum quod v u l g o
c a r r u m“ in einem ital. Capitulare bei Dufr. bezeugt die Volksthümlichkeit
des Wortes. Eine neue Etymologie und Schreibung versuchte Stephanus
Tornac. Epist. CCXXVIII. „Vehiculum ad te mittimus, quod forsitan a q u a -
d r o, d mutato in r, propter numerum rotarum q u a r r u m appellamus.“
Mein Gloss. lat.-germ. glossiert c a r r u s durch k a r e, k a r r i c h, wagen
u. dgl., c a r r u m durch nd. waghenbret.

Von dem Armensünderkarren biß zur Staatskarosse sind vielerlei Fahrzeuge aus dem alten c a r r u s erwachsen, aber außerdem noch eine unge-
wöhnliche und in den Bedeutungen weit aus einander gehende Zahl von
besonders mlt. und roman., Wörtern, deren viele auch mit einfachem r, auch
mit q u a r, q u a d r geschrieben werden. Wir werden nur einige im Folgenden als Beispiele geben.

Das Primitiv erhielt sich in ital. (pl. -i und -a) span. port. c a r r o raet.
c a r r, c h a r r frz. c h a r dakor. c a r u; die älteste Ableitung c a r r u c a,
der Galawagen, mit sehr abweichenden Bedeutungen in ital. c a r r u c - a,
- o l a, das seltner einen Schiebkarren, als eine Windenrolle, trochlea, re-
chamus bedeutet, wie span. c a r r u c h a, g a r r u c h a, wogegen ein span.
msc. c a r r u c o m. grobes Gebirgswägelchen sich bildete; in den Leg. Sal.
und Alam. bedeutet c a r r u c a, c a r u c a den Räderpflug, frz. c h a r r u e,
woher port. c h a r r ú a. Sodann zeugte sie die msc. (span. c á r r ú c o s. o.)
ahd. c a r r u h mhd. nhd. dial. k a r r i c h u. dgl. m. (s. u.).

Eine zweite Ableitung aus klassischer Zeit ist c a r r a g o (Wagenburg),
uns besonders wichtig, weil (trotz der lat. Endung) schon bei ihrem ersten
Vorkommen Amm. Marcellinus XXXI. c. 7. sagt „c a r r a g i n e m, quam
i t a i p s i (Barbari, G o t h i) — — adpellant“, wozu, für Namen oder
Sache, u. a. namentlich Jornandes und Vegetius l. c., die Berichter des
Kimbernkrieges, sodann die Scriptores Hist. auch zu vergleichen sind; Trebell. Pollio in Gallieno c. XIII. sagt: „Gallienus — — G o t h i s vagantibus
per Illyricum occurrit et fortuito plurimos interemit. Quo comperto S c y t h a e
facta c a r r a g i n e — — fugere sunt conati.“ Die späteren Griechen
machten aus der c a r r a g o einen κ α ρ α γ ό ς, den sie sogar mit χάραξ verwechseln.

Wahrscheinlich schon ziemlich lange vor Isidorus Hispalensis ist die ungeheure Triebkraft des Wortes im Wachsen. Er nennt ein „c a r r a c u t i u m,
vehiculum altissimarum rotarum, das nach einem andern Glossar bei Mai

Coll. VI. ein kampanisches Fuhrwerk ist. Es erinnert an die mlt. ital. span. port. carraca (neben carrucha, carrica und selbst carra) navis oneraria, frz. carrache (neben mlt. carracare-carro vehere), woher auch engl. carack, carrick nl. karrâke und kråke.

Man unterscheide das mit Leder überzogene englische coracle kymr. corwgl, corwg, cwragl, cwrwgl m., wahrscheinlich Gildas curuca, curruca. Sein gadh. Name curach f. (woher niederschott. currach, corrack) wird schon im 6. Jh. (Martyr. Dungall. ap. Boll. Mart. III. p. 268.) bezeugt: „Eo aevo quoddam navigii genus usitatum, ex viminibus contextum et bovinis coriis contectum, quod Scotica lingua curach appellatur." Vgl. „— — cassiteron — — in insulas Atlantici mari peti vililibusque navigiis circumsutis corio advehi." Plin. H. nat. XXXIV. c. 16.

Eines der verbreitetesten Wörter ist mlt. carrocium frz. carosse m. nprov. carrosso m. und, auch mlt. port., carrossa ital. carrozza span. carroza alban. kárrotza ngr. καῤῥοῦτζα, f. dakorom. căruçiu (leichter Wagen) m. brit. carrôns m. nhd. karosse f. u. s. w.

Carra-ta, -da, selten -tum Fuder, Wagenlast ist ital. carrata span. carrada kymr. carraid m. brit. carrad (frz. charretée, charge d'une charrette) m.

Das organisch entsprechende afrz. Wort, charrée, bedeutet nfrz. Laugenasche (auch eine Waßerfliege, phryganea), ist in dieser Bedeutung ganz zu trennen, und gruppiert sich sonderbar. Ihm entsprechen fürs erste (aus lat. cinerata) ital. cenerata prov. katal. cendrada port. mlt. (i. e. prov. in Statut. Massil.) cenrada span. cernada nfrz. cendrée (Bleischaum); sodann entspricht das niederlimosin. tsádre (chadra, zunächst aus cendra?) f., in andern nprov. Mundarten. čairias (chairias), čeirel (chairel), m. Daran schließt sich schon leichter ob. charrée, nach pariser Aussprache cherrée; aber die niedernormand. Form lautet carrée und die britonische in Vannes cwéred, coéred m. Und wie verhält sich zu charrée engl. char Holz zu schwarzer Asche brennen?

Außer den bereits bemerkten neukelt. und german. Wörtern mögen noch folgende erwähnt werden:

kymr. car m. waggon, sledge cario to carry, bring, bear ceiriad m. a bearer cart, pl. ceirt, f. a dung cart; brit. carr, pl. cirri, m. charrette; rouet; in Zss. char carréa charier carrer m. charron carricel m. brouette u. s. m. gadh. cârr f. cârn m. obs. cart f. carrus, trahea. — ahd. charro m. charra f. mhd. nd. nl. (nhd.) karre f., mhd. m. nhd. karren (karn, schon im 15. Jh., sogar karne); auffallend ags. cråt, pl. cratu, n. neben engl. cart (wie altgadh.; aus einer roman. Form? vgl. die folg. Nr.); schwed. kårra dän. kårre, karre, f. — alban. kárrë carrus. Auch in finnische und viele asiatische Sprachen wanderte das Wort nebst Sprößlingen.

Carrocco s. Corrocco.

92. *Καρταμέρα.* Lydus de Magistr. II. 13. nimmt in der lateinischen Sprache aeolische, gallische, tuskische und etruskische Mischung an, und sagt, angeblich nach Varro: „Τὴν δὲ ὅλην κατασκευήν τοῦ περιζώματος οἱ Γάλλοι *καρταμέραν*, ἣν τὸ πλῆθος καρτάλαμον ἐξ ἰδιωτείας ὀνομάζει."

Eine griech. Glosse (Martin. Lex. phil. v. C a r t a l l u s) stellt „κ α ϱ τ α-
λ ά μ ι ο ν c a r t a l a m i a" und „κ ά ϱ τ α λ ο ς fiscella" neben einander. Das
bekannte mgr. κ ά ϱ τ α λ λ ο ς mlt. c a r t a l l u s u. s. w. scheint Flechtwerk überhaupt zu bedeuten; in der gewöhnlichen Bedeutung Korb kommt
es auch im Arabischen und Rabbinischen vor (Martin. l. c.). Es wird auch
durch „κ ό φ ι ν ο ς ὀξὺς τὸ κάτω" Suid., ahd. carruh, c r a t t o niederrhein.
bast (15. Jh.) mnl. mate glossiert. Es berührt sich mit lat. c r a t e s, woraus
vielleicht sowol ags. c r ä t (vor. Nr.), als das bald verschobene, bald un-
verschobene ahd. c r a t t o, c r e i t o, c r e z z o mhd. k r a t t e, g r a t t e,
k r e t z e cartallus u. s. w., entlehnt ist, urverwandt dagegen wahrscheinlich
goth. h a u r d s mit Zubehör, vgl. Goth. Wtb. h. v., wo reichlicher Stoff gesammelt ist, auch aus den kelt. Sprachen.

Wenn κ α ϱ τ α μ έ ϱ α nicht auf einem Irrthume beruht, so ist es wol eher
eine dem abgeleiteten κ ά ϱ τ α λ λ ο ς entsprechende Zusammensetzung, als eine
mit deutsch g a i r d a n, g ü r t e n urverwandte.

93. C a s n a r. „In oratione Labieni (sive illa Cornelii Galli est) in Pollionem c a s n a r (varr. c a s - e n a, - m i, - m o) assectator e G a l l i a
ductum est." Quint. Inst. I. 5. Dazu bemerkt Burmann: „Videtur Labienus
de quodam s e n e, puellae assectatore, verba facere." Dieser Sinn des Wortes
ist der richtige, es selbst ein altitalienisches. Vgl. Varro L. l. VII. 28.:
„In carmine Priami quod est:
> Veteres Casmenas c a s c a m rem volo profari
> Et Priamum;
c a s c u m significat v e t u s; ejus origo S a b i n a quae usque radices in
O s c a m linguam egit. C a s c u m vetus esse significat E n n i u s, quod ait:
> Quam prisci c a s c i populi tenuere Latini;
Eo magis M a n i l i u s, quod ait:
> C a s c u m duxisse c a s c a m non mirabile est,
> Quoniam Caron eas conficiebat nuptias etc.
Item ostendit, quod oppidum vocatur C a s i n u m; hoc enim ab S a b i n i s
orti S a m n i t e s tenuerunt, et nunc nostri etiam nunc C a s i n u m Forum
v e t u s appellant. Item significat in Atellanis aliquot Pappum s e n e m,
quod O s c i c a s n a r appellant." Nach Varro sagt Festus: „C a s n a r
s e n e x, O s c o r u m lingua", und aus gleicher Quelle mit Varro schöpft
Cicero: „p r i s c i s illis quos c a s c o s appellat E n n i u s" Cic. Tusc.
Quaest. I.; auch der Gallier Ausonius gebraucht c a s c u s, das Adv. „c a s c e
et vetuste" Gellius I. 10.; vgl. auch den Beinamen C a s c a in der Gens
Servilia Cic. Att. XIII. 44. Aufrecht (Zeitschr. für vergl. Spr. II. S. 152 ff.
vgl. VIII. S. 208.) führt auch noch die Eigg. C a s n a s i - u s, - a an; er
stellt zu c a s n a r u. s. w. c a s n u s = c a n u s.

Afrz. c a s n a r d Schmeichler gehört schwerlich hierher, auch nicht mlt.
c a s n u s i. q. frz. c h ê n e vgl. Diez h. vv.; vielleicht auch nicht, trotz
Varro, die Volskerstadt C a s i n u m, C a s s i n u m, die nicht bloß italischen
Namen begegnet, sondern auch den gallischen C a s s i n o - m a g u s, - g i l u m
(de Belloguet). Spätere Glossare haben c a s i n a r, k a n i s e r senex Mai.
Coll. VI. c a s s i n u r senix u. s. m. Pott sieht in - n a r das bekannte (sanskritische u. s. w.) Wort für M a n n.

Man hüte sich; brit. c ò z (Superl. c ò s a) vetus herbeizuziehen; es entstand aus kymr. korn. c ò t h.

94. C a t e j a. „T e u t o n i c o ritu soliti vibrare c a t e i a s.“

Verg. Aen. VII. v. 741.

„C a t e j a s, tela G a l l i c a, u n d e et T e u t o n i c u m ritum dixit.“ Servius ad h. l. Gellius N. att. X. 25. führt sie unter einer Anzahl alter, zum Theile ausländischer Wörter auf. Wir excerpieren die Stelle, um bei späteren Artikeln wiederum darauf zu verweisen.

„Telorum, jaculorum gladiorumque vocabula quae in historiis veteribus scripta sunt, item navigiorum quoque genera et nomina libitum fore nobis est sedentibus in r h e d a conquirere. — — g e s a (al. g e s - a e a, - e a, - a c a), l a n c e a, s p a r i, r u m i c e s, t r i f a c e s (beide emend. aus r u m i g e s t r i f a l c e s), t r a g u l a e, f r a m e a e, mesanculae (aus griech. μεσάγκυλα), c a t e i a e, r u m p i a e (al. r u m p h e a e etc.), s c o r p i i, s i b o n e s (al. s c i b o n e s, s i b y n a e, s y b i n a e aus συβήναι, s i b i n e s, ζιβύνη der LXX. Ierem. VI. 23. s. u. v. Σιγύνναι), s i c i l e s, (al. s c i l e s, s i l i c e s, s i s i l i c e s), s p a t a e etc. — — r u m p i a (al. r u p i a) genus teli est T h r a c a e nationis, positumque hoc vocabulum in Q. Ennii annalium XIV. — — Naves — — g e s e o r e - t a e (al. g e s t o r i a e), — — p o n t o n e s, — — p a r o n e s, m y o - p a r o n e s.“

Silius Italicus III. läßt sie von afrikanischen Völkern gebrauchen; das Excerpt s. u. y. C e t r a.

Isidorus Hisp. Or. XVIII. c. 7. schreibt : „C l a v a est qualis fuit Herculis — — haec et c a t e i a, quam H o r a t i u s c a i a m dicit. Est enim genus G a l l i c i t e l i ex materia quam maxime lenta — — quod — — rursum venit ad eum qui misit. Hujus meminit Virgilius (s. o.):

Teutonico ritu soliti torquere c a t e i a s;

unde et eos H i s p a n i et G a l l i t e u t o n o s (al. t e u t o n a s) vocant.“

Eine Variante dieser Angabe gibt Papias und nach ihm spätere Glossatoren : „C a t e i a lingua P e r s a r u m est s a g i t t a b a r b u l a t a, sive h a s t a qua utebatur Hercules; erat enim cum ligulis c a t e n a r u m; et quando eam projiciebat, iterum cum catenula retrahebat.“

Noch spätere Quellen bei Dufresne, wie Abbo Bell. Paris. I., der c a - t e i a m durch dardum glossiert und sie als gallische oder französische Waffe betrachtet, und Nicol. Specialis de rebus Siculis VII. c. 5. : „c l a v a m rotans, quam G a l l i c a t e y a m vocant“, sind sofern zu beachten, als sie vielleicht nicht bloß Isidorus folgten, sondern eine romanische (französische) Form des Wortes kannten. Roquefort gibt oder macht denn auch eine afrz. c a t a y e, c a t e y e, c a t e i e. Aus Isidorus schöpft Aelfric seine dreifache Synonyme : „c l a v e vel c a t e i a vel t e u t o n a ânes cynnes gesceot.“ Er braucht auch die später nicht seltene Schreibung c a t e g i a.

Viele halten zu den c a t e j a e synonym die c l a v a e der Gothen bei Amm. Marc. XXXI. c. 7. : „B a r b a r i ingentes c l a v a s in nostros c o n - j i c i e n t e s ambustas, mucronesque acrius resistentium pectoribus illidentes, cornu perrumpunt.“ Diese c l a v a e ambustae sind also ebenfalls Wurfwaffen; verschieden davon sind die Brandpfeile bei Belagerungen, die Caesar bei den Galliern fand, vgl. B. G. V. c. 43. : „(N e r v i i) ferventes fusili ex argilla glaudes fundis et fervefacta jacula in casas, quae more Gallico stramentis erant tectae, jacere coeperunt."

Man hat (so v. d. Hagen Germ. I. 372.) nld. katten einen Werfanker auswerfen verglichen; aber dieser (kat, katte f.) ist gleichnamig mit dem allerdings alten Wurfgeschütz, der Stormkatte, Sturmkatze, deren schon von Martin. in Lex. gemachte Vergleichung mit der cateja mißlich ist.

Owen gibt ein, vielleicht nach cateja geformtes, kymr. catai, pl. cateion, cutter, weapon, Schneidewerkzeug; cateia bedeutet to cut i. q. cwt; und to fight i. q. catau, verschieden von cadu id. Noch weniger läßt sich gadh. gath m. aculeus, telum, jaculum oder engl. gad id., clava u. s. m. (Goth. Wtb. II. 377 ff.) vergleichen.

Das Wort konnte immerhin altlateinisch sein und gerade desshalb späterhin für fremdartige Waffen gebraucht werden. Die Bildung durch éja klingt lateinisch.

Bei Isidors angeblich aus Horatius geschöpfter caia findet vielleicht eine Verwechselung mit cala Statt, vgl. die Stelle bei Serv. ad. Aen. VI. (initio): „Calas dicebant majores nostri fustes, quos portabant servi sequentes dominos ad praelium, unde etiam calones dicebantur. Nam consuetudo militis erat Romani, ut ipse sibi arma portaret et vallum, quod dicebant calam; sicut Lucilius: Scinde puer calam ut calcas; i. e. o puer frange fustes et fac focum." Diese cala ist aus gr. χᾶλον gebildet.

95. Caterva. Bei den alten Schriftstellern, namentlich Cicero, bedeutet caterva Schaar, besonders Geleite von Anhängern, oder doch einen Parteitrupp bei irgend streitigen Augelegenheiten, keineswegs aber von Ausländern, wie denn gerade c. togatorum vorkommt; Vergilius spricht ebenfalls von „magna comitante caterva" (Aen. II.), aber auch von c. avium; Plautus bezieht sie auf die Schauspieler; Gellius personifiziert eine „c. incondita verborum."

Jedoch schon frühe gilt c. auch von einer Kriegerschaar oder Heeresabtheilung, selten der Römer, wie bei Petron. Poet. CXXIV. 231., gewöhnlich der Barbaren, im Gegensatze zu den legiones. Vgl. u. a. bei Tac. Ann. I. c. 56.: „Germanicus IV legiones, V auxiliarium millia et tumultuarias catervas Germanorum cis Rhenum colentium. Caecinae tradit." Auch bei Flor. III. c. 21. wird catervae in ähnlichem Sinne gebraucht.

„Dum fugiunt equitum turmae peditumque catervae."

Horat. Epist. I.

Die wichtigste Stelle hat Vegetius Milit. II. 2.: „Macedones, Graeci, Dardani phalanges habuerunt, et in una phalange VIII. millia censuerunt. Galli atque Celtiberi pluresque barbaricae nationes catervis utebantur in proelio, in quibus erant sena millia armatorum. Romani legiones habent, in quibus singulis sena millia, interdum amplius, certare consueverunt."

Hiernach berichtet Isidorus Hisp. Or. IX. c. 3. bestimmter, darum aber nicht zuverläßiger: „Proprie autem lingua Macedonum phalanx, Gallorum caterva, nostra legio."

Augustinus de Doctr. Christ. IV. c. 24. gebraucht c. in eigentümlicher Weise, zugleich auch als afrikanisch-lateinisches oder auch als ganz fremdes Wort: „Cum apud Caesaream Mauritanae populo dissuaderem pugnam

civilem, vel potius plusquam civilem, quam catervam vocabant." Doch schildert er 'in dieser.merkwürdigen Sitte oder Unsitte „duas
partes", die denn wahrscheinlich catervae hießen. In dem selben Lande
indessen „Marmaridae, medicum vulgus, strepuere catervis" Sil.
Ital. III. v. 300.; und bei Sallust. Jug. XCVII. „equites Mauri atque Gae-
tuli, non acie neque ullo more praelii, sed catervatim, uti quosque
fors conglobaverat, in nostros concurrunt", wie denn auch bei Hirtius B. Afr.
c. XXXII. „Numidae Gaetulique" in Caesars Lager „catervatim"
überlaufen; „c. currere" u. dgl. kommt häufig vor. Bei Columella III. c. 19
stehn „vites — — confusae et mistae catervatim" den „separatae et
distinctae specialiter" entgegen. Diese Unordnung charakterisiert auch die
„catervarios — — temere et sine arte pugnantes" bei Suet. Aug. XLV.;
vgl. ebds. Calig. XVIII. „catervas Afrorum Campanorumque pugilum" (wobei wir nicht „Afrorum", sondern „pugilum" accentuieren) für Horden, Haufen;
und bei Amm. Marc. XIV. 8. 11. „catervae praedonum, interfectorum".

Dieser Charakter der caterva konnte, auch ohne daß sie aus einer
fremden Sprache kam, ihre Anwendung auf fremde Schaaren, gegenüber
den taktisch geregelten legiones, veranlaßen. Die Grundbedeutung ist schwer
herauszufinden. Die Variante caterna bei Vegetius l. c. beruht auf einer
Umdeutung in quaterna; gadh. ceatharn f., pl. ceathairne comm.,
militum vulgus, Kriegsvolk und Freibeuter in Schottland (daher niederschott. kaitrine, kerne) gehört vielleicht dazu, gewiss zu keinem der
kymr. Wörter cadarn valens cethern pl. daemones. Dagegen ist gadh.
ceatharbh f. caterva Fiction, und ebenso kymr. cat-orfa, -urfa, -yrfa
m. id.; dagegen kymr. catrawd, catrod f. Regiment (Soldaten) mit
einigen Ableitungen ein wirklich gebräuchliches Wort, dessen Ursprung mir
noch unklar ist; vielleicht steht es statt cadtrod oder cadrawd (m. the
rage of battle), von kymr. korn. brit. cad f. pugna, woher u. a. cadwr
m. miles (auch scutum, von cadw protegere?), cadorfod m. contentio,
pugna, neben catorfod id., das obigem catorfa zu Liebe ein t erhalten
zu haben scheint. Dem kymrobrit. cad entspricht gadh. cath vb. und s. m.,
das auch eine mehr oder minder bestimmte Kriegerschaar bedeutet; deutsch
hadhu? ein früh erloschener Stamm (vgl. u. a. Grimm Gr. II. 460. Graff IV.
804 ff. Glück 47 ff.)

Caudae s. Bagaudae.

96. Cecos. „C. J. Caesar cum dimicaret in Gallia et ab hoste raptus
equo ejus portaretur armatus, occurrit quidam ex hostibus, qui eum nosset,
et insultans ait: Caesar Caesar (Codex Guelf. I. tantum cecos,
II. cesar; al. Cecos Caesar, Caecos ac Cesar), quod Gallorum lingua dimitte significat; et ita factum est, ut dimitteretur. Hoc
autem ipse Caesar in Ephemeride sua dicit, ubi propriam commemorat fe-
licitatem." Serv. ad. Verg. Aen. XI. v. 1743.

In diesem mehrfach merkwürdigen und räthselhaften Berichte hat jedenfalls ein gallisches Wort gestanden, das mit Caesar selbst verwechselt
wurde. Versuche zu dessen Erklärung macht de Belloguet S. 71. Wahrscheinlich eine wenigstens vermehrte Ausgabe liefert Alan du Moulin in seiner
Grammatica Latino-Celtica, in deren Vorrede er gar nach Caesars Bellum

19

Gallicum ausruft : „Quam terribiles sunt Britones, quando dicunt : torr e
benn da Cesar! i. e. frange Caesaris caput!"

97. Celia s. Cervesia.

98. „Κέμμερον γὰρ λέγουσιν τὴν ὁμίχλην" Etymol. magnum v. Κεμ
μέριοι, wobei jedoch nicht geradezu gesagt wird, daß diese selbst (die
Kimmerier) „λέγουσιν." Wegen dieser Möglichkeit indessen nehmen wir
dieses Wort ebensowol auf, wie ob. αργίλλαι.

Der Sinn der Etymologie geht aus Homer. Od. XI. v. 12 ff. hervor: „Κιμ
μερίων ανδρῶν δῆμός τε πόλις τε ἠέρι καὶ νεφέλῃ κεκαλυμμένοι." Auf die
Unterwelt wird auch die Variation dieses Volksnamens, Κερβέριοι, bezogen
vgl. Hesych. v. Κερβέριον. Eine dritte Form, Χειμέριοι, erklärt wiederum das Etym. magnum: „ἀεὶ γὰρ ἐν χειμῶνί ε. εἰσιν." Lycophron Alex. 695.
erwähnt der, vielleicht in Italien hausenden, Κιμμέρων; er sagt ebds. III.
27 ff. „Κιμμερος ὀκιὰ καλύψει πέρραν". Letzteres Wort ist koptischen
Ursprungs und bedeutet Sonne vgl. Bachmann ad h. l. Nach Ukert I. 1.
S. 26 ff. nahmen die Griechen ihr κίμμερος, κέμερος aus dem semit.
kamar (Hiob III. 5.); aber auch finn. kämy, kämärä Dämmerung estn.
hämmär magy. komor düster klingen an. In dem Thes. nov. Latin. bei
Mai Coll, VIII. wird Cimmeria durch silya obscura glossiert. Zu
bemerken sind noch die Glossen bei Hesychios : „Κίμερος, νοῦς· Φρύγες.
Κιμμερίς θεά· ἡ μήτηρ τῶν θεῶν."

Cercius s. Circius.

99. Cerea, Cerevisia s. Cervesia.

100. Κέρκερ s. Σαπάνα.

101. Cernunnos s. Tarvos.

102. Cervesia. Wir faßen hier mehrere, theilweise keltische, Wörter
für Bier und bierartige Getränke zusammen.

„Est et Occidentis populis sua ebrietas, fruge madida, pluribus modis
per Gallias Hispaniasque, sed ratione eadem. Hispaniae jam
et vetustatem ferre ea genera docuerunt; Aegyptus quoque e fruge sibi potus similes excogitavit." Plin. h. n. XIV. c. 22. „(Galli) vini avidum genus,
adfectans ad vini similitudinem multiplices potus." Amm. Marc. XV. c. 12.
„Ex iisdem (frugibus) fiunt et potus, zythum in Aegypto, caelia
et cerea (al ceria) in Hispania, cervesia (al. cervisia)
et plura genera in Gallia aliisque provinciis." Plin. H. n. XXII. c. 25. s. 82.
„(Numantini) cum se prius epulis quasi inferiis implevissent carnis semicrudae et celiae (Cod. B. praellae), sic vocant indigenam
ex frumento potionem." Flor. II. c. 18. „(Numantini) larga
prius potione usi, non vini, cujus ferax is locus non est, sed succo tritici per artem confecto, quem succum a calefaciendo (sic!) celiam
vocant. Suscitatur enim illa ignea vis germinis madefactae frugis, ac deinde
siccatur, et post in farinam redacta molli succo admiscetur, quo fermentato
sapor austeritatis et calor ebrietatis adjicitur." Paul. Oros. V. c. 7. „Celia
— — est potio ex succo tritici per artem confecta etc. (aus Orosius,
der um 420 v. Chr. in seiner hispanischen Heimat die Berichte seiner Vorgänger autoptisch ergänzen konnte) — — quae fit in iis partibus Hispa-

niae, cujus ferax vini locus non est." Isid. Hisp. Or, XX. c. 3. und weiter:
„cervisia a Cerere i. e. fruge vocata." Besonders bei lateinischen
Schriftstellern in Großbritannien wird der Name celia, als Synonym von
cervisia, gebraucht, letzterer sogar „a nostratibus." Vgl. Joan. Sarisb.
Epist. LXXXV. ap. Dufr.: „Hoc itaque (vinum) paratius est quam celia,
quae a nostratibus usu vulgari cervisia nuncupatur." Das
Gloss. Aelfr. gibt „cervisia, celia ealta." Ebenso ein korn. Vocab.
celea u. s. w. (s. u.). Celia allein steht in Chart. Edmundi R. Angl.
„V congios celiae et unum hydromeli", und in V. S. Brigidae ap. Dufr.
von der Verwandlung des Waßers in Bier:

   „Qui latices gelidos celiae convertit in undas."

In den späteren Schriften wird auch geschrieben celea, cellia. Wiederum ein Engländer (Rymer. t. XIII. p. 374. ap. Dufr.) stellt „vini, ceri
et aliorum requisitorum" zusammen, vielleicht nach der nur von Plinius genannten und celia mit cervesia vermittelnden Form ceria, cerea.

 Cervesia, gewöhnlich cervisia, cerevisia, selten (mlt.)
cervise, cervesa, cervasia blieb den Römern fremd. Eine
sonderbare Synonyme: „cibiriuticon, cervisia" hat eine Glosse zu
Alexandr. Iatrosoph. Passion. l. I. In Constit. Erici R. Dan. a. 1269 ap. Dufr.
heißt cerevisia „Theotunicus potus", was freilich zunächst auf
die Sache geht. Vgl. Tac. Germ. XXIII.: „(Germanis) Potui humor ex hordeo
aut frumento in quandam similitudinem vini corruptus; proximi ripae et vinum mercantur." Jonas in V. S. Columbani c. XVI. ap. Dufr. sagt bemerkenswerth: „Cum… minister refectorii vellet promere cervisiam, quae
ex frumenti vel hordei succis decoquitur, quaque prae caeteris in orbe terrarum
gentibus, praeter Scoticas et Dardanas, quae occanum incolunt, utuntur, nempe
Gallia, Britania, Hibernia, Germania caeteraeque, quae ab eorum moribus non
discrepant, vas quod typrum nuncupant, in cellarium deportavit et ante
vas, in quo erat cervisia, deposuit." Dieser typrus, tybrus,
typus muß ein gadhelisches Wort sein, bei dem man nicht an hd. zuber,
eher an kymr. twbam., die tubbe, tobbe, tub der sächsischen Sprachen denken darf. Auch in lat. Urkunden in Deutschland kommt cervisia
vor, mehr aber in der Bed. Bierfaß. Die frz. cervoise steht in einem
Ms. a. 1464 über der biere. Das Wort erhielt sich auch in ital. cervigia,
cervogia ract. gervosa, giarvosa port. cerveja span. cervesa
katalon. cerveca (? bei Honorat) prov. cerveza. Bißweilen bedeutet
cervisia einen nicht aus Getreide gebrauten Trank, wie „ex quolibet vino confecta" bei Constantin. Afr. V. c. 28. ap. Dufr.

 Vielleicht hat Isidorus Hispalensis Recht, wenn er Ceres citiert. Ihre
gemeinsame Wurzel würden wir dann auch in dem keltischen Namen des
Hafers suchen: kymr. ceirch korn. (kerh) brit. cerch gadh. corc,
coirc, m. avena. Vgl. J. Grimm Gesch. der d. Spr. S. 66.

 Ein dritter oder vierter wurzelverwandter, ja vielleicht das Primitiv von
cervesia enthaltender, keltischer Biername (wenn wir ceria und celia auch zu den keltischen rechnen) erscheint in folgenden Stellen.

 „— τὸ δὲ πινόμενόν ἐστι — — παρὰ δὲ τοῖς ὑποδεεστέροις (Κελτῶν) ζύϑος πύρινον μετὰ μέλιτος ἐσκευασμένον· παρὰ δὲ τοῖς πολλοῖς
καϑ' αὑτὸ· καλεῖται δὲ κόρμα (emend. Casaub. ex δέρκομα)." Athen. IV.

c. 13. (p. 152.) nach Posidonios, also eine vorchristliche Nachricht. Dioscor. II. c. 110. handelt „Περὶ κούρμιϑος (demnach Stamm κούρμιϑ, vielleicht jedoch willkürlicher Nothbehelf zu griech. Flexion). Τὸ καλούμενον
δὲ κοῦρμι, σκευαζόμενον ἐκ τῆς κριϑῆς, ᾧ καὶ ἀντὶ οἴνου πόματι πολ-
λάκις χρῶνται — — σκευάζεται δὲ καὶ ἐκ πυρῶν τοιαῦτα πόματα, ὡς ἐν τῇ
πρὸς ἑσπέραν Ἰβηρίᾳ καὶ Βρεττανίᾳ." Die Glossae Philoxeni sagen
sogar „c u r m e n ζῦϑος ἀπὸ οἴνου", andre aber bei Dufr. „ἀπὸ οἴτου".
Nach de Belloguet hat auch Marcellus Burd. XVI. die Synonymen c u r m i
und c e r v i s a, ich fand sie nicht in den mir zugänglichen Ausgaben.
In einer nachher folgenden Stelle Ulpians las man auch c u r m i statt c a m u m.

gadh. c o r m m. c o i r m, c u i r m, f., nach de Belloguet auch c a i r m
c u r m i, c e r v i s i a, vielleicht auch c o r m a c h, c u i r m e a c h m. zythepsus c o i r-
m e a c h m. potator, sind lexikographische Fictionen; nicht aber c o i r m,
c u i r m f. festum, epulum, vgl. ahd. b i o r e convivio. Vielleicht haben die
Lexikographen die Grundbedeutung errathen, da die briton. Sprachen das
alte Wort erhielten. Auch gadh. c r e a m h m., sonst allium porrum, soll
cerevisia bedeutet haben. Sicher sind korn. „c e r u i s i a c o r u f c e-
r u i s i a vel c e l e a c o r e f" in dem alten Vocab. bei Zeuss, der S. 135.
eine Zerdehnung aus c o r f annimmt; Price hat c o r e f beer, ale c o r g u e l a
best beer, and ale; kymr. c w r w f, c w r y f, c w r w, pl. c y r f a u₂ m.
ale, beer c y r f d y m. an ale-house c y r f y d d m. a beer or ale brewer.
briton. c u f r f. cervoise, bière forte. Besonders die kymr. Formen lassen
ein aus c ù r m abgeleitetes c y r m h y s i = lat. c e r v e s i a vermuten, da
die Erweichung des m in m h = v, kymr. f sehr alt ist; ç e r e v i s i a
entspräche dann den zerdehnten neukelt. Formen.

Die erwähnte Stelle bei Ulpian. Dig. XXXIII. t. 6. l. 9. lautet : „Si quis
vinum legaverit — — nec c a m u m (al. c a r e n u m, c u r m i) nec
c e r v e s i a continebitur, nec h y d r o m e l i." Priscus Soph. in Eclogis
Hist. Gothicae p. 42. erzählt : „Ἐχορηγοῦντο δὲ ἡμῖν κατὰ κώμας (τῶν
Σκυϑῶν) τροφαί. ἀντὶ μὲν οἴτου κέγχρος, ἀντὶ δὲ οἴνου ὁ μέδος ἐπιχωρίως
καλούμενος — — καὶ τὸ ἐκ κριϑῶν χορηγούμενον πόμα, κάμον οἱ Βάρβαροι καλοῦσιν αὐτό." Vgl. Amm. Marc. ed. Erfurdt t. III. p. 159., wo
auch Apicius l. III. citiert wird. Nach den Citaten bei Dufresne und bei de
Belloguet aus Cujac. Obs. V. c. 1. XXIV. c. 39. Cael. Aurelian. III. (wo ich
sie vergeblich suche) war c a m u m eine durch Zusätze moussierend gemachte Gattung Gerstenbiers, synonym mit c e r e v i s i a, s i c e r a, l o r a,
arab. f u c a, f o c a, mgr. p h o c a d i u m. Nach Jul. Afric. sei κάμος der
Name des Bieres bei den Pannoniern, nach Prisc. in Hist. Graecae fragmm.
ed. Did. IV. p. 88. an Attilas Hofe gewesen. Es fragt sich der Zusammenhang dieses Wortes mit nl. (bei Kiliaen) k a m m é, k a m m l t. c a m b a afrz.
c a m b e Brauerei nl. k a m m e n brauen k a m m e r afrz. c a m b i e r Brauer.

Von den Paeonen, darneben auch von ihren Nachbarn und Verwandten,
werden uns noch andre Biernamen überliefert. Athenaeos IX. c. 63. p. 400.
berichtet : „Ἀλλ', ὡς φησὶν Ἀριστοτέλης ἐν τῷ περὶ μέϑης, εἰς τὰ νῶτα
καταπίπτουσιν οἱ τὸν κρίϑινον πεπωκότες, ὃν πῖνον καλοῦσι, λέγων
οὕτως· „Πλὴν ἴδιον τι συμβαίνει περὶ τὰς τῶν κριϑῶν, τὸ καλούμενον
πῖνον." " — — Τὸν δὲ κρίϑινον οἶνον καὶ βρῦτον τινὲς καλοῦσιν. ὡς
Σοφοκλῆς ἐν Τριπτολέμῳ·

„„Βρῦτον δὲ τὸν χερσαῖον οὐ δυεῖν““

καὶ Ἀρχίλοχος

„„Ὥσπερ αὐλῷ βρῦτον ἢ Θρῇξ ἀνὴρ
Ἢ Φρὺξ ἔβρυζε, κύβδα δ'ἦν πονευμένη.““

Μνημονεύει τοῦ πόματος Αἰσχύλος ἐν Λυκούργῳ· — — Ἑλλάνικος δ'ἐν Κτίσεσί καὶ ἐκ ῥιζῶν, φησί, κατασκευάζεται τὸ βρῦτον, γράφων ὧδε· „„Πίνουσι δὲ βρῦτον ἐκ τῶν ῥιζῶν, καθάπερ οἱ Θρᾷκες ἐκ τῶν κριθῶν.““ Ἑκαταῖος δὲ ἐν δευτέρῳ Περιηγήσεως εἰπὼν περὶ Αἰγυπτίων ὡς ἀρτοφάγοι εἰσὶν, ἐπιφέρει· „„Τὰς κριθὰς εἰς τὸ πῶμα καταλέουσιν.““ Ἐν δὲ τῇ τῆς Εὐρώπης Περιόδῳ Παίονάς φησι πίνειν βρῦτον ἀπὸ τῶν κριθῶν καὶ παραβίην ἀπὸ κέγχρου καὶ κονύζης.“ Nach Athenaeos wiederholt Coelius Rhodig. IV. c. 26.: „Hecataeus in Europae periodo auctor est, Paeonas ex ordeo brytum haurire, ac ex milio et conyza parabiam.“ Wahrscheinlich eine andere Zusammensetzung mit dem, hier gunierten, Worte bia kommt ebenfalls bei den Paeonen und ihren Stammverwandten vor:

„Exinde (Nicomedia) profectus Valens oppugnationi Chalcedonis magnis viribus insistebat, cujus e muris probra in eum jaciebantur, et injuriose compellabatur, ut sabajarius (var. sabiarius). Est autem sabaja ex ordeo vel frumento in liquorem conversus paupertinus in Illyrico potus.“ Amm. Marc. XXVI. 8. „Notandum quod pro lacunis LXX. ζύθον transtulerunt, quod genus est potionis ex frugibus aquaque confectum et vulgo in Dalmatiae Pannoniaeque provinciis gentili barbaroque sermone appellatur sabajum. Hoc maxime utuntur Aegyptii, ut non puras aquas bibentibus tribuant, sed turbidas et commixtarum faecium similes, ut per hujuscemodi potionem haereticae pravitatis doctrina monstretur.“ Hieron. Comm. VII. in c. XIX. Esaiae. Wir setzen die Stelle ausführlich her, weil die Schlußanwendung des Ketzerrichters die als Zythostrinker bekannten Aegyptier mit den Haaren herbeizieht, zugleich auch die Natur des Trankes beleuchtet, wenn nicht ebenfalls verketzert.

Folgende Glossen bei Hesychios stimmen formell zu den o. v. Brisa excerpierten: „Βρυττόν· πᾶν τὸ ἐκ τρυφῆς ποτόν.“ Zur Vergleichung hieten sich βρῦτεα, βρῦν (εἰπεῖν), βρύειν, βρύζειν, briuwan (brauen).

Ζύθος m. n., zythum, wofür sich bereits mehrere Belege, namentlich aus Athenaeos, in dem Vorstehenden finden, würden wir schon als angeblich keltisches Wort aufnehmen müßen, obgleich griech. ζέω ein Etymon bietet. Auch Diodoros V. 26. schreibt wenigstens das Getränk den Kelten zu: „Διόπερ τῶν Γαλατῶν οἱ τούτων τῶν καρπῶν στερισκόμενοι πόμα κατασκευάζουσι ἐκ τῆς κριθῆς τὸ προσαγορευόμενον ζύθος.“ Ihm gilt auch Julians Epigramm Anthol. I. c. 59. 174. ed. 1604 (apud Falconer. in Strab.):

„Εἰς οἶνον ἀπὸ κριθῆς.

Κεῖνος νέκταρ ὄδωδε, σὺ δὲ τράγον· ἦ ῥά σε Κελτοί,
Τῇ πενίῃ βοτρύων, τεῦξαν ἀπ' ἀσταχύων.“

Auch bei Strabon wird die Sache fremden Völkern, wenn auch nicht den Kelten, zugeschrieben: „Ἀρνοβαλάνῳ χρῶνται (Λουσιτανοὶ οἱ ὄρειοι) — — χρῶνται δὲ καὶ ζίθει, οἴνῳ δὲ σπανίζονται“ (also griechischen Wörtern koordiniert) III. p. 209. ed. Falconer. „Καὶ τῷ ζύθῳ τὸ πολὺ φῦλον χρῆται τῶν Ἀλεξανδρέων." XVII. p. 1133. ib. Auch (nach Galen. Comm. in Hippocr. Aphor. II. 20. gehört „ἐπιπίνων ζυθόν" zu sein zu „τῇ τῶν Ἀλεξανδρέων διαίτῃ;" während Columella X. v. 116. sagt: „ut Pelusiaci proritet pocula zythi"; wie ihn denn auch o. Plinius und Hieronymos den überhaupt als Biertrinker bekannten Aegyptiern zuschreiben, vgl. Dalechamp. ad Plin. II. n. XIV. c. 22 Wie schon bei Herodotos unter dem οἶνος κρίθινος der Aegyptier, so ist auch bei Suidas v. Ἐξυπτιάζω (vgl. o. Aristot. ap. Athen.) unter „κρίθινον" πῖνον oder ζύθος, zythum verstanden, und bei Suidas von οἶνον unterschieden. Paul. Aegineta in medicae artis Principes ed. Stephani 1567 p. 621. sagt ηζυθος quam cervisiam vocant"; Ulpianus Dig. III. 33, 6.: „Zythum in quibusdam provinciis ex tritico, vel ex hordeo, vel ex pane conficitur." Anlaß zu Vergleichungen bieten die keltischen u. a. Sprachen, aber sie werden durch die Natur des gr. ζ erschwert.

Das bekannte hd. fries. bier sächs. (ags.) beor, bêr fries. biar, bjar, n. altn. bior m. ital. ngr. (μπίῤῥα) birra dakor. bére frz. bière, f. raet. bierra f. bier m. lautet auch briton. bier, ber, vann. bir, m. neben biorch m. petite bière; gadh. beöir f. Bemerkenswerth sind die Ableitungen ital. birrajo Brauer, Bierwirth; dakorom. berariu Brauer berärie f. Brauhaus. Sichere Etymologien fehlen noch.

Cesa s. Gesum.

103. „Cetra obstaculum, scutum: Quis rotundam facere cetram nequit?" Varro ap. Nonium c. II. cf. „cetra breve scutum" ib. c. XVIII. „Laevas (Oscorum) cetra tegit." Vergil. Aen. VII. v. 732.; wozu Servius: „cetra scutum loreum, quo utuntur Africi et Hispani." „Britanni ingentibus gladiis et brevibus caetris missilia nostrorum vitare vel excutere. — — (Britannis) hostibus parva scuta et enormes gladios gerentibus." Tacit. Agr. XXXVI. Sueton. Calig. XIX. nennt caetra und esseda als Zubehör theatralischen, fremdartigen Prunkes bei Aufzügen: „et securi et caetra et gladio aureaque chlamyde; — — comitante Praetorianorum agmine et in essedis cohorte amicorum." Caes. B. Civ. I. c. 39. unterscheidet „scutati citerioris provinciae et cetratae ulterioris Hispaniae cohortes", wogegen ib. c. 48. „cetrati citerioris Hispaniae" erscheinen; c. 75. tritt Petrejus auf „cum praetoria cohorte cetratorum barbarisque equitibus paucis." Auch bei Liv. XXI. c. 1. „Hispani — — ipsis cetris superpositis incubantes, flumen transnatavere." Ib. c. 21.: „Pedites caetratos (sc. Hispani generis) misit (Hannibal) in Africam et funditores Baliares." Ib. XXIII. c. 26.: „Nec Numida Hispano eques par fuit, nec jaculator Maurus Caetrato." Ib. XXVIII. c. 5.: „— — peltastis (pelta caetrae haud dissimilis est)"; XXXI. c. 36. und XXXIII. c. 4. nennt er in des Makedonenkönigs Philippus Heere „caetratos quos peltastas vocant." Eine zugleich die cateja erwähnende Stelle bei Silius Italicus III. v. 274 sq. schreibt jene, wie die cetra afrikanischen Völkern zu; sie lautet:

> „Tum primum castris Phoenicum tendere ritu
> Cynyphii didicere Macae; squalentia barba
> Ora viris, humerosque tegunt velamina capri
> Setigero, panda manus est armata cateja

Versicolor contra c a e t r a, et falcatus ab arte
Ensis A d y r m a c h i d i s, ac laevo tegmina crure" etc.

Aber er findet die c e t r a auch in dem nahen Hispanien ebds.· v. 345 sq. :

„— — misit dives G a l l a e c i a pubem,
Barbara nunc patriis ululantem carmina linguis,
Nunc pedis alterno percussa verbere terra
Ad numerum resonas gaudentem plaudere c a e t r a s"

und ebds. X. v. 230 sq.:

„Ingreditur nimbum, ac ritu jam moris I b e r i
Carmina pulsata fundentem barbara c a e t r a
Invadit" etc.

Nach Curt. Ruf. III. 1. waren die parthischen Barcani gerüstet „levibus scutis c e t r a e maxime speciem reddentibus."

Isid. Hisp. Or. XVIII. c. 12. schreibt „s c e t r a scutum loreum [vgl. o. Servius] sine ligno, quo utuntur A f r i et M a u r i, de quo Poeta [Vergil. l. c.] : laevam s c e t r a tegit." Dufresne. h. v. citiert die selbe Form „s c e t r a h. e. scutum ex corio factum" nur aus einem Schriftsteller. des 15. Jh. (Guagninus a. 1468).

Bei dem Schol. ad Juvenal. Sat. XI. v. 140 : „ad c i t u r a s — — scuta M a u r o r u m m i n o r a" lesen Andre c e t r a s, c i t o n a s.

Eine wenig abweichende Form hat Hesychios : „Καίτρεαι (al. κέστρεαι), ὅπλα Ἰβηρικά · οὗτος δὲ κυρτίας — — κυρτίας Κελτοὶ τὰς ἀσπίδας."

Letzteres, übrigens wahrscheinlich griechische, Wort gebraucht Diod. Sic. V. c. 33. von der keltiberischen Rüstung : „Ὁπλίζονται δέ τινες τῶν Κελτιβέρων Γαλατικοῖς θυρεοῖς κούφοις, τινὲς δὲ κυρτίαις κυκλοτερέσιν, ἀσπίδων ἐχούσαις τὰ μεγέθη."

Ein spätes Glossar bei Mai Coll. VI. p. 515. nennt die c e t r a, vielleicht durch Verwechselung mit Vergilius Oskern, eine marsische Waffe. Gleichen Werth hat die Erhaltung des Wortes in spanischen und portugiesischen Wörterbüchern; allerdings scheinen es die Römer von den Iberern überkommen zu haben, diese aber von den libyschen Nachbarn.

104. C e v a. „Melius etiam in hos usus A l t i n a e v a c c a e probantur, quas ejus regionis incolae c e v a s appellant. Eae sunt humilis staturae, lactis abundantes." Colum. VI. c. 26. (al. c. 20:, 23., 24.), cf. ib. VII. c. 2. „A l t i n a t e s oves" von A l t i n u m in Gallia cisalpina auf venetischem Gebiete, vgl. auch Vitruv. I. 4., wesshalb de Belloguet „A l p i n a e" emendiert, besonders weil das Gentile nicht A l t i n u s lauten dürfe; aber die bestimmte „regio", die wir auch auf die Kühe beziehen, passt nicht zu dem weiten Begriffe alpinus. Es gab auch in Pannonien einen Ort A l t i n u m, also wahrscheinlich auf einem dem venetischen stammverwandten Sprachgebiete.

Oberitalien war bekanntlich nicht bloß von italischen und gallischen Stämmen bewohnt, sondern auch von ligurischen und dem, gleich diesen, räthselhaften venetischen, der von den Alten meistens gleichermaßen von jenen, wie von dem etruskischen, unterschieden wird. Wir würden den Alten gerne alle ethnologischen Angaben über die Veneter, wie über alle von ihrem Hochmute „Barbaren" genannten Völker erlaßen, wenn sie uns nur, wenn auch nur kleine, systematische Aufzeichnungen aus den Sprachen hinterlaßen hätten.

Ich darf hier nicht die Aussagen, Sagen und Vermutungen der Alten über die ihnen so nahe liegenden und doch ihren Ethnologen so schlecht bekannten Veneter zusammenstellen und kritisieren, und begnüge mich desshalb mit der Bemerkung : daß ich biß jetzt mich noch nicht bewogen finde, die bei meinen geschichtlichen Untersuchungen ausgesprochene Vermutung zurückzunehmen : daß die älteste Aeußerung über den Stamm der Veneter : *ἡ'Ιλλυριῶν 'Ενετοί'* bei Herodotos I. 196. die glaubwürdigste sei.

Einstweilen verweise ich auf ein ausdrücklich als venetisch angegebenes Wort **cotonea** u. v. **Halus.**

Ist **ceva** venetisch, dieß zugleich illyrisch, und albanesisch ebenfalls: so finden wir wenigstens den Stamm wieder in alb. **ka**, pl. **ke**, bos. Noch später liegt das auch schon ziemlich entstellte deutsche ahd. **chuoa**, **chouuoa**, **chua**, **chuo** (bißweilen auch durch „bos" glossiert) mhd. **kuo** alts. nhd. nnl. ags. fries. altn. **kû** alts. nnd. nnord. **kô** engl. **cow.** Aber da wir keines Falls zu Columellas Zeit altinische noch alpinische Deutsche annehmen, so finden wir in der (s. u.) wahrscheinlichen Abwesenheit dieses Wortstammes in den neukeltischen Sprachen wenigstens keinen Grund, das höchst merkwürdige Wort, den cisalp. Galliern zu Gunsten, den Venetern abzusprechen. Noch weniger halten wir es italischen (pelasgischen) Stammes, dessen **bov** (**bos**, βοῦς) wir entweder ganz, oder immerhin mindestens als eine Seitenlinie der Familie, von unserer **Kuh** getrennt halten.

Jedoch zeigen sich auch die anlautenden Gutturale dieses Stammes nicht gleichmäßig, auch wenn wir das deutsche **gavi**, **gau** ganz aus der Sippschaft laßen. Die Media herrscht vor; vgl. sanskr. **go** c. **bos** (taurus, vacca, der zahlreichen andern Bedeutungen nicht zu gedenken) zend. **gâo** pers. **gâu** bos; osset. **gal** taurus, wenn es anders hierher gehört; Sjögren gibt die Dialektformen **ghog**, **ghok** und **qug** vacca; das neuarmen. **kov** id. lautete früher unverschoben **gov**, also auch nicht mit der german., altin. und alban. Tenuis; ebensowenig lett. **gôvs**, dem. **gôtiña**, **gôtene**, **gôsniña**, vacca aslav. **govędo** bos (böhm. **howado** Rinderherde; litau. **gowêdâ** Kinderherde).

In den neukelt. Sprachen werden nun auch Verwandtschaftsansprüche erhoben. Zuerst von gadh. **gamhainn** (**gabhuinn**) f. vitula vel cerva annicula; nach Armstrong sowol a steer, a young bullock, als a six months old cow; daher **gamhnach** f. an unbulled cow. Aber der Begriff der Jugend, der Jährigkeit, nicht der der Thiergattung, herrscht vor; wir leiten desshalb das Wort von **gamh**, kymr. **gauaf.**, m. hyems ab, weil bei den Kelten Winter und Nächte für Jahre und Tagesdauern gelten, und namentlich kymr. **tarw trigauaf** taurus trium annorum bedeutet.

Briton. **cojen** (sprich **koźen**) m. bouvillon i. q. **crenn-éjenn** scheint eine verdunkelte Zusammensetzung mit **éjenn** m. bos zu sein, wie das gleichbed. **cozlé**, **côlé** m. vielleicht mit **leûé** vitulus.

Cevenna etc. s. **Cimenice.**

105. **Ciconia.** „Huic operi erigendo quasi quandam machinam commenti majores nostri regulam fabricaverunt, in cujus latere virga prominens ad eam altitudinem, qua deprimi sulcum oportet, contingat summam ripae partem. Id **genus mensurae ciconiam** vocant **rustici.**" Colum. III. 13., 11. „Hoc instrumentum (**telon**) Hispani **ciconiam** vocant." Isid. Hisp. Or. XX. c. 15. „**Ciconiam** et **ciconium** vocant Hispani

lignum longum, quo in hortis hauriunt aquam, quae imitatur illius avis le-
vantis et deponentis rostra, dum · clangit. ··Eam hortulani telonam vocant." Vgutio et Joann. de Janua. Andere mlt. Belege für ciconia telo,
auch bei Belagerungsmaschinen, gibt Dufresne.

· Columellas Rustici und Isidorus Hispani, welche uns zur· Aufnahme des
Wortes veranlaßen, sprachen ohne Zweifel lateinisch; bask. cigoña Storch
ist Lehnwort. Das entsprechende ital.· cicogna port. cegonha bedeutet
auch den Brunnenschwengel, ebenso span. cigueña, jedoch häufiger die
Ableitung cig-oñal,· -uñal,--ueñal; so afrz. soigno-le, -te von
soigne, sougne Storch. Auch andre Maschinen werden in mehreren
Sprachen durch die Namen des Storchs und des Kranichs bezeichnet. Auf
beide Vögel werden wir mehrfach zurückkommen. Wie die Ciconides
homines rostrati, Schneblitze, werden auch die thrakischen Kikonen mit
dem Vogelnamen zusammenhangen.·

106. „Cimbri lingua Gallica latrones dicuntur." Fest. *Κίμβρους*
ἐπονομάζουσι Γερμανοὶ τοὺς λῃστάς." Plutarch. Mar. XI. *Κιμβρός·*
ὁ λῃστής." Gloss. Bekanntlich wurden Volksnamen häufig· zu Appellativen,
besonders pejorativen. Vielleicht aber stammen diese Glossen, wenigstens
mittelbar, von einer Stelle bei Posidonios, resp. Strabon VII. p. 425. ed.
Falconer: „*Ποσειδώνιος (καὶ) οὐ κακῶς εἰκάζει, ὅτι λῃστρικοὶ ὄντες καὶ
πλάνητες οἱ Κίμβροι καὶ μέχρι τῶν περὶ τὴν Μαιῶτιν ποιήσαντο στρατείαν.*"
Auch bei Livius Epit. LXIII. heißen die in Illyrien eingefallenen Kimbern
„gens vaga"; Diodoros V. c. 32. sagt von den mit den Kimmeriern, wie den
Heeren beider Brennuszüge, identificierten Kimbern: „*Ζηλοῦσι γὰρ ἐκ πα-
λαιοῦ λῃστεύειν ἐπὶ τὰς ἀλλοτρίας χώρας ἐπερχόμενοι.*" So wurden die
Kimbern die Träger alles möglichen Raubes und Unrechtes, das an Römern
und Griechen verübt wurde; der ungeheure Schatten ihres italischen Zuges
fiel über das ganze Alterthum. Vgl. namentlich auch Quintil. Decl. III. passim.

Eine schmeichelhaftere Etymologie stellte J. Grimm (Gramm. I. 2. Ausg.)
auf, indem er ein deutsches· kambar strenuus zu Grunde legte, jedoch auch
(wenn wir nicht irren, in der Geschichte der d. Sprache) ahd. chempho
in der jener alten Deutung entsprechenden Bedeutung liro i. q. pirata. Aber
den Kampf nebst seiner Sippschaft entlehnten die Deutschen erst aus dem
lat. campus, gleichwie die britannischen Kelten ihr (mit *νκάμπος· ἱπ-
ποδρόμος, Σίκελοι*" Hesych. zusammentreffendes) camp; der kymr. campiwr
korn. campier ist der mlt. campio, der deutsche kempa, chemphjo.
Irren wir nicht, so hat auch J. Grimm jene Deutung aufgegeben. Graff und
Holtzmann verwiesen auf das räthselhafte ahd.; chumberra tribus. Wir
wollen die Herleitungen eines Volksnamens nicht ·vermehren. Die Deutung
der Alten kam post eventum und hat keinen sprachlichen Werth.·

107. Cimenice.

„At Cimenice regio descendit procul —
— — — — — — —
—   —   nominis porrò auctor est
Mons dorsa celsus, cujus imos aggeres
Stringit fluento Rhodanus."

Avien. Ora marit. I. v. 615 sqq.

Schrader vermuthet **Cemmenice**, Wernsdorf denkt an Einwandrer aus
der etruskischen **Ciminia**. Ebds. V. v. 666. findet sich allerdings mit e
statt des ersten i:

„**Cemenicum** (vulg. **Temenicum**) et agrum — dura sat vocabula.“
Aber wahrscheinlich ist das Gebiet der Cevennen gemeint, deren Namen zu
„dorsa celsus“ stimmt, obwol freilich Avienus dem „nominis auctor“ vielleicht
damit nur ein Prädikat beilegt, nicht ein Etymon. Der Prädikate wegen excerpieren wir auch folgende Stellen :

> „ —. — qua montibus ardua summis
> Gens habitat **cana pendentes rupe Gebennas**.“
> Lucan. I. v. 434.

> „Innumeris cultam populis, confinia propter
> **Ninguida Pyrenes et pinea Cebennarum**
> Inter Aquitanas gentes et nomen Iberum.“
> Auson. Clar. urb. XII. 4.

Der Name des Gebirges wird sehr verschieden geschrieben : **Cebenn-a**,
-ae, **-ici** montes Plin., P. Mela, Solin., Auson. (l. c., var. **Caebennarum**);
Gebenn-a, **-ae** Plin. (einmal bei Sillig), Lucan. l. c., varr. bei Caesar,
dessen Hss. **Cevenna** haben, aber der Metaphraste Γεβέννα; varr. bei Plin.
H. n. IV. c. 17. s. 31. lauten **Ce-**, **Ge-banna**; sodann Formen mit m bei
den Griechen, obgleich vielleicht ebenfalls aus (häufig m mit b tauschen-
dem) keltischem Munde : Κέμμεν-ον, -ον ὄρος, -α ὄρη, Κεμμένη Strab.,
Ptol., wozu denn noch die obigen Formen mit m bei Avienus kommen, wenn
sie anders hierher gehören. Gleichen Stammes erscheint Κεμενέλεον Οὐεσ-
διαντίων Ptol. Geogr. III. 1. u. s. w. (Formen bei Ukert II. 2. S. 432.) und
der gallische Bergname **Cema**.

Da gadh. **ceum**, **ceim** passus bedeutet, können wir es hier nicht zuziehen. Nur der britonische Ast bietet das gesuchte Wort, aber mit der As-
pirate f (v), die aus m, wie aus b entstanden sein kann; korn. m ist wahrscheinlich erst aus fn, vielleicht jedoch bn, entstanden. Dagegen ist Wrz.
kam (woher u. a. kymr. **cemmi.m.** curvitas) beiden Sprachästen gemeinsam.

kymr. **cefyn** kymr. altbriton. **cefn** brit. korn. **cein** korn. **cheim**, m.
dorsum, kymr. auch a ridge of a mountain.

Ist **Cebenna** die richtige Form, so wird das sächs. **hebban** m. ags.
heofone f. nnd. **heben**, **häven** engl. **heaven** coelum (inferius) entsprechen, versteht sich, durch den verschobenen Anlaut von dem gall. Worte
unterschieden.

108. *Κινουβοιλά* ist zwar nach Dioskorides der **dakische** Name der
Βρυωνία λευκή, J. Grimm (Gesch. der d. Spr.) aber vermutet eine Verwechselung mit „gallisch“, da kymr. **gwenwialen**, cf. gadh. **fionduille**
[Weißblatt] die vitis alba bedeute. Aber das dakische, selbst das altkeltische,
Wort würde dann schwerlich mit einem Kehllaute, sondern mit v == kymr.
gw anlauten. Vielleicht steckt in *κινου* der dakische Name des Hundes
(alban. **ken**), da diese Pflanze auch nhd. **hunds-kürbsen**, **-rüben**
schwed. **hundrofva** dän. **hundebär** heißt.

109. *Κιοτουκαπετά.* „Ἠρύγγιον — — Δακοὶ σικοπνοέξ, Ῥωμαῖοι
καπίτουλουμ κάρδους — — , Ἰσπανοὶ κιοτουκαπετά‘‘, alii addunt
„σκοῖαρ, λεβέννατα.“ Dioscor. III. c. 21.

Der erste der angeblich hispanischen Namen ist entstellt aus lat. centumcapita (Plin. XXII. c. 8. s. 9.), wie denn das eryngium campestre noch jetzt in romanischen und germanischen Namen die alte lateinische Bedeutung zeigt. Für σχοῖαϱ s. o. v. Analentidium.

Die englische Benennung holly ist eigentlich die von ilex.aquifolium, wofür auch die Formen holm und hulver gelten. Dazu gehören folgende, auch für ruscus, taxus u. dgl. geltende, deutsche und urverwandte keltische Namen : ags. holegn, holen m. ahd. hulis, huliz amnhd. huls, m. nnd. hulse nl. huls, f. neben hd. holun-tar sambucus, riscus (ruscus), dessen ags. Name ellen (engl. elder) wiederum merkwürdig mit hd. ellent, elend eryngium campestre zusammentrifft, wie wol auch engl. wallwort für jenen mit hd. walz-, woll-distel für dieses u. s. m. Diesem holun, holen entspricht gadh. cuilionn (cuilfhionn) kymr. korn. celyn brit. celen, m. Aus d. huls entstand frz. houx, woraus wiederum houssine, housser etc.

J. Grimm wird durch ἠϱύγγιον = aruncus veranlaßt, in dem dakischen Namen den deutschen der Ziege, nd. tsege, zu suchen.

110. Circius, cercius. „Nostri Galli ventum ex sua terra flantem, quem saevissimum patiuntur, circium appellant, a turbine ejus, opiner, ac vertigine.“ Favorinus Gallus ap. Gellium II. c. 22. „In Narbonensi provincia clarissimus ventorum est circius, nec ulli violentia inferior, Ostiam plerumque recta Ligustico mari perferens, idem non modo in reliquis partibus coeli ignotus, sed ne Viennam quidem, ejusdem provinciae urbem, attingens.“ Plin. H. n. II. c. 47. s. 46. „Quidam (venti) quorumdam locorum proprii — — Atabulus Apuliam infestat, Calabriam Iapyx, Athenas Sciron, Pamphyliam cataegis, Galliam circius, cui aedificia quassanti tamen incolae gratias agunt, tanquam salubritatem coeli sui debeant ei. Divus certe Augustus templum illi, cum in Gallia moraretur, et vovit et fecit.“ Seneca, Natur. quaest. V. c. 17. „Circius qui et Thrascias — — Quosdam (ventos) autem [Suetonius] Tranquillus proprios locorum flatos certis appellat vocabulis, quo ex numero sunt : in Syria Syrus, Carbasus in Cilicia, in Propontide Tracidas (varr. Thracias, Thrascidas), in Attica Sciron, in Gallia (al. Gall-ecia, -icia, Gal-icia, -atia) Circius, in Spania (al. Hi-, I-spania) Suc- (al. Soc-, Sog-) -ronensis.“ Isidor. de Nat. rerum c. XXXVII. Später kommen auch die Genitive circi, cerci vor.

Diese Stellen zeigen hinreichend, daß die Alten diesen Wind (Sache und Namen) als einen ganz örtlichen, obgleich den lat. circus als Etymon, nahmen. Der Name wurde nicht bloß häufig im Mittelalter in Frankreich gebraucht, sondern lebte und lebt auch in prov. katál. cers afrz. cierce span. cierzo Mistral, Nord-, Nordost-wind. Sonderbar klingt hierher in einem mlt.-ital. Glossar bei Dufresne „circina la aura, ventesello.“

Die neukelt. Sprachen haben das Wort nicht, wol auch nie gehabt. Adelung gibt jedoch ein briton. cyrq Sturmwind, und Thierry kirk, schwerlich richtig. Auch mag die Zusammensetzung brit. cor-, courvenͤten f. kymr. corwynt m. gadh. cuairt-ghaoth m. turbo wurzelverwandt sein; gadh. cuart m., gew. cuairt f. circulus muß nach diesen Wörtern (cor aus cort?) auch dem briton. Aste eigen gewesen sein, der jetzt das mit c i r c u s näher verwandte kymr. c y l c h briton. c e l c h (vann. c c r l aus c e r c l u s?), m. zeigt.

Der hispan. S u c r ó n e n s i s ist nach dem gleichnamigen Meerbusen (Pomp. Mela II. c. 7.) benannt.

111. C i r r u s. „Videmus, quasi insignia in corpore, c i r r o s (al. c i r c i) G e r m a n o r u m, g r a n o s et c i n n a b a r Gothorum, stigmata Britonum. — — F l a v e n t capitibus intectis G e t a e.“ Isid. Or. XIX. c. 23. Isidors Quelle für die „c i r r o s Germanorum“ ist vermuthlich Tertullianus (de Virg. velanda), der den selben Ausdruck gebraucht. Schon Juvenalis schreibt den Germanen den c i r r u s zu neben der „f l a v a caesaries“, die jedoch Isidorus unabhängig von der folgenden Stelle den Geten gibt.

„Caerula quis stupuit G e r m a n i lumina, flavam
    Caesariem, et madido torquentem cornua c i r r o?“

                                        Juvenal. Sat. XIII.

Das griech. κιρρός in Verbindung mit diesen Stellen könnte uns in c i r r u s blondes Haar sehen laßen; aber letzteres kommt unsers Wißens sonst nur ohne diese Beziehung, ja häufiger für haarartige Bestandtheile von allerlei Dingen, als für Menschenhaare vor, und ist, wie auch c i r r a t u s, in klassischer Zeit überhaupt selten, desto häufiger aber in späten Glossarien, und zwar dort vorzüglich in den Bedeutungen Zopf, Locke. Indessen braucht es so schon die älteste Stelle bei Varro (Cato, vel de liberis educandis) ap. Nonium II. p. 94. : „Itaque Ambracie primum capillum puerilem demptum, item c i r r o s ad Apollinem parere solent.“

Wenn auch die Sache germanisch ist, ist es doch nicht leicht das Wort. Wir setzen es hierher, weil es bei Isidorus in Begleitung wenigstens Eines Wortes vorkommt, das nicht bloß dem S i n n e nach einem Volke zugeschrieben wird. Die g r a n i der Gothen, die wir in den germanischen, keltischen und romanischen Sprachen wiederfinden (u. v. G r a n n u s. Goth. Wtb. I. 317. II. 427.), sind sogar mit den c i r r i so ziemlich gleichbedeutend, und sofern erscheinen letztere als korrelatives Wort eines andern germanischen Stammes. Da wir gothische Wörter nicht als officielle Gäste aufnehmen, verweisen wir auch für c i n n a b a r auf Goth. Wtb. II. 452 ff., bezweifeln aber ebensowol fortwährend, daß es dort richtig unter k i n n u s stehe, schon weil Isidors c i (außer in überlieferten älteren Wörtern) nicht mehr k i lautete; wie auch, daß es der bekannte Farbenname sei.

112. C l u p e a s. **A t t i l u s.**

113. C o c o l o b i s. „Basilicam (uvam) Dyrrhachini celebrant, Hispaniae c o c o l o b i m (al. cocculam) vocant.“ Plin. H. n. XIV. c. 2. „Possunt (uvae) — — commendari, qualis est biturica [die auch vorher bei Plin l. c. vorkommt], qualis b a s i l i c a, quarum minorem c o c o l u b e m vocant Hispani.“ Colum. III. c. 2., 19. Daher der botanische ital. span. port. Name des Traubenbaums : c o c c o l o b a.

114. C o l i s a t u m. „Album (stannum) incoquitur aereis operibus Galliarum invento, ita ut vix discerni queat ab argento, eaque incoctilia [Romani!] vocant. Deinde et argentum incoquere simili modo coepere equorum maxime ornamentis jumentorumque jugis in A l e x i a (A l e s i a) oppido; reliqua gloria Biturigum fuit. Coepere deinde e s s e d a sua c o l i s a t a que ac p e t o r i t a exornare simili modo, quae jam luxuria ad aurea quoque, non modo argentea, staticula pervenit, quaeque in scyphis cerni prodigum erat, haec in vehiculis atteri cultus vocatur." Plin. II. n. XXXIV. c 17. „Et in India inventae (achatae). — — reddunt enim species fluminum, nemorum et jumentorum, etiam, esseda et-staticula et equorum ornamenta." Ib. XXXVII. c. 10.

In der ersten Stelle hat uns die von Sillig-überall benutzte Bamberger Handschrift mit einem neuen gallischen Worte bereichert. Als solches nämlich erscheint colisata durch seine Stellung zwischen zweien anderweitig als gallisch bezeugten Wagennamen. Varianten der Hss. und Ausgaben lauten: (esseda) „suaculis atque aere; s. atque acre; s. atque cre; et vehicula et; atque peturita aere; sua staticulaque ac; staticulis aeque ac. Andre Varianten von petorita : pecorita, pectoria, pituria. Statt argentea staticula lasen Andre a. vehicula.

Das sonst nirgends bekannte colisata findet sich ohne Zweifel merkwürdiger Weise in kaum veränderter Form in einer einzigen Gattung spätlateinischer Glossarien (15. Jh.) in der Mainzer (vielleicht auch der Breslauer?) Stadtbibliothek und des Prager Museums, bei denen auch andre Zeichen auf Bamberg deuten, wo das Original derselben aus der von Sillig mehrere Jahrhunderte später benutzten Handschrift des römischen Encyclopädisten geschöpft haben mag. Dort lautet das Wort colist-um, -a und wird einstimmig durch (Wagen-) runge, in dem prager durch die Synonyme chiphf, glossiert, wie man denn auch in staticula bald einen Wagen, bald einen Wagentheil gesucht hat. Zu diesen Deutungen stimmt auch der Platz dieses Wortes in der zweiten Stelle, obwol die neueren Lexikographen überall nur die Bedeutung idolum, parva statua annehmen.

Neukeltische Anknüpfungen an colisatum finden wir nicht.

115. Combennones s. Benna. Präfix und Suffix sind gleichermaßen gallisch und lateinisch; vgl. u. a. Zeuss 736. 841 ff. 874. und unsere folgende Numer.

116. Condadiscona. „Reperit tandem ulterius inter saxosa convallia culturae patulum locum, qui altrinsecus trijugi montium paululum ardua secedente natura, in planitiem aliquantulum relaxatur. Illic namque bifidi in solidum concurrente natura, mox etiam ab unitate elementi jam conditi, Condadisconae loco vulgus indidit nomen." V. S. Romani Abbatis Jurensis c. 1. ap. Dufr., wozu de Belloguet Nr. 171. die Variante Condatescum anführt. Zeuss 775. citiert „monasterium quod Condatiscone vocitari voluerunt" aus Gregor. Tur. Vit. patr. c. I., Condatisco monasterium aus Boll. Febr. 3, 741. 745., und vergleicht, außer dem in Gallien so häufigen auch in Britannien (Itin. Ant.) vorkommenden Ortsnamen Condate, dem deutlichen Synonyme von lat. Confluentes (Condâtem ad portum Auson. Mos. 1. v. 367.), auch einen Ortsnamen Condatomagus (Tab. Peut.). Roquefort gibt als Appellativ „condat, conde, condé" confluent ou embouchure de deux rivières." Diese Bedeutung geht nicht ganz klar aus dem mönchischen Schwulste der obigen Beschreibung hervor, ist aber ohne Zweifel gemeint.

Das Präfix ist das allgemein keltische, mit dem lateinischen identische, com, con (jetzt kymr. cyf, cy u. s. w.). Für dâte finden wir keine sichere Deutung.

Κόνιχλος **s.** Cuniculus.

117. Κοράχιον **s.** Limeum.

Κόρμα **s.** Cervesia.

118. Κόρνα. „Αργεμώνη — — Γάλλοι κόρνα.“ Diosc. II. c. 208.
Mehrere kymrobritonische Pflanzennamen sind mit corn cornu zusammengesetzt. Eher noch läßt sich lat. cornum (als Pflanzennamen im Allgemeinen) vergleichen. S. auch u. v. Hociamsani.

119. Corroco (al. corrocho, carroco, carrheco) ist
der nur bei Auson. Epist. V. 60. vorkommende und desshalb wahrscheinlich
örtliche (gallische) Name eines Seefisches, in welchem man den Stör vermutet, der nach Honnorat in Bordeaux und Toulouse creac heißt. Aber
die Aussprache creâ kann ebensowol auf creat gehn, und so schreibt
Roquefort wirklich. Nemnich gibt créac in Bordeaux, gréac in Mont-
pellier. Näher stimmt der von de Belloguet verglichene galicische Name
des Turbot (pleuronectes maximus), corrujo, wesshalb er aquitanischen
Ursprung vermutet.

120. Cotonea.**s.** Halus.

121. Covinnus, covinus. „Dimicant (Britanni) non equitatu modo aut pedite, verum bigis et curribus Gallice armati.
Covinnos vocant, quorum falcatis axibus utuntur.“ Pomp. Mela III.
c. 6. §. 60. „Media campi (Britannorum aciei) covinarius et
eques strepitu ac discursu complebat.“ Tac. Agr. c. XXXV. Auch Sil. Ital.
XVII. v. 417 sq. meint, mit dem für sie, wie für die Germanen passenden
Prädikate caerulus, die Nordbriten:

      „Caerulus haud aliter, cum dimicat, incola Thyles
      Agmina falcifero circumvenit arta covinno.“

Dagegen singt Lucan. Pharsal. I. v. 425 ff.:

      „Et docilis rector rostrati Belga covini
      Arvernique ausi Latio se fingere fratres
      Sanguine ab Iliaco populi.“

Die Belgen meint auch der späte, aber aus einer alten Quelle schöpfende
Papias : „Covinum vehiculi genus, quo Beluacenses utuntur“,
da er sagt : „Belga est Beluacum civitas.“

Nicht als Kriegswagen, und ohne exotische Herleitung, jedoch dem gallischen essedum und der carruca gegenüber, steht das Wort bei Martial.
Ep. XIII. 24. :

      „O jucunda, covinne, solitudo,
      Carruca magis essedoque gratum
      Facundi mihi munus Aeliani!

— — — — — —

      Nusquam est mulio, mannuli tacebunt.“

„Covinnus χάρξιον χαθεδρωτόν.“ Gloss. Philox.

In frühen mlt. Glossen kommen auch die Schreibungen vor : conuina,
coruinium, conumnum genus vehiculi.

Die früher von uns, nachher auch von Zeuss, gemachte Vergleichung mit
kymr. cywain vehere, convehere cyweiniad m. „a conveying“ ist nicht
sicher, ebensowenig die Zusammensetzung von cy in diesem Worte mit

einem, dem gadhel. f é n, f e u n m. (vehiculum) entsprechenden und (gleichwie engl. w a i n) dem deutschen W a g e n verwandten, aus der Wurzel von lat. v e h e r e entstandenen kymr. Worte. Ein kymrischer Umlaut e i aus a i kann wol zu gadh. è, e u, aber nicht zu altbrit. í gestellt werden, wenn wir dieses nicht etwa als weitere Zusammenziehung eines bereits aus a g., a b (e g, e.h) zusammengezogenen Diphthongs ansehen, was für eine so antike Form zu Viel scheint. Das jetzige kymr. korn. g w a i n f. (vb. g w e i - n i a u) briton. g o u i n, g o u h i n f. ist aus dem gleichbedeutenden lat. v a g i n a, roman. g u a i n a u. s. w., entlehnt. C o v i n u s kann auch eine Ableitung sein.

gadh. c o b h a n (gen. - a i n) m., dessen Vokal auch nicht stimmt, soll nach Armstrong nicht bloß c o f f e r (so Dict. Scoto-Celt.), sondern auch c o f f i n, bier, ja car, chariot übh. bedeuten, und zwar nicht bloß dem c o v i n u s zu Gefallen, da einige Belege aus Dichtern angeführt sind Das Dict. Scoto-celticum confundiert in diesem Worte sehr verschiedenartige. Es scheint zu den zahlreichen jüngeren Sprößlingen des griechich-lateinischen κόφινος (erst später auch mit í), c ŏ p h ĭ n u s zu gehören, dessen kurzes und unbetontes i, zumal bei bloßer Entlehnung, leichter zù a werden konnte, besonders bei dem dumpfen, fast indifferenten Tone unbetonter gadhelischer Endungen; bei urverwandten Wörtern wäre nur die umgekehrte Wandelung anzunehmen. In der That kommt auch mlt. c o p h a n u s Schanzkorb vor.

Κόφινος, das bei den Griechen frühe erscheint und von ihnen zu den Römern kam, steht auch im Griechischen isoliert und wurzellos. Aber eben sein Alter läßt uns keine Entlehnung aus kelt. c o v i n u s vermuten, eher noch Urverwandtschaft. Sein φ, p h kann, wie auch das britann. v in c o - v i n u s, eigentlich b h sein und i seine Quantität mehrmals gewechselt haben, wenn nicht die Kürze ursprünglich ist. Wir wollen damit die Möglichkeit bezeichnen : daß c o p h i n u s die mit dem britann. c o v i n u s gemeinsame Grundbedeutung des Korbgeflechtes behalten habe. Erst mlt. sind die Bedeutungen des Kastens, auch des Todtenkastens und sogar des steinernen Sarkophags. Dazu gehören folgende Wörter.

alban. ahd. k ó f i n a ahd. c h o u i n a, c h o p h e n n a f. cophinus, Korb span. c u e b a n o großer Korb prov. c o f i n frz. engl. c o f f i n Körbchen, engl. Sarg; ital. c o f a n o Kiste neben mlt. c o p h r u s, c o f f e r u m ü. s. v. span. prov. c o f r e frz. c o f f r e (daraus engl. nl. — c o f f e r e n Teuth. — nhd.) kymr. c o f f a w r, c o f f r korn. c o f e r brit. c o u f r gadh. c o f a r, c o t h a r, m. id. Nach Diez auch ital. c o f f a span. c o f e Mastkorb hierher.

122. C r e o b u l a s. Μένϑα.

123. C r o n i u m s. M o r i m a r u s a.

124. C h r o t t a.

„R o m a n u s q u e l y r a plaudat tibi, B a r b a r u s h a r p a,
   G r a e c u s a c h i l l i a c a, c h r o t t a (r o t t a Cod. Vatic.) B r i t a n n a
                canat. — —
Nos tibi versiculos, dent b a r b a r a c a r m i n a l e u d o s (varr. l u d o s
             Editt., l a e d o s Cod. Vatic.)."
                    Ven. Fortunat. VII. 8.
„Sola saepe bombicans b a r b a r o s l e u d o s h a r p a relidebat."
        Idem in Epist. ad Greg. Pap. praefixa I. I. poematum.

kymr. crwth, dem. crythyn, m. korn. engl. crowd gadh. cruit f.
Art Saiteninstrumentes, gadh. angeblich auch i. q crotal m. cymbalum,
i. e. κρότακον; kymr. auch capsa, a kind of box; crythor korn. crowder
gadh. cruiteir Fiedler, Crwthspieler, gadh. auch Buckllger. Den Namen
erhielt die Crwth von ihrem gewölbten Bauche (vgl. u. a. über ihre Gestalt J. Wolf, Ueber die Lais S. 242.); vgl. kymr. crôth f. uterus crothi,
crythu vb. a. schwellen, bauchen. Eine englische (irische) Schrift bei Wolf
a. a. O. S. 496 giebt folgende irische Formen und Bedeutungen an : „cruit
a harp cruitoge a small violin cruith a crowde or violin crutaire
a harper, a musician." Zeuss findet altir. crotticht̄her citharizatur,
Stokes (Irish Glosses) cruitire sitarista (citharista). J. Grimm nennt
Gramm. III. 468. die chrotta unserer Stelle „ein Saiteninstrument der
alten Fränken", ohne ihres sicheren, und wenigstens auch hier gemeinten,
britannischen Ursprungs zu gedenken. Vielleicht hielten die Franken die ihnen
bekanntlich mundgerechte Lautstufe, die sie in construierter (aspirierter) britonischer Form vernahmen, gerne fest. Die Angelsachsen entliehen unmittelbar ihre crûdh (crudh Wolf a. a. O. S. 242.) engl. crowde, croud,
die Franzosen einst auch crouth oder (verschrieben?) coruth bei Roquefort, Supplément p. 104., was aber freilich dort dem biblischen Saiteninstru-
mente mit chorus (vgl. Dufr. h. v.; choron im Roman de Brut Vol. I.
p. 179.?), gr. χόρος entspricht.

Sonst haben die romanischen und deutschen Formen, und selbst alteng-
lische (rote im niederschottischen Sir Tristrem) den Guttural ganz verloren,
wahrscheinlich die deutschen ein verschobenes h, bevor die Franzosen ihr
prov. (daraus altspan.) rota afz. roe zunächst von den hochdeutschen Nachbarn, nicht von den Franken, erhielten. Im ahd. Zeitraume kommt vor rota,
rotta psalterium roton psallere; mhd. roten, salmrotten id.; rodda
lyra roddari cytareda (12. Jh.); Gottfried von Straßburg schildert „eine
rutten, diu was kleine — — ze wunsche gecordieret"; und so kommen
biß in den Anfang des 16. Jh. vor (vgl. Schmeller III. 170. Gloss. lat.-germ.
vv. Nabulum. Nauplium. Rubela. Rutta.) die Formen hd. rotten,
rott, (auch nd.) rotte, rutte, hd. rutthe, ruthe, rute, demin. rotte-,
röte-, rute-, rude-lin; spät mlt. rutta, ruta u. dgl.

Wenn am Ende der Hs. von Nôtkêrs Bibelübersetzung u. a. steht : „An-
tiquum psalterium — — symphoniaci quidam et ludicratores — — plures
chordas annectentes et nomine barbarico rottam appellantes", so ist doch
nach dem servilen Gebrauche der lateinisch Schreibenden die deutsche Muttersprache gemeint, um so sicherer, da an einem andern Orte der Hs. steht :
„Daz saltirsanch heizet nu in dutiscun rotta a sono vocis, quod
grammatici factitium vocant, ut tintinabulum et clocca." Der antiety-
mologische Zusatz zeigt sogar, daß der Schreiber Nichts von der Entlehnung
des organischen Wortes einer fremden Sprache mehr weiß.

Venantius a. a. Orte stellt der britannischen chrotta den Barbarus
mit der harpa und den barbaris leudis gegenüber. Auch dieser
Barbarus muß, nach beiden Wörtern, der Germane sein mit seiner ahd. harpha
mhd. harpfe nhd. harfe ags. hearpe engl. nnl. harp altn. schwed.
harpa mnl. dän. harpe, woraus (nicht aus ἅρπη, s. Diez 27.) frz. harpe
(aspir. h) ital. span. port. prov. arpa (auch ngr. ἅρπα) dakor. raet. (auch

slav. magyar.) harfa (a. d. Hd.). Richards (Histor. Essai on Wales etc.) führt ein altes irisches Wort oirpeam für Harfe an, das aus harpam entstanden scheint.

Wenn jedoch die deutsche Harpa alt genug war, um aus der lateinisch-griechischen entlehnt zu sein, gleichwol aber ihren Namen von der Gestalt der harpa Sichel, oder vgl. harpag-a, -o Haken, erhielt, wozu wiederum Diez wegen des aspirierten h z. B. frz. harpin nicht stellt (obgleich z. B. das aspir. h von herse dem sogar im Altlateinischen seltenen h von hirpex, irpex entspricht): so müste eine Urverwandtschaft angenommen werden, wozu die deutschen Lautstufen minder stimmen, als zur Entlehnung.

Auffallend entspricht das von Diez zu harpa gestellte ital. arpicare, inerpicare dem bair. härpfen klettern, vielleicht identisch mit harfen rätschen der Bergleute auf dem Arsleder. Zugleich aber tragen wir Bedenken, die ital. Wörter von erpicare eggen erpica Egge (aus irpex), die spät mlt. auch arpica heißt, zu trennen. Und wiederum heißt, an hirpex, arpica anklingend, die Egge selbst schwed. harf n., vb. harfva, dän. harv s., vb. harve, norweg. horv s., das freilich von harpa u. s. w. sich abtrennt, und schwerlich sich durch die Bed. pectere, occare terram an altn. hörpuskel f. pecten maris, concha pectinata knüpft, weil hier das Bild eher von den Harfensaiten hergenommen ist. Von letzterem mag auch die Nebenbedeutung von nnord. harpa, hurpe nnl. harp, härpen cribrum, cribrare, ventilabrum, ventilare rühren. Aber altn. harpa bedeutet coarctare; redarguere herpa graviter arguere.

Es ist bemerkenswerth, daß gerade die lebenden keltischen Sprachen gegenüber vielen modernen Sprachen den Namen harpa nicht zeigen, sondern statt dessen den bekannten kymr. telyn brit. telen, f., die Gadhelen cruit und clársach.

Nicht ganz so verhält es sich mit dem leudus, dem ags. (altn.) liodh (leodh) ahd. lioth, liod amnhd. nnl. lied nnl. léd, n., woher goth. liuthon ψάλλειν liuthareis ᾄδων ahd. liudôn, liudari altn. lioda, da auch ein gadhelisches laoidh, laoi; laeidh, altir. laidh m. carmen, hymnus laoidh hortari (vgl. altn. lioda á einn verbis aliquem appellare) sich findet. Entweder aber steht dieß laoidh allein in den kelt. Sprachen und ist aus dem Nordischen entlehnt, oder es gehört, wie Diez 670. vermutet, zu kymr. llais m. vox, sonus, strepitus (Diez setzt auch „Melodie", schwerlich richtig), woher u. a. lleisio strepere lleisiol vocalis lleisiwr vociferator, — was wir ebenso bezweifeln, als daß beide zu prov. afrz. (engl.) lay, lai gehören —, und dann wäre es unserem Liede ganz fremd.

125. Crupellarii. Tacitus Ann. III. c. 43. nennt bei dem Aufstande Sacrovirs in der Aeduerhauptstadt Augustodunum außer dessen Kohorten als Kämpfer die „nobilissimam Galliarum subolem, liberalibus studiis ibi operatam" (ein merkwürdiges Factum!), und erzählt weiter : „Adduntur e serviliis gladiaturae destinati, quibus more gentico continuum ferri tegimen (Crupellarios vocant), inferendis ictibus inhabiles, accipiendis impenetrabiles."

Wir sehen von Lipsius Hypothese ab, daß die (persischen) Clibanarii an die Stelle der Crupellarii zu setzen seien, finden aber auch für diesen Namen keine genügende Erklärung. Ein Hauptstück ihrer Rüstung

scheint c r u p e l l (was ganz kymrisch lautet) geheißen zu haben. Wäre
dieß der Helmschmuck, sie demnach C r i s t a t i gewesen, so läge die Erklärung nahe durch briton. c r i b e l l , c r i b e n , vann. k l i p e n (seinerseits
zufällig an c l i b a n a r i i erinnernd) f. korn. c r i b a n Hahnenkamm, Feder-
busch, auch cimier und cime übh.; das den kymrobrit. Mundarten gemeinsame, den gadhelischen fremde Primitiv ist c r i b f. pecten, crista (Nebenform
kymr. c r w y b r , c w y b r m. honey~comb) vgl. slav. g r e b e n y f. etc. id.,
auch wol lett. k r ê p e s pl. Kamm oder Kammhaar der Pferde.

126. C u c u l l u s s. B a r d o c u c u l l u s.

127. C u c u l u s. „T u c o s, quos Hispani c u c u l o s vocant, a
propria voce constat nominatos.“ Isid. Or. XII. c. 7. „T u c u s, quem
S p a n i c u c u l u m vocant, a voce propria nominatus.“ Gloss. arabico-lät.
ap. Martin. „T u c u s, un oisel, c o c u l.“ Gloss. lat.-gall. Sangerm. Gegen-
wärtig heißt der Kuckuk span. c u c l i l l o port. c u c o. C u c u l u s ist in der
lat Sprache von Alters her einheimisch, t u c u s aber sonst nirgends bekannt.

128. C u l c i t a. „In c u l c i t i s (al. c u l c i t r i s) praecipuam gloriam C a d u r c i obtinent; G a l l i a r u m hoc et t o m e n t a (var. tor-
m e n t a) pariter i n v e n t u m. I t a l i a e quidem mos etiam nunc durat in
appellatione s t r a m e n t i.“ Plin. H. n. XIX. c. 1. : „ — — quippe aenis
polientum extracta (sc. purgamenta lanae; al. „extractae“, sc. lanae coactae)
in t o m e n t i (varr. t o r m e n t i) usum veniunt, G a l l i a r u m, ut arbitror, i n v e n t o ; certe G a l l i c i s h o d i e n o m i n i b u s d i s c e r n i t u r;
nec facile dixerim, qua id aetate coeperit. A n t i q u i s enim torus e s t r a-
m e n t o erat, qualiter etiamnunc in castris.“ Ib. VIII. c. 48. s. 73. „Gna-
phalium — — cujus foliis — — pro t o m e n t o utuntur“ (ohne nähere
Angabe der Gebrauchenden) Ib. XXVII. c. 10. s. 61. „Italia et Pelignis lineis
honorem habet, sed in c u l c i t i s precipua (sic) gloriam C a d u r c e i obtinent G a l l i a r u m. hoc et t o m e n t a pariter inventum e g y n t i o (sic!)“ etc.
(Pseudo-) Appulleii de Remedjs Salutaribus Fragm. ed. Sillig.

Es fragt sich, ob die beiden ersten parallelen Stellen bei Plinius nicht
bloß die Erfindung, sondern auch die Benennung beider Dinge als gallisch
bezeichnen; in der zweiten, nicht ganz klaren, Stelle, ist allerdings bestimmt
von gallischen Wörtern die Rede, womit aber gerade „tomenti“ nicht unmittelbar gemeint sein kann, eher das vorhergegangene „purgamento“, dessen
Plural in „extracta“ steckt, oder auch die ganze Fabrikation, auf welche das
ntr. sg. „id“ zu gehn scheint. Ein schlagendes Beispiel für Plinius Sprachgebrauch bietet die o. v. c o l i s a t u m excerpierte Stelle XXXIV. c. 17.,
wo in c o c t i l i a trotz dem „Galliarum invento“ und „appellant“ ein echt
lateinisches Wort ist. Wahrscheinlich auf die belgischen L e u c i geht :

„T o m e n t u m L e u c o n i c u m (Edd. L i n g o n i c u m).
Oppressae nimium vicina est fascia plumae;
Vellera L e u c o n i c i s accipe rasa s a g i s.
T o m e n t u m Circense.
T o m e n t u m concisa palus Circense vocatur;
Haec pro L e u c o n i c o s t r a m i n e pauper emit.“
Martial. Ep. XIV. 159. 160.
„L e u c o n i c i s agedum tumeat tibi c u l c i t a l a n i s.“
Ib. XI. 56.

Sonst finden wir keine Andeutung über den gallischen Ursprung beider, bei den römischen Klassikern einheimischer, Wörter. Die späte Stelle der Regula Magistri c. LXXXI. ap. Dufr. mag in „tomentarios sagos singulos et laenas" zufällig die gallischen Gewande zusammenstellen; jedoch erinnert sie sehr an die Stelle bei Varro L. l. III. c. 35. §. 167. : „Posteaquam transierunt ad culcitas, quod in eas acus (cx „ea sagus emend. Scaliger) aut tomentum aliudve quid calcabant, ab sternendo (al. inculcando) culcita dicta."

Tomento (Werg, Scherwolle) ist span. port. lebendiger, als ital.; frz. tomenteux vollends nur ein botanisches Kunstwort. Außerordentlich gebräuchlich ist tomentum mit vielen Varianten in späten Glossarien, s. Gloss. lat.-germ. h. v.

Theils culcita, theils culcitra liegt den romanischen Formen zu Grunde : span. port. colcha (Matrazze, Bettdecke), nach Diez 107. auch prov. oota (für colta, wie mot für molt) afrz. coute, keute, quieute nfrz. coite (mlt. coilta) couette (nicht aus κοίτη; auch nicht etwa an quieta wallon. keute angelehnt? ebensowenig gehört frz. couche, coucher aus collocare hierher); Roquefort hat auch coulte, couelte (auch couste) neben coultre, coueltre, woraus denn afrz. coutre, cotre (Matrazze); ebenfalls aus culcitra ital. coltra, coltre Bettdecke, Matrazze, daraus, wol mit culcitra gemischt, coltrice f. Feder-, Unter-bett; altspan. colcedra prov. cousser, cosser id. Ableitungen sind mlt. (culci-dera, -dra, -cia, -trum, culcura, cultera, cultra etc. culcitra) culciternum, culcinus, cussinus raetor. cussin frz. coussin nprov. couissin, coichi etc. katal. coxi span. port. coxin ital. cuscino, coscino, m. ahd. cussin etc. mnhd. nl. nd. küssen, n. pulvinar; engl. cushion id. a. d. Frz., wie anderseits raetor. culter masc. grobe Bettdecke aus dem identischen hd. Lehnworte, das auch gulter, kolter, kilter, m. mhd. auch kulter, n., kuter, kuder, guter mnl. culct, culte, cult mnd. kolte f. engl. quilt lautet, auch sloven. kolter m. böhm. koltra f. (culcitra Gloss. a. 1470, jetzt Vorhang bed.) culcitra.

Nicht so sehr haben die hier zu nennenden neukelt. Wörter das Aussehen von Lehnwörtern; vielleicht könnte sich sogar das Primitiv des abgeleiteten culcita hier finden, das Wort dadurch geradezu der lateinischen Abstammung entziehen, und als altgallisches bezeugen. Den Uebergang in die Bed. velum fanden wir schon bei dem böhmischen Lehnworte; er wird leicht durch die Bed. Decke vermittelt.

Obs. gadh. coilce, colcach, colcaid, f. stragula, lectus könnte freilich aus mlt. colca (frz. couche) u. s. w. entlehnt sein, oder gar von dem gael. und niederschott. Namen der anas mollissima, colc c., abstammen.

Als identisch mit culcita erscheint kymr. cylched f. bedclothes, curtains, the thick of a bed; in einer zweiten Bed. circumference, circuit, compass ist es Nebenform von cylchedd m. und gehört vielleicht nur als solche zu cylch m. circulus. Zur ersten Bedeutung gehören die alten Glossen bei Zeuss cilcet tapiseta incilchetou vela; sio tritt, neben zahlreichem Zubehör jenes cylch, nur noch hervor in cylchedlen f. (lleun, llen f. velum) a curtain.

20*

129. Cuniculus. „Leporum generis sunt et quos Hispania cuniculos appellat foecunditatis innumerae, famemque Balearibus insulis populatis messibus afferentes. Foetus ventre exsectos vel uberibus ablatos non repurgatis interaneis, gratissimo in cibatu habent; laurices vocant. Certum est, Balearicos adversus proventum eorum auxilium militare a Divo Augusto petiisse." Plin. II. n. VIII. c. 55. s. 81. Noch etwas älter ist die Nachricht : „Tertii generis est, quod in Hispania nascitur simile nostro lepori ex quadam parte, sed humile, quem cuniculum appellant. — — Cuniculi dicti ab eo, quod sub terra cuniculos ipsi faccre soleant, ubi lateant in agris." Varro R. r. XII. Vgl. u. a. „Gaudet in effossis habitare cuniculus antris." Martial. Epigr. XIII. 60. Die Bedeutung der Höhle, militärischen Mine u. dgl. selbst hat das Wort bei Varro a. a. O., Cicero, Caesar, Tacitus, Vegetius; dennoch ist vielleicht — zumal, wenn das freilich ganz lateinisch lautende Wort grundfremd und somit auch mit cuneus unverwandt ist — Varros Ableitung umzukehren, was Vegetius IV. c. 24. („cuniculi a leporibus" etc.) thut. Vegetius II. c. 11. schreibt diese Miuenleg**u**ng den thrakischen Bessi zu : „Haec enim erat cura praecipua — — ut etiam cunicularios haberent, qui more Bessorum ducto sub terris cuniculo — — improvisi emergerent ad urbes hostium capiendas." Dagegen verweist uns Catullus XXXVII. 18. wiederum auf Hispanien : „Tu praeter omnes ave de capillatis cuniculosae Celtiberiae fili Egnati", was gewöhnlich auf die Höhlen, nicht die Thiere, bezogen wird. Die bestimmteste Aussage macht der griechisch schreibende Italiener Aelianus Hist. anim. XIII. c. 15. : „Πέφυκε δὲ καὶ λαγὼς ἕτερος μικρὸς τὴν φύσιν, οὐδὲ αὔξεταί ποτε, κόνικλος (so emendiert Jacobs mit Schneider aus κόνιλος) ὄνομα αὐτῷ· οὐκ εἰμι δὲ ποιητὴς ὀνομάτων, ὅθεν καὶ ἐν τῇ συγγραφῇ φυλάττω τὴν ἐπωνυμίαν τὴν ἐξ' ἀρχῆς, ἥνπερ οὖν Ἴβηρες οἱ Ἑσπέριοι ἔθεντό οἵ, παρ'οῖς καὶ γίνεταί τε καὶ ἔστι πάμπολυς." Die Uebersetzung von Gillius (geb. 1490) sagt : „— — cui cuniculus nomen est, quod quidem — — a principio Hispani ei imposuerunt." Die latein. Form adoptiert Galenos De Aliment. III. 2. κουνίκουλος. Bei Polybios XII. c. 1. (3.), wo auch κόνικλος und von Athenaeos (s. nachher) κούνικλος gelesen wurde, steht jetzt κύνικλος, vielleicht an κυν-, κύων angelehnt, vgl. spät mlt. caniculus. Athenaeos IX. c. 63. p. 400. citiert mehrere Schriftsteller und sagt u. a. : „Πολύβιον δ'ἐν τῇ δωδεκάτῃ τῶν ἱστοριῶν γίγνεσθαί φησι παρόμοιον τῷ λαγῷ ζῶον τὸν κούνικλον καλούμενον, γράφων οὕτως· „,,Ὁ δε κούνικλος" " κ. τ. λ. — Μνημονεύει δὲ αὐτῶν καὶ Ποσειδώνιος ὁ Φιλόσοφος ἐν τῇ ἱστορίᾳ" κ. τ. λ. Polybios berichtet nach Timaeos Hist. II., daß die κύνικλοι in Kyrnos zu Hause seien, was wenigstens nicht gegen den iberischen Ursprung des Namens spricht.

Die hierher gehörigen Namen des Thieres sind hauptsächlich (mehrere romanische movieren auch) : ngr. κουνέλι, κουνίδι ital. coniglio raetor. cunigl prov. afrz. conil span. conejo port. coelho, auch frz. connin (fem. connine), connichon, m.; mnnl. konyn mnl. cunin hd. (häufig im 15—16. Jh.) nnord. kanîn, n. nord. m. hd. canyne, kanîn-ichen, -chen, kanelichen (Voc. des 15. Jh.), chünol, künolt, kûniculus (Voc. des 16. Jh.), kunig-el, -lin, könig-

lein (übersetzt lituslav. k r a l i k k a s , k r o l i k u. s. m.), (auch mnd.)
k o n g e l , k ü l l e , k y l l e , h a s e n - k i l l e i n , sogar -k ü l e i n ; isländ.
k ü n l n g r m. k ü n l n a , k a n l u a , k û n î s , f.; engl. c o n e y ; gadh.
c o i n e a n ; vll. a. d. Nord. kymr. c w n i n g (sing. -g e n), c w n i n g o d,
f. korn. c y n i n , c y n l n g e n ; a. d. Latein. (wenn nicht einheimisch) brit.
die beiden Geschlechter c o n i c l , c o u n i c l , dial. c o n i f l·, vann. c o u l i n
m., -e z f. A. d. Deutschen finn. k a n i n i estn. k a n n e l i k e (vgl. o.
k a n e l i c h e n) lett. k a n i n k e n i s (zweites k virguliert) litau. k a n y n k e f.

Aus l a u r i x bildete sich ahd. l o r i c h î n cuniculus, vielleicht noch in
einem Voc. des 15. Jh. l a r s c h canicolus.

130. *Κοῦρμι* s. C e r v e s i a.

131. C u s c u l i u m. „Omnes. tamen has ejus dotes ilex solo provocat
c o c c o. G r a n u m h o c primoque ceu scabies früticis, parvae aquifoliae
ilicis, c u s c u l i u m (var. edd. q u i s q u i l i u m etc.) v o c a n t; pen-
sionem alteram tributi pauperibus H i s p a n i a e donat. — — Gignitur et in
G a l a t i a , Africa, Pisidia, Cilicia, pessimum in Sardinia. G a l l i a r u m
glandiferae maxime arbores a g a r i c u m ferunt." Plin. H. n. XVI. c. 8. s.
12. „A g a r i c o n ut fungus nascitur in arboribus circa B o s p h o r u m — —
id, quod in G a l l i a nascitur, infirmius habetur." Ib. XXV. c. 9. s. 57.

Wir haben das nach dem Orte seines Ursprunges benamte a g a r i c u m,
ἀγαρικόν Diosc. III. c. 1., das sich der Stelle über c u s c u l i u m anschließt,
auch hergesetzt, um zu zeigen, daß dieser Name des c o c c u s nicht nothwendig aus der zunächst stehenden Hispania herrührt.

Für diese Abstammung spricht jedoch sowol der Umstand, daß jener
Name nirgends sonst vorkommt, obgleich Plinius selbst auch anderswo (vgl.
u. v. *Ῡ̔ς*) vom Coccus spricht; als auch die Bestätigung der hier möglichen
speciellen Beziehung des Namens auf Hispanien durch die nur dort fortwährend Geltung desselben in bask. c u s c u l l a , c o s c o l l a (Diez 481.) span.
c o s c o j a katal. c o s c o l y a quercus coccifera span. c o s c o j o katal. c o s c o l y
coccus ilicis. Verwandt scheint c o c c u m , κόκκος.

Dagegen bedeutet (nach Honnorat) prov. c o s c o l h a coquille nprov. c o u s-
c o u l h a i. q. frz. c o s s e , g o u s s e (für diese Wörter vgl. Diez 191. 601.
Goth. Wtb. II. 238.) des pois etc. (c o u s c o u l nében c o u r c o u s s o u n i. q.
lat. c u r c u l i o laßen wir zur Seite); dazu stimmen bask. k o s k o l l a scrotum,
bourse (cf. gousse, gousset) á testicule (Salaberry); k u s k u coque d'un oeuf,
d'un fruit quelconque (ib.) c u s q u i a écale, coque (Lécluse) k u s k u l a
1) clonnette (i. q. clonisse venus verrucosa?) ronde á bouche rétrécie 2) cus-
cute (allg. roman. c u s c u t a , seiten c a s s u t a) bei Salaberry. Obiges nprov.
c o u s c o u l h a erinnert auch durch die Bedeutung einigermaßen an das lautlich unserer Numer nicht ferne lat. q u i s q u i l i a e.

Ein ähnliches Lautverhältniss, wie zwischen frz. c o s s e und bask. prov.
c o s c , c u s c , findet Statt zwischen frz. c o s s e r (jedoch ital. c o z z a r e,
c o z z o vgl. Diez 115.) und bask. k o s k a bruit d'un corps qui en frappe
un autre; vb. frapper un corps par un autre nach Salaberry, c o s k h a coup
d'un bélier c o s k h a t c e a cosser nach Lécluse.

132. *Κυρτίαι* s. C e t r a.

D.

133. Dadsisa. „De sacrilegio super defunctos i. e. **dadsisas**
(var. **dadsilas**)." Indiculus superstitionum ex consilio Liptinensi a. 743.

Sacrilegium ist hier nur der Ausdruck des christlichen Bannes statt religio,
superstitio, das Wort aus sächs. oder fries. **dâd** (mors, mortuus) und **sisa**
naenia zusammengesetzt.

Für letzteres vgl. u. a. Graff h. v.; ahd. **sisesang** n. carmen lugubre
sisua (vel böse) nenias; im Gloss. lat.-germ. **nenia** (giposi etc.; sowol
selenleich, dottengesang, als wigenlyet) **susennyn**, **susen**; **fescennina** etc.
susenynne; **profescenninis** est cantus ut **sußa liebe ninnen**. Diese
Deutung eines Glossators im 15. Jh. erkennt richtig eine Zusammensetzung;
der erste Theil dauert, wiederum umgedeutet und an einen Eigennamen angelehnt in Wiegenliedern fort, die mit „Suse, liebe Suse" beginnen, und
wir halten ihn identisch mit dem älteren **sisa**; die zweite Hälfte kam aus
dem roman. **ninna** (vgl. Diez 238.) herein.

kymr. **sisial** to whisper **sisyfwl** gadh. **siûsan**, m. a whisper etc.
stehn jener **sisa** vielleicht nicht näher, als etwa **sausen** u. dgl.

Δάλαξ s. *Λάριξ*.

Δέρχομα s. **Cervesia.**

134. Dervones s. **Druides.**

135. Didoron. Das falsche Citat Adelungs aus „Plin. 14.", wornach
dieses Wort ein gallisches wäre, hat nicht bloß mich, sondern eine Reihe
würdiger Genoßen getäuscht und namentlich Holtzmann zu vergeblichem
Widerspruche veranlaßt. Die Stelle bei Plin. H. n. XXXV. c. 14. lautet
vielmehr :

„Genera eorum (laterum) tria : **didoron**, quo utimur, longum sesqui-
pede, latum pede; alterum **tetradoron**, tertium **pentadoron**. Graeci
enim antiqui **doron** palmum vocabant, et ideo **dora** munera, quia
manu darentur. Ergo a quatuor et quinque palmis, prout sunt, nominantur."
Hiernach schreibt Vitruv. II. c. 3 : „Laterum (genus) unum, quod Graece
δίδωρον appellatur."

Indessen mag der, hiermit erwiesene, Irrtum seine Frucht tragen und
einige in unser Gebiet gehörende Untersuchungen zur Folge haben.

Jene späteren Bildungen und „δῶρα· παλαιστής, μέτρον" Hesych. wurzeln
in dem uralten homerischen ἑκκαιδεκάδωρος. Wenn wirklich δωρ-, δῶρον
palma bedeutete, so finden sich in mehreren Sprachen Anklänge, die jedoch
darum noch keine Verwandtschaften sind.

Veneroni gibt, jedoch nicht als allgemein italienisch, **dora**, **dorone**
palmus, donum, un empan, un don volontaire à main ouverte, das allzusehr an Plinius Etymologie erinnert, um nicht gelehrter Fabrikation verdächtig zu sein. Venezianisch **dorone** bedeutet ein eisernes Gelenk (Scharnier).

Roquefort gibt „**dour** la quatrième partie d'un pied géométrique"; Honnorat prov. **dor** m. tronçon **dorn** m. morceau, darne (s. u.), pouce (auch
jarre i. q. prov. port. **dorna** etc. vgl. Diez h. v.); Diez übersetzt afrz.

do.ur und prov. dorn durch handbreit, was wiederum im Ganzen mehr
auf das griechisch-lateinische Wort deutet, als auf folgende keltische.

Allgemein·keltisch ist dorn, dòrn, dwrn, darn Faust, Hand; kymr.
brit. dwrn brit. korn. gadh. dorn korn. darn (nur manus), m. (brit.
Dual daou-zourn, dawarn gadh. nom. dòrn gen. s. g. n. pl. dùirn)
kymr. gadh. pugnus brit. korn. manus korn. gadh. (kymr. dyrn-ddolm.)
manubrium korn. the door post (in Devonshire darn, in Nordengland dearn)
gadh. colaphus, Faustschlag; sectio, pars exigua (vgl. prov. dor, dorn); gadh.
dornair pugil kymr. dyrnwr brit. dourner Drescher brit. dourna
kymr. dyrnu dreschen, -brit. auch i. q. gadh. dòrn Faustschläge geben;
kymr. dyrnfedd f. a measure of 4 or 6 inches (vgl. die rom. Wörter)
dyrnaid brit. dournad, m. Handvoll; gadh. deàrna f. manus vola
deàrnadair m. chiromantes.

- Zu den roman. Wörtern gehört mlt. (tolosan.) „unum durnum de spisso";
aber das wahrscheinlich identische (burdegal.) „unum dornum de lucio"
passt der Bedeutung nach mehr zu prov. darna frz. darne das im
Frz. fast ausschließlich für Stück oder Schnitte von Fischen, im Prov. aber
auch für „côte de melon, quartier ou cuisse de noix", ja sogar für eine
Gypsplatte (cf. briton. dar, darz f. plâtras; dalle, tablette de pierre
etc.?) und für ein zum Kopfputze verwandtes Stück Zeuges gilt; in einigen
andern Bedeutungen gehört darna nicht hierher. Das Zw. darnar hat
vollends die allgemeine Bedeutung findere, zerstückeln u. dgl., aus kymr.
darnio brit. darna id.; kymr. m. korn. brit. f. darn (sg. kymr. der-
nyn) pars, frustum u. s. m.; daher auch engl. darn, dearn to piece,
mend, stopfen, s. Stopferei. Auch suffolk. darnak a thick hedgeglove scheint
altes Lehnwort zu sein; vgl. etwa kymr. dyrnfol f. winter-glove. Sodann
niederschott. darle-frustum, pars, portio.

Bei allen diesen Wörterreihen wechseln die Vokale a und o. Bei kelt.
darn legt Pictet sanskr. darana Theilung zu Grunde.

Wenn δῶρον wirklich ein altes Wort für palma, manus ist : so vergleicht
sich alban. dorre manus, schwerlich lett. dûre Faust dûreens Faustschlag, -stoß, das zu dûru, durt stoßen, (litau. durru, durti) stechen
gehören dürfte.

136. Divona.·

· - ‚‚Salve, fons ignote ortu, sacer, alme, perennis,
   Vitree, glauce, profunde, sonore, illimis, opace;
   Salve, urbis genius, medico potabilis haustu,
   Divona, Celtarum lingua, fons addite Divis!‚‚
                              Auson. Clar. Urb. XIV. v. 29 sqq.

Es steht noch dahin, ob „Celtarum lingua" sich wirklich auf den Schluß
der epithetenreichen Anrede bezieht — der an „decus addite Divis" (Hercule)
Verg. Aen. VIII. v. 301. erinnert —, oder nur auf den unmittelbar vorhergehenden Namen des Quells, der zugleich auch der Name der Kadurkerstadt
war, bei Ptolemaeos Δούοoα (Varr. Δουήωνα, Δούηονα, Δούχονα), wie denn
auch eine Variante in ob. Stelle Duiona hat, wogegen Scaliger jenen
Namen in Διούονα zu ändern vorschlug. Später kommt Divonna, sogar
Bibona Tab. Peut. vor. Obige Form wird bestätigt durch Divona Inscr.
und Δειουονα auf Münzen Revue numism. 16, 384 ff. s. Glück 70.

Jedenfalls liegt in D i v o n a keine Zusammensetzung, sondern eine Ableitung, deren beide Theile wir zunächst in einigen Beispielen von Eigennamen wiederfinden :

D i v - o , - o , - i c o , - i c i a , - i t o , - i t i a c u s , - o d u r u m (auch mit
D i b - und D e v - wechselnde). M a t r - , S a l m - o n a , wahrscheinlich noch
mehrere Flußnamen; auch die Pluralendung - o n e s , wie in Fatae · D e r v o n e s
Orel. Nr. 1774.; etwa auch ebds. Nr. 1955. A c i o n n a , da öfters doppeltes n
neben einfachem erscheint; V e r o n a ; I a l o n a in Britannien, E p - , N e m e t - ,
D a m - , S i r - o n a Namen von Göttinnen, u. s. v.

Wenn Ausonius in den lat. D i v i s zugleich gallische meinte, so suchen
wir zwar unter den von den Alten und auf Inschriften überlieferten Götternamen vergeblich den dem lateinischen entsprechenden, wenn wir ihn nicht
in D i s Caes. B. G. VI. c. 18. finden; wol aber haben ihn sämtliche neukelt. Sprachen : kymr. D u w (pl. d u w i a u , obs. d w y w a u , fem. d u-
w i e s , obs. d w y w e s) korn. D e u brit. D o u é (pl. d o u é - e d , - o u , f.
- e z) gadh. D i a (pl. d i a t h a - n , - n a n , d é e).

137. D r u i d e s. Bereits bei den Barden, wo wir die Beiden gemeinsamen Belegstellen nachzusehen bitten, gedachten wir dieses Priesterordens,
dessen theokratische Uebermacht in Gallien die Faulreife des alten Kelten-
staates zu Caesars Zeit ankündigte. Die Berichte des Letzteren B. G. VI.
c. 13 sq., Strabons l. IV., Diodoros l. V. und Dions (Chrys.) zeigen den
Orden so übermächtig im Staate, wie es seine Nachfolger in christlicher Zeit
kaum in der Blüte ihrer Gewalt wurden; Strabon indessen stellt sie zugleich,
was denn auch auf die Lichtpartien in der Geschichte der christlichen Hie-
rarchie passt, als Vertreter der Gerechtigkeit und Humanität dar; theilweise
auch Diodoros.

Die Druiden sind damals (Caesar l. c.) Priester, Lehrer und Richter;
„rebus divinis intersunt, s a c r i f i c i a publica ac privata procurant, r e l i-
g i o n e s interpretantur. Ad hos magnus adolescentium numerus d i s-
c i p l i n a e caussa concurrit, magnoque ii sunt apud eos honore. Nam fere
de omnibus controversiis publicis privatisque constituunt." Sie haben
Interdikt und Bannstrahl, wie der Papst nach ihnen : „Si quis aut privatus
aut populus eorum decreto non stetit, s a c r i f i c i i s interdicunt. Haec
poena apud eos est gravissima. Quibus ita est interdictum, ii numero im-
piorum ac sceleratorum habentur, ab iis omnes decedunt, aditum eorum ser-
monemque defugiunt, ne quid ex c o n t a g i o n e incommodi accipiant." In
der That haben diese Despoten einer zerrütteten Gesellschaft auch einen
lebenslänglichen Wahlpapst. „Ilis autem omnibus D r u i d i b u s praeest
u n u s , qui summam inter eos habet autoritatem. Hoc mortuo, si quis ex
reliquis excellit dignitate, succedit; at si sunt plures, pares suffragio Druidum
adlegitur." Aber sie wählen nicht bloß den Papst, sondern auch den Kaiser,
nach Umständen auch im Verständnisse mit dem Nationalfeinde; Caesar erzählt l. c. VII. c. 33. : „Convictolitavem, qui per s a c e r d o t e s , m o r e c i-
v i t a t i s (Aeduorum) intermissis magistratibus esset creatus, potestatem obtinere jussit (Caesar)." Dio Chrysostomus Orat. XLIX. p. 249. ed. Reiske
bestätigt diese Gewalt der Druiden : „Πέρσαι. — — τοὺς καλουμένους παρ'
αὐτοῖς Μάγους, — — Αἰγύπτιοι δὲ τοὺς Ἱερέας, — — Ἰνδοὶ δὲ Βραχμᾶνας,
— — Κελτοὶ δὲ οὕς ὀνομάζουσι Δρυΐδας καὶ τούτους περὶ μαντικήν

ὄντας, καὶ τὴν ἄλλην σοφίαν, ὧ ἄνευ τοῖς βασιλεῦσιν οὐδὲν ἐξῆν πράττειν, οὐδὲ βουλεύεσθαι" κ. τ. λ. Sie haben überhaupt (B. G. VI. c. 14.) die staatsgefährlichsten Vorrechte : Freiheit von Abgaben und Kriegsdienste, ja völlige Immunität, und desshalb zieht sowol Herrschsucht, als Wißbegier die Novizen herbei, die „magnum ibi numerum versuum ediscere dicuntur. Itaque nonnulli annos vicenos in disciplinâ permanent (bemooste Häupter!), neque fas esse existimant ea litteris mandare, cum in reliquis fere rebus publicis privatisque rationibus Graecis literis utantur." Sie sind die Wißenden und Lehrer auch für alle Natur- und Welt-kunde; unter ihren Dogmen zeichnet sich das der Seelenwanderung aus.

Von besonderer Wichtigkeit sind folgende Zeugnisse Caesars. B. G. VI. c. 13. und 21. : „Disciplina in Britannia reperta atque inde in Galliam translata esse existimatur; et nunc, qui diligentius eam rem cognoscere volunt, plerumque illo, discendi caussa, proficiscuntur. — — Germani — — neque Druides habent qui rebus divinis praesint, neque sacrificiis student." Vgl. dagegen noch c. 16. über die zahlreichen Opfer der Gallier, und anderseits die unbegreifliche Hermeneutik Holtzmanns, nach welcher (Kelten und Germ. S. 101.) Caesar „keine deutschen Druiden kennt" (vielmehr deren Dasein verneint!), während „von brittischen Druiden bei den Alten nirgends die Rede ist, Strabon, Diodor und insbesondere Lucan aber die Druiden den eigentlichen Germanen zuzuschreiben scheinen." Wir dürfen diesen geistreichen, aber paradoxen Schriftsteller nicht weiter in seinen Bemühungen verfolgen, durch welche er Caesars, Strabons, Tacitus u. a. Zeugnisse für die Stammverwandtschaft der Gallier mit den Britanniern zu entkräften sucht, so wie das von Tacitus Annal. XIV. c. 30. für einflußreiche „Druidae", die er Hist. IV. c. 54. ebenso gut bei den transalpinischen Galliern kennt, wie auf der Breteninsel Mona, als diese a. p. Chr. 61. von Paulinus Suetonius erobert wurde. Wir bitten unsere Leser, die btr. Stellen bei den Alten, bei Holtzmann, und gegen diesen bei Brandes, selbst nachzulesen.

Mit Jenem finden wir zwar, daß aus einer alten christlichen Schrift (M. Odonell. Tirconalliae principis l. III. de S. Columbae Vita, angeführt in den Bolland. 11. März S. 517., bei Holtzm. a. a. O. S. 70.) die Unüblichkeit der Namen Druidae und Bardi zu jener Zeit in Irland, nicht so sicher aber : daß daraus die Bekanntschaft des Verfaßers mit ihnen „nur" durch die Klassiker (vgl. die Parallelstellen o. v. Bardus, welcher Abschnitt überhaupt zur Ergänzung des vorliegenden nachzusehen ist) hervorgehe, da die noch nicht alte Tradition aus „tempore gentilismi" mitwirken konnte, und bekanntlich St. Patricius und seine Genoßen nicht bloß alle religiösen, sondern auch alle weltlichen Erinnerungen des irischen Volkes mit frommem Vandalismus zu zernichten suchten. Als das Christentum erstarkt, seine Priester völlig an die Stelle der Druiden getreten waren : da konnten Diese ohne Sorgen die alten Namen wieder auftauchen laßen. Indessen sind wir der Ansicht : daß jener britannische Hauptsitz des Druidentums nicht in dem Gebiete der den Galliern ferner stehenden Gadhelen lag, sondern in dem der eigentlichen Britonen, wie wir denn schon oben die Möglichkeit aussprachen : daß beide Orden oder Stände erst verhältnismäßig spät von den Britonen zu den Gadhelen kamen. Die erwähnte Stelle über die Iren lautet:

„Natio illa laudis avida et suae antiquitatis studiosissima ab ipsa prima gentis origine consuevit in magno et pretio et numero habere rei antiquariae professores, quos tempore gentilismi Druides, Vates et Bardos, a Christi fide suscepta Antiquarios et Poetas vocabant."

Der Aeduerfürst Divitiacus bei Caesar B. G. I. c. 3. (zu unterscheiden von dem älteren II. c. 4., der seine Herrschaft auch über einen Theil Britanniens ausdehnte) war selbst nach Cicero De Divin I. c. 41. Druide. Cicero a. a. O. sagt : „Eaque divinationum ratio ne in barbaris quidem gentibus neglecta est; siquidem et in Gallia Druidae sunt, e quibus ipse Divitiacum Aeduum hospitem tuum laudatoremque cognovi, qui et naturae rationem, quam φυσιολογίαν Graeci appellant, notam esse sibi profitebatur, et partim auguriis, partim conjectura, quae essent futura, dicebat."

Eine Stelle bei Plinius H. n. XXX. c. 1., die Britanniens erwähnt, s. nachher.

Der Druiden und Druidinnen gedenken, soviel wir wißen, mit Namen außer den vorhin und o. Nr. 50. erwähnten — nämlich außer Cicero, Caesar, Diodoros, Lucanus (nebst Scholiasten), Strabon, Tacitus, Dion Chrys., Ammianus — auch Pomp. Mela (s. u.), Plinius (s. u.), Plutarch. De Sup. p. 171., Maximus Tyr. Or. XXXVIII., Sueton. Claud. XXV., Diogenes Laert. (s. u.), Origenes (s. u.), Solinus c. XXV.; Tertullianus Apol. IX. und De Ult. Virg. X., Clemens Alex. Strom. 1. p. 305., al. 359., Lampridius (s. u.), Vopiscus (s. u.), Lactantius I. 21. Aurel. Victor (s. u.), Ausonius Burd. Prof. IV. (s. u.), Augustin. Civ. Dei VII. 19., Minutius Felix XXX., Kyrillos (s. u.), Stephanos Byz. (s. u.), Eustath. ad II. II. XXIII. p. 1294.

Aus den uns zugänglichen Quellen wählen wir noch einige Stellen aus, die u. a. auch die Namenformen belegen mögen; der Metaphraste von Caesar B. G. VI. c. 13. 14. schreibt Δρουίδαι.

„Galli habent — — magistros sapientiae Druidas (folgen Lehren derselben)." Pomp. Mela III. c. 2. (Die Varianten lauten in Hss. Drydas, Driadas, Ariadas, Driclas; in alten Ausgaben Dryudas.)

Plinius H. n. spricht öfters von ihnen, namentlich als Heilkundigen. Eine mehrfach interessante Stelle ist folgende l. XVI. c. 44. s. 94. : „Non est ommitenda in ea re et Galliarum admiratio. Nihil habent Druidae (ita suos appellant Magos) visco et arbore in qua gignantur (si modo sit robur) sacratius. Jam per se roborum eligunt lucos nec ulla sacra sine ea fronde conficiunt, ut inde appellati quoque interpretatione Graeca possint Druidae videri. Enimvero, quicquid adnascatur illis, e coelo missum putant signumque esse electae ab ipso Deo arboris. Est autem id rarum admodum inventu — —. Omnia sanantem appellantes suo vocabulo. — — Sacerdos [auch bei Caesar mit Druida synonym] candida veste cultus arborem scandit, falce aurea demittit; candido id excipitur sago." Vgl. bei Ovidius (wo?? die Stelle steht in „Celt. Alterthümer', Bern 1783. S. 150.) „Ad viscum Druidae, Druidae clamare solebant." Aehnlichen Gebrauch erzählt Plinius l. XXIV. c. 12. s. u. v. Samolus. Magie mit Eiern treiben die Druidae nach l. XXIX. c. 3. Von vielseitiger Wichtigkeit ist der Schluß von l. XXX. c. 1. (das die „magicas vanitates" verhandelt) : „DCLVII. demum anno urbis, Cn. Cornelio Lentulo, P. Licinio Crasso Coss., senatusconsultum factum est : ne homo immolaretur. Palamque fuit in tempus illud sacri prodigiosi celebratio. Gallias utique

possedit, et quidem ad nostram memoriam [vgl. u. a. Cic. Font. c. X., Caesar B. G. VI. c. 16. über die scheußlichen Menschenhekatomben der Gallier,
Sueton. Claud. XXV., Diodor. Sic. V. 32., Solin. c. XXXIV., Lucan. Phars. III.
v. 399 ff. und deutlicher o. v. Bardus]. Namque Tiberii Caesaris principatus sustulit Druidas eorum et hoc genus vatum medicorumque.
Sed quid ego haec commemorem in arte Oceanum quoque transgressa et ad
naturae inane pervecta? Britannia hodieque eam attonite celebrat tantis
ceremoniis, ut dedisse Persis videri possit."

 – Vgl. hierzu Sueton. Claud. XXV. über Augustus Verbot der gallischen
Menschenopfer bei den römischen Bürgern; Aurel. Victor Caesar. c. IV. :
»Compressa per eum (Claudium) vitia ac per Galliam Druidarum
(früher las man Drysularum) famosae superstitiones.« Diese Unterdrückung scheint aber doch mit größerem Erfolg kaum unter Kaiser Hadrianus
ausgeführt worden zu sein. Für diesen Gegenstand citiert Purmann (Aelt.
Gesch. der Kelten Bd. III. S. 118.) noch Tertullian. Apol. c. IV. Euseb.
Praepar. Evang. l. V. c. 15. Lactant. Div. Inst. l. I. c. 21. Daß noch zu
Ausonius Zeit das Andenken der — übrigen hier zugleich als verschollen
erscheinenden — Druiden in Ehren gehalten wurde, bezeugt die schon o. v.
Βιλιναντία, angeführte Stelle. Sie lautet (Professor. IV.) :

      »Attius Patera Pater, Rhetor.
  Tu Bajocassis (gall. Volksname) stirpe Druidarum satus,
  Si fama non fallit fidem,
  Beleni sacratum ducis e templo genus.
  Et inde vobis nomina :
  Tibi Paterae, sic ministros nuncupant
  Apollinaris mystici.
  Fratri patrique nomen a Phoebo datum [Phoeb-icio vel -adio]
  Natoque de Delphis tuo [Delphidio].«

    Diogenes Laert. Prooem. I. bringt einen neuen Ausdruck, den wir nachher besprechen wollen : »Τὸ τῆς φιλοσοφίας ἔργον ἔνιοί φασιν ἀπὸ Βαρβάρων
ἄρξαι. Γεγενῆσθαι γάρ παρὰ μέν Πέρσαις Μάγους, παρὰ δὲ Βαβυλωνίοις ἢ
Ἀσσυρίοις Χαλδαίους, καὶ Γυμνοσοφιστὰς παρὰ Ἰνδοῖς · παρὰ τε Κελτοῖς
καὶ Γαλάταις τούς καλουμένους Δρυΐδας καὶ Σεμνοθέους.« Hiernach
meldet Suidas : »Δρυΐδαι παρὰ Γαλάταις οἱ Φιλόσοφοι καὶ Σεμνόθεοι«,
und Stephanos Byz. : „Δρυΐδαι, ἔθνος Γαλατικὸν φιλόσοφον, ὡς Λαέρ
τιος Διογένης ἐν φιλοσόφῳ ἱστορίᾳ." Sodann vgl. auch : „Καὶ Γαλατῶν οἱ
Δρυΐδαι καὶ ἐκ Βάκτρων καὶ Περσικῶν Σαμαναῖοί καὶ Κελτῶν οὐκ ὀλίγοι."
Cyrill. adv. Julian. mit ähnlicher Scheidung der Γαλατῶν und der Κελτῶν, wie
bei Diogenes. Origenes contra Celsum l. I. p. 14. nennt „Γαλατῶν Δρυάδας"
mit deutlicher Anlehnung.

    Auch weibliche Drüiden werden genannt, gehören aber kaum zu dem eigentlichen Orden, sondern sind Mystagoginnen und Wahrsagerinnen, wie sie auch
IV. unter den Germanen vorkommen (Caes. B. G. I. c. 50. Tac. Germ. VIII.; Hist.
IV. c. 61. 65. V. c. 22. 25. Dio Cass. LV. c. 1. LXVII. c. 5., wo Κελτικῇ Germanien bedeutet u. s. M.; neben auspices Amm. Marc. XIV. c. 9. und μάν
τεις, χρησμολόγοι Ἀλαμαννικοί Agathias II., vgl. die kelt. μάντεις o. Nr. 50.),
so endlich bei den meisten Völkern.

„Cum Diocletianus apud Tungros in G a l l i a quadam in caupona moraretur, in minoribus adhuc locis militans et cum D r u i d e quadam m u l i e r e rationem convictus sui quotidiani faceret, atque illa diceret : „ „Diocletiane, nimium avarus, nimium parcus es,‟‟ joco, non serio, Diocletianus respondisse fertur : „ „Tunc ero largus, cum imperator fuero;‟‟ post quod verbum D r u i a s dixisse fertur : „ „Diocletiane, jocari noli; nam imperator eris, cum aprum (Aprum) occideris.‟‟ H. Vopisc. in Numeriano c. XIII. „Dicebant enim quodam tempore Aurelianum G a l l i c a n a s consuluisse D r u i a d a s.‟ Id. in Aureliano c. XLIV.; kurz darauf aber spricht er von den selben als „D r u i d i b u s.‟ — „M u l i e r D r u i a s (al. D r u i s) eunti (Alexandro Severo) exclamavit, G a l l i c o s e r m o n e : „ „Vadas nec victoriam speres, nec te militi tuo credas!‟‟ Ael. Lamprid. in Alex. Sev. c. XL. Wichtiger ist die bei Metz gefundene Inschrift Gruter p. 58. Nr. 9. : „Sylvano Sacr: et Nymphis loci Arete D r u i s A n t i s t i t a, somno monita, d.‟, weil das Epitheton oder Synonymon A n t i s t i t a der D r u i s eine officielle priesterliche Stellung zuschreibt.

Gerade diese Benennung stimmt in fast allzu schlagender Weise mit der gleichen in folgendem Berichte Pomp. Melas III. c. 6. überein : „In C e l t i c i s aliquot (insulae) sunt, quas, quia plumbo abundant, uno omnes nomine C a s s i t e r i d e s adpellant. S e n a in B r i t a n n i c o mari, Osismicis adversa litoribus, G a l l i c i numinis oraculo insignis est, cùjus a n t i s t i t e s, perpetua virginitate sanctae, numero novem esse traduntur; G a l l i c e n a s (varr. Mss. G a l l i - z e n a s, - g e n a s, - c i n a s; Edd. G a l l i S e n a s, G. Z e n a s, B a r r i g e n a s) vocant putantque — — scire ventura et praedicare, sed non nisi deditas n a v i g a n t i b u s‟ etc.

Hierzu halte man nun folgende Stellen. Bei Strab. IV. p. 198. ed. Cas.: „Ἐν δὲ τῷ Ὠκεανῷ φησιν εἶναι νῆσον μικρὰν, οὐ πάνυ πελαγίαν, προκειμένην τῆς ἐκβολῆς τοῦ Λείγηρος. ποταμοῦ· οἰκεῖν δὲ ταύτην τὰς τῶν Σαμνιτῶν (so auch die Exc.; vgl. die selben Σαμνῖται Ptol. II. 3.; „Σάμνιον· πολις Βρετανίας‟ κ. τ. λ. Steph. Byz.; Σαπινιται Marcian. Heracl. in Geogr. min. T. I. p. 48.; nachher Dion. Per.) γυναῖκας, Διονύσῳ κατεχομένας‟ κ. τ. λ.

Bei Dionys. Perieg. v. 570 sq.:

„Ἄγχι δὲ νησιάδων (Βρετανίδων) ἕτερος πόρος, ἔνθα γυναῖκες
Ἀνδρῶν ἀντιπέρηθεν ἀγαυῶν Ἀμνιτάων
Ὀρνύμεναι τελέουσι κατὰ νόμον ἱερὰ Βάκχῳ‟ κ. τ. λ.

Die von Tournefort in Ankyra entdeckte Inschrift (II. 450.) nennt eine wahrscheinlich galatische „Καραχυλαίαν ἀρχιερείαν‟ u. s. w., die aber schwerlich altkeltische Götter bediente, vgl. o. S. 182.

Ohne Zweifel das Primitiv des Namens Δρυΐδαι finden wir als Bestandtheil eines sehr alten sinnverwandten, nämlich in dem Δρυνέμετον der asiatischen Kelten, das wir unten besprechen werden.

In den neukelt. Sprachen finden wir für D r u i d a : kymr. d e r w y d d, pl. - o n; korn. Nichts bekannt; brit. (gemacht!) d r o u i z, m. d r o u i z e z f., pl. - e d, aus d é r o n i z etc. nach Villemarqué, d r u, d r u s, d r u h, pl. - e d nach Rostrenen-Jollivet; gadh. d r u i d (n. sg. pl., d r u a d g. sg· pl. Zeuss 265.), d r u i d h (magus in der Bibelübersetzung Genes. XLI. v. 24.), d r u i t h (id. in den alten Glossen Zeuss 754. 1056.), d r a o i d h,

draoi, draoth (gen. draoith) pl. -ean.; auch druadh, druagh.
Auffallend ist ein kymr. drywol (neben derwyddol) druidical, das
auch nicht zu druid-stimmt, mehr aber zu ags. dry (s. u), von dem es
vielleicht hybrid abgeleitet ist.

Die keltischen Völker haben, wenigstens mitunter, den Namen ihrer vorchristlichen Priester, sei es noch, sei es wieder, im lebendigen Gebrauche des Schriftentums, was bei wenigen christlichen Völkern der Fall
ist. Im Munde des Volkes, das sogar in Cymru (Wales) wie in Irland sehr
früh und eifrig das Christentum annahm, konnte er sich nicht lange erhalten.

Verfolgen wir die obigen Formen zunächst rein lautlich-und stellen wir
mit den Alten die ihnen gleichen, darum aber der Entlehnung aus den Klassikern verdächtigsten, gadhelischen voran. Da wir überall letztere erst in
zweiter Linie mit den altgallischen vergleichen : so steht auch gadh. druid
sturnus u. s. w. (o. v. Alauda) den Druiden, wenn wir etwa Auguren
in ihnen suchten, zwar sehr nahe, aber die kymr. und briton. Formen
rücken weiter ab. druid vb. bedeutet claudere, tegere; sodann progredi,
advenire; drûidh, drûdh penetrare; gadh. korn. (sbst.) druth lascivus;
s. f. meretrix i. q. kymr. drythyll (thrythyll) adj. Weitere Verfolgung dieser Anklänge verheißt keine Frucht.

Auch für die kymr. Derwyddon findet sich ein nur scheinbares Etymon in briton. dérou, vann. déreu, m. pl. principium, bes. Urbeginn,
von Gott und dem Weltganzen gebräuchlich; dérawi beginnen act. pass.
Aber Rostrenen schreibt dezrou, dezraoui, und das Wort lautet
kymr. dechreu sbst. m. und vrb., auch dechre m.

Wir haben gelesen, daß Plinius auf die Heiligkeit der Eiche bei den
Druiden den Versuch einer griechischen Etymologie (aus δρῦς) gründet. Da
er aber sonst der gallischen Sprache nicht unkundig erscheint, so muß ihm
kein entsprechender Eichenname derselben bekannt gewesen sein.

Und doch liegt ein solcher den kymrischen Derwyddon so nahe, daß
diese einer späteren und gelehrten Ableitung von demselben um so verdäch-
tiger erscheinen, als der sie von den altgall. Druides unterscheidende
Vokal e kein eingeschobener, sondern ein stammhafter ist, der in den primitiven und abgeleiteten Formen aller neukeltischen Sprachen vorhanden ist.
Da aber andre indogermanische Sprachen, vielleicht auch die griechische
selbst, eine Doppelform daru und dru für den Namen der Eiche zeigen,
so kann letztere den Sprachen der britannischen Kelten abhanden gekommen
sein (brit. drus ist fingiert), vielleicht sogar auch den altgallischen bereits
frühe genug, um Plinius nicht mehr bekannt zu sein, während das Andenken
der Ableitung des alten Druidennamens noch im Volke lebte und auch
Plinius kund wurde. Denn eine Umgestaltung des den Alten allgemein bekannten Priesternamens durch gräkisierende Etymologen kann nur in wenigen
einzelnen Fällen vorgekommen sein, wie bei Timagenes (Ammianus) Drysidae
oder der Lesart Drysulae bei Aur. Victor. Allerdings aber bleibt die
Möglichkeit : daß die alten Druiden ihren Namen gar nicht von den Eichen
erhielten und daß die kymrische Form desselben erst der Deutung des viel-
gelesenen Plinius ihr Dasein verdankt, woraus freilich wiederum nur thö-
richter Weise geschlossen werden könnte : daß die alten Britannier, den
ausdrücklichen Nachrichten Caesars entgegen, mit den Druiden der Gallier

und mit Letzteren selbst Nichts zu schaffen gehabt hätten. Ist unsern Lesern
um Wahrheit zu thun, so müßen sie uns eben durch alle Windungen der
Skepsis folgen. Indessen wollen wir, in Ermangelung objektiver Gewissheit, unsere Neigung zu der Annahme aussprechen : daß die kymrische
Tradition und Literatur, wie den Namen (selbst das Institut) der B a r d e n und
anderer Volksalterthümer, so auch den der Druiden treu erhielt, sogar, wie
es scheint, unabhängig von dem der Eiche, also auch unbefangen von einer
Etymologie, die darum nicht minder richtig bleibt. Wir verfolgen desshalb
denn hier auch jenen Eichennamen durch eine Reihe von Sprachen und
Zeiten, für zahlreichere Einzelheiten auf den Artikel T r i u unsers Goth.
Wörterbuchs verweisend.

quercus kymr. korn. d a r m. (kymr. d a r a f a l m, an oak apple); d e r w
korn. brit. d e r ô brit. d e r v, d e r f, m.; sing. kymr. d e r w e n brit. d e r v e n,
pl. - n o u, -n e d, f.; gadh. d a u r (obs. Zeuss 8.), d a i r (auch i. q. d o i r e
f. nemus) f. d a r a c h (auch gen. sing. von d a i r s. Stokes, Irish Glosses
p. 79.) m. d a r a g f.; gadh. obs. d e r u c c glans d a u r a u c h quercetum
d a u r d e, d a i r d e quercus. afrz. d r y l l e chêne femelle, et le gland
d'une espèce de chêne Roq. hierher? vgl. frz. d r u l l i e r, d r e u i l l i e r
crataegus aria? oder aus dem Griechischen?

makedon. δ ά ρ υ λ λ ο ς δρῦς Hesych.; griech. δ ρ ῦ ς f. arbor; quercus (δ ρ υ-
μ ό ς etc.); δ ρ ί α (sg. δ ρ ί ο ς) arbusta, silva; vielleicht δ ί ν δ ρ ο ν redupl.
(vgl. Bopp. Vgl. Gr. 826. Benfey Wurz. h. v.); δ ό ρ υ hasta (vgl. germ.
Wörter); trabs, in Ableitungen noch lignum.

goth. t r i u alts. t r i o (t r e o, t h r e u; afrs. auch t h r ê, d r ê) afrs.
mnl. mnd. altn. engl. t r ê nnord. t r ä (schwed. lignum neben t r ä d arbor),
gewöhnlich auch lignum, trabs, scapus u. dgl. Außerdem erscheint als
zweites Glied in Zusammensetzungen für Baumnamen ein vielgestaltiges ahd.
t r a, t i r a, t e r a, t a r u. s. w. mnl. t a e r e ags. d r e, d o r altn. d r u. dgl.
m., das die erwähnten beiden Hauptformen zu verbinden scheint. Endlich
stellt sich hierher auch altn. d ö r r, gen. d a r r a r, m. hasta, an welches
sich ein durch dentales Suffix erweitertes gleich und ähnlich bedeutendes
Wort d a r r a d h r ags. d a r o d h brit. d a r e d nkelt. nnord. d a r t u. s. w.
schließt, das fast in allen europäischen Sprachen vorkommt. altengl. d e r u
quercus (bei Flügel) muß wol kymrisch sein.

alban. d r u lignum c. derivv.; l i s (arbor) - d h r u s k u quercus.

aslav. d r j e v o n. arbor, pl. d r ŭ v a ligna. Die nslav. Sprachen machen
Unterscheidungen, wie z. B. russ. d é r e v o arbor (nur in Derivv. lignum);
d r e v o id.; lignum; d r o v a n. pl. ligna, Brennholz; d r e v i e n. coll. arbores. Wichtiger erscheint wiederum jene Doppelform in litau. d r a v i s,
d r ê v i s c. lett. d r a v a f. Waldbienenstock, das wir nirgendwo sonst einzuordnen wißen, und in litau. d e r v a, d a r v a f. Nadelholz i. q. finn. t e r-
w a s lapp. t a r w a s (auch schwed. t y r e n. id. hierher?); während lett.
d a r v a k s - n i s, -l i s id. abgeleitet ist von d a r v a, das im Lettischen den
aus jenem Holze gewonnen T h e e r bedeutet und mit dessen Namen in den
finnischen, germanischen und keltischen Sprachen genau verknüpft ist : finn.
t e r w a estn. t e r w, t ô r w lapp. t a r w e ags. t e o r v e, t y r v e, t e r u,
t a r e u. s. w. msc. engl. t a r nnd. t â r nnl. f. nhd. m. t ê r mnl. t e r r e,
t a r r e altn. t i a r a schwed. t j ä r a f. dän. t i ä r e c. altfrs. t h ê r nfrs. t a e r

saterl. t a r nordfrs. t j a r gadh. t e a r r f. kymr. t a r brit. t e r, m. Die Anlaut-
stufen deuten auf mannigfache Entlehnung. ˜Die Heimat des Namens mag
der Nordosten Europas sein; jedoch vergleicht Kuhn auch schon sanskr. d r a -
v y a was vom Baume kommt, namentlich Harz; auch d r a v a liquefactus
(Wz. d r u currere, fluere) klingt an.

.Die arischen Sprachen endlich⸗zeigen wiederum die Doppelform u. a.
in sanskr. d r u, d r u m a, m. d'r u t a ǹ. arbor d a r u m̀. n. lignum, zigeun.
arbor; zend. d'r u arbor, in Derivv. lignum, in Composs. δόρυ; d û r u modificiert sich auch in den neuarischen Sprachen. Ein Nebenstamm mit der
Tenuis (vgl. auch den Anlautwechsel in german. Formen) lautet sanskr. t a r u
arbor, woher t a r u n a. lat. t a r u m, n. (Aloeholz).

Das kymbrobriton. Thema d é r ù, d e r v .finden wir wahrscheinlich jedoch
auch schon im antiken Zeitraume; so bei den schon erwähnten „Fatae D e r -
v o n e s" Orell. Nr. 1774; in dem britann. D.e r v e n t i o Itin. Ant., Not.
Imp. u. dgl. m.; in gallischen Ortsnamen des Mittelalters, wie D e r v u s
silva etc. Vales. Not. Gall.; Glück erinnert (brieflich) auch noch an D e r v i o,
einen Bezirk bei Mailand, aus Bonn Jbb. XI. 148.; vielleicht auch im britann. Δαρούερνον (vgl. Zeuss 8.), während die gall. D r u e n t i a gegenüber dem
brit. Flußnamen D o r o w e n t i o n bei Beda (vgl. Zeuss l.-c.) den Gegensatz
der Formen D r u i d a e und D'e r w y d d o n zu repräsentieren .scheint.

Holzmann vermischt bei seiner Germanisierung der Druiden den D r u d e n -
fuß (von der nord. Valkyrie⸗t h r û d h r herstammend), den er zu einem D r u i d e n -
fuße macht, mit g o t e s t r û t. Das sonderbare ags. d r y, gen. d r y e s, m.
magus, druida, woher u. a. d r y l í c magicus d'r y m e'n magi,. scheint — vgl.
d r e o h l ä c a n id. — von d r e o g a n abzustammen und zu den keltischen
Druiden nur assimiliert zu ˜sein;. auch ein ags. d r i a s pl. soothsayers wird
erwähnt.

Wenn die alten Lesarten Σαρωνίδας, Ζαρωνίδας, Σαρονίδας bei
Diodor. Sic. V. c. 31. mit Unrecht in Δρονίδας, Δρυΐδας (warum nicht
lieber in Δαρονίδας?) emendiert wurden : só würden-wir hier ein griech.
Synonym des gallischen Namens haben, das seine Beziehung zur E i c h e
bestätigte. Plin. H. nat. IV. c. 6. s. 9. sagt : »Sinus S a r o n i c u s olim
querno nemore redimitus, unde nomen, ita G r a e c i a antiqua appellante
q u e r c u m." Der Scholiaste in Callimachi Hymnum in Jovem XXII. erklärt σαρωνίδες durch δρῦς, Hesychios durch „πέτραι, ἢ αἱ διὰ παλαιότητα
κεχηνυῖαι δρύες." Die keltische Erklärung jener Lesart durch die kymrischen
S e r o n y d d i o n, Sternkundige, der 89. Triade würde trefflich passen (vgl.
namentlich bei Caesar B. G. VI. c. 14. dieses Prädikat der Druiden), wenn
nicht ohne Zweifel zu Diodoros Zeit das neukymr. s e r e n stella s t e r e n
gelautet hätte, wie stets im Kornischen und Britonischen. Berosus Annianus
hat aus Diodoros »S a r r o n i d e s" einen Stammvater S a r r o n und die
Σαρνοθίους bei Diog. Laertius zu S a m o t h e i mit dem Eponymos S a m o-
t h e s gemacht.

Die Stellung der Letzteren in dem mitgetheilten Texte läßt ein ursprünglich gallisches, griechisch umgedeutetes und umgeformtes, Wort vermuten,
das jedoch wol nur zufällig an die erwähnten Σαμνιτῶν γυναῖκας bei Strabon anklingt, wie diese an die Σάμαναῖοι der Iranier. Suidas indessen faßt
es als griechisches Wort auf.

Ueber **Gallicenas** oder, wahrscheinlicher, **Galli Cenas** bei Mela enthalten wir uns aller Mutmaßungen. Sollte Fl. Vopiscus seine „**Gallicanas (Druiadas)**" aus gleicher Quelle genommen haben?

Ausonius **Patêrae** beim Belenus-Apollons-dienste erinnern an das Apollonsorakel **Patara** in Lykien. Wenn wir wirklich ein gallisches Wort für minister im Allgemeinen vor uns haben, so liegt, trotz des langvokaligen Suffixes und des reinen a, das merkwürdige briton. **p̂aôtr** m. puer, minister nahe, das mit sanskr. **putra** lat. **puer** u. s. w. zusammenhängt. Aber da neben dieser Benennung zwei andere Namenherleitungen aus der griechischen Apollonsreligion stehn, so sind auch die Mystici derselben, sowie die von ihnen gebrauchte Benennung, die doch nur den dienenden Brüdern ihrer Mysterien gegolten haben, wird, eher als griechisch aufzufaßen.

Die Excerpte o. v. **Bardus** zeigten uns, daß Caesar nur den sattsam unterschiedenen Equites die Druides entgegenstellte. Die Vergleichung mit den weiteren Unterscheidungen der Alten laßen uns vermuten, daß er entweder unter den Druiden alle Associationen mit geistigen und geistlichen Zwecken begriff, oder daß er nur in ihnen einen fest geschloßenen Stand oder Orden sah, wofür unser Excerpt aus Timagenes - Ammianus sprechen dürfte. Die Barden indessen sind wenigstens als Sänger und besonders als Panegyriker der Großen hinlänglich von den Druiden getrennt; nicht aber dagegen die *Μάντεις, Οὐάτεις,* **Euhages** unserer Excerpte, die, wenn wir sämtliche Aussagen über die Druiden vergleichen, mindestens „*φυσιολογίαν*" mit ihnen gemein haben, und als Vates und *ἱεροποιοί* ganz mit ihnen zusammenfallen, demnach eine Unterabtheilung der Druiden gebildet haben mögen.

Dem etwas ungeheuerlichen Namen **Euhages** (die alte Lesart **Eubages** laßen wir aus dem Spiele) hat man *Οὐάγεις* bei Strabon l. c., statt der *Οὐάτεις,* zugesellen wollen. Immerhin bleibt es auffallend, daß Strabon an die Stelle von Polybios *Μάντεις* die römischen **Vates** im griechischen Texte setzte, und zwar zwischen die beiden gallischen Wörter. Es bleibt die Möglichkeit, daß Strabon das selbe gallische Wort, das bei **Euhages** zu Grunde liegt, vor Augen hatte und dem römischen Synonyme assimilierte. Hätte Ammianus ein griech. *Εὐαγεῖς* nicht verstanden und als Fremdwort' aufgefaßt, so war dieß bei Strabon doch nicht anzunehmen.

Dem römischen **vates** begegnen wir auch im gadhelischen **fâith**, **fâidh, fâidhe, fâid, fâig** pl. **-ean,** m., mit einigen rein gadhelischen Ableitungen, gleichwol vielleicht doch eher Lehnwort aus dem Lateinischen, als etwa zu sanskr. **vâdi** orator, poeta gehörig. Für den einheimischen Ursprung des Wortes spricht freilich auch sein Gebrauch für einen nationalen irischen Orden, vgl. Ampère des Bardes in der Revue de deux mondes Vol. VII.; aber wann und unter welchen Auspicien wurde dieser Orden gestiftet?

Bestimmter stellen die Kymren, bei welchen die Dreizahl eine sehr bedeutende Rolle spielt, an die Stelle der *Οὐάτεις* ihren **Ofyd,** pl. **-ion,** philosopher, „ovate, ovatus", mit der Ableitung **ofyddiaeth** „ovatism", philosophy, mit dem **Barden** (nicht mit dem Druiden) verbunden **Ofyddfardd** m. a scientific bard. Zeuss 3. findet ein einheimisches Etymon des

Wortes, vgl. u. v. Όγμιος. Für Wahrsager ist das romanische Lehnwort
d e w i n m. d e w i n e s f. (a witch) das üblichste, vb. d e w i n i o brit.
d i v i n a.

Die neukelt. Sprachen haben noch mehrere einheimische Namen für' Sacerdos erhalten, des' erborgten kymr. o f f e i r i a d u. dgl. zu geschweigen.
Wir gedachten bereits v. *Βιλινεντία* des merkwürdigen briton. b é l e c,
der nicht minder, als D r u i d a, mit Vogel- und Fisch-namen zusammenhängt.
gadh. s e a n a i r m. soll nach Armstrong auch „an ancient Bard, a Drùid"
bedeuten; es gilt vielmehr für den christlichen P r e s b y t e r oder' S e n i o r,
wie für den S e n a t o r, und bedeutet überhaupt den Alten, desshalb auch
den Großvater, von s e a n kymrobrit. h ê n antiquus, s e n e x (Sippschaft
s. Goth. Wtb. S. 55.). An die gall. Inschrift S E N A N I E w I E I L O M
Orell. Nr. 1993. dürfen wir dabei nicht denken.

gadh. c a r n a c h, c a i r n e a c h (auch wiederum einen Vogel, ossifragus,
bed.) m. Druida, sacerdos paganus hängt wol mit c a r n congeries lapidum
(o. v. *Κάρνον*) als Orte heidnischer Gottesverehrung zusammen; die c a r n a u,
c a r n e d d a u u. dgl. sind in Wales, wie in der Bretagne Denkmale vorchristlichen Glaubens.

gadh. c o i b h i m. Archdruid (bei Armstrong, vgl. Grimm Myth. S. 82.)
ist Bedas C o i f i in Northumbrien.

Die Zauberkraft der Mistel, welche eigentlich erst der sie tragenden
Eiche die Weihe verlieh, hat sich bekanntlich an mehreren Orten aus altem
Volksglauben erhalten. Wie dem alten Gallier, gilt sie auch noch jetzt als
omnia sanans im gadhel. u i l i c, u i l i o c, u i l e i c e m., (angeblich auch
d r u i d h - l u s u. dgl.) nhd. Heil-aller-schäden n. Der Kymre soll sie g w i
nennen, was das frz. g u y wäre, welches Diez von v i s c u m ableitet; sie
heißt auch frz. g i l l o n. Der dem gadh. Namen entsprechende kymrische
o l l i a c h m. (auch Panacee übh., adv. perfectly well) bezeichnet eine andre
Pflanze, engl. all-heal. Die Mistel heißt brit. u c h e l -, h u e l - v a r m.,
d. i. etwa H o c h z w e i g.

138. *Δρούγγος* Nr. 1. s. T a s c o d r u g i t a e.

139. D r u n g u s. (*Δρούγγος* Nr. 2.). „Omnium gentium d r u n g o s
usque ad quinquagenos homines ante triumphum duxit." Vopisc. in Aureliano.
»Scire dux debet, contra quos d r u n g o s, hoc est g l o b o s hostium, quos
equites oporteat poni." Veget. III. c. 16. „— — a vagantibus g l o b i s,
quos d r u n g o s vocant." Ib. c. 19. Auch bei den Byzantinern, wie bei
Kaiser Mauricius, *δρούγγος; δρουγγιστι* ταττεσθαι; *δρουγγάριος* χιλί-
αρχος Gl. Basil., *ὁ μιᾶς μοίρας ἄρχων, τοῦ στόλου, τοῦ πλωΐμου* Leo Tact.
passim, „*Τὸν τοῦ μεγάλου δρουγγαρίου ὀνομαζόμενον οἶκον.*" Nic. Cho-
niat. Hist. ed. Becker p. 585.

Nirgends, unsers Wißens, ist der Ursprung des offenbaren Fremdwortes
angegeben. Gleichwol nahmen wir es auf, nicht bloß, weil wir später einem
keltischen *δρούγγος* begegnen werden, sondern weil wir den Ursprung
auch des obigen d r u n g u s u. s. w. auf unserem Gebiete suchen müßen.
Für den ganzen Umfang der Verwandtschaft mag Goth. Wtb. D. 40. nebst
Th. 35. nachgesehen werden; wir beschränken uns hier auf eine Auswahl
laut- und sinn-verwandter germanischer und keltischer Wörter.

ags. **d r u n g a** (Spelmann) engl. (wiltsh.) **d r u n g e** conferta multitudo
vgl. altn. **d r ù n g i** m. onus und als gleichbedeutende, mit einer andern
Dentalstufe anlautende Nebenformen ags. **t h r i n g, d h r y n g, d h r a n g**
u. s. w., m. altn. **t h r a u n g** f. engl. **t h r o n g** etc. Es fragt sich freilich,
ob die Griechen nicht bei der Aufnahme des Lehnwortes ihr *δ*, wie
heute, assibilierten, was mit *ϑ* längst geschehen war. Sie erhielten das
Wort vielleicht mittelbar von den Weströmern, vielleicht aber (vor diesen?)
von Nordmannen, wenn nicht schon weit früher von Gothen (als **d r u g g u s,**
vgl. **d r a u h - t s?**).

Nahe steht auch gadb. **d r o n g** f. **d r o i n g** m. tribus, populus, proles,
homines; **d r o n g - c h l a n n** (**c l a n n** Klan, tribus) pl. milites. Vgl. altkymr. (Gll. Luxemb.) **d r o g n** coetus **d r o g** factio.

140. *Δρυναίμετος.* „Ἡ δὲ τῶν δώδεκα τετραρχῶν (der kleinasiatischen
Galaten) βουλὴ ἄνδρες ἦσαν τριακόσιοι· συνήγοντο δὲ εἰς τὸν καλούμενον
Δρυναίμετον. (Neuere setzen *Δρυνέμετον*). Τὰ μὲν οὖ φονικὰ ἡ βουλὴ
ἔκρινε, τὰ δὲ ἄλλα οἱ τετράρχαι καὶ ἡ δικασταί." Strab. XII. p. 820. ed.
Falc.

Bei καλούμενον ist nicht ausdrücklich gesagt, aber sehr wahrscheinlich,
daß dieß von den Galaten selbst gemeint sei. Eine Stadt ist nicht unter
diesem Namen zu vermuten, sondern eine Gerichtsstätte an umfriedigtem,
vielleicht auch religiös geweihtem Orte, sehr möglich im Walde, vgl. „**S y l v a**
quae vocatur **N e m e t**" in Armorica Chartular. Kemperl. a. 1031 bei de
Belloguet, wobei wir jedoch nicht an lat. **n e m u s** gr. *νέμος* denken, sondern
hier wie dort einen bedeutungsvollen Waldnamen anderes Sinnes suchen.
Desshalb mögen wir auch nicht die alte Deutung unseres Wortes durch
E i c h w a l d gutheißen, ob wir gleich in *δρυ*, wie bei *Δρυΐδαι*, eine altgall.
Nebenform (**d r u**) des kymrobriton. **d e r û** quercus möglich halten.

Wenn die Kelten in dem von ihnen eingenommenen Landstriche Kleinasiens ihrer Gerichtsstätte einen Namen gaben, so war dieser wahrscheinlich
ein bezüglicher.

Für den ersten Theil der Zusammensetzung: *Δρυ*, schwerlich *Δρυναι*,
liegt allerdings die Beziehung zu den **D r u i d e n** ganz nahe, mindestens das
gemeinsame Primitiv *δρυ*, **d r u,** das wir bei Jenen besprachen. In letzterem
Falle brauchen wir die vorausgesetzte Bedeutung der **W e i h e** jedoch nicht
schon in *δρυ* zu suchen, da wir sie bestimmter in dem zweiten Bestandtheile
finden werden.

Von den asiatischen Galaten wißen wir sicher genug, daß sie, dem Kerne
nach, aus Gallien gekommen waren; ihre wenigen erhaltenen Wörter haben
wir gesammelt. Ihre Nationalität und Sprache erhielten sie lange, letztere
neben der griechischen, erstere noch in Suidas Zeit, der sie Ἑλληνογαλάται
oder Βουκελλάριοι nennt. Ihre Religion mischte sich allmählich mit griechischen, phrygischen und jüdisch-christlichen Stoffen; vgl. o. S. 182.

Die Kelten pflegten, wie viele Wanderer und Auswanderer, Namen aus
der alten Heimat in die neue mitzubringen. Wir würden jedoch schon aus
sprachlich-ethnologischem Grunde nach verwandten suchen. Die Vergleichungen für den zweiten Bestandtheil fallen reichlicher aus, als die für den
ersten.

Vor allen vergleichen wir einen erst spät, im 6. Jh., aber aus der „vetustas" her, genannten und sogar aus der damals noch in Südgallien (um
Bordeaux) lebenden gallischen Sprache gedeuteten Namen :

„Nomine **Vernemetis** voluit vocitare vetustas,
Quod quasi **fanum ingens** Gallica lingua refert."

Venant. Fortunat. I. 9.

Wir werden den ersten Bestandtheil dieser Zusammensetzung an seiner
alphabetischen Stelle näher untersuchen.

Ganz oder fast ganz diesen selben Namen finden wir in dem neueren
britannischen **Guornemet** (Eig. in dem Lives of the Cambrobrit. Saints
bei Glück 17.), und in dem alten brit. Ortsnamen **Vernemetum**, der
richtigeren Form für **Verometum**, Itin. Ant. 477. In Gallien lag *Αυγουσ-
τονέμετον* Ptol. II. 6., in Noricum **Tasinemetum** Tab. Peut., in Britannien ein **Medionemeton** Anon. Rav. (gadh. N emthor nach Baxter).
Unmittelbar aus den (neu-) keltischen Sprachen schöpfen Zeuss und Glück viele
Namen von Orten und Menschen, deren zweiter Bestandtheil **Nemet** ist.
Als erster kommt er ebenfalls vor in der belgischen Atrebatenstadt, die bei
Caesar (Hirtius) B. G. VIII. c. 47. 52. **Nemetocenna** heißt und wahr-
scheinlich mit dem abgeleiteten **Nemetacum** des Itin. Ant. Eine ist; in
Hispanien finden wir sowol *Νεμετόβριγα* Ptol., Itin. Ant., Anon. Rav.,
wie die *Νεμετάτοι* Ptol.; verwandt klingt auch ebds. *Νέμαντούρισα*
und die **Nementuri** (al. **Nemeturici**) in den Alpen bei Plin. II. n.
III. 20. Ferner mit einfachster Form, außer dem erwähnten **Nemet** (sylva),
in dem gall. Mannsnamen **Nemeto** (Glück a. a. O.), der auch bei den Iren
(**Nem-ed, -ead, -idh, Neimidh, Neamhaid**) und bei den Kymren
(**Nimet, Neuet** Mabinogion) vorkommt, und in dem wahrscheinlich
ursprünglich gallischen Volksnamen der *Νεμῆται*, **Nemetes**; in deren
Gebiete eine Inschrift „Marti et **Nemetonae**", (Hefner, Röm. Bayern 85.)
gefunden wurde. Diese Volksgöttin **Nemetona** (wenn wir, sie so richtig
deuten) wurde wahrscheinlich noch in der vordeutschen Zeit des Nemeden-
landes mit dem römischen Mars zusammen verehrt; das Suffix **ona** kommt
auch in den Namen andrer gall. Göttinnen vor (o. S. 312.). Die **Nemedi**, gadh.
clanna Neimhidh, filii **Nemethi**, der irischen Sagengeschichte fallen
häufig mit den Belgen, für Bolg zusammen, und sind wol jene vor den Germanen (wahrscheinlich nur theilweise) entwichenen Nemeten aus Rheinland.

Von besonderem Interesse ist ein Name oder eher ein, von Glück durch
sacrum übersetztes, Wort *νεμητον* in der merkwürdigen gallischen Inschrift,
die 1840 im alten vokontischen Gau bei Vaison im Dép. Drôme, gefunden
wurde und im Museum zu Avignon aufbewahrt wird. Sie lautet in 7 Zeilen
(nicht : Worten), die wir durch Kommas unterscheiden wollen : „*ΣΕΓΟΜΑΡΟΣ,
ΟΥΙΛΛΟΝΕΟΣ, ΤΟΟΥΓΙΟΥΣ, ΝΑΜΑΥΣΑΤΙΟ* (O oder *Σ*), *ΕΙωΡΟΥ-
ΒΗΛΗ, ΣΑΜΙΣΟΣΙΝ, ΝΕΜΗΤΟΝ.*" In den letzten drei Zeilen erkennen
wir nicht nur den Namen der o. v. *Βιλινουντία* erwähnten Göttinnennamen
in *βηλησαμι*, sondern auch mit J. Becker und de Belloguet in *ειωρου*
die in lat. Lettern **ieγrv** lautende Weiheformel; wiederum von diesem
ieγrv durch ein Wort (**vevete**) geschieden kommt auch obiges *σοσιν*,
sosin in einer gallischen Inschrift von **Alisija (Alesia)** vor.

In dem Indiculus superstitionum et paganiarum (vgl. vv. **Dadsisa.**

21*

Yrias.), der nicht bloß deutsche Wörter enthält (z. B. auch lat. **Vince-
luna** vgl. u. a. de Bellogüet Nr. 213.), kommt eine Rubrik vor: „**De sacris
silvarum quae Nimidas vocant.**" .Zunächst sind, wie »quae«
zeigt, die »sacra« gemeint, jedoch offenbar gerade die »sacra silvarum'", so
daß also wiederum der Begriff des Waldes hinzutritt. J. Grimm Myth. 614 ff.
(vgl. Wachters Rec. in Hall. Ltz. 1836 August und die dithmars. **N e m e d e n**
Rechtsalt. 863.) verwirft die keltische Deutung nicht entschieden, und findet
deutsche schwierig; er führt auch einen sächsischen Ortsnamen **N i m o d o n**,
N i m e d e n aus Mösers osnabr. Gesch. Nr. 34. an.

Befragen wir nun die neukelt. Sprachen, in welchen die Wurzel vorzu-
liegen scheint in dem ursprünglich allen gemeinsamen **n e m** coelum, woher
in altir. Glossen **n e m d e** coelestis **n e m e d** sacellum, worinn wir sogleich
V e r n e m e t i s und vielleicht *Δρυναίμετος* wiederfinden.

Aus den neukelt. Wörterbüchern lesen wir a s:

Allg. kymrobriton. **n e f** (kymr. pl. **n y f**) m., briton. gew. **é n v**, mitunter
in Schriften **é v**, **é ñ**, **é é**, **é f**, **n é f**, gadh. **n ê a m h** (gen. **n ê i m h e**) m.
coelum; daher u. a. kymr. **n y f e d** f. a pure or holy nature **n e f o l**,
n e f o l a i d d coelestis gadh. **n ê a'm h a i d**, **n e a m h d a** id., divinus.

Nun aber erscheint noch fürs erste kymr. **n a f** Deus, und fürs zweite
ein gleich primitives gadh. **n a o m h** kymr. (Zeuss 103.) **n w f** sanctus, wozu
die kymr. Glosse **n o m** templa (memphitica; vgl. Zeuss 103.) gehört, und das
auch dem Vokale nach etwas ferner von den Ableitungen **V e r n e m e t i s**,
n e m e d u. s. w. steht, der Bedeutung nach aber näher.

Der alte irische Gesetzcodex **Breathe** oder breithe **N e i m i d h** ist bald
auf den Volksnamen bezogen, bald leges nobilium und judicia coelestia übersetzt worden. Daß hier das Wort oder der Name mit weltlichem Gerichte
und Gesetze zusammengestellt wird, mag immerhin für *Δρυναίμετος* bemerkt werden.

141. *Δουκωνέ*. „*Χαμαιάκτη, Ῥωμαῖοι ἔβουλουμ, Γάλλοι δουκωνέ,
Δακοὶ ὄλμα*." Diosc. IV. c. 172. »**Ebulum Galli ducone, Daci
olma**." Apul. Mad. de Herb. virt. c. XCII.

Der, dazu verschriebene, Name *δούκονα* o. v. **D i v o n a** könnte nur
bei der Anlehnung eines gallischen Verschreibers an einen ihm geläufigen
Pflanzennamen in Betracht kommen.

Die neukelt. Sprachen haben keine Spur des Namens und legen alle den
Namen von sambucus (nigra) zu Grunde, der in dem kymrobrit. Aste mit
dem altgallischen übereinstimmt, s. u. v. *Σκοβίην*. Verschrieben ist das
Wort nicht wol, da es auch Apulejus unverändert hat.

Ebenso dak. **o l m a**, das formell nahe an lat. **u l m u s** samt germanischen
und keltischen Verwandten steht, der Bedeutung nach aber an sächs. Formen
für **s a m b u c u s** : ags. **e l l a e r**, **e l l e n** engl. **e l d e r** nd. nl. niederrhein.
e l h o r e n, **a l h o r n**, **a h o r n**.

Und dennoch erscheint **d u c o n e** als eine nicht sowol verfälschte, wie
durch ein Suffix erweiterte und dabei aphärierte Form, deren Nominativ voll
erhalten ist bei Marcell. Burd. c. VII.:

„Herba quae **G r a e c e chamaeacte, latine ebulus, Gallice
o d o c o s** dicitur."

J. Grimm, Ueber Marc. Burd. S. 7., bemerkt dazu : »Bei **d o k** denkt

man an ags. d o c c e engl. d o c k lapathum, rumex, die von den Kelten
entlehnt scheinen. Dagegen ist das ahd. a t a h nhd. a t t i c h ebulum sichtbar jenes o d o c o s, doch nur einmal lautverschoben [um so eher Lehn-
wort]. Mit Unrecht stellt Graff I. 153. hinzu das asg. a t i h zizanla, denn
dieß ist á't i h, von â t e abzuleiten." Nemnich gibt für ebulus noch u. a.
mit mannigfachen Lautstufen deutsch (hd. und nd.) o t t i c h, a d a c h, nl·
h a d'd i g dän. a t t i k; mein Gloss.·lat.-germ. u. a. hd. a d d i c h, a d i c h,
a d c h e, e t i c h, a d r e c h, r e t i c h sächs. a d i k, a d e k, a d e k e,
a c k e (hd.), auch nl. h a b i j o k niederrhein. e b i c h, e b c h e, die sich
mit e b u l u s mischen, wie dagegen hd. a c t e n - s t a u d, .- b e e r e mit
a c t e, ἀxταία, das in der mlt. Glosse »a c t i x holanter" (Sumerl.) ganz
nahe an a t t i c h herantritt. Obiges engl. d o c k (b u r - d o c k·) begegnet
zwar dem gadh. d o g h a, m. lappa, aber auch dem hd. d o c k e n k r a u t
u. s. w. s. u. v. Δύν.

142. D u n u m.

„A u g u s t i d u n u m [A u g u s t o d u n u - m Not. Imp., - s V. S.
   Eligii c. XXXV.] demum concepta vocari,
A u g u s t i m o n t e m (var. nomen) transfert quod C e l t i c a lingua."
      Herricus (Ericus, Heric) in V. S. Germani l. I. c. 3·
„L u c d u n o celebrant G a l l o r u m famine nomen,
Impositum quondam, quod sit m o n s l u c i d u s idem."
                         Ib. l. IV.

Obgleich diese Belege erst aus dem 9. Jh. herrühren, also aus einer
Zeit, die unsere äußerste Grenze (8. Jh.) um Etwas überschreitet, und in
welcher wir die altkeltische Sprache in Gallien, mit Ausnahme der Bretagne, erloschen glauben : so stellen wir sie doch voran, weil sie ohne
Zweifel nach weit älteren Quellen, vielleicht auch zugleich nach mündlicher
Tradition oder nach britonischer Interpretation, die altgallische Bedeutung
zweier Stadtnamen im Lande selbst erfahren hat und ausspricht. Wir urgieren dabei nicht mit de Belloguet Nr. 81. den Ausdruck „quondam", der
sich auf „impositum", auf die Zeit der ersten Benamung bezieht, während
die Praesentia „transfert" und „celebrant" die dauernde Geltung oder vielmehr die aoriste, indifferente Zeit bezeichnen.

„Παράκειται αὐτῷ (Ἄραρι ποταμῷ) ὄρος, Λούγδουνος καλούμενον·
μετωνομάσθη δὲ δι' αἰτίαν τοιαύτην. Μώμορος καὶ Ἀτεπόμαρος, ὑπὸ
Σεσηρονέως τῆς ἀρχῆς ἐκβληθέντες, εἰς τῆτον κατὰ προσταγὴν τὸν λόφον
πόλιν κτίσαι θέλοντες· τῶν δὲ θεμελίων ὀρυσσομένων αἰφνιδίως κόρακες
ἐπιφανέντες καὶ διαπτερυξάμενοι τὰ πέριξ ἐπλήρωσαν δένδρα. Μώμορος
δ'οἰωνοσκοπίας ἔμπειρος ὑπάρχων τὴν πόλιν Λούγδουνον προσηγόρευσεν·
λούγον γὰρ τῇ σφῶν διαλέκτῳ τὸν κόρακα καλοῦσιν, δοῦνον δὲ τόπον
(al. τὸν) ἐξέχοντα, καθὼς ἱστορεῖ Κλειτοφῶν ἐν ιγ´ Κτίσεων." Plutarch. De
Flum. (ed. Reiske Vol. X. p. 732 sq. ed. Hercher. VI.).

„L u g d u n u m desideratum m o n t e m" interpretantur Notae veteres ad Itinerarium Burdegalense (Dufr.), aliâs It. Hieros., Fragm. de V. S·
Galli, in Itin. Anton. ed. Wessel. p. 617.

Die vollständigste Form dieses Namens hat (nach de Belloguet) eine Inschrift in L u g u d u n u m, und Dio Cass. XLVI. c. 50. aufbewahrt : „Τὸ
Λουγούδουνον, νῦν δὲ Λούγδουνον καλούμενον." Für Lugdunum

Batavorum wird auch bei Ptol. II. 9. Λουγό - δ ο υ ν ο ν, sogar - δ ε ι ν ο ν gelesen, latinisiert L u g o d i n u m. Andre Formen sind L u g d u n u s Amm. Marc. XV. c. 11. „Λ ο υ γ δ ο υ ν α, al. Λ ο υ γ δ ο ν ο ς΄ πόλις΄ Κελτογαλατίας" Steph. Byz. Λ ο ύ γ δ ο υ ν ο ς bei Strab. IV. ist Lugdunum Convenarum an den Pyrenäen.

Auch spätere Schriften aus mehreren Gegenden der britischen Inseln legen dem Worte d u n sowol in angelsächsischen, als in keltischen Namen die Bedeutung mons bei. Wir geben nach Dufresne : „A loco qui vocatur W i l f o r e s D u n i. e. m o n s W i l f a r i." Beda, Hist. eccl. III. c. 4. „In monte qui A s s a n d u m (sic) i. e. m o n s a s i n i nominatur." Florent. Wigorn. p. 618. „In loco, qui dicitur A e s c e d u n, quod latine m o n s f r a x i n i interpretatur." Asserus in Aelfredo. „Locus celebris — — lingua illius gentis (scotica) D u n b r e a t a n i. m o n s B r i t o n u m nuncupatus." Josselin. in V. S. Patricii I. Die kymr. Form d i n in d i n (G u r t h i g i r n) ist bei Nennius XLIX. durch a r x (G u o r t i g i r n i) übersetzt; im Liber Landav. 217., wie es scheint, pleonastisch durch die Synonyme c a i r civitas in „c a s t e l l u m D i n d u c i l i. e. C a i r D u c i l." In den neukelt. Sprachen ist das Wort in Ortsnamen gleich häufig, wie in den alten, steht jedoch, dem Geiste ihrer Wortfolge gemäß, stets voran, in den sächsischen aber am Ende.

Die Ortsnamenendung d u n u m kommt in vielen einst von Kelten bewohnten Gebieten vor, außer Gallien in Germanien, Illyricum, Hispanien, Britannien. Einige wenigstens dieser Orte liegen weder auf noch nahe an Bergen; es fragt sich, ob die Bedeutung der Burg, arx, ἀκρόπολις, der Bergfeste in die der Feste, des locus munitus überhaupt übergieng.

Wir reihten bereits obigen Zeugnissen für die Bedeutung von d u n - u m, - u s im alten Gallien solche aus Britannien, resp. England an. Befragen wir die britischen Keltensprachen weiter.

Zeuss gibt die alten irischen Glossen d ú n castrum, arx d ú n a t t a e castrensis f r i s d ú n a i m περιβάλλω τòν μόχλον f r i s r o d ú n s a t obstruxerunt f r i s d u n t a r obstruitur; ein andres Wort, auf welches wir nachher weiter kommen werden, tritt hinzu in der Glosse i s i n d u n d a í n g e n in edito positus i, c. in castro firmo; eine Ableitung desselben gibt die Glosse d a i n g n i g i m moenio.

gadh. d ú n, g. d ú i n, m. cumulus, acervus, praes. fimi; collis, mons; arx, propugnaculum, locus munitus d ú i n claudere, obstruere, circumdare. Außerdem der kymr. Form (s. nachher) näher d í u n (d í n) s. m. propugnaculum, tutela, umbraculum vb. tueri, obumbrare, defendere; d i o n n, dem. d i o n n a n, m. mons d i n n f. id., collis munitus d i n n e i n m. exiguus cumulus; d i a n - a i r m (a i r m arma) m. munimen, tutamen; vielleicht schließt sich auch weiter an u. a. d i o n g f. collicula, res immobilis (nach dem Dict. Scotocelt.) d i o n g n a c h munitus; mit anderem Vokal (vgl. o. die Glossen) d a i n g e a n n u. dgl. id., fortis, firmus s. f. (auch d a i n n i o n n) munimentum, arx, carcer d a i n g n e a c h f. id.; robur d a i n g n i c h munire, roborare, stringere. Weiteres über diesen Anhang s. u. und im Goth. Wtb. D. 30.

kymr. d i n, manchmal auch t i n, t i n d geschrieben, kommt nur in Ortsnamen vor; appellativ aber d i n a s, pl. d i n a s o e d d, d i n e s y d d, f. civitas m. v. Abll., u. a. d i n a s w r, d i n e s y d d m. civis liber, i. q. engl.

denison, denizen, das ein entstelltes kymr. Lehnwort, nach Andern
aus dem afrz. deins-né né dans le pays entstanden sein soll; Glück gibt
auch dinaw circumdare, vallare. — korn. din a fortified hill, a round
steep hill dinaz, dinas bulwark, fortress, city, walled town. brit. din,
pl. dinien, f. forteresse sur une hauteur; Villemarqué gibt auch dun und
dinas als Synonymen. Price gibt dem korn. doun auch die Bed. high
(wol wie altus zweideutig) neben der eigentlichen deep, low; es gehört
nicht hierher, sondern mit brit. doun, don, deun profundus, cavus zu
kymr. dwfn m. dofn f. gadh. domhan profundus (s. Goth. Wtb. D. 24.)
Ebensowenig gehört das zusammengesetzte brit. dinaw Abhang (naw
id.) hierher.

Dagegen stimmt scheinbar zu der kymr. Nebenform tin : brit. tûn, pl.
tunen, tunyen, pl. tunyou, f. falaise, colline, dune, mit einigen Ableitungen, an den alten Taunus erinnernd, aber als specialisierte und zu-
sammengezogene Nebenform durch folgende Wörter erscheinend : tévenn,
pl. -ou, m. côte de la mer; lieu exposé au soleil près de la mer; dune;
falaise, auch in Ortsnamen vorkommend; tévenn-a, -i conduire les bes-
tiaux sur les côtes de la mer; se mettre à l'abri derrière les dunes ou falaises, en se tournant du côté du soleil tévennec qui appartient à la côte
de la mer; couvert de dunes ou falaises cf. tunec en forme de dunes,
couvert de dunes, neben tuniec montagneux.

Die kymrobritonischen Sprachen schwächen häufig das tiefe u ab; jedoch
scheint din einen selbst durch das Gadhelische gehenden Nebenstamm zu
bilden. Immerhin bleibt der seltene Fall bemerkenswerth, daß altgallischer
Laut sich beßer im Gadhelischen erhielt.

Urverwandt ist sächs. fries. nord. tûn hd. zûn (zaun) sepes, locus
circumseptus, oppidum, viridarium u. dgl.; der Begriff der Befestigung liegt
nahe, der der Höhe fern.

Dagegen wurden, wie es scheint, aus den kelt. Sprachen entlehnt ahd.
oder alts. duna, clep, promontorium, rupis in maris littore prominens in
einer Glosse des 9. Jh. (Graff V. 148.); ags. dûn f. mons, collis, engl.
down; ags. adûne, dûne-ward i. q. engl. adown, downward;
nur in der beschränkten Bedeutung des Sandhügels am Seegestade, die auch
das engl. down hat, haben es auch andre sächsische Sprachen übernommen :
nd. (daraus hd.) dûne mnl. duyne, f. nnl. duin n. Der Anklang an griech.
Θίς, Θίν ist nur zufällig; allerdings aber macht die Lebendigkeit des Wortes
im Angelsächsischen und Englischen, zumal da wir adûne etc. nicht trennen
dürfen, die Entlehnung etwas zweifelhaft; freilich blieb es den Hochdeutschen,
Friesen und Nordländern fremd. Dafür entlehnten es die Romanen von den
Sachsen; die Düne heißt mlt. ital. prov. duna frz. dune. Wenn wir endlich aber auch uns für die Entlehnung entscheiden, so stehn wir an der
neuen Frage : ob das kelt. dûn, dunum unserer Numer unverschoben ins
Angelsächsische kam, oder das ganz von jenem zu trennende briton. tûn
mit einer Dentalverschiebung, die schon desswegen nicht für Urverwandtschaft
zeugt, weil ags. dûn u. s. w. der Grundform tévenn fern liegt.

Dufresne sagt : »dunjo (g. dunjonis) castellulum, minus propugnaculum, in duno seu colle aedificatum, unde nomen.« Schon frühe kommt
die nfrz. Form donjon vor, latinisiert donj-o, -onus, -onnus; andre

mlt. Formen sind d u n g e o, d o n g i o, einmal d a n g i o bei Orderic. Vital.
l. XI., d o m p j o n u s, d o m g i o, d o m n i o, d o m n i o n o. Roquefort
stellt die afrz. Form d o n g o n vornhin, Diez gibt afrz. d o g n o n prov.
d o n j ò; Honnorat nprov. d o u n j o u n; piém. d o n g i o n span. d o n j o n
(- a d o) engl. d u n d g e o n a. d. Frz. Man hat dieses räthselhafte Wort
bald von d o m i n i o u. dgl., bald von ob. gadh. d a i n g e a n n abgeleitet, und
selbst Zeuss zieht diesem zu Gefallen die vereinzelte, durch keine bekannte
roman. Form gerechtfertigte Schreibung mlt. d a n g i o vor, welche vielleicht
mit der sonderbaren afrz. Form nom. d a n z acc. d a n t aus d o m i n u s
zusammenhängt und dadurch die Grundlegung von d o m n i o, aus d o m i n i o
rechtfertigen würde. Diez aber stimmt Dufresne bei.

niederschott. d u n hill, eminence; a hill fort u. dgl. ist wahrscheinlich
von den Hochschotten entlehnt. Indessen geben auch die engl. Wörterbücher
d u n Anhöhe, Hügel.

Woher stammt nfrz. d u n e t t e?

Die erste Hälfte des Compositums L u g u d u n u m bleibt uns nur für
die Deutung mons . l u c i d u s erklärlich; vgl. u. a. kymr. l l w g lucidus
l l u g m. lux; zahlreiches Zubehör in den keltischen u. v. a. Sprachen s. in
Goth. Wtb. L. 45. De Belloguet Nr. 80. sucht auch Belege für mons d e s i-
d e r a t u s auf, u. a. kymr. l l a w g that has a craving appetite or longing.
brit. l o u g, l u g corvus bei Rostrenen ist nach Klitophon fingiert, ebenso
gadh. l u g id. bei Toland. Auf einer Münze von Lyon vom J. 194 p. Chr.
(de Belloguet p. 115.) ist außer dem Ortsgenius ein Vogel abgebildet; die
Schrift ist G E N. L V. G. Namen von Entenarten lauten brit. l o u a c h, pl.
l o u i c h i, f. judelle gadh. l a c h f. anas. Dagegen heißt nach Nemnich corvus
monedula auch g r i e c h. λύκος; dieser Vogelname kommt bei Arist. Hist.
an. IX. 24. vor. Berosus Annianus durchhaut den gordischen Knoten und
bringt einen Eponymos L u g d u s zur Welt. Ob (L u g o in Spanien) der
alte L u c u s Augusti mit T u r r i s Augusti bei Pomp. Mela III. c. 1. synonym sei, fragt sich.

143. D u r e t a. „Quoties nervorum caussa marinis Albulisque calidis
utendum esset, contentus hoc erat, ut insidens l i g n e o s o l i o, quod
ipse Hispanico verbo d u r e t a m (d u r e c t a m Exc. Vossii) vocabat,
manus ac pedes alternis jactaret." Sueton. August. c. LXXXII. Die spanischen Lexikographen haben das Wort aufgenommen, die baskischen es gedeutet.

144. D u s i i. „Quosdam daemones, quos D u s i o s (al. D u s c i o s)
G a l l i nuncupant, hanc assidue immunditiam et tentare et efficere plures
talesque asseverant." Augustin. Civ. Dei XV. c. 23. „P i l o s i, qui Graece
P a n i t a e, Latine I n c u b i appellantur — — quos d a e m o n e s G a l l i
D u s i o s nuncupant, q u i a assidue hanc peragunt immunditiam." Isid.
Or. VIII. c. 11. „Quaedam etiam faeminae a D u s i i s in specie virorum,
quorum amore ardebant, concubitum pertulisse inventae sunt." Hincmarus
de Divortio Lotharii p. 654. ap. Dufr.

Die Glosse d u s m u s diabolus bei Zeuss wird wol statt d u s i u s stehn,
vielleicht an „d u s m u m i. incultum, d u m o s u m" Pap. angelehnt. Dufresne
erwähnt auch ein Demin. d u s i o l u s.

Thomas Cantipratensis II. c. 57. Nr. 57. Nr. 17 ap. Dufr. findet diese Dämonen

auch bei den Prussiae gentiles"; ein preus. d u s s i a oder d u s s a s, vielleicht d w a s e Geist (vgl. Goth. Wtb. D. 14.) mochte dazu mitwirken, für
uns nur ein mehr zufälliger Anklang.

Villemarqué gibt brit. (d u s) d u z, pl. d u z e d, dem. d u z i c, d u d i c,
m. incubus. Da die Grundform d u d ist und z erst ans d b, t h entstand, so
müste das gallische Wort zu Augustins Zeit auch schon assibilierten oder
ganz erweichten Dentalauslaut gehabt haben; ist die Form d u s c i i richtig,
so liegt sie noch ferner. Noch weniger stimmt brit. t e û z m. Gespenst, Irr-
wisch (t e û z - g w â d m. Vampir), eig. etwas Zerfließendes, Verschwinden-
des; das Wort in der üblichen Bed. liquefactio lautet kymr. t a w d d m.
korn. t e d h a vb.; verwandt scheint gadh. t a i s liquidus, mollis, humidus,
womit jedoch t a i s b e a n s. m. visio, spectrum vb. revelare nicht zusammenhängt, auch nicht mit brit. t a s m a n, t a s m a n̈ t, pl. t e s m a n, t a s m a n̈ s o u,
m. id., Vampir, worinn Legonidec t e u z zu finden glaubt.

Auch in den deutschen Sprachen findet der kuriose Liebhaber reichliche
Gelegenheit zu Vergleichungen, unter welchen Eine Erwägung verdient. nl.
d u y s e concubina läßt einen männlichen d u y s con-, in-cubus vermuten,
der mit dem bald lieblichen, bald verdächtigen und an die euphemischen
Variationen des Teufels angelehnten nd. nordfries. d û s (kaum engl. d e u s e,
d e u c e) nhd. d a u s (dem. d e u s c h e n), m. identisch ist. Das nnord. d û s n.
entspricht dem nhd. s a u s (und b r a u s). Verwickelte, aber anziehende
Untersuchungen knüpfen sich hier weiter an, doch nicht für uns, wenigstens
nicht an dieser Stelle.

145. *Δύν.* „*Ἀκαλίφη* — — *Δακοὶ δύν.*" Diosc. IV. c. 92.
Bei der öfters vorkommenden Möglichkeit eines bei Dioskorides verwechselten Volksnamens nehmen wir, nach J. Grimms Vorgange, auch hier
die Möglichkeit eines keltischen Wortes an, da der kymr. Name der Neßel:
d y n a d, d y n a d l, d a n a d, d a n a d l, sg. d y n a d l e n, d a n h a d l e n, f.
sein Primitiv bei Dioskorides zu finden scheint. Ohne Zweifel das selbe Wort
ist korn. l i n h a d e n sg. urtica (Zeuss), a nettle, später l i n a c h s, l i n a r,
k e l i n a c k s a nettle hedge (Price) brit. l i n a d, l é n a d m., sg. l i n a d e n
f. Ein andres Wort ist kymr. l i n h â d m., ganz das deutsche l e i n s â t.
Wiederum erscheint, nur mit anderer Ableitung, anl. d in gadh. d c a n n t a g,
provinciell e a n ̈ -, i o n n -, i u n n - t a g, f e a n n - t a g, - d a g, e a n t o g,
f. und vielleicht auch wieder mit anl. l l o j t e a g f., wofür sich indessen
das Etymon l o i t, l o t laedere, vulnerare bietet.

Ferner vergleicht J. Grimm goth. d e i n a, v i g a d e i n a *τρίβολος*, wie
denn Neßel, Dorn und Distel, Klette u. s. m. mindestens verwandte Eigenschaften besitzen; ferner auch ags. t h o n a ahd. d o n o palmes, was zu
weit gegriffen scheint. Ich habe in m. Goth. Wtb. für die Möglichkeit, daß
d e i n a aus d e g i n a oder d e g n a entstanden sei, verglichen litau. d a g y s
lett. d a d z i s, m. Distel, Klette, auch mit Zusätzen mehrere andere Pflanzen
bedeutend. J. Grimm vergleicht damit ein andres dakisches Wort: „*χαμαι-
πίτυς* — — *Ῥωμαῖοι κυπριποῦμ, Δακοὶ δοχελᾶ* (var. *χοδελᾶ*)" Diosc. III.
c. 165., vielleicht allzusehr durch den Anklang von litau. d a g i l l ö l e i,
ein dorniges Kraut, geleitet. Sicherer stellen wir zu den litau. lett. Wörtern
folgende: estn. t a k k i s, t a k k a j a u. s. m. finn. t a k k i a i n e n und vielleicht ags. d o c c e engl. d o c k, b u r - d o c k nhd. d o c k e n k r a u t (docken-

blätter rumex mit merkwürdigen Varianten bei Nemnich; nl. docke petasites) gadh. dogha, mac-an-dogha, m. arctium lappa; vgl. o. S. 324 ff. Vielleicht aber gehört eher oberd. zecke id. (Schmeller IV. 222.) zu den litauisch-finnischen Wörtern.

Wir kehren noch einmal zu δύν und deina zurück, und finden, außer dem undeutlichen schwed. (schonen.) dyneskräppor arctium lappa, fürs erste in einer deutschen Mundart Ungarns dene f. Distel, womit Schröer dânegras (polygonum, aviculare, Varianten s. bei Nemnich h. v. Gloss. lat.-germ. v. Centinódia etc.) vergleicht, warum nicht deina? Gleich einfach paßt zu δύν nhd. daun m. tyrol. doan schwed. (vesterbotn.) dân norweg. daaven, daae bei Nemnich, dâ, dâe, dâgras bei Aasen, dâr bei Beiden, galeopsis tetrahit, schweiz. daue, dauele f. gal. ladanum (Stalder I. 273.), umgedeutet nhd. taubneßel dän. dôvnelde engl. day-, dead-nettle (kymr. danhadlen ddall etc. d. i. Blindneßel; doch auch in roman. und slav. Sprachen todte Neßel). Der sächs. Anlaut scheidet ags. thuthistil (lactuca) altengl. thowthystylle (rostrum porcinum) hd. du-, hd. nd. dau- (lactucella, sonchus), umg. su-, sau-, engl. sow-, hd donau-, donner- (eryngium campestre) -distel, -thistle.

E.

146. Eglecopala s. Marga.

147. Ἐγούσιαι. „Τὸ γένος τῶν κυνῶν τὸ Κελτικόν, τοῦ Κελτικοῦ" verhandelt Arrian. Cyneg. c. I. und sagt weiter davon c. III. : „Κυνῶν γένος. ἰχνεῦσαι μὲν οὐ μεῖον σοφὸν ἢ τὸ Καρικὸν καὶ Κρητικόν, τὴν δὲ ἰδέαν ἀνιαρὸν καὶ θηριώδες· καὶ αὗται ἰχνεύουσιν ξὺν κλαγγῇ καὶ ὑλαγμῷ — —. Καλοῦνται δὲ Ἐγούσιαι αἵδε αἱ κύνες, ἀπὸ ἔθνους Κελτικοῦ τὴν ἐπωνυμίαν ἔχουσαι, οὗ πρῶτον, ὥς γέ μοι δοκεῖ, ἔφυσάν τε καὶ εὐδοκίμησαν. — — c. IV. Αἱ δὲ ποδώκεις κύνες αἱ Κελτικαὶ καλοῦνται μὲν οὐέρτραγοι φωνῇ τῇ Κελτῶν, οὐκ ἀπὸ ἔθνους οὐδενός, καθάπερ αἱ Κρητικαὶ ἢ Καρικαὶ ἢ Λάκαιναι, ἀλλὰ — — ἀπὸ τῆς ὠκύτητος."
Der Name der ersten Hundegattung ist also ein Gentile, der zweite nicht — Arrhianos vergaß, wie es scheint, bei den Gegensätzen die erste wieder zu nennen —, sondern ein Appellativ mit der Bedeutung der Schnelligkeit.

Da sich keine gallische Oertlichkeit oder Völkerschaft Egus- findet, nicht bloß aber mehrfach für solche der Name Segusi-a, -ani, -um, auch Secus- geschrieben, sondern auch, wie wir glauben daher stammende Hundenamen : so haben wir als richtigere Form ἐγούσιαι anzusetzen, wenn nicht geradezu σεγούσιαι (κύνες), da die organische Vertretung des anlautenden s durch den spiritus asper bei einem wahrscheinlich spät aufgenommenen Lehnworte nicht wol anzunehmen ist, eher noch die Auffaßung nach einem keltischen Berichterstatter, der im Zusammenhange ein aus sh entstandenes h hören ließ, wenn damals schon dieser den neukeltischen Sprachen eigene Lautwandel vorkam.

Die wichtigsten, mitunter beide obige Hundegattungen neben einander nennenden, Stellen aus späteren latein. Schriften, besonders germanischen

Gesetzbüchern, stellen wir im Folgenden zusammen. Die germanischen Eroberer, und schon lange vor ihnen die römischen, fanden unter den gallischen Völkern eine ihnen selbst noch fremde raffinierte Kultur in mancherlei Einrichtungen, Kunstfertigkeiten, Gewerben, Kriegswesen, staatlichen, ständischen und kirchlichen Satzungen u. s. w. Zu den noblen Passionen des gallischen Adels gehörte namentlich die Jagd, also auch die Zucht und Dressur der Hunde.

Für die S e g u s i s c h e n Hunde halten wir keltische wie lateinische und germanische Etymologisierungen überflüßig, da die von Arrhianos oder Xenophon dem Jüngeren angenommene, auch nach vielfacher Analogie, vollkommen genügt. Erwähnen wollen wir nur, daß man s e g u t i o s als s e c u t i o s (Spürhunde u. dgl.) gedeutet, auch in „s e u s i u s" ein fränkisches Wort gesucht hat, das mit s ü s e n , s a u s e n stridere zusammenhange.

„Si quis canem v e l t r a u m (al. v e l t r a h u m) aut s e g u t i u m vel p e t r u n c u l u m praesumpserit involare — — posteriora ipsius osculetur" etc. L. Burgund. addit. I. c. 10. „Si quis canem s e g u s i u m (varr. s e c u s i u m , s e u s i u m , s u b u s o , Marg. s e u g i u m) furaverit, — — s e u s i u m reliquum aut v e l t r e m porcarium" etc. L. Sal. tit. VI. §. 1. 2. „Si quis canem s e u s i u m primum cursalem, qui primus currit [also keinen s e c u t i u m!] involaverit" etc. L. Alam. tit. LXXXII. §. 1. „Si quis canem s e u c e m , quem l e i t i h u n t [wie vorhin!], — — s e u c e m doctum, quem t r i p h u n t — —, s e u c e m , quem s p u r i h u n t dicunt" etc. L. Baiwar. tit. XIX. c. 1. Die Urkunde eines Heccardi comitis Augustodunensis bei Dufresne (ex tabulario Prioratus Persiensis) setzen wir im Auszuge auch wegen mehrerer anderer Wörter hierher, die noch von Romanisten und Germanisten näher zu untersuchen sind. Der Graf vermacht seinen einzelnen Angehörigen, dem Einen „spada spansigil (emendd. spada cum scogila; spangisil) et s i g u s i o s II", dem Andern „spada indica et s i g u s i o s II", dem Dritten „speudo uno et cano et s u g i o s II", dem Vierten „tabulas corneas et pacto saleco et s i g u l o s II et sparvario (sparvarto) uno", dem Fünften „caballo uno cum sella meliora et s u g i o s IV", dem Sechsten „falcones III et s e u g i o s II." Das Sonderbarste sind die offenbar synonymen Varianten in Einer Urkunde, die wol erst durch mehrmalige schlechte Abschrift entstanden sein können. Bei Neulateinern kommt s e g u s i u s öfters vor, einmal als Synonyme „s e g u s i vel b r a c h i". In Glossen (s. u. a. Graff IV. 977. VI. 282.) „hessehunt s c u s i u m." „s u s u n s u s e s magni canes." „jagahunt, s i v s o , si s e c u t o r diceremus." „iagahunt s i v s i , secutor." Neben den mlt. Flexionen und Formen stehn deutsche. Außer diesen Glossen sind noch folgende, von ahd. Zeit biß ans Ende des 15. Jh. zu bemerken (vgl. Gloss. lat.-germ. p. 564e.): „s u e s i u s vel s u e s i s suso; s u i s e s suisi, al. s u i s e." „s u s e s großerhundt; s u g o s u s i. canis silvestris vel lupus [Verwechselung von w e l f und w o l f] klainer hundt, waldthundt, wolff." „s u s e s i. magno canes; s u g o s u s i. parvus canis ain welpff." „s e u d o rudo." „cane rudo vel s i u 's." Noch mhd. s ü s e Lanz. 1545. Aehnliche Wandelungen zeigen die roman. Formen für Spürhund ital. s e g u g i o milan. s a v u s , s a u s piemont. s u s , (mit s a b u=milan. s a v u aus sau) port. s a b u j o span. s a b u e s o vgl. Diez 313. Wie der Name des Hundes, gieng auch der des Ortes S e g u s i u m in S u s a über.

Aelter ist der zweite obiger keltischer Hundsnamen. Schon Martial Ep.

XIV. 200. gibt eine Form, deren ebenfalls in Hss, vorkommende Variante viel-
leicht wirklich in römischem Munde das hart lautende zweite r verlor :
„Non sibi, sed domino venator **vertragus** (al. **vertagus**) acer
Illaesum leporem qui tibi-dente feret.“
G r a t i u s Cyneg. 199 sq. (auch 206.) hat außer der **v e r t r a h a** wiederum
einen Hundenamen, von welchem obiger **p e t r u n c u l u's** erst abgeleitet ist:
„— — ac te le've si qua
Tangit opus, pavidosque juvat compellere dorcas
Aut versuta sequi leporis vestigia parvi,
P e t r o n i o s t haec fama cani, volucresque Sycambros,
Et pictam macula **v e r t r a h a m** delige falsa.“
Für den möglichen Zusammenhang dieses **petronius** mit dem ro-
manischen (span. u. s. w.) **perro** s. Diez 521.
Die Härte der zweimaligen litera canina veranlaßte mehrfache Entstellungen, besonders auch, Dissimilation des ersten r in l. Den beiden obigen
Citaten aus den germanischen Gesetzen fügen wir noch zu : „**v e l t r i s** le-
poralis probatus.“ L. Alam. tit. LXXXII. §. 4, „canes **v e l t r i c e s**, qui
lepores sua velocitate (cf. Arrhian. l. c.) comprehendunt.“ L. Baiwar. tit. XIX.
Dufresne führt **vertagus** auch aus Julius Firmicus Math. V. c. 8. an. Die
französische Sprache ist gemeint in der Stelle des Monachus Sangal. (Ecke-
hart) l. c. 22. : „Assumpsit duas caniculas in manu sua, quas G a l l i c a
lingua **v e l t r e s** nuncupant“ etc. Die Notae Tyronis haben **v e l t r a g a**,
ahd. Glossen „**v e l t r a** (-â aus aha?) windt“, „**f e l t r i c e s** winda“,
neuere **v e l t e r**, **ffelter** wint, wint-, leit-hunt, unterschieden von **v e l t-**
r i n a jagbrack.
Die roman. Sprachen haben ital. **v e l t r o m**, **v e l t r a** f. prov. **v e l t r e** afrz.
v a u l t r o i, **v a u l t r e**, **v i a u t r e** Jagdhund afrz. **v a u t r i e r**, **v i a u t r e r** nfrz.
v a u t r e r chasser (le sanglier) afrz. **v a u t r i e u r** braconnier nfrz. **v a u t r a i t**
Schweinsjagdzeug; **v a u t r o i r** volutabrum aprorum, noch mehr **s e v a u t r e r**
sich im (sittlichen) Kothe wälzen, mischen sich mit afrz. **v o l t r e r**, später
v o û t r e r, **v o i t r e r** aus **v o l u t r a r e** (**v o l v e r e**) u. dgl.
Erst aus dem Romanischen stammt wol korn. **g u i l t e r**-molosus, mastiff,
obgleich der Vokal abweicht und kymr. **g w y l l t** (freilich aber später korn.
g u e l l z) ferus (wild), **r a p i d u s** eine Ableitung bieten.
Ein angebliches deutsches **w e l t e r** ist gemacht. Wenn sowol ich selbst
früherhin, als später Holzmann, an ahd. **u u i l i h** und lat. **v e l o x** erinnerten,
(wozu wiederum gerade die alten Formen nicht stimmen), so kann auch noch
kymr. **g w i l l** swift (außer ob. **g w y l l t**) erwähnt werden. Zeuss 166, vermutet sowol in korn. **g u i l t e r** : **g w y l l t**, wie im deutschen **w i n t** Um-
deutungen und Assimilationen.
Er nimmt in **v e r t r a g u s** eine Zusammensetzung des schon erwähnten
Präfixes **v e r** mit einem **F u ß** bedeutenden Worte an; noch beßer würde
die Bed. currens, cursor passen, wozu das mit kelt. **t r a g** pes urverwandte
goth. **t h r a g j a n** τρέχειν stimmt.
Holtzmann 115. hat mit Recht bemerkt (was aus Zeussens Mittheilungen
selbst hervorgeht): daß die Grundform des verglichenen irischen Wortes
t r a g i t h sei, wogegen Glück 86. gar Nichts eingewendet hat, ob er gleich
andre Aufstellungen Holtzmanns wirklich berichtigte. Die Wurzel bleibt

freilich t r a g, ith Suffix: Zeuss nimmt an, daß auch kymr. t r a e t (Mabynogion, jetzt t r a e d) pedes ursprünglich t r a g e t gelautet habe. Unseren
Lesern geben wir die erreichbaren antiken und modernen Formen zur Begründung eines Urteils, und stellen die gadhelischen voran, obgleich diese
in der Regel den altgallischen ferner stehn; in den modernen ist die zwiefache Schreibung des Auslauts d h und g h der Aussprache nach noch indif-
ferenter, als die Aspiraten b h und m h.

Aus Zeuss altirisch t r a i g n. sg., belegt? t r a i g i d pedes n. pl. t r a i g-
t h i b d. pl. t r a i g t h e c h pedes, pedester. Aus dem Dict. Scotocelticum und
Armstrong : t r o i d h, selten t r a i d h, t r o i g h, pl. - e a n f. pes (t r o s-
d a n, - n a n m. pes steht mehr oder weniger fern, s. Goth. Wtb. II. 684.)
t r o i g h t h e a c h, t r o i d h e a c h m. pedes, pedester.

Alte Formen aus Zeuss : pes kymr. t r o e t sg. n. t r a e t pl. n. korn. t r o y s
sg. n. t r o y e s, t r e y s pl. n. Aus den Wtbb. : kymr. t r o e d, pl. t r a e d,
m. korn. t r u i t, t r u z, d r u z, pl. t r o y s, t r e i z, t h r y y s, brit. t r o a t
t r o a d, vann. t r o e t, t r o e d, pl. t r e i d, dual. d a w d r o a d, m. Daher ü. a. kymr. t r o e d i o to foot, tread, kick brit. t r o a d a vann. t r o é-
d e i n mettre des pieds, un manche (à un outil etc.).

Der obige p e t r o n i u s, p e t r u n c u l u s wird aus lat. (griech.) p e t r a
ungenügend gedeutet. Sowol ein von Arrhianos als keltisch angegebenes
Wort : πέτρινος (s. u.), als altgallische Ortsnamen zeigen gleichen Anlaut.

148. Ἐχβρεκτόν. „Ἔντριτον, τὸ τοῦ Διονυσίου ἔμβρωμα, οἱ Γαλάται ἐχβρεκτόν (al. ἔμβροχτον, ἐχ–, ἔσ–βρεκτον) φασί.“ Hesych. (vgl.
für die Sache ib. vv. Ἔνθρυπτα. Λεκανίδες.).

Die Varianten mit μ begünstigten die Vergleichung mit dem nhd. e i n-
b r o c k e n und mit gadh. e u n - b r i g h, - b h r i t h, e a n b h r u i t h, m.
Vogelbrühe, angeblich auch übh. Brühe, Fleischbrühe i. q. e a n n -, e a n a-
r a i c h m. Der Stamm des galatischen Wortes ist b r e c, vielleicht b r o c,
und das dem d. b r ü h e n verwandte und gleichbedeutende gadh. b r u i c h
kann dem ἐχβρεκτόν zu Grunde liegen; dazu kymr. b r w c h m. Gährung,
Siedung b r w c h a n, b r y c h a n m. Art Breies; vgl. auch gadh. b r a c h a n
u. s. m. o. v. B r a c e.

149. E m a r c u m. „Tres (v i t e s) h e l v e n a c i a e — — earum altera, quam G a l l i a r u m incolae e m a r c u m vocant, mediocris vini; et
altera, quam l o n g a m appellant.“ Colum. III. c. 2. Die ältere Parallelstelle bei Plin. H. n. XIV. c. 2. s. 4. sagt : „Fertilitas commendat caeteras
(v i t e s) principemque h e l v e n n a c a m. Duo ejus genera : major, quam
q u i d a m l o n g a m, minor quam m a r c u m (al. a r c a m, a r c u m,
aus quā m a r c u m? Sillig liest mit Harduin nach Columella e m a r c u m) appellant, non tam foecundam, sed gratiorem haustu; discernitur folio circinato.“

Zeuss 774. und Glück 28. sehen in a r c ein Suffix.

Die vigne é m a r c der Franzosen ist schwerlich volkstümliche, sondern
vielmehr gelehrte Benennung. Diez und de Belloguet vergleichen frz.
m a r c (spr. m a r), picard. m e r c, m.; aber es ist nicht allein der Trau-
bentrester, scopi uvarum, wie mlt. m a r c h u s, m a r c u m vini, sondern,
wie brit. m a r c o u, m a r c i n o u, m a s c l o u m. pl., ausgepresste Masse
von Früchten u. a. überhaupt. Das deutsche M a r k der Trauben und

Früchte ist das gerade Gegentheil; in der Färberei bedeutet es den Bodensatz der Farben in der Küpe (Encycl. Wtb. h. v.), wie frz. m a r c den Bodensatz überhaupt, den Kaffeesatz u. s. w. Im ahd. Zeitraume ist Mark nur in Beziehung auf die Knochen bekannt; allmählich erscheint erweiterte Bedeutung.

Die Hauptformen des medulla bed. Wortes lauten hd. sächs. m a r g, ursprünglich nur mit verhärtetem Auslaute auch m a r k, (ags. m e a r g, m e a r h) n. fries. nord. m e r g m.; die merkwürdigsten slavischen Formen des Wortes sind oberlaus. m o r z g i, das aslav. m o z g ŭ und böhm. m o r e k zu verbinden scheint, wenn z nicht bloß eine Affection des r ist; vgl. auch niederlaus. m o r ż o n ý m. cerebrum; litau. s m á g i n e s lett. s m a d z e n e s, f. pl. medulla, cerebrum setzen oder behielten s vor, wie das urverwandte gadh. s m e a r, s m i o r m. gegenüber dem kymr. m ẹ r brit. m ê l (nicht aus frz. m o e l l e!), m.; r fiel auch in der hd. Form m a c k aus, die mehrmals im 15. Jh. erscheint. Weiteres s. bei Weigand d. Wtb. h. v. Goth. Wtb. II. 276. Gloss. lat.-germ. v. Medulla.

Wahrscheinlich entlehnten die Franzosen ihr m a r c, nicht aber ihre Vorväter ihr oder ihren e m a r c u m, von den Deutschen, und von ihnen die Britonen. Jedoch fällt die brit. Form m a s c l o u auf, die, wie schon m ê l medulla zeigt, nicht etwa eine antike, den slavischen nähere Form ist, sondern vielmehr sich dem o. v. B a s c a u d a erörterten kymr. m a s g l siliquae, Schalen anschließt, dessen Sinn mindestens ebenso nah, als unser M a r k, an dem ausgepressten m a r c der Franzosen steht. Sollte der briton. Lexikographe zwei verschiedene Wörter konfundiert haben?

Andere Ableitungsversuche aus dem Keltischen sind von gleicher Valuta, wie etwa eine aus lat. e m a r c e r e, e m a r c u a r e.

Ἐμβρεκτον s. Ἐκβρεκτόν.

150. **E m e r u m.** „A m ä r [ahd.], f a r r e, quod G a l l i e m e r u m dicunt."

Diese Glosse zu Prudentii carmina bei Graff I. 263. stammt zwar erst aus dem 10. Jh., könnte aber aus einer älteren Quelle geschöpft sein. Wenigstens finde ich nirgends ein franz. Wort, das zu dieser Angabe passte; dagegen entspricht obiges ahd. a m a r, a m e r, a m e r o alica, auch im 15. Jh. hd. a m e r, e m e r alica, nhd. schweiz. e m m e r schwäb. e m e r neben nhd. e i n e r, e i n k o r n, mnd. nl. ê n c ô r n, wiederum neben oberd. a m e r-, a m e l-k e r n nl. engl. a m e l c o r n triticum monococcum, wie auch tr. a m y l e u m (dicoccum, spelta); e m m e r könnte aus ê n-, e i n-b ê r kommen, nicht aber das ältere a m e r, noch das neuere a m e l, welche beide aus ἄμυλον gebildet oder mindestens damit gemischt sind. Aeltere hd. und besonders nl. Formen für das Mehl des Amelkorns u. dgl. aus a m y d u m, a m y l u m sind a m e l-m ê l, -b l o e m e, -d o n c k, a m e d u n g, a m l u n g, sogar den edeln Namen A m e l u n g verdächtigend.

Damit nicht Andre, gleich uns, durch den ersten Anblick des kymr. e f e r, e f r e m. frumentum fatuum, das recht gut aus e m e r entstanden sein könnte, zu vergeblichen Untersuchungen geleitet werden mögen, bemerken wir, daß es vielmehr aus lat. e b r i a entstand, wie aus e b r i a c a das gleichbed. prov. a b r i a g a nprov. i r á g a, v i r á g a frz. i v r a i e, woraus erst das lat. y f r a der Kräutner. Aber ein sonderbares Naturspiel ist es, daß gerade das triticum amyleum britonisch j e l l m. (sprich ж e l l mit franz. j), wie wir glauben, eins ist mit dem prov. Namen des frumentum fatuum : j u e l h , der nebst vielen Genoßen aus lat. l o l i u m entstand.

.151. Ἐμπονή. „Ἣν δὲ (Σαβῖνος) γυναῖκα πασῶν ἀρίστην ἡγμένος, ἣν ἐ κ ε ῖ μὲν (ἐν Γ α λ α τ ί ᾳ, im Lande τῶν β α ρ β ά ρ ω ν) Ἐμπονὴν (Σεμόνην Salmas.) ἐκάλουν, Ἑ λ λ η ν ι σ τ ὶ δ'ἄν τις Ἡ ρ ω ΐ δ α προσαγορεύσειεν." Plutarch. Amator. (Ἐρωτικός) c. XXV. ed. Reiske t. IX. p. 86 sq. „Sabinus — — quibus artibus latebrisque (in Gallia) vitam per novem mox annos traduxerit, simul amicorum ejus constantiam et insigne E p p o n i n a e (al. E p o n i n a e, E p p o n i a e) uxoris exemplum suo loco [gieng verloren] reddemus." Tac. Hist. IV. c. 67. „Ὁ Σ α β ῖ ν ο ς, ἐκεῖνος ὁ Γαλάτης — — ἐς τὴν Ῥώμην ἀνήχθη. συναπέθανε δὲ αὐτῷ καὶ ἡ γυνὴ Πεπονίλα (al. Πεπολίνα), ἥπερ που καὶ διεσώσατο αὐτόν." Dio Cass. LXVI. c. 16.

Die Geschichte der gallischen Heroine und Märtyrerin läßt vermuten, daß die Deutung ihres Namens post eventum erfolgte, freilich aber schwerlich ganz ohne sprachlichen Grund, wenn nicht Plutarchos den ihm persönlich bekannten Sohn der Heldin missverstand, wie er auch aus Unkunde der Sprache wol nicht den Laut des Namens richtig auffaßte. Gewiss konnte es leicht geschehen, daß dieser nicht g e d e u t e t, sondern vielmehr („eine E.") in der Bedeutung einer Heldin g e b r a u c h t wurde. Wenn man in einer Inschrift (s. nachher v. E p o n a) die leider verstümmelten Worte „hero ... e p o n a (-a e?) victoriae" neben einander sieht, so denkt man an eine Erhebung der keltischen Nationalheldin als H e r o i s E p o n a zur Siegesgöttin, deren Name mit dem der „mulionum dea" identisch wär (was die Mitte zwischen Ἐμπονή und E p o n i n a träfe); vielleicht wurde auch letztere als Victoria mit ihren Rossen hinreichend potenziert, um selbst dem Wesen nach mit jener in eine zu verschmelzen. Indessen steht dort „hero ..." zwischen den „campestribus", Feldgöttern? und dem, darum eher nur auf die ländliche Göttin bezüglichen, Namen E p o n a.

Die neukeltischen Sprachen laßen uns vollends im Stiche.

152. E n d r o m i s.

Hanc tibi S e q u a n i c a e pinguem textricis alumnam,
Quae L a c e d a e m o n i u m b a r b a r a nomen habet,
Sordida, sed gelido non aspernanda Decembri
Dona, p e r e g r i n a m mittimus e n d r o m i d a."

Martial. Epigr. IV. 19.

(Lemma) „E n d r o m i s.
Pauperis est munus, sed non est pauperis usus;
Hanc tibi pro l a e n a mittimus e n d r o m i d a."

Ibid. XIV. 126.

Bei Adelung wie in den Mém. des Antiquaires t. V. p. 273. wird das zweifellos griechische Wort (ἐνδρομίς) keltisch etymologisiert; auch de Belloguet Nr. 198. thut dieß, indem er die Angleichung eines keltischen Wortes an das griechische vermutet. In der That aber sind alle kelt. Vergleichungen ganz ungenügend. Lieber nehmen wir an, daß die sehr kunstfertigen Weber Galliens mit dem fremden Muster auch den fremden Namen einbürgerten. Juvenalis gebraucht den Namen für ein warmes Gewand Sat. III. und sagt Sat. VI. :

„Endromidas Tyrias et foemineum ceroma

Quis nescit?"

Die Lateiner des Mittelalters haben den Namen, wie so manche andre Fremdwörter Juvenals und seiner Genoßen, liebgewonnen und vielfach variiert; vgl. Dufresne vv. Endroma, Andromades·sqq. (dort falsch gedeutet), Gloss. lat. germ. v. Andromoda. Sidonius Apoll. Ep. II. 1. gebraucht die Ableitung endromidatus.

Eine Glosse setzt „gausarus (sic) ἐνδρυμίς."

Epirhedium s. Reda.

153. Epona. Juvenalis Sat. VIII. v. 154 sqq. sagt :

„— — infundet jumentis hordea lassis.,

Interea, dum lanatas torvumque juvencum

More Numae caedit Jovis ante altaria, jurat

Solam Eponam et facies olida ad praesepia pictas."

Nach dem Schol. ad h. l. ist sie „mulionum dea." Sie erscheint auch anderweit als die Göttin der Pferde und Saumthiere. So sagt Tertull. Apol. XVI. : „Vos tamen non negabitis et jumenta omnia et cantherios cum sua Epona coli a vobis"; und Ad Nationes I. 11.: „Sane vos totos asinos colitis et cum sua Epona." Als Pferdegöttin erscheint sie bei Plutarch. Paralip. min. c. XXIX. Schwenck Mythol. der Römer S. 152. citiert noch Apulejus und Minutius Felix; Oehler in Tertull. Apol. l. c. Prudent. Apoth. V. 197. u. s. m.; de Belloguet ihre Abbilduug zwischen zwei Pferden, eine Inschrift „Eponae" bei Orell. Nr. 1855. und eine andere (o. v. Ἐμπονή erwähnte), die zu Auchindavy in Schottland gefunden wurde (aus Wright, The Celt. p. 262.) : „MARTI MINERVAE CAMPESTRIBVS HERO ... EPONA VICTORIAE M. COCCEI ƆLEG II AVG."; Glück 42. die Inschriften bei de Wal Nrr. 106—115. 310—313.

Die Degradierung der Pferdegöttin zur Eselsgöttin, vorzüglich durch die Polemik der Christen, ist auffallend, da doch bei letzteren der Esel selbst im Geruch der Heiligkeit stand. Ohne Zweifel bedeutet ep, woran sich das, ebensowol gallische als italische, Suffix ona schloß, Pferd, nicht Esel, und zwar in mehreren von beiderlei Sprachen. Die Frage : wo Name und Verehrung dieser Göttin zu Hause sei, wurde schon oft ausgesprochen und neuestens, namentlich von Glück a. a. O., für Gallien entschieden. Aber an den meisten Stellen, auch in dem (nur mit einem griechischen verschmolzenen) Märchen bei Plutarchos, erscheint sie vielmehr als italische Gottheit. Vielleicht läßt sich der erniedrigende Gegensatz „solam Eponam" und „more Numae" bei Juvenalis a. a. O. auf einen zum Paganismus herabgesunkenen vor- und außer-römischen, dennoch aber italischen (oskischen u. dgl.) Cultus deuten. Ihr zur Seite steht die erst bei Augustin IV. 23. auftauchende Göttin des Rindviehs Bubona.

Wir stellen die hierher und zwar zur folgenden Numer gehörigen Formen eines Pferd bedeutenden indogermanischen Wortstamms zusammen, bei welchem die beiden keltischen Hauptstämme den gleichen Lautgegensatz zeigen, wie mehrere pelasgische; wiederum stimmt die sicher oder doch wahrscheinlich altgallische Form nicht zur gadhelischen, sondern zur kymrobritonischen.

Wir gehn dießmal von den arischen Formen aus, um bei diesem sehr verbreiteten Wortstamme etwas ausführlicher die Stellung der keltischen Sprachen zu belegen. Für noch weitere Entwickelung erlauben wir uns wiederum auf unser Goth. Wtb. A. 38. nebst Nachträgen zu verweisen.

sanskr. açva m. zend. açpa altpers. in Eigg. asp-es, $\alpha\sigma\pi-\eta\varsigma$ npers. kurd. armen. (in Composs.) asp afghan. aspä f. ås m. osset. yevz Klapr., bei Sjögren fem. yefs, dial. afse f. ghilan. talspr. ås (sanskr. açvatara ,pers. kurd. ester mulus). litau. așzwa große Zuchtstute (așzutai m. pl. Rosshaare aszutinnis sêtas lett. ašu seets Haarsieb hierher?). kymr. oswm. a steed (altkymr. oswydd pl. Kriegsvolk, vorz. Reiterei?) und echwa reiten weichen beide von den kymr. Lauteigenheiten zu sehr ab, um sie bestimmt als Reliquien zweier alten Zeiträume zu betrachten; aber auch von dem wahrscheinlichen alten ep blieben nur Ableitungen: ebawl (pl. ebolyon), ebol m. eboles f. korn. ebol, pl. ebilli brit. é-, eū-, heû-beûl, pl. -beûlien, m. -beûlez f. tréger. éal, pl. -ed, m. pullus equinus kymr. eboli to become as a colt brit. é-, eû-, heû- beûlya, tréger. éalaû, alañ pouliner; hierher altkymr. ebawlvarch equus juvencus Mabyn. s. Zeuss 787; und vermutlich kymr. ebran pabulum equinum, vb. -u (füttern); ebrwydd hastig, vb. a. -o, vgl. u. a. rhwydded f. free course, success rhwyddhau to speed; gadh. each, pl. eich, m. equus, daher u. v. a. altir. echaire mulio, jetzt eachraidh pl. equites; griech. ἵππος, dial. ἵκκος, ἵσδος lat. equus m. equa f. (dakorom. épa sard. ebba). Für Eigennamen vgl. Düntzer in Jbrbb. des Vereins von Alterth. I. S. 89. Glück 42. 144 ff.

154. Eporediae. „Juxta geminas Alpium foris, Graias atque Peninas (varr. Poeninas) — his Poenos, Graiis Herculem transisse memorant — oppidum Eporedia (varr. O-, Y-, Hy-poredia) Sibyllinis libris a populo Romano condi iussum; eporedias (varr. se-, y-poredias, sepusedias, yporedios, iporedicos, eporedicas) Galli bonos equorum domitores vocant." Plin. H. nat. III. c. 17. s. 21.

Die Stadt heißt bei Ptolemaeos Ἐπορεδία, bei dem Anon. Ravennas Eporeia, in den Annalen des 9. Jh. Ep-, Eb-oregia, jetzt Ivrea; nach unserem Excerpte eine römische Kolonie unter Galliern und mit gallischem Namen. Letzterer wird vollkommen bestätigt durch den Mannsnamen Epored-orix Caes. B. G. VII. c. 38., -irix Orell. Nr. 1974.

Für den ersten Bestandtheil s. die vorige Numer; das dort erwähnte ebrwydd, gleichsam ἱππόθοος, hält Glück 42. mit dem vorliegenden Compositum identisch, ohne die mögliche Abstammung von einer Wz. ebr anzunehmen. Wenn wir aber in epored- nicht sowol einen Pferdebändiger, als einen Pferderenner oder ἱππόδρομος erblicken wollen, so liegt die kymrobrit. Wz. red currere näher; wir kommen v. Reda darauf zurück. Aber ein anderes brit. rédia, auf welches de Belloguet verweist, bedeutet in der That zwingen, was der Bed. domare nicht ferne liegt; daher rédiuz obligatoire; ihm entspricht kymr. rheidio to necessitate, to need rheidus needy, beggarly rheiduso to render needy rheidwy m. necessity, a thing necessary; zu Grunde liegt kymr. rhaid brit. réd, rét adj. necesse s. m. necessitas korn. rethy oportet.

Eripennis s. Arepennis.

Ἐσβϱεχτον s. Ἐχβϱεχτόν.

155. **Esox** ist nach Plin. H. nat. IX. c. 15. s. 17. ein großer Fisch im Rhenus, nach Sulpic. Sev. Dial. III. 10. im Liger, nach Gregor. Tur. Gl. conf. V. im Arvernerlande, nach Flodoard. Carm. XIV. 18. im Matronagebiete u. s. m. Er und sein Name wurde den Römern aus Gallien zugeführt, was die organisch entsprechenden Formen der neukelt. Sprachen bezeugen.

Mlt. Formen sind eso, esocius, mesox, isox, isix, isic, isicius, eriox, erox mgr. ἴσοξ, ἴσοξ. Von romanischen Namen des Salmen gehört hierher nur der asturische esquines, vollständiger in dem baskischen, vielleicht noch altiberischen, izokin. Er heißt kymr. (ehawc) eog, dem. eogyn korn. ehoc brit. éoc, éog, eúc, eheug (bei Richards) pl. -ed gadh. eo, eigne, m. iach, g. eich, c.; kymr. eocca Salmen fischen; überall ist das s durch Aspiration verstummt.

156. **Essedum.** Zu Ciceros Zeit war diese gallische Wagenart, gleich anderen, bereits völlig in Rom eingebürgert, sowol bei Spielen, wie als Galawagen; jedoch kennt Cicero das Fuhrwerk auch in Britannien. Vgl. Cic. Phil. II. 24.; Att. VI. 1. : „Hic Vedius venit mihi obviam cum duobus essedis et rheda equis juncta et lectica"; ad Trebat. : „Tu qui caeteris cavere didicisti, in Britannia ne ab essedariis decipiaris caveto." Dort findet sie auch Caesar einheimisch B. G. IV. c. 24. : „At Barbari (Britanni) — — praemisso equitatu et essedariis, quo plerumque genere in proeliis uti consuerunt" etc.; ähnlich V. c. 15.; ebds. c. 9. 16. und am ausführlichsten IV. c. 33. beschreibt er das „genus pugnae ex essedis" als Streitwägen. Ebenso sagt Propertius Eleg. l. II. 1. :

„Esseda caelatis siste Britanna jugis."

vgl. ebds. l. IV. :

„Hibernique Getae pictoque Britannia curru."

Unter den gallischen Wägen nennen sie Plinius und Livius o. vv. Colisatum. Carrus. Vergilius Georg. III. 204. nennt sie bestimmter belgische :

„Belgica vel molli melius feret esseda collo",

wozu Servius erläutert : „Gallicana vehicula, nam Belgae civitas (sic) est Galliae, in qua hujuscemodi vehicali usus repertus est." Philargyrius ad h. l. sagt : „Esseda autem vehiculi vel currus genus, quo soliti sunt pugnare Galli. Caesar testis est libro ad Ciceronem III. : Multa millia equitum atque essedariorum habet." Horatius Ep. II. 1. stellt zusammen :

„Esseda festinant, pilenta, petorita, naves."

Seneca Epist. LVII. braucht eine weibliche Form : „In iis quae me sine avocatione circumstrepunt essedas transcurrentes pono et fabrum inquilinum et serrarium vicinum." Persius Sat. VI. 43 sqq. bringt die esseda mit den Germanen und andern Rheinländern in Verbindung :

„ — — missa est a Caesare laurus

Insignem ob cladem Germanae pubis, et aris

Frigidus excutitur cinis; ac jam postibus arma,

Jam chlamydes regum, jam lutea gausapa captis,

Essedaque, ingentesque locat Caesonia Rhenos."

Mit andern Fuhrwerken keltischer Abkunft stellt Martialis o. v. Covinus die esseda zusammen; an einer andern Stelle o. v. Bison spannt er ihnen diesen vor. Silius Ital. III. v. 337. sagt in einem Gewirre mythischer und geschichtlicher Citate :

„(parvus sonipes) — molli pacata celer trahit esseda collo.“
Suetonius nennt sie o. v. Cetra als Prunkwägen. Ausonius Epist. XXI. nennt scherzend ein „Heroicorum versuum plenum essedum.“ Bei Claudianus sind es mulae Gallicae, welche

„Esseda concordes multisonora trahunt.“

Jornandes Get. c. II. braucht, wie Seneca, die weibliche Form : „(Britanni) non tantum equitatu vel pedite, verum etiam bigis curribusque falcatis, quos more vulgari essedas vocant.“ De Belloguet macht hier auf die Verwechselung mit den covini aufmerksam.

Dufresne und mein Gloss. lat.-germ. vv. Essed-a, -es, -um haben Stellen aus den späteren Glossographen, namentlich : „Esseda sunt Gallorum vehicula, quibus reges victi captivi ducuntur. Essedum, basterna, vehiculum.“ Papias; darnach verschrieben „Esserta, basterna“ Gloss. Sangerm. Iso Magister sagt : Essedum, genus vehiculi Gallicani, i. sambuch [vgl. o. v. Basterna], quasi assedum, ab assidendo dictum.“

Der essedarius kommt außer den obigen Stellen auch bei Petronius Sat. XXXVI. 6. als Gladiator, und sogar ib. XLV. 7. essedaria f. vor. De Belloguet stellt dazu assidarius in einer Lyoner Inschrift bei M. de Boissieu p. 469.

Auch altgall. Namen enthalten das Wort, ob aber in dem Sinne des Fuhrwerks, fragt sich, da vielleicht eher eine allgemeinere, auch jener zu Grunde liegende, Bedeutung dabei anzunehmen ist. So in Britannien Mandu-, in Raetien (Oberitalien) Taru-essedum.

De Belloguet hat a. a.' Isos Etymologie wieder aufgenommen. Für uns ist der Kriegswagen der alten Britonen samt seiner Etymologie bei ihren Nachkommen verschollen. Wir begnügen uns mit der Bemerkung : daß das britannische Wort in Rom schon frühe wahrscheinlich durch die cisalpinischen Gallier bekannt war; möglich, daß die Belgen es nach Britannien mitbrachten.

Eugubim s. Οὐσουβίμ.

157. Euhages s. **Druides.**

158. Exacum. „Alterum centaureon cognomine lepton, minutis foliis, quod aliqui libadion vocant, — — Galli exacum (var. exacon), quoniam omnia mala medicamenta potum e corpore exigat per alvum.“ Plin. H. nat. XXV. c. 6. s. 31.

Zu Plinius lateinischer Ableitung fügte Dalechamp eine griechische ἀπὸ τοῦ ἀκεῖσθαι; bemerkt werde, daß die kelt. Wurzel kymrobriton. iach gadh. ic sanum esse, sanare bedeutet; sie erinnert auch an ἰάομαι. Zeuss 761. macht andre Vorschläge. Ein ähnlich klingender Pflanzenname kommt bei Plinius l. c. XXIV. c. 19. s. 115. vor: „Veterno liberat quae exedum vocatur.“

F. Ph.

159. **Phalarica** erat **Saguntinis** missile telum, hastili abiegno (al. oblongo) et cetera tereti praeterquam ad extremum, unde ferrum exstabat. Id, sicut in pilo, quadratum, stuppa circumligabant linebantque pice" etc. Liv. XXI. c. 8.

Phalarica, falarica, φαλαρική trägt den Stempel griechischen, nicht iberischen, Ursprungs. Die baskische Sprache hat ein nach sanskritischer Art aspiriertes p h, f aber nur in neueren und entliehenen Wörtern. Das Wort ist bei den Alten nicht minder häufig, als bei den späteren Glossographen. Jene leiten es von **Phalaris** als Erfinder, Diese von **phala, fala** Sturmthurm. Wir nahmen es auf, weil es Livius speciell den **Saguntinern** zuzuschreiben scheint und eine ausführliche Erklärung für seine (römischen) Leser nötig findet; auffallend genug, da das Wort auch älteren römischen Schriftstellern geläufig ist, wesshalb wir unsere Leser auch auf die lateinischen Wörterbücher verweisen.

160. **Falco.** „**Capus Italica** lingua — — hunc nostri **falconem** dicunt." Isid. Hisp. Or. XII. „Constat eam (**Capuam**) a Tuscis conditam, viso **falconis** augurio, qui **Tusca** lingua **capys** dicitur, unde est **Capua** nominata; — — ob hoc quod hanc quidam **Falco** condidisset, cui pollices pedum curvi fuerunt, quemadmodum **falcones** aves habent, quos **viros Tusci capuos** vocarunt." Serv. in Verg. Aen. X. 145.

Isidors „nostri" sprechen romanisch. Man hat also die Stelle bei Festus: „**Falcones** dicuntur, quorum digitis pollices in pedibus intro sunt curvati, a similitudine **falcis**" auf den Vogel bezogen, statt, richtiger, auf Menschen, und desshalb haben auch die späteren Glossatoren diese, ohne Zweifel auch richtige, Etymologie auf den Vogel übergetragen. Bei Suidas ist φάλκων Name eines Mannes, wie des Vogels. Eine späte Etymologie bei Silvester Giraldus in Topogr. Hibern. I. c. 8. lautet : „**Falcones** igitur a **falcando,** quia in **falcis** modum in circumeundo perlustrant." **Falco** hieß auch in Italien ein Fisch s. Dufresne v. **Erango,** noch jetzt ital. **falcone,** trigla volitans. Auch eine Art von Waffen hieß mlt. **falco,** später denn auch die Feuerwaffe **falcona, Falkaune.**

Unmöglich ist es nicht, daß ein anderweitiger Vogelname mit dem neulateinischen sich mischte, da der entsprechende kymrische **gwalch** m. **gwalches** f. (**corwalch** m. falco aesalon **gwalchwr** falconarius; **Gwalchmai** Mannsname) allerdings lautlich besser zu sanskr. **valúká** (Kuhn Zéitschr. III. 54.) stimmt. Aber wahrscheinlicher ist g w (v) aus f f (f) erweicht, und gadhel. (selten) **faolchon,** gen. -oin, m. brit. **falchan,** -un, pl. -ed, m. korn. **falbun** (verm. unrichtig st. **falhun**) falco vel capum (Zeuss 1114.) sind durch das Suffix als Nachkommen des Romanen gekennzeichnet, obgleich gadh. f auch aus v entsprungen sein kann, und in der That der gleichlautende Genetiv **faolchoin** lupi dem echt gadh. Compositum sing. **faol-chu** m. i. e. ferus canis (**faol** ferus, auch lupus) angehört und Armstrong sogar **faolach** m. a bird of prey hat. Ein an-

klingender gadh. Name des larus, faoilea-g, -nn f., entspricht dem
kymr. gwylan f. u. s. w. s. o. v. Alauda. Sonderbar klingt zu
kymr. gwalch der ags. Name des Falken vealh-hafoc d. i. fremder
oder keltischer Habicht. Das in allen romanischen Formen: ital. falcone,
jedoch neben falco, span. halcon port. falcão prov. falcó (afrz.)
engl. falcon franz. faucon raet. falcun (falc weißgrau aus falw,
falb, wie der nhd. Pferdename falke), auch in bask. falkoin (éper-
vier, nach Salaberry), erhaltene Suffix ist, wie im Kymrischen, auch in dem
allg. german. falke, falk abgefallen oder mit der schwachen Form verschmolzen, aus welcher zunächst der landschaftliche nom. sing. falken m.
stammt; altnord. valr m. wird aus valhr entstanden sein.

Der ältere keltische, im Gadhelischen noch fast ausschließlich übliche,
Name für den Falken, wie für den Habicht, ist gadh. früher sebocc (capus Gloss.), jetzt seabhag, seobhag f. (seabhagair falconarius)
kymr. früher hebauc, jetzt hebog m., woher, da gadh. s der später
zum Hauchlaute gewordene ursprüngliche, dem deutschen s entsprechende,
Anlaut ist (wenn er nicht etwa, wie bißweilen c aus p, nach falscher Analogie entstand), erst die Germanen den Namen entlehnten: ahd. hapuh,
hauc u. s. w. amhd. habech nhd. habicht, mundartlich habch,
hacht, nnd. nnl. havik nnd. hâvk, hêfke ags. hafoc, hafuc altengl. haveke engl. hawk altn. haukr schwed. hök dän. hög; a. d.
Nord. estn. haukas finn. hawukka, hawikka finn. lapp. hauka neben
antikerem lapp. bapak, bapke; haukas bedeutet auch Eule, wie litau.
apokas lett. appögs, m. Allerdings finden diese Namen in mehreren
Sprachen, eben auch in obigem capys, anderweitige Anlehnungen (Ausführliches s. in Goth. Wtb. II. 490.), aber dem Zusammentreffen mit den
keltischen Formen gebührt der Vortritt.

Auch in dem mlt. sacer nhd. nnl. saker (nhd. auch übersetzt „heiliger
Falk") ital. sacro, sagro span. port. frz. engl. sacre scheint eine Deutung des gr. ἱέραξ sich an ein altes europäisches Wort zu lehnen; der Habicht heißt litau. sakalas slav. sokol (magyar. sólyom dakor. šoimu),
dazu merkwürdig sucelino in den malberg. Glossen, vgl. Grimm Gesch. d.
d. Spr. S. 301.

161. Fario.
„Qui nec dum salmo, nec jam salar, ambiguusque
Amborum medio fario intercepte sub aevo."
Auson. Mos. 129 sq.
„Purpureisque salar stellatus tergora guttis."
Ib. 88.

„Est et haec natura, ut alii alibi pisces principatum obtineant: cora-
cinus in Aegypto; zeus, idem faber appellatus, Gadibus; circa
Ebusum salpa obscoenus alibi — —; in Aquitania salmo flu-
viatilis marinis omnibus praefertur." Plin. II. n. IX. c. 18. s. 32. „Faber
sive zeus" und die salpa nennt er auch XXXII. c. 11. — „Ut nocturnis
per lacum excursibus rapacissimi salares in consanguineas agantur in-
sidias." Sidon. Apoll. Epist. II. 2. „Σάλπη ἰχθύς ποιός, ὃν καὶ βοῦν καλοῦσι." Hesych.

„— — σάλπαι τ' ἰσομήκεες ἰχϑῦς,
Ἅς τε βόας πορκήες ἀλλἴῶνοι καλέουσιν."

ὁ σάλπης Archipp. ap. Athenaeum. s a l p a χρυσόπλευρος Gloss. ap. Dufr.
„F a b e r qui in nostro G a d i u m municipio generosissimis piscibus annu-
meratur, cumque prisca consuetudine z e u m a p p e l l a m u s, D a l m a t a e
f a b r u m vocant, quia in eo omnia fabrilia instrumenta reperiantur." Colum.
VIII. „V a r i i a v a r i e t a t e quos v u l g o t r u c t a s (al. t r u t t a s)
vocant." Isid. Hisp. Or. XII. 6.

Wir haben hier mehrere nicht lateinische, zum Theile hispanische und
aquitanische Fischnamen vor uns.

Der f a r i o gleicht so sehr der germanischen ahd. f o r h i n a amhd.
v o r h e mhd. v o r h e n e, f u r n, f ö r h e l, später f o r c h e l n, f o r r e l n,
f o r e l n. u. dgl. später mhd. mnd. v o r n e, ags. f o r n, jetzt hd. nl. nd.
nord. f o r e l l e, f o r e l l, oberd. f ö r c h u. dgl., daß wir sie ungern
trennen möchten. Isidorus deutet und bildet desshalb den Namen um.

Die Namen s a l a r, s a l m o und selbst s a l p a sind vielleicht iberischen
Ursprungs. Der hd. nd. s a l m, oberd. s a l m e n verlor oder verschmolz das
Suffix, wie o. der f a l k; es blieb in frz. (engl.) span. s a l m o n port. s a l-
m ã o ital. s a l a m o n e, s e r m o n e, m. litau. s z a l w a s m. salmo thy-
mallus wol ebensowenig hierher, wie s z á m a s leit. s a m s silurus glanis,
slav. s o m etc. id. und salmo.

S p a r u s s a l p a heißt ital. span. s a l p a genues. s a r p a röm. s u r b a
(bei Nemn.) maltes. s c i l p a franz. s a u p e nprov. s a u p a, s o p i, f.

Der z e u s soll griech. ζαιός heißen.

162. „F o c a n e u s est, qui inter duo brachia velut in furca de medio
nascitur." Colum. V. c. 6. „Vocatur etiam f o c a n e u s p a l m e s, qui solet
in bifurco medius prorepere ed idcirco cum praedicto vocabulo r u s t i c i
appellant, quod inter duo brachia, qua se dividit vitis, enatus velut f a u c e s
obsidet, atque utriusque duramenti alimenta praeripit." Ib. IV. c. 24.

Eine interessante Form der lingua rustica, deren Ableitung von f a u x
richtig sein wird, während dagegen mlt. f o c a n e a (fireside) von f o c u s
stammt.

163. F o l l i s. „At ille more G a l l i c o sanctum senem increpitans f o l l e m,
ab eo quidem virga leviter percussus est." Ioannes Diaconus in V. S. Gre-
gorii IV. c. 96.

Da diese Nachricht aus dem 9. Jh. stammt, so ist unter gallisch romanisch
zu verstehn. Deutlicher sagen dieß zwei von J. Grimm Myth. 475. angeführte Stellen: „Merito ergo f o l l i s l a t i a l i r u s t i c i t a t e vocaris, quoniam veritate v a c u u s." Ratherius ed. Ballerini p. 314. „F o l l e m me
r u s t i c o verbo appellasti." Wilhelm. Metens. Ep. III. In der That ist, obgleich das Wort, außer den romanischen Sprachen, auch den neukeltischen
und germanischen nicht fremd ist, seine Ableitung bei dem alten Ugutio
und dessen Nachfolgern so ziemlich die richtige: „I n f o l l a r e proprie
est buccam i n f l a r e, et quia f o l l e s i n f l a n t u r quasi quadam re in-
ani, inde est, quod f o l l i s dicitur s t u l t u s, s u p e r b u s, v a n u s, in-
f l a t u s." Selbst in obigen Stellen kann das Wort eher noch das ursprüngliche Substantiv sein, vgl. Windbeutel u. dgl. Doch erscheint um diese Zeit

schon ein mlt. Adj. follus; schlecht genug, da selbst die roman. Formen
auf follis deuten. ·

 ital. folle c. altsp. prov. afrz. korn. fol katal. briton. foll kymr.
ffol altn. fòl engl. fool nprov. fouel, fau, bo etc. frz. fou, m. prov.
fola afrz. fole nfrz. folle nprov. fouèle brit. follez kymr. ffoles,
f. sbst. adj. fatuus, prov. katal. altn. auch (wie u. a. nhd. Narr) irascibilis,
iratus. Daher u. v. a. (vgl. Diez 149.) span. port. folia frz. folie, f. ein
besonders in Portugal einheimischer Tanz; port. foliar dabei sich komisch
geberden; kymr. ffoli zum Narren halten brit. folla prov. afolir zum
Narren werden altn. fôlska stolida excandescentia. (c.; der., im Schwedischen und Dänischen fehlt das Wort). Ableitungen andrer Bedeutung s.
bei Dufresne passim. Diez 502, vv. Holgar. Hollejo.

 164. Fordicen soll „nach Avienus" brausend bedeuten, wie Adelung nach Astruc, Referent & Co. nach Adelung, gläubig aussprachen. Aber
die betr. Stellen bei Avienus Ora maritima 552 sqq. lauten :

  „Gens est Iberûm (al. Celtiberûm). Sordus (al. Cordûs; cf.
   Ora Sordonum Pomp. Mela II. c. 5.) inde denique
  Populus agebat etc.
v. 558. In Sordiceni cespitis confinio
  Quondam Pyrene, civitas ditis Caris
  Stetisse fertur etc.
v. 568. Hoc Sordicenae, ut diximus, glebae solum est.
  Stagnum hic palusque quippe diffuse patet,
  Et incolae istam Sordicen (Fordicen male Pithoeus)
   cognominant
  Praeterque vasti gurgitis crepulas aquas

  Stagno hoc ab ipso Sordus amnis effluit."
 Somit ist Sordice der wahrscheinlich iberische Name eines Sumpfes,
nach dem dort entspringenden Fluße Sordus.

 165. Formacei. „Quid? Non in Africa Hispaniaque ex terra
parietes quos appellant formaceos (var. fornaceos) quoniam
in forma (var. fornacium modo) circumdatis utrinque duabus tabulis in-
ferciuntur. — — Spectat etiamnunc speculas Annibalis Hispania terrenasque
turres jugis montium impositas." Plin. H. nat. XXXV. c. 14. s. 48. (Früher
wurde auch gelesen „fornaceos quoniam fornacum modo." etc.) „Formatum sive formatium in Africa vel Hispania parietes
de terra appellant quomodo in forma circumdatis" etc. Isid. Hisp.
Orig. XIV. c. 9. „Formatum vel formacium in Africa et in
Spania parietes è terra appellatur." Gloss. Arabico-latinum.

 Ein von Plinius richtig erklärtes Wort lateinisch redender Hispanier,
deren Nachkommen noch heute hormazo, in Italien nur die gelehrten Tech-
niker formaceo, maceries gebrauchen. Aus gleicher Quelle ehtsprang
der roman. Name des Käses : mlt. formaticum, formacium ital.
formaggio prov. formatge, fromatge nprov. froumagi, rou-
matge etc. frz. fromage pikard. span. formage, sogar mlt. forma
für den Laib Brotes oder Käses selbst, so nprov. fourmo cascus. Der
roman. Gebrauch von forma für Käseform kommt schon bei Columella VII.

c. 8. vor. So gilt auch mlt. f o r m e l l a für Form und Laib von Käse oder Wachs. Im Bauwesen kommt f o r m a häufig vor, auch fast synonym mit fornix, wie bereits bei Spartianus in Severo und Vitruvius VIII. c. 7. Für Käse gebrauchen indessen die meisten romanischen, so wie alle deutsche und neukeltische Sprachen, auch die baskische, das lat. c a s e u s.

166. F r a m e a. „Rari (G e r m a n i) gladiis aut majoribus l a n c e i s utuntur; h a s t a s, vel i p s o r u m vocabulo f r a m e a s, gerunt angusto et brevi ferro, sed ita acri et ad usum habili, ut eodem telo, prout ratio proscit, vel cominus vel eminus pugnent. Et eques quidem scuto f r a m e a que contentus est; pedites et missilia — —vibrant nudi aui s a g u l o leves." Tac. Germ. VI. „Nudi juvenes (G e r m a n i), quibus id ludicrum est, inter g l a d i o s se atque infestas f r a m e a s saltu jaciunt." Ibid. XXIV. So auch „cum f r a m e a g l a d i o q u e" Ibid. XVIII. Sonst noch (stets von den Germanen) ebds. XI. : „f r a m e a s concutiunt" und XIV. : „illam cruentam victricemque f r a m e a m."

　　　„Per Solis radios Tarpejaque fulmina jurat,
　　　Et Martis f r a m e a m, et Cirrhaei spicula vatis" etc.
　　　　　　　　　　　　　　　　　　Juven. Sat. XIII. 96 sq.

Die Erwähnung bei Gellius s. o. v. C a t e j a. Augustinus Ep. XVI. 120. (bei Ukert Germ. 217.) erklärt sie für ein Schwert; in Psalm. CXLIX. ap. Dufr. : „fr., quam v u l g o s p a t h i u m vocant." Ein Glossar bei Maj. Coll. sagt in einer merkwürdigen Stelle : „F r a m e a e h a s t a e longissimae sunt, quibus etiamne A r m o r i c i utentes h o c n o m e n t r i b u u n t. Quidam ita et gladios significari putant." Wol aus gleicher Quelle (vgl. auch Gellius a. a. O.) schöpfte Isid. Hisp. Orig. XVIII. c. 6.; wir excerpieren die Stelle auch für unsere späteren Artikel : „F r a m e a g l a d i u s ex utraque parte acutus, quod v u l g o s p a t h a m (al. s p a d u m) vocant. Ipsa est et r o m - p h a e a. F r a m e a autem dicta quod f e r r e a est. — — S p a t h a a passione dicitur G r a e c o verbo quoniam π α ϑ ε ῖ ν. Graece dicitur pati. — — Allii s p a t h a m L a t i n e autumant dictam eo quod s p a c i o s a sit. — — Unde et s p a t u l a in pecoribus. S e m i s p a t i u m gladius est a media spathae longitudine appellatum." Die späteren Glossatoren folgen ihrem Meister. Die ῥομφαῖα der Septuaginta wird durch f r a m e a übersetzt. Auf den biblischen Gebrauch stützen sich die Denkverse der Glossographen, wie :

　　　„F r a m e a vindictam Christi designat et ensem,
　　　F r a m e a mors animae, Deus hic defendat ab hac me."
Oder:
　　　„F r a m e a, vindicta, rogus, ensis, l a n c e a dicta,
　　　F r a m e a, mors animae, tot f r a m e a significabit."

Deutsche Glossen zu f r a m e a lauten : bd. p l o h Graff III. 359. k a m p -, kemp-, stap- nd. s t a f - s w e r t nl. s w e e r t, f a u s o e n; in Zeningers Voc. a. 1482 s w e r t; wild-, j a g -, s c h w e i n - s p i e ß; v n t r e w des r a c h s ä l s (vgl. o. vindicta); bei Brack m e s s e r, a f r a c t u r a; bei Chytraeus nd. p r e e n; bei Andern hd. g l ä n vel p f r i e m e n; s c h ü f f e l i n; ags. a e t g a e r u u. s. m.

Das Wort war nicht bloß bei Gregor. Turon. und seinen Zeitgenoßen, sondern auch bei den späteren Lateinern beliebt, wie alle Kuriositäten dieser Art. Aber die lebendigen Sprachen zeigen es nirgends, wir müsten denn die Franse, ital. frangia u. s. w. (Diez 154.) daher leiten. Flammea für framea s. u. v. Lancea.

Tacitus gebraucht zwar bei der obigen Schilderung der germanischen Rüstung auch die ursprünglich keltischen Wörter lancea und sagulum, gibt aber die framea ausdrücklich als ein deutsches Wort, wogegen natürlich die Armoriker der Glosse kein Gewicht haben. Bei Juvenalis steht es unter mancherlei irdischen und himmlischen Waffen. Auf Etymologien verzichten wir, um nicht mit Isidorus in Konflikt zu gerathen.

167. Francisca. „Secures — — quas et Hispani ab usu Francorum per derivationem franciscas vocant." Isid. Hisp. Orig. XVIII. c. 6. Als fränkische Waffe und als Synonyme von bipennis gibt sie Gregorius Turon. Hist. II. c. 27. und nach ihm Andre. Eine spätere, ebenfalls häufig wiederholte und variierte Version der Glossographen lautet : „Francis-ca, -ta, -cus, im 15. Jh. auch forcista, frotista, i. signa quaedam instar securium, quae Romae ante Consules ferebantur, quae erant in terrorem, in securitatem, et in honorem." Im 15. Jh. francis-ca, -ta i. latronum lancea, nd. glauie niederrhein. glene, reubers glicz hd. helenbart. Roquefort gibt afrz. francisque. Der altn. Waffenname frakka f. wird aus franca gebildet sein.

G.

Gaesati etc. s. Gesum.

168. Galatae. Wir haben bereits Isidors Ableitungen o. v. Britones kennen gelernt. Sie stützen sich auf frühere, namentlich eine bei Lactantius, die uns Hieronymus in Prooem. l. II. in Epist. ad Galatas überliefert hat, und in deren Gefolge wir hier eine viel wichtigere weitere Aeußerung des Kirchenvaters über die zu seiner Zeit noch lebende Muttersprache der asiatischen Galaten ausschreiben.

„Galli antiquitus a candore corporis Galatae nuncupabantur, et Sibylla sic eos appellat, quod significare voluit Poeta, cum ait : „„„Tunc lactea colla auro innectuntur"""", cum posset dicere : candida." Ebendaselbst sagt er : „Galatas, excepto sermone Graeco, quo omnis Oriens loquitur, propriam linguam eandem pene habere, quam Treviros; nec referre, si aliqua inde corruperint, cum et Afri Phoenicum linguam nonnulla ex parte mutarint, et ipsa Latinitas et regionibus quotidie mutetur et tempore."

Wiederum liegt die Ableitung aus γάλα zu Grunde. Andre wählten die nicht minder richtige von Eponymen, so Timaeos im Etymol. m. v. Γαλατία; Amm. Marc. XV. c. 9.; Eustath. in Dionys. v. 74.; u. s. m. Die wahre Entstehung des Namens werden wir weder hier, noch anderswo, aufsuchen. Ein Anderes ist es mit den wechselseitigen (lautlichen und sachlichen) Beziehungen der Namen Γαλάται, Celtae, Galli.

169. Galba. „Qui primus Sulpiciorum cognomen Galbae tulit, cur aut unde traxerit, ambigitur. Quidam putant, quod oppidum Hispaniae diu frustra oppugnatum illitis demum galbano facibus succenderit; alii quod in diuturna valetudine galbeo, i. e. remediis lana involutis, assidue uteretur;

nonnulli, quod praepinguis fuerit visus, quem **galbam** Galli vocent, vel contra, quod tam exilis, quam sunt animalia, quae in esculis nascuntur, appellanturque **galbae**." Sueton. Galb. III.

Zu diesen Sulpiciern gehört namentlich Ser. Sulpicius Galba, Consul a. u. 610. Juvenalis Sat. VIII. v. 5. nennt "Galbam auriculis nasoque carentem", Caesar B. G. II. c. 4. Galba, König der belgischen Suessionen, Livius XXIII. c. 26. einen Karpetaner Galbus.

Es fragt sich, welches beider, nur bei Suetonius erklärter, Wörter bereits im 2. Jh. vor Christus der Spitzname der Sulpicier wurde, und ob der Name des Thieres ursprünglich lateinisch ist. Wir excerpieren aus Martin. Lex. philol. : "Cassiodorus **Galbam** imperatorem ita a colore **lurido** appellatum tradit; alii legunt : a **lucido**." Hier ist ein Farbenname **galbus** gemeint, woher die Formen **galb-anus**, **-inus**, **-aneus** stammen und zu welchem auch der lat. Vogelname **galbula** gehört.

Dufresne zieht hierher auch ein provençalisches Wort in einem Güterverzeichnisse vom J. 1339 : "unam possessionem vineae et terrae planae et **antigalbae**." Wir wagen uns nicht an die Deutung; prov. **galha** umfaßt mehrere Wörter, die mit **Galba** Nichts zu schaffen haben.

Ein frz. Wörterbuch (bei Martin. v. **Galba**) sagt : "**Galbe** vox hodie Gallis usitata; partem illam anterioris thoracis seu indumenti virilis, quod caligas retinet (vulgo **pourpoinct**) significat, quae quidem gossypio referta est et abdomen praepingue etiam in pueris et exilibus corporibus ostentat. Multi indumentorum illa genera vocant des **penses** ou **ventres bourrez**." Zwar ist die Erklärung nach Suetons Bericht abgefaßt, dessen Ausdrücke darinn vorkommen, aber die französischen Synonymen scheinen die altgallische Bedeutung zu bezeugen. Roquefort sagt nur "**Galbe**, la partie du devant du pourpoint." Das selbe Wort ist nprov. **galbé** m. les basques d'un justaucorps, d'un corps de jupe (Honnorat); ein andres nprov. **galbe**, **gaubi** ist aus zwiefachem **garbe** entstanden und gehört nicht hierher; wol aber dagegen, wenn nicht vielleicht auf "**bona**" der Ton ruht, der languedoc. Ausdruck „à **bona gaubia**" (spr. gaoubie) für fette Leute; **gaubiar se** bedeutet sich werfen, se déjeter. Bei jenem afrz. **galbe**, dessen Grundbedeutung **venter** zu sein scheint, fragt es sich übrigens auch, ob es nicht aus **garbe** stamme; identisch erscheint mindestens piemont. **garbe**, **gherbe** ventre, pancia; vielleicht bedeutet auch wallon. **galbâ** helluo, das Grandgagnage (Dict. Wallon) zu dem altgall. Worte setzt, eigentlich venter; vgl. jedoch den Selben über **galaf** etc. **gluto**. Sogar leitet sich möglicher Weise das afrz. **galbe** aus einer Form **gambe**, die sich zu goth. **wamba** venter verhielte, wie die afrz. Nebenform **gaubeson** (goubisson** u. s. m.), die wiederum pourpoint bedeutet, zu **gambaison**, **gambais**, **wambais**, dem deutschen **wambeis**, **wammes** u. s. w., wenn dieß wirklich von **wamba** stammt, vgl. dagegen Gloss. lat.-germ. v. **Bombasium**.

Diez gibt uns keine Auskunft über nfrz. **galbe** f., das **Rundung** in Gebilden, Geräten und Gebäuden, in schönem Sinne, bedeutet, auch den Gesichtswinkel. Mit raet. **goba** f. gibbus (vgl. Diez 176.) dürfen wir es nicht vergleichen, da dieses nicht aus **gauba** entstand.

briton. ga lb, calb homme gros et·gras ist aus dem gall. Worte fingiert.
Dagegen verdient, wenn wir auch in diesen keltischen Wörtern einen Wechsel
der Liquiden annehmen dürfen, eher Berücksichtigung gadh. garbh⁻cras-
sus; asper, raucus, immitis; aber das entsprechende kymr. garw brit. garv,
garò korn. garow, harow etc. hat die Bed. crassus nicht, und zeigt
auch ein auslautendes v (nicht b), dem wir auch gadh. bh unterordnen
müßen. Wol nur zufällig klingt garbh zu armen. garp fett. Eine gadh.
Wurzel galmh, galbh (von Bopp mit sanskr. galbh fortem, strenuum esse
verglichen) berührt sich auch vielleicht nur zufällig in einigen Bedeutungen mit
garbh. Ebenso mag es Zufall sein, daß brit. garv m. auch einen Wurm
(Fischköder) bedeutet, der mit der lateinischen (gallischen?) galba schwerlich verwandt ist.

nl. kalf homo obesus, das Kiliaen zu Galba stellt, ist vielmehr das
bekannte Wort für vitulus, das auch pulpa bedeutet, wie engl. calf und
gadh. calpa m.

170. Gallicenae s. Druides.

171. Γάλλις ὄψις s. Ἀλβολον.

172. Ganta. „Mirum in hac alite (ansere), a Morinis usque
Romam pedibus venire. — — Velluntur quibusdam locis bis anno. Rursus
plumigeri vestiuntur, molliorque, quae corpori quam proxima, et e Germania
laudatissimá. Candidi ibi, verum minores, gantae (al. ganzae) vocantur." Plin. Hist. n. X. c. 22. s. 27. Der Schluß dieses von den Gänsen
handelnden Kapitels sagt : „Proximi eis sunt, quas Hispania aves
tardas appellat, Graecia otidas."

„Aut Mosa dulce sonans, quo grus, ganta, anser olorque,
Triplici merce ferax : alite, pisce, rate."

Venant. Fortun. Poem. VII. 4.

„Ganta χηναλώπηξ." Gloss.; bei Plin. l. c. chenalopeces und che-
nerotes von den gantae unterschieden. Das Gloss. Saxon. Cotton. und
andre Glossen übersetzten ganta durch ags. graeggos. Aus Dufresne
führen wir noch an : „Aves quasdam repperit, quas alii feles, alii mile-
tes, vulgus vero gantas nuncupat." V. S. Pharaildis n. 13. „Con-
spicit innumerabilem multitudinem avium, quas vulgus gantas vocat."
Lib. Mirac. S. Genulfi n. 46. „Nam cum in aliis vir iste felicissimus, tum
quoque rebus pollebat; et hunc quoque agrum anseres agrestes, quas
a candore (sic!) vel sonitu vocis more rustico gantas vocant,
— — vastabant." Adso in Actis S. Waldeberti Abb. Luxoviensis n. 5. Silvester Giraldus Topogr. Hiberniae I. c. 18. nennt eine Art kleiner weißer
Gänse in Irland gantaé. Die V. S. Amalbergae 3. Jul. hat die Form
gances. Der alte Uebersetzer von Alexander Iatrosophista Pass. l. II.
c. 67. stellt zusammen „Gantulae quoque, merulae, turtures, turdi"
etc. und sonderbar ib. l. X. : „Manducet ex domesticis gallinas, fasianos, et
de anseribus alas, collum, caput, pedes, et gantulas, et aves omnes
praeter eas, quae in paludibus degunt", worunter jedoch nicht ein Körper-
theil der anseres, sondern nach der Glosse ein (von diesen verschiedener)
Vogel gemeint ist; vgl. jedoch „die jung Gans" acrocolia anseris Prompt.
a. 1618. Eine späte Form gantva, gantua kommt n. 1233 in Sta-
tuten von Avignon vor.

An die mlt. Formen reihen wir die romanischen prov. g a n t a nprov.
g a n t o afrz. g a n t e, g e n t e, nach Roq. auch g a n s e, g a n s anser ferus,
ardea nigra, ardea ciconia, nprov. auch onocrotalus span. port. g a n s o m.
span. g a n s a f. dakorom. (a. d. Slav.) g ä n s a c u m. g ä n s c ă (dem.
g ä n s c u t i ă) f., in Siebenbürgen g ü s c a f. g ü s c a n u m., anser.

Wir werden auch in andern Sprachen die Stammauslaute t (z, d) und s
neben einander finden, wie sie denn auch ihrer Natur nach nicht durch Verschiebung erklärt werden dürfen. Auch noch andre Unterschiede der Formen,
weniger die der Bedeutung, fallen in die Augen, werden aber, wie uns dünkt,
durch die Aehnlichkeiten überwogen, so daß wir eine ursprüngliche Einheit
der Form, des Sinnes, des Ortes und der Zeit annehmen dürfen, bevor der
Name mit den jungen Stämmen in andre und von andern Vogelarten be-
völkerte Gebiete auswanderte und sich modificierte, mitunter auch stammfremden Völkern mitgetheilt wurde. So ungefähr ergieng es den meisten
Thiernamen.

Wir stellen die germanischen und die neukeltischen Formen voran, weil
nur diese beiden bei Plinius in Frage kommen, und zwar die letzteren nur,
sofern vorher von den keltischen Morinern die Rede war, deren Heimat
unter der »Germania« mitverstanden sein kann, wie denn das heimatliche
Mosagebiet der g a n t a bei Venantius eben auch wieder die Moriner umfaßen kann, vgl. namentlich aus früherer Zeit Tac. Hist. IV. c. 28.

hd. g a n s, im 15. 16. Jh. auch g a n i z, g a n t z e, g a n t z, g a n z,
g a n ß, g a n g s, g a n c h s, g a n s c h sächs. fries. g ò s (engl. mnl. goose
mnl. g o e s, aber-nnl. g a n s, schon bei Kil, a. d. Hd.) nord. g å s (nnord.
spr. g ò s) f. ahd. g a n a z o, g a n z o (mhd. g a n i z? s. o.) nhd. g a n s e r,
g a n s e r t, g ä n s e r i c h, im 15. 16. Jh. auch (selten) g a n t z e r, g a n z è r,
g a n ß e r, g a n ß h a r t (a. 1462), (jetzt) im Harze (nd.?) g a n t e r, in
Baiern auch (außer g e i d l, g o s s) g a n d e r (g å n e r) bair. öst. auch
g a n s e r e r österr. auch g a n i s (vgl. o. g a n i z), g o n a u s, g a n a u s e r,
g a n h a u s e r nd. g a n t e nl. g e n t mnd. auch g a n t e, g a e n t, g h e n t e,
g a n t r e mnl. auch g a n s e r, g a n s e r i k (Kil., a. d. Hd.) ostfries. auch
g a n t e r t, (wie engl. bair.) g a n d e r ags. g a n d r a (g a n o t, g a n e t
fen-duck engl. g a n e t, g a n n e t pelecanus bassanus vgl. auch schweiz.
g a n n e r mergus merganser, mergus serrator, stimmt zu ahd. g a n a z o,
wo freilich das zweite a unorganisch sein wird, jedoch s. nachher) altengl.
g a n t engl. g a n d e r, dial. g a n n e r, g a n e r nordfries. g a a n e r altn.
g a s s i (hierher? s. nachher) dän. g a s s e, g a s e schwed. g ò s, bei Nemnich g å s e, m.

Wenn auch vielleicht ags. g a n o t nicht hierher gehört, und in ahd. g a-
n a z o, g a n a z z o, wie häufig, der zweite Vokal eingeschoben ist: so
dürfen wir dieß doch bei g a n i z, g a n i s, g a n a u s e r nicht annehmen.
Ein gothländ. k ä n f. anser bei Nemnich wird hier nicht in Betracht kommen.

Zu g a n d r a, g a n t a gehört vielleicht der goth. Eig. G a n d a r i c u s
Jorn. (aber G e n s i r i c u s nicht aus g a n s); sicherer wol der Ortsname
G a n d e r b a h bei Graff.

In altn. g a s s i werden wir eher eine Assimilation aus n s, als aus r s
annehmen dürfen, obgleich pikard. g a r s frz. früher auch j a r s jetzt j a r s
geschrieben, wallon. g e å r briton. g a r z, pl. g i r z i, g i r s i, m. anser mas

für urspr. altn. g a r s i sprächen, wenn ihre Entlehnung aus dem Germanischen sicher wäre. Vgl. jedoch Diez 668., wo wir noch zuzusetzen haben,
daß nach Roquefort afrz. j a s, j a s a r d nicht bloß den j a s e u r, sondern
auch den H a h n bedeutet, und daß engl. j a r, i. q. frz. j a s e r, auch mit
franz. (rouchi) j a r Schnack, Pfiff zusammenhangen dürfte. Die Erweichung
des g in g a r s etc. macht seine Entstehung aus g w, w zweifelhaft; sonst
würden wir. auf nnd. w â r t e önl. w û r d, bei Kil. w ô r d e m. Enterich,
nnl. auch Gänserich, verweisen, dér zu Pictets Vergleichung (Kuhns Zeitschr.
IV. 2. S. 126 ff.) mit sanskr. v a r a t a u. s. w. anser mas stimmt.

kymr. g w y d d, pl. g w y d d a u korn. g u i t, g û d h, (c u l l i o g godho
anser mas) brit. g w a z, g o a z (g w a z i ë n sg.), pl. g w a z i vann. g w a i,
pl. g w e i, f. gadh. g ê a d h, pl. g e ò i d h, c. g a n d a l, g â n r a d h,
g â n r a m. anser; gadh. g a o d m. sg. cygnus pl. anseres. gadh. g a n d a l,
g â n r a könnten aus engl. g a n d e r niederschott. g a n e r entlehnt, doch
auch aus einem alten g a n t gebildet sein, das bei g ê a d h zu Grunde liegen
mag. In den kymrobrit. Formen fällt die Abwesenheit des Nasals mehr auf,
doch unterscheidet sich das doppelt gedehnte kymr. korn. g w, g û von dem
in der Regel aus v entstandenen g w, g u. Der Nasal fehlt übrigens in den
meisten folgenden Sprachen. Dem obigen engl., provinziell in Cornwallis und
Irland üblichen g a n n e t entspricht kymr. g a n, g a n s, wie Nemnich angibt.

Gehn wir nun nach Asien zurück, so finden wir keinen auslautenden
Dental, sondern Sibilanten in sanskr. h a n s a m. hindost. h a n s (anser, anas)
osset. pers. k â z afghan. k a s kurd. c h a s s. Dem deutschen gans schließen
sich die slav. Formen an (aslv. g ą s?) poln. g ę ś (dem. g ą s k a) f. g ą s i o r
m. böhm. h u s a, h u s, f. h u s â k, h o u s e r, m. niederlaus. g u s s f. g u s s o r
m. oberlaus. h u s s y z a f. (dem. h u s s o n.) russ. g û s m. (c.) illyr. g u s k a f.
sloven. g ó s f. (beide Geschlechter) g ó s k a f. g o s â k m. litau. ž a s i s (ž ą n-
s i s, ž n s i s) f. ž a s i n a s m. lett. z ô s s m., anser; darneben aber (vgl. die
roman. Bedd.) litau. g a n d r a s, g a n d r y s m. ciconia.

griech. χ ά ν, χ ή ν (aus khans?) m. lat. anser span. ansar (ansaron
augm. neben g a n s a r o n dem.), m., daher bask. a n z a r a, a n z e r a.

Außerhalb des indogerm. Kreißes zeigt auch noch der finnische : magyar.
g ú n n á r anser mas; finn. h a n h i estn. h a n n i, a n n i, h a n n e lapp. (a. d.
Nord.) g a s anser.

Die a v i s t a r d a der Hispanier ist der lat. Name der Trapgans, daher
mlt. b i s t a r d a afrz. champ. b i s t a r d e engl. b i s t a r d, b u s t a r d, g u s t a r d,
sowie prov. a u s- span. a v u- port. a b e-, b e-, b a- ital. o t - t a r d a frz.
o u t a r d e (vgl. Diez 246.).

173. G a r a n o s s. T a r v o s.

Γαζῖται s. G e s u m.

G e b e n n a s. C i m e n i c e.

174. Γεγήνιοι s. Γίννος.

G e l a r u s s. G i l a r u s.

173. Γελασονέν. „Γναφάλιον — — Γάλλοι γελασονέν.“ Diosc. III.
c. 120. Formell nähert sich das, jedoch selbst unsichere, Wort g e l a r u s.

174. „G e m m a d e s, mulieres lucae dominicae lingua G a l l i c a.“ Gloss.
Isid. Vermutungen s. bei Dufresne und de Belloguet.

175. Germani. Wir stellen diesen bekannten Volksnamen hierher, weil eine Aussage von Tacitus ihn der keltischen Sprache zuzuschreiben scheint, wogegen indessen J. Grimm in seiner Ausgabe der Germania dieselbe mit der älteren Verdolmetschung bei Strabon zu vereinigen suchte. Wir geben die betreffenden Stellen der Alten, aber für die sachliche und sprachliche Erklärung jener bei Tacitus nur einige Andeutungen und Anführungen. Es fragt sich indessen nicht allein: ob der Name von den Kelten ausgieng? sondern auch : ob er nicht früher für keltische Völker galt und erst später von diesen auf deutsche übergetragen wurde, namentlich von den Germani cisrhenani auf die transrhenani? — eine noch nicht zu genügendem Abschluße gelangte Frage, deren Erörterung geschichtlichen Untersuchungen verbleiben muß, wie überhaupt die Verfolgung seiner mannigfachen Spuren im Altertum nach Raum und Zeit, vgl. o. S. 132 ff.

„Ceterum Germaniae vocabulum recens et nuper additum, quoniam qui primi Rhenum transgressi Gallos expulerint ac nunc Tungri, tunc Germani vocati sint. Ita nationis nomen, non gentis, evaluisse paulatim, ut omnes primum a victore ob metum, mox a se ipsis invento nomine Germani vocarentur." Tac. Germ. c. III. „Διὸ δίκαιά μοι δοκοῦσι ʽΡωμαῖοι τοῦτο αὐτοῖς θέσθαι τοὔνομα ὡς ἂν γνησίους Γαλάτας φράζειν βουλόμενοι · γνήσιοι γὰρ οἱ Γερμανοὶ κατὰ τὴν ʽΡωμαίων διάλεκτον." Strabo VII. p. 290. „Γνήσιοι δὲ κατὰ ʽΡωμαίων γλῶσσαν οἱ Γερμανοὶ ἑρμηνεύονται, ὡς ἂν γνήσιοι Γαλάταις. — —Τινὲς δὲ τὸ Γερμανοὶ εἰς τὸ ἀδελφοὶ μεταλαμβάνουσιν, ὅπερ τρόπον τινὰ τὸ αὐτόν ἐστι τῷ γνήσιοι." Eustath. iu Dionys. Perieg. v. 285.

Dieses Wortspiel zwischen dem Volksnamen und dem lateinischen Appellative kommt öfters bei römischen Schriftstellern vor; s. u. a. Ukert, Germ. 74. Anm. 9. Für die Stelle bei Tacitus vgl. u. a. Pott, Et. Forsch. II. 534. Ukert, Germ. 75 ff. Zeuss, die Deutschen 59 ff. vgl. 760. Holtzmann, Kelten und Germ. 43 ff. Brandes 181 ff. Schweizer in Kuhns Zeitschr. II. 156 ff. Sprachliche Erläuterungen des Namens s. an diesen Stellen und u. a. noch bei J. Grimm, Gramm. II. 175. 412. 448.; Gesch. der d. Spr. 785. 789. Graff IV. 258 ff. Leo in Haupts Zeitschr. V. 514. Zeuss, Gr. Celt. 735. Eine Menge von Citaten bei Ukert, Germ. 77. Anm. 25. Schweizer a. a. O.

176. Gesum, gaesum etc. „Hostes (Galli) — — lapides gaesaque in vallum conjicere." Caes. B. G. III. c. 4. Die Stelle bei Propertius s. o. v. Braca. Ihr nahe steht die bei Vergil. Aen. VIII. v. 657 sqq. über die Gallier der Romfahrt unter Brennus :

„Galli per dumos aderant arcemque tenebant
Defensi tenebris et dono noctis opacae.
Aurea caesaries illis atque aurea vestis ;
Virgatis lucent sagulis, tum lactea colla
Auro innectuntur; duo quisque Alpina coruscant
Gaesa (varr. gessa, cesa, caesa Mss.) manu, scutis protecti corpora longis."

Dazu bemerkt Servius : „Et bene adlusit ad Gallicam linguam, per quam virgae purpura dicitur. Virgatis ergo, ac si diceret purpuratis. Gaesa. Hastas viriles : nam etiam fortes Galli gaesos (varr.

caesos, gesos, gaesosos, gaesatos) vocant." Auch Nonius XV.
19. citiert diese Stelle Vergils „alpina coruscat gesa (al. caesa) manu"
und bemerkt dazu nach Varro „gesa (al. cesa) telum Galliarum tene-
rum", wogegen Festus „gesum grave jaculum (al. jactum)" nennt.
Nach der selben Stelle Vergils wahrscheinlich,-vgl. auch u. bei Strabon Σένονες
neben Γαισάται, singt Silius Italicus I. v. 624 sqq. :

> „Hic galeae Senonum pensatique improbus auri
> Arbiter ensis inest; Gallisque ex arce fugatis
> Arma revertentis pompa gestata Camilli :
> Ilic spolia Aeacidae, hic Epirotica signa,
> Et Ligurum horrentes coni, parmaeque relatae
> Hispana de gente rudes, Alpinaque gaesa."

Servius bemerkt ferner : „Pilum est hasta Romana, ut gaesa (al. gessa)
Gallorum, sarissa Macedonum", cf. Liv. XXXVII. c. 42. Livius gebraucht
gesum bei der erst später im römischen Heere eingeführten Ordnung und
Rüstung und bezeichnet sie näher VIII. c. 8. : „Leves autem, qui hastam
tantum gaesaque gererent, vocabantur." In dem Berichte XXVI. c. 6.
wird das gaesum von kampanischer oder punischer Hand geschleudert.
Nach IX. c. 36. suchten sich in Etrurien der Landessprache kundige
Römer durchzuschleichen „pastorali habitu, agrestibus telis, falcibus
gaesisque binis armati. Sed neque commercium linguae (Etruscae),
nec vestis armorumque habitus sic eos texit" etc.

Polybios II. c. 28. schildert die Gaesenträger als Gallier mit deren bekannter Ausstattung : „Οἱ δὲ Κελτοὶ τοὺς μὲν ἐκ τῶν Ἀλπέων [vgl. o. Vergil.
und Sil. Ital.] Γαισάτους προσαγορευομένους ἔταξαν — — Οἱ μὲν οὖν Ἰσομ-
βρες καὶ Βοῖοι τὰς ἀναξυρίδας [s. ο. v. Braca] ἔχοντες καὶ τοὺς εὐ-
πετεῖς τῶν σάγων περὶ αὑτοὺς ἐξέταξαν. Οἱ δὲ Γαισάται, διά τε τὴν φιλο-
δοξίαν καὶ τὸ θάρσος ταῦτ' ἀποῤῥίψαντες, γυμνοὶ — — κατέστησαν." Jene
beiden cisalpinischen Gallierstämme nämlich, nach c. 22., cf. 34., in ihrer
Bedrängniss durch die Römer, „διεπέμποντο πρὸς τοὺς κατὰ τὰς Ἀλπεις
καὶ τὸν Ῥοδανὸν κατοικοῦντας Γαλάτας, προσαγορευομένους δὲ διὰ τὸ μισθοῦ στρατεύειν Γαισάτους· ἡ γὰρ λέξις αὕτη τοῦτο σημαίνει κυ-
ρίως. — — Οἱ Κελτοὶ τοὺς μὲν ἐκ τῶν Ἀλπέων Γαισάτους προσαγορευομένους." Strabon V. p. 212 sqq. sagt : „Τὸ μὲν οὖν ἀρχαῖον, ὥσπερ ἔφην, ὑπὸ Κελτῶν περιῳκεῖτο τῶν πλείστων ὁ ποταμός (ὁ Πάδος)· μέγιστα δ' ἦν τῶν Κελτῶν
ἔθνη Βοῖοι καὶ Ἰνσούβροι καὶ οἱ τὴν Ῥωμαίων ποτὲ ἐξ ἐφόδου καταλαβόντες
Σένονες μετὰ Γαισατῶν. Τούτους μὲν οὖν ἐξέφθειραν ὕστερον τελέως
Ῥωμαῖοι. — — Ἐντὸς τοῦ Πάδου — — κατεῖχον δὲ Βοῖοι καὶ Λίγυες καὶ
Σένονες καὶ Γαισάται τὸ πλέον · — — ἀφανισθέντων δὲ καὶ τῶν Γαισατῶν καὶ Σενόνων" κ. τ. λ. Zur Korrektur dieser Angaben vgl. Zeuss,
die Deutschen 246 ff. Ukert, Celt. 192. Plutarch. Marcell. III. wiederholt Polybios : „Ἰνσομβρες, Κελτικὸν ἔθνος — — μετεπέμποντο Γαλατῶν τοὺς
μισθοῦ στρατευμένους, οἳ Γεσσάται (al. Γεσάται, Γεράται) καλοῦνται." Ebenso, mit bestimmterem Kommentare gegen die Annahme eines
Volksnamens Orosius IV. c. 13. : „Consternatus Senatus defectione Cisalpinae
Galliae, cum etiam ex Ulteriore Gallia ingens adventare exercitus

nuntiaretur, maxime G e s s a t o r u m, quod nomen n o n g e n t i s, sed
m e r c e n a r i o r u m G a l l o r u m est.‘‘

Es fällt auf, daß der Name dieser Miethstruppen nirgends ausdrücklich
bei den Alten von dem bekannten Namen der Waffe abgeleitet wird. Wir
thun dieß gleichwol und weisen die Ableitung bei Polybios zurück, viel
mehr natürlich noch folgende hellenisierende der Glossographen : „Γαιζῆται,
οἱ Γαλάται, παρὰ τὸ τὴν γῆν ζητεῖν · ἐκπεσόντες γὰρ τῆς ἑαυτῶν χώρας
πολλὴν γῆν περιῆλθον ζητοῦντες ὅπη οἰκήσουσιν. Εὐφορίων ἐν Πολυχειρίῃ
(ἢ Πολυχαρίῃ)· ὅθεν καὶ, Γαιζῆται περὶ δείρεα χρυσοφορεῦντες.‘‘ Etymol.
magnum. „Γαζῖται εἰσὶ καὶ διὰ τοῦ η, ἔθνος Γαλατῶν χρυσοφορούν, ὡς
Εὐφορίων λέγονται καὶ διὰ τοῦ α Γαζάται, ὡς Πολυΐστωρ.‘‘ Stephan.
Byzant. v. Γάζα. Euphorion lebte um 220 vor Christus.

Wir fanden o. v. C a t e j a bei Gellius X. 25. die g e s a und eine vielleicht darnach benannte Schiffsgattung unter einer Reihe ungewöhnlicher und
fremdartiger Wörter.

Eine merkwürdige Herleitung zweier sonst als keltisch angenommener
Rüstungstheile finden wir bei Athenaeos VI. 106. ed. Dindorf. : „Παρὰ
Σαυνιτῶν δὲ ἔμαθον (οἱ Ῥωμαῖοι) Θυρεοῦ χρῆσιν, παρὰ δὲ Ἰβήρων
γαίσων.‘‘ Casaubonus hält auch die ἀκόντια der Hispanier bei Strabon III.
für jene Waffe; vgl. etwa dazu die Glosse „ἀκοντίου εἶδος g e s a.‘‘ Oyenart
Notit. Vasconiae gibt ein verdächtiges bask. g e s i (jaculum missile) an.

Claudianus schreibt sie auch den asiatischen Galaten zu, von denen er
I. II. in Eutrop. v. 248. singt :

        „Nuper ab Oceano G a l l o r u m exercitus ingens
        Illis, ante vagus, tandem regionibus haesit,
        G a e s a que deposuit, Grajo jam mitis amictu,
        Pro R h e n o poturus Halyn‘‘ etc.

Freilich sagt er im Grunde : die Gallier hätten ihre Waffe vom Rheine
mitgebracht und in Asien ihren Gebrauch aufgegeben; und in der That
schreibt er sie l. II. in Stiliconem v. 241. den transalpinischen Galliern zu,
offenbar aber Vergilius nachschreibend :

        „ —   — Tum flava repexo
        G a l l i a crine ferox, evinctaque torque decoro,
        Binaque g a e s a tenens, animoso pectore satur.‘‘

Uebrigens dürfen wir auf den Gebrauch des späten Dichters (Anfang des
5. Jh. nach Chr.) nicht viel Gewicht legen. Indessen stimmen wir Wernsdorff
(De republ. Galat. 284 sq.) bei, wenn er annimmt, daß in Griechenland das
Wort γαῖσος erst durch den Brennuszug und seine Nachfolger bekannt
wurde. Zugleich machen wir mit ihm darauf aufmerksam, daß selbst bei
Caesar a. a. O. die Waffe nicht eigentlichen Transalpinern, sondern den Al-
penvölkern Veragri und Seduni zugeschrieben wird. Bemerkenswerth bleibt
die gerade zu Ankyra in der asiatischen Galatia gefundene Inschrift γαιζα-
τοδιαστου Murat. II. 643.

Pollux VII. 33. sagt : „Δορύξους δόρυ ὁλοσίδηρον, καλεῖται δὲ γαῖσος
καί ἐστι Λιβυκόν.‘‘ Das Etymol. m. : „Γαῖσος, ἐμβόλιον σιδηροῦν
τριήρων.‘‘ Hesychios : „Γαισος ἐμβόλιον ὁλοσίδηρον καὶ ὄνομα ποτά-

μοῦ [in Ionien] · οἱ δὲ μισθὸν ἢ ὅπλον ἀμυντήριον", vgl. Polybios und nachher Suidas, die LXX., und Augustinus. In einer andern, sichtbar mit der nachher folgenden zweiten bei Suidas korrespondicrenden Stelle bei Hesychios : "Γαιὸς μακροκέντης ἢ κοντοὺς λαμβάνων" will Martinius auch γαισός lesen. Suidas sagt : "Γαῖσα καὶ γαισός, κοντός, εἶδος ἀμυντηρίου, οἷον δόρατος. – — Γεσᾶται ἐθνικόν. — — Γεσοὶ · οἱ Ῥωμαῖοι. πήξαντες τοὺς γεσοὺς καὶ τὰς περικεφαλαίας τούτοις ἐπιθέντες —·—, ἔστι δὲ ὅπλον (ὅτι ὁ γέσος ἐστὶν μακροκέντης ἢ κοντός · ὅτι Κρίτων ἔγραψεν ἐν τοῖς Γετικοῖς)." Die Gloss. Philox. haben : „Gesum, genus lanceae, γείσοις" (sic). Die Bibelsprache bemächtigte sich frühe dieses, wie ähnlicher, namentlich auch gallischer, Wörter. So stehn neben einander „ἀσπίδι καὶ γαισῷ" Judith. IX. 9. der LXX., die auch das hebr. kîdôn, כִּידוֹן 1 Reg. XVII. v. 16. 43. durch ἀσπίδα, aber Job. VIII. v. 18. durch γαισός (γεσόν) übersetzen. Zu letzterer Stelle bemerkt Augustinus Loc. de Jesu Nave VI. : „Ista locutio ("Erige manum tuam in geso") notanda non esset, nisi propter nomen, quod obscurum est iis, in quorum consuetudine non est. Quid enim dicat γεσόν, non facile intelligitur. Hoc interpres Symmachus scutum appellasse perhibetur. LXX autem interpretes, secundum quos ista tractamus, qui posuerunt γεσόν, miror si et in Graeca lingua hastam vel lanceam Gallicam intelligi voluerunt; ea quippe dicuntur gesa." Die Unterschiebung der Bedeutung scutum ist vielleicht durch Schreibfehler oder Missverständniss der obigen Stelle bei Vergilius entstanden, in welcher „gaesa" von „scutis" nur durch ein Wort getrennt ist.

Nach Dufresne sagen die Gloss. Isid. : „Gessum hasta vel jaculum, βολίς"; nach Martinius : Gesa asta, jaculum, bolis." Papias sagt : „Gesa gladius; gessaris lanceis; gessum hastae (sic), jaculum." Vgl. „Gesara lancea" Gloss. Sangerm. ap. Dufr. „Gessum asta vel jaculum." Gloss. sec. IV. ed. Hildebrand. Aus der früheren Glosse gessaris, gesara (aus gesum und mataris zusammengefloßen?!) entwickelte sich vielleicht erst gisarma, während afrz. gieser (Wurfgeschoß, bei Diez 642.) sich unmittelbar anschließt. Joannes de Janua sagt : „Gesa, a gero, is, genus armorum, quod Gallice dicitur gisarma." Ebenso gisarme in Glossen bei Mai. Coll. Jedenfalls jedoch war dieses afrz. altengl. Wort in lebendigem Gebrauche, vgl. Dufresne h. v. und Diez 655., der eine Zusammensetzung von gaesum mit arma darinn bezweifelt; eher dürfen wir vielleicht die Anlehnung einer Ableitung von gesum an arma annehmen, jedoch stimmt auch der mannigfache Anlaut nicht zu ersterem. Die ungeheuerliche Zusammensetzung „galligesus vir fortis; gesa hasta Gallorum lingua" verdankt Servius ihr Dasein; so auch die Angabe in dem von Dufresne oft citierten Vocabular von Sussannaeus „gesatae, mercenarii milites; gesi, fortes viri." Papias verschreibt „geros, vir fortis." Die in den Hss. der Klassiker häufige Variante caesa u. dgl. gab den späteren Etymologen Nahrung; so sagt z. B. der Breviloquus (nach den obigen Worten aus Jo. de Janua) : „vel cęsa sę. a cędendo. Et gesę vel cese Gallorum pila Romanorum sarissę Macedonum", vgl. o. Servius.

Eine griech.-lat. Glosse bei Dufresne stellt **gaesa** f. neben andre ἀκοντίου εἴδη.

Die lat.-deutschen Glossare des 15—16. Jh. haben **ges-us, -a, -um, geza, iesum, iesa** hd. **gewere; knoppel, kloppel** nd. **kluppel;** hd. **kule, streite kewl, kolbe, helbart** u. dgl.; nd. **kolve, kuse, pertisan.** Von der Keule unterschieden steht es bei dem bekannten mlt. Dichter Will. Brito, Philipp. V. :

> „Clavam cum jaculo, venabula, **gesa,** bipennem."

Auch Matthaeus Paris. (a. 1256) gebraucht es noch : „Cum jaculis... Danisque securibus et **gesis."** Jedoch ist es gewiss nur gelehrte Reproduction, gleichwie afrz. **gese** f. (jaculum, lancea), dessen Genus ebenso gut zu mlt. **gesa** passt, wie zu dem nur fingierten gadh. **gais,** dem es Diez 648. näher rückt.

Unser Wort oder dessen Stamm finden wir noch auf altgallischem Gebiete etwa in Folgendem.

„Matro. **Gesetenis** — **Gavadiabus** — **Vatviabus**" in ducatu Juliacensi inscr. Orell. 2086. — Namen : **Gesoriacum** (var. **Gessoriacum;** das jetz. Boulogne; aus einem Mannsnamen **Gesorius** nach Glück 28.) Plin. H. nat. IV. c. 16. s. 30. Itin. Ant. i. q. **Gesogiaco** Tab. Peut. Γησορίακον (al. Γησορρίακον) Ptol. II. 8. Γησόδουννον ib. 12. **Volugesus** und **Gesatia** bei Hefner. τοῦ Γαιζοτόριος (st. -ριγος nach Zeuss) Polyb. XXV. c. 4. i, q. Γεζατόριγος Strab. **Gesonia** Flor. IV. c. 12. **Gesocribate** Tab. Peut. in der Niederbretagne. Vielleicht auch der Gott **Gisacus** bei Vieil-Evreux (Mém. des Ant. de France T. XIV. bei de Bellouet).

Da wir das Etymon des, hiernach einst recht lebendigen, Wortes nicht kennen und die alten Angaben über dessen Grundbedeutung nicht annehmen: so können wir eben nur nach lautverwandten Wörtern suchen, die für den konkreten Begriff der Waffe passen. Die Varianten mit anl. Tenuis, so zweifelhaft auch ihre Begründung ist, mögen uns auch hier die Berücksichtigung wechselnder Anlautsstufen gestatten. Aber wir finden nur spärliche Auswahl. Die zunächst liegenden kymrobritonischen Sprachen bieten gar Nichts; die gadhelischen nur ein vielleicht lebendiges und ein gemachtes, jedoch beide im Dict. Scotocelt. nicht aufgenommen; **geis** f. a spear, a javelin, a fishingspear **gais** f. a spear, a wapon, das selbst Armstrong nur in Ableitungen sucht, wie in **gaisge** valour **gaisgeach** a hero; wir finden zwar sogar eine Nebenform **gaise** fortitudo, die an Servius Erklärung erinnert, auch **gaisreadh** m. Heerschaar, aber der eigentliche Stamm ist **gasc** und passt nicht zu **gesum.** Das vieldeutige **ceis** f. soll auch **gaesum** bedeutet haben, was wir bezweifeln. Zeus 64. versucht künstliche Ableitungen, auf die irische Glosse **gaide** pilatus gestützt, wozu ein ir. **gai, gae** hasta bei O'Donovan stimmt, das aber vielleicht selbst aus **gaid** verschliffen ist und die Grundbed.. ramus, hastile hat.

Aus germanischem Bereiche haben wir nur altn. altschwed. **kesia** f. lancea, jaculum zu bedenken, das isoliert steht und vielleicht Lehnwort ist. Für altd. **gais, gis** in Eigennamen ist erst noch die Grundbedeutung festzustellen. Andere Deutungsversuche können wir füglich übergehn.

Servius gab uns neben seinen **gaesi** fortes noch ein anderes gallisches Wort : **virgae** purpura, dem wir noch weniger glauben dürfen, wenn er

es wirklich **n u r** erschließt aus dem echt lateinischen **v i r g a t u s** d. i. mit **v i r-
g a e** farbigen Streifen, namentlich v. **p u r p u r e a e** (Ovid. Ars am. III. 269.)
versehen, worauf er sich wenigstens stützt. Wie dieser Ausdruck von den
b r a c a e und **s a g a** gebraucht wird, so auch der ganz entsprechende
griechische der σάγοι ῥαβδωτοί bei Diod. V. c. 30. Außerdem wird
auch von gewürfelter Tracht der Gallier berichtet : »Plurimis vero liciis
texere, quae polymita appellant, Alexandria instituit; **s c u t u l i s** dividere,
G a l l i a.« Plin. H. nat. VIII. c. 48. vgl. XI. c. 24. : „**s c u t u l a t o** rete
(araneae)«; »coerulea indutus **s c u t u l a t a**« Juven. Sat. II. 97. Uebrigens
sollen die bekannten Plaids der schottischen Hochländer nicht die alte Volkstracht, sondern spät aus der Fremde eingeführt sein. :

177. **G i g a r u s.** »**H e r b a p r o s e r p i n a l i s**, quae **G r a e c e d r a-
c o n t i u m**, **G a l l i c e g i g a r u s** appellatur.« Marcell. Burd. c. X. J.
Grimm und Pictet legen gadh. g c a g membrum zu Grunde und erinnern
dabei an nhd. **k n ö t e r i c h.** Das Wort gleicht dem folgenden, und hat mit
diesem, wie **v e l a r u s** und **v i s u m a r u s** das (wirkliche oder scheinbare) Suffix gemein. Formell ist nur durch das Suffix unterschieden gadh.
g i o g a n m. carduus, sonchus.

178. **G i l a r u s, l a u r i o.** „**S e r p i l l u m** herbam, quam **G a l l i
g i l a r u m** (al. **g e l a r u m**) dicunt" Marcell. Burd. c. XI., „quae **G a l-
l i c e** dicitur **l a u r i o.**" C. Plin. Sec. (Sibur.) de Re med. I. c. 33.

Wir haben ohne Zweifel das selbe Wort vor uns, dessen Form bei Marcellus durch eine Vermischung mit dem im vorgehenden Abschnitte stehenden **g i g a r u s** entstanden sein kann, wogegen **l a u r i o** sich an **l a u r u s**
anlehnen könnte, woher auch kymr. **l l a w r i g m.** pervinca major, das mit
lat. **l a u r a g o** chamaedaphne u. v. Οὐσουβίμ identisch ist, vgl. Plin. H.
nat. XXI. c. 11. und 27. über „**v i n c a p e r v i n c a s i v e c h a m a e-
d a p h n e**" cf. ibid. XV. c. 30. XXIV. c. 15.

179. Γίννος, γεγήνιος. „Ἐντεῦθεν (ἐν Λιγυσιν) δέ εἰσιν οἱ γεγήνιοι
(al. γουγήνιοι; emend. I. Scaligeri γίννοι nach Arist. Anim. VI. 24.) λεγόμενοι, ἵπποι τε καὶ ἡμίονοι, καὶ οἱ Λιγυστινοί τε χιτῶνες καὶ σάγοι.
Πλεονάζει δὲ καὶ τὸ λυγγούριον (λιγγούριον Kramer) παρ' αὐτοῖς, ὅ τινες
ἤ λεκτρον προσαγορεύουσι." Strab. IV. p. 284. ed. Falconer, p. 202. ed. Cas.

Wir haben wiederum mehrere Wörter, die wir später besprechen werden, hier im Zusammenhange hingestellt. Zugleich mögen unsere Leser aus
ihrer Stellung ersehen, wie weit wir in γεγήνιοι (vgl. das altrömische Geschlecht der **G e g a n i i**) ein ligurisches Wort suchen dürfen; uns genügt
schon diese nur allzu seltene Möglichkeit, um es aufzunehmen. Uebrigens
unterschreiben wir die auch von Kramer aufgenommene Emendation Scaligers
nicht, solange nicht alte Handschriften sie unterstützen. Aber auch bei
γίννος bleibt der griechische oder lateinische Ursprung zweifelhaft.

Aristoteles a. a. O. unterscheidet die γίννοι von den ἵννοι. Plinius II.
nat. VIII. c. 44. sagt : „Equo et asina genitos mares **h i n n u l o s** antiqui
vocabant, contraque **m u l o s**, quos asini et equae generarent. — — In plu-
rium Graecorum est monumentis, cum equa muli coitu natum, quem voca-
verint **g i n n u m** (al. **h i n n u m, i n n u m**), i. e. parvum mulum." Andere
Thiernamen mehrerer Sprachen scheinen sich anzuschließen.

23 *

Wenn ital. g i n n e t t o, g i n e t t o equus hispanicus, neben g i a n n e t t o, das an nhd. h a n s c h e n Rufwort für Füllen u. s. v. (s. Goth. Wtb. I. 30 ff.) erinnert, aus g i n n u s stammt, was Diez 497. nicht annimmt : so wäre dadurch das Leben des Wortes g i n n u s in einer altitalischen Sprache mehr beglaubigt. Diez gibt für span. port. g i n e t e nur die Bed. leichtbewaffneter Reiter, während es vielmehr eigentlich das leichte spanische Pferd, den ital. g i n e t t o, selbst bedeutet, gleichwie auch afrz. engl. g e n e t afrz. g e n e s t d'Espagne mnl. g h e n e t t e, j a n e t t e. Der Reiter selbst heißt afrz. g é n e t e, g é n e t a i r e etc. Roq., ein (wahrscheinlich sein) Speer g e n e t a i r e span. g i n e t a ital. g i a n n e t t a.

180. G l a e s u m, g l e s u m. „Trans Suionas aliud mare, pigrum ac prope immotum. — — Dextro Suevici maris litore A e s t u o r u m gentes alluuntur, quibus ritus habitusque Suevorum, l i n g u a B r i t a n n i c a e p r o p i o r. — — Frumenta ceterosque fructus patientius quam pro s o l i t a G e r m a n o r u m inertia laborant. Sed et mare scrutantur, ac s o l i o m n i u m s u c c i n u m, quod i p s i g l e s u m v o c a n t, inter vada atque in ipso litore legunt." Tac. Germ. c. XLV. Die älteren Parallelstellen bei Plinius, auf welche wir auch v. M o r i m a r u s a zurückkommen werden, haben zwar nicht das Wort selbst, aber eine Ableitung von demselben. „Ex quibus insulis oceani septentrionalis) ante Scythiam, quae appellatur R a u n o n i a (varr. B a n n o m a n n a, etc.), abesse a Scythia diei cursu, in quam veris temperie fluctibus e l e c t r u m ejiciatur, Timaeus prodidit. — — Septentrionalis Oceanus : A m a l c h i u m eum Hecataeus appellat a Parapaniso amne, qua S c y t h i a m adluit, quod nomen ejus g e n t i s l i n g u a significat c o n g e l a t u m; Philemon M o r i m a r u s a m a C i m b r i s vocari, hoc est m o r t u u m m a r e, inde usque ad promontorium Rubeas, ultra deinde C r o n i u m (varr. C r e n i u m, C r e m u m). Xenophon Lampsacenus — — insulam — — B a l t i a m tradit; eandem Pytheas B a s i l i a m nominat. — Inde (a prom. Cimbr.) insulae Romanorum armis cognitae; earum nobilissimae B u r c a n a F a b a r i a n o s t r i s dicta a frugis similitudine sponte provenientis, item G l a e s a r i a (varr. G l e s-, G e l e s a r i a etc.) a sucino militiae appellata, a B a r h a r i s A u s t e r a v i a (var. A u s t r a n i a etc.) praeterque A c t a n i a. Tota autem hoc mari ad Scaldin usque fluvium G e r m a n i c a e accolunt gentes." Plin. H. nat. IV. c. 13. s. 27. und ebds. c. 16. s. 30. : „ — — in Germanicum mare sparsae G l a e s a r i a e (varr. G l e-, C l e-s s a r i a e, G l e s i a e), quas E l e c t r i d a s G r a e c i recentiores appellavere, quod ibi e l e c t r u m nasceretur. — — A T h u l e unius diei navigatione M a r e c o n c r e t u m a nonnullis C r o n i u m (var. S c r o n i u m) appellatur." Andre Stellen aus l. XXXVII. c. 2. s.-u. Solinus c. XXXIII. scheint aus Plinius und Tacitus zugleich geschöpft zu haben : „G l e s s a r i a dat crystallum; dat et s u c c i n u m, quod G e r m a n i g e n t i l i t e r vocant g l e s s u m."

Welcher Sprache nun gehörte g l a e s u m an? Nicht der römischen, der nur das Suffix in dem hybriden Namen zuzuschreiben ist, welchen römische militia den Bernsteininseln ohne Zweifel nach dem d o r t gehörten Primitive beilegte. Man sollte indessen fast glauben, Plinius habe g l a e s u m für eine lateinische, nur etwa seltenere, Synonyme von s u c c i n u m gehalten, weil er nicht bloß es hinzuzusetzen (eine apokryphe Redaction bei Dufresne

thut dieß) unterließ, sondern weil er jenem Inselnamen einen andern entgegensetzt, dessen Ursprung allein er den „Barbaren" zuschreibt. Uebrigens
bleibt es sehr auffallend, daß er auch XXXVII. c. 2. in dem reichen Verzeichnisse von Bernsteinnamen (deren einige wir nachher nennen wollen)
gerade wiederum glaesum nicht aufführt.

Aber Wer sind die Aestuer mit ihrer Sprache, deren mindestens nicht
ganz deutsche Natur nach Tacitus selbst Holtzmann nur mit der Richtigkeit
jener Beobachtung selbst leugnen dürfte? Soll der Komparativ „propior"
keinen wunderlichen Zwitter oder auch nur einen Blendling von germanischer und britannischer-Sprache andeuten, sondern nur, als Minorativ, den
mäßigen Grad des Anklangs an die britannische? In der That scheint Tacitus
gegenüber dem entschieden suevischen ritus habitusque die lingua nicht ganz von
der suevischen scheiden zu wollen (vgl. o. S. 201.), sondern nur ihre größere
Nähe an der britannischen anzudeuten. Da er aber schwerlich eine Verwandtschaft beider letzteren Sprachen annimmt, obgleich vielleicht der Völker (wie
nach physischen Merkmalen die der Kaledonier mit den Germanen Agric. c. II.),
so hält er die Aestuer wol für ein, ursprünglich oder dem Stocke nach keltisches, Mischvolk, das nur erst biß zu gewissem Grade germanisiert ist.
Trotz jenes habitus ist es auch fleißiger, als die Germanen; dabei aber zeigt
denn doch die Ausnahme „quam pro solita Germanorum inertia" an,
daß es Tacitus bereits Letzteren anreiht. Aehnlich unterscheidet er Germ.
c. XLIII. die gallische Völkerschaft der Gothini und die pannonische der Osi
nur durch die Sprache und ihre abhängige Stellung, von den angrenzenden
suevischen und andern germanischen Völkern, ebenso auch von den Sarmaten; die neuen vom Nordosten her eingedrungenen Völkermassen unterjochten und absorbierten nur allmählich die kompakteren und noch nicht
völlig desorganisierten Reste der älteren Bewohner. Auch noch am Schluße
der Germania bekennt Tacitus seine Ungewissheit über die Abstammung
mehrerer Völker, obgleich das eine derselben germanisch rede und sich ge-
bare. Es mag immerhin bemerkt werden, daß „Sotacus credidit in Britannia arboribus effluere, quas electridas vocavit." Plin. H. nat.
XXXVII. c. 2.

Die Aestui, Aestyi, Aestii, sind möglicherweise die Ὠστιαῖοι
bei Pytheas (nach Strabon I. c. 63.) und die Ὠστίωνες bei Artemidoros (nach
Steph. Byz.). Der griech. Vokal rückt sie dem Namen der Bernsteininsel
Austeravia bei Plinius näher. Zeuss hält sie, seine „Aisten", lettischen Stammes; die Bewohner Estlands, die finnischen Esten, übernahmen
vielleicht den vorgefundenen Namen des später von ihnen besetzten Landes.
Gerade indessen die lettischen Sprachen haben einen andern alten Namen für
den Bernstein, dessen wir nachher gedenken werden. Ganz irrig stellt
Zeuss die litauische Sprache mitten zwischen die „deutsche und wendische"
(die Deutschen S. 268.). Wenn wirklich Tacitus eine solche Zwitterstellung,
die man nur bei Mundarten Einer Sprache oder bei Sprachen Einer Familien-
abtheilung annehmen darf, für seine Aestuersprache zwischen germanischer
und britannischer annahm, so bezweifeln wir schon desshalb, daß er oder
sein Gewährsmann eine dieser Sprachen genauer kannte. Sein „soli omnium" ist zwar hyperbolisch, wie Diodors entsprechende Aeußerung (s.
nachher); aber wir haben ein merkwürdiges Zeugniss aus späterer Zeit für

das Monopol des Bernsteins bei dem selben Volke. Wir meinen den schmeichel-
haften Dankbrief des großen Gothenkönigs für den ihm übersandten Bernstein bei Cassiodor. Variar. V. 2., der leider nur den römischen Namen enthält. Er beginnt : „H a e s t i s Theodoricus rex", bezeichnet Jene als noch
„in Oceani litoribus constituti", und sagt u. a. : „Indicamus s u c c i n a ,
quae a vobis per harum portitores directa sunt, grato animo fuisse suscepta."
Nach Jornandes c. XXIII. stehn sie vollends unter gothischer Oberherrschaft:
„A e s t o r u m — — nationem, qui longissimam ripam Oceani Germanici
insident, idem ipse (Ermanaricus) prudentiae virtute subegit."

Aus gleichen Quellen mit Plinius schöpfte schon vor ihm Diodor. Sic. V.
c. 23. : „Περὶ τοῦ καλουμένου ἠλέκτρου — — Τῆς Σκυϑίας τῆς ὑπὲρ
τὴν Γαλατίαν καταντικρὺ νῆσός ἐστι πελαγία κατὰ τὸν ὠκεανὸν ἣ προσαγο-
ρευομένη Βασίλεια εἰς ταύτην ὁ κλύδων ἐκβάλλει δαψιλὲς τοῦ καλουμένου
ἠλέκτρου; οὐδαμοῦ δὲ τῆς οἰκουμένης φαινόμενον."

Plinius H. nat. XXXVII. c. 2. gibt viele Fundorte des Bernsteins an,
zweimal noch in germanischem Bereiche : „Pytheas G u t t o n i b u s G e r-
m a n i a e genti accoli aestuarium Oceani, M e n t o n o m o n nomine, spatio
stadiorum sex millium; ab hoc diei navigatione insulam abesse A b a l u m,
illuc vere fluctibus advehi (s u c i n u m) et esse maris purgamentum; incolas
pro ligno ad ignem uti eo proximisque T e u t o n i s vendere. Huic et Timaeus credidit, sed insulam B a s i l i a m (al. B a l t i a m) vocavit. [Vgl. die
Angaben IV. c. 13.]. — — Mithridates in G e r m a n i a e litoribus esse insulam, vocarique eam O s e r i c t a m, cedri genere silvosam; inde defluere
(sucinum) in petras. Xenocrates non s u c i n u m tantum in Italia, verum
etiam t h i e u m vocari, a S c y t h i s vero s a c r i u m (var. a g r i o n), quoniam et ibi nascatur." Also auch bei den Skythen, die hier etwa noch zur
Frage kommen könnten, vernimmt Plinius einen andern Namen, der aber
auffallend mit einem vorher erwähnten weit abliegenden zusammenklingt :
„et in Aegypto nasci (sucinum) — — et vocari s a c a l."

Im Ganzen werden wir aus diesen Nachrichten die größere Wahrscheinlichkeit germanischen Ursprungs des Namens g l a e s u m ziehen, jedoch
nur Wahrscheinlichkeit. Wenn die Aestuer von Tacitus biß zu Theodorich
keine Germanen sind, so dürfen wir bei diesen ältesten Bernsteinfindern nicht
leicht die Uebernahme und Vermittelung eines deutschen Wortes vermuten.
Selbst wenn sie litauischen Stammes waren, so würden wir ihnen die örtliche Priorität vor den Germanen nicht desshalb absprechen, weil diese wahrscheinlich vor den, den Litauern nahe verwandten, Slaven in Europa einwanderten. Wir müßen indessen hier an der Schwelle eines schwierigen
geschichtlichen Gebietes Halt machen. Es fragt sich nämlich hier zunächst :
ob die patriarchalische Reinheit und Vollständigkeit der litauischen Sprachen
im Verhältnisse zu den slavischen als ihren nächsten Angehörigen in ähnlicher Weise, aus ähnlichen Gründen sich erhalten habe, wie die der isolierten
nordischen Sprache auf Island (in minderem Grade auch anderswo auf Inseln
und auf schwedischem Festlande) im Gegensatze zur schwedischen und noch
mehr zur dänischen Sprache — oder ob sich aus jener Beschaffenheit der Sprachen
andere Schlüße auf die verschiedenen Wanderzeiten innerhalb des lituslavischen
Stammes fällen laßen, namentlich auf die Ursachen seiner großen Zweitheilung.

Wenden wir uns von dem undeutlichen Orakel der Historiker zu dem der

Sprachen, so suchen wir die Spuren des Wortes glaesum zunächst in seinem alten Bereiche. Im Norden finden wir : succinum altn. rafr m., (auch schwed. m.) raf (aber hrafntinna f. succ. nigrum, eig. Rabenkiesel) dän. rav, n. (nnord. bernstên m. a. d. Nd ; aber altn. brennisteinn norw. brennestein, m. sulphur); altn. gler (altn.) dän. glar, n. neben dem allgemein german. glas (norweg. oberd. glûs) n. nur vitrum, wogegen in ahd. Bibelglossen des 8. Jh. clases electri und neben ags. gläs vitrum auch ein nach Vokal und Konsonant verschobenes gläre electrum vorkommt, womit J. Grimm Gramm. I³. S. 58. engl. glare (glaire) of an egg nhd. eierklâr n. identisch hält; aber engl. glaire (res glutinosa übh., altengl. auch glere schott. glaur, glar) ist ganz identisch mit und entlehnt aus frz. glaire prov. glarea, glara, glaira, glera mlt. glarea i. res glutinatiosa Mai. Coll. VI. 525. i. albumen hd. glar Voc. optimus mnl. witte van dem eie Gloss. saec. XIV. (entstellt in wit reineke, wiß rudichen andrer Glossare dieses Jh.) glaria ey wit Teuthonista, ohne Zweifel das altlat. glarea, s. zahlreiche Glossen in Gloss. lat.-germ. h. v. Auch jenes mhd. glar gehört zu den roman. Wörtern, während nhd. eierklâr sich näher zu einer andern allgemein roman. Reihe stellt, deren Klang wahrscheinlich auf die Sinnesentwickelung von glarea Einfluß hatte. Das Eiweiß heißt nämlich auch mlt. span. katalon. prov. port. clara ital. chiara, f. auch prov. clar m. Eine andre Frage ist, ob vielleicht glarea mit glas u. s. w. urverwandt sei. Auch ein altn. Mannsname Glâsiröfa mag erwähnt werden.

Die finnischen Sprachen haben finn. glasi, klasi, lasi estn. klâs, lâs lapp. glas vitrum von den Germanen angenommen und kein derartiges Wort für den Bernstein (estn. merri kiwwi d. i. Meerstein).

Die Wurzel von glas, glesum u. s. w., deren Charakter in der anlautenden Gruppe liegt, ist keineswegs nur germanisch; vgl. u. a. auch u. die altgallischen Wörter glisomarga, glastum, wo wir nachzusehen bitten; glesum kann das Neutrum eines Farbennamens sein. Wurzelverwandt ist auch der gadh. Name des Glases glainne, gloine f. vgl. kymr. glain, pl. gleini, f. gemma; vgl. allg. kelt. glan purus (nicht identisch mit engl. clean); dagegen kymr. gwydr brit. (gwezr) gwér, m. aus lat. vitrum. Dem ob. glaire entspricht briton. glawr m. glawreu f. id.; saliva c. derivv.; wenigstens in der Bed. saliva kelt. Wort i. q. kymr. glyfoer, glaforion, m.

Keltischen, germanischen u. a. Sprachen gemeinsam ist ein alter Name des Bernsteins, dessen Ursprung wahrscheinlich im Oriente zu suchen ist : ambra (citrina) nl. engl. amber nl. ammer span. port. ambar u. s. m. kymr. ambr, ambyr gadh. ômar u. s. m. Auch electrum wurde u. a. ags. electre, clehtre, elothr, umgedeutet eolh-saud, eolcfang; kymr. elydr, elydyr, elydn, clyd m. besonders in der bekannten Bed. eines beliebten Mischmetalls, vgl. Gloss. lat.-germ. h. v. In der obigen Stelle betont Diodoros „τὸ καλούμενον ἤλεκτρον", gleich als komme auch dieser, doch so früh in Griechenland bekannte Name, wenigstens in dieser Bedeutung, aus dem skythisch-galatischen Norden. Servius in Vergil. Aen. VIII. unterscheidet „tria electri genera", unter welchen eines jenes Metall ist, von dem u. a. Hesychios sagt : „ἤλεκτρος μέταλλον χρυσίζον." Aristoteles Mirab. Auscult. c. LXXXII. (ed. Beckmann Gött. 1786) erzählt : das von den αἰγείροις tropfende ἤλεκτρον („αἰγείρων ἀποσταλαγμά τι" auch bei Marcian. Heracl. Perieg. und ähnlich bei Polybios u. Lukianos, vgl. auch u. s. die Sagen bei Plin. H. nat. XXXVII. c. 2.) „ὑπὸ τῶν ἐγχωρίων (ἐν ταῖς Ἠλεκτρίσι νήσοις) εἰς τοὺς Ἕλληνας διαφέρεσθαι." S. auch u. noch e l e c - t r u m in Scythia bei Plinius. Gleichwol wird das Wort griechisch sein , wie ἠλέκτωρ. Ukerts Abhandlung über das Electrum in der Zeitung für Alterthumswißenschaft 1838 Nrr. 52—54. ist uns nicht zur Hand. Auch Schafarik (Slav. Alterth. übs. von Wuttke I. S. 100 ff.) bespricht den Bernsteinhandel ausführlich und citiert viele Schriften darüber.

Außerdem heißt der Bernstein kymr. g w e f r m. und brit. g o u l a r z m.; die Etyma finde ich biß jetzt nicht; vielleicht entstand g o u l a r z aus nd. w a l a r t (w a l r a t etc.) ambra ceti.

Der lituslav. Stamm hat ein eigenes Wort für Bernstein : litau. g e n t a r a s , gintaras, jentáras lett. d z i n t e r s , z í t a r s , z i t e r s russ. böhm. j a n t á r , m., daher magyar. gy a n t a , bei Nemnich auch mlt. g e n t a r u m nhd. k e n t n e r . Wenn Schlözer das skythische Wort s a c r i u m bei Plinius der lettischen Benennung des Bernsteins zu Liebe in s a t r i u m ändern wollte, so geschah dieß aus Unkenntniss der lettischen Lautverhältnisse.

Aus den Angaben über alte Bernsteinnamen bei Plin. H. nat. XXXVII. c. 2. stellen wir noch folgende hierher : „Theophrastum (succinum) in L i g u r i a effodi dixit. — — Philemon : fossile esse et in S c y t h i a erui duobus locis : candidum atque cerei coloris, quod v o c a r e t ú r e l e c t r u m; in alio loco fulvum, quod appellaretur s u a l i t e r n i c u m (al. s u - , s u b - a l t e r - n i c u m). Demostratus l y n c u r i o n id vocat, et fieri ex úrina lyncum bestiarum — —. [Die selbe Sage gibt Plinius auch VIII. c. 38.] Alii dixere l a n g u r i u m (var. l a n g o n i u m etc.), esse in I t a l i a bestias l a n g u r o s (varr. l a n g u r - i o s , - i a s). Zenothemis l a n g a s (var. l a r g a s) vocat easdem et circa Padum iis vitam affirmat. Sudines a r b o r e m , quae gignat, in L i g u r i a vocari l y n c a ; in eadem sententia et Metrodorus fuit." Vgl. Strabon über λυγγούριον o. v. Γίννος, und IV. p. 200. Cas. „περιαυχένια καὶ λυγγούρια"; „ἁλώσεως λιγύριον" Joseph ap. Falconer in Strab. IV. p. 202. Aelian. de Nat. Anim. IV. c. 17. berichtet auch die Entstehung des λυγκούριον aus dem οὖρον der λύγξ. Vielleicht wurde es nach dem Lande benannt, wie z. B. das Kraut li g u s t i c u m , vgl. Heyne Exc. I. ad Vergil. Aen. VII. p. 515. M. Schmidt nennt in einem während des Druckes uns zukommenden, zahlreiche Stellen und Formen besprechenden Aufsatze in Kuhns Z. IX. 5. das Wort „seiner Etymologie nach sehr dunkel."

In s u a l i t e r n i c u m steckt vielleicht die (skythische) Urform von ἤλεκτρον, etwa s v a l i t a r u. dgl. aus sanskr. Wz. s v a r , oder auch zusammengezogen, wie sanskr. s v a r n a aurum.

181. G l a s t u m . „Illinunt certe aliis aliae faciem in populis Barbarorum feminae, maresque etiam apud Dacos et Sarmatas corpora sua inscribunt. Simile plantagini g l a s t u m (al. g l a s t r u m , g u a s t u m) in G a l l i a vocatur, quo B r i t a n n o r u m conjuges nurusque toto corpore oblitae quibusdam in sacris et nudae incedunt, Aethiopum colorem imitantes." Plin. H. nat. XXII. c. 1. „Tertium genus (lactucae) — — ἰσάτιν vocant. — —

Quarto infectores lanarum utuntur (eine Hs. setzt zu : quod g l a s t u m
v o c a n t); simile erat lapatho silvestri foliis, nisi quod plura habet et nigriora."
Ibid. XX. c. 7. Auch Apulejus Madaurensis c. LXIX. nennt das g l a s t u m
(varr. g l u t a m, a l u t a), doch nicht als Fremdwort. „Omnes vero
se B r i t a n n i v i t r o inficiunt, quod c a e r u l e u m effecit colorem; atque
hoc horribiliore sunt in pugna adspectu" etc. Caes. B. G. V. c. 14. „(B r i -
t a n n i) incertum ob decorem, an quid aliud, v i t r o corpora infecti." Pomp.
Mela III. c. 6. Vgl. auch noch Solin. XXXV.; Herodian III. 47. über die Hautma-
lerei der Britannier, die nach Labbei Concil. Tom. VI. p. 1872. noch im 7. Jh. im
Schwange war. „Herba quam nos u t r u m, G r a e c i i s a t i d a vocant, qua
infectores utuntur." Marcell. Burd. c. XXIII., der wahrscheinlich v i t r u m
schrieb und damit („nos") dies lateinische Wort für das griechische geben
wollte. Uebrigens ist das lateinische Wort selten genug und kommt unsers
Wißens nur noch bei Vitruvius VII. c. 14. vor. Forcellini gibt aus Hss. auch
die Variante u l t r u m an; vgl. de Belloguet p. 178. Wenn, wie es scheint,
v i t r u m mit dem G l a s bedeutenden Worte identisch ist, so erinnert dieß
sonderbar an g l a e s u m, g l a s, gegenüber dem kelt. g l a s glaucus. Vielleicht ist v i t r u m das Neutrum eines Farbennamens, mit welchem man sowol das (bläuliche) Glas, als die blau färbende Pflanze bezeichnete, wie denn
kymr. g w y d r Glas auch für die blaugrüne Glasfarbe gebraucht wird.
Mustern wie die Namen der letzteren.

Der gallische erhielt sich in ital. g l a s t r o span. port. g l a s t o afrz.
g l a s t o n Roq., jedoch nicht volkstümlich, sondern wahrscheinlich nur
durch gelehrte Tradition. Aehnlich lautende mlt. roman. Wörter gehören zum
deutschen w e i t, w a i d.

Desto merkwürdiger sind die kymr. Namen g l a s, g l a s - l y s, -d d w r
(d w r sonst aus d w f r aqua; brit. g l a z d o u r verdoyant), l l i w i o g
(tinctus) l a s, g l a i s r l l y s; korn. g l e s y n (kymr. m. caeruleum übh.).
g l a s, g l â s bedeutet in allen kelt. Sprachen (angeblich auch afrz.) caeruleus, lividus, viridis, canus, mit einer Menge von Ableitungen und Zusammensetzungen, darunter auch Pflanzennamen, wie g l a s - korn. -t a n e n, -t a n
kymr. -d e n n e n f. brit. -t e n m. Eichenart; brit. mit der Nebenform
g l a z t r e n, auch junge Zweige bedeutend; gadh. g l a i s l e u n m. ranun-
culus flammula. Der altbritische Mannsname C u n e g l a s u s (latinisiert) bedeutet nach Gildas lanio fulvus.

Der gadh. Name des Waids : g o r m a n (gen. g u i r m e i n) m. kommt
ebenso von g o r m caeruleus, viridis.

Ein andrer kymr. Name : w e d d l y s (l y s herba) scheint mit w e i t
identisch, entweder urverwandt, oder aus einer roman. Form entlehnt und
vielleicht an einheimische Wörter angelehnt. Wir stellen die wichtigsten
Formen dieser Benennung zusammen, die vielleicht nur zufällig, aber auffallend genug, an v i t r u m erinnern. ahd. w e i t, w a t a (w e i t i n glaucus
etc.) nhd. w a i d, früher auch g e w a i d, g w a i d nl. dän. w ê d e schwed.
v e j d e ags. v â d engl. w o a d, m. nl. f. russ. v a i d a böhm. w e y t it.
g u a d o (altspan. gelbe Farbe s. u.) afrz. w a i d e, g a i d e, g u e s d e nfrz.
g u è d e f. (g u è d a s s e aus nl. w ê d s s c h e), dial. v o u e d e mlt. w e s-
d i a, w a i s d a, g u a i s d i u m, g u a s d u m etc., mit eingeschobenem s,
das jedoch in wallon. w a i s s (aus w a i s t) caeruleus laut wird.

Dagegen gehört franz. gaude port. gauda (a. d. Frz.?) zu span.
gualda (guado s. o.) ital. gualdo (Waid, aber der Wau guada-
rella, guado minore zu weit) engl. weld (aber auch wild woad,
neben the dyers weed etc.) nhd. waude, gaude, wiede etc. nhd.
nnord. wau nnl. wouw, m.
    Glessum s. Glaesum.
    182. Glisomarga s. Marga.
    183. „Gnabat natus, generatus, filius, creatus vel enixus, lingua Gal-
lica.“ Gloss. Isid. Verschrieben aus gnatus, wie sämtliche verwandte
Glossare und Hss. zeigen. Eines derselben, in dem Codex Amplonianus zu
Erfurt, hat zugleich die wunderliche Angabe gallischer Abstammung : „Gnatus, filius lingua Gallica, et natus.“ Am vollständigsten entspricht das von
Hildebrand veröffentlichte Glossar : „Gnatus, natus, generatus, creatus,
nixus (sic).“ Zu Grunde liegen die Stellen bei Isidor. Hisp. Orig. I. c. 26.
§. 10. IX. c. 5. §. 13. Unseres deutschen Knaben und Knappen dunkle
Herkunft wird also durch unsere Glosse nicht heller; vielleicht wirft eine
neukeltische Sprache Licht hinein.
    Die trierer Glossen haben knappo (auch ein ahd. Eig. Chnappo),
die Windberg. Psalmen-chnappe, dem. chnappelin; gleichzeitig erscheint
die hd. Media in chnabe, knabe puer, Junge, sowol geschlechtlich unterschiedenes kleines Kind, als heranwachsender Bursche, dann famulus, tiro,
für welche Bedeutungen erst später allmählich mehr knappe sich aus-
scheidet. Glossare des 15. Jh. haben adolescentulus hd. knabe (auch kint)
puer nd. knape, wie nnd. engl. (obs. und dial.), darneben nnd. engl.
knave, sonderbar auch gleich als aus dem falschen gnabat gebildet oder
gar diesen Irrtum bewirkend, altengl. knavate (knave) ält. nhd. gnabatz
(puer Schmeller II. 368.); sodann ags. cnafa (neben cnapa) engl. dial.
cnaffe; schott. knaw; sonst geht die Tenuis durch die sächsischen, friesischen und nordischen, also durch sämtliche germanische, Sprachen. Die
Bedeutungsübergänge gleichen denen von knecht; vgl. Goth. Wtb. II. 462.,
wo ich indessen allzu bestimmt generatio als Wurzelbedeutung annahm.
    Das Wort ist in den germanischen Sprachen zu alt und zu weit ver-
breitet, als daß wir es nicht für eingeboren halten sollten. Wer weiß, ob
nicht der ungefähr gleich alte knebel ein Stück der sinnlichen Grundbedeutung erhalten hat, da die Sprache namentlich für kleine und junge
Wesen, selbst in Schmeichelnamen, derbe, nicht sonderliche poetische Bilder
gebraucht. So entspringt aus dem mit engl. knob, knop u. s. w., dem
Vokale nach aber noch näher mit knabe, wenn nicht mit germanischen
mit hn anlautenden Wörtern, verwandten gadh. kymr. cnap m. knob, button
u. dgl. (gadh. auch Zw. knuffen) das Nomen gadh. cnapach kymr. cnap-
pog knobby, tuberosus, gadh. auch puer vivax justioris staturae.
    A. d. Germ. entlehnt sind korn. kynava knave; poln. knap Tuchknappe,
Weber; finn. knäpi melior plebejo (wol aber nicht nappo- minderjährig
comm.). lett. knápats schnippischer Junge stimmt zwar auffallend zu ob.
gnabatz, ist aber wol unverwandt, da knápát schnippische Worte geben
bedeutet.
    Möglich ist Urverwandtschaft mit litau. klapas slav. chlap puer, rus-
ticus, homo. Doch wollen wir nur zu weiterer Forschung anregen.

184. Grannus. Inschriften (Orell. Nrr. 1997 sq.) haben „Apollini Granno" (aus Schottland), dazu auch „Mogovno". Pott stellt auch Aquis-Grani dazu.

Bei den keltischen mit Apollon identificierten Göttern fragt es sich : welche Function desselben zu Grunde gelegt wurde; gewöhnlich nimmt man ihn als Sonnengott. Auch hier finden sich Unterlagen für diese Deutung, und zwar aus ganz verschiedenen Etymen; dazu rechnen wir aber nicht die Lautähnlichkeit des Apollo Gryneus bei Vergil. Aen. IV. v. 345. Eclog. VI. v. 73., der von einer griechischen Stadt seinen Namen hatte, nicht umgekehrt. Auch γρίντις οὐρανός Etym. magn. wird außer Vergleichung bleiben müßen.

Glück (Münch. Anzz. 1854 Nro. 6.) hält sich genau an den Vokal und nimmt die Bedeutung Crinitus [Beiname Apollons bei Ennius] an. Er vergleicht dafür gadh. grean (ea aus ĕ, dieses aus a) crinis, bei O'Reilly granni crines longi kymr. grann cilium, palpebra. Wir stellen die wichtigsten keltischen, germanischen und romanischen Formen dieses Wortstammes zusammen, indem wir für weitere Forschung und Prüfung auf Dufresne und unser Goth. Wtb. I. 317 ff. II. 427. verweisen.

grani Gothorum s. o. v. Cirrus, mlt. auch granones, grenones u. s. v. bei Dufr. v. Grani; ahd. greno Wiesb. Gl., grene greno Sum., pl. grani, grenones crana gene, loca super bucca mhd. gran f. mystax u. dgl., auch verenda, womit Benecke-Müller engl. groin vergleicht mnd. grane grano mnnd. mnnl. grân, pl. grânen Knebelbart, Bart der Thiere nhd. grane, granne f. Aehrenbart, Rückenborste des Schweins, (wetterau. gröne) Gräte ags. granae, gronae mustacia altn. grön f. id., barba; prov. afrz. grenon, grignon (grinhô), guernon altspan. greñon, griñon id. prov. gren m. barba span. greña f. capilli incompti port. grenha coma; kymr. grann f. palpebra (gena); brit. grenn in gourrenn, gourenn, gourin m. id., gew. supercilium mourren, mouren f. supercilium; mystax gadh. greann m. crines, crines hispidi, incompti, barba etc.

Nun aber finden wir in den neukelt. Sprachen Wörter, die geradezu die Sonne bedeuten, und die durch einige vokalische Abweichungen nicht das Recht verscherzen, hier in erster Linie in Betracht zu kommen.

kymr. greian gadh. grian, g. grêine, f. sol, in einer ir. Glosse bei Zeuss 21. lucifer, vgl. gadh. grioth sol kymr. greidiad m. scorching of the sun greidiaw to scorch, to singe greiden f. stella (nach Pictet in Kuhns Zeitschr. IV. S. 354.); die kymr. Lexikographen geben noch einfachere Etyma an, vgl. auch Goth. Wtb. II. 429. Alte Belege für gadh. grian, auch als Sonnengott, s. in Transact. of the Irish Acad. XIV. 105. cf. II. 54.

Γουγήνιοι s. *Γίννος.*

185. Gunia. „Canterium Gallia gunia." Isidor. Orig. XIX. c. 19. liest Adelung im Mithridates gegen die gewöhnliche Lesart : „Cantherium, Gallia (bei Arevalus Galla), Guuia." Der Text lautet bei Lindemann : „Taratrum quasi teretrum. Scobina dicta, quod haerendo scobem faciat. Cantherium Guvia." Auch die Varianten gubia, gulbia, gulvia kommen vor.

Jedenfalls bedeutet guvia, gulbia ein Werkzeug, das zur Zuziehung folgender Wörter berechtigt., mlt. gulbium neben andern Gärtnerwerkzeugen, wie scalprum, falcilia bei Adalardus in Stat. Monast. Corbeiensis c. I. gulvium noila Gl. Cassel. ital. gorbia lamina ferrea (armorum, scipionum), cuspis sagittae sgorbia span. gubia nprov. goubia, gougia frz. gouge port. goiva, f. Hohlmeißel, bei Veneroni mlt. gurbio. Diez 190. vergleicht bask. gubia Bogen gubioa Kehle. Nirgends findet die Form gunia eine Berechtigung.·

Die Bedeutungen von cantherium erlauben die Vergleichung von kymr. gwif. m. a bar, a lever gadh. geamhlag, geimhleag f. id. cf. geamhal, geimheal f. compes, catena; auch kymr. gafael m. apprehensio u. s. v.; gefyn m. compes, wozu engl. gyve stimmt, dessen weiches. (ital.) g jedoch auf romanische Vermittelung deutet.

186. ,,Gurdos, quos pro stolidis accipit vulgus, ex Hispania duxisse originem audivi." Quintil. I. c. 5. Laberius bei Gellius XVI. c. 7. in seinem Cacomemnon :

> ,,Hic est ille gurdus, quem ego
> Me abhinc duos menses ex Africa
> Venientem excepisse tibi narravi."

Spätere Glossen übersetzen gurda durch obtusa, surda, inepta, stulta; gurdus inutilis, importunus, et praecipue in comessationibus recipiendis; die Gloss. S. Bened. durch ὄμβλος (ἀμβλύς?). Die Regula Magistri c. L. sagt : ,,Duricordes vero et simplices fratres vel qui litteras discere nolunt et non possunt, nisi gurdis operibus intricentur." Deutsche Glossare saec. 15 sq. übersetzen ,,ungeneem, unbequeem, düppel, toer"; das von Zeninger a. 1482 ,,torochter; vnnutzer vnd sunderlich in essen zunemen", wie ob. lateinische bei Martinius.

. Das Wort lebt in span. port. gordo prov. gort crassus, pinguis (ital. ingordo vorax, immodicus aus in gurgitem nach Diez 179.) frz. gourd rigidus, klamm, im Gegensatze zu bask. gurdo mollis tactu. Dagegen zeigt sich die ältere Bedeutung in den vielleicht ursprünglich baskischen Wörtern : gorra, gor, labort. elkhorra, elkhor (auch sorra, aus surdus?) surdus gordurae, gortasuna surditas gorsea (gorcea) assourdir (Lécluse); sodann gordin, gordina crudus c. derivv. Dagegen sicher a. d. Frz. brt. gourd, gourt rigidus, asper tactu, vb. n. gourda, obwol sich einheimische Wörter ähnlichen Klanges und Sinnes in den Schwestersprachen finden. De Belloguet stellt hierher auch den Eig. Gurdonicus bei Sulpic. Sever. Dial. S. Mart. I. ·

Guvia s. Gunia.

H.

187. Haematites.· ,,Heliotropion Galli haematites." Apul. Madaur. de Herb. virt.· c. XLIX. Offenbar griechisch, vielleicht aus einem gallischen Worte umgebildet? Auch ein Edelstein heißt so bei Plin. Hist. n. XXXVII. c. 10 etc.

188. ,,Halus autem, quam Galli sil vocant, Veneti cotoneam (varr. cotoni-am, -a), medetur lateri, item renibus convulsisque et

ruptis. Similis est c u n i l a e b u b u l a e, cacuminibus t h y m o" etc. Plin.
H. nat. XXVI. c. 7. s. 26. „— — radicem s y m p h y t i, quod h a l u m
g a l l i c e dicunt." Marc. Burd. c. X. : „A l u m n o s vocamus, Graeci
s y m p h y t o n p e t r a e u m, simile c u n i l a e b u b u l a e, — — cacuminibus thymi etc. Plin. H. nat. XXVII. c. 6. Dagegen ebds. XIX. c. 6.
auch „A l l i u m est et in arvis sponte nascens, a l u m (ophioscorodon Dioscor.)
hoc v o c a n t." (Consolida etc. i. q.) „G a l l i c u m a l l i u m" bei Apul.
Mad. de Herb. virt. c. LIX. wurde in „G a l l i a l u m" verbeßert.

In der ersten Stelle bei Plinius las man früher, mit Marcellus Angabe
übereinstimmend „G a l l i sic" st. „G. s i l"; Andre „Graeci alii". Gleichwol wird h a l u s der g a l l i s c h e Name sein; s i l (bei Plinius u. A. sonst
der Ocher) ist eine Umbildung oder Nebenform von s e s e l i s σέσελις, und
gehört nicht zu kelt. s i l semen (vgl. Zeuss 24. Goth. Wtb. II. 180.). Immerhin scheint auch gall. h (kymrobrit. h gadh. s h) in der Regel aus s entstanden;
wenn ich früher nl. h e e l wortel hd. bein h e i l verglich, so meinte ich damit eine Umdeutung aus älterem keltischem Namen; dafür dürfte auch das
Schwanken in die häufigere Form bein w e l l u. s. v. sprechen. De Belloguet (Nr. 27.) sagt, daß man die Halus jetzt für die Coris (monspeliensis,
symphytum petraeum bei Nemnich) halte, und vergleicht die Namen wund-
heilkräftiger Pflanzen kymr. a l a w (white water lily Richards) gadh. a l l a s,
e a l a millepertuis vulgaire. Ebensowol könnte auch der (in den neukelt.
Sprachen nicht vertretene) lat. Namen a l l i u m, a l i u m verwandt sein,
wenn nicht h a l u m, sondern a l u m die Urform ist. Andere tasteten
auch noch nach andern Pflanzen und Namen. Wir haben Nichts dagegen,
wenn man auch das Vorstehende streicht.

Aber auch die Freude an dem unschätzbaren v e n e t i s c h e n Sprachreste
c o t o n e a wird uns etwas bedenklich, wenn wir den selben Namen für
eine freilich weitab liegende Pflanze, als Latinisierung eines griechischen,
bei Plinius selbst H. nat. XV. c. 11. wiederfinden : „malá quae v o c a m u s
c o t o n e a et G r a e c i cydonea, ex Creta insula advecta."

189 a. H a r p a s. C h r o t t a.

189 b. H e n d i n o s. „Apud hos (B u r g u n d i o s) generali nomine r e x
adpellatur h e n d i n o s, — — sacerdos omnium maximus vocatur s i-
n i s t u s, et est perpetuus, obnoxius discriminibus, ut reges." Ammian.
Marcell. XXVIII. c. 5. Die nahe liegende Vergleichung von h e n d i n o s mit
goth. k i n d i n s ήγεμών, vgl. etwa den westgoth. Mannsnamen C h i n d a s v i n-
t h u s mit ebenfalls räthselhafter Aspirata, hat einige lautliche Bedenken (vgl.
Goth. Wtb. II. 451.); der Auslaut o s wird deutsch sein, nicht etwa griechisch.
Lateinisch dagegen der von s i n i s t u s, welchem goth. s i n i s t a πρεσβύτερος
entsprechen mag, wiewol auch ein altdeutsches s i n perpetuo zu berück-
sichtigen ist, vgl. das obige Prädikat perpetuus und Goth. Wtb. II. 212.

190. „H o c i a m s a n i (sive a g r i m o n i a e) semen" gibt Marcellus Burd.
c. XX. (p. 336. in Medicae artis Principes ed. Stephani 1567) zwar nicht
ausdrücklich als g a l l i s c h an, jedoch dürfen wir bei ihm in einem unlateini-
schen Worte jene Sprache vermuten. Man ist freilich versucht, eine Verstümmelung der Stelle anzunehmen und den Namen in „h o c i a m s a n i" zu
zerlegen; aber gerade hier findet sich ein zu auffallendes Zeugniss für eine
gallische Zusammensetzung in kymr. h o c c y s gadh. f o c h a s (ucas) pl.

malva, malvaceæ; die Verwechselung dieser Pflanzen selbst bietet keinen
Gegengrund. Ueber einen andern angeblich gallischen Namen der Argemone:
κόρνα s. o. h. v.

191. Ὑς. „Συνεχεῖς μὲν, ὥσπερ αἱ ἄμπελοι, πεφύκασιν οἱ θάμνοι. τὴν δὲ
θάμνον ταύτην Ἴωνες μὲν καὶ τὸ ἄλλο Ἑλληνικὸν κόκκον, Γαλάται δὲ οἱ
ὑπὲρ Φρυγίας φωνῇ τῇ ἐπιχωρίῳ σφίσιν ὀνομάζουσιν ὗς.“ Pausan. X.
c. 36. „Ὑς ἄλειφαρ βοῦς.— — ὑαγινόν· βάμμα τὶ.“ Hesych. „Ὑσγη·
εἶδος βοτάνης, καὶ ὑσγινοβαφὴς χιτών“ etc. Suidas.

Aus der, vielleicht schon guttural suffigierten, Form ὕαγη (wie auch bei
Pausanias Turnebus und Salmasius hier lesen wollen) entsprang mit griechischer Bildung ὕσγινος, hysginus, namentlich bei Plinius üblich, aus welchem
wir einige Stellen über den coccus, den color hysginus und überhaupt
die bei den Römern berühmte Färbekunst der Gallier hersetzen wollen.

„Quin et terrena miscere coccoque tinctum Tyrio tingere, ut fieret hys-
ginum. Coccum Galatiae rubens granum, ut dicemus in terrestribus, aut
circa Enieritam Lusitaniae maxima laude est.“ H. nat. IX. c. 41. „Iam
vero infici vestes scimus admirabili fuco. Atque ut sileamus Galatiae,
Africae, Lusitaniae granis, coccum Imperatoris dicatum paludamentis.
transalpina Gallia herbis Tyrium atque conchylium tingit omneisque
alios colores.“ Ib. XXII. c. 2. „(succus) qui in Gallia fit ex herba chame-
laeā, granum cocci ferente.“ Ib. XXV. c. 7. Die Stelle aus XVI. c. 8.
s. o. v. Cusculium.

Daß dieses Wort vielleicht mit coccus verwandt sei, bemerkten wir
dort bereits. Die schwankende Natur des h gestattet uns nun auch die Frage:
ob ὕσγ d. i. husg nicht mit cusc in cusculium identisch sei? Bei
dem Fremdworte darf der Spiritus asper nicht in seiner gewöhnlichen organischen Function als Vertreter des ältesten griechischen s angenommen
werden; freilich aber ist in gleicher Weise auch die keltische Lautverschiebung bedenklich.

In den neukelt. Sprachen finden wir nur coccus vertreten: brit. coc
m. granum ilicis, wol a, d. Lat. brit. kymr. coch coccineus (ngr. κόκκινος
alban. kúik raet. cočen roth übh.) kymr. cochi röthen; erröthen; u. s. m.

192. Ὑσσός. Appianos (Exc. I.) erzählt von der Kampfart der „Βοιοί,
Κελτικὸν ἔθνος θηριωδέστατον“ gegen die Römer: „Τὰ δὲ δόρατα ἦν οὐκ
ἐοικότα ἀκοντίοις, ἃ Ῥωμαῖοι καλοῦσιν ὑσσούς.“ Vgl. Suidas: „Ὑσσός·
ἀκόντιον· ἑξακοντίσας ὑσσὸν διήλασε αὐτοῦ τὸν θυρεόν.“
Römisch ist keines beider letzteren Wörter, griechisch können beide eher
sein, als keltisch; jedoch bleibt ihr hauptsächlicher Gebrauch für keltische
Rüstung zu bedenken; vgl. u. v. Θυρεός.

I. Y. J.

193. Ievru, einmal ειωρο o. v. Δρυναίμετος, vgl. vielleicht evri-
ses u. v. Tarvos, setzen wir ohne Erklärungsversuche als besondere
Numer an, weil wir mit J. Becker, De Belloguet u. A. darinn ein formel-
haftes altgallisches Wort sehen. Siegfried (bei Stokes, Irish Glosses p. 161.)
vergleicht die ir. Glossen iurad factum est fritammiurat me adficiunt.

194. Yrias. „De pagano cursu, quem yrias vocant." Indic.
superst. et pagan. De Belloguet Nr. 214. versucht die mannigfaltigsten keltischen Ableitungen. Vielleicht fehlt ein n, vgl. ags. yrnan currere. Dagegen liest, wie ich nachträglich aus Mannhardt (Götterwelt S. 272.) ersehe,
Müllenhoff **Frias**, was er als starken Genetiv des bekannten Namens erklärt.

195. Ysarnodori. „Ortus haud longe a vico, cui **vetusta** paganitas ob celebritatem clausuramque fortissimam superstitiosissimi **templi
Gallica** lingua **Isarnodori** i. e. ferrei ostii indidit nomen. Quo
nunc quoque in loco delubris ex parte jam dirutis sacratissimi micant coelestis regni culmina dicata christicolis." V. S. Eugendi Abb. mon. S. Claudii
in Burgundia Boll. 1. Jan. par. 2.

Es fragt sich, in welchem Grade „vetusta" die paganitas im 6. Jh. erschien, aus welchem dieser Bericht stammt; und ob die der deutschen Bur-
gunden, oder die altgallische gemeint sei. Für letztere spricht der Ausdruck
„Gallica," da man damals wol noch nicht gallische und deutsche Sprache
und Abstammung in Burgund vermischte; sodann der Umstand, daß ein
großartiger und fest ausgebauter Tempel nicht in der germanischen Paganitäs
zu suchen ist. Dagegen stimmt die erste Hälfte der Zusammensetzung entschieden beßer zu den germanischen, als wenigstens zu den (verschobenen)
neukeltischen Formen. Wir wollen beide Wortstämme beider Sprachstämme,
theilweise in ihrem Zusammenhange mit den Verwandten, darstellen.

goth. **eisarn** ($\pi\acute{\epsilon}\delta\eta$) ahd. alts. altn. (in Zss.) ahd. **isarn** ahd. **isirn**,
isan amhd. ags. nnd. **isen** mnd. **iseren** mnnd. ags. (in Zss.) afrs. **isern**
mnnd. mhd. afrs. **iser** onl. **ijzer** ags. **irsern** afrs. **irser**, **irsen** wfrs.
ijrzen wangeróg. **irzen** nhd. **eisen** ags. ndfrz. (helgol.) **iren** engl. **iron**,
dial. **ire** niederschott. **airn** altn. ndfrs. **járn** nnord. **järn**, n. kymr.
haiarn (**haearn**), pl. **heiyrn**, **heieirn** korn. brit. **hoarn** brit. früher
boiarn, jetzt **houarn**, pl. **hern** gadh. **iaran**, **iarunn**, angeblich auch
obs. **earnach** manx **iaarn**, m. ferrum (korn. **hernioc** ferreus). Eine
Anzahl deutscher Formen s. Gloss. lat.-germ. v. **Verbena**.

Sowol die germanischen, als die keltischen Formen haben manches
Räthselhafte. Bei jenen legt man gewöhnlich eine Wz. **is**, vgl. auch goth.
aiz $\chi\alpha\lambda\varkappa\acute{o}\varsigma$, zu Grunde, an welche denn **arn** als Suffix träte, später theils
in **er**, theils in **en** verstümmelt. Aber zunächst sächsische und friesische
Formen (freilich lange nach dem gothischen Zeitraume) laßen eine Grundform **irsarn** annehmen, deren Härte eine frühe Verschleifung möglich
machte, die nicht durch eine Assimilation hervortritt, sondern durch zwie-
fachen, erst die Vokalverlängerung als Ersatz hinterlaßenden Ausfall hier
des r, dort des s. Bei dieser Möglichkeit (mehr wollen wir nicht sagen)
würden wir nämlich weiter annehmen : aus **irsarn** entstand 1) **isarn**,
später **isan** 2) **irarn** (nicht nachweisbar), später **iran** (**iron**, **iren** s. o.).
Es fragt sich, ob wir das nord. (daher erst ndfries.) **järn** zu 2) stellen
dürfen. Biörn sagt „olim **isarn** vel **earn**"; **iarn** würde aus **irn** zu deuten
sein, aber wie entstand die Vokallänge und der anlautende Halbvokal, wahrscheinlich in Wechselwirkung? Wäre **järn** nicht so alt, so würden wir sogar ein älteres **hjärn** möglich finden, das nahe an kymr. **haiarn** heranträte;
hier, wie dort, bleibt jedoch a als ursprünglicher Wurzelvokal zweifelhaft,

da ihm überall halbvokalische Laute vorausgehn und die lautbrechende litera canina folgt.

Uebrigens steht nord. jarn so nahe an den gadhelischen Formen, daß man Entlehnung auf irgend einer Seite glauben möchte. Ob wir in diesem Falle die mit nur stummem, jedoch seit Menschengedenken-geschriebenem h anlautenden kymrobrit. Formen von den gadhelischen trennen sollen, fragt sich. Letztere sollten, einem organischen h der Schwestersprachen gegenüber, anl. s zeigen; wäre aber kymrobrit. h nicht ein aus aspiriertem s entstandenes, das auch altgadhelisch, und in beiden Sprachästen ureinst als Hauch lautbar gewesen wäre: so würde es die heutige gadhel. Schreibweise auslaßen. In der That zeigt es sich in der alten flektierten gadh. Form hiairn bei Zeuss.

Die Doppelnatur des nachgothischen deutschen r. (abgesehen von seiner vokalbrechenden Kraft), das auch aus s entstanden sein kann, erschwert die Entscheidung; und wir wagen uns deßshalb hier nicht an weitere Vergleichungen, für welche wir Goth. Wtb. I. 14 ff. II. 724 ff. reichlichen Stoff boten.

J. Grimm nimmt in altn. jârn Auswerfung des s an; in ags. íren entweder Umsetzung aus iern, oder r aus s; Zeuss in brit. hoiurn gadh. hiarn, nach sehr unsicheren Analogien, eine Umsetzung aus oiharn (aus êsarn) u. s. f.

Aus den keltischen Formen hat sich vielleicht ein abgeleitetes Wort in den romanischen, und aus ihnen auch in den germanischen, verbreitet: ital. arnese span. prov. bask. arnes prov. arnesc port. arnez afrz. harnas, hernois etc. nfrz. harnois, harnais (mit lauten h), m. Rüstung; Pferdegeschirre; Geräte überhaupt; als wol ursprünglicher Auslaut zeigt sich sc in prov. arnesc, woher arnescar, auch arnassar, frz. harnacher anschirren; frz. harnois, harnas, mlt. harnasium bedeutet oder bedeutete auch rete piscatorum. Anl. h haben zahlreiche mlt. Formen besonders in Frankreich): harnesium, hernesium, harnascha (neben aruesium, arnense, arnescum etc.); sodann die germanischen mhd. harnasch m. n. nhd. (auch raet.) harnisch m. nnl. harnas engl. harness dän. harnisk schwed. harnesk, n. altn. hardneskja f. cataphracta; endlich die keltischen kymr. harnais m. horse-harness harneisio to harness brit. harnez, hernez, hernaš m. harnais, cuirasse; aber auch ferraille harnézi rüsten (Menschen und Pferde) harnézer marchand de ferraille; faiseur de harnais; armurier; darneben aber, dem ital. arnese gleichbedeutend, annez m. meuble; outil, instrument annéza meubler annézer faiseur ou vendeur de meubles, d'outils; aber annéza bedeutet nach dem frz.-brit. Theile von Villemarqué auch loger, habiter und ist somit identisch mit korn. annezo to dwell kymr. anneddu id. annedd f. habitatio. Wir finden kein genügendes esoterisches Etymon, aber der Auslautwechsel ist organisch und der Dental ursprünglich; ann könnte vielleicht aus ar-n assimiliert sein; auch gadh. airneis, earnais f. indecl. bebedeutet suppellex, auch armenta; airneis-iaruinn f. instrumenta ferrea.

Mit Ausnahme von annez und Zubehör, dessen Unähnlichkeiten die Aehnlichkeiten überwiegen, und von altn. hardneskja, das entweder die Urform, oder umgedeutet ist: stehen alle diese Wörter auf gleicher Rang-

stufe, jedoch die romanischen als primi inter pares. Wenn wir den Begriff
der Rüstung zu Grunde legen, so liegt uns freilich für die kriegerische das
E i s e n nahe genug; aber R ü s t u n g selbst, wie P a n z e r, l o r i c a u. s.
v. haben nichts weniger als metallische Grundbedeutung. Zu bemerken ist
freilich der vereinzelte Gebrauch von mlt. a r n e s i u m für eiserne Werk-
zeuge und die Bedeutung altes E i s e n bei brit. h a r n e z. Aber auch der
durchgehende Stammlaut a (bißweilen e) stimmt nicht sonderlich zu dem a
der keltischen Eisennamen, das dort nur im Gefolge andrer Vokale erscheint.
Wörter, wie gadh. i a r n a c h a n m. ferramentum, instrumentum ferreum,
haften immer am Begriffe des Eisens und an der Form seines von a i r n e i s
u. s. w. verschiedenen Namens; eine Ausnahme finden wir nur in brit. h o u -
a r n o u r m. quincaillier h o u a r n a š m. quincaillerie, die sich nicht bloß
von h o u a r n e r celui qui ferre ou qui travaille en fer unterscheiden, sondern auch die zu obiger Wörterreihe gehörige Synonyme h e r n a š o u r i. q.
h o u a r n o u r neben sich haben, wie denn schon der Auslaut von h o u a r -
n a š (franz. c h) auffält.

Das seltene mlt. Form a r n e n s e ist ohne Zweifel nach falscher Analogie aus ital. a r n e s e gebildet. Sicher aber haben wir ein Suffix vor uns,
das sich an ein Stammwort h a r n, a r n anschließt. Wir wollen hier nur
noch eines anklingenden Wortes erwähnen, für welches wir bei Diez keine,
bei Ferrari und Ménage nur schlechte Auskunft finden : ital. a r n i a mlt.
a r n a alvear.

Die zweite Hälfte von y s a r n o d o r i ist weit verbreitet; wir setzen
nur die wichtigsten Formen her, für Weiteres auf unser Goth. Wtb. v. D a u r
verweisend.

kymr. m. brit. f. sächs. n. d ô r gadh. alts. ahd. d o r gadh. d o r a s,
gew. d o r u s, pl. d o r s a n, altir. d o i r s i b h dat. pl. manx d o r r y s korn.
d a r a t, d a r a s kymr. d r w s, m. (d r y s a w r gadh. d o r s a i r janitor)
amhd. t o r nhd. t ô r altn. d y r pl., n. ahd. t u r i, t u r a etc. mhd. t û r
nhd. t û r, t û r e mnl. frs. d ô r e nnd. nnl. d ô r e ags. d u r u, f. schwed.
d ö r r m. dän. d ö r c. lett. d u r w i s, d u r r i s, d ô r i s litau. d u r r y s
slav. dvyry (duri etc.), pl. f. gr. ϑύρα f. (lat. foris f. wegen hos cit or
janitor zweifelhaft) sanskr. d v â r f. d v â r a n. ved. d û r m. zigeun. d u v a r
altpers. d h u w a r a n. zend. d v a r afghan. w a r, d e r w a s e npers. d e r,
d e r v â z osset. d u a r armen. d u r h n u. s. m. porta, janua; ags. nhd. nnd.
ntr. porta major; gadh. d o r auch limes, wie kymr. d o r t h m.; brit.
auch obex portae ligneus; pers. auch aula, palatium, so slav. d v o r m. id.
litau. d w á r a s m. aula, chors.

196 a. Ἰουμβαρούμ. „Λειμώνιον Μυσοὶ (Marcell. interpr. M a r s i)
μενδρουτά, Σύροι μεούδα, — — Ῥωμαῖοι οὐερά τρουμ ν ίγρουμ,
οἱ δὲ τιντιννάβουλουμ τέρρσι, Γάλλοι Ἰουμβαρούμ, Δακοὶ δάκινα
(var. δάκεινα).“ Diosc. IV. c. 16. cf. ibid. c. 149. : „Ἑλλέβορος μέλας
(Ῥωμαῖοι βερά τρουμ ν ίγρουμ, οἱ δὲ σαρά κα, Δακοὶ προδ ίορνα, var.
προδ ιάρνα).“ Adelung (Mithr.) liest j u m b a r r u m, j u b a r o s. Dazu
stimmt formell gadh. i u b h a r m. taxus baccata (auch a r c u s, wie mhd.
y b e, e i b e); artemisia, ambrosia, botrys.

Dieses Wort wird, unrichtig, auch i u t h a r, geschrieben; es gehört zu
kymr. y w (sg. ywen) f. korn. h i v i n brit. i v i n m. (sg. ivinen f.) mlt.

ivus span. iva frz. if ags. ív, eóv engl. yew ahd. íwa, íga mhd. íwe
etc. nhd. eibe taxus baccata. Da iubhar auch artemisia bedeutet, so
mag auch der Anklang ihres ags. Namens tagantes heldé an ob. dakische dakina als Curiosum erwähnt werden. J. Grimm erinnert bei letzterem
an ags. däges eáge (engl. daisy), Leo an sanskr. dhávánika solanum.
Limonium bei Plin. II. n. XX. c. 8. s. 28. ist die beta silvestris.
Weiteres in der folgenden Numer.

196 b. Ἰουπικέλλουσον. „Ἄρκευθος — Γάλλοι ἰουπικέλλουσον.“
Diosc. I. c. 103. Daraus wahrscheinlich verballhornt mlt. jupicellum afrz.
jupicelle genièvre.

Das gadh. Wort in der vorigen Numer bedeutet in der Zusammenstellung
iubhar beinne (montis) Wachholder, und kann in dem altgallischen Worte
in einer andern Paarung enthalten sein. Zugleich aber denken wir nun an
die Möglichkeit, daß obiges jumbarum nur eine missverstandene, etwa in
Gallien an das einheimische Wort angelehnte Aussprache oder Verstümmelung von juniperum sei; gewissermaßen freilich bewegen wir uns in
einem Kreiße, da wir erst durch ἰουβαρούμ auf iubhar geleitet werden.

Iussotonas s. Alces.

L.

197. „Laena, quod de lana multa, duarum enim togarum instar, ut
antiquissimum mulierum ricinium; si hoc duplex, virorum.“ Varro V. §. 133.
ed. Müller. „Quum Consul esset eodemque tempore sacrificium publicum
cum laena faceret, quod erat Flamen carmentalis“ etc. Cic. Brut. XIV.
(Popillius hieß daher Laenas). Zu der Stelle bei Vergil. Aen. IV. :

„ — — Tyrioque ardebat murice laena
    Demissa ex humeris“ etc.

bemerkt Servius (nach Varro s. o. vgl. u. Festus) : „Laena est vestis
genus; est autem toga duplex, amictus auguralis“ (cf. Cic. l. c.); und
Nonius : „Laena vestimentum militare, quod supra omnia vestimenta
sumitur.“ Juvenalis gebraucht laena mit den Prädikaten „coccina“ Sat.
III. und „pertusa“ Sat. V. Martialis hat das Wort Sat. XIV. 126. s. o. v.
Endromis, und ebds. 136., wo das Lemma die Varianten Lenea,
Linea hat.

Alle diese Stellen besagen nicht, wenigstens nicht ausdrücklich, daß die
laena aus der Fremde nach Rom gebracht worden sei; vielmehr erscheint
sie als altrömische Priestertracht. Anders Strabon IV. p. 196. Cas. in einer
Stelle über die Tracht der Gallier (überhaupt, wie es scheint, obgleich unmittelbar vorher mehr von den Belgen die Rede ist), auf welche wir bei
mehreren Artikeln zu verweisen haben : „Σαγηφοροῦσι δὲ καὶ κομο-
τροφοῦσι καὶ ἀναξυρίσι χρῶνται περιτεταμέναις — — Ἀφ᾽ ἧς (ἐρέας)
τοὺς δασεῖς σάγους ἐξυφαίνουσιν, οὓς λαίνας καλοῦσιν. — Ὁπλισμὸς δὲ
— — μάχαιρα μακρά — — καὶ θυρεὸς μακρὸς καὶ λόγχαι κατὰ λόφον καὶ
μέρις (κατὰ λόγον καὶ μάδαρις ed. Kramer; al. μαῖρις, μάρις, μήρις)
πάλτου τι εἶδος.“

Festus berichtet über fremden Ursprung des Wortes : „Laena vestimenti genus habitus duplicis. Quidam appellatum existimant Tusce, quidam

Graece, quam χλαίνην (al. χλανίδα, χλαμύδα) dicunt." Ein Glossar in Mai Coll. VII. sagt : „Laena, amictus rotundus duplex, ut Iulius Suavis; Suetonius vero ait toga duplex, qua inflabulati flamines sacrificant. Hujus vestis inventor Laenas appellatus est." (Cf. Cic. l. c.). Die Gloss. Ampl. : „Lena, toga duplex, vestis regia et sagum Italice dictum." Der Scholiast zu Iuven. Sat. III. 283. : „Antiqui amphimallum laenam appellabant." Papias : „Lena, Graece amictus villosus" etc.

Obgleich die frühe Entlehnung aus dem griech. Worte (vgl. Benfey Griech. Wzl. II. 111), dessen ch als h bei der völligen Einbürgerung sich verflüchtigen muste, sehr möglich ist : so deutet doch, außer Strabon, auch schon Plautus in einer, von Isidorus Hispalensis (der sich noch bestimmter ausspricht) aufbewahrten, Stelle seiner verlorenen Komödien auf Gallien. Da dieses Citat bei Isid. Orig. XIX. c. 23. mit Aeußerungen über mehrere andre unserer Wörter zusammenhängt, so setzen wir es ganz hierher, um s. O. darauf zu verweisen.

„Quibusdam autem nationibus sua cuique propria vestis est, ut Parthis sarabarae (al. saraballae etc.), Gallis lenae (lectio vulg. linnae), Germanis rhenones (eine Var. redones), Hispanis stringes (vulg. striges), Sardis mastrucae (var. ma-, vulg. man-strugae). — Lenae saga quadra et mollia sunt. De quibus Plautus : „„Lena (al. linna) cooperta est textrina Gallia."" Rhenones sunt velamina humerorum et pectoris usque ad umbilicum atque intortis villis adeo hispida, ut imbrem respuant, quos vulgo reptos vocant, eo quod longitudine villorum quasi reptat, de quibus Salustius [fragm. incert. XIII. ed. Gerlach] : „„Germani intectum rhenonibus corpus tegunt."" Dicti autem rhenones a Rheno Germaniae flumine, ubi iis frequenter utuntur. Mastruca (var. mastruga) vestis (addunt al. „Germanica vel") Sardonica ex pelliculis ferarum, de qua Cicero pro Scauro : „„Quem purpura regalis non commovit, eum Sardorum mastruca mutavit."" — — Sagati sunt Alemanni."

Aus Dufresne entnehmen wir für den (nicht eben häufigen) späteren Gebrauch : „Mappa valente asprionis siliqua una, lena vetere una" etc. Brisson. Formul. l. VI. „Misimus laenas XV., rachanas XXX., lectos XV." Gregor. M. Ep. XII. 16. „Laenam et racanas" etc. Ennod. Ep. IX. 17. (Ueber racana, das eine ags. Glosse durch huitil übersetzt, s. Dufresne h. v.) Die Regula S. Benedicti c. LV. unterscheidet laena von sagum; dagegen werden beide vielleicht als Synonyme genannt in Mirac. S. Cuthberti saec. 4. Bened. II. p. 276. : „Ilic cum quadam die laenas sive sagas, quibus in hospitali utebatur, in mari lavasset." Vgl. jedoch aut in „— — de dormitorio aut lenam aut sagum aut capitale aut quamlibet supellectilem" etc. und diese 3 Stücke unterschieden (ohne aut) in Guido Disc. Farf. c. 47. Alte deutsche Glossen haben lena genus pallii lin-, li-lachen u. dgl., slavente (mhd. sclavina); Martinius laena hosecken.

Statt der lena oder linna bei Isidorus, resp. Plautus, haben die Glossae Isidor. und Pithoeanae „Luma sagum quadrum", was Salmasius für die richtige Lesart hält. In einer Urkunde a. 1193 bei Muratori Antiqq. T. II. p. 894. (bei Dufr.) kommt vor : „De omnibus drappis de batilicio, de lume zucarina."

Das alte korn. Glossar übersetzt **sagum** durch **len**, woraus durch Missverstand bei Price **lensagum** blanket; nur scheinbar sind die Anklänge in gadh. **linnseag** f. amiculum ferale vel poenitentiale **linnseach** f. linteum. **Lêine**, pl. **lêintean** f. amiculum ferale, indusium, tunica (camisa ir. Glosse bei Stokes) gehört, wie ob. korn. **len**, pl. **lennow** (Linnen), kymr. **llenn** f. velum brit. **lenn** f. id.; linteolum neben **lian**, **lien** m., sg. **liénen** f. linteum, telum lineum vel cannabinum kymr. **lliain** m. linteum, mappa zu lat. **linum**, woraus allg. kelt. **lln** m. erst entlehnt, daher wahrscheinlich die vokalischen Schwankungen in obigen Wörtern; demnach sind die Zww. kymr. **llenn** velare, einwickeln brit. **liéna**, **liana** in ein Leichentuch wickeln, daher auch übh. begraben, nur denominativ.

Ein andres Wort aber ist kymr. **llain** m. Streif, bes. Zeuges **lleinio** in Streifen theilen; die Form passt ganz, die Bedeutung minder zu **laena**. Da **llain** auch, wie gadh. **laon** f. **lamina** bedeutet, so halten wir es hieraus gebildet. Alle solche Vergleichungen sind ohnehin nichtig, sobald wir die Aphaerese eines Kehllautes bei **laena** annehmen, wozu auch das unursprüngliche g in kymr. **g.wlan** brit **gloan**, **glouan** korn. **gluan**, **glawn**, m. (gadh. **olann** f.) lana nicht gezogen werden darf.

198. *Λάγινον* s. *Ἀνεψᾶ*.

199. **Lancea.** Wir stellen die, mehrere Waffennamen enthaltenden, Mittheilungen aus Sisenna und Sallustius bei Nonius XVIII. 26. voran : „**Sparum** telum agreste. — — Sisenna Hist. l. IV. : „„**Sparis ac lanceis** eminus peterent hostis.““ **Matere** tela gravia bellica. Sisenna Hist. III.: „„**Galli materibus** (var. **matoribus**), **Sani** (al. **Hispani**, **Spani**, **Suavi**, **Suevi**, **Galli**, alii) **lanceis** configunt.““ — **Lanceae** tela sunt non bellica. Sallustius in Catilin. bello : — — **sparos** aut (al. ut) **lanceas**" etc. In dieser uns erhaltenen Stelle l. c. c. LVI. ist von Catilinas Heerhaufen die Rede und die Beziehung auf gallische Waffen sehr möglich.

Eine, auch auf ein andres gallisches Wort bezügliche, Stelle Varros hat uns Gellius N. Att. XV. c. 30. erhalten, der überdieß X. c. 25. (s. o. v. **Cateja**) **lancea** unter vielen alten und fremden Wörtern anführt. Er berichtet : „**Petorritum** enim est non ex **Graecia** dimidiatum, sed totum [ortum] **trans Alpibus**. Nam est vox **Gallica**. Id scriptum est in libro M. Varronis XVI. Rerum divinarum, quo in loco Varro, cum de **petorrito** dixisset, esse id verbum **Gallicum**, **lanceam** quoque dixit non **Latinum**, set **Hispanicum** verbum esse." Hierbei mag erwähnt werden, daß Arrian. Tact. c. XL. bei „Καντα βρική τις καλουμένη ἐπέλασις" öfters den *θυρεός* und die *λόγχη* nennt.

Diodoros V. c. 29. (o. v. **Bracae**) übersetzt *λαγκίας* (als durch römische Vermittelung ihm zugekommene) keltische Benennung durch die (mit der lateinischen oder keltischen urverwandte, nicht etwa erst durch den Brennuszug überkommene) griechische *λόγχας*, die wir u. v. a. auch bei Strabon vorhin v. **Laena** und bei Hesychios (sg. *λόγχα*) v. *Μαδαρεῖς* (s. u. v. **Mataris**) finden. Wir kommen u. nochmals auf sie zurück. Caesar (Hirtius) gebraucht **lancea** B. Gall. VIII. c. 48. ohne Angabe fremder Abstammung; so auch Livius XXXI. c. 34. Lucan. Phars. VI. v. 190. Sil. Ital. I. v. 318.

Als römische Waffe nennt sie Plin. H. nat. XV. c. 30. : „Romanis
(laurus) praecipue laetitiae victoriarumque nuntia additur literis, et militum
lanceis pilisque." Ueber eine, wie es scheint, besondere Gattung, berichtet
er VII. c. 56. : „lanceas Aetolas, jaculum cum amento, Aetolum
Martis filium (invenisse dicunt)." Tacitus gebraucht das Wort öfters in den
Historien : I. c. 79. als römische Waffe im Kampfe gegen die Sarmaten; II.
c. 29. spricht er von „lanceis et pilis" der gegen Valens kämpfenden
Bataver; III. c. 27. von lanceis contisque" im römischen Heere; Germ.
VI. (o. v. Framea) schreibt er die Waffe, nicht die Benennung, den Germanen zu. Auch Florus III. c. 3. o. v. Carpentum) spricht von
„lanceis contisque" bei den kimbrischen Frauen.

Festus sagt : „Lancea a Graeco dicta, quam illi λόγχην vocant."
Isidorus Hisp. Orig. XVIII. c. 7. hat wol Plinius vor Augen : „Lancea
est hasta, amentum [i. e. lorum quo hasta media religatur" Serv.] habens
in medio; dicta autem lancea, quia aequa lance, i. e. aequali amento
ponderata vibratur." So sagt auch Papias : „Lancea est asta amentum
habens in medio." Breviloquus u. A. wiederholen dieß und Isidors Etymologie. Hildebrand emendiert die Synonymen seines Glossars „lanciam,
pugionem, flammea" in „lanceam, p., frameam." S. auch noch
die Waffenreihe der Lex. Wisigoth. u. v. Scramasaxus.

Aus älterer Zeit muß mgr. λαγχάρια τὰ δόρατα bei Theod. Prodromos
stammen; ngr. λάντζα ist romanisch vgl. ital. bask. lancia raet. loncia
(lonža) span. port. bask. lanza prov. lança, lansa frz. dakor. lance;
seit Tertullianus kam auch ein Zw. lanceare auf, das in ital. lanciare
span. port. lanzar prov. lansar frz. lancer und noch mehr in der Zss.
prov. eslansar frz. élancer ital. slanciare allgemeinere Bedeutung
(schleudern, schwingen) annahm, wie auch in einem sbst. m. ital. lancio
sp. lance port. lanço prov. lans, eslans frz. élan Schwung, Sprung.
Bask. lancea hacher ist wol zu scheiden.

Erst aus dem Romanischen stammt brit. lañs m. lance, élan etc. sg.
lañsen f. schlankes Bäumchen lañsa lancer u. s. m. gadh. lannsa
mnhd. lanze, f. lancea. Auffallender Weise kommt zwar selbst in späterer
Zeit lancea (s. Gloss. lat.-germ. h. v.) in deutschen Glossen häufig vor,
wird aber nur selten durch lantze (einmal mnd. lant sper neben gew.
sper) glossiert.

Auch in ferner liegende Sprachen (z. B. magyar. lantsa) gieng das
im Lateinischen früh und völlig eingebürgerte Wort über. Bemerkenswerth
ist aslav. ląšta.

Langurium etc. s. **Glaesum.**

200. *Λάριξ.* „Γίνεται δὲ ῥητίνη ὑγρὰ πιτυΐνη καὶ πευκίνη, κομιζόμεναι
ἀπὸ Γαλλίας καὶ Τυῤῥηνίας, καὶ ἀπὸ Κολοφῶνος πάλαι ποτὲ ἐκομίζετο,
ἔνϑεν καὶ τὴν ἐπωνυμίαν ἔσχε κολοφωνία κληϑεῖσα· καὶ ἀπὸ Γαλατίας
τῆς πρὸς ταῖς Ἄλπεσιν [Gallia subalpina], ἣν ἐπιχωρίως οἱ τῇσδε
ἔποικοι λάριχα (Asulanus solus legit δάλακα) ὀνομάζουσιν." Diosc. I. c. 92.
Plinius II. nat. XVI. c. 10. sagt von der fünften Gattung der Pechbäume
„larix vocatur" und beschreibt sie und ihr Harz öfters, ohne den
Namen als Fremdwort zu bezeichnen. Vitruvius II. 9. gebraucht das Adj.
larignus. Er sagt dort u. a. „Larix, qui [bei Plinius fem.; doch

sagt er l. c. XVI. c. 39. : „larix feminam habet, quam Graeci vocant
aegida"] non est notus nisi his municipibus qui sunt circa ripam fluminis
Padi et litora maris Adriatici" etc. Isid. Hisp. Orig. XVII. c. 7. sagt
u. a. : „Larex, cui hoc nomen a castello Laricino inditum est" etc.
Umgekehrt wird dieses, sowie Larix in Noricum, den Namen vom Baume
haben. Julius Pollux hat auch „larix δάλαξ," vgl. δαλός taeda, wahrscheinlich ein griechischer Name, ob er gleich außer diesen Stellen nicht
bekannt ist.

　　Die roman. Formen sind : (mlt. laresus) ital. span. dakor. larice
venez. larese, m. raetor. larisch f. (ihr Harz largau, largiò)
afrz. larege port. larico span. alerce, m. Aus d. Lat. (Rom.) mhd.
larche f. lcrchboum m. nhd. lerche f., dial. lorche f. lör-,
lèr- lier-baum u. s. m. nl. lorkenböm nnord. lerke (-träd
u. s. w.) engl. larch (-tree). Ebenso wahrscheinlich gadh. learach,
learag f.; im schott. Hochlande wurde der Baum, nach Kohl, erst im
18. Jh. eingeführt. Das Harz heißt mlt. laricina, larexina, larga-
tum; letztere Form schließt sich an die deutschen lörget, lörgiot,
loriet (woraus gloriet) Schmeller II. 489. Frommann Mundarten III.
311. Gloss. lat.-germ. vv. Terebint-ina, -us.

　201. **Laurices** s. **Cuniculus.**

　202. **Laurio** s. **Gilarus.**

　203. *Λεβέννατα* s. *Κιστουκαπετά.*

　204. *„Λειούσματα ἢ λεγούσματα,* εἶδος καταφράκου· Γαλάτται.‛
Hesych.

Begreiflicher Weise ist diese Benennung mit der Sache längst verschwunden; beide gehörten zudem den britischen Kelten wahrscheinlich nie an. In
Etymologien Auswahl nach Belieben. Für die Bildung vgl. Zeuss 732. cf. 166.

　205. **Lepontii.** Als ein gedrängtes Beispiel für die Liebhaberei der
römischen Schriftsteller, fremde und unbegriffene Namen griechisch zu etymologisieren, mag folgende Stelle aus Plin. H. nat. III. c. 20. s. 24. (vgl. c.
17. über die Orobii) dienen : „Incolae Alpium Lepontios et Salas-
sos Tauriscae gentis Cato arbitratur; ceteri fere Lepontios re-
lictos ex comitatu Herculis interpretationi Graeci nominis credunt — —;
ejusdem exercitus et Graios fuisse, Graiarum Alpium incolas, prae-
stantisque genere Euganeos, inde tracto nomine."

　Leuca s. *λεύγη.*

　206. **Leudus** s. **Chrotta.**

　207. „*Λεύγη* μέτρον τι· Γαλάταις (emend. Meurs. e γάλακτος)."
Hesych. „In Nilo flumine sive in rivis ejus solent naves funibus trahere, certa
habentes spatia, quae appellant funiculos, ut labori defessorum recentia
trahentium colla succedant. Nec mirum, si unaquaeque gens certe viarum
spatia suis appellet nominibus, cum et Latini mille passus, et Galli
leucas, et Persae parasangas, et rastas universa Germania."
Hieron. Comm. in Joel. III. 5, 18. Unsers Wißens zuerst kommt leuca
bei Ammianus vor : „A loco, unde Romam promota sunt signa, adusque
vallum Barbaricum quarta leuca signabatur et decima, i. e. XXI.
millia passuum." XXVI. c. 12. „Rhodanus — — Ararim, quam Sau-

connam appellant, inter G e r m a n i a m primam fluentem, suum in nomen
adsciscit. Qui locus exordium est G a l l i a r u m, e x i n d e q u e non millenis
passibus, sed l e u c i s itinera metiuntur." Ib. XV. c. 11. Aehnlich
bezeichnet die Grenze die Tab. Peut. „usque bic l e u g a s." Jornandes
Get. XXXVI. sagt : „L e u g a autem G a l l i c a MD passuum quantitate me-
titur." Aus Hieronymos schöpft Isidor. Hisp. Orig. XV. c. 16. : „Mensuras
viarum n o s m i l i a r i a dicimus, G r a e c i s t a d i a, G a l l i l e u c a s
(var. l e u g a s), A e g y p t i s c h o e n o s (vulg. s i g n e s), P e r s a e p a r a-
s a n g a s." Die deutliche Unterscheidung der gallischen und der germanischen
Benennung kommt öfters vor : „L e u c a s sex, quas homines loci illius
siti dicunt r a s t a s tres esse." Ch. Dagoberti Regis ap. Dufr. Das gleiche
Maßverhältniss gibt Beda de Numer. divis. an : „Duae l e u u a e seu mil-
liaria tria r a s t a m faciunt." Ebenso der alte Landmesser bei Dufr. :
„Milliarius et dimidius apud G a l l o s l e u u a m facit, habentem passus MD,
d u a e l e u u a e siue m i l l i a r i i tres apud G e r m a n o s unam r a s t a m
faciunt." Erst die späten Glossen Gloss. lat.-germ. v. L e u c a übersetzen
dieselbe durch hd. nd. r a s t.

Das landübliche Maß und sein Name, der auch in Inschriften aus römischer
Zeit vorkommt, hafteten fest in Gallien, wesshalb Ingulphus ap. Dufr. :
„L e u c a usualis, mensura terram metentium apud F r a n c o s constat de
MM passuum." Mit wechselndem Maßbegriffe wurde der Name auch außerhalb
Galliens üblich.

Ziemlich alte Urkunden und Glossare haben auch die Formen mlt. l e o a,
l e v i a, l e w i a. Die aus l e u g a umgestellten romanischen Formen :
span prov. l e g u a port. l e g o a afrz. l e g u e, l e u Roq. nfrz. l i e u e
katal. l l e g a prov. ital. l e g a stammen offenbar aus Einer, die sich aus der
altgallischen entwickelte. Die alten Briten scheinen die Benennung nicht
gehabt zu haben; ags. l e o v e milliare (bei Graff; l e u u a bei Beda s. o.)
stammt aus romanischem Munde, ebenso die vollständigere engl. Form l e a g u e,
woraus erst gadh. l ê i g f., wiewol l e i g rasten ein zur deutschen r a s t a
stimmendes Etymon böte; brit. l é v, l ó ð, l é u f. entlehnten die eingewanderten Britonen wahrscheinlich von den romanisierten Galliern, obwol die
gewöhnliche franz. l i e u e kleiner ist, als die der Britonen, und von diesen
durch das Deminutiv l ó ð i c bezeichnet wird. Eine Ableitung ist frz. l o é e
prov. l e g a d a nprov. l e g u c i a mlt. l c u c a t a Meilenweite. Diez 202.
belegt auch die afrz. Verwendung der Lieue für ein Zeitmaß.

Es ist zu verwundern, daß der Name nicht früher erwähnt wird, da seine
Verbreitung und Zähigkeit in Gallien für sein Altertum spricht; schade, daß
wir Hesychios Quelle nicht kennen. Der Stamm l e u c kommt auf gallischem
Gebiete öfters vor, namentlich in dem Volksnamen L é u c i, *Λευκοί*; mit dem
griechischen *λευκ* wird er nicht identisch sein, wiewol dieser nahe Verwandte in den kelt. Sprachen findet.

Wir verzichten darauf, unsere früheren Etymologien zu widerholen, und
verschweigen aus gleichem Grunde die Anderer.

Für den Stamm des deutschen Meilennamens : goth. ahd. (mlt.) r a s t a
mhd. r a s t e hd. nd. im 15.—16. Jh. r a s t (in vielen Glossen, vielleicht
mehr auf den Kirchenvater, als auf den lebendigen Sprachgebrauch gestützt;
auch l e u g a r a y s t, e y n r ö s t a t, r o s t vel g e w e n d e) altn. r ö s t,
f. — s. Goth. Wtb. II. 167 ff.

208. „**Limeum** herba appellatur a **Gallis**, qua sagittas in venatu tingunt medicamento, quod **venenum cervarium** vocant.“ Plin. H. nat. XXVII. c. 11. s. 76. „**Galli** sagittas in venatu **elleboro** tingunt.“ Ib. XXV. c. 5. vgl. u. a. Gell. N. Att. XVII. c. 15. und Aristoteles Mirab. Ausc. c. LXXXVII. (ed. Beckmann Goett. 1786), der *τοξικόν* als keltisches Wort oder (wie auch *κοράκιον* s. u.) eher als etymologisch gleichbedeutende, auf *τοξεύειν* bezügliche Uebersetzung eines keltischen Wortes angibt:
„*Φασὶ δὲ παρὰ τοῖς Κελτοῖς φάρμακον ὑπάρχειν τὸ καλούμενον ὑπ' αὐτῶν τοξικόν* (transl. Lat. xenicum). — — *εὑρῆσθαι δὲ τούτῳ λέγουσιν ἀντιφάρμακον, τὸν τῆς δρυὸς φλοιόν· οἱ δ'ἕτερόν τι φύλλον, ὃ καλοῦσι κοράκιον, διὰ τὸ κατανοηθῆναι ὑπ' αὐτῶν κόρακα.*“

In einer britann. Inschrift bei Orell. Nr. 2069. kommt **limeo** vor, vgl. de Belloguet, der kymr. **llem** (**llymm**) brit. **lemm** scharf vergleicht als Prädikat des Giftes; vielleicht aber lag ein Name der Pfeilspitze aus gleicher Wurzel dem gall. **limeum** i. q. *τοξικόν* zu Grunde. Sollte auch das o. v. *Βιλινουντία* erwähnte *βελένιον* aus *ἑλένιον* an *βέλος* angelehnt sein?

Linna s. **Laena.**

209. **Lira.** Das Wort mit seinen Abll. **lirare, liratim, delirus** u. s. w. ist im Lateinischen alt und wahrscheinlich ureinheimisch. Wir führen es hier nur an, weil es Columella der Sprache der (baetischen) **Rustici**. zuschreibt: „**Liras** autem **Rustici** vocant easdem **porcas** (vgl. o. v **Acnua**), cum sic aratum est, ut inter duos latius distantes sulcos medius cumulus siccam sedem frumentis praebeat.“ II. c. 4. „Est autem **lira** similis ei **porcae**, quam in sationibus campestribus **rustici** faciunt, ut uliginem vitent.“ Ib. c. 8. Ein Bauernwort ist es freilich überall; vgl. auch Varro R. r. XXIX. Plin. H. nat. XVIII. c. 20.

210. *Λοῦγος*, **Lugdunum** s. **Dunum.**

211. **Lyncurium** etc. s. **Glesum.**

M.

Μάαρις s. **Materis.**

Machlis s. **Alce.**

212. „**Magum** lingua **Gallica** domificatorem dici“ soll Berosus (Annianus, vielleicht aus alter Quelle) nach Lazius De Gent. Migr. angeben; ich finde die Stelle nicht.

213. *Μανιάκης.* „ — — *τοῖς μανιάκαις· τοῦτο δ'ἐστὶ χρυσοῦν ψέλλιον, ὃ φοροῦσι περὶ τὰς χεῖρας καὶ τὸν τράχηλον οἱ Γαλάται.*“ Polyb. II. c. 31. vgl. c. 29., wo Letztere „*μανιάκαις καὶ περιχείροις κατακεκοσμημένοι.*“

Das Wort und ähnliche kommen öfters bei den Grammatikern und Glossatoren vor, wie „*μανιάκιον τὸ τοῦ ἱματίου περιστόμιον.*“ Favorin. „*μηνίσκον — — πέταλα περιτραχήλια, μανιάκια, περιδέραια,*“ Hesych.

Aber obgleich *ψέλλιον*, **torques** u. dgl. häufig (einige Beispiele o. vv. **Braca. Brennus.**) als vorzugsweise gallische Tracht genannt worden, so liegt hier doch vielleicht eine durch die kleinasiatischen Galaten von den Phrygen entlehnte, oder eine ursprünglich **griechische** Benennung derselben vor. Wir halten armen. m a n é a k monile, Ring, Kette, Halskette mit *μανιάκης* identisch, vielleicht dessen Original, da‑ die armen. Wz. m a n torquere, gyrare bedeutet; oder auch aus dem Griechischen zurückerborgt und, samt diesem, auf eine ältere einheimische Form gepfropft, da nach Plutarch. de Iside et Osir. p. 360. B. „Φρύγες μέχρι νῦν τὰ λαμπρὰ καὶ θαυμαστὰ τῶν ἔργων μάνικα καλοῦσιν, διὰ τὸ Μάνιν, τινὰ τῶν πάλαι βασιλέων, ἀγαθὸν ἄνδρα καὶ δύνατον γενέσθαι, ὃν ἔνιοι Μάσδην καλοῦσιν", — nach den Alten aber (s. o. S. 44 ff.) Phrygisch und Armenisch verwandt waren. Vgl. u. a. „Μάννον, τὸν περιτρηχήλιον κόσμον, τὸ λεγόμενον μαννάκιον." Schol. in Theocrit. Idyll. II. Dieses μάννος, μάνος ist (nach Pollux) ein dorisches Wort. Anderseits entsprechen die „m a n i c a e ex auro" der boji‑ schen Rüstung bei Silius Italicus‑IV. (o. v. B r e n n u s) auffallend den *μανιάκαις* bei Polybios; aus lat. m a n i c a wurde mgr. μανίκιον u. dgl. und (außer den roman. Nachkommen) ahd. m e n i h h a manica, armilla kymr. brit. m a n e g brit. m a n e c korn. m a n a c gadh. m a n a i g, f. gadh. m u i n‑ c h e a l l, umgesetzt auch m u i l c h e a n n, m., m ü i n l e f. chirotheca; kymr. gadh. m a n f. u. s. m. soll auch H a n d bedeutet haben. Boxhorn Ant. Gall. XXXI. stellt chald. m e n t k a. (מְנִיכָא) torques Daniel V. 7. zu *μανιάκης*. Auch span. a l m a n a c a (Frauenarmband) soll semitisch sein (arab. a n a k a monile ornare von o n k collum); jedoch liegt m a n i c a (span. m a n g a Aermel) näher.

Aber wir finden noch mehrere Anklänge, die bei der Unsicherheit der Grundbedeutung und selbst der Sprache von *μανιάκης* immerhin erwähnt werden müßen. An dem bereits bei Cicero vorkommenden lat. m o n i l e haben sich die Etymologen ohne sonderlichen Erfolg versucht. Durch Vokal und Bedeutung unterscheidet sich mlt. m a n i l i a ital. m a n i g l i a, s m a‑ n i g l i a span. m a n i l l a armilla, doch wol von m a n u s (jedoch mlt. m a‑ n i c u l a, wie m a n i c a, chirotheca), und nicht, wie Diez 216. annimmt, von m o n i l e, mit etwaiger Anlehnung an ahd. m a n i l i (m a n l i n, m a‑ l i n i) lunula i. quam mulieres portant in pectore, also gleiches Etymons mit μηνίσκος? Vgl. Grimm Gr. II. 112. Kurzes a deutet auf Zusammenhang mit ahd. (m a n o flammeolum) m e n n i (m e i n n i) pl. alts. h a l s m e n i ags. m e n e, pl. m e n a s altn. m e n n. monile, womit Graff u. a. sanskr. m a n i c. gemma, margarita vergleicht.

Auch das isolierte aslv. m o n i s t o χλιδών ist zu bedenken.

Ein mlt. m e n i f e r r u m in „Super aliquibus ponuntur frisia magna et larga auri circumcirca collare gulae quod ponitur canibus circa collum eorum" (s. Dufr. h. v.) ist vielleicht aus m e n a r e gebildet; oder es ist der S t o f f gemeint, der bei Fortescue m c n e v e r u m afrz. m e n u v a i r etc. heißt.

Der Vokal von m o n i l e, m o n i s t o scheint auf ein Primitiv zurückzu‑ weisen, das sich vielleicht in den keltischen Sprachen erhalten hat. Vgl. gadh. m u i n f. indecl. tergum, cervix; daher m u i n e a l m. cervix, neck, jaws kymr. m w n (mehr nur in Zusammenss.), m w n w g l, m. collum, cer‑ vix; daher u. a. m w n g c i n, m w n g c i, m y n c y n, m y n c i, m. gadh. m u i n c e f. collar, bes. horse-collar; kymr. m y n g l y d being of the throat; m w n g m., sg. m y n g e n f. gadh. m o n g, m u i n g m. juba (kymr. in Zuss. und Abll. auch i. q. m w n w g l) vgl. ahd. m a n a, m a n i f. mhd.

m a n f., einmal m a n e m. nhd. m ã n e f. wetterau. m ò n m., im 15—16 Jh.
hd. m a n, selten m e n e f., einmal r o ß m o n d mnd. mnl. engl. m ã n e
niederrh. m a e n f. afrs. m o n a m. altn. m ö n f. nnl. ndfries. f. nnord. m.
m ã n juba ndfries. (Föhr) m ö n n i c k e id. (Outzen) altn. m a c k i m. id.,
cervix jubata nnord. m a n k e m. dãn. juba, crista schwed. collum (quidvis)
armo tenus.

214. **Mannus.** „(Peregrina nomina) vt G a l l o r u m m a n n i, Me-
d o r u m a c i n a c e s vel g a z a, P o e n o r u m t u b u r.“ Consent. Ars
Gramm. ed. Putschius p. 2049. „ — — m a n n i b u s (sic) — — quos
v u l g o b u r i c o s appellant.“ Hieron. in Eccles. c. X. „ — — ferventes
b u r i c o s, m a n n o s“ etc. Id. Epist. XXVI. 3. „M a n n u s ҫquus
b r e v i o r est, quem v u l g o b u r i c u m (al. b r u n - i c u m, - i t u m,
- n i u m etc.) vocant.“ Isid. Orig. XII. „M a n n u s b u r i c u s.“ Gloss.
Isid. „M a n n i s βουϱίχοις.“ Gloss. „M a n n o s equos v u l g o
b u r r i c h o s appellant.“ Porphyrion in Horat. Epod. Papias glossiert
m a n n i durch b u r r i d e s, b u r i d e s; spätere Glossographen durch
p a l e f r e d u s. Ist das Wort wirklich gallisch, so müßen es die Römer aus
Gallia cisalpina erhalten haben. Es kommt bereits vor bei Lucretius, Horatius, Seneca; das Dem. m a n n u l u s bei Plin. jun. (Epist. LXVII.), Martialis (o. v. C o v i n u s). Spätere Glossierungen s. bei Dufresne und Gloss.
lat.-germ.; auch ein mlt. Fem. m a n n a kommt vor.

Es ist sehr bemerkenswert, daß das in den romanischen Sprachen nicht
fortlebende Wort im Baskischen lebendig ist, und zwar in der Bed. mulus,
die es bei Martialis hat. Auch die Form mit n d kann die ursprüngliche
sein, aus welcher erst n n assimiliert wurde. Vgl. bask. m a n d o, m a n-
d o a mulus m a n d a z a i n a, m a n d o z a i n mulio; m a n d o bedeutet auch
steriles von Thierweibchen, nur schimpfend von Frauen; diese Bed. mag die
abgeleitete sein.

dakor. m ã n z u m. m ã n z ä f. pullus equinus, das gewöhnlich von m a n-
n u s abgeleitet wird, gehört zu mlt. m a n z i u s, m a n z u s m. m a n z i a f.
vitulus anniculus (m a n z o l u m corium vitulinum) ital. m a n z o m. m a n z a
f. id. (mitunter auch bos, vacca überh.; dial. auch m a n s, m a n s a geschrieben;
demin. m a n z e t t a ngr. μαντζέτα juvenca). Diez legt bei dem ital. Worte,
sowie bei span. m a n s o dux gregis (vervex, bos) die Bed. zahm, roman.
m a n s o (aus m a n s u e t u s) zu Grunde. Dakor. m ã n z a t u ablactatus
scheint unmittelbar aus m a n z u gebildet, ob es gleich an ahd. m a n z o
nhd. (wetterau.) m a n z, m. uber erinnert. Auffallender ist bair. m a n z,
m e n z sterilis (vacca, auch an bask. m a n d o erinnernd), daher m ã n z k u e
Schmeller II. 604., vgl. jedoch ebds. und Höfer Etym. Wtb. I. 233 ff. über
das Zw. m ã n z e n. Auch rheinländ. (Koblenz) m i n z e k a l b juvenca (in
andern deutschen Mundarten m o s c h e k a l b vitula m o s c h e junix) darf
nicht übersehen werden, bevor diese Akten geschloßen werden, was wir
Andern überlaßen. Ebenso keltische und andre Etymologien von m a n n u s.

Wie hier und anderswo die Bedeutung der Thiernamen oder vielmehr die
Anwendung ihrer adjektiven Bedeutung auf Thiere wechselt: so werden wir
span. port. b u r r o asinus b u r r a asina mit der b u r r a (vacca) bei Festus
(s. o. v. B i r r u s) identificieren dürfen. Aber auch der schon bei Ulpianus
vorkommende „B u r d o, brevis equus [vgl. o. Isid. Orig.], asina et emissario

conceptus", „ἡμίονος, ἐξ ἵππου θηλείας καὶ ὄνου, **m u l u s**, burdo" der alten
Glossen, mgr. „τῶν β ο ρ δ ο ν ί ω ν αἱ μοῦλαι" u. s. m. wurde mindestens
mit dem **b u r r i c u s** verschmolzen; die obige Form .b u r r i d e s u. dgl.
steht gleichsam zwischen beiden. Petrus Damianus Epist. VII. 5. nimmt
beide synonym : „Is cui insidebas, non dicam equus, sed potius **b u r d o**
vel **b u r i c u s**" etc. Eigentümlich ist die Zusammenstellung in den Dig. l. XXXII.
Tit. 49. : „— — jumenta vel lectica vel sella vel **b u r d o n e s.**"
Die älteste Quelle für **b u r r i c u s** wird Vegetius sein. P. Vegetius Re-
natus gebraucht in seiner Mulomedicina II. 2. **b u r i c i** für kleinere Pferde.
Im 5. Jh. braucht es, außer Hieronymus (der bei **m a n n u s** in ob. Stelle in
Eccl. Horàttius vor Augen hat), Paulinus Epist. II. 2. „ — — macro illam
et viliore asellis **b u r i c o** sedentem", wo André wiederum **b u r d i c o** lesen.
„Β ρ ι κ ό ν, ὄ ν ο ν · Κυρηναῖοι, β ά ρ β α ρ ο ν" Hesych. passt zu ital. **b r i c c o.**
Die Bed. asinus lebt in port. **b u r r i c o** span. neap. **b o r r i c o** piémont.
lombard. **b o r i c h** ital. **b r i c c o,** m. piém. b o r i c a nprov. **b o u r r i c a**
frz. **b o u r r i q u e** span. **b o r r i c a, f.** Man unterscheide port. **b o r r e c o**
vervex sectarius span. port. **b o r r e g - o** m. -a f. agnus, fast synonym mit
span. **b o r r o,** wahrscheinlich von der kurzen Wolle (b o r r a, lat. **b u r r a),**
woher aber auch vielleicht **b u r r o** (b u r r i c o etc.) vgl. Diez h. v. J. Grimm
Gesch. d. d. Spr. 31. stellt span. **b u r r o** zu bask. **b e o r r a** equa (bei Humboldt; jument **h e h o r r a** Lécluse, **b e h o r** Salaberry pouliche **b e h o r k h a**
Lécl. **b e h o k a** Sal.). Zigeun. **p u r i k k a** asinus a. d. Rom.
B u r d o mulus kommt in einem prov. Glossare vor, ist aber nach Diez 61.
wahrscheinlich das lat. Wort, dagegen identisch mit prov. **b o r t.** afrz. span.
b o r d e Bastard, Nebenschößling. Welche Bedeutung ist die primitive? Ist
dieß **m u l u s,** so erinnern wir an die alte Vergleichung mit d. **b ü r d e**
(b e r a n), sowie auch au ital. **b a r d o t t o** frz. **b a r d o** Saum-, Maul-thier.
Auch in deutschen Glossen erscheint **b u r d, b u r d a u n** (viell. verwechselt
mit dem Blasinstrumente **p a r d a u n)** neben mule, perde fole, phard esel bei
mlt. **b u r d o, b o r d o, b u r d u s;** aber auch die altnd. Glosse „p r u z i.
b u r d o ex quo (st. equo) et asina" (Graff III. 316 ff.) scheint eine eher hd.
Umgestaltung des mlt. Wortes zu enthalten.
215. „**M a n t u m** Hispani vocant, quod **m a n u s** tegat. Est enim
breve amictum." Isid. Orig. XIX. c. 24.
Wenn die schon bei Varro', Plautus u. a. gebräuchlichen altlat. Wörter
m a n t e l - e, - u m, - l u m - i u m, m a n t i l e richtig als Zusammensetzung
(Handgewebe) gedeutet werden : so ist das „hispanische" **m a n t u m** eine,
schon früher in einer Urkunde von 542 (s. Diez 216.) vorkommende, Abkürzung der lat. Provincialsprache, nicht das Primitiv jener Wörter. Dann
müßen wir auch das von Servius in Vergil. Georg. IV. zu **m a n t e l l u m**
gestellte, nach Aelius Dionysius ap. Eustath. in Hom. Od. und nach Hesychios ursprünglich persische, gr. μ α ν δ ύ - α ς, - η (mlt. **m a n d y a**) ganz
davon trennen, wenn es nicht eine späte, t nach n in d, d h erweichende
Umbildung ist, wie „μ α ν δ ύ λ ι ο ν χειρόμακτρον" Hesych., „**m a n d u s,**
vestis virginalis" Gloss. Isidor., mlt. **m a n d i l e** (12. 13. Jh.) st. **m a n t i l e**
u. s. m. In der That giebt Hesychios jenem, nach ihm persichen Worte
eine Nebenform mit der Tenuis : „Μ α ν δ ύ α ς · εἶδος ἱματίου Περσῶν πολεμι-
κόν · ἢ μ α ν τ ύ α ς." Eine zweite Glosse bei ihm, und ähnlich bei Suidas u.

A., setzt statt der Worte „*Περσῶν*" etc. : „*ὅπερ καλεῖται· λωρίκιον.*" Außerdem hat er ein „*Μανδύη· δόρυ, ὡς δρέπανον.*" Man versuchte auch semitische Vergleichungen. Der in mehreren Sprachen auftretende Stamm **mant** läßt sich in vielen Fällen als Ableitung von **man** erkennen. Er kommt auch vor in den kelt. Namen **Mantala**, **Petromantalum**, **Catamantaloedis**, **Mantua**; letzterer auch bei den hisp. Karpetanern. Einen dakischen Pflanzennamen **mantiam** acc. i. q. lat. **rubum** gibt Apul. Madaur. de Herb. virt. LXXXVIII.

Zu obiger einfacher Form, die bei späteren Glossatoren gewöhnlich nom. **mantus** lautet, gehören zahlreiche romanische (Diez 216.), auch baskische, Wörter. **Mantellum** gieng in die meisten europäischen Sprachen über. Ein scheinbar zwischen **mantus** und **mantellus** stehendes vereinzeltes und spätes mlt. Dem. **mantulus** wurde aus jenem gebildet. Dagegen kommt schon bei Trebell. Pollio in Claud. XVII. vor „chlamydem Dardanicam, **mantuelem** unam", dessen u sich nicht mit der Erklärung aus **telum** reimt, und das vielleicht aus **mantelis** und *μανδυ-* gemischt ist.

216. *Μάρκαν* s. *Τριμαρκισία.*

217. **Marcasius.** „In eodem loco, qui prisco vocabulo propter geminum lacunar **Gemellus Marcasius** (**Mercasius** Ed. Mabill.) nuncupabatur." V. S. Agili Abbatis Boll. 30. Aug. par. 21.

mlt. **lacunar** steht hier, wie öfters, für **lacuna** s. de Belloguet Nr. 172.; Gloss. lat.-germ. h. v. Das „priscum vocabulum" ist ein altromanisches, wie schon das vorzugsweise romanische „**gemellus**" gegenüber von „**geminum**" vermuten läßt. Das zweite Wort hat viele Nebenformen (bei Dufresne) : **marcasium** a. 1226, **marchesium** a. 1236 u. v. a., wie **marescagium**, frz. **marécage**, mit einfacher Ableitung **mariscus** afrz. **maresqs** ags. **mersc** (mlt. **merscum**) mnl. **marasch** u. s. m.; Ausführliches s. Goth. Wtb. M. 33. Zwar zeigen sich primitive german. Nebenformen (wie es scheint) von **môr**, **muor** (palus) : mnl. mnd. afrs. **mâr** dän. dial. **mare** (palus, fossa), auf welche die zahlreichen germanischen und romanischen Ableitungen obiger Gattung zurückgeführt werden könnten; aber nicht bloß findet sich ein einfaches mlt. **mara** (a. 1181; neben **mora**, **mera** etc.) palus, das dem frz. **mare** f. entspricht, sondern auch das sicher lateinische **mare**, pl. **maria**, kommt schon frühe, wie u. a. bei Hieronymos, resp. Isidorus Hisp. für „omnis congregatio aquarum", lacus vor, vergl. Dufresne und Diez v. **Mare**. Auffallend, jedoch nicht unerhört, bleibt jenes afrz. **mare** neben **mier** mare; das Genus der zu letzterem gehörigen romanischen Formen wechselt und ist öfters weiblich.

218. **Marga.** „Alia est ratio, quam **Britannia** et **Gallia** invenere alendi eam (terram); ipsae genusque quod vocant **margam** (varr. **marlam**) [so Silligs Redaction der misslichen Stelle]. Spissior ubertas in ea intellegitur et quidem terrae adipes ac velut glandia in corporibus, ibi densante se pinguetudinis nucleo." Plin. H. nat. XVII. c. 6. s. 4. Die Beschreibung geht weiter c. 7. : „Non omisere et hoc Graeci. — — Leucargillon vocant candidam argillam. — — Duo genera fuerant, plura nuper exerceri coepta proficientibus ingeniis. Est enim alba, rufa, columbina, argillacea, tophacea, harenacea. — — rufa quae vocatur **acaunumarga** (varr. **caunu-**,

acauno-marga, edd. capnomargos), intermixto lapide terrae
minutae, harenosae." — — c. 8. : „ — — Tertium genus candidae gli-
somargam (varr. glisso-, glyso-, glysso-margam, glischro-
margon) vocant; est autem creta fullonia mixta pingui terra. — —
Columbinam Galliae suo nomine eglecopalam (var. gleco-
palam) appellant" etc. Gleichbedeutend ist die „candida fossicia creta" bei
Varro-r. r. I. c. 7. und die „argilla" bei Pallad. r. r. I. c. 34.

Eine mlt. Ableitung margila kommt in einem Edikte Karls des Kahlen
vor; g verschwand in der Zusammenziehung marla, mit vielen Ableitungen,
woraus mit wechselnder Liquida marna. Die provenzalische und die französische Sprache erhielten nur diese beiden Formen; nfrz. marle (afrz.
auch merle) nur noch mundartlich; aus marne das glbd. port. Wort, das
aber männlich ist. Andre Erweichungen lauten afz. mail wallon. mâie,
maule. Aus dem franz. marle entstanden erst (theils mittelbar) engl.
kymr. brit. marl gadh. màrla, m.; kymr. Zw. marlu; marm m. dead
earth, chalk vll. Nebenform, wie span. marma, auch an marmor m. angelehnt. Das Primitiv erhielt sich in brit. marg m., neben marl, merl,
man (gew. pl. mannou, m.-gwenn i.-e. albus), ebenfalls msc.; Zw.
marga; neben mana, manna aus nfrz. marner; ital. span. port.
marga (neben sp. marma f. port. marne m.) ist nur die Tradition der
plinianischen Form; böhm. merk m. ist vermuthlich nur Abkürzung der in
allen german. Sprachen (außer der englischen) einheimischen Ableitung (vgl.
o. margila) mergel ahd. mergil altn. mergill mnl. marghel
u. s. m.; daraus russ. mergel poln. margiel, mérgiel, m. Ahd.
mergil wird durch argill-a, -um glossiert, das vielleicht auch die
Verbreitung dieser Ableitung begünstigte. Kilian deutet mnl. marghel,
merghel durch medulla (margh, mergh) terrae, ähnlich Graff marga,
wogegen aber die o. v. Emarcum zusammengestellten Sippen des deutschen Wortes sprechen dürften.

Der Stamm erscheint in dem britann. Ortsnamen Margidunum.

Wenn in obiger Zusammensetzung acaunu sich auf lapide der Beschreibung bezieht, so wird die Deutung o. v. Agaunum dadurch bestätigt. Gliso mag das Helle, Candidum, Glänzende bezeichnen, vgl. o. vv.
Glesum, Glastum. Die bißher gemachten Versuche zur Herleitung
von eglecopala führten zu keinem nennenswerten Ergebnisse. Das
Mineral egula (varr. e-, ac-glula) bei Plin. H. nat. XXXV. c. 15., eine
Schwefelart, wird auch nicht in Betracht kommen dürfen.

219. Marrones. „— — inter Burdonum Alpes — — Secus locum
autem illum habitat quoddam genus hominum, qui Marrones vocantur, et
arbitror ex Marronea aquilonari provincia illud nomen traxisse originem."
V. S. Odonis Cluniac. Abb. ap. Dufr. „Marones enim appellantur (in
Monte Iovis in Alpibus) viarum praemonstratores." Chron. S. Trudonis
l. XII. ib. „Ipsi quidem Marruci, rigentes videlicet Alpium incolae,
nihil quaestuosius aestimabant, quam ut suppellectilem Geraldi per iugo-montis
Iovina transveherent." Odo (s. dictus) in V. S. Geraldi II. c. 17. ib.

Wahrscheinlich liegen hier zwei Variationen oder auch Ableitungen Eines
Volksnamens vor, der durch die örtlichen Umstände appellative Bedeutung
gewann. Aehnliche Namen von Orten und Völkern bieten die Geographien.

Adelung zieht jedoch dazu den (wahrscheinlichen) Beinamen Merkurs : **Marunus** in einer helvet. Inschrift (Orell. Inscr. Helv. Nr. 237.); Pott Et. F. II. 589. den cisalpin. Beinamen (Vergilius) **Maro**. Caesar B. G. VI. c. 17. sagt von den Galliern : „Deûm maxime Mercurium colunt — —, hunc viarum atque itinerum ducem — — arbitrantur.‟ Den keltischen Gott nannten die Römer Mercurius, weil dieser längst die Wanderer leiten mochte (vgl. u. a. Theocr. Id. XXV.). Daß ein Gott der Wege auch in Britannien verehrt wurde, bezeugt eine Inschrift in Yorkshire, welche de Belloguet Nr. 297. aus Wright, the Celt. p. 274. citiert; er emendiert auch Deo „**Mapono**‟ in einer cumberland. Inschrift bei Henzen Nr. 5900. in **Marono**. Bemerkenswert ist es, daß Enneberg (in Tirol) im dortigen Romanzo **Marò** heißt.

Woher auch der Name stamme, so stimmt er samt seiner Bedeutung zu dem der **marroniers** im St. Bernhardskloster : der Diener (und Hunde?), die die verirrten oder verunglückten Reisenden aufsuchen und zurechtführen. Das frz. Adjektiv (eig. Subst.) **marron** bedeutet entlaufen, verwildert, versteckt, und wird namentlich auf Hunde, Schweine und Neger angewendet; aber es steht, besonders in den Mundarten, neben gleich und ähnlich lautenden Wörtern sehr verschiedener Bedeutung, auch botanischer. Die afrz. Wörter **maron** voiturier **maronier** marinier **maronnel** corsaire scheinen nicht hierher zu gehören, vgl. Diez 683. Eine Anzahl entfernt anklingender neukelt. Wörter mit der Bed. der Aufsicht und Leitung sind eher Kinder und Enkel des lat. **major**.

Mascauda s. Bascauda.

220. **Mastruca.** Die Stelle aus Cicero pro Scauro, die wir o. v. **Laena** in dem Excerpte aus Isidorus Hisp. mittheilten, meint bereits Quintilianus I. c. 5. (9.) : „**Mastrucam**, quod **Sardum** est, illudens Cicero ex industria dixit.‟ Dazu sagt Letzterer auch Prov. Cons. VII. 15 : „Res in **Sardinia** cum **mastrucatis** latrunculis — — gesta.‟ Aehnlich braucht Plautus Poen. V. 5, 33. **mastrûga** als Schimpfwort. Aus den späten Lateinern ist zu erwähnen : „— — inops habitus et **mastruca Sardorum**.‟ Acta S. Felicis Presb. to. I. Jan. p. 950. ap. Dufr. Die Glossatoren schließen sich an Isidorus an und haben theils „Vestis **Sardorum**‟, theils „v. Germanica‟; Iso Magister (die Florent. Glosse bei Graff II. 890.) sogar : „**Mastruga**, vestis ex **pellibus**, lingua **Gallica**, sicut acinacis, lingua **Persica**. Vocamus et **mastrugas renones** alio nomine, quae rustice eroterina (al. crotina, croserina, i. q. crusina) vocatur.‟ Die altd. Glossen übersetzen ebenfalls das oft variierte Wort (Formen s. im Gloss. lat.-germ. v. **Mastruga**) durch die dem mlt. crusina entsprechenden deutschen Formen; das alte korn. Glossar bei Zeuss 1121. durch **pengugh grec** Frauenhaube.

La Marmora sagt in seiner sardin. Reise : „**Mastruga**, vocabolo Sardo: vestiario di pelle usato anche al presente dai montanari.‟ Der Name selbst scheint überall verhallt.

Sonderbar ist die Glossierung durch **fortis, fortissimus**, bei Papias sogar ausdrücklich : „**Mastruga**, fortis valde, lingua **Sardorum**.‟ Diese lingua selbst ist bei dem Völkerwechsel auf jener Insel sehr unsicher; sie kann u. a. iberisch, ligurisch, keltisch, semitisch sein.

221 a. **Mataris**. Von den Helvetiern, Bojern und Tulingern erzählt Caesar B. G. I. c. 26 : „— — nonnulli inter **carros** rotasque **matares** (var. **mataras** Mscc.) ac **tragulas** subjiciebant, nostrosque vulnerabant." Die Belege des Wortes aus Sisenna bei Nonius (**materis** **gallische** Waffe) und Strabon ($\mu\acute{\epsilon}\varrho\iota\varsigma$ belgische Waffe) s. o. vv. L a e n a, L a n c e a. Strabons Epitomator schreibt $\mu\acute{\alpha}\alpha\varrho\iota\varsigma$. Auch bei Livius VII. c. 24 : „laevo humero **matari** prope trajecto" erscheint diese Waffe als eine Art gallischen Speeres; ebenso in der Schrift (Cic.) Ad Herenn. IV. 32. : „Ut si quis M a c e - d o n a s appellavit hoc modo : Non tam cito s a r i s s a e Graeciae potitae sunt; aut idem G a l l o s significans dicat : Nec tam facile ex Italia **materis** T r a n s a l p i n a depulsa est." Hesychios sagt : „$\Pi\alpha\delta\acute{\alpha}\varrho\epsilon\iota\varsigma$ (al. $\mu\alpha\delta\alpha$-$\varrho\epsilon\tilde{\iota}\varsigma$, $\mu\alpha\tau\acute{\alpha}\varrho\epsilon\iota\varsigma$) $\tau\grave{\alpha}$ $\pi\lambda\alpha\tau\acute{\upsilon}\tau\epsilon\varrho\alpha$ $\lambda\acute{o}\gamma\chi\alpha$ $\tau\tilde{\omega}\nu$ $\varkappa\varrho\epsilon\acute{\alpha}\tau\omega\nu$ (al. $\varkappa\epsilon\varrho\acute{\alpha}\tau\omega\nu$; „forte $\lambda\acute{o}\gamma\chi\iota\alpha$ $\tau\tilde{\omega}\nu$ $\delta o\varrho\acute{\alpha}\tau\omega\nu$" u. dgl.), K e l t o i." Spätere Formen erscheinen in „— — gladium vibrans aut **matarum** tenens." Agobard. l. c. Jud. Dei c. VI.; „Gladium tamen strinxi et **mataritata** (sic?) umbras cecidi." Fragm. Petronii de Coena Trimalcionis ap. Dufr. In späten Glossen kommt m a t e r a, m a t h e r a neben m a c e r a etc. aus m a c h a e r a vor, worauf das gallische Wort keinen Einfluß hatte; s. Gloss. lat.-germ. v. M a c e r a.

Glück 135 ff. zieht hierher auch den gall. Frauennamen **Materiona** und die zweite Hälfte des Volksnamens **Mediomatrici**.

Martinius nennt aus H. Stephan. Sched. IV. 3. die frz. Redensart : „il va comme un m a t e r a s desempenné", worunter er sonderbarer Weise ein telum pennatum (Plin.) versteht; auch nfrz. Wörterbücher geben sie als noch gebräuchlich, mit der Form m a t r a s, die auch die afrz. Wtbb. neben m a t e l a s für eine Art des Wurfgeschoßes (bes. Armbrustbolzen) haben, während nfrz. m a t a r i d e eben nur der französierte antike Namen ist. Jenes Wort lautet prov. m a t r a t z, m a t r a t, abgel. m a t r a s s i n a, und lebt in der Sprache, auch in angewandten Bedeutungen; es zeugt auch u. a. ein Zw. afrz. m a - t r a s s e r aprov. m a t r a s s e i a r nprov. m a t r a s s a r, das ursprünglich mit dem m a t r a s verwunden, dann überhaupt verletzen, zerstoßen, abmühen u. dgl. bedeutet. Afrz. m a t e r a s s e f. scheint auch den Schuß, nicht bloß den Bolzen, der Armbrust bedeutet zu haben.

Diese Endung a s u. s. w. dürfen wir nicht mit der alten (is) identificieren; sie leitet vielmehr das antike Wort weiter ab. Das Selbe gilt auch von dem Suffixe des brit. m a t a r a z, b a t a r a z f. massue; auch das afrz. Wort soll einen Bolzen mit stumpfem Ende bezeichnen, und das brit. Wort wird wol erst aus dem Französischen kommen; mlt. m a t i a Keule u. s. v. trennen wir, ebenso gadh. m a i d e m. lignum, fustis u. dgl. M.

Zeuss (97.) findet das antike Wort in dreien umgelauteten kymrischen einer formelhaften Stelle der Mabynogion wieder : „m e d y r, vab m e t h r e d y d, a u e t r e i" i. e. Jaculans filius Jaculatoris qui jaculabatur. kymr. m e d r (m e d y r) m. purpose, intent; skill to do a thing wird auch eine körperlichere Bedeutung gehabt haben; das Zw. m e d r u to have skill in bedeutete früher auch to shoot; vgl. auch korn. m a d r a to study, to consider m e d r a to behold u. s. M. Goth. Wtb. II. 78.

Die Vergleichung mit gath. m e a d a g u. dgl. (culter) ist ebenso zurückzuweisen, wie die von Holtzmann versuchte, von Glück hinreichend beleuchtete,

Identifizierung mit (unserem m e s s e r) ahd. m e z z e r e s, als bereits ver-
stümmelter Form. Eher verdienen die exoterischen Vergleichungen bei Pott
Lett. II. 49. Beachtung, mindestens Revision. Hier wenigstens verzichten
wir auf die Einordnung des kymr. m e d r (aus m a t r i, m a t a r i) in seinen
Stammbaum, und begnügen uns mit dem Bekenntnisse, daß wir unter vielen
von Andern und uns selbst versuchten Vergleichungen für m a t a r i s keine
passendere finden, obgleich kymr. m e d r eher das Schußziel, vielleicht auch
den Schuß selbst, als die Schußwaffe bedeutet haben kann.

221 b. M a u z a c u m. „Coenobium M a u z a c u m (al. M a u z i a c u m)
in A r v e r n i s sic cognomentatum dicitur eo quod i n t e r a q u a s conditum
sit." Nova Bibl. Labb. Rer. Aquit. (1657) p. 503., nach de Belloguet, der
meine frühere irrige Angabe berichtigt, und dem ich folgende Bemerkung
entnehme.

Jenes Kloster, vermutlich M u s i a c a s bei Gregor. Turon. Glor. Conf.
XLI., jetzt M a u z a c, M o z a c, wurde gegen 681 gegründet, nahe bei Riom
in der Auvergne. Der obige Text gehört zu einer Erzählung aus dem J. 761.

Wenn wirklich M a u z - aus früherem M u s - entstand, so ist die Deutung eine ganz irrige; auch a c u m eher nach keltischer Weise ein ableiten-
des (patronymisches) Suffix, nicht der Waßer bedeutende Theil der latinisierten
deutschen Ortsnamen. Der Etymologe war indessen wahrscheinlich ein romanisch redender Franzose, welcher aus lat. m e d i u s und a q u a entstandene
roman. Formen mit Recht oder Unrecht auf den Ortsnamen anwandte. Die
neukelt. mit m e d i u s und m i s c e r e verwandten Wörter (s. Goth. Wtb. II.
65.) für die Begriffe M i t t e, z w i s c h e n liegen mindestens so ferne, wie die
französischen, von m a u z ab, und kymr. a c h bedeutet nicht Waßer, wie
de Belloguet annimmt.

Dagegen ist altgall. M e d i o mit dem lateinischen identisch, und sofern
hat der gute Isidorus Hispalensis Recht, wenn er Orig. XV., wo er u. a. die
keltischen Ortsnamen M a n t u a, B u r d i g a l i s minder glücklich erklärt hat,
sagt: „Galli — — M e d í o l a n u m — — condiderunt. Vocatum autem
M. ab eo quod ibi sus m e d i o l a n e a (sic!) inventa prohibetur." Außer
diesem beliebten Städtenamen der alten Gallier enthält auch der Volksname
der M e d i o m a t r i c i das Wort, dessen zweite Hälfte o. v. M a t a r i s
nach Glück gedeutet wurde.

Dieses m e d i o erhielt sich in gadh. m e d ó n s. adj. der Glossen (Zeuss
740.) medium, jetzt m e a d h o n m. pars media, inpr. corporis; modus, opera,
ratio (engl. mean, means) m e i d h i n f. medium; u. s. v. Pictet giebt auch
kymr. m ê z (m ê d d) Mitte an, das uns unbekannt ist; in kymr. m e w n korn.
m e y n y within ist vielleicht der Dental ausgefallen, der in brit. ó - m é t o u
in medio, in auffallender Weise tenuis ist.

Was - l a n i u m bedeute, würde sich leicht durch das allgemein (neu-)
keltische l a n, l a n n entscheiden, wenn dieses nicht aus dem entsprechen-
deutschen l a n d entlehnt ist; Einzelheiten s. Goth. Wtb. h. v.

222. M e n t a. „M e n t a s t r u m (nepetam) Hispani creobula,
G a l l i m e n t a m vocant." Apul. Madaur de Herb. virt. c. XCI. Dagegen lautet die Parallelstelle bei Dioskorides III. c. 36. : „Ἡδύοσμον
Ῥωμαῖοι μένϑα, ἡδύοσμον ἄγριον μενϑάστρουμ." Plinius sagt u.
a. über beide Pflanzen : „Genus ejus (m e n t a e) silvestre m e n t a s t r u m est

— — **Mentae** nomen suavitas odoris apud **Graecos** mutavit [in ἡδύοσμον], cum alioqui mintha vocaretur, unde nostri nomen declaraverunt. — **Mentam** dico pulegiumque et nepitam." H. nat. XIX. c. 8. s. 47. cf. XX. c. 14. und XIX. c. 10., wo er »Sabinus Tyro in l. Cepuricôn, quem Moecenati dicavit« für die Menta citiert und den zusammengesetzten Namen calamintha (gr. καλαμίνθη, καλάμινθος) gebraucht.

Die Römer entlehnten den Namen, der zuerst bei Sabinus (s. o.) und Ovidius (Metam. X. v. 729.) vorkommt, am wahrscheinlichsten von den Griechen, in deren Mythen er verflochten ist (vgl. auch die Minthe als κωκύτιδα νύμφην bei Oppian. Halieut. III.). Formell stimmt dazu μίνθος Koth, auch eine im Kothe wachsende Blume, freilich keine ἡδύοσμα, aber sicher geruchreiche Dinge. Die ziemlich verworrene Stelle bei Apulejus hat wenig Gewicht; die neukeltischen Formen könnten, gleich den deutschen u. a., entlehnt sein.

Die Formen des sehr verbreiteten Namens sind : roman. magyar. menta frz. menthe kymr. mintys (vll. aus engl. mints pl.) korn. mente brit. ment; bent f. gadh. meann-t, -d, -tas, mionn -t, -tas, m. -tuinn f. (die Formen auf s, wie o. die kymrische? Sie unterscheiden bißweilen besondere Gattungen); ahd. minza, seltener munza, einmal menza mnhd. minze, münze, munze, (15. Jh.) monze, menze ags. minta engl. mint, mints mnnd. minte, mente, meente (auch in hd. Wtbb. mente, mendt) mnnl. munte schwed. mynta dän. mynte aslav. męta, mętva poln. miętka russ. mjata serb. mjatva u. s. m. litau. mēta, pl. mētos f. mētas, pl. mōtai m. lett. mēteres u. dgl. pl. estn. münti u. dgl. finn. minttu.

Mercasius s. **Marcasius.**

223. *Μερισειμόριον.* „*Μελισσόφυλλον Γάλλοι Μερισειμόριον.*" Diosc. III. 108.

Die erste Hälfte des gallischen Wortes hat, bei der leichten Verwechselung der Liquiden, viel Aehnlichkeit mit der des griechischen. Da wir die Wahl zwischen mehreren Honig- und Bienen-kräutern haben, deren jedoch keines in den neukeltischen Sprachen einen ganz entsprechenden Namen zeigt, so leiden wir an Ueberfülle der Wahl. Dieß ist auch bei Hrn. de Belloguet (Nr. 139.) der Fall, der unsere frühere hypothetische Vergleichung mit Ameisennamen, die formell sowol zur ersten, als zur zweiten Hälfte des Wortes passen (Ausführliches s. Goth. Wtb. M. 49.; kymr. morion bedeutet formicae pl.) wol mit Recht abweist. Unter seinen Vergleichungen erscheint uns am beachtungswertesten die Vergleichung des gadh. Kleenamens se'amar (s. u. v. **Visumarus**), wenn wir -σειμόριον trennen. Aber auch hier bieten sich für die erste Hälfte, wenn wir wiederum Liquidenwechsel annehmen, Vergleichungen mit kymr. meillion brit. melšon, melšen (š = frz. ch), m. trifolium (aber kymr. mill korn. melhyonen brit. melionen, f. Veilchen). Formell stimmen u. a. kymr. merys mespilus; meryw f. juniperus (mwyar acini, sg. -en f. mwyeri, mieri briars cf. morus u. s. m).

224. **Mioparo** quasi minimus paro (add. vulg. „idem et carabus."). Est enim scapha ex vimine facta, quae contecta crudo corio genus navigii praebet [vgl. den gadhel. curach u. s. m. o. v. **Carrus**], qua-

les utuntur Germanorum piratae in Oceani litoribus vel paludibus ob agilitatem. De qualibus Historia : Gens, inquit, Saxonum mioparonibus, non viribus, nituntur, fugae potius quam bello parati." Isid. Orig. XIX. c. 1. Letztere Stelle ist, wie Wuttke zu Aethicus bemerkt, aus Heges. V. entnommen, wo sie lautet : *» — . —* genus (Saxones) — — piraticis tantum myoparonibus, non viribus, utitur." Auch Sidon. Apoll. ad Nammatium VIII. 6. nennt »Saxonum pandos myoparones.« Nach Isidorus l. c. ist auch der einfache »paro navigium piratarum aptum et ex iis ita vocatum."

In der That aber gehören beide Wörter nicht in unseren Bereich, sondern sind die griechischen παρών und μυοπάρων, die schon frühe in die römische Sprache aufgenommen und z. B. von Cicero gebraucht wurden (auch das Dem. parunculus) und in dem Verzeichnisse bei Gellius o. v. Cateja vorkommen, sowie bei Festus und den späteren Glossatoren beliebt sind, wesshalb wir sie hier auch nicht weiter verfolgen; Vergleichungen s. Goth. Wtb. F. 21., die der Sichtung bedürfen.

Zur Ergänzung der Wörterbücher bemerken wir nur noch Folgendes. Aethicus Istricus hat ein tolles Durcheinander. Er sagt u. a. c. LVII. : „Vagiones naviculas — — pirones (aus parones? wie schon Martini annimmt) in barbarica lingua appellant (Albani, Meoti, Tulchi etc.);" versteht aber unter Meopari bald „nautici", welche die insolas septentrionales (Orcadas etc.) Meoparo-tas, -nitas bewohnen und Schiffe bauen, „quas colimphas nuncupant", bald verwechselt er die Namen des Volkes und seines Landes. U. a. erscheinen bei ihm c. LVI. „Gentiles maritimi, qui in Mioparo-Germanico habitant." Jene pirones sind wahrscheinlich identisch mit byrrones ib. c. XXXV., wie die, die Gadarontas insulas im Norden bewohnenden, musikalischen Barbaren „eorum lingua vocitant parvolas naves"; Wuttke vergleicht finnische Schiffsnamen (parra, pursi).

225. Mirmillo (myrmillo). »Retiario pugnanti adversus mirmillonem cantatur : Non te peto, piscem peto, quid me fugis, Galle? quia mirmillonicum genus armaturae Gallicum est, ipsique mirmillones ante Galli appellabantur, in quorum galeis piscis effigies inerat." Festus s. v. Retiario p. 284 sq. ed. Müller. Andre lesen hier murmillones u. s. w. Bereits Cicero Phil. III. 12. gebraucht die Benennung („ex mirmillone dux"); sodann Suetonius Calig. c. XXXII.; Juvenal. Sat. VI. („Euryalum mirmillonem") und VIII. v. 200. („mirmillonis in armis"), wozu ein Scholiast die Stelle aus Festus so excerpiert : „raetiarius pugnans adv. mirm. contabat" etc. und ein anderer (nach de Belloguet Nr. 199.) bemerkt : daß diese Waffe selbst nach dem Fische als Helmzier mirmillo geheißen habe. Dieser Fisch aber wäre nach Rittershausen zu Oppian. Halieut. I. der μόρμυλος, mormylus, von welchem ein Tract. ansc. de Piscibus bei Dufresne sagt : »hodie a Romanis mormillo, a Venetis mormyro, Massiliae et in toto Liguriae sinu mormo, in Hispania marmo." Dieß ist der Sparus mormyrus, frz. morme, der wahrscheinlich mit dem kymr. morfil (aus mormil) m. Seethier, monstrum marinum, cete (gadh. miol-mhor, mialmhara) keine Gemeinschaft hat.

Der gallische Ursprung des Wortes erscheint sehr unsicher.

226. *Μῶλυ.* „Illud Homericum **moly**" (Plin. H. nat. XXV. c. 10. s. 79.) setzen wir nur wegen einer Stelle bei Dioskorides III. c. 46. 47. (περὶ *Μώλυος*) hierher : „Καλοῦσι δέ τινες πήγανον ἄγριον καὶ τὸ ἐν τῇ Καππαδοκίᾳ καὶ τὸ ἐν τῇ κατὰ τὴν Ἀσίαν Γαλατίᾳ λεγόμενον μῶλυ, — Καλοῦσι δέ τινες αὐτὸ ἄρμαλα — —, Καππαδόκαι δὲ μῶλυ." Der Name der mythischen Pflanze mag einer alten Sprache Kleinasiens entnommen sein. Indessen legt Dioskorides IV. c. 8. (η Πολεμώνιον — — Καππάδοκες χιλιοδύναμιν καλοῦσι") ein reingriechisches Wort den Kappadoken in den Mund.

227. **Morimarusa.** In dem o. v. **Glaesum** mitgetheilten Berichte aus Plinius H. nat. IV. c. 13. nennt Philemon dieses Wort ein **kimbrisches**, das **mortuum mare** bedeute. Der Umstand, daß diese beiden Wörter in vielen indogermanischen Sprachen die Wurzel m r gemeinsam haben (oder zu haben scheinen), für beide aber die Vokale a und o in den verschiedenen Sprachen wechseln, erschwert die Zutheilung des alten Wortes zu einer bestimmten Sprache. Indessen gewährt das Suffix der zweiten Hälfte einen deutlicheren Grund, in ihr den Begriff **mortuum** zu suchen, mögen wir es nun bestimmter als Participialsuffix auffaßen, oder nicht. Wir dürfen uns bei der sprachlichen Untersuchung nicht durch eine vorgefaßte Entscheidung über die Abstammung der Kimbern präokkupieren laßen.

Indem wir nun die erste Hälfte der sichtbaren Zusammensetzung durch **mare** übersetzen, wogegen nur noch etwa die Reihenfolge beider Wörter (statt der, allerdings mindestens gleich geläufigen, umgekehrten) bei Plinius anzuführen wäre : so stellt sich **mori**, dem deutschen, lateinischen, litauischen, jedoch auch neben **mori**, gadhelischen **mari** gegenüber, als altgallisch, britannisch oder slavisch dar, wie die Vergleichungen o. v. **Aremorica** erweisen. Slaven aber dürfen in jener frühen Zeit und in jener Gegend nicht gesucht werden, wol aber Germanen, oder deren Vorgänger d. i. Kelten oder Finnen. Abgesehen davon, daß Letztere bei der Abstammung der Kimbern gar nicht in Frage kommen, so sind die zu **mari** gehörigen Wörter ihrer Sprachen (s. o.) wahrscheinlich erst später aus den germanischen und den slavischen entlehnt.

Uebrigens müßen wir noch auf die Möglichkeit aufmerksam machen, daß „a Cimbris inde usque" etc. nicht auf die Kimbern und ihre Sprache gehe, sondern vielmehr besage : daß erst von ihrem Lande oder Gestade an das Meer jenen Namen trage; die Wortstellung war auch in diesem Falle zur Deutlichkeit erforderlich.

Aus der Stoffmasse der Wz. m r mori, für deren ausführlichere Verhandlung wir auf unser Goth. Wtb., M. 30. verweisen, wählen wir hier nur die wichtigsten Belege für unsern Fall aus.

Jene Wurzel lautet in den arischen Sprachen (Asiens) **mar**, mit deutlich erkennbaren sekundären Variationen und Fortbildungen. Ob sie aus ihnen in die finnischen Sprachen (finn. und lapp. **murh**) übergieng, wißen wir nicht; in einigen der letzteren ist der germanische Ursprung zu jener Wurzel gehöriger Wörter wahrscheinlich; keinesfalls läßt sich **marusa** aus finnischen Sprachen erklären.

litau. **mirti** lett. **mirt** slav. **mrjeti mori**; litau. **maras** lett. **mēris**

slav. m o r, m. pestis zeigt wenigstens im Altslavischen auch noch die Bed.
ϑάνατος. Vgl. auch slav. m o r i t i litau. m a r i n t i interficere, slav. auch
mortificare u. dgl. Abgeleitet ist slav. m r y t v ū νεκρός; zugleich mit ver-
schmolzenem Präfixe, das in der aslav. Form noch sichtbar ist, litau. s m e r t i s
aslav. s ū m r y t y̆ nslav. s m r t, s m e r t y u. s. m. mors; ob hierzu auch der
deutsche Stamm s m r t (S c h m e r z) gehöre, laßen wir hier ununtersucht.

Die germanischen Sprachen zeigen als sicher hierher gehörig nur den
abgeleiteten Stamm m o r d, m a u r t h r φόνος, der auch in kelt., slav. und
finn. Sprachen übergegangen zu sein scheint.

Auch die hierher gehörigen neukeltischen Wörter haben ein konsonan-
tisches Suffix, wahrscheinlich b, woraus sich erst b h, w, v, u, o entwickelten, nicht umgekehrt ein vokalisches Suffix u, das zu v, darnach b h,
b erhärtete und in - u s a enthalten wäre, wofür wir jedoch nicht mit Zeuss
752. jenem b zu Liebe - u b a lesen mögen. Vgl. kymr. m a r w vb., s.
m., adj. brit. m a r v, m a r ð s. m., adj. m e r v e l, dial. m e l v e r m a r-
w e i n vb. m a r v e t part. korn. m a r o adj. m a r u, m y r w y, m a r w e l
etc. vb. mori, mors, mortuus (adj.) gadh. m a r b mortuus (bei Zeuss, 752.);
m a r b h adj. id ; s. m. id. (gen. m a i r b h); tranquillitas, silentium, Todten-
stille (gen. m a i r b h e); vb. occidere; m a r b h a n m. cadaver m a r b h a n t a
iners m a i r b h e f. deadness m a r b h a i d, m i o r b h a d occidere (m o r t
morden c. derivv.); brit. m a r v e l, m a l v e r letalis dial. (kornwal.) m e r-
l a ñ z f. mortalité kymr. m a r w o l d e r f. id. m a r w o l deadly, mortal;
u. s. v.

lat. m o r i; m o r t. Aus letzterem kaum alban. m o r r t, m o r t i j a
mors, da m u a r r morden als einheimisches Wort dárneben steht. In griech.
μορτός, βροτός u. s. w. nur abgeleitete und verdunkélte Formen; jedoch
vgl. μαραίνειν u. s. m.

Für - u s a finden sich, außer den bekannten griechischen und litauischen
Participialsuffixen, nur das dunkele und vereinzelte in goth. b e r u s j o s;
nicht participiale Ableitungen durch - u s kommen sowol in den vorgenannten, wie in den neukeltischen Sprachen häufig vor.

Das angeblich skythische A m a l c h i u m congelatum (o. v. G l a e-
s u m) schreibt Duncker (Origines Germanicae p. 96.) ebenfalls den Kelten
zu, und vergleicht gadh. m e i l i c h (algorem incutere vel sentire) m a l c
(Fäulniss), wozu wir noch bemerken könnten, daß gadh. m e i l g m. mors
und der Uebergang der Wz. m a r (mori) in m a l auch bei andern Völkern
hier eine Synonyme mit M o r i m a r u s a möglich mache. Vorläufig überlaßen wir das Wort den Skythen.

Bei dem dritten Meeresnamen der Berichte : C r o n i u m, ist keine
Sprache angegeben, wenn wir nicht „a Cimbris" ebenfalls (als Sprecher)
darauf beziehen; der zweite Bericht bei Plin. H. nat. IV. c. 16. (o. a. a. O.)
sagt ganz unbestimmt : „m a r e c o n c r e t u m (vgl. u. a. „a q u a n e q u e
c o n g l a c i a r e t frigoribus, n e q u e nive pruinaque c o n c r e s c e r e t"
Cic. de Nat. D. II. 10.) a n o n n u l l i s C r o n i u m appellatur"; in der
That ist damit auch nicht „mare concretum" als der Wortsinn des fremden
Namens ausgesagt. Auf Plinius (vgl. Solin. XIX.) stützt sich Isidorus Orig.
XIV. c. 6. : „pigrum et c o n c r e t u m est ejus (Thyles) mare." Sodann aus
früherer Zeit Dionys. Perieg. v. 31 sqq. :

„Πρὸς βορέην, ἵνα παῖδες ἀρειμανίων Ἀριμασπῶν
Πόντον μιν καλέουσι πεπηγότα τε, Κρόνιόν τε·
Ἄλλοι δ᾽αὖ καὶ νεκρὸν ἐφήμισαν εἴνεκ᾽ ἀφαυροῦ
Ἡελίου.“

Vgl. ebds. v. 48. : „Κρονίης ἁλὸς ἐκ βορέαο“ etc.

Eustathios in h. l. leitet den Namen von Κρόνος ab, und ein andrer
Scholiast setzt hinzu : „Κρόνῳ γὰρ τὸ ψυχρὸν ἀνατέθειται.“ Vgl. „Saturnia
stagna“ Claudian. de Laud. Stilich. I. 178. und Ukert, Germania S. 87 ff.
101. über die bei Ptolemaeos II. 1. vgl. VIII. 2., aber nur in einer oder
wenigen Hss., vorkommenden Worte : „ὃς καὶ πεπηγὼς ἢ κρόνιος ἢ νεκ-
ρὸς Ὠκεανὸς καλεῖται“ (ganz wie bei Dionysios). Auch Orpheus Argon. V.
1080. spricht von „Ὠκεανῷ, Κρόνιον δέ ἑ κικλήσιουσι.“ Noch einiges Weitere
s. bei Ukert I. 2. S. 341. Schneider in Orph. Argon. l. c. Wir haben kein
Recht, dem alten Kronos profane Ableitungen vorzuziehen, unter welchen indessen kymr. cronni to dam up waters, obstruere (crawn m. obstructio;
vgl. Goth. Wtb. II. 444.) auffallend stimmt. Die Vorväter der Angelsachsen
könnten gar jenes Meer nach dem Walfische (ags. hrán, hrón m.) benamt
haben, wie ja wirklich ags. hrán-mere, -rád als Meeresnamen vorkommen. Weit merkwürdiger, als diese Begegnung, aber wäre der altpreus-
sische Meeresname Chrono bei Lukas David, wenn er wirklich mit dem
uralten Cronium identisch ist; vgl. Schafarik-Wuttke, Slav. Alt. I. 496.,
der den Flußnamen Χρόνος Ptol., Χρύνος Marc. Heracl., Chronius
Ammian. dazu stellt.

228. Murcus. „Nec eorum (Gallorum, maxime apud Aquitaniam)
quisquam, ut in Italia, munus martium pertimescens, pollicem sibi praeci-
dit, quos localiter (al. jocaliter) murcos adpellant.“ Amm. Marcell. XV. c. 12. „Murcus, qui praecisum habet nasum.“ Gloss. Isonis.
„Murcus lidiscarter.“ Gloss. Salemon. „Scripsisti in his, clericos, quos
constituas non habere, aliquos vero murcos, aliquos bigamos esse.“ In-
nocent. ad Felicem Nucer. Episc. ap. Dufr. Murcare (ungues) i. e. rese-
care ap. Mon. Sangall. I. c. 34. (ib.) „Murcinarius, mutilus.“ Gloss.
Isid. „Morcidat, τήκει, macerat.“ Suppl. Antiq. ap. Dufr.

Der Ausdruck „localiter“ geht eher auf Italien, wo jene Unsitte im
Schwange war, als auf Gallien. Dort finden wir ein ebenso seltenes mur-
cidus ignavus, erst spät bei Pomponius Bononiensis, wenn nicht auch schon
sehr frühe bei Plautus Epidic. III. 1. v. 12., wo jedoch muris-, muri-
cidus richtiger scheint; die Gloss. Labbaei erklären : „Muriscidus,
homo ignavus et remissus et ad nihil aliud utilis, nisi ad mures scinden-
dos; unde Plautus in Epidico : Vae tibi, inquit, muriscide homo!“ Aus
der Venus Murtia, Murcia, haben, wie es scheint, die Gegner dieser
Göttin : Augustinus (Civ. Dei. IV. 16.) und Arnobius (adv. Gentil. IV.), eine
Murciam, Mursiam segniam Deam gebildet. In Italien finden wir ferner
Mons Murcus, Vallis Murcia; vgl. de Belloguet Nr. 49.

Es fragt sich demnach, ob jenes murcus eigentlich ignavus, Träger,
Feigling, oder mutilus bedeute. Für letztere Bedeutung stimmen die späteren Quellen, sowie die Vergleichung mit ahd. murg curtus (in „murga
uuila uuerenta mutabilem“) mhd. murc u. s. w. putridus (Benecke-Müller

h. v. Goth. Wtb. II 37. 38.). Auch der, gadhel. Stamm m o r c, m o r g
(aber auch m o r a c) bedeutet Fäulniss; überhaupt mag sich eine zahlreiche
Sippschaft anreihen.

229. M u r o wäre nach Adelung (im Mithridates) der gallische Name der
Pflanze M y o s o t i s bei Plin. H. nat. XXVII. c. 4. Aber weder hier, noch
ebds. c. 12., wo von dieser Pflanze die Rede ist, finden wir den gallischen
Namen. Die keltischen Sprachen haben einen nur ihnen eigenen Namen für
Maus : kymr. 11 ŷ g coll. 11 y g o d pl. 11 y g o d e n sg. korn. 1 y g o d z h a n
sg. brit. 1 ô g ò d pl. 1 ô g ò d e n gadh. 1 u c h, f.

230. M u s m o. „Est et in H i s p a n i a, sed maxume C o r s i c a, non
maxume absimile pecori, genus m u s m o n u m (al. m u s i m o n u m etc.),
caprino villo, quam pecoris velleri, propius. Quorum e genere et ovibus
natos Prisci u m b r o s (al. P i s c u m b r e s, Prisci i m b r e s) vocarunt. — —
Vita (pecori) longissima anni X, in A e t h i o p i a XIII. Capris in eodem loco
XI, in r e l i q u o o r b e plurumum octoni.“ Plin. H. nat. VIII. c. 49.
„M u s i m o n e s asini, muli aut equi breves. Lucil. l. VI. : Pretium emit
qui vendit equum m u s i m o n e m.“ Nonius. „Γίνονται δ'ἐνταῦθα (ἐν Σαρ-
δόνι) οἱ τρίχα φύοντες αἰγέαν ἀντ' ἐρέας κριοί, καλούμενοι δὲ μούσμωνες,
ὧν ταῖς δοραῖς θωρακίζονται.“ Strab. V. p. 225.

Die späten Lateiner entstellen das Wort, das iberischen Ursprungs zu sein
scheint, mehrfach. „T i t i r u s ex ove et hirco, m u s i n o ex capra et ariete
Est autem dux gregis.“ Isid. Or. XII. c. 1. Spätere Glossatoren haben
m u s c i - n o, - o, m u s i n a. In einem Mönchsmärchen wird ein Esel m u s -
c i o angerufen (Henricus Mon. ap. Dufr.). Zeningers Glossar von 1482 hat
„m u s c i n o tyer von einer gayß vnd einem wieder geporn.“

Span. m u s m o bedeutet hijo de cabra y carnero, ist aber (wie lat. m u s -
m o n bei unsern Zoologen) auch synonym mit m o f l o n ital. m u f l o n e
frz. m o u f l o n ovis ammon; woher stammt dieser roman. Name? Als sar-
dische Formen für Ovis Musmon werden angegeben. (Ausland 1857. Nr. 27.)
m u f f r o n e, m u r v o n e, m u r o n e.

N.

231. N a g a r b a, der gallische Name einer Art verhärteter Erde, nach
Adelung (Mithr.), der sich dabei auf Martinius beruft. Aber Letzterer gibt
vielmehr die Stelle aus Augustin. lib. de Mirabb. S. Script. c. XXIV., wo
von der Wandelung des Waßers in Stein die Rede ist : »In caeteris quoque
quos (lapides) longe admodum aetatis mare ad terras projecit, s u p e r -
p o s i t a e m o r e n a g a r b a e videntur, quas non de maris glarea eleva-
tas, sed ex ipsa marini humoris qualitate et eorum extrema corporum indu-
rata cute admodum esse concretas, ipsa consideratione probavimus.“ Martinius emendiert : „superposita moles, ut g a r b a e, videntur“, und vermutet : der Verfaßer dieses (in Augustins Werken tom. III. aufgenommenen)
Buches sei Kelte oder doch keltischer Sprache kundig gewesen. Vielmehr
aber deutsch ist das mlt. (später auch j a r b a, g r a b a) prov. katal.
aragon. ahd. g a r b a nprov. g a r b o afrz. pikard. g a r b e (auch afrz. i a r b e,
j a r b e nach Dufr.) nfrz. (daher engl.) g e r b e ahd. k a r p a mnhd. g a r b e
alts. g a r v a nnd. nnl. und bei Theuton. g a r v e nl. bei Kiliaen g a e r w e,

garwe, garbe nnl. garf, f., in Gloss. des 15. Jh. auch hd. garwe, garb, gerbe, grabe, grappe, grapp nd. graue (grave) manipulus; vielleicht grundverschieden von dem gleichbed. altn. kerffi n. schwed. kärfva m. dän. kärve, kjärv c. Auch ein andres glbd. mlt. Wort : gelima, ist germanischen Ursprunges : ags. gilm m. engl. yelm; vgl. Goth. Wtb. II. 404. 774. Gloss. lat.-germ. 258 c.

232. **Nantuadis.** „Un acte de l'Emp. Lothaire I., daté de 852, nous dit que le couvent de **Nantuadis** (Nantua) tirait son nom de sources qui l'avoisinaient (D. Bouq., t. VIII. p. 388). La Chroniq. de saint Bénigne, an 875, l'explique par la multitude des eaux qui s'y réunissaient." De Belloguet Nr. 252. Hierher gehört auch der seit Caesar bekannte altgall. Volksname **Nantuates**, auf welchen bereits Adelung (Mithr.) aufmerksam macht. Vgl. kymr. nant, pl. neint, nentydd, f. (vallis Zeuss 782.) brook, rivulet; a hollow bottom korn. nance, nans, nantz valley, properly, level, plain, dale brit. nant, pl. -ed, m. torrent, courant; vielleicht auch a nt pl. -o u, m. fosse entre deux sillons, rigole, tranchée, ride. Viele Ortsnamen in Wales und Cornwall enthalten das Wort.

233. „**Nauso** devehat" (auf gallischem Gebiete) bei Ausonius Epist. XXII. scheint ein gallischer, mit navis verwandter, Schiffsname zu sein. Auf keltischem und germanischem Gebiete gehört zu diesem verbreiteten Wortstamme gadh. naibh, naebh f., dem naibheag f. navis, vielleicht nur Lehnwort; ebenso brit. nef, nev, néô, vann. neu f. vase, pétrin, auge, huche, vaisseau; néô-iliz f. i. q. frz. nef de l'eglise. hd. nau, nâwe, naue s. Benecke-Müller II. 319. nebst Citaten, bei Kiliaen sicambr. nauwe; vielleicht auch ahd. nacho mhd. nache nhd. nachen wetterau. achen ags. mlt. naca alts. naco mnl. (kil.) naecke, aecke nnl. nâk, åk altn. nöckvi, m. nl. f.

234. **Nodfyr.** „De igne fricato de ligne i. e. nodfyr." Indic. Superst. XV. i. q. nedfratres A. Conc. Leptin. A. 743. (843.) c. 2. ap. Dufr. Capit. spuria Bened. I. 2. ap. Pertz. (al. metfratres); „sacrilegos ignes, quos nedfri vocant." Capit. Caroli. M. V. c. 2. ap. Dufr. „s. i., qu. niedfyr v." Capit. Carlomanni a. 742. (842.) c. 5. Varianten und Weiteres s. bei Dufresne v. Nedfri; Grimm Myth. 570. 573 ff. Wir führen das (sächsische) Wort zunächst wegen des Vorkommens in dem Indiculus superstitionum an.

235. **Nimidae** etc. s. Δρυνέμετον.

O.

236. **Odocos** s. Δουκωνέ.

237. **Ογμιος.** Lukianos erzählt in seinem ʿΗρακλῆς : „Τὸν ʿΗρακλέα οἱ Κελτοὶ Ογμιον ὀνομάζουσι φωνῇ τῇ ἐπιχωρίῳ, τὸ δὲ εἶδος τοῦ θεοῦ πάνυ ἀλλόκοτον γράφουσιν." Folgt dessen Beschreibung. Darauf sagt ein gebildeter Κελτός : „Τὸν λόγον ἡμεῖς οἱ Κελτοὶ οὐχ ὥσπερ ὑμεῖς οἱ "Ελληνες ʿΕρμῆν οἰόμεθα εἶναι, ἀλλ' ʿΗρακλεῖ αὐτὸν εἰκάζομεν" κ. τ. λ. Eine alte Schrift (Geheimschrift) der Iren hieß ogham, oghum, von welcher vielleicht erst als Eponymos ,,Ogma, Elathani filius" hergeleitet

ist. Dem gadh. o g h a m soll ein kymr. Wort o g w y d d o r entsprechen, was aber eine Verwechselung mit g w y d d - o r , - a u r f. rudiment ist. Die Akten über die Schrift der britannischen wie der gallischen Kelten liegen noch so ungeordnet vor uns, daß wir die nur mit ihrer Hülfe mögliche Untersuchung über den 'Ηϱαϰλῆς 'Ογμιος und den O g h a m lieber hier noch ganz unterlaßen.

238 a. O l c a. „Erat autem haud procul a basilica c a m p u s t e l l u r e f o e c u n d u s, tales enim i n c o l a e (C a m p a n i) o l c a s vocant." Gregor. Turon. de Gloria Confess. c. LXIX. Formen des Wortes, das seit dem frühen Mittelalter besonders in Frankreich häufig vorkommt, s. bei Dufresne h. v.; u. a. o l c h i a, o c h i a, o s c h i a; daher afrz. o u c h e, o u s c h e terre labourable enclose de haies ou de fossés u. dgl. Roquefort sagt, daß es (heutzutage) im Berri einen kleinen Hof mit Viehställen bedeute; in der Bedeutung von taille (Kerbstock) trennt er es wol mit Unrecht, da die Grundbedeutung incisio, sulcus sein mag, wozu auch Diezens Herleitung aus griech. ὦλϰα, ὦλαξ (αὖλαξ) stimmt. Eine gallische Form des lat. s u l c u s mögen wir um so weniger annehmen, da dieses mit bleibendem s auftritt in dem glbd. kymr. s y l c h f., wogegen ags. s y l h, s u l h, s u l g, s u l etc. n. oder m. p f l u g bedeutet, wie noch dial. engl. s u l l (Weiteres s. bei Grimm Gr. III. 415. 416.).

238 b. „O m â s u m βϱεῖον ϰόπεϱν λιπαϱόν, τῇ τῶν Γάλλων γλώττῃ, ἐχῖνος." Gloss. Philoxeni.

Das Wort scheint vielmehr altlateinisch. Es kommt vor bei Naevius (Aulularia ap. Nonium II.), Horatius Epist. I. 15. v. 34. Sat. II. 5. v. 40. Plin. H. nat. VIII. c. 45. s. 70. Die späteren Glossatoren haben meist msc. o m a s u s. Zahlreiche deutsche Glossen, in welchen es oft mit o m e n t u m confundiert wird, s. Gloss. lat.-germ. vv. O m a s - i u m, - i u s, - u m.

239. O r c a. „Ubi conditum novum vinum, o r c a e in H i s p a n i a fervore musti ruptae, nec non d o l i a in I t a l i a." Varro R. r. I. 13. Cf. Fest. p. 180. ed. Müller.

Als (lateinischer) Gefäßname wechselnder Bedeutung kommt das Wort noch vor bei Plinius II. nat., namentlich XV. c. 19. s. 21. Persius Sat. III. v. 50. Columella XII. c. 15. Isidorus Hisp. Orig. XX. 6. sagt: „O r c a est amphorae species, cujus minore vocabulo u r c e u s, diminutivo u r c e o l u s est." Das entsprechende griech. ὄϱϰη (Dufr.) wird, wie ags. o r c m. (dieses aber eher aus dem, auch in andere german. Sprachen übergegangen, u r c e u s), aus dem Lateinischen stammen, mit welchem es auch nach Hispanien wanderte, wo sich so manches alte italische Bauernwort länger erhielt, als im Mutterlande.

(Γάλλις) Ὄψις s. Ἀλβολον.

240. O u a l i d i a. „C h a m a e m i l o n Galli o u a l i d i a m, C a m - p a n i a m a l o c i a m, D a c i a m a l u s t a m vocant." Apul. Mad. de Herb. virt. c. XXIII.

In deutschen Kräuterbüchern erscheinen die Namen in Varianten : a m a - l o c i a i. a u l i t i c a, m a l a t i a, m a l i u m; a m a l a t i a i. o u a l i d - i a, - a, c a m e m e l o n, a p i a n a t h o b a r i Graff V. 98. c h a m i l l e n Tabernaemontanus.

Die den Kampanern und den Daken zugeschriebenen Namen stammen sicher, mit ihnen wahrscheinlich auch der gallische, aus Einer Quelle, die wir, in dem so mannigfach und schon frühe variierten $\chi \alpha \mu \alpha \iota \mu \eta \lambda o \nu$ suchen.

Ov s. V.

P.

241. **P a b a**. „Fuit miles quidam nomine R a i m u n d u s, cognomento **P a b a**, sic cognominatus, quia l i t e r a s n o v e r a t." Chartar. Eccl. Auxitanae c. LXXVII. de Clodovaeo rege Franc. ap. Dufr.

Wahrscheinlich, wie bereits Adelung u. A. vermuten, i. q. p a p a der Priester und $\varkappa \alpha \tau' \dot{\epsilon} \xi o \chi \eta \nu$ Schriftgelehrte.

242. **P a d u s**. „Metrodorus tamen Scepsius dicit, quoniam circa fontem arbor multa sit p i c e a, quales G a l l i c e vocentur p a d i, hoc nomen accepisse (sc. P a d u m fluvium; al. quae p a d e s G. vocetur, P a d u m hoc etc.; quae p e d e s G. etc.). L i g u r u m quidem lingua amnem ipsum **B o d i n c u m** (al. **B o d i c u m, B o d i n g u m**) vocari, quod significet f u n d o c a r e n t e m. Cui argumento adest oppidum juxta Industria, vetusto nomine **B o d i n c o m a g u m**, ubi praecipua altitudo incipit." Plin. H. nat. III. c. 16. s. 20. „$\Pi \alpha \varrho \dot{\alpha}$ $\mu \dot{\epsilon} \nu$ $\tau o \tilde{\iota} \varsigma$ $\dot{\epsilon} \gamma \chi \omega \varrho \acute{\iota} o \iota \varsigma$ $\dot{o}$ $\pi o \tau \alpha \mu \dot{o} \varsigma$ ($\Pi \alpha \delta o \alpha$) $\pi \varrho o \sigma \alpha \gamma o \varrho \varepsilon \acute{v} \varepsilon \tau \alpha \iota$ $B \acute{o} \delta \varepsilon \gamma \varkappa o \varsigma$." Polyb. II. c. 16. Dieser Name lautet verderbt $B \acute{o} \chi \varepsilon \varrho \sigma o \varsigma$ bei Theon ad Arat. Phaen. 359. Auch steckt er in „$B \varepsilon \beta \acute{\varepsilon} \gamma \varkappa o \varsigma$ (emendd. $B \acute{\varepsilon} - \delta \varepsilon \gamma \varkappa o \varsigma$ Is. Voss. $B \acute{o} \delta \varepsilon \gamma \varkappa o \varsigma$ Palmer.) $\dot{o}$ $' H \varrho \acute{\iota} \delta \alpha \nu o \varsigma$ $\dot{v} \pi \dot{o}$ $\tau \tilde{\omega} \nu$ $' E \nu \varepsilon \tau \tilde{\omega} \nu$." Hesych.

Die in mehrfacher Hinsicht wertvolle Stelle bei Plinius (Metrodorus) unterscheidet, wie den Flußnamen bei Galliern und Liguren, so auch deren Sprachen, die wiederum in dem Stadtnamen (mit dem bekanntlich gallischen m a g u m) von Alters her einträchtig verbunden sind.

Vergleichen wir zuvörderst Eigennamen, so finden wir für den gallischen Namen des Flußes nur den unmittelbar zu ihm selbst gehörenden **P a d u s a** bei Plin. l. c. (Padi fossa vel ostium) und bei Vergil. Aen. XI. v. 457. Der Stadtname lautet in Inschriften auch **B o d i n c o - m a g u s, - n i g u m** (sic?), der späten Schreibungen, wie **B o n d i c o m a g u m** u. dgl. nicht zu gedenken. Nahe an klingt **B o d u n g o, B o d a m i** Castrum, woher der Bodensee den Namen haben soll. Eine Wz. B o d ist in altkeltischen Namen nicht selten; ebensowenig das Suffix n k, vgl. Zeuss 774. Glück 16 ff.

Die Möglichkeit : daß die Liguren im Süden, gleichwie die Gadhelen im Nordwesten, ein, der unter dem Namen der Gallier bekannte Völkermasse vorausgewanderter, keltischer Stamm waren, läßt uns auch an die Möglichkeit denken : daß der ligurische Namen von dem gallischen nur durch Lautstufen und Suffix, nicht aber durch die Wurzel, unterschieden war. Freilich ist ihre Bedeutung, vielleicht aber auch nur ihre Deutung durch klassische Barbaren, himmelweit verschieden.

Vergeblich suchen wir das alte Wort der cisalpinischen Gallier bei den heutigen Kelten beider Britannien; kymr. f f a w in f f a w y d d, das auch durch pines or firs übersetzt wird, ist das vermutlich importierte lat. f a g u s; keltisches u. a. Zubehör s. Goth. Wtb. B. 1. Finnische Namen klingen an, wie finn. p e t ä j ä pinus silvestris estn. p e d d ä g a s abies; näher aber ein griechischer Baum oder Strauch π ά δ ο ς, vielleicht ein Fremdwort.

Die Erklärung des ligurischen Namens durch den deutschen B o d e n leuchtete schon frühe den Etymologen ein, obgleich hier ein „lucus a non lucendo" vorlag, wofür freilich wiederum » b o d e n l o s " aushalf. Berosus Annianus sagt, angeblich nach Plinius, von dem Padus: »a profúndítate B o-d y n a dictus est a L y g u r i b u s vocabulo S c y t h i c o." Beiläufig bemerkt, entspricht dem d. b o d e n ahd. b o d a m ags. b o t m schwed. b o t t n dän. b u n d auch gadh. b o n d, b o n n u. s. w., vgl. u. a. Kuhn Zeitschr. II. 320. V. 320. Beitrr. I. 86, Goth. Wtb. I. 253 ff.

Mit mindestens gleichem Rechte könnten wir, wenn wir nicht Wz. b d und Suffix n k annehmen wollen, in b o ein dem slavischen b e s, b e z, b e z ů und dem alban. p á verwandtes Privativpräfix, und in d i n, d e n das slav. d ů n o fundus suchen, wozu denn Suffix k a getreten wäre. So heißt eine Quelle in Podlachien (vgl. die Zeitschrift Ausland 1841 Nr. 254.) B e z o-d i n a, -d n t a i. e. fundo carens, poln. b e z d e n n y böhm. b e z e d n ý u. s. w.; aslv. b e z d y n a ἄβυσσος.

Vielleicht entsprach ligur. b o d dem griech. β α θ ύ ς.

243. P a l a g a etc. s. **B a l u x.**

244. P a n i c u m nehmen wir nur auf, weil es vorzüglich in beiden Gallien genannt wird: bei Caesar B. Civ. II. c. 22., freilich nebst h o r d e u m, in Massilia; Plin. H. nat. XVIII. c. 10 sagt:»P a n i c o G a l l i a e quaedam, praecipue A q u i t a n i a utitur; sed et C i r c u m p a d a n a I t a l i a, addita faba, sine qua nihil conficiunt. P o n t i c a e g e n t e s nullum p a n i c o praeferunt cibum." Er unterscheidet es von m i l i u m, das er vorzüglich den Kampaniern zuschreibt, indessen auch ibid. c. 30. bei der Ernte in Gallien beschreibt (s. u. v. V a l l u s). Vielleicht jedoch hat Strabon IV. p. 190. das Panicum gemeint, wo er sagt : „Ἡ μὲν παρωκεανῖτις τῶν Ἀ κ ο υ ι-τ α ν ῶ ν — — κ έ γ χ ρ ῳ τρέφουσα." Zu ἔ λ υ μ ο ς Diosc. II. c. 120. setzt der Interpolator: „Ῥωμαῖοι π ά ν ι κ ο υ μ." Plinius l. c. XVIII. c. 7. leitet den Namen „a p a n i c u l i s", freilich formell verkehrt; die Deutung als Brotfrucht κατ'ἐξοχήν ist die einfachste, doch fehlt es an örtlicher Begründung für solche Bevorzugung gerade dieser Frucht. Isidorus Hisp. Orig. XVII. c. 2., der die schon bei Paulinus Epist. ad Sever. III. vorkommende Form p a n i c i u m hat, leitet sie sogar von p a n i s v i c i u m ab. Andere mlt. Formen sind p a n i-c i u s, -c i a, -c h i u m, -c l u m u. s. m.; auch mlt. p a n i c i a ital. raet. p a n i c c i a puls, vorzüglich raet. Hirsebrei und Hirse selbst, gehört dazu, da p a n i c u m, m i l i u m u. dgl. vorzüglich zu Brei dienen, vgl. Plin. ll. c. und deutsch b r e i n milium. Die Frucht selbst heißt ital. p a n i c o venez. p a n i z z o span. p a n i z o, p a n i s o l a port. p a i n z o dakorom. p a r i n c u raet. (s. o.) p a n i č a (-t s c h a) afrz. p a n i t z nfrz. u. s. w. p a n i c. In den deutschen Verstümmelungen f e n c h u. dgl. neben f e n c h e l (-hirse) mischt sich f o e n i c u l u m ein, das sogar ausdrücklich in den Glossen als synonym mit p a n i c u m bezeichnet wird; vgl. Gloss. lat.-germ. vv. F e n i c u l u m. P a n n i c h i u m. Die neukelt. Sprachen haben das Wort nicht, kaum die Sache; aber aus frz. m i l frz. engl. m i l l e t kymr. m i l e d gadh. m i l e t d brit. m e l l m.

245. *Παράσιτοι* s. **B a r d u s.**

246. **P a r m a**, vielleicht identisch mit dem Namen der bekannten Etrus-
kerstadt in Gallia Cispadana, kommt frühe vor bei Varro de L. l., Vergil.
Aen., öfters bei Martialis, Livius, ebds. (IV. c. 39.) die **P a r m a t i**; das Dem.
p a r m u l a bei Horat. Od. II. 7.; bei Quintil. II. 11. der **P a r m u l a r i u s**,
der Beistand des Threx, des **t h r a k i s c h e n** mit der **p a r m a** bewehrten
Fechters. Aber letztere nennt in einer o. v. **G e s u m** mitgetheilten Stelle
Silius Italicus als charakteristisch **h i s p a n i s c h e** Wehr, und desswegen
nehmen wir sie hier auf. Auch vielleicht (zugleich) auf Hispanien deutet
die Angabe bei Suidas: »Πάρμαι δερμάτινοι ϑυρεοί παρὰ Καρχηδο-
νίοις.« Eine alte Glosse übersetzt **p a r m u l a** durch πελτάριον. Spätere
Varianten und Glossen s. bei Dufresne und besonders im Gloss. lat.-germ. v.
P a r m a. Mit dem **p a r m u l a r i u s** wurde leicht der **p a l m u l a r i u s**,
παλμουλάριος ἢ σκουτάριος verwechselt.

247. **P a s s e r n i c e s.** „Repertae sunt (cotes) **t r a n s A l p i s**, quas
p a s s e r n i c e s vocant." Plin. H. nat. XXXVI. c. 22. s. 47. Dieß ist
Alles, was wir darüber zu sagen wißen.

248. **P a t ê r a e s. D r u i d e s.**

249. **Πεμπέδουλα.** „**Π ε ν τ ά φ υ λ λ ο ν** — — Γάλλοι πεμπέδουλα (var.
πομπαιδουλα), Δακοὶ προπεδουλά (var. προποδιλά)." Diosc. IV. c.
42. „**P e n t a p h y l l o n** — — Galli p o m p e d u l o n, Daci pro-
p e d u l a, allii d r o c i l a, Itali q u i n q u e f o l i u m." Apul. Mad. de
Herb. virt. c. II.

Wir haben hier eines der entschiedenen Schiboleths für die kymrobritonischen Lautstufen der altgallischen Sprachen, gegenüber der gadhelischen,
vor uns. Die alte Zusammensetzung lebt noch in kymr. **p u m – d a l e n**,
-n a l e n brit. **p e m p d e i ł**, f. quinquefolium, auch kymr. **p u m b y s** brit.
p e m p í z, p e m p e z, (auch cicuta) f. d. i. Fünffinger (-kraut), πεντε-
δάκτυλον; und in gadh. **c ů i g d h u i l l e a g a c h** (auch **s e a m r a g c h ů i g-
b h i l e a c h** d. i. fünfblätteriger Klee vgl. u. v. **V i s u m a r u s**), mit dem
erwähnten Lautgegensatze.

Hier die erste Hälfte in ihrer Beziehung zu den wichtigsten indogermanischen Formen des Zahlworts 5; in den neukelt. Sprachen sind die beiden
Vokale der obigen Varianten durch o (u) und e vertreten.

sanskr. zend. **p a n ĉ a n** (Thema); in modernen arischen Sprachen **p a n ĉ,
p a n ğ** u. s. m. osset. **f o n d z** armen. **h i n k**; litau. **p e n k i** lett. **p e e c i**
u. s. w. aslav. **p ę t y** griech. πέντ̗ε aeol. πέμπε alban. **p e s ĉ** osk. **p o n-
t i s** lat. **q u i n q u e** gadh. **c ů i g**, früher **c ô i c** kymr. **p i m p** (Gloss. Oxon.),
p u m p, in Zusamm. **p u m**; korn. **p y m p** brit. **p e m p** goth. ahd. **f i m f**
(goth. auch **f i m**, **f i f** krim. goth. **f y u f**) ahd. **f i n f, f u n f** mnhd. **f û n f**
sächs. fries. **f i f** (nnd. engl. **f i v e**) altn. **f i m m** nnord. **f e m**.

Die zweite Hälfte des alten Wortes, wie der modernen, ist kymr. sg.
d a l e n, d e i l e n coll. **d e i l** (Mabyn.) kymr. korn. **d a i l** korn. (sing.) **d e l e n**
etc. brit. **d e l y e n** gadh. **d u i l l e** (-en Glosse bei Stokes), f. folium. Das
altgall. u in der Zusammensetzung wird, wie neukelt. ei, e, ui, aus a umgelautet und abgeschwächt sein, das auch in sanskr. **d a l a** n. id. (sonst pars,
vgl. Goth. Wtb. II. 611.) erscheint. Anderweitige sichere Spuren dieses
Wortes (außer den dakischen Formen) finde ich nirgends. Für weiter füh-

rende Erörterungen verweise ich auf die Ansichten und Citate meiner Recension über Holtzmanns Werk in Kuhns Zeitschrift IV. 5. S. 394. und auf Stokes, Irish Glosses p. 94.

Dem als dakisch gegebenen Namen trauen wir nicht und halten ihn, trotz Leos sanskritischen Vergleichungen in Kuhns Z. III. 3. S. 192. für variiert aus, oder mindestens gemischt mit, dem gallischen; für $\pi\varrho o$ vgl. $\pi\varrho o\delta\iota o\varrho\nu a$ o. v. $Iov\mu\beta a\varrho ov\mu$. Vielleicht sollte Daci, $\varDelta a\varkappa o\iota$ nur vor drocila stehn. Die Endung $\delta\eta\lambda a$ und ähnliche in den dakischen Pflanzennamen bei Dioskorides und Genoßen mag der keltischen dala, dula entsprechen; doch fällt das ebenfalls häufige Suffix la in diesen Namen auf. Wir geben eine Uebersicht.

$\Pi\varrho\iota a\delta\eta\lambda a$ (var. $\pi\varrho\iota a\delta\iota\lambda a$; $\check{a}\mu\pi\epsilon\lambda o\varsigma$ $\mu\acute{\epsilon}\lambda a\iota\nu a$, $o\acute{\iota}$ $\delta\grave{\epsilon}$ $\beta\varrho\nu\omega\nu\acute{\iota}a$ μ.), diodela (millefolium), $\delta o\nu\omega\delta\eta\lambda\acute{a}$ ($\grave{a}\mu\acute{a}\varrho a\varkappa o\nu$), origanum vulgare), $\tau\epsilon\nu\delta\iota\lambda\acute{a}$ ($\varkappa a\lambda a\mu\acute{\iota}\nu\vartheta\eta$), $\varphi\iota\vartheta o\varphi\vartheta\epsilon\vartheta\epsilon\lambda\acute{a}$ (var. $\varphi\iota\vartheta o\varphi\vartheta a\iota\vartheta\epsilon\lambda\acute{a}$; $\grave{a}\delta\acute{\iota}a\nu\tau o\nu$, $\varkappa a\varrho o\pi\iota\vartheta\lambda a$ ($\varkappa a\tau a\nu\acute{a}\gamma\varkappa\eta$), $\beta o\nu\delta\acute{a}\vartheta\lambda a$ (vulg. $\beta\varrho\nu\delta\acute{a}\lambda\lambda a$; $\beta o\acute{\nu}\gamma\lambda\omega\sigma\sigma o\nu$; vgl. hurdunculum linguam bovis Marcell. Burd. c. V, p. 260. ed. Steph., welches Sprengel für gallisch und daraus mlt. borago entstanden hält). Sodann noch (außer ob. drocila) dochela (chamaepityn, cf. dochlea bryoniam und o. $\pi\varrho\iota a\delta\eta\lambda a$), $\varkappa\iota\nu o\nu\beta o\iota\lambda\acute{a}$ ($\beta\varrho\nu\omega\nu\acute{\iota}a$ $\lambda\epsilon\nu\varkappa\acute{\eta}$; s. o. h. v.), $\mu\acute{o}\zeta o\nu\lambda a$, var. $\mu\acute{\iota}\zeta\eta\lambda a$ ($\vartheta\acute{\nu}\mu o\varsigma$ Diosc. III. c. 38.), $\tau o\nu\lambda\beta\eta\lambda\acute{a}$ ($\varkappa\acute{\epsilon}\nu\tau a\acute{\nu}\varrho\iota o\nu$ $\tau\grave{o}$ $\mu\iota\varkappa\varrho\grave{o}\nu$), stirsozila (id. bei Apul. Madaur.), $\varkappa o\iota\varkappa o\delta\iota\lambda\acute{a}$ (var. $\varkappa\nu\varkappa\omega\lambda\acute{\iota}\delta a$, $\sigma\tau\varrho\acute{\nu}\chi\nu o\varsigma$ s. u. v. $\Sigma\varkappa o\acute{\nu}\beta o\nu\lambda o\nu\mu$).

250. Peninus. Diesen Namen eines Alpenzuges (zunächst des großen Bernhards), der häufiger mit oe statt e geschrieben wird, leiteten die Römer von den Poeni ab, wofür die Stelle aus Plinius o. v. Eporediae nachzusehen ist. Aber Livius XXI. c. 38. sagt: „— — utique, quae ad Peninum ferunt, obsepta gentibus Semigermanis fuisse. Neque, Hercule, montibus his (si quem forte id movet) ab transitu Poenorum ullo Veragri [cf. Caes. B. G. III. c. 1. u. A. $O\nu\acute{a}\varrho a\gamma\varrho o\iota$ Strab. IV.], incolae jugi ejus, norunt nomen inditum, sed ab eo, quem in summo sacratum vertice Peninum montani appellant." Servius ad Vergil. Aen. X. v. 13. nennt dafür eine Dea Poenina. Vgl. auch noch Isidor. Orig. XIV. c. 8.

Diesem keltischen Gotte sind die Inschriften bei Orell. Nrr. 228 ff. gewidmet: „Poenino pro itu et reditu", „Iovi Poenino", 237. „Pvoenino", 247. „Deo Penino o. m." Vgl. auch „Deo Peno" Mém. des Ant. de France III. p. 531. (bei de Belloguet Nr. 9.). Citate für (Alpes) Pe-, pen-, poe-ninae s. bei Ukert II. 2. S. 108. Anm. 24. S. 490. Anm. 5. Die Griechen schreiben $\Pi o\iota\nu\iota\nu o\nu$ $\check{o}\varrho o\varsigma$ Strab. IV. $\Pi o\iota\nu\iota\nu a\iota$ Zosim. VI. $\H{A}\lambda\pi\epsilon\varsigma$ $\Pi o\iota\nu a\iota$ in Rhaetia Ptol. II. 12. Hierher wol auch Penne-loci, -lucos (Villeneuve am Genfersee); Pennocrucium in Britannien It. Ant. Endlich aber auch das $\grave{A}\pi\acute{\epsilon}\nu\nu\iota\nu o\nu$ $\check{o}\varrho o\varsigma$, Apenninus mons, Iovi Apennino Orell. Nr. 1220.; freilich fragt es sich: wann und von welchem Volke erhielt dieß Gebirge diesen Namen?

Die Wage schwankt, wenn auch quantitativ zu Gunsten des Diphthongs, doch wahrscheinlich nur in Folge der (falschen) Ableitung von den Poeni, vor welchen der Berg ohne Zweifel seinen Namen trug. Wir würden überhaupt diese Contrebande aus dem dunkeln, aber darum nicht minder wichtigen, Gebiete der Eigennamen nicht hier herein gebracht haben, wenn nicht Livius von einer Ableitung der Eingeborenen spräche und von einem Gotte, der den Namen wahrscheinlich eher von dem „summo vertice" hatte, als umgekehrt.

Dieser summus vertex nun passt, wenn e die richtige Schreibung ist, zu einem keltischen Worte, in welchem wiederum der charakteristische kymrobrit. Labial dem gadhel. Gutturale gegenüber steht. Es ist das allg. kymrobrit. pen, penn gadh. ceann, m. caput (vgl. o. v. **Arepennis**), mit welchem die aus lat. pinna entstandenen Wörter ital. penna afrz. penne, f. cacumen u. dgl. m. (Diez 258.) nur zufällig zusammentreffen. Zu meiner früheren, in m. Goth. Wtb. II. 465. zurückgenommenen, Gleichung habe ich mich wieder bekehrt; vgl. Zeuss 77. 99. Glück 60. für dieselbe; Pictet in Kuhns Beitrr. I. 86., der u. a. gerechte Zweifel gegen die von Jenen durchweg angenommene Ursprünglichkeit des gadhel. Auslauts nd für (späteres) nn hegt. Auch gadh. benn f. u. dgl. mons, cacumen montis, mit ursprünglicher Media, darf hier nur negativ erwähnt werden; ebenso auch ein glbd. irisches pinn f. bei O'Brien, das aus mlt. pinna mons entlehnt sein wird.

251. *Πεπεράκιουμ.* „*Άκορον, Ρωμαῖοι βενέρεα, οἱ δὲ ναυτικὰ ἐάδεξ, Γάλλοι πεπεράκιουμ. Διαφέρει δὲ τὸ πυκνὸν καὶ λευκὸν, ἄβρωτόν τε καὶ πλῆρες εὐωδίας. Τοιοῦτον δ' ἐστὶ τὸ ἐν Κολχίδι καὶ ἐν Γαλατίᾳ σπλήνιον* (varr. *ἀσπλῆ-νιον, τιον) λεγόμενον. — — σπλῆνας τήκει.*" Diosc. I. c. 2. Der letzte Name ist griechisch, der erste lateinisch (x aus π), und *Γάλλοι* steht wahrscheinlich statt *ἄλλοι.* Die Parallelstelle bei Apul. Mad. de Herb. virt. c. VI. lautet . „A Graecis dicitur acoros, choros, aphrodisias, Gallis piperapium (var. piperatium), Italis veneria." Freilich scheint der Bienenpfeffer eine ziemlich unglückliche Anlehnung eines andern Wortes von vielleicht unlateinischem Stamme zu sein. De Belloguet, der beide Namen (Nrr. 140. 147.) für gallisch hält, vergleicht kymr. pipre Durchfall, da das nach Sprengel hier gemeinte pseudo-acorum solchen bewirke. Ags. Glossen übersetzen veneria durch mädere, speru-, smer-uuyrt.

252. Petorritum. Texte, in welchen dieses, wiederum für den kymrobritonischen Charakter der alten gallischen Sprachen entscheidende, Wort vorkommt, s. o.: vv. Colisatum (als gallisches bei Plinius), Essedum (neben diesem u. a. bei Horatius), Lancea (als Wort aus der Sprache der transalpinischen Gallier nach Varro bei Gellius). Dazu kommen nun noch folgende Stellen : „Petoritum et Gallicum vehiculum esse et nomen ejus dictum esse existimant a numero IV rotarum, alii Osce, quod hi petora quattuor vocent, alii Graece, sed αἰολικῶς dictum." Festus ed. Müller p. 206—7. Das Excerpt bei Paulus Diac. lautet : „Petoritum vehiculum Gallicum. Alii Osce putant dictum, quod hi petora quatuor appellant, quatuor enim habet retas." Quintilianus Inst. I. c. 5. sagt : „Plurima Gallica valuerunt, ut rheda ac petorritum, quorum altero Cicero tamen, altero Horatius utitur." Letzterer gebraucht es, außer Epist. II. 1. v. 192., auch Sat. I. 6. v. 104., welche Stelle Isidor. Orig. XX. c. 12. excerpiert : „Pilentum vel petoritum (al. petorita, praetorium) contexta IV. rotarum vehicula, quibus matronae olim utebantur. — — Horatius :

„Plures calones atque caballi
Pascendi, ducenda petorita.“

Der Gallier Ausonius gebraucht das Wort an zweien Stellen, zu welchen bemerkt werden mag, daß die letzte Stelle bei Horatius fortfährt: „nunc mihi curto ire licet mulo.“

„Invenies praesto subjuncta petorita mulis.“

Aus. Epist. V. 35.

„Cornipedes raptant imposta petorita mulae
Vel cisio trijugi, si placet, insilias.“

Ibid. VIII. 5.

Das alte Onomastikon glossiert „petoritum φορεῖον.“ Späte Glossare haben „petoricum holtzwagen“ (15—16. Jh.); „betoritum wagen“ (Voc. opt.).

Den vierräderigen Wagen („bigas primum junxit Phrygum natio“ Plin. H. nat. VII. c. 56.) als gallisches Produkt mit gallischem Namen scheinen die Römer frühe von den cisalpinischen Galliern angenommen zu haben. In dem Namen steckt sicher der der Vierzahl, so auch in dem der britannischen Stadt Πετουαρία bei Ptolemaeos; ob aber ritum Rad bedeute, oder ein Suffix itum anzunehmen sei, wird durch den Wechsel der Schreibung zweifelhaft. Wenigstens scheinbar gleich auslauten die Ortsnamen Ande-, Cambo-, Darco-, Augusto-ritum, worinn Adelung u. A. die Bedeutung vadum suchen. Der vielleicht erst aus lat. rota entlehnte neukeltische Name des Rades lautet kymr. rhod brit. rôd, f. korn. roz gadh. roth (selten roith) m.

Die indogerm. Hauptformen des Zahlwortes vier sind sanskr. čatvâr (čatur, čatasar) zend. čathwâr (čathru) pers. čahâr u. s. w. osset. tsuppar u. dgl. litau. ketturi (kettira, ketvir- u. s. m.) lett. četri aslav. četûirije-alban. katêr lat. quatuor (dakor. patru) osk. petur, petora griech. τέτταρα u. s. w. aeol. πίσυρα u. dgl. gadh. cethar-, cethir, jetzt ceathar kymr. früher petguar m. pedeir f., jetzt pedwar m. pedair f., in Zus. pedr u. s. m.; korn. pedyr, peter, peder, peswar, peswere, pagar brit. pévar m. péder, pédir f., dial péoar, vann. puar, m. vann. pedeir, padeir f. goth. fidvor (fidur-; krim. goth. fyder) ags. feover, in Zus. fydher alts. fiuwar etc. afrs. fiuwer etc. ahd. fior etc. altn. fiorar c. fiôgur u. malberg. fitter. Ausführliches s. Goth. Wtb. F. 32.

253. Πέτρινος. Arrhianos, der in seiner Τέχνη τακτική, wie wir bereits o. v. Carpentum mittheilten, der lateinischen Sprache keltische und iberische Lehnwörter zuerkennt, gibt ebds. drei keltische Gegenstände und Benennungen aus dem Gebiete der Kriegskunst an. c. XXXVII. : „Καὶ ἐν μὲν τῇ παρελάσει ὁ κατὰ δεξιὰν ἐπιστροφὴν ἀκοντισμὸς ἀναγκαῖος αὐτῷ γίγνεται ‘ ἐν δὲ τῇ παντελεῖ ἐπιστροφῇ ὁ πέτρινος δὴ ὀνομαζόμενος τῇ Κελτῶν φωνῇ, ὅς ἐστι πάντων χαλεπώτατος. χρὴ γὰρ ἐπιστραφέντα, ὅση δύναμις μαλακαῖν ταῖν πλευραῖν, ἐς τὸ κατ᾽ οὐρὰν τοῦ ἵππου ὡς ἕνι μάλιστα εὐθὺ ἐς τοὐπίσω ἀκοντίσαι“ κ. τ. λ. c. XLII. : „— — ἥδ᾽ ἐστιν ἡ βολὴ πασῶν χαλεπωτάτη, ὅπως πρὶν πάντη ἀποστραφῆναι τὸν ἵππον, ἐν αὐτῇ ἔτι τῇ ἐπικαμπῇ γίγνοιτο· ἡ γὰρ δὴ ξύνημα τῇ Κελτῶν φωνῇ καλουμένη, ταύτῃ δὴ

ἄφεσις γίγνεται, ἐπείπερ οὐδὲ ἀσιδήρῳ ἀκοντίῳ εὐμαρὴς ἀκοντίζεσθαι." c. XLIII. :
„ — — κοντοὺς γὰρ τὰ μὲν πρῶτα ὀρθοὺς ὡς εἰς προβολὴν φέροντες ἐπελαύνουσιν, ἔπειτα ὡς πολεμίου φεύγοντος ἐξικόμενοι· οἱ δέ, ὡς ἐπ' ἄλλον πολέμιον, ἐν τῇ ἐπιστροφῇ τοῦ ἵππου, τοὺς τε θυρεοὺς ὑπὲρ τὴν κεφαλὴν αἰωρήσαντες, ἐς τὸ κατόπιν σφῶν μετήνεγκαν, καὶ τοὺς κοντοὺς ὑπερελίξαντες, ὡς ἐπελαύνοντος ἄλλου πολεμίου ἐξίκοντο. καὶ τὸ ἔργον τοῦτο Κελτιστὶ **τολούτεγον** (varr. *στολούτεγον, τοτούλεγον*) καλεῖται."

Wir musten die Beschreibungen ausführlich mittheilen, um kühneren Etymologen unter unseren Lesern das Vermächtniss unserer ungelösten Aufgaben zum unmittelbaren Genuße zu übergeben. Daß **petr** altgallisch sein kann, bemerkten wir bereits o. v. *Ἐγούσιαι.* Das griech. πέτρα zeugte u. a. mlt. **petrinus** lapideus und namentlich die Kriegsmaschine **petraria** (auch bißweilen **petrorita**, vermutlich mit **petoritum** konfundiert), woher ahd. **phetarari** u. dgl. mhd. **pfederãre**, noch im 15. Jh. **vedrer, phetteler, phydeler** (Gloss. lat.-germ. vv. **Perraria, Falarica**.) De Belloguet Nr. 110. vergleicht kymr. **pedrain** (m. buttock, breech; **pedrain march** a horses crupper), vgl. die Beschreibung. Vielleicht steckt auch das Zahlwort unserer vorigen Numer darinn.

De B. sucht auch mancherlei Erklärungen für die beiden andern Wörter; für das dritte u. a. kymr. **tawlu** korn. **toleugha** jeter, lancer brit. **taol** coup; jet gadh. **tolladh, tolltach** perçant. In der That gehört dazu der kymr. Name eines Schleuderstabs für Geschoße : **tawlffon** f.; brit. **taol, tòl** m. (-**scloped** sclopeti) bedeutet auch Schuß; **taoli, tòli, teũrel** schleudern u. dgl. Nur formalen Gleichklang suchen wir in lat. **tolutim** (ire, altn. tôlta ags. tealtian hd. zelten), vgl. u. v. **Thieldones.**

254. **Pilentum.** Wir haben diese Benennung o. v. **Carpentum** gegenüber dieser gleichgebildeten, und vv. **Essedum, Petorritum** in Gesellschaft gallischer, in Rom eingeführter Wägen und Wagennamen gesehen. Wie ähnlich o. v. **Carpentum** Livius V. c. 25., gibt Verrius Flaccus bei Macrobius Saturn. I. 6. den kirchlichen Gebrauch des Pilentum an (mit Beziehung auf πῖλος lana coactilis), was mindestens für sein Alter in Rom spricht. Das Gleiche, wie Livius, sagt schon Vergilius Aen. VIII. v. 665. aus : „ — — castae ducebant sacra per urbem **pilentis** in mollibus", i. e. pensilibus, wie Servius hinzusetzt. Das Onomastikon glossiert : „**pilentum,** μετέωρον ὄχημα." Spätere deutsche Glossen übersetzen p. durch „hangender wagen". Andre Formen und Glossen s. im Gloss. lat.-germ. h. v. Venantius Fortunatus II. 4. hat die Form **pilens.**

Nach einer unbelegten Angabe bei Calepinus wäre das Pilentum eine hispanische Erfindung, er setzt hinzu : „Varro de L. L. in consuetudinem sua aetate primum venisse scribit." Wir finden die Stelle nicht.

Piperapium s. *Πεπεράκιουμ.*

255. **Plaumorati.** „**Vomerum** plura genera. — Tertium in solo facili, nec toto porrectum dentali, sed exigua cuspide in rostro. Latior haec quarto generi, sed exacutior in mucronem fastigiata, eodemque gladio sciudens solum et acie laterum radices herbarum secans; id non pridem inventum in **Raetia Galliae**, ut duas adderent (al. R., G. duas addiderunt) tali ro-

tulas, quod genus vocant plaumorati (varr. et emendd. plammorati, planarati, plan-, plaustr-aratri); cuspis effigiem palae habet." Plin. II. nat. XVIII. c. 18. s. 48.

In klassischer Zeit ist keine, unlatinisierte Form eines Fremdwortes zu erwarten, hier, vielmehr die lateinische Genitivendung. Da aber diese nicht hinlänglich durch „genus" gerechtfertigt ist, so halten wir zwei Wörter zusammengeschrieben und vermuten als ursprüngliche Schreibung plaum aratri, um so mehr, da nur von einem Theile des Pfluges die Rede ist. Wahrscheinlich geht „vocant" auf die gallisch-raetischen Erfinder, bezieht sich aber vermutlich nur auf plaum, obgleich wir in den neukelt. Sprachen dem römischen aratrum begegnen. Ob auch plaum, das nicht sonderlich römisch lautet, einen konsonantischen Stammesauslaut verloren habe und verschrieben sei, laßen wir dahin gestellt; wir werden nachher fast gleichen mlt. Formen für Pflug begegnen, von welchem nahe anklingenden Worte die von Sillig u. A. vorgezogene Lesart unabhängig ist. Freilich bleibt die Möglichkeit, daß das moderne Wort schon die älteren Abschreiber-irre geführt hätte. Die Verwechselung von pars pro toto oder umgekehrt konnte leicht im Laufe der Zeit erfolgen und steht der Vergleichung nicht im Wege.

mlt. ploum wird nach Dufresne geradezu für den zweirädrigen Pflug gebraucht; wie wir Aehnliches bei colisatum vermuteten, mochten die Glossographen alte und gute Handschriften von Plinius vor Augen haben. Die Lex. Langob. I. tit. 19. §. 6. stellt „ploum (varr. plouum, plobum) aut aratrum" neben einander. Die Form plovum kommt auch vor in den Stat. Montis Regal. f. 223. (bei Dufresne): „— cum bestiis a basto, seu cum curru, plovo, seu carrula" etc. Erst in einer Urkunde des J. 1130 erscheint auslautender Konsonant in „plogetis et pascuis" bei Muratori Ant. It. med. aevi I. col. 633., wenn das Wort richtig gedeutet ist. Muratori ib. II. col. 84. zieht auch das im J. 1140 vorkommende Servitium plobegum (et daciam et waitas) hierher; das nach ihm identische ital. piovego wird jedoch das venezianische aus publicus entstandene Wort sein. Er nennt hier auch ein „vulgare italicum" piod (oder pieu, Verwechselung mit dem frz. Worte?) aratrum. Auch afrz. ployon, playon, plaion „morceau de bois avec lequel le laboureur fait tourner le coutre de la charrue" Roq. gehört hierher, wenn nicht etwa zu plicare.

Aratrum bedeuten ahd. (ploh framea) pluag, pluog, phluoch, fluoc, fluoch mhd. pfluoc, im 15. Jh. auch bes. im Rheinlande pluock, plock, plug, pluch, einmal plach nhd. pflûg niederrhein. im 15. Jh. und wetterau. pluck ags. ploh (soll ploughland bedeuten; ähnlich mitunter auch nhd. pflug), (altengl.) plou altengl. plow engl. plough mnd. ploch, pluech nnd. nordfries. (Outzen) schwed. plôg mnl. ploech, ploegh nnl. ploeg niederrhein: ploich (Theutonista) afries. ploch (δ), flektiert plogha, ploge wfries. pluwge saterl. ploge altn. plôgr dän. ploug, plov litau. plugas aslav. plugŭ neuslav. plug böhm. pluh, plouh dakorom. plugu alban. pliŭar, m. In den slav. und der dakor. Sprache ist das Wort noch etwas lebensfähiger, als in den germanischen, wurzelt aber auch nicht sichtbar im Boden; litau. plugas ist nur der fremde deutsche Pflug.

Aus aratrum gebildet, obgleich Wz. ar arare auch keltisch ist, er-

scheint kymr. **a r a d r**, **a r a d**, pl. **e r y d** (nur **a r a d** in Abll. und Zusammenss.,
namentlich in **a r a d u** arare neben dem einheimischen **a r u . i d .**, woher auch
a r w y d d m. aratrum; auch brit. **a r a t.** Zw. neben Abll. aus **a r a**) korn.
a r a d a r, **a r d a r** (vb. denom. araz) brit. früher **a r a z r** u. s. w., jetzt **a r a r**,
a l a r, pl. **é r é r**, **é l e r** (vgl. ngr. ἀλέτρι̩), m. gadh. **c r a n n - a r a i n n**, **- a r u i r**
von **c r a n n** arbor, trabs, aratrum etc. cf. **a r a i r e** brit. **a r e r** kymr. **a r a d w r**
arator; irrig vergleicht man **c r a n n** mit der Lesart **p l a n** (**- a r a t u m**).

Daß in **- r a t u m** das gallische Wort für **r o t a** (s. o. v. **P e t o r r i t u m**)
stecke, ist nicht wahrscheinlich, obgleich gerade die Zuthat der zwei Räder
in der Beschreibung vorkommt.

256. **P l o x i m u m.** „Catullus **p l o x i m u m** (varr. **p l o x e - m u m,
- n u m**) **c i r c a P a d u m** invenit.“ Quint. Inst. I. 5. Das Wort, das hier-
durch der Grammatiker aus gallischem, vielleicht auch ligurischem Gebiete
herleitet, gebraucht Catullus XCVII. v. 5 sq., wo er von Aemillius sagt:

„— — Hoc (os) dentes sesquipedales
Gingivas vero habet **p l o x e n i** veteris.“

Vossius in h. l. und A. erinnern auch hier an den **P f l u g.** Festus indessen erklärt: „**P l o x i m u m** appellari ait Catullus **c a p s u m** in cisio
(missverstanden **i n c i s i o** etc.) capsave, cum ait: gingivas vero **p l o x i m i**
habet veteris.“

Bei Vitruvius X. c. 14. ist **c a p s u s** (**c a p s u m**) **r h e d a e** der Kutschen-
korb oder -kasten (in welchem die Passagiere sitzen). Seit der Erklärung
bei Isid. Orig. XX. c. 12.: „**C a p s u s** carruca undique contecta, quasi
c a p s a“ wird **c a p s u s** (vgl. Dufresne und Gloss. lat.-germ.) für den ganzen,
namentlich einen bedeckten, bezogenen, Wagen genommen. Wir haben bereits
auf die ursprüngliche und noch heute nicht seltene Natur des Wagenkorbes
als Korbes und Geflechtes aufmerksam gemacht, und soferne stimmen wir
Martinius bei, wenn er sagt: „Puto, **p l o x i m u m** a **p l e x u** dici, aut a
πλέξει, tanquam πλέξιμον, i. e. πλόκιμον textilem capsum aut sportulam.“

Diese Bedeutung hat in der That das gleichstammige hd. **v l e c h t e** f.
(a. 1340), das sonst (nhd. nnd.) Haarflechte, Zopf bedeutet. Die älteste germanische Form ist goth. **f l a h t o m** f. d. pl., vgl. Goth. Wtb. h. v., wo viele
nähere und fernere Sippen zusammengestellt sind; wir beschränken uns hier
auf die nächsten. mlt. **p l e c t a** ist „quilibet nexus e virgulis“, „ein ding
geflochten von wyden oder bintzen“ (Gemma Gemm.) und wird in deutschen
Glossen häufig durch **f l e c h t e** u. dgl. übersetzt, aber auch (s. Gloss. lat.-
germ. h. v.) durch **w a g e n k o r b**, **w e y n k o r p**, wan. Dem lat. **p l e c t e r e**
entspricht kymr. **p l e t h u** vb. **p l e t h** s. m. plait, braid, wreathe; gadh.
p l e a t vb. s. id. ist aus engl. **p l a i t** entlehnt; brit. vann. **p l é c h e n**, **p l é g e n**,
leon. **b l é c h e n**, **b l é h e n**, f. Hecke aus Zweiggeflechte; Holz zur Korbhand-
habe korn. **b l e g i o w** Zweige u. s. m. grenzen mehr hier an, als an korn.
brit. **p l é c**, **p l é g** s. m. vb. korn. **p l e g y a** brit. **p l é g a** kymr. **p l y g** s. m.,
vb. **p l y g u** i. q. lat. **p l i c a**, **p l i c a r e.** Auch kymr. **b l w c h** m. box (blychu
to put in a box) u. s. m. wird von de Belloguet Nr. 194. verglichen.

P o m p e d u l o n s. Πεμπέδουλα.

257. **Πονέμ.** „Ἀρτεμισία — — Γάλλοι πονέμ, Δακοὶ ζουόστη.“
Diosc. III. c. 117. „Artemisiam Galli **ponem**, alii **titumen**, Daci

zyred, alii zonusten, Itali serpillum majus." Apul. Mad. de Herb.
virt. c. X.

gall. ponem ist vielleicht ein latinisierter Accusativ: urverwandt mit
Lautverschiebung erscheinen schwed. dial. bona, bôn̄a, bun-rot, binka,
dän. bonne, bynke artemisia. titumen könnte, wie u. a. port. tu-
milho, aus thymus (serpillum) gebildet sein; jedoch vgl. al-, bitumen u. dgl. m. Andere alte und neue keltische Namen dieser Pflanze
s. o. v. Bricumum.

Der dakische Name, für welchen auch die Varianten ζονουσϊ-η, -ηϱ
vorkommen, erinnert (wie J. Grimm bemerkt) an griech. ζωστήϱ, da die Artemisia (abrotanum) auch hd. gurtel, gurteln (Voc. Zening. a. 1482), sun-
nenwendtgurtel u. dgl. (15—16. Jh. und später) heißt; jedoch scheinen diese
und viele ähnliche Formen auf eine ältere gart (-wurz) zurückzugehn.

258. Ponto gehört zu dem o. v. Cateja excerpierten Wörterver-
zeichnisse bei Gellius. Caesar (Hirtius) B. Civ. III. c. 29. sagt ausdrücklich :
„pontones, quod est genus navium Gallicarum." Als Fähren oder
fliegende Brücken erscheinen sie bei Apulejus : „— — et și vado non pote-
runt, pontonibus transibunt"; bei Papinianus : „— — flumen, in quo
pontonibus trajiciatur"; bei Ausonius Idyll. XII. Gramm. :

„Lintribus in geminis prostratus ponto sit, an pons";
bei Isidorus Hisp. Orig. XIX. c. 1. : „Pontonium navigium fluminale
tardum et grave, quod nonnisi remigio progredi potest." Diese Form haben
auch das Gloss. Aelfrici und andre Glossen, die sie durch ags. punt und
flyte und durch ahd. scaltscif vel sceldel übersetzen. Dieses
punt bedeutet noch im Englischen eine Schiffgattung ; ponto hat sich bekanntlich auch in den romanischen Sprachen erhalten. mgr. ποντογέφυϱα
ist die Schiffbrücke.

Nach allem diesem erscheint ponto als eine Ableitung von pont
Brücke, sei dieß nun das lateinische Wort selbst, oder ein identisches gallisches. Der letzte Fall wäre ein, gleichwol noch nicht gestempelter, Heimatschein für kymr. korn. pont f. korn. pons, pon brit. pont, pount, pl.
pontou, ponsou, m. pons. Dagegen bedeutet das nnl. Lehnwort pont
ponto, Fährschiff; ein späteres Lehnwort ponton Floßbrücke.

259. Porca s. Acnua.

Praella s. Cervesia.

260. Pycta. „Scaphae tamen majoribus liburnis exploratoriae
sociantur, quae vicenos prope remiges in singulis partibus habebant, quas
Britanni pyotas (al. pictas, picatas) vocant." Veget. de
Re Mil. V. c. 7. (al. IV. c, 37,).

Die dem ital. pinco frz. pinque zu Gefallen gemachte Emendation
pyncas (Stewech. ad h. l.) laßen wir zur Seite. Das alte Wort erhielt
sich in kymr. peithas f. a. scout, a scout boat; dazu u. a. peithio to
scout, to look, to seem, to make clear, open, waste; letztere Bedeutung
herrscht in den meisten Sprößlingen vor. Der selbe Stamm lautet, mit er-
haltenem Kehllaute, aber mit anlautender Media, gadh. beachd (observatio).
Urverwandt sein mögen sanskr. paç alban. paz videre lat. specio deutsch
spehon u. s. w.; vgl. indessen auch gadh. faic, feach videre.

R. Rh.

Rhaphius s. Rufius.

261. Rasta s. *Λεύγη*.

262. Ratis. „Herbae pteridis i. e. filiculae, qua ratis Gallice dicitur quaeque in fago saepe nascitur." Marcell. Burd. c. XXV. Vgl. die britann. Koritanerstadt Ratis (Ratae) It. Ant., die gallische Piktavenstadt Ratiatum, ʿΡατιαστον, vielleicht Ratisbona u. s. M.

Der alte Name des Farrenkrautes erhielt sich in allen neukelt. Sprachen: kymr. rhedyn f. (sg.-en; m. Abll.) korn. reden brit. raden m. (coll. pl.; sg. -en f.; auch m. Abll.) gadh. rath m. raith, raithn-e, -each (raineach), f. Roquefort gibt afrz. (ratis und) ratin. Das identische baskische iratz-e, -ea, -ua, woher iratztoi, iraztor, irasail fougeraie iraila, -la Farrenmonat (September), ist entweder aus dem Keltischen entlehnt, oder, umgekehrt, der älteste europäische Name der Pflanze. In ahd. ráto, rado alts. rada nhd. raden lolium, githago u. s. w. stimmt die Dentalstufe kaum, die Bedeutung nicht. Das keltische Wort würden wir als tautologisch in hd. rainfarren u. dgl. tanacetum suchen, wenn nicht die älteste Form reinifano wäre (schwed. rênfana u. s. w.). Ein weidenartiger Strauch heißt brit. réd m.

263. **Reda, rheda.** Wir lernten auch diesen Wagennamen bereits aus Quint. Inst. I. c. 5. o. v. Petorritum als gallischen kennen und gaben Belege für seinen Gebrauch aus Caesar und aus Glossen v. Carrus, aus Cicero v. Essedum, aus Gellius v. Cateja, aus Vitruvius v. Ploximum, aus Lampridius v. Basterna. Varro gedenkt der Reda bei Nonius II. 754. : „Si tuam rhedam heri non habuissem, varices haberem"; und ebds. VI. 17. : „Medeam advectam per aera in rheda anguibus", wo Nonius sie als zweirädrigen Wagen annimmt. Dagegen unterscheidet man lange nachher bei Imp. Constant. in Cod. Theod. VIII. 5. 8. rheda von birota; jene trägt 1000 Pfund, diese 200, und der veredus nur 30. Cicero nennt die Reda mehrmals, auch ad Att. V. 17. : „Hanc epistolam dictavi sedens in rheda, quum in castra proficiscerer"; und den Führer derselben Mil. X. 29. : „Adversi rhedarium occidunt." Als Adjektiv erscheint diese Ableitung bei Varro R. r. III. c. 17. v „— — ex equili educeres rhedarios ut tibi haberes mulos"; bei Späteren so und als Substantiv, wie bei Capitol. Max. et Balb. für Redenmacher. Bei Caesar B. G. I. c. 51. o. v. Carrus, wo dieser nebst der Reda von den Germanen gehandhabt wird, sind beide Wörter (wie ersteres öfters) Caesar in Gallien geläufige Appellative für dort gebräuchliche Fuhrwerke. Dort kennt die Reda auch wiederum als alteinheimisch Venantius Fortunatus Poem. III. 22. (20.) v. 1 sqq. :

> „Curriculi genus est, memorat quod Gallia, rhedam,
> Molliter incedens orbita sulcat humum.
> Exsiliens duplici bijugo volat axe citato
> Atque movet rapidas juncta quadriga rotas."

26*

Suetonius Caes. LVII. spricht von der „meritoria rheda", also einem in Rom sehr gangbaren Fuhrwerke.

Die Länge des e, sowie der alte Gebrauch des wahrscheinlich aus Gallia Cisalpina in Rom eingeführten Wortes, wird ferner bestätigt durch Horat. Sat. II. 6. v. 42. Martial. Ep. X. 13. v. 1. Auson. Epist. VII. 18.

Eine Etymologie gibt Isidorus Hisp. Orig. XX. c. 12. : „R h e d a genus vehiculi IV rotarum; has A n t i q u i r e t a s dicebant, propter quod haberent r o t a s."

Griechische Glossographen haben : ῤῥαίδιον · το φορεῖον, καὶ ῤαῖδον· ἅρμα σκεπαστόν"; „ῤαῖδίον το φ., ῤηδίων καρού χων ῤαδίων (Martin. emend. ῤαιδίων)" ;„ῥαιδίον rheda"; wol auch πέρίδιον · ἅμαξα" Hesych. Auch Apocal. c. XVIII. v. 13. mit kurzem e : „καὶ ἵππων καὶ ῥεδῶνα", wozu Beza bemerkt : „rhedas i. e. lecticas, quibus Romae etiamnum utuntur, nobilia praesertim scorta." Der Breviloquus u. A. verbeßern Isidors Etymologie durch : „g. v. ad eundum et r e d e u n d u m. habilis"! Zahlreiche deutsche Glossen s. Gloss. lat.-germ. v. R e d a, (so dort die üblichste Schreibung). Späte Ableitungen sind u. a. r e d a g i u m (Wagenzoll), rhedare (schlitten). Hybride Zusammensetzungen sind e p i r h ê d i u m Juven. Sat. VIII. v. 66., und häufig in mlt. Glossen, und v e r ê d u s; Weiteres nachher.

Das Wort, oder sein Stamm, zeigt sich auch in Namen aus beiden Gallien: E p o r e d i a c. deriv. (s. o. Nr. 154.), R e d o n e s (über die Schreibarten s. Glück S. 148.).

Für die neukelt. Namen des R a d e s verweisen wir wiederum auf v. P e - t o r r i t u m; r ê d a konnte an sich auch wenigstens nicht ein Rad bedeuten. Daß die Bedeutung des Laufes, auch der Schnelligkeit, in der Wurzel zu suchen sei, bemerkten wir bereits v. E p o r e d i a e. Für sie bieten sich folgende Vergleichungen, in welchen großentheils die Länge des Stammvokals verbürgt ist. Uebrigens erscheint uns diese nicht apodiktisch nothwendig, da r ê d a als ein bereits abgeleitetes Wort auch eine Vokalverstärkung in sich tragen konnte.

kymr. r h ê d, r h e d f. cursus r h e d e g currere, fluere r h e d a i n to run continually r h e d f a, r h e d e g f a, f. Rennbahn, Wettlauf u. s. v. korn. r é d e g v a cursus, Sonnen- und Mond-lauf brit. r é d m. cursus, fluxus r é - d e c s. m. id. (course, incursion) vb. (vann. r i d e c; part. r é d e t) currere, fluere u. s. m. Indessen bleibt zu bedenken, daß kymr. rhed altgallischem r a t entsprechen kann, s. o. y. R a t i s. In der That findet sich die Tenuis in ält. brit. r e t cursus (Buhez S. Nonn), vielleicht indessen nur im Auslaute erhärtete Media? Sollte kymr. r h e f. a swift motion, a run; adj. fleet, speedy, active, woher u. a. r h e a d m. a running, a currency, auch als Primitiv von r h ê d gelten können?? Auf die gadhelischen Wörter kommen wir unten.

Hier scheint sich ein Wort anzuschließen, welches Adelung in den gall. Ortsnamen sucht, die auf -r i t u m ausgehn; kymr. r h y d, r h y d l e s. m. r h y d i o vb. ford korn. r ê d, r e d s. brit. r é d cornwal. r o d o, s. m. id. Nach Adelung auch nprov. (Niederlanguedoc.) lou r i t id., das ich sonst nicht finde.

kymr. r h o d i o to walk gehört weder zu obigem brit. dial r o d o, noch zu kymr. r h a w d e n f. a footstep oder r h a w d m. (via cursus Zeuss 103.)

troop, company; sondern, nebst r h o d i e n n a to walk about, up and down,
to loiter r h o d f a a circular course, an orbet r h o d r e f. a career, a course
r h o d r e s (jedoch „anciently" r h y o d r e s) m. ostentation, bragging, vb. -u,
u. s. m., zu r h o d brit. r ô d, f. rota, gleichwie brit. r ô d a, r ô d a l,
part. r ô d e i, gespreizt und hochmütig einhergehn, se pavaner, faire la
r o u e (vgl. kymr. r h o d r e); und frz. r ô d e r prov. katal. span. port. r o-
d a r ital. r o t a r e (auch g i r a r e von g y r u s) umherstreifen, hin und her
gehn. Dagegen begegnet kymr. r h o d e n f. dem glbd. nhd. r û t e ahd·
r u o t a alts. r u o d a; sodann r h o d o l f. u. s. w. dem glbd. nhd. r û d e l,
r û d e r ahd. r u o d e r ags. r ô d h e r, zugleich aber kymr. r h w̃ y s o dem
ags. r ô v a n engl. r o w u. s. w. Wir führen diese mehrfachen Begegnungen
an, um die Schwierigkeit der neukeltischen Vergleichungen zu belegen. Hier,
wie anderswo, erschwert die, in verschiedenen Graden ungleichartige, Entwickelung der Lehnwörter (deren Heimatschein dazu oft ungewiss ist) die
Untersuchung.

Auch die Erfahrung : daß neues kymr. d aus altem t, d d aus d entstand,
leidet mancherlei Ausnahmen, besonders erstere. Noch unsicherer sind die
gadhelischen Dentalen. Zu obigem kymrobrit. r e d (ret) gehört wahrscheinlich die gadh. Wz. r e t h cursus (Zeuss 13. 73.). Jedoch wechseln die Vokale
in r e t h i t currunt r e t h e s s qui currit; a r r i u t h „adorior", i. e. ac-, in-
curro (Zeuss 73.) d i n d r i u t h de cursu. Von einander verschieden erscheinen die Glossen i n n a r r i t h in nostro curriculo (wol zu r e t h, r u i t h)
und d é r i a d bigae. Letztere steht der r ê d a am nächsten, aber mit Recht
sucht Holtzmann darinn eher den Begriff Z w e i r a d; indessen bedeutet
r i a d auch nicht Rad, soweit die Urkunden reichen. Zu den vorhergehenden
Formen gehört das moderne gadh. r u i t h (r u i d h, r i t h) vb. currere, fluere
(rennen, rinnen, wie die kymrobrit. Zww.); s. f. cursus, fluxus u. dgl., auch
obsol. exercitus. Aber auch mit a r a t h a d m. via, iter, das sich jedoch
zu r â t h m. circulus (auch raft, lat. r a t i s; vielleicht urverwandt mit lat.
rota u. s. w. neben dem Lehnworte r o t h?) verhalten mag, wie o. r h o d i o
u. s. w. zu r h o d, wol auch alban. r e d h ó i ñ umhergehn zu r e t h circulus u. s. m. gadh. r ô d m. ist aus dem glbd. engl. r o a d entlehnt, das zu
ags. r â d (s. u.) gehört.

Glück 145. vergleicht, als aus r è d (vgl. u. a. kymr. r h w y d f. i. q. lat.
r e t e) entstanden, kymr. r h w y d d prosperous, leicht, ungehindert; daher
u. a. r h w y d d h a u to give success, to speed r h w y d d e d f. free course;
success. Glück sucht dieß Wort auch in e b r w y d d o. v. E p o r e d i a e,
da es auch anderwärts zum Suffixe wurde, vgl. bei Zeuss 861. das ältere
Suffix r w y d.

Bei allen diesen Ableitungen dürfen wir nicht vergeßen : daß uns die
Grundbedeutung von r e d a nicht überliefert wurde, und daß es schwerlich
schlechthin und κατ'ἐξοχήν W a g e n bedeutete; freilich ist seine Form einfacher, als die der übrigen gallischen Wagennamen.

Sehr beachtenswerth sind nun auch deutsche Vergleichungen : ahd. r e i t a f.
currus, biga, quadriga, r e d a, v e r e d a; auch r e i t i, r e i t w a g a n, g i r e i t e
n.; dazu u. a. r e i t o n g. pl., u u a g u n r e t i l a auriga; r í t a n proficisci,
vehi (equo, curru, ufen r e i t o), noch jetzt in dieser weiteren Bed. landschaftlich r e i t e n; ags. r â d f. (engl. r o a d) iter, equitatio, via, vehiculum

(nach Bosworth) râdvâgen currus; altn. reid f. equitatio, rheda; fulmen; litera Runica R i. q. goth. reda (vgl. Holtzmann 111.), wobei jedoch die an goth. redan geknüpften (Goth. Wtb. h. v.), nach anderer Richtung führenden Wörterreihen zu bedenken sind. Für die zu reiten gehörigen Wörter verweisen wir auf die einzelnen Wörterbücher. Unser Gloss. lat.-germ. hat aus dem 15. Jh. u. a. die Glossen : reda reding (Voc. opt. schweiz. redig c. bei Stalder), ride-, renne-wagen, wagenrenne.

De Belloguet Nr. 40. erwähnt der Schreibung rhæda in einem Glossar bei Mai Class. Auct. VI. p. 580. und sagt : „Rette se dit encor dans les montagnes du Jura." In der Stelle bei Juvenal. Sat. VIII. v. 66. :

> „— — Trito ducunt epirhedia collo
> Cornipedes"

erklären die Scholiasten das Wort theils durch currus, plaustrum, wie ähnlich auch spätere Glossatoren, theils richtiger durch „ornamenta rhedarum." Vgl. Dufresne und Gloss. lat.-germ. h. v.

„Veredos Antiqui dixerunt, quod veherent rhedas", sagt Festus, wozu noch Isidorus Hisp. Orig. XII. c. 1. setzt : „vel quod per publicas vias currant, per quas et rhedas ire solitum erat." Und so Papias u. A. Martialis Ep. IV. gebraucht das Wort zweimal für Jagdpferd :

> „Stragula succincti, venator, sume veredi,
> Nam solet a nudo surgere ficos equo."
> „Parcius utaris, moneo, rapiénte veredo,
> Prisce, nec in lepores tam violentus eas!"

Aber die gebräuchlichste Bedeutung des Post- oder Courier-pferdes wird auch die älteste sein. Vgl. u. a. Dufresne v. Veredi. Gloss. lat.-germ. vv. Vered-a, -arius, -us. Glück 89. verwirft die hybride Zusammensetzung mit vehere und findet das Wort wieder in kymr. gorwydd (go-rhwydd) m. a stately horse, a steed, a palfrey; tautologisch zsgs. g.-farch (mit march) m. a managed horse. — mgr. βέρεδ-ος; -άριος a. d. Lat. Das fem. vereda bedeutet in spanischen Urkunden Poststraße für die Veredi; als Synonym von rheda fanden wir es o. in einer Glosse; als Synonym von ramada (Laube) in einer Urkunde von 1344 ist es wahrscheinlich von viridis gebildet, nicht etwa die indische Veranda.

264. Redo, ein grätenloser Fisch bei Auson. Mos. 89., nach de Belloguet p. 168. la loche.

265. Reno, rheno. „In his (operimentis etc.) multa peregrina, ut sagum, reno Gallica." Varro de L. lat. V. (IV.) c. 35. §. 167. ed. Müller. Aber Caesar B. G. VI. c. 21. sagt : „(Germani, viri cum feminis) promiscue in fluminibus perluuntur, et pellibus aut parvis renonum tegumentis utuntur, magna corporis parte nuda." Ihrer gedenkt Sallustius, bei Servius ad Verg. Georg. III. v. 183. : „ut Sallustius dicit in Historiis, vestes de pellibus renones vocantur", und schreibt sie nach Isidorus Hispalensis (o. v. Laena) ebenfalls den Germanen zu. Auf Isidor stützt sich die gleiche Aussage in einer Glosse bei Dufresne (e Cod. reg. 7613.). In andern Glossen kommt die Ableitung „a renibus" vor. Als Synonym von mastruga in einer Glosse erwähnten wir reno bereits dort. Aus den späteren Lateiuern excerpieren wir noch Folgendes. Auf den deutschen „Sigismerem, regium juvenem", zunächst auf die „regulos" in seinem Prunk-

zuge bezieht sich die Stelle, bei Sidon. Apoll. Epist. IV. 20. : „Viridantia **saga** limbis marginata punicis, penduli ex humero gladii baltheis supercurrentibus strinxerunt clausa bullatis latera **rhenonibus**." Ordericus Vitalis IV. und XII. erwähnt **renones** „de pretiosis pellibus peregrinorum murium" und „agninos" (daher eine Abl. von ῥῆνες), Guibertus de Vita sua III. c. 5. einen **rheno** catinus. Ueberall gilt er als Pelzrock u. dgl., nur der Vocabularius optimus übersetzt ihn durch **bruoch**. Auch Isidors **repti** werden von Papias und seinen Nachfolgern abgeschrieben.

Nationalität und Grundbedeutung des Wortes sind nicht ganz klar. Gallische Abstammung gibt ihm nur der eine, aber gewichtige Varro; germanische die übrigen klassischen Citate auch nicht, die jedoch die Sache bei den Germanen in Gebrauch fanden. Als Kleidungsstück erscheint **reno** nur bei Caesar nicht sicher, aber noch unsicherer als Thiername, da sich a. a. O. **pellibus** nicht auf **renonum** bezieht, vielmehr das mit ersterem koordinierte **tegumentis.** An sich würde der Gebrauch des Thiernamens für den Pelz des Thieres durchaus nicht befremden, wenigstens nicht nach modernem Sprachgebrauche. Man pflegt den **Renn**, das **Rennthier** zu vergleichen, obschon minder sein (oder auch des ahd. **reinno** admissarius) Fell in einem Pelzmantel zu vermuten ist, eher noch ein Gewebe von den Haaren (vgl. u. kelt. Wörter); überdieß hätten wir dann vielmehr **creno** (oder **vreno**) zu erwarten, wie altn. **hreinn** ags. **hran**, m. zeigen. Bei andern anklingenden deutschen Thiernamen fehlen uns die alten Formen. Paulus Venetus III. c. 48. ap. Dufr. stellt zu den (pelztragenden) Thieren **armelini, erculini** auch **rhondes**, die wir des, wenn auch entfernteren, Anklangs wegen erwähnen.

Wenn in Salemons Glosse „**raine panuliẹ**" letzteres Wort nicht von **panus**, sondern von **pannus** abzuleiten wäre, so könnte hier ein deutscher **reno** erhalten sein.

Aus den neukelt. Sprachen mögen in gleich unsicherer Weise zugezogen werden : kymr. **rhawn**, sg. **rhonyn**, m. korn. **ren** brit. **reûn** m., sg.-**en** f. gadh. **rôin** f. Mähne oder Schwanzhaar des Pferdes, brit. auch Borste, gadh. auch fasciculus exiguus lanae, vel rei cujusvis villosae; gadh. **rôn** m. equi vel bovis caudae vel jubae hirsutia; auch phoca, was an das freilich guttural anlautende ags. **hrân** m. balaena erinnert; **rômach** crinitus, villosus u. s. m. wol aus **rônmach**, und nicht mit sanskr. **roman, loman** crinis zu vergleichen.

266. Rhodanus. „— — ubi **Rhoda Rhodiorum** fuit, unde dictus multo Galliorum fertilissimus **Rhodanus** amnis, ex Alpibus se rapiens per Lemanum lacum, segnemque deferens **Ararim**, nec minus se ipso torrentem Isaram, et Druentiam." Plin. H. nat. III. c. 4. Hiernach sagt Isidorus Hisp. Orig. XIII. : „**Rhodanus**, Galliae fluvius, ab oppido **Rhodo** cognominatus, — — qui rapido concitus cursu" etc. Diese Eigenschaft und ähnliche werden dem Strome häufig zugeschrieben, so bei Solinus c. II. Silius Ital. III. passim. Auson. de Clar. Urb. passim. Claudian. in Rufin. II. 112. Tibull. I. 7, 11. (vgl. Ukert II. 2. S. 126, Zeuss 15.). Ausdrücklich wird in diesem Sinne in dem öfters erwähnten Itin. Hieros. (vel Burdegal., vel. Fragm. de V. S. Galli) der Name **gallisch**, freilich zur Hälfte auch hebräisch! etymologisiert : „**roth violentum, dan**

et in Gallico et in Hebreo judicem; ideo hrodanus judex vio-
lentus." Wir citieren nach einer Wiener Hs. bei Zeuss 13.; eine andere
Lesart ist „nam rho nimium", daraus entstellt : „nam pro nimium."
Auch die papianischen Wörterbücher etymologisieren; der Breviloquus sagt
u. a. : „Rhodii dicti sunt quidam qui venerunt juxta rhodanum — —.
Rhodanus. dani. quidam fluvius Galliȩ et dicitur a rhodaniço.
ças. quod latine dicitur torqueo. quia torquet lapides etc. — — Dan
interpretatur judicium aut judicans." Die entgegengesetzte Eigenschaft wurde
auch anderwärts dem Arar zugeschrieben, vgl. u. a. Caesar B. G. I. c.
12. und eine Etymologie in diesem Sinne bei Zeuss 14.; andere antike, aber
darum nicht gute, s. o. v. Attilus.

Wir laßen anderweitige Ableitungsversuche des Namens Rhodanus
aus dem Griechischen u. s. w. bei Seite und begnügen uns, auf die v.
Reda belegte kelt. Wz. rhed currere, fluere zu verweisen, zugleich aber
auf die Möglichkeit, daß der gute Breviloquus & Co. mit der Beziehung zu
ῥοδανίζειν, vielmehr aber noch der zu ῥοδανός, wirklich Grund haben,
indem der Name von den griechischen Kolonisten ausgegangen sein konnte,
was bereits, nur in andrer Weise, Plinius annahm. Seine Stadt Rhoda,
Ῥόδη bei Strabon IV., wenn Casaubonus richtig emendierte, heißt auch,
umgekehrt, nach dem Fluße Ῥο-, Ῥα-δανουσία vgl. Ukert l. c. 418. In
der kelto-semitischen Auslegung mögen wir kaum den Schatten einer altgallischen Tradition suchen. Bekanntlich wechselte in historischer Zeit auch
der Arar seinen Namen zweimal, wiewol nicht gegen einen griechischen :
Βηλγόυλος, dann Arar, Ἄραρ, Araris, später Sauconna (bei
Gregor. Turon. X. c. 29. Sangona, aus sanguis etymologisiert); vielleicht giengen diese Namen von verschiedenen Stämmen der Völker und
Sprachen aus.

Daß das Suffix anus unbetont war, zeigt sowol sein allmähliches Ver-
schrumpfen in Rhône, wie die (noch jetzt nicht vergeßene) deutsche Form
Rotten msc. Das mißbräuchliche Feminin in nhd. (frz. msc.) Rhône ist
begreiflich; aber auch kymr. Rhodwyn ist weiblich.

267. Rodarum, Rombotinum s. Rumpotinum.
Rhomphaea s. Rumpia.

268. Rufius. „Pompeji Magni primum ludis ostenderunt chema (al.
chama, chaum), quem Galli rufium (al. rhaphium) vocabant,
effigie lupi, pardorum maculis." Plin. H. nat. VIII. c. 19. s. 28. „Sunt in eo
genere (luporum), qui cervarii vocantur, qualem e Gallia in Pompeji
Magni harena spectatum diximus." Ib. c. 22. s. 34.

Der Name lautet sehr lateinisch, wie auch Ῥουφιάνα Ptol. II. 8. (Stadt
der Nemeten, vielleicht der Rauraker, vgl. Ukert II. 2. S. 500.) und noch
sicherer Ῥουφῖνος, Κελτὸς τὸ γένος bei Zosimos IV. 51.

Wahrscheinlich ist eine besondere Luchsart, etwa aus den Pyrenäen, gemeint. Jedoch finden wir in den modernen Sprachen keinen Grund zu dieser
Annahme, wol aber anklingende Namen des Fuchses. Die Lesart ra-
phium erinnert an span. rapos-o, -a katal. rabosa, nach Diez
526. von rabo cauda; ferner an finn. repo estn. rebbane altn. refr;
rufius an die örtlich fernen Fuchsnamen pers. rûbâh kurd. ruvi osset.
ruvas. Der Fuchs heißt u. a. gadh. madadh-ruadh m. d. i. Roth-

hund. Vgl. auch kymr. r h ú f, r h u f o n röthlich (r h u d d brit. r û z, r û
korn. r u d h, r u d, später r û z etc. gadh. r u a d h ruber). Bei r h a p h i u s
mag kymr. r h a i b m. ravening, greediness; bewitching r h e i b i o to snatch
by force in Betracht gezogen werden.

269. R u m p i a in dem Verzeichnisse bei Gellius ó. v. C á t e j a, und
bei Valerius Flaccus VI. 96. :

„Illíc juratos in se trahit Aea B á t e r n à ſ,
Quos, duce Teutagono, crudi mora corticis armat,
Aequaque nec ferro brevior nec r u m p i a (al. r o m p h e a) ligno "
heißt sonst r h o m p h a e a, ϱομφαῖα, und wird von Gellius a. a. O. als
t h r a k i s c h e Waffe genannt, ebenso von Livius XXXI. c. 39. : „T h r a c a s
quoque r o m p h a e a e ingentes et ipsae longitudinis inter objectos undique
ramos impediebant." Auch bei Hesychios „Ῥομφαῖα (al. —ος) · ἱϱάκιον
(ἀμυντήϱιον, μάχαιϱα, ξίφος, ἢ ἀκόντιον μακϱόν)" möchte Martinius Θϱάκιον
emendieren. Isidorus Hisp. nennt r h o m p h a e a o. v. F r a m e a als Synonym mit dieser und mit s p a t h a; es gieng auch Apocal. I. c. 16. in syr.
r ú m c h ò über. mlt. r u f e a kommt in einer Urkunde des J. 832 vor; vgl.
auch r o m p h u s bei Dufresne; r u m p h e a in uns. Gloss. lat.-germ. Als thrakisches Wort gehört es nicht in unseren Bereich; wir erwähnen es nur,
weil es eine ursprünglich weder griechische, noch römische Waffe bezeichnet
und in, wenn auch lockerer, Beziehung zu Völkern und Wörtern unseres
Kreißes vorkommt.

270. R u m p o t i n u s (adj.). „Est et alterum genus arbusti Gallici, quod vocatur r u m p o t i n u m. Id desiderat arborem humilem nec
frondosam. Ei rei maxime videtur idonea o p u l u s (al. p o p u l u s) — — Hoc
genus arbusti frequens est in agro M e d i o l a n e n s i, ubi etiam hodie nomen
servat. — — Arboribus r u m p o t i n i s si frumentum non inseritur" etc.
Colum. V. c. 7. Das Selbe meint Varro, auf welchen sich Columella stützen
mag, R. r. L. c. 8. : „Quartum genus jugorum quaerit) a r b u s t a, ubi tra-
d u c e s (r u m p i, s. u.) possint fieri vitium, ut M e d i o l a n e n s e s faciunt
in arboribus, quas v o c a n t (Wer?) o p u l o s (al. p o p u l o s)." Ferner vgl.
die f u n e t a Plin. H. nat. XVII. c. 22. s. 35. und weiter : „R u m p o-
t i n u s (al. r u m b o t i n u s) vocatur, et alio nomine p o p u l u s (opulus
Dalech.), a r b o r I t a l i a e P á d u m t r a n s g r e s s i s" etc. Plin. H. nat.
XIV. c. 1. s. 3. „R u m p o t i n u m (al. r u m b o-, r o m p o-, r o m b o-
t i n u m) a r b o r e m demonstravimus inter arbusta. Juxta hanc viduam
vite nascitur h e r b a, quam G a l l i r o d a r u m (al. r h o d o r a m) vocant. Caulem habet virgae ficulneae modo geniculatum, folia urticae in medio
exalbida, eadem procedente tempore tota rubentia, florem argenteum" etc. Ib.
XXIV. c. 19. s. 112. Columella a. a. O. gebraucht auch die Ableitung r u m-
p o t i n e t u m für Rebengebüsch; und Varro R. r. I. c. 8. sagt : „Quartum est pedamentum nativum ejus generis, ubi ex arboribus in arbores tra-
ductis vitibus vinea fit, quos t r a d u c e s q u i d a m r u m p o s appellant."
Martinius übersetzt r u m p u s durch hd. ü b e r s c h ü t z l i n g nl. o v e r-
schote, -scheute, vgl. Gloss. lat.-germ. vv. R u m p u s. T r a d u x. Man vermutet das selbe Wort bei Veget. III. c. 25. : „Radices p o p u l i quae G r a e c e
appellatur r h a m n o s", al. „quae app. r a m p n u s."

Jedenfalls waren diese Wörter, mindestens r u m p o t i n u s, in Gallia Cisalpina gebräuchlich. Die Bedeutungen der Ranke, Rebe, der Kletterpflanze, des kriechenden Gebüsches passen auffallend zu ital. r a m p a r e frz. r a m p e r engl. r a m p raet. r a m p i n a r klettern, kriechen, sich ranken u. s. w. (vgl. Diez 280.), woher u. a. raet. r a m p u n a f. Gehölz, Gestäude; vgl. brit. r a m p a mit gespreizten Beinen stehn oder gleiten; s k r a m p a, s k r i m p a ramper, kriechen. Ueber r o d a r u m wißen wir Nichts zu sagen·

271. R u n a.

„B a r b a r a fraxineis pingatur r u n a tabellis
Quodque papyrus agit, virgula plana facit."

Venant. Fort. Carm. VII. 18 sq.

Eine andere, von Manchen jedoch für identisch gehalten, r u n a kommt nur vor bei Cicero de Leg. III. 9, 20 : C. Gracchus r u n i s et iis s i c i s, quas ipse se projecisse in forum dicit" etc. und bei Festus mit einer Ableitung aus Ennius : „R u n a g e n u s t e l i significat. Ennius : R u n a t a recedit, i. e. p i l a t a." Bei Plin. H. nat. XVIII. c. 19. s. 49. las man r u l l a statt r a l l a und sah darinn ein Deminutiv von r u n a. Spätere Glossographen lasen statt p i l a t a p r a e l i a t a und übersetzten desshalb r u n a durch p u g n a.

Die „barbara", hier zunächst f r ä n k i s c h e, r u n a ist so vielfach besprochen, daß wir uns begnügen, auf J. Grimm Mythol. S. 1174 ff., für weitere lexikalische Darstellung, sowie für Citate, auf unser Goth. Wtb. vv. R u n a. A l i o r u n a., und auf die seitdem erschienenen Schriften über diesen Gegenstand zu verweisen. Die allgemein germanische R u n a, R a u n e bedeutet Rathschluß, Berathung, (Geheimerath), Abstimmung, namentlich (noch jetzt in der Schweiz) geheime; G e r a u n e, susurrus, und Geheimniss überhaupt; insbesondere u. a. religiöses Mysterium, sodann geheime, auch altertümliche Schrift, kaum Schrift überhaupt; wiewol altn. r u n a f. linea (neben r u n litera). Aber wie nun, wenn linea, litera die ältesten unter diesen Bedeutungen wären, und wie so manche ähnliche, von der Grundbedeutung incisio, sculptura u. dgl. ausgiengen? So daß in der That jene beiden r u n a e mindestens als agens und actum Eins wären?

V e r s c h n e i d e n, castrare, inpr. equum bedeuten die Wörter mnnl. (auch bei Kilian und Theutonista) r u y n e n (sonst raunen, susurrare) nnd· r u n e n, r ü n k e n lett. r ú n ì t estn. r u n a m a; equus castratus mnnl. r u y n mnnd. r ú u e aachen. r o n g ält. nhd. r a u n estn. r ú n. Vielleicht urverwandt ist litau. r o n à, r ó n a slav. dakorom. r a n a, f. vulnus, - r o n i t i, r a n i t i vulnerare; sicherer litau. r o m i t i lett. r â m ì t castrare: Für die zweite r u n a vgl. kymr. r h ô n f. lancea neben r h a i n m. id. r h e i n i o to lance.

Zu der ersten r u n a gehören u. a. : aspan. a d r u n a r rathen, errathen. kymr. r h i n f. mysterium; indoles, virtus r h i n i a u pl. incantatio, r h i n i o raunen brit. r i n, pl. r i n y o u, m. mysterium, incantatio, gadh. r ú n; pl. r ú i n t e a n, mysterium, indoles, consilium, voluntas etc. r ú i n e f. secretum, silentium etc., alle m. v. Abll.; vielleicht schließt sich nur scheinbar wiederum kymr. r h i n t m. incisio an. In osteuropäischen Sprachen : finn. r u n o carmen c. deriv. lapp. r u n a, r u d n rumor, fama; sermo r u d n e t dicere, loqui r u n d artificium, scientia r u n d a k sapiens (cf. altn. r y n d r literatus, magus); lett. r u n n â t loqui r u n n a s collogium, sermo, u. s. w.

S.

272. **Sagum**. Wir excerpierten bereits viele Belegstellen für **sag-um**,
-us, -ulum, -atus, σάγος aus Polybios vv. **Bracae, Gesum**;
aus Diodoros und Cicero v. **Bracae**; aus Tacitús ebds. und v. **Framea**;
aus Varro vv. **Culcita, Reno**; aus Martialis v. **Culcita**; aus Columella und Adalardus v. **Bardocucullus**; aus der Regula Magistri
v. **Reno**; aus Vergilius v. **Gesum**; aus Strabon vv. Γίννος, **Laena**;
aus Isidorus Hisp., den Benediktinern u. A. v. **Laena**; aus Sidonius Apoll.
v. **Reno**. In den meisten dieser Stellen ist dieses Gewand den **Galliern**
zugeschrieben, von Strabon (o. v. Λαῖνα) sowol diesen, als den **Liguren**
und auch den **Lusitanern** (s. u.); den **Germanen** dagegen von Tacitus (**sagulum** einmal als „barbarische", Tracht; eine dritte Stelle s.
nachher), Pomponius Mela (s. u.), Sidonius (mindestens theilweise) und Isidorus (den **Alemannen**, anderswo den **Galliern**, s. u.). F. Avienus
Orbis. t. descr. v. 347. sagt :
    „Praecinctique **sagis** semper pictis **Agathyrsi**."
Die Form **sagus** kam bei Varro und in der (mlt.) Regula Magistri vor,
und findet sich auch noch in einer zweiten Stelle aus Varro Virg. div. ap.
Nonium : „cum neque aptam **mollis** humeris fibulam **sagus** ferret."
Weiteres s. u., wo wir **sagum** nebst Ableitungen auch noch für andre
Völker gebraucht finden werden. Strabon IV. p. 197. spricht von der Einführung des Sagos in Rom durch die Gallier : „Οὕτως δ᾽ἐστὶ δαψιλῆ καὶ τὰ
ποίμνια καὶ τὰ ὑοφόρβια, ὥστε τῶν σάγων καὶ τῆς ταριχείας ἀφθονίαν μὴ
τῇ 'Ρώμῃ χορηγεῖσθαι μόνον, ἀλλὰ καὶ τοῖς πλείστοις μέρεσι τῆς Ἰταλίας."
Eine dritte Stelle bei Tacitus Germ. XVII. : „Tegumen omnibus (**Germanis**) **sagum**, fibula aut, si desit, spina consertum", gibt noch bestimmter das Sagum als Volkstracht der Germanen an. Aber das **Wort**
bleibt **gallisch**. Wahrscheinlich kam es zuerst schon aus Gallia Cisalpina
in die lateinische Sprache (vgl. u. eine Stelle aus Isidorus), und wurde dort
als Benennung für dieses oder ähnliche Gewande bei vielen Völkern ganz
einheimisch, ohne daß man darum seines fremden Ursprungs vergaß. Tacitus
a. a. O. gibt außer dieser allen Germanen gemeinsamen Tracht auch minder
allgemeine an. An einer vierten Stelle Hist. V. 23., wo von den Kämpfen
mit den Ubiern u. s. w. die Rede ist, erzählt er von Civilis : „— — captae
lintres **sagulis** versicoloribus [vgl. ähnliche Prädikate] haud indecore
pro velis iuvabantur." Aehnlich ist der Gebrauch von **sagum** (als breitem
Zeugstücke) bei beiden Vegetiusen : „**Saga** ciliciaque tenduntur, quae impetum excipiunt sagittarum." Veg. Milit. IV. 6. „Iumentum — — **sagis**
cooperies diligenter." Veg. Veter. I. 42.
Auch Cicero gebraucht das Wort und dessen Ableitungen noch an mehreren Stellen, in welchen bei **sagum** oder **saga** sumere, ad **saga** ire,
in **sagis** esse das Kriegsgewand überhaupt und daher der Krieg selbst
gemeint ist; so Phil. V. 12. VIII. 11. XIV. 1. Pis. XXIII. 25. : „**sagula**
reiecerunt — —, **catervam** imperatori suo novam praebuerunt." Eben-

so **saga** sumere, ponere in den italischen Tumulten bei Livius Epit. LXXII. LXXIII. Vellej. Paterc. II. 16. Sodann sagt Nonius p. 538. : „**Sagum** vestimentum militare. Sallust. Hist. lib. II. (Exc.) Virg. lib. VIII. (Exc., o. v. **Gesum**). M. Tullius ad Caesarem iuniorem (Exc., **sagatus** im Gegensatze zu **togatus**, ähnlich 'in einem Excerpte bei Isidorus s. u.). Varro Virgula divina (Exc., **sagus**, s. o.). Sisenna Hist. lib. III. : senatus auctoritate **sagaria** nunc." Ebenso ist auch das **sagulum** Kriegsgewand und steht z. B. bei Valer. Max. III, 2. (Krieg der Römer in Keltiberien) neben **gladius**. Weitere Belege für beide Wörter in dieser Geltung gaben und geben wir noch mehrfach. Plutarchos (wenn wir recht berichtet sind) nennt den ˗Sagos „ἐσϑῆτα ˗ στρατιωτικήν." Nach Livius VII. 34. war Decius „**sagulo** gregali amictus", demnach als mit dem Gewande des gemeinen Soldaten.

Bei Caesar B. G. V. 42. tragen die Nervier die ausgegrabene Erde in ihren **sagulis** (χιτῶσιν Metaphr.) weg. Nach B. Civ. I. 75. „sinistras **sagis** involvunt (Romani) gladiosque distringunt." Nach Hirtius B. Afr. LVII. veranlaßt der Numidenkönig Iuba Scipio, das **sagulum purpureum** als die nur Ersterem zukommende Tracht gegen das **s. album** auszutauschen. Pomp. Mela I. 8. erzählt von den Völkerschaften in Cyrenaica, deren domicilia **mapalia** heißen : „Primores **sagis** velantur." Aber er gebraucht auch III. 3. den selben Ausdruck von den Germanen. Daß übrigens das **sagulum purpureum** überhaupt als Königstracht galt, zeigt folgende Stelle bei Liv. XXX. 17. : „Munera regi decreverunt **sagula purpurea** duo cum fibulis aureis singulis." Vgl. auch bei Silius Ital. IV. v. 518. : „Sanguinei patrium **saguli** decus (sc. Gracchi consulis)", und XVII. v. 527. : „honorem fulgentis saguli." Wie öfters, kommt auch hier in Afrika eingewanderte Tracht zugleich im nahen Iberien vor. So der σάγος nach Diod. Sic. V. 33. : „Φοροῦσι δ'οὗτοι (Κελτίβηρες) σάγους μέλανας"; nach Strabon III. p. 155. : „Μελανείμονες ἅπαντες (Λουσιτανοί) τὸ πλέον ἐν σάγοις, ἐν οἷς περ καὶ στιβαδοκοιτοῦσι"; nach Appianos (s. u.). Livius XXVII. 19. (21.) sagt : „Puero tunicam lato clavo cum Hispano **sagulo** et aurea fibula donat"; und nach dieser Stelle Valer. Max. V. 1. : „Puerum annulo fibulaque aurea et tunica laticlavia Hispanoque **sagula** — — donatum", während er darauf auch von einem „Punico **sagulo**" spricht. Dagegen gilt bei Horat. Epod. IX. : „Terra marique victus hostis punico lugubre mutavit **sagum**" von der Farbe, nicht vom Volke. Σάγος Ἀρσινοητικός kommt bei Arrhianos vor. Suetonius gebraucht sowol das Primitiv : „distento **sago** impositum in sublime iactare" (Otho c. II.), d. i. prellen, wie frz. berne von berne sagum; wie die Ableitungen „**sagati** palliative" (Caesar), ˗ den „togati" wiederum (vgl. o.) entgegengesetzt, und „**sagulatis** comitibus" (Vitell. XI.). Auch Martialis Ep. I. 4. sagt von jenem Prellen :

„Ibis ab excusso missus ad astra **sago**."

Vgl. auch „**sagatio** παλμός" Gloss. Philox. nebst „παλμός saltio" Gloss. Cyr. ap. Martin. u. s. m. Außer bei Cicero a. a. O. finden wir **sagatus** auch bei Martialis und in der Bedeutung des Zeugstoffes bei Columella XI. 1. o. v. **Bardocucullus**. Die Stelle bei Martialis Ep. VI. 11. lautet:

„Te Cadmea Tyros, me pinguis G a l l i a vestit;
Vis, te purpureum, Marce, s·a g a t u s amem?"

Den Ausdruck „pinguis" gebraucht, von dem Gewande selbst, Ennius bei Nonius p. 223. ; „Tergum igitur s a g u' pinguis operiat."

Schon alt ist das, im Griechischen fast (einmal σάγος ntr. Plutarch. Anton.) allgemeine, Masculinum s a g u s ll. c., sowie bei Cicero Verr. III. 38., wenn dort s a g o s, nicht s a c c o s, die richtige Lesart ist; bei Afranius ap. Charisium I. p. 81. ed Putsch : „quod quadrati sunt s a g i"; auch das Femininum „s a g a s coerulas" schon bei Ennius (der auch s a g u s sagte, s. o.) ap. Charis. l. c. und bei den Bollandisten o. v. L a e n a. Auf Ennius influierte vielleicht das altgriechische, aber mit dem gallischen Worte urverwandte σάγη, σἀγή.

Appianos Iber. XLII. sagt : „Χρῶνται δὲ (Ἴβηρες) διπλοῖς ἱματίοις παχέσιν ἀντὶ χλαμύδων, αὐτὰ περιπορπώμενοι· καὶ τοῦτο σάγον ἡγοῦνται." Vgl. die Zusammensetzung s a g o c h l a m y d e s in Epist. Valeriani ap. Treb. Pollionem in Claudio; und den Ausdruck bei Plutarch. Moral. CII. : „σάγον ἐμπεπορπημένος μέλανα"; ähnlich auch bei Diodoros a. a. O.

Eine andere Stelle bei Trebellius Pollio in Claudii Imp. epist. in XXX. Tyrannis X. : „Duo s a g a ad me velim mittas, sed f i b u l a t o r i a" zeigt, daß die oft erwähnten fibulae nicht an allen Sagen waren.

Isidorus Hisp. sagt Orig. XIX. c. 24. : „Est autem vestis militaris, cujus usus G a l l i c i s primum expeditionibus coepit e praeda hostili. De qua vox est illa Senatus : „ „T o g i s depositis Quirites ad s a g a conversi fuerunt." " S a g u m autem Gallicum n o m e n est; dictum autem s a g u m quadrum eo, quod apud eos primum quadratum vel quadruplex erat," Diese merkwürdige, auf antike Nachrichten gestützte Stelle besagt nicht, ob die Gallicae expeditiones diesseit oder jenseit der Alpen gemeint seien. Daß Strabon den Galliern die Ausfuhr des Sagos nach Italien zuschreibt, sahen wir oben.

Wir haben bereits gezeigt, daß das weiße Sagum bei den Galliern priesterlich (vgl. Plin. H. nat. XXIV. c. 11. s. 62. XVI. c. 44. s. 94.), bei den Römern dem rothen königlichen entgegen gesetzt war. In christlicher Zeit ist das Sagum den Priestern verboten und gilt als Tracht der Laien, namentlich indessen in alter Weise als kriegerische. Belege u. a. bei Martinius, Dufresne vv. S a g u m, S a g u s etc., wo überhaupt die Belege des späteren Gebrauches zu suchen sind. Die kurzen s a g a F r e s o n i c a des Monachus Sangallensis sind synonym mit Dessen p a l l i a F r.

Die s a g a r i a negotiatio (neben der lintearia) als Handel bei Ulpian. de Trib. Act. betreibt der s a g a r i u s u. a. bei dem Schol. ad Juvenal. Sat. VI. v. 589., χιτωπώλης Gloss. ant. (auch s a g a n a r i u s in Gloss. Maji); aber als Handwerk, χλαινουργική Gloss., der „filtzmecher" in Gloss. lat.-germ. vgl. ebds. s a g u m, s a g u s viltz, auch viltzmantel; ebds. in älteren Glossen s a g e l l u m (cf. Dufr. h. v.), s a c e l l u m lachan. Das in den Stat. Ord. Praem. I. c. 11. ap. Dufr. genannte „cum s a g i o vel cum c r i b r o" ist vielleicht aus dem frz. s a s (dieses aber aus s e t a c e u m) gebildet.

Schon in klassischer Zeit fanden wir den Namen des Kleides auch für einen Kleiderstoff gebraucht. Dieser, mitunter auch das Gewand, heißt mlt.

sagum, saga, sagia, saia, seia (tunihha Gloss. Cass.) span. prov.
saya ital. saja, sajorna frz. saie, f. span. porl. sayo span. sayon,
sayal etc. ital. sajo, sajono, auch sagio, saglio (aus sagulum),
saglione in älteren Wtbb., m., dem. ital. sajetta span. sayete port.
saieta, saeta frz. sayette, vgl. Diez 302., wo auch prov. sallar
verhüllen aus sagulare. A. d. Romanischen stammt wol ngr. σαγιά,
σαïά f. (Sarsche), wiewol σάγιον, σαγίον schon früh vorkommt.

Aus dem Primitive entstand hd. sayg („oder nayg") sagum Voc. Zeninger. a. 1482 mhd. sei, aus dem Deminutive mhd. seit; „pannos asperos
sagias saiat dicimus" Graff VI. 64. Zeuss 37. gibt die irische Glosse
sái lacerna, tunica. Die neukelt. Sprachen haben ferner brit. saé, sé,
pl. saéou, seiou, f. habit, robe; kymr. sae m. i. q. engl say (a. d.
Rom.), aber auch segan f. covering, cloak segiad enveloping, cloaking.

: 273. Salar s. Fario.

274. Σαλιούγκα. : „Ή δὲ Κελτικὴ νάρδος γεννᾶται μὲν ἐν τοῖς
κατὰ Λιγυρίαν Ἄλπεσιν, ἐπιχωρίως ὠνομασμένη σαλιούγκα
(varr. ἀλιουγγία, ἀλιουάσκα; emend. al. γαλιούγγιαν). γεννᾶται δὲ
καὶ ἐν τῇ Ἰστρία." Diosc. I. c. 7.

„Punicis humilis quantum saliunca rosetis,
　　Judicio nostro tantum tibi cedit Amyntas."

Vergil. Ecl. V.

Servius ad h. l. sagt : „Saliunca herbae genus, quam Osci (Orci)
tunicam vulgo vocant." — Plin. H. nat. XXI. c. 7 : „Saliunca foli-
osa quidem est, sed brevis — — Pannonia hanc gignit et Norici,
Alpiumque aprica urbium Eporedia (Eporrhedia)" etc., und ebds. c.
20. : „Saliuncae radix in vino decocta sistit vomitiones, corroborat sto-
machum." Paulus Aegineta in Med. artis Principes ed. Stephani 1567 p.
549. : „Nardum Celticam, quam aliqui saliuncam vocant."
Glossographen haben u. a. „saliunca-, -ula ἀγριόροδον" Gloss. Philox. et Al. Formen und Glossen späterer Zeit s. bei Martinius und in unserem
Gloss. lat.-germ., wo nd. salewide, sal wyden dem Laute folgte, wie
schon in älteren Glossen saliuncula ahd. salaha ags. selas (pl.)
sich mit lat. salix u. s. w. mischte. Geradezu aus der antiken Form gebildet sind die späten deutschen bei Martinius, Tabernaemontanus, Adelung,
Nemnich : salunk, seliun-g, -ck, seljung, seling.

Die Lesart ἀλιουγγία veranlaßte Vergleichungen mit afrz. aluine,
alogne myrrha Germanorum, absinthium, vgl. span. alozna nl. alsene
u. s. w. vgl. Gloss. lat.-germ. v. Absinthium. Grimm Wtb. I. 260.

Die hispanische Stadt Σαλιούγκα, Σαλιόγκα Ptol. II. 6. war vielleicht nach der Pflanze benamt; indessen ist der Anlaut Sal bei hispan.
Ortsnamen nicht selten, vgl. W. v. Humboldt, Urbew. Hisp. S. 71.

Grimm Gesch. d. d. Spr. faßt die obigen Glossen ernster. Er sieht schon in saliunca eine deminutive Bildung aus den zu salix gehörigen Weidennamen.
Diese sind ahd. salaha, saliha, salha, (mhd.) salhe nhd. sahle, sahl-
weide u. dgl. (s. Nemnich 1190 ff. v. Salix capraea) ags. sealh, in
Glossen salch, salli engl. sallow altn. selja schwed. sälg u. dgl.
dän. selje gadh. seileach m. kymr. korn. helyg (sg.-en) f. brit.

h a l e c m., sg. h a l é g e n f. J. Grimm zieht wol mit Recht auch den merkwürdig gleich klingenden d a k i s c h e n Namen des $T\varrho\acute{a}\gamma\iota o\nu$ (vgl. salix
c a p r e a) bei Diosc. IV. c. 50 : $\sigma\alpha\lambda\acute{\iota}\alpha$, hinzu.

Adelung hat den Namen s a l i u n c a in sein k e l t i s c h e s Verzeichniss
aufgenommen und citiert dafür Scribonianus (258), wo wir ihn nicht finden.
Nach Dioskorides a. a. O. wäre er eher l i g u r i s c h.

275. 276. S a l m o, S a l p a s. F a r i o.

277. S a l p u g a. „Est et f o r m i c a r u m genus venenatum, n o n f e r e
in I t a l i a; s o l p u g a s (al. s o l i p u t a s) C i c e r o appellat, s a l-
p u g a s (al. s a l p u c a s) B a e t i c a.“ Plin. H. nat. XXIX. c. 4. s. 29.
„Et leguminibus innascuntur b e s t i o l a e v e n e n a t a e, quae manus pun-
gunt et periculum vitae afferunt, s o l i f u g a r u m generis.“ Ibid. XXII.
c. 25. „Citra Cynamolgos Aethiopas late deserta regio est; a scorpionibus
et s o l p u g i s gente sublata.“ Ibid. VIII. c. 29. Cf. ib. XXIX. c. 1.: „Non
Virgilio [Georg. IV. v. 243.] fuit (al. nefas fuit) nominare f o r m i c a s nulla
necessitate et curculiones ac l u c i f u g i s congesta cubilia b l a t t i s.“
„S a r d i n i a est quidem absque serpentibus; sed, quod aliis locis serpens
est, hoc s o l i f u g a S a r d o i s agris : animal perexiguum simileque araneis
forma, s o l i f u g a dicta, quod d i e m f u g i a t.“ Solin. Pol. X. (nach ihm
Gervasius ap. Dufr.) „S o l i p u g n a (al. s o l i p u-g a, -n g a), genus
b e s t i o l a e m a l e f i c a e, quod acrius concitatiusque fit fervore s o l i s,
unde etiam n o m e n traxit.“ Fest. und nach ihm Isid. Orig. XII. c. 3. Lucanus singt IX. v. 837. :

„Quis calcare tuas metuat s o l p ū g a (al. s o l p u n g a) latebras.“
„S o l i p a g a $\mathring{\eta}\lambda\iota o\varkappa\varepsilon\nu\tau\varrho\acute{\iota}\varsigma$, $\mu\nu\acute{\iota}\alpha\varsigma$ $\varepsilon\mathring{\iota}\delta o\varsigma$.“ Gloss. Philox. „S o l i f u g a
$\mu\iota\sigma\mathring{\eta}\lambda\iota o\varsigma$.“ Onomast. „S. i. m u s e r a n e u s.“ Brevil. u. dgl. s. Gloss. lat.-
germ., wo die deutsche Glosse v l l e (Eule).

Ein ursprünglich iberischer Name wurde mehrfach lateinisch umgedeutet
und darnach verändert.

278. „S a l s u l a e (varr. S a l s u-c a e, -s e etc., S a l u s a e, S a r s u l a),
fons, non dulcibus, sed s a l s i o r i b u s, quam marinae sint, aquis defluens.“
Pomp. Mela II. c. 5. i. q. S a l s u l i s Itin. Ant. p. 389., noch jetzt S a l s e s,
(la fontaine de S.), S a l c e s. Tzschucke in l. c. verweist auf das „$\chi\omega\varrho\acute{\iota}o\nu$
$\mathring{\alpha}\lambda\nu\varkappa\acute{\iota}\delta\omega\nu$ $\mu\varepsilon\sigma\tau\acute{o}\nu$“ Strab. IV. p. 126.

Zeuss 144. adoptiert die Lesart S a l u s a als vorrömischen Namen und
vergleicht den rheinländischen S a l i s o, S a l e t i o, wozu man noch mehrere
fügen könnte. Die richtigere Form S a l s u l a e aber halten wir für römisch.
Indessen ist s a l so gut keltisch, wie römisch, wie folgende Zusammenstellungen zeigen.

lat. s a l gr. $\mathring{\alpha}\lambda\varsigma$, $\mathring{\alpha}\lambda\alpha\tau$, n. gadh. s a l a n n m. (s á l m. i. q. lat. s a l u m
gr. $\sigma\alpha\lambda\acute{o}\varsigma$, auch aqua marina; s a i l l sale condere) kymr. h a l e n m. (vb.
h a l l u, h a l l t u, ptc. prt. h a l l t; h a l m. salt marsh etc.) korn. b a l a n,
h a l o i n, h o l o i n (h á l a moor) brit. h â l, dial. h a l e n, h o l e n, c h o a l e n
m. (vb. s a l l a; der ursprüngliche Anlaut wechselt sonderbar ebenfalls, wie
es scheint, mit dem aspirierten in d i s h a l a, d i z a l a entsalzen d i s h a l,
d i s a l l, d i z a l l i. q. kymr. d i h a l e n, d i h a l l t gadh. n e o s h a i l l t e
ungesalzen, salzlos) goth. sächs. fries. nord. s a l t hd. s a l z, n. (st. Zw. ahd.
s a l z a n u. s. w.) lett. s ā l s f. aslav. s o l y finn. s u o l a und ähnlich in

den übrigen Sprachen dieses Stammes sanskr. s a r a m. n. Ausführlicheres
s. Goth. Wtb. S. 19.

279. S a m o l u s. „Similis herba huic s a b i n a e (herba s a b i n a graece
b r a t h y) est s e l a g o appellata. Legitur sine ferro dextra manu per tunicam, qua sinistra exuitur, velut a furante candida veste vestito etc. — —
Hanc contra perniciem omnem habendam prodidere D r u i d a e G a l l o r u m
et contra omnia oculorum vitia fumum ejus prodesse. Iidem s a m o l u m
(varr. sa-, f a - m o s u m) herbam n o m i n a v e r e nascentem in umidis;
et hanc sinistra manu legi a jejunis contra morbos suum boumque." Plin. H.
nat. XXIV. c. 11. s. 62—3. Vgl. eb. XVI. c. 44. s. 94. (o. v. D r u i d e s)
die ähnliche Einsammelung einer andern Panacee : des Viscum.

Der Name s e l a g o ist nach Art vieler anderer l a t e i n i s c h e r Pflanzennamen gebildet. Der Name s a m o l u s steckt auch in dem Ortsnamen
S a m u l o c e n i s Tab. Peut., der mit S u m l o c e n n e identisch scheint,
vgl. u. a. Ükert Germ. S. 291 ff.

Von der Anemone pulsatilla (Küchenschelle), welche man gewöhnlich im
Samolus sucht, weiß ich keine neukelt. Namen; brit. d i s c r a b m. u. s. w.
bedeutet Anemone überhaupt. Nemnich gibt s a m o l u s (a n a g a l l i s a q u a-
t i c a folio rotundo) frz. s a m o l e dän. s t r a n d s a m e l (nl. s t r a n d p u n g o n)
nhd. s a m o s k r a u t. Die frz. Form ist nur gelehrte, neben der volkstüm-
licheren m o u r o n d'e a u; die beiden andern sind germanisiert; die nhd.
stimmt zu obiger Variante s a m o s u s. De Belloguet Nr. 36. vergleicht
kymr. s y m w l primrose, cowslip. Vergleichungen, die der Sache, nicht dem
Namen gelten, s. bei J. Grimm Myth. 1158 ff.

280. Σαντόνιον. „— — Εἶδος ἀψινθίου, γεννώμενον ἐν τῇ κατὰ (al.
μετὰ) τὰς Ἄλπεις Γαλατίᾳ πλεῖστον, ὃ ἐπιχωρίως σαντόνιον, ἐπωνύμως τῇ γεννώσῃ αὐτὸ Σαντονίδι χώρᾳ." Diosc. III. c. 25. So lautet die
Verbeßerung aus σαρδώνιον, Σαρδονίδι. Vgl. Plin. H. nat. XXVII. c. 7.
s. 28. : „A b s i n t h i i sunt genera plura : S a n t o n i c u m appellatur a
G a l l i a civitate, P o n t i c u m a P o n t o" etc.; Galenus de Fac. simpl. VI.
p. 204., der den Namen des wermutartigen σαντόνικον „ἀπὸ τῆς Σαντονείας
χώρας" leitet; s a n t o n i c a herba bei Columella VI. c. 25. Marcell. Burd.
c. XXVIII. s a n t o n i c a virga Martial. Ep. IX. 95. Wir nahmen diese
Benennung auf, weil sie nicht bloß „ἐπωνύμως", sondern auch „ἐπιχωρίως"
gewesen sein soll.

281. Σαπάνα. „Τῆς ἀναγαλλίδος — — τὸ (εἶδος) φοινικοῦν, ἄῤῥην —
— οἱ δὲ χελιδόνιον — — Θοῦσκοι μασιτίπως (al. μασύτ-υπος,
-ειπος), Γάλλοι σαπάνα, Δακοὶ κερκεραφρών (al. Γάλλοι κέρκερ,
Δακοὶ τοῦρα; al. Ῥωμαῖοι τοῦρα; die Wiener Hs. hat „κερκερ,
Ἀφροί" κ. τ. λ.)." Diosc. II. c. 209.

Für σαπάνα, das vielleicht mit s a p o verwandt ist, finden wir keine
sicher verwandten botanischen Namen. Das Wort nimmt nicht Theil an der
darauf folgenden Verwirrung des Textes. Κέρκερ entspricht dem griech.
Namen κόρχορος, welchen Dioskorides a. a. O. der ἀναγάλλις θήλεια beilegt.

282. „— — S a p o ; Gallorum hoc inventum rutilandis capillis, ex
sevo et cinere, optimus fagino et caprino, duobus modis, spissus ac liquidus;
uterque apud G e r m a n o s majore in usu viris, quam feminis." Plin. H.

nat. XXVIII. c. 12. s. 51. Freund v. S a p o citiert auch den alten medicinischen Dichter und Vielwißer Serenus Sammonicus. Martinius sagt : „Et ad Graecos transiit appellatio Γαλατικοῦ σάπωνος." Bei Dufresne finden wir: „S a p o G a l l i c u s i. e. albus" [wol : γάλα] Gloss. ad Alex. Iatr. „Nitrosos illos factitios globos — —, s a p o n e m G a l l i vocant." Aretaeus ult. de Cura Pass. „G a l l i c o s a p o n e caput lavabis." Horatian. R. medic. I. c. 3. Die Aussagen dieser späteren Aerzte, wie schon Serenus, stützen sich wahrscheinlich alle zunächst auf Plinius, fanden indessen das Wort auch überall lebend. Martialis kennt ebenfalls Wort und Sache. Den Namen nennt er nur im Lemma Epigr. XIV. 27. : S a p o, var. S a e p o:

> „Si mutare paras longaevos cana capillos,
> Accipe M a t t i a c a s, quo tibi calva, pilas."

Ferner ebds. Ep. 26. : „Crines.

> Caustica T e u t o n i c o s accendit s p u m a capillos;
> Captivis poteris cultior esse comis."

Und ebds. VIII. 33. :

> „Fortior et tortus servat vesica capillos
> Et mutat Latias s p u m a B a t a v a comas."

Die Lautstufe, nicht aber das Geschlecht, und nur zum Theile der Vokal, auch nicht die enge Bedeutung des Haarfärbungsmittels, von s a p o, σάπων, blieb in den germanischen Sprachen (die spätere Verschiebung ungerechnet), das Suffix finden wir in der schwachen Form wieder : ags. s â p e engl. s o a p nd. nl. s ê p e (s ê p) altn. s â p a schwed. s ô p a dän. s ü b e ahd. s e i p h a, s e i f a mnhd. s e i f e, f. Die roman. Formen ital. s a p o n e span. x a b o n frz. s a v o n u. s. w. stammen aus der lateinischen; mit unverschobenem Anlaute auch gadh. s i a p u n n kymr. s e b o n, a. d. Frz. brit. s o a v o n, s a o n, s o é v e n, s u a n, m. Die übrigen Sprachen, die das Wort aufnahmen, können wir füglich zur Seite laßen; ebenso auch die sehr mögliche Verwandtschaft mit dem pelasg. Stamm s a p, σήπ, oder auch mit dem germanischen s a p, da Plinius kein Etymon angibt. Da wir im Allgemeinen die gallische Tenuis nicht neben die lateinische Media stellen dürfen, so mögen wir auch lat. s ê b u m. nicht vergleichen (wenn anders s a p o gallisch ist), da die Formen s e p u m und s e v u m, zumal erstere, unsicher sind.

283. Σαυνίον. „(Γαλάται) ἀπαντῶντες δὲ τοῖς ἐφιππεύουσιν ἐν τοῖς πολέμοις σαυνιάζουσιν τοὺς ἐναντίους." Diod. Sic. V. c. 29., wogegen er I. c. 81. die Aegypter und XVII. c. 20., gleichwie Strabon XV. p. 784., die Perser diese Waffe gebrauchen läßt. Die Waffe wird mehrfach auch in Bezug auf andre ungriechische Völker genannt, wie auf Inder, bei Strab. XV. p. 717. und bei Arrian. Ind. XVI. : „Οἱ δὲ ἱππέες ἀκόντια δύο αὐτοῖσιν ἔχουσιν, οἷα τὰ σαύνια ἀκόντια"; darauf folgt Vergleichung der g r i e c h i s c h e n und k e l t i s c h e n Zäume mit den indischen. Hesychios nennt überhaupt das „Σαυνίον (σαύνιον) ἀκόντιον Β α ρ β α ρ ι κ ό ν." Dagegen braucht Menander ap. Pollucem X. 143. die Benennung indifferent; bei Dionysius Halic. Ant. Rom. gilt sie stets einer r ö m i s c h e n Waffe, er stellt namentlich „σαυνίοις καὶ λόγχαις βάλλειν" zusammen. Nirgends wird ausdrücklich gesagt, daß die Benennung selbst ungriechisch sei. Wenn auch die

Ableitung der Σαυνῖται, Samnites bei Verrius und Festus : „Samni-
tibus nomen factum propter genus hastae quod σάυνια appellant" irrig
ist, so bezeugt sie doch, daß man das Wort von Alters her dem pelasgischen
Stamme zuschrieb; vgl. auch Benfey Wurz. I. 178. II. 344., der es für echt
griechisch hält. Das u. A. von Pott Et. F. II. 58. verglichene kymr.
saffwy f. lancea hat nur den Anlaut gemein, und diesen wahrscheinlich
nur durch Verderbniss aus str, vgl. Goth. Wtb. II. 301. Nicht beßer verhält es sich mit andern kelt. Vergleichungen, die man versucht hat. Die
annehmlichste ist noch die mit gadh. sonn s. m. arbor; trabs, baculus,
clava; inescatio; vir fortis, heros vb. premere, caedere, transfigere. Gerade
auf den Wurfspieß passen diese Bedeutungen weniger.

    Scetra s. Cetra.

    284. Σκοβιήν. „Ἀκτή — Γάλλοι σκοβιήν, Δακοὶ σέβα." Diosc.
IV. c. 171. Der Name erhielt sich für den Flieder (engl. elder, womit
Pott und Zeuss alder alnus verwechselt haben) in kymr. ysgaw (-en
sg.) f. korn. scauan brit. scav, scað, scô m., sg. scaven f. Die
deutschen Provincialnamen für ebulus nigra und deren Beeren schles. schüpp-
chen (Weinhold), nd. schü-, schi-, sche-bicken u. s. m. (bei
Nemnich) können ebensowol mit dem keltischen zusammenhangen, als mit
lat. sabucus, woher auch u. a. bask. sabicoa und womit verwandt
vielleicht auch dak. σέβα, welches J. Grimm zugleich mit deutschen Pflanzennamen und mit σκοβιήν zu vermitteln sucht.

    285. Σκοῖαρ s. Κιοτουκαπετά.

    286. Σκολοπίδες s. Attilus.

    287. Scoti s. Britones.

    288. Scramasaxus. „Duo pueri cum cultris validis, quos
vulgus scramasaxos (scramaxaxos Gesta Franc. c. XXXII.)
vocant, infectis veneno — — feriunt." Greg. Turon. Hist. IV. c. 46. (51.)
„— — gladiatores percusserunt regem in alvum scramsaxis." Gesta
Franc. c. XXXV. „Cultellos permaximos, quas vulgariter
scramsaxos corrupto vocabulo nominamus." Roric. tom. III.
Coll. Hist. Franc. p. 15. ap. Dufr. ed. Henschel. „Sic quoque, ut unusquis-
que de his, quos secum in exercitum duxerit, partem aliquam zayis vel
loricis munitam, plerosque vero scutis, spatis, scramis (al. fera-
mis); lanceis, sagittisque instructos — — haberet." Lex. Wisigoth.
l. IX. tit. 2. §. 9.

    Nach der letzten Stelle (wo wir von der Emendation frameis ab-
sehen) bedeutet schon scramus oder scrama allein eine Waffe, wozu
altspan. escramo jaculum stimmt, worinn indessen Diez 489. nur ein gelehrtes Wort vermutet. Den bekannten germanisch-romanischen Stamm
skrim, skirm laßen wir zur Seite, schon weil die hier anklingende Umstellung keinen Ablaut aus a vermuten läßt und auf germanischem Boden in
gothischer Zeit noch nicht wol vorkommen konnte. Dagegen vergleicht sich
altn. skráma vb. leviter vulnerare s. f. plaga, cicatrix i. q. schwed.
skráma dän. skramme, s. f. nhd. nl. nd. schramme s. f. schram-
men Zw. lett. skramba f. (auch Splitter; vgl. altn. skrámbr neben
skrámr leviter ictus) poln. szrama f. szram m. böhm. šrám m.
Weitere Vergleichungen s. Goth. Wtb. S. 95.

Die Deutschheit des Wortes gewinnt eine weitere Stütze durch die Zusammensetzung mit altnord. **s a x** ags. **s e a x** u. dgl. ahd. **s a h s** semispatha, culter.,

Von den übrigen Benennungen in obiger Reihe gehören in unser Bereich **s p a t a e** und **l a n c e a e**, nicht aber **z a v n e**, ein bei den Lateinern und Griechen des mittleren Zeitraums häufiges Wort von uns unbekanntem Ursprunge, vgl. Dufresne vv. Z a b a sqq. Gloss. lat.-germ. h. v.

289. Σκούβουλουμ. „Στρύχνος κηπαΐος· οἱ δὲ ἥμερον, Ῥωμαῖοι στρούμουμ, οἱ δὲ κουκούβολουμ (al. xax.), Γάλλοι σκούβουλουμ, Ἀφροὶ ἀστρεμουνίμ.“ Dioscor. IV. c. 71. Vgl. ebds. c. 72. : „Στρύχνον ἀλικάκαβον· Δακοὶ κυκωλίδα (var. κοικοδιλά), Ἀφροὶ κακαβοὐμ.“ „Cucubali (al. culiculi; culieus in Elencho) folia trita cum aceto serpentium ictibus et scorpionum mederi. Quidam hanc alio nomine **s t r u m u m** appellant, alii **G r a e c e s t r y c h n o n**; acinos habet nigros.“ Plin. H. nat. XXVII. c. 8. s. 44. Eine andere (herba) **s t r u m e a** erwähnt Plinius l. c. XXV. c. 13. s. 119. Sodann vgl. ib. XVI. c. 31. s. 105. : „(Strychni vel trychni genus) alterum — — **h a l i c a c a b u m** vocant, alii callion, nostri autem vesicariam.“ In deutschen Wörterbüchern kommt vor **c a c a b u s** schlaffkraut, **k o c h h a b e r**; **h a l i c a c a b u s** schlutten, juden-kirschen, -hütlein, -döcklein, boborellen.

Wahrscheinlich steht Γάλλοι für ἄλλοι; **c u c u b a l u m**, **s c u b u l u m**, und der dakische Name, sowie sogar auch **c a c a b u s** und **h a l i c a c a b u s** hangen zusammen. Der dakische Name, welchen J. Grimm als herba **c u c u l i**, Kukukskraut d. i. Nachtschatten, deutet, steht zugleich nahe an aslav. k ą - **k o l i c a** magyar. **k o n k o l y** poln. k ą k o l russ. **k u k o l** u. s. w. lett. k ô k a l i pl. litau. **k u k a l a s**, pl. -ai u. s. m. ags. **c o c c e l**, **c o c e l** m. ængl. **c o c k l e** gadh. **c o g a l l**, **c a g a l l** m. agrostemma githago; cf. sanskr. k u k o l a jujuba.

Segusius s. Ἐγουσίαι.

290. Selago s. **Samolus.**

291. Σεμνοθέοι s. **Druides.**

Senecaudae s. **Bagaudae.**

292. Senones. „Gallos : Senones, qui **S e n o n e s** dicti sunt, quod Liberum patrem hospitio recepissent.“ Servius in Vergil. Aen. VIII. v. 656., fehlt in den meisten Hss.; der Etymologaster hat ξένος, ξενοῦσθαι im Auge, wie die Parallelstelle bei Isidor. Orig. IX. c. 2. §. 106. deutlicher zeigt : „Galli autem **S e n o n e s** (al. Z e n o n e s) antiquitus **X e n o n e s** dicebantur, quod Liberum hospitio recepissent.“

293. Serron s. **Bolus.**

294. Σιγύνναι. „Μούνους δὲ δύναμαι πυθέσθαι οἰκέοντας πέρην τοῦ Ἴστρου ἀνθρώπους, τοῖσι οὔνομα εἶναι Σιγύννας.“ Herod. V. 9. zu Anfange des Kapitels, an dessen Schluße folgendes, vielleicht von dem Patriarchen selbst herrührendes, Scholion angefügt ist : „Σιγύννας δ᾿ ὦν καλέουσι Λίγυες οἱ ἄνω ὑπὲρ Μασσαλίης οἰκέοντες τοὺς καπήλους· Κύπροι δὲ τὰ δόρατα.“ Wir gehn hier auf die ethnische Bedeutung des Namens (s. o. S. 86. Celtica II. 1. S. 30 ff.) nicht ein, sondern nur auf die sprachliche. Obiger Glosse entspricht die bei Suidas : „Σιγύνη καὶ σιγύνους· τὰ δόρατα παρὰ Μακεδόσιν“, wozu er ein Epigramm citiert : „τήνδε

παρ' Ἡρακλεῖ ϑῆκέ με τὴν σιγύνην.ι; dieses ist von Antipater Sidonius' ver-
faßt, vgl. Brunck Anal. Vol. II. p. 8., der nach Hss. lieber liest „τόνδε — —
τὸν σιβύνην." Suidas selbst glossicrt gesondert σιβύνη durch „ἀκόντιον
ʽΡωμαϊκόν." Varianten s. o. v. Cateja bei sibones in Gellius Verzeichnisse und bei Sturz De Dial. Macedon. natura p. 46. Dieser hält σιβύνη,
ζιβύνη, συβίνη, ζηβρην identisch mit σίγυμνον, σίγυννος, σίγυννον.
Ein Scholiast zu dem thrakischen Volksnamen bei Apollon Rhod. Argon.
II. v. 99. (in Cod. Paris.) sagt : »Σίγυννος· δέ ἐστὶν ἀκόντιον κατὰ Κυ-
πρίους· κατὰ δὲ ἄλλους τὸ ἀλοσίδηρον ἀκόντισν." Kyprisch
nennen ihn auch Etymol. M., Phavorinus und Eustathios ad Homer. Iliad. β.
p. 844., während Letzterer ad Odyss. ζ. p. 1554. ζιβύναις als üblichere
Form zu σιβύναις stellt. Ein anderer Scholiast zu Apollon. Rhod. Arg. IV.
v. 320. sagt : „Σίγυνοι δὲ ἔϑνος Σκυϑικὸν ὅϑεν καὶ δόρυ Σίγυνος
ὁμώνυμον τὸ ἔϑνει." M. Schmidt (Kuhns Z. IX. 4. S. 301.) liest die kyp-
rische Glosse ἰγύνους. Nach Ennius bei Festus ist sibynae ein illyrisches
Wort. Sturz citiert die Texte, in welchen diese Wörter oder Wortformen
vorkommen; er sucht ihren Ursprung (vgl. Hesych. v. Ζιβήνη) in Persien
oder in Syrien, woher sie in den Südosten Europas eingewandert sein mögen.
Wir nahmen Σιγύνναι wegen der ligurischen Deutung auf, welcher
übrigens ein Volksname zu Grunde liegen wird, vgl. Cadurcini u. dgl. m.

295. Sihora armen. „Si enim licet dicere non solum Barbaris
lingua sua, sed etiam Romanis : Sihoraarmen, quod interpretatur:
Domine miserere! cur non liceret in conciliis Patrum in ipsa terra Graecorum — — lingua propria Homusion confiteri?" etc. Augustin. Epist.
CLXXVIII. Die Hss. haben die Varianten fhrota armes, shroia armen, kuroia armos.

Wer sind diese Barbari? Nach Erasmus hätte Augustinus gothisch
verstanden; aber damit ist noch nicht gesagt, daß diese Worte nicht einer
andern ihm bekannten Sprache mit Römern gemischt wohnender Barbaren angehörten; überdieß schreiben die Benedictiner diesen ganzen Brief
Vigilius von Thapsus zu. Wir übergehen die Auslegungsversuche, die bei
Dufresne ed. Henschel h. v. und in Goth. Wtb. A. 89. S. 45. verzeichnet
sind und geben nur die neueste Vermutung an, welche Holtzmann in
Pfeiffers Germania II. 4. S. 448 ff. aufstellt : daß der Spruch gothisch,
und fròja armès herzustellen sei, d. i. nach Ulfilas Schreibung frauja
armais, mit dem Konjunktive statt des Imperativs. Jedenfalls leitet die
zweite Hälfte der Formel auf germanische, resp. gothische Sprache; wäre
letztere ganz sicher, so durften wir, unsern Schranken gemäß, diesen Artikel
nicht aufnehmen.

296a. Sil s. Halus.

Σιλοδούνοι s. Soldurii.

296b. Sinistus s. Hendinos.

297. Σιστραμεόρ. ʽΙππομάραϑρον — — Γάλλοι σιστραμεόρ.ι
Diosc. III. c. 75. Als Anklang bemerke man ebds. c. 11. : „Δίψακος
Αἰγύπτιοι σεσενέρ." Wir mögen nicht einmal unsere früheren Hyper-
hypothesen wiederholen.

Sogronensis s. Circius.

298. Soldurii. „— — Adcantuannus, qui summum imperii (apud Sotiates Aquitanos) tenebat, cum DC devotis, quos illi soldurios
appellant, quorum haec est conditio, ut omnibus in vita commodis una cum
his fruantur, quorum se amicitiae dediderint" etc. Caesar B. G. III. c. 22.
Cf. ib. VII. c. 40. : „Litavicus (Aeduus) cum suis clientibus, quibus
nefas, more Gallorum, est, etiam in extrema fortuna deserere patronos,
Gergoviam profugit"; ferner ib. I. c. 31. V. c. 39. VI. c. 12. 15. (o. v.
Ambactus). Valer. Max. H. c. 6. s. 2. über die Keltiberer, und über
andere hispanische Völker Strab. III. p. 137. ed. Did. Plutarch. Sertor. XIV.
Dio Cass. LIII. c. 21.; über die Comites des germanischen Princeps Tac.
Germ. XIV. und Aehnliches Caesar B. G. VI. c. 23.

Caesars rubrizierte Erzählung nebst jenem Namen lauten bei Nicolaus
Damasc. ap. Athenaeum Dipn. VI. c. 13. : „Ἀδιάτονον τὸν τῶν Σωτιανῶν
βασιλέα (ἔθνος δὲ τοῦτο Κελτικὸν) ἑξακοσίους ἔχειν λογάδας περὶ αὐτόν, οὓς
καλεῖσθαι ὑπὸ Κελτῶν (Γαλατῶν) τῇ πατρίῳ γλώττῃ σιλοδούρους (al.
σιλοδούνους)· τοῦτο δέ ἐστιν Ἑλληνιστὶ εὐχωλιμαῖοι. Τούτους δὲ
βασιλεῖς ἔχουσι συζῶντας καὶ συναποθνῃσκοντας" κ. τ. λ. Cf. ib. c. 12. o. v.
Bardus über die παρασίτους der Kelten. Die Uebersetzung εὐχωλιμαῖοι
ist durch Caesars devoti entstanden.

Da die Sotiates (Varianten und Citate s. u. a. bei Ukert II. 2. S. 261 ff.)
Aquitaner sind, so kann soldurii leicht ein iberisches Wort sein. Was
wir und Andre bißher von Etymologien versuchten, bleibt am besten ver-
schwiegen.

Sordicen s. Fordicen.

299. Spadonium. „(Mala) a conditione castrati seminis, quae
spadonia appellant Belgae." Plin. Hist. n. XV. c. 14. Cf. „spadonia laurus" ib. c. 30. „Ejusmodi surculos, qui nihil afferunt, spadones
appellant." Colum. I. Aehnlich Isidor. Orig. XVII. c. 5. und spätere Glossen.

Demnach wäre das im Lateinischen gangbare Wort nur die Uebersetzung
eines belgischen. Jedoch besitzen auch die neukelt. Sprachen das Wort,
und zwar, gleichwie das frühe mlt. spada, spadare (neben spätem spa-
donare), ohne n- Suffix : brit. spàz, spaz-et, -ad, -ard m. castratus
-er castrans -a castrare kymr. yspaddu to exhauss, to empty dispaddu
castrare dispaidd m. castratus gadh. spoth castrare c. derivv. Das Verhältniss des keltischen Wortes zu dem griechisch-lateinischen Derivate spa-
don (vgl. Pott. Altpers. Eigennamen S. 417.) wage ich nicht zu bestimmen.

300. Sparus, sparum. Alte Texte aus Sisenna und Salustius bei
Nonius, in welchen diese Waffe neben lancea genannt wird, s. o. h. v.
Bei Nonius XVIII. auch noch eine Stelle aus Varro : „— — sparo secu-
tus tragula ve (cervum) trajicit." Letzterer sagt bei Servius : „Sparum
missile, a piscibus ducta similitudine, qui spari vocantur." Vergilius
sagt u. a. „agrestisque manus armet sparus", und Servius : „sparus
est rusticum telum in modum pedi recurvum." Festus leitet „Spara
parvissimi generis jacula" a spargendo ab, gibt uns jedoch auch das
Recht, das Wort als gallisches in unsere Sammlung aufzunehmen, indem er auch sagt : „Rumex teli genus, simile spari Gallici, cujus
meminit Lucilius :

Tum s p a r a, tum r u m i c e s, portantur t r a g u l a porro."
Die selben drei Waffennamen nebst lancea stehn auch in dem Verzeichnisse bei Gellius o. v. C a t e j a nahe zusammen. Sonst, wie bei Livius XXXIV. c. 15., erfahren wir Nichts von ausländischer Natur des Wortes. In griechischen Glossen steht s p a r u s neben g a e s a (s. o.) und s p i c u l u m als *ἀκοντίου εἶδος*.

Ob der Fischname s p a r u s, s p a r u l u s wirklich ursprünglich mit dem Waffennamen identisch war, fragt sich.

Unbegreiflich ist Holtzmanns Aeußerung (S. 111.): daß das Wort „in den britischen Sprachen unbekannt" sei. Man vergleiche: kymr. y s b a r, pl. y s b e r i, auch y s p ê r sg. geschrieben, m. lancea neben p a r m. id. Brit. s p a r r m. gasse s p a r r a gasser s o l l zwar auch Spieß und spießen bedeuten, unterscheidet sich aber auch formell durch das doppelte r; ebenso gadh., jedoch neben seltenem s p ä r s. m., s p a r r vb. trudere; intrudere clavum, cuneum etc. s. m. trabs (a s p a r of wood); gallinarium etc. s p a r r a g f. clavus s p a r r a n m. (demin.) obex.

Diese Wörter gehören zunächst zu den deutschen s p a r r e, s p e r r e n, die auf den, auch in den neukeltischen Sprachen stark vertretenen, Stamm b a r r zurückzuführen scheinen; zu letzterem gehört u. v. a. vielleicht auch gadh. b e a r r a m. hasta. Zu ob. s p a r r e (ahd. s p a r r o tignus), nicht mit Dufresne (und Henschel) zu s p a r u m, stellt sich auch mlt. s p a r r o afrz. e s p a r r e u. s. w. Die späten Glossen im Gloss. lat.-germ. mischen s p a r u m, deutsch s p a r r e und s p e e r. Wahrscheinlich gehören diese und viele andre Wortstämme zu Einer ausgedehnten Sippschaft.

Wie im Kymrischen, wo der alte Vokal neben modernem Umlaut noch deutlich besteht, so auch in den germanischen Sprachen, glauben wir das antike Wort früh eingedrungen, eher von Rom, als von Gallien aus. Vgl. amhd. ags. afrs. s p e r nhd. s p ê r afrs. s p i r i altn. s p i ö r; die drei Geschlechter sind vertreten, der Vocalismus immerhin auffallend.

301. *Σπάθη.* Wir fanden sie bei Diodoros V. c. 30. o. v. B r a c a e unter den keltischen Waffen (nicht Wörtern); in Gellius Verzeichnisse o. v. C a t e j a; späte Texte o. vv. F r a m e a, S c r a m a s a x u s. Für den sonstigen Gebrauch des griechischen, im Lateinischen aufgenommenen, Wortes und seiner Ableitungen bei den Klassikern, wie im Mittelalter, verweisen wir auf die Wörterbücher; für seine romanischen Phasen auf Diez vv. S p a d a, S p a l l a. Nirgends erscheint es als gallisches Wort, wenn auch öfters als fremdartiges oder minder geläufiges, vielleicht nur darum auch zur Bezeichnung einer nicht echt römischen Waffengattung, so bei Tacitus Annal. XII. c. 35.

Lehnwörter sind gadh. s p a d f. a spade (aber einheimisch vb. sternere, prosternere); kymr. s p o l d, s p a w d, y s p o l d, y s p a w d, y s b a w d m. (angeblich auch f.) shoulder y s p o d o l f. slice, s p a t t l e; y s p o d o l i to cudgel. Ebenso alts. s p a d o ahd. s p a t o ags. s p a d a etc. ligo; in diesen und ähnlichen Bedeutungen in den übrigen deutschen und aus ihnen auch in andern Sprachen; die Bed. spatha (Waffe) in altn. s p a d i alban. s p a t ë bask. e z p a t a.

302. *Σπλήνιον* s. *Πεπεράκιουμ.*
Στολούτεγον s. *Τολούτεγον.*

303. **S t r i g e s.** „H i s p a n i a **s t r i g e s** (vulgo **s t r i g i l e s**) vocat a u r i parvulas mas.sas, quod super omnia solum in massa aut ramenṭo capitur" etc. Plin. H. naṭ. XXXIII. c. 3. ṣ. 19. Hiernach nennt Isid. Orig. IX. c. 23. die **s t r i n g e s** (al. **s t r i g e s**) als hispanische Tracht; die Gl. Isid. haben „**s t r i g i u m** genus vestimenti", und Calepinus führt angeblich aus Plautus an : „Nudus est, jurat se **s t r i g i u m** oppignerasse"; andre Glossen geben **s t r i g - a**, **- u l a**, **- n a** als Gewandnamen, vgl. auch **s t r i c t a** i. tunica, rock u. dgl. in Glossen des 15. Jh. u. ṣ. v. Im Gloss. lat.-Germ. wird **s t r i n g i s**, **s t r i g u l u m** durch „enges kleid" übersetzt, somit von **s t r i n g e r e** abgeleitet. Die span. **estringa** ital. **stringa** (Nestel) schwebte vielleicht Isidorus vor. Die Grundbedeutung, auch die Sprache·des plinianischen Wortes bleiben unklar.

S u a c u l u m s. **C o l i s a t u m.**

304. **Σουβίτης** s. **B o l u s.**

305. **S u c r o n e n s i s** s. **C i r c i u s.**

T.

306. **T a n i a c a e.** „E queis (porcis) **s u c c i d i a s** **G a l l i** optimas et maximas facere consueverunt. Optimarum signum, quod etiamnunc quotannis e Gallia apportantur Romam **p e r n a e** **t o m a c i n a e** et **t a n i a c a e** (al. **t a n a c a e**) et·**p e t a s i o n e ṣ**. De magnitudine Gallicarum succidiarum Cato scribit." Varro R. r. II. c. 4. Vgl. u. a. o. v. **S a g u m** Strabon über die Ausfuhr belgischen Pökelfleisches.

Wir haben dieses Wort nach de Belloguets Vorgange aufgenommen, der die Anlehnung durch die Emendation **t a e n i a c a e** erwähnt. So schreibt auch Martinius. Freilich sind die beiden andern Benennungen· latinisierte griechische, und **s u c c i d i a e** eine rein lateinische. Die indogerman. Wz. **t a n** lebt noch in den neukeltischen Sprachen und hat dort den primitiven Vokal beßer erhalten, als in der lateinischen. Varro scheint ein **t a n i a c a e** als Adjectiv zu gebrauchen. Nähere Vergleichungen finden wir nirgends.

. - 307. **T a r a n i s** heben wir aus den Götternamen bei Lucanus o. v. **B a r d u s** heraus wegen des allen britannisch-keltischen Sprachen gemeinsamen Appellativs **t a r a n** korn. kymr. f. tonitru; brit. m. (soll auch Blitz oder Donner bedeuten) ignis fatuus; gadh. m. spectrum, bes. Geist eines ohne Taufe verstorbenen Kindes, neben **t o i r a n**, **t o i r e a n n** u. dgl. m. tonitru. Einen abgeleiteten Götternamen finden· wir in einer Heilbronner Inschrift „Deo **T a r a n u c n o**" und in einer dalmatischen „Iovi O. M. **T a r a n u c o**" bei Orell. Nr. 2055., in einer englischen dagegen ebds. Nr. 2054. „I. O. M. **T a n a r o**", mit umgestellten Liquiden gleichsam in den deutschen Donner verwandelt. Jener Ableitung nahe steht die gadhelische **t o r r a n a c h**, **t o r r u n a c h** tonans **t á i r n e a c h** (auch **t o i r n e a c h**) adj. tonans ṣ. m. tonitru. Das kymrische Wort zeugt einige Ableitungen, u. a. **t a r a n u** to fulminate, to thunder **t a r a n o n** m. the thunderer. Selbst die Lesart **T a r a m i s** bei Lucanus würde eine Stütze finden in gadh. **t o i r m** f. **t o r m a n** m. strepitus murmurans **t o i r m r i c h** m. Donnergeroll u. dgl.

Kymr. t a r a n wird auch als Adjektiv mit der Bed. „of goodly size or magnitude aufgeführt, aber wenigstens in t a r a n f r w d pretty hot scheint es ähnlich verstärkend gesetzt, wie das vulgäre deutsche blitz-, donners-. Die Wurzel mag in kymr. t a r a w, t a r o ferire erhalten sein. Aber auch kymr. d a r o n, d a r o n w y m. the thunderer d a r u t ó make a. noise sind zu erwähnen. Aehnliche Tonfarbe hat brit. c u r u n. f. tonitru, welches Pott (Allg. Litz. 1840. Erg. Nr. 39.) mit κ ε ρ α υ ν ό ς vergleicht; aber eine vielleicht primitive Form lautet c u d u r u n. Ein Piktenname bei Adomnanus (Celtica II. 2. S. 323.) ist T a r a i n (-u s). Von dem Gotte oder den beiden Göttern haben wir kein antikes Zeugniss, daß sie gerade Donnergötter waren. Glück erinnert (in einer gefälligen brieflichen Mittheilung) an Jupiter tonans, vgl. Caesar B. G. VI. c. 17., wo Jupiter unter den gallischen Göttern genannt ist. J. Grimm (u. a. Wtb. S. 1237.) vergleicht den nord. T h o r r und bair. d a r e r m. Donnerschlag bei Schmeller I. 390. Ein rheinländisches Glossar vom Anfange des 15. Jh. gibt tonitru d o r, und zwar tonitruare t o n r e n, aber tonare t u r r e n; ein niederdeutsches aus gleicher Zeit tonare d o r n, der Vocab. Altenstaig. d u r n e n, aus d u n r e n umgestellt?

308. *Ταρβηλοδάϑιον.* „*Ἀρνόγλωσσον* — — οἱ δὲ κυνόγλωσσον, — — Ῥωμαῖοι πλαντάγω μίνορ, Γάλλοι (alibi deest Γ.) ταρβηλοδάϑιον, Ἰσπανοὶ ϑησαρικάμ.‟ Diosc. II. c. 152. „A r n o g l o s s o n Galli tardos, lotios, Hispani thasaricam, Daci simpeax, Romani plantaginem latam, alii plantaginem majorem, alii septeneruiam.‟ Apul. Mad. de Herb. virt. c. I. in Med. ant. Venet. 1447. Adelung gibt aus Apulejus die Varianten t a r b i d o l o p i o n aus Hummelbergs Ausgabe von 1537, t a r d a s l o t i o s aus der Ausgabe von 1528.

Wir haben bereits früher den keltischen Namen des Stiers in dem gallischen Worte gesucht, da in andern Sprachen verschiedene Thiernamen in dem jener Pflanze auftreten; für jenen Namen s. die folg. Numer. Zeuss' thut das Selbe und emendiert dazu die zweite Hälfte in *ταβάτιον* nach kymr. t a f a w d, aus t a b â t, lingua; vgl. kymr. t a f o d f. korn. t a v a z brit. t é ô d, vann. t é a d, m. id. kymr. t. y c i brit. t. - c í Hundszunge - y c h, - c j e n n Ochsenzunge u. s. v. Pflanzennamen. Der gadh. Name der Zunge t e a n g - a d h, - a f. führt auf d. t u n g o u. s. w. über; die verwickelte Untersuchung über diese Sippschaft laßen wir hier zur Seite. Wie öfters, erfolgt die gallische Zusammensetzung nach dem umgekehrten Verhältnisse der neukeltischen, welche sichtbar aus Zusammenstellung erwuchs; der von de Belloguet irrig verglichene kymr. Pflanzenname t a r f g r y d m. febrifuga ist zusammengesetzt aus t a r f u fugare (aber t a r w taurus) und c r y d m. febris. Die Variante - l o p i o n und eine ähnliche c a r b i d o l u p o n — die gerade dem franz. Namen corne de cerf sich anschließt, vgl. c e r v u s kymr. c a r w korn. brit. c a r ô u. s. w. — stimmen zu lett. c e ł ł a l a p p a s p l a n t a g o m a j o r (l a p p a s litau. l á p a s u. s. w. i. q. goth. l a u f s, L a u b) und zu schwed. l o p p - f r ó g r ä s dän. l o p p e - u r t p l a n t a g o p s y l l i ω, vorausgesetzt, daß Ein alter Name von den verschiedenen Sprachen verschieden umgedeutet wurde; freilich fragt es sich, ob wir hier Namen des Psylliums vergleichen dürfen.

Merkwürdig ist auch der Anklang des altspanischen Namens an den jetzigen, doch wiederum von pl. psyllium : z a r a g a t o n a, der semitischen Ursprungs sein und ebenfalls eine Aphärese erlitten haben soll.

309. T a r v o s   t r i g a r a n v s. Diese Wörter, nebst ihrer Erläuterung durch ein Bild, kommen auf einem Denkmale vor, das Orelli Nr. 1993. nach Muratori beschreibt. Es trägt zuvörderst die Inschrift : „Tib. Caesare Aug. Jovi Maxsumo aram nautae P a r i s i a c i publice posuerunt." (Lutetiae Paris. ap. Murat. 10665.). Muratori berichtet weiter : „Subsunt XXXVII. figurae hominum militarium cum hoc nomine suprasculpto E V R I S E S; tum visuntur homines caput corona laurea redimitum gerentes cum hisce literis : S E N A N I E w I E I L O M. Deinde figurae aliquot d e o r u m cum hisce nominibus : VOLCANVS. IOVIS. E S V S. T A R V O S   T R I-G A R A N V S (scilicet T a u r u s; subest enim figura t a u r i, super quem t r e s   g r u e s spectantur). CASTOR POLLVX. C E R N V N N O S."

Wir haben hier die (wahrscheinlich) gallischen Theile der Inschriften durch die Schrift ausgezeichnet. In dem letzten Namen der (zu Paris 1711 an altheiliger Stelle, unter der Kathedrale, gefundenen) Inschrift, zu welchem ein Gottesbild mit G e w e i b e n und langen Ohren gehören soll, steckt wahrscheinlich der Name des Hornes, s. o. v. καρνον, nicht so leicht der des Hirsches, vgl. die vorige Numer; für das Suffix vgl. Glück S. 5. Die Deutung der übrigen Theile überlaßen wir den Epigraphikern, mit Ausnahme des rubricierten.

Wir werden durch E s u s   T a r v o s um so lebhafter an „H e s u s et   T a r a n i s" bei Lucanus o. v. B a r d u s erinnert, als hier denn doch eine Reihe von Götternamen vorliegt. Freilich hat sich einst Jupiter selbst in einen Stier verwandelt, und noch häufiger dergleichen Thiere in Götter, wenn auch nicht durch eigene Machtvollkommenheit. Auch dürfen wir annehmen, daß die beigefügten Thierbilder gerade einen Stier und drei Kraniche bezeichnen, da die noch lebenden Keltensprachen so trefflich diesen Sinn der gallischen Wörter unterstützen.

Wie vergleichen die alten Ortsnamen : T a r u e s s e d u m (Tab. Peut. T a r u e s e d e It. Ant.) o. v. E s s e d u m, der Ochsenkarre bedeuten könnte; Ταρου-εδούμ, -ιδούμ promont. Brit. Ptol.; Ταρουάννα Ptol. T a r u e n n a Itin. Ant. im Morinerlande; und so wol noch mehrere mit T a r u, T a r o anlautende. Sodann den Pflanzennamen der vorigen Numer, und die neukelt. Namen des Stieres nebst den wichtigsten der verwandten Sprachen : kymr. t a r w korn. t a r o w, t a r o brit. t a r v, t a r ô gadh. t a r b h altn. t a r f r; endlich auch gr. ταῦρος lat. t a u r u s umbr. t u r u f (flektiert in Tabb. Eugub.) slav. t u r pers. t u r a aramäisch t a u r ô, t ô r a etc.; ausführliche Vergleichungen s. Goth. Wtb. S. 163.

Der Kranich heißt in allen neukelt. Sprachen g a r a n m. i. q. gr. γεϱανός; verwandt mit dem germ. k r a n u. s. w., lat. g r u s (aus g r a n s nach Kuhn in den Beitrr. III. 358. zu seiner Zeitschrift), litau. g é r w e slav. ž e r a v l y u. s. m. gleich und ähnlich bedeutenden Vogelnamen. Wir verzichten hier auf die ebenso anziehenden als weitschichtigen Untersuchungen über Ableitung und Verwandtschaft dieses Vogelnamens, die besonders in den keltischen Sprachen die reichsten Anknüpfungen finden. Die Formen der Thiernamen sind häufig älter, als die ihrer scheinbaren Verwandten in den einzelnen Sprachen, die häufig auch jene aus der Fremde erhalten, und dann mitunter aus ihrem Vorrathe neu gedeutet haben.

Das Zahlwort tri (3) haben die keltischen Sprachen mit dem verwandten gemein, vgl. Goth. Wth. Th. 36. Die kelt. Formen sind kymr. tri m. tair f. korn. trei, tre, tres (m.), tair, teir (f.) brit. tri m. teir, ter f. gadh. tri c. obs. teora vermutlich f.

310. *Τασκοδρουγῖται*. Epiphanios spricht Adv. Haer. 1. II. tom. I. c. 14. (XLVIII. 14. p. 416. ed. Petav.) von Ketzern in Kleinasien, Galatia eingeschloßen, und berichtet von einer Gattung derselben : „*Καλοῦνται δὲ διὰ τοιαύτην αἰτίαν Τασκοδρουγῖται. Τασκός παρ᾽ αὐτοῖς πάσσαλος καλεῖται, δρουγγος δὲ μυκτήρ εἴτουν ῥύγχος καλεῖται· καὶ ἀπὸ τοῦ τιθέναι ἑαυτὸν τὸν δάκτυλον τὸν λεγόμενον λιχανὸν ἐπὶ τὸν μυκτῆρα ἐν τῷ εὔχεσθαι ... ἐκλήθησαν ὑπό τινων Τασκοδρουγῖται τουτέστι Πασσαλορυγχῖται.*"
„Ascodrogitae in Galatia, qui utrem inflatum ponunt et cooperiunt in sua ecclesia — — Alii sunt Passalorinchitae, qui digitum imponentes in nares" etc. Philastrius Episc. Brixiensis de Haeres. (Hamb. 1721) c. 75. 76. Fabricius ad h. l. identificiert Letztere mit den **Tascodrogitae** bei Epiphanios (s. o.), den *Τασκοδουργοί* bei Theodor. Studita Ep. ad Naucrat. und den Perticonasati bei Nic. Comnenus. Von ihnen sagt Augustinus de Haer. Nr. LXIII.: „Passalorynchitae in tantum silentio student, ut naribus et labiis suis digitum opponant — — unde etiam illis nomen est inditum. *Πάσσαλος* enim Graece dicitur palus et *ῥύγχος* nasus." Der Selbe in der vorhergehenden Nr. LXII. : „Ascitae ab utro appellati sunt : *ἀσκός* enim Graece, Latine uter dicitur; quem perhibentur inflatum et opertum circuire bacchantes" etc. „*Ἑβδόμη* (αἵρεσις) ἡ τῶν *Ἀσκοδρούγων*· εἰκοστὴ ἡ τῶν *Ἀσκοδρουγιτῶν*." *Νικήτας ὁ Χωνιάτης ἐν Συλλογῇ* (Thesauro orth. Fidei in Cat. B. Laurentianae Florent. 1764. p. 431.). „*Τάσκος* Phrygio idiomate paxillus, *δρουγγος* autem nasus dicitur." Ibid. l. IV. Haer. 20. p. 192. ed. Lat. Morelli. „**Tascodrugi** Haeretici Galatiam incolunt et dicuntur ita Galatarum lingua, apud quos est taxus paxillus et drugus nasus. Haec autem eorum est consuetudo: in precibus suis digitum manus dextrae naso fulciunt atque ita orant." Timotheus (Patriarcha Constantinopol. saec. VI.) de Recip. Haer. in Cotelerii Monum. Eccl. Graecae tom. III. p. 378. ap. Wernsdorf. Rep. Galat. p. 331. Macers Hierolexicon nennt sie **Trascodrygitae**; Theodosios d. Gr. in Cod. Leg. X. LXV. ap. Wernsd. **Tascodrocitae**; dieses vom J. 383 datierte Gesetz bezieht sich auf die pontische Diözese, zu welcher auch Galatia gehörte. Aus Wernsdorff entnehmen wir noch Folgendes. **Ascodrogitae** kommen bei Philastrius (s. o.) und Ioannes Damascenus vor, **Ascodrugi** auch bei Balsamon, **Ascodrupitae** bei Theodoritus. Hieronymus in Praef. l. II. in Galatas sagt u. a. : „Scit mecum, qui vidit Ancyram, metropolin Galatiae civitatem, quot nunc usque schismatibus dilacerata fit — — Quis unquam Passalorincitas et Ascodrubos et Ariotyritas et caetera magis portenta quam nomina in aliqua parte Romani orbis audivit?"

Die ältesten Berichte sind natürlich die wichtigsten, bei ihnen aber auch die Verderbniss der exotischen Wörter am meisten möglich. Uns geht die ausdrückliche Angabe g a l a t i s c h e r Sprache bei Timotheos (6. Jh.) am nächsten an. Zu Niketas Zeit (13. Jh.) waren ohne Zweifel keine lebenden Zeugen g a l a t i s c h e r. noch p h r y g i s c h e r Sprache mehr vorhanden. Gleich ihm erklärt schon der Scholiast τῶν Βασιλικῶν den Namen für p h r y - g i s c h , legt aber verkehrt aus τασχός durch N a s e, δρούγγος (δρουντος bei Wernsdorff) durch Pfahl. In dem ekeln Wirrwarr von Ketzern und Ketzerrichtern werden auch Bedeutung und Namen der Ἀσχῖται und der Τασχοδρουγῖται mehrfach verwechselt.

Die ungriechischen Wörter können immerhin auch phrygische sein, um so mehr, da die dreisprachigen Galaten auch dieser Sprache mächtig zu sein pflegten. Wir leider nicht, und können nur die keltischen Sprachen um Zeugnisse fragen.

Mit der ersten Hälfte vergleichen sich die gallischen Namen T a s c o n - i , - i u m bei Plinius, T a s c i a c a Tab. Peut., M o r i t a s g u s , T a s g e t i u s cf. Ταξγαίτιον Ptol. Neukelt. germ. roman. Stämme t a s k , t a s g bedeu- ten nirgends p a x i l l u s ; ein diesen drei Sprachkreißen gemeinsamer Wort- stamm t a k (vgl. u. a. Diez 338. Goth. Wtb. II. 327 ff.) nähert sich biß- weilen dieser Bedeutung; vgl. auch altlat. t a x i l l u s nebst Nachkommen.

Die zweite Hälfte wird bald mit, bald ohne Nasal geschrieben, bei Epi- phanios sogar in beiderlei Weise. Einen andern δρούγγος lernten wir o. h. v. kennen. Der Fund eines keltischen (oder phrygischen) d r u g (d r u n g) nasus würde beßer stimmen, als folgende, nur ähnliche Wörter; in ähnlichem Maße klingen armen. r b u n g n (r h n g o n k h) nasus gr. ῥύγχος an.

kymr. t r w y n m. korn. t r e i n , t r o n nasus, rostrum. Sonderbar ent- spricht das nach Thiersch aus θρόνος entstandene tzakonische θαχοῦχο nasus. Sodann altn. t r i ó n a dän. t r y n e , f. rostrum, Rüßel, franz. t r o g n e nprov. t r o u g n a , f. Fratze, woher nl. nd. t r ö n j e vultus, mlt. t r o n i a bei Kiliaen. Die genealogischen Fäden dieser Wörter laufen zu weit aus, als daß wir sie hier weiter verfolgen dürften. Gadh. s r ò n f. nasus, wenn nicht aus s t r ò n , gehört eher zu kymr. brit. f f r o e n , brit. gew. f r o n , bißw. f r o n e l , vann. f r e n , f. naris, bißweilen kymr. i. q. brit. f r i , pl. f r i o u , m. nasus; aber mit gutturalem, wol ursprünglichem, Auslaute korn. f r u c , f r i i c naris, pl. f r i g a u nasus; vann. f r e n n m. bedeutet den Geruchssinn. Für den Anlautswechsel vgl. z. B. lat. f r e - n u m = gadh. s r i a n kymr. korn. f f r w y n f. Daß s r ò n mit aslav. s l o n y elephas als nasutus zu vergleichen sei, glauben wir nicht.

311. T a u .

> „Corinthiorum amator iste verborum
> Thucydides Britannus, Atticae febres,
> T a u Gallicum, M i n , A l , spinae illi sit.
> Ita omnia ista verba miscuit fratri.“

Vergil. ad Tuccam in Catalect. Quintil. VIII. 3. Cf. Auson. M. Idyll. XII.

Letzterer (in seinem Grammatomastix) nennt bei diesen Wörtchen oder Sylben ohne bekannte Bedeutung auch A l gallisch. Jenes t a u war längst verhallt, als der griechische Buchstabe dieses Namens zum Zeichen des

Kreuzes wurde. Es fällt auf, daß Gregorius Turon. Hist. V. c. 5. den Gebrauch
dieser Benennung gerade den Bauern zuschreibt : „Tunc etiam in subita con-
templatione parietes et domornm et ecclesiarum s i g n a r i videbantur, uude
a r u s t i c i s h a e c s c r i p t i o t h a u vocabatur."

312. Ταυροὑκ. „Ποταμογείτων ἕτερος, οἱ δὲ ἁλιμοκτόνον, οἱ δὲ
θύρσιον, Ῥωμαῖοι βῆναι [v e n a e] φόλιουμ, οἱ δὲ ἐρβάγω, οἱ δὲ
γλαδιατώριαμ, Ἄφροι ἀστιρκόκ, Δακοὶ κοαδάμα (viell. κοαλάμα),
Γάλλοι ταυροὑκ." Diosc. IV. c. 99.

Wir haben um so weniger Grund, den Namen des Stiers in diesem Namen
einer uns nicht genau bekannten Pflanze zu suchen, da jener nicht zu kelt
t a r b h (o. v. T a r v o s) passt, nur zu lat. gr. t a u r u s.

313. „T a x e a l a r d u m est G a l l i c e dictum : Unde et Afranius in
Rosa : G a l l u m s a g a t u m pingui pastum t a x e a." Isid. Orig. XX. c. 2.
(nach ihm Papias u. A.) „Quid t a x e a e (al. taedae)? quid neniae? quid
offae?" Arnob. VII. p. 229. (ap. Forcell.).

Auch wenn das Wort ein altlateinisches Adjektiv ist, wißen wir es nicht
sicher zu deuten. Den selben Anlaut finden wir in dem v. Τασκοδρουγῖται
erwähnten raetischen Ortsnamen Ταξγαίτιον und in dem britann. Mannsnamen T a x i m a g u l u s. Vielleicht ist die schon öfters vermutete Grundbedeutung des adjektivisch lautenden Wortes als D a c h s f e t t richtig, da
diesem biß heute von Jägern und vom Volke besondere Heilkräfte zugeschrieben werden, so auch bereits von Marcellus Burdeg., der c. XXXVI. 3 Unzen
a d i p i s t a x o n i n a e verordnet. Aber mlt. t a x o n u s, t a x u s, D a c h s
ist wahrscheinlich deutschen, nicht gallischen, Ursprungs.

314. T e u t o n - a, - u s s. C a t e j a.

315. T i n c a.

„Quis non et virides, vulgi solatia, t i n c a s
Norit et a l b u r n o s praedam puerilibus hamis!"

Auson. in Mosella v. 125.

Beide Fischnamen sind uns nur aus Ausonius (und den späteren Glossographen) bekannt. Den letzteren halten wir lateinisch, den ersteren möglicherweise gallisch. Jedoch spricht vielleicht die Verbreitung auf romanischem
Gebiete dagegen : ital. t i n c a mlt. port. span. t e n c a frz. t e n c h e, t a n c h e
engl. t e n c h brit. (a. d. Frz.) t a ñ s̃, t r a ñ s̃ f.

316. T i t u m e n s. Πονέμ.

317. „T o l e s lingua G a l l i c a dicitur, quas v u l g o per diminutionem
t u s i l l a s (al. t o x i l l a s) vocant, qua in faucibus turgescere solent."
Isid. Orig. XI. c. 1. Festus sagt nur : „T o l e s, tumor in faucibus, quae
per diminutionem t o n s i l l a e dicuntur." Isidorus schöpfte vielleicht nicht
aus Festus, sondern mit ihm aus gleicher Quelle. Aus ihm schrieben wiederum
die späteren Glossographen ab, so Einer bei Dufr. ex Cod. reg. 7613. :
„T o l l e s lingua G a l l i c a — — t u s s i l l a s" etc. Der Breviloquus u. A.
laßen die Angabe gallischer Sprache weg. Griech. Glossen bei Dufresne lauten „παρίσθμια· t o n s i l l a e, t o l i a, t o l a e, t u s s i l l a e, t u l e s."

Es fragt sich : ob die Angabe „lingua G a l l i c a" alt, und ob der Zusammenhang mit lat. t o n s i l l a e richtig ist. Im letzteren Falle dürfen keine
Vergleichungen mit tl-Stämmen vorgenommen werden, die ohnehin zu

keinen einleuchtenden Ergebnissen führen; ags. t u l g e hypoglossis (Goth. Wtb. T. 28.) verliert bei näherer Ansicht auch den Reiz der Vergleichung. Gleichen Anlaut fanden wir in *τολούτεγον*.

318. *Τολούτεγον* s. *Πέτρινος*.

319. **Tomentum** s. **Culcita.**

Tortelam s. **Velam.**

Τοτούλεγον s. *Πέτρινος*.

320. *Τοξικόν* s. **Limeum.**

321. **Trajectus.** „Pipinus — — castello suo illustri, quod antiquo g e n t i u m i l l a r u m v o c a b u l o W i l t a b u r g i. e. o p p i d u m W i l - t o r u m, lingua G a l l i c a **Trajectus** vocatur." Beda Hist. eccl. V. c. 12. „In loco Wltaburg, qui nunc W l t r a j e c t u m' dicitur, nomine gen- tis Wltarum et Trajecto compositum, quasi Wltarum oppidum; nam t r a j e c t u m lingua G a l l i c a o p p i d u m dicitur." Sigebert. ad a. 697.

Die Ortsnamen T r a j e c t u - s, -m in Britannia Romana und in Ger- mania secunda (Utrecht · und Mastricht) tauchen erst im Itinerarium Ant. u. noch später auf, so daß wir nicht Ursache haben, an ihrer Latinität zu zweifeln; ihre Bedeutung erklärt sich durch die Oertlichkeiten. Nur mechanisch umgebildet ist nl. d r e c h t, t r e c h t, früher auch · d r i h, d r e h geschrieben, in Namen von Ortschaften, mitunter auch von Flüßen; H. Müller · L. Sal. 107. dachte dabei an ags. d r u h loculus. Die von Zeuss 180. verglichenen neu- kelt. Wörter sind höchstens mit dem Praefixe von t r a j e c t u s verwandt; für brit. t r e i z (trajectus) und seine näheren Verwandten verweisen wir auf Goth. Wtb. T. 35. Th. 4., wo wir mindestens den Versuch einer Sichtung vielverschlungenen Stoffes machten; kymr. t r a e t h ist i. q. korn. t r a i t h etc. brit. t r a e z, t r e a z, t r e z, vann. t r e c h, m. gadh. t r a i g h f. litus arenosum; arena; lat. t r a c t u s entspricht nur formell.

322. **Tri- s. Tarvos.** *Τριμαρκισία*. **Tripetiae.**

323. *Τριμαρκισία*. „*Δύο γὰρ οἰκέται περὶ ἕκαστον τῶν ἱππευόντων ἦσαν, ἀγαθοὶ καὶ αὐτοὶ τὰ ἱππικὰ καὶ ἵππους ὁμοίως ἔχοντες — — Ταῦτα ἐμοὶ δοκεῖν ἐνομίσθη τοῖς Γαλάταις ἐς μίμησιν τοῦ ἐν Πέρσαις ἀριθμοῦ τῶν μυρίων, οἳ ἐκαλοῦντο Ἀθάνατοι — — τοῦτο ὠνόμαζον τὸ σύνταγμα τριμαρκισίαν τῇ ἐπιχωρίῳ φωνῇ : καὶ ἵππον τὸ ὄνομα ἔστω τις μάρκαν ὄντα ὑπὸ τῶν Κελτῶν.*" Pausan. X. c. 19.

Die Parabaten und ähnliche Kriegseinrichtungen waren vorzüglich, aber nicht ausschließlich, bei den Kelten zu Hause, vgl. Diod. Sic. V. c. 29. und Citate bei Wernsdorff Rep. Galat. p. 292. Ukert Germ. S. 219. Holtzmann S. 81.

Für *τρι* s. o. v. **Tarvos.** Für die zweite Hälfte der Zusammensetzung, welche wir auch o. in c a l l i o m a r c u s suchen, stellen wir das Wich- tigste hier zusammen.

Allg. kymrobrit. amhd. m a r c h (pl. kymr. m e i r c h brit. m i r c h e d, dem. kymr. m e r c h y n) gadh. mhd. m a r c ahd. m a r a c h kelt. m. hd. n. equus; ohne gutturalen Auslaut mhd. (langobard. in m a r p a h i s?) m a r n. ags. m e a r altn. m a r r, m. id. Die Natur dieses Auslauts ist nicht ganz klar; wo er in germ. Sprachen fehlt, scheint er abgefallen zu sein; die Formen

wechseln. ahd. m a r h e, m e r i - b a, - c h a, - a, m e r h e mhd. m e r h e,
m e r c h e, später auch m e r c h (noch jetzt oberd.), m e r h i n nhd. (seit
Ende des 17. Jh.) m ä r e, m è r e, m ä h r e mnd. merie, mere ags. m y r e
engl. m a r e altn. m e r i schwed. m ä r r dän. m ä r, f. equa. Unter den
zahlreichen Ableitungen ist mehreren der Guttural entbehrlich : brit. m a r c h e c
neben m a r e c equitans, eques c. deriv.; korn. m a r h a g, m a r r e k id.
c. deriv. (bei Price h. v. herrscht- Verwirrung); kymr. m e r l m., sg. m e r -
l y n m. m e r l e n f. Pferdchen.

Das gallische Wort steckt auch wahrscheinlich in den Namen der später
von Deutschen besetzten Städte M a r c o - d u r u m, - m a g u s.

Der latein. Name M a r c u s gehört nicht hierher, wenn er aus M a m e r -
c u s (Grotefend Ital. V. 40.) zusammengezogen ist; nach Andern aus M a -
r i c u s. Es fragt sich, ob in dem Μάϱης der altitalischen Sage der Name
P f e r d oder M e n s c h stecke. Die btr. Stelle bei Aelian. Var. Hist. IX. c.
16. lautet : „Μάϱην, οὗ τὰ μὲν ἔμπροσϑεν λέγουσιν ἀνϑρώπου ὅμοια, τὰ
κατόπισϑεν δὲ ἵππου, καὶ αὐτὸ δὲ τοὔνομα εἰς τὴν Ἑλλάδα, φασίν, ἱππο-
μιγής δύναται.“

Wahrscheinlich, hierher gehörige Namen des Pferdes gehn durch Osteuropa
nach Asien hinauf, auf dessen Steppen unter nicht indogermanischen Völkern
vielleicht dieser ganze Wortstamm entstand. Von ihnen kamen zunächst die
slav. Benennungen russ. m é r i n (cantherius) poln. m i e r z y n (mittelgroßes
Pferd, vielleicht umgedeutet); durch die finn. Sprachen gehen solche ohne
n - Suffix, wie estn. m ä r r a finn. m ä r ä u. s. m.

Die Bildung des galatischen Wortes ($τριμαϱκ-ι-σ-ία$?) wißen wir
nicht näher zu erklären, können aber auf die zahlreichen Beispiele keltischer
s - Ableitung bei Zeuss verweisen. Owen gibt ein kymr. Kollektiv m a r -
c h w y s horsemen, das kaum passen würde, und überdieß der unregel-
mäßige Plural wäre von m a r c h w a s m. horseman, zsgs. mit g w a s, pl.
g w e i s, g w e i s i o n, m. famulus (u. s. w. mlt. v a s s u s etc. vgl. Diez
366.).

324. T r i p e t i a e. „Sedebat autem S. Martinus in s e l l u l a r u s t i -
c a n a, ut est in usibus servulorum, quas nos r u s t i c i G a l l i t r i p e -
t i a s, vos S c h o l a s t i c i, aut certe tu, qui de G r a e c i a venis, t r i -
p o d a s nuncupatis.“ Sever. Sulpit. Dial. II. de V. S. Martini. Vgl. ebds.
I. 20. (26.) : „Dum cogito me hominem G a l l u m inter A q u i t a n o s verba
facturum, vereor ne offendat vestras nimium urbanas aures sermo r u s t i c a -
n u s (al. r u s t i c i o r)“ etc.; darauf antwortet Posthumianus dem Sprecher,
der römisch reden nicht konnte oder nicht wollte : „Tu vero vel C e l t i c e,
vel, si mavis, G a l l i c e loquere.“ Ersteres bedeutet gallisch, „Gallice“
aber, wie später l i n g u a G a l l i c - a, - a n a, das damals (4—5. Jh.) in den
meisten Theilen Galliens gesprochene Latein oder Romanzo, das als „sermo rusticior“, nicht als fremde Sprache, dem sermo urbanus der früh romanisierten Provincialen (auf welchen Brandes 281. auch den Ausdruck C e l -
t i c e bezieht) entgegengesetzt wird; die Art der Unterscheidung zeigt zugleich,
daß hier nicht die Sprache der iberischen Aquitaner gemeint ist. Andere
Ansichten bespricht de Belloguet p. 42.

Somit erkennen wir in t r i p e t i a e ein romanisches Wort, in welchem

nur, und gerade in so früher Zeit, die zweite Tenuis auffällt, die unsers
Wißens in den rein latein. und roman. Formen dieses Wortes : lat. t r i p e s
mlt. t r i p e d i a u. dgl. frz. t r é p i e d u. s. w. fehlt, und nur nebenbei,
jedoch in alten Formen, der gleichbed. Lehnwörter vorkommt : kymr.
t r y b e d, t r y b e d d f. t r i b e d d m. kymr. korn. t r i b e t (bei Camden
Brit. p. LXIII.; Gloss. Corn. Zeuss) korn. t r e b a t h brit. t r é b é z, t r é-
b é, pl. t r é b é - z o u, - s i o u m. engl. t r i v e t. Entlehnt ist auch kymr.
(angeblich p e d d m. pes) p e d d y d m. coll. pedites p e-, p e d - d e s t r
m. pedester c. deriv.; p e d o l f. Hufeisen wol aus p e d u l i s u. dgl., nicht
aus dem glbd. gr. π έ τ α λ ο ν. Wir halten jene vereinzelte zweite Tenuis
für einen Fehler des Schreibers, kaum des Sprechers, und glauben hier so
wenig, als bei dem wirklich altlateinischen p e t i o l u s bei Celsus II. 18.,
in abgeleiteter Bed. schon bei Afranius ap. Nonium und bei Columella vorkommend, eine Ableitung von p e s annehmbar.

325. »T u c e t a apud G a l l o s C i s a l p i n o s b u b u l a dicitur c a r o
c o n d i m e n t i s quibusdam crassis oblita et m a c e r a t a — — H i n c Plotius
Virgilii amicus in e a d e m r e g i o n e est nominatus T u c e t a. — — Tu-
c e t a autem sunt c o n d i m e n t a gulae deliciosae — —, vel t u c e t a dicuntur loca, in quibus t u n s a e carnes ponuntur (emend. t u c e t a dicuntur
in ollis t u n s a e carnes).« Cornut. Schol. in Pers. Sat. II. 42. Diese Stelle
lautet :

„Poscis opem nervis corpusque fidele senectae?
Esto, age, sed grandes patinae t u c e t a q u e c r a s s a
Annuere his superos vetuere.‟

Aus dem Scholion oder seiner Quelle verderbt ist die Gloss. Isid. : „Tu-
c e t u m bula [bubula] condita apud G a l l o s A l b i n o s.‟ „T u c e t u m
ζωμός παχύς.‟ Gloss. „T u c e t a dicuntur e s c a e r e g i a e, sicut Calli-
machius in Pisaeis : Ambrosio redolent t u c e t a sapore.‟ Fulgentius.
„Pulmenta recentia t u c e t i s temperat.‟ Apul. IX. ap. Martinium. „T u-
c e t a, al. t o c e t a, s a l c i c i a e v u l g o.‟ Papias et al. Andre Glossatoren und Texte schreiben t u c c e t u m, t u c c e n t u m, t u c e p-
t u m; daraus t u c e t a r i u s (wurstmacher in deutschen Glossen); „t u c e-
t o s u s optimus (sic), fertilis.‟ Papias. Jener T u c e t a des Scholiasten
ist der schon erwähnte P l a u t i u s T u c c a (Vergil. Sat. II. 42. cf. Martial.
Ep. VII. 77. XII. 421.)

Diez 538. führt die schwankende Ableitung des span. t o c i n o (einge-
pökeltes Schweinefleisch) entweder von t u c e t u m, oder von t o m a c i n a
(- u s) an.

Entsprechende Speisennamen sind uns in keiner Sprache bekannt. Möglicherweise keltische u. a. Stammverwandte des Wortes s. bei Pott in A. Litz.
1840. Erg. 41.; Goth. Wtb. Th. 14.

Th. Θ.

326. Θησαρικά s. Ταρβηλοδάθιον.

327. Θέξιμον. Ἀ ρ ι σ τ ο λ ο χ ί α — — τ ι ς κ α ὶ τ ρ ί τ η μακρά, ἥ τ ι ς κ α ὶ
κ λ η μ α τ ῖ τ ι ς κ α λ ε ῖ τ α ι — — κ α ὶ δ ά ρ δ α ν ο ς κ α ὶ ἰ ο ν τ ῖ τ ι ς (var. Δ ά ρ-
δ α ν ο ι σ ω π ί τ ι ς). Γ ά λ λ ο ι δ ὲ καλοῦσιν αὐτὴν θ έ ξ ι μ ο ν — Σ ι κ ε λ ο ὶ

δὲ χαμαίμηλον, Ἰταλοὶ τέῤῥαι μάλα, Δακοὶ ἀψίνθιον χωρι-
κόν.‟ Diosc. III. c. 6. „Aristolochiam Graeci ararezan vocant.
alii teuxinon teuxitemonve — —, Daci absinthium rusticum,
scardian.‟ Apul. Mad. de Herb. virt. c. XIX. Dieses teuxinon, das
offenbar mit ϑέξιμον identisch ist, hat Dioskorides im vorhergehenden Abschnitte : „Ἡ δὲ μακρὰ ἀριστολοχία ἄῤῥην, καλεῖται καὶ δακτυλῖδις (οἱ δὲ
μηλόκαρπον, οἱ δὲ τευξινον, Ῥωμαῖοι ἔῤβα ἀριστολόχία).‟ Die Bezeich-
nungen Γάλλοι und Δακοί sind vielleicht von gleicher Wärung. — Dem
lat. oder dakischen scardia entspricht formell der hd. Pflanzennamen
scharte.
Ueber σωπῖτις s. o. v. Bolus.

328. Thieldones. „In eadem Hispania Gallaica gens est
et Asturica; equini generis — hi sunt, quos thieldones (varr.
tield-, thiell-, thell-ones) vocamus, minore forma appel-
latos asturcones — gignunt, quibus non volgaris in cursu gradus, sed
mollis alterno crurum explicatu glomeratio, unde equis tolutim carpere
incursus traditum arte.‟ Plin. H. nat. VIII. c. 11. s. 67.

Die irrige Verbindung des, wie es scheint, iberischen Wortes mit unserem
Zelter, dem Nachkommen des echt lateinischen tolutarius (nicht, nach
Ebel, von celetarius, wie altn. tölta ags. tealtian zeigen), wurde
vielleicht durch das Prädikat tolutim bei Plinius mitveranlaßt.

Ob bask. zaldi, zaldia, dem. zaldinoa, Reitthier, Pferd oder
Esel, verglichen werden darf, wagen wir nicht zu entscheiden, so lange uns
die Geschichte der baskischen Laute nicht beßer bekannt wird.

Der von dem Landesnamen abgeleitete asturco (neben astur, Pferd
und Vogel) wird schon in älteren Glossaren öfters durch zelter verdeutscht.

329 a. Θῶνα. „Χελιδόνιον μέγα — — Γαλλοι Θῶνα — —,
Δακοὶ κρουστάνη.‟ Diosc. II. c. 211. „ὀϑόννα [οἱ μέν φασι τοῦ μεγάλου χελιδονίου χυλὸν εἶναι — —, οἱ δὲ βωτάνης τρωγλοδυτικῆς
τινος, ἥ τις ὀϑόννα καλεῖται, εἶναι χυλόν] γεννᾶται ἐν τῇ κατ' Αἴγυπτον
Ἀραβίᾳ.‟ Ibid. c. 213. „Othonne (al. -a) in Syria nascitur, similis
erucae, perforatis crebro foliis, flore croci; quare quidam anemonem
vocaverunt. Succus ejus oculorum medicamentis convenit‟ etc. Plin. H. nat.
XXVII. c. 12. s. 85. Wir finden auch einen griech. Pflanzennamen ὀϑόνιον
verzeichnet, der vielleicht nur zu ὀϑόνη angeglichen ist.

Die Quelle dieser Namen oder dieses Namens ist wahrscheinlich auf se-
mitischem Gebiete zu suchen. Zu den zahlreichen Missgeburten des
χελιδόνιον dagegen gehören dessen Namen : norw. selidon schwed.
sönnerdönnes, so wie ags. cylewenige (Nemnich), während
kymr. llysiau'r wennol wirklich Schwalbenkraut bedeutet.

Den Anklang des dakischen Namens an den litauischen hat bereits J.
Grimm hervorgehoben. Von litau. krégżde f. hirundo kommen die Pflanzennamen kregżdyne f. chelidonium majus kregżdéle (auch demin.),
kregżda-żole, f. asclepias vincetoxicum.

329 b. Θυρεός. Bereits excerpierten wir mehrere Belegstellen dieses
Wortes o. vv. Bracae und Cetra (für gallische Wehr, bei Diodoros),
Laena (belgische, bei Strabon), Lancea (kantabrische, bei Arrhi-

anos), **Gesum** (italische, bei Athenaeos), Ὑσσός (neben diesem bei Suidas), **Parma** (bei dem Selben, als griechisches Wort zur Erklärung eines fremden). Dazu nun noch Folgendes.

„Ἔστι δ᾽ ἡ Ῥωμαϊκὴ πανοπλία πρῶτον μὲν θυρεός — — Ἅμα δὲ τῷ θυρεῷ μάχαιρα — — καλοῦσι δ᾽ αὐτὴν Ἰβηρικήν.‟ Polyb. XXIII. c. 2. „— — τοῦ Γαλατικοῦ θυρεοῦ.‟ Ibid. II. c. 30. Die erste Stelle benutzte Strabon a. a. O., vgl. auch „Scuta longa — — male tegebant Gallos.‟ Liv. Hist. XXXVIII. c. 21. — „Θυρεοὺς γὰρ τοὺς ἐπιχωρίους εἶχον (Γαλάται).‟ Pausan. Phoc. c. 21.; ebenso ibid. c. 20., wo auch von der Körpergröße der Galaten die Rede ist; vgl. Att. c. 13. : „Τὰ ἀνεθέντα ὅπλα τῶν Κελτικῶν (τοῦ παρ᾽ Ἀντιγόνῳ Γαλατῶν ξενικοῦ). Τοὺς θυρεοὺς — Πύῤῥος ἀπὸ θρα σέων ἐκρέμασε Γαλατᾶν.‟ Und Arcad. c. 50. : „Τοὺς Κελτικοὺς θυρεοὺς, ἢ τὰ γέῤῥα τὰ Περσῶν.‟ Dionysios von Halikarnassos spricht zwar II. c. 70. von „ῥομβοειδεῖ θυρεῷ‟, wechselt aber im Ferneren mit πέλτα und ἀσπίς, wogegen er jedoch IV. c. 16. sagt : „(Τούλλιος) ἀντὶ τῶν ἀσπίδων ἀνέδωκε θυρεοὺς‟ (dem römischen Volke). Athenaeos sagt in der o. v. **Gesum** excerpierten Stelle VI. 106. ed. Dindorf. : die Römer hätten diese Wehr von den Samniten angenommen; V. 26. spricht er von „θυρεοὶ ἀργυροῖτε καὶ χρυσοῖ.‟ Vgl. u. a. Steph. Byz. v. Θυρά. Plutarch. Pyrrh. Sertor. XXI. etc.

Ohne Zweifel ist der gewiss griechische θυρεός (Thürstein) bei Homer. Odyss. IX. v. 240. mit unserem identisch - und die Deutung des letzteren als thürförmigen Schildes die richtige, unbeschadet seines Gebrauchs für vorzugsweise keltische Wehr. Das Wort selbst erklären die Alten nirgends für keltisch. Mit dem griech. Namen des Angriffsschildes θοῦρις hängt es ebensowenig zusammen, wie mit θώραζ.

V. U. Ov.

Vacaudae s. Bagaudae.

330. **Vallus**. Adelung gibt nach Plin. H. nat. XVIII. c. 30. s. 72. **vallum** als gallische Benennung einer Wagengattung, vgl. Palladius II. 7. Aber nach Plinius werden (mehrere) **valli duabus** (nicht **binis**) **rotis**, das Gespann hinten (? in contrarium) ins Getreide getrieben, um mit „**dentibus**‟ die Ähren abzureißen (**diripere**), welche indessen darauf „in **vallum**‟ fallen, also in einen korbartigen Raum, einen Wagenkasten, was zu Varros **vallus** (von **vannus**) stimmt, während die vorhergehende Beschreibung das gleichlautende, **Pfahl** bedeutende Wort vermuten läßt.

Die Stelle lautet : „**Galliarum** (al. **Gallinarum**; cf. villa ad Gallinas ibid. XV. c. 30. s. 40.) latifundiis **valli** praegrandes, dentibus in margine infestis, duabus rotis per segetem impelluntur, jumento in contrarium juncto; ita direptae in **vallum** cadunt spicae. — — Panicum et milium **singillatim** pectine manuali legunt **Galliae**.‟

Vallus (Pfahl) hängt enge mit **vallum** zusammen, unterscheidet sich aber durch das Suffix -**lus** von frz. **waule, gaule** brit. **gwalen** brit.

kymr. g w i a l e n goth. v a l u s u. s. w., vgl. u. a. Goth. Wtb. h. v. Die Entstehung der Gemination in v a l l u s ist verborgen.

V a l u c a s. B a l u x.

331. V a r g u s. „ — — commendo supplicium bajulorum — — qui in A r v e r n a m regionem longum iter his quippe temporibus emensi casso labore venerunt. Namque unam feminam de affectibus suis, quam forte v a r g o r u m (hoc enim nomine i n d i g e n a s l a t r u n c u l o s n u n c u p a n t) superventus abstraxerit" etc. Sidon. Apoll. Epist. VI. 4. „Si quis corpus jam sepultum effoderit aut exspoliaverit, w a r g u s sit, hoc est e x p u l s u s (d e j e c t u s Gloss. interlin. Cod. Thuani) de eodem pago" Lex. Sal. tit. LVII. §. 5. und die Parallelstellen in Lex. Ripuar. tit. LXXXV. §. 2. „w. h. e. e x p.", ohne Glosse „w. babeatur" Leg. Henrici I. R. Angl. c. LXXXIII.

Sidonius sagt nicht : daß (wie Graff und Holtzmann lesen) die Indigen a e (Arveniens) die „latrunculos" v a r g o s nennen, sondern daß man die „indigen a s l." so benenne. Das Wort ist wahrscheinlichst nicht keltisch, sondern nur deutsch. Stoff zur Prüfung haben wir in Goth. Wtb. I. 231 ff. II. 746. aufgehäuft; hier beschränken wir unsere Vergleichungen.

altn. v a r g r alts. w a r a g ags. v e a r g, v e a r h amhd. w a r c, m. maleficus (latro) nord. ags. auch i. q. schwed. norweg. v a r g lupus; goth. l a u n a - v a r g s ἀχάϱιστος g a v a r g j a n ϰαταϰϱίνειν v a r g i t h a, ga- v a r g e i n s ϰατάϰϱισις, ϰϱίμα alts. w a r a g i a n ags. v e r g i a n ahd. f a r- w e r g j a n maledicere. Aehnliche Bedeutungen zeigen die Wortstämme litau. (lett. preus.) finn. v a r g slav. v r a g s. a. a. O.

V a r r o s. Βάϱϱων.

332. V a s s o. „Veniens vero A r v e r n o s d e l u b r u m illud, quod G a l l i c a lingua V a s s o (al. V a s a) G a l a t a e vocant" etc. Gregor. Turon. Hist. I. c. 30. Vgl. u. v. A. „Si quis mortuum hominem aut in p e t r a, quae v a s a ex usu s a r c o p h a g i dicuntur, super alium miserit" etc. Lex. Sal. tit. XVII. §. 3. In diesem Sinne gebraucht u. a. Gregorius Tur. selbst Miracul. I. c. 89. das Wort : „Factum est autem, ut impletis diebus in basilica B. Vincentii sepeliretur, in qua ipse sibi vivens v a s deposuerat." Es ist um so mehr zu verwundern, daß er in dem Namen des Tempels das lateinische Wort und dessen Bedeutung nicht erkannte, sondern es, gleich als Eigennamen, den g a l l i s c h redenden G a l a t e n zuschreibt, unter welchen nicht wol romanisierte Gallier verstanden werden können. Oder haben wir wirklich ein jenem v a s fremdes gallisches Wort vor uns, das gar nicht sarcophagus oder tumulus bedeutet? Erstere Bedeutung verkennt Dufresne, resp. Henschel, in Hist. Coenobii Viconiensis c. XV. : „V a s quoddam, f e r e t r u m v u l g o vocatur, — — aedificaverunt auro ac argento ac pretiosis lapidibus decoratum, cujus rei causa, ne tanto v a s e vacuo remanente frustra laborasse dicerentur, ubicunque potuerunt — — Sanctorum corpora perquirentes magnam ex his copiam aggregaverunt." (Ein auch kultus- und kultur-geschichtliches Curiosum!) Nämlich f e r e t r u m wird in deutschen Glossen nicht bloß durch b a r e, d o d e n b a r e, l i c h b a i r e wiedergegeben, sondern auch, und schon in alter Zeit, durch hd. l i h c h a r, l i c h t k a r e, t ö t e n b a m (T o d t e n b a u m sarcophagus), nd. d o d e n s t o c k (ebenso), hd. s a r g. Sarg, Grab, Grabmal bedeutet lat. katalon. v a s (span. port. ital. v a s o afrz. v a s e) auch in Texten, wie bei Ramon Montaner. Carpentier gibt dem afrz.

v a s auch die Bedd. chapelle, église, temple, cloître, was allzusehr zu Gregors Stelle stimmt, um in dieser nicht die Quelle der Angabe zu sehen. Jedoch bemerkt Adelung : daß le V a s S. Artem in der Auvergne der Ort heiße, an welchem die S. Artemius geweihte Kirche ‘stand, und ebenso in Dauphiné le Champ du V a s die Stelle der Marcellinuskirche; es fragt sich, ob damit eigentlich die Gräber der Heiligen gemeint sind.

333. *Οὐάτεις* s. B a r d u s. D r u i d e s.

334. „V e h i g e l o r u m (varr. v e h i c u l - o r u m, -um, v e l i - g e b u m), genus fluvialium n a v i u m apud G a l l o s.“ Gloss. Isid.

Die Schreiber suchten wahrscheinlich ein wirkliches Fremdwort lateinischer Deutung zu nähern.

335. V e l a m acc. „I r i o n e m inter fruges sesamae similem esse diximus et a G r a e c i s e r y s i m o n vocari; Galli v e l a m (al. v e l a - r u m, v e l u m, t o r t e l a m) appellant. Est autem fruticosum, foliis crucae angustioribus paulo, semine n a s t u r t i i.“ Plin. H. nat. XXII. c. 25. s. 75.‘ Cf. ibid. XVIII. c. 10. s. 22. : „Huic (s e s a m a e) simile est in Asia Graeciaque e r y s i m u m, idemque erat, nisi pinguius esset, quod apud nos vocant i r i o n e m“ etc. Die Lesart v e l a r u m wird unterstützt durch die Bildung g i l a r u s, g i g a r u s (s. o.), sowie durch die nachher folgenden neükelt. Pflanzennamen, mit welchen der gallische identisch erscheint.

Afrz. „V e l a r, t o r t e l l e, sorte d'herbe portante une graine noire“ Roq., erysimon officinale Nemn., crys. barbarea de Belloguet, ohne Zweifel nach Plinius; jedoch gilt t o r t e l l e auch in den nfrz. Wörterbüchern für Hederich, erysimon officinale, und erst n a c h diesem wird jene von de Belloguet angeführte Variante (Emendation) gemacht sein.

Sisymbrium nasturtium (n. aquaticum) brit. b é l e r (a v e l e r) m. cresson übh., cr. d'eau b é l é r e c, pl. - g o u, f. cressonière; kymr. b e r w r, b e r w sg., b e r w y pl. Kresse übh. b e r w r y d w r, b e r w'r d w f r water cresses i. q. korn. b e l e r (bei Price, im Vocabular bei Zeuss glossiert durch c a r i s t a v e l k e r s o, nach dem Ags.), gadh. b i o l a i r e (b i o l a r) 'n f h u a r a i n (f u a r a n m. fons) span. b e r r o bask. b e r r ó a z a r r a (bei Nemnich; vgl. Diez 409 ff.); gadh. b i o l a i r e s. f. ind. cresses, officinal scurvy grass, cochlearia officinalis, daher das Adj. b i o - l a i r e a c h; b i o l a r adj. bedeutet l e p i d u s, wie denn die Pflanze auch lat. L e p i d i u m heißt; die Nebenform mit‘ r hat auch das Gadhelische : bei Stokes (Irish Glosses) b i r o r brecia b i r u r nastorsium; b i o r a r m. bei Shaw bedeutet Waßerkresse; b i o r a s m. eine Art Waßerlilien; b i o r, in vielen Zusammensetzungen, fons, aqua; weitere etymologische Vergleichungen, nach welchen r als der ursprüngliche Laut erscheint, s. Goth. Wtb. I. 330. Adelung gibt auch bask. b i l h a r, v i l h a r Waßerkresse; dagegen W. v. Humboldt b e l a r r a, b e d a r r a Gras, Lécluse b e l h a r r a lleu, Salaberry b e l h a r id. und Pflanze überhaupt. Desto sicherer stimmen die modernen keltischen Namen zu dem uralten, vermutlich schon nach Gallia Cisalpina mitgebrachten. Für die Verwechselung von erysimon u. a. Pflanzennamen s. Pott in Allg. Litz. 1840. Erg. 40. Sollte der mlt. Namen (erysimon) b a r b a r e a, der an b a r b a, wie an die h. B a r b a r a angelehnt wurde, nicht aus dem keltischen entstanden sein? Diez zieht zu letzterem auch : „herbam, quam L a t i n e b e r u l a m, G r a e c e c a r d a m i n e n

vocant" Marc. Burd. ed. Basil. p. 248., und trennt davon „bernbunge·
berule" Sumerl., frz. berle; aber dieses Wort wurde aus·laver·ula
(laver) zu dem deutschen beren- assimiliert, vgl. Gloss. lat.-germ. h.
v., wo freilich die zahlreichen, auf Waßer, Bach u. s. w. deutenden Glossen
an die kelt. Etymologie erinnern; sogar dieß beren- und der lat. Name
veronica (beccabunga) dürften unter keltischem Einfluße stehn. Ein
Spiel des Zufalls läßt in einer ahd. Glosse „velare sambucus" erscheinen,
s. Gloss. lat.-germ. h. v., wo sowol mnl. vliedelere, als ags. ellaer
(engl. e^lder) mit dieser merkwürdigen Form oder Schreibung in Beziehung
zu stehn scheinen; vielleicht gemischt mit ahd. felarn uvinus u. s. m.
Graff III. 518. vgl. die germanischen Glossen von paliurus Gloss. lat.-
germ. h. v. und sogar die Entstellungen dieses griech. Wortes ebds.

Veligebum s. **Vehigelorum.**

336. **Vercingetorix.** „Ille corpore armis spirituque terribilis,
nomine etiam quasi ad terrorem conposito, **Vercingetorix**
varr. Uergin-cetoris, -getorix; vulgo **Vercingentorix**)." L. A.
Flor. Epit. I. c. 44. ed. Jahn (III. c. 10.).

Vielleicht ist „conposito" in engstem Sinne zu nehmen, indem die pracht-
volle Kompositionsfülle der altgallischen Sprache, die der römischen abgieng,
dem barbarischen Hochmute des Römers gegen alles „Barbarische" erschreck-
lich vorkam, obgleich die griechische Schwestersprache ihm die gleiche Erscheinung darbot.

Der Arverner **Vercingetorix** (Celtilli filius Caes. B. G. VII. c.
4 sqq.), Ουερκιγγετόριξ (Str. IV. p. 191.), ist der verstärkte **Cingetorix**
(Trevirer Caes. l. c. V. c. 3 sq., Britannier ibid. c. 21.), wie auch der kelt. Name
Cassivellaunus mit diesem Präfixe vorkommt, das kymrobrit. guer,
guor, gur, gwr, gor, wor, wr, vor etc., cf. gadh. fir, for, foir,
for, lautete und lautet und in vielen alten und neuen Namen vorkommt
(vgl. u. a. Zeuss 151. 153. 829. 834. 845. 867 ff. Glück 174 ff.; unsere Artikel Ουέρτραγος, **Vernemetis).**

Für cing- bieten sich die kelt. Namen **Cing-ius, -es, -etius**
bei Mommsen und Hefner (Glück 75 ff.). In den neukelt. Sprachen fällt
als vergleichbar nur in die Augen gadh. cing fortis; princeps (kaum mit
engl. king gemischt) mit einigen Ableitungen.

gall. -rix kommt bekanntlich bei vielen Eigennamen vor, mitunter auch
bei deutschen, während bei letzteren das (latinisierte) -ricus vorherrscht.
Es fragt sich : ob das deutsche, auf goth. reiks έντιμος, άρχων (s. Goth.
Wtb. h. v.) zurückgehende Wort in solchen Zusammensetzungen mit dem an
gleicher Stelle erscheinenden gallischen urverwandt sei. Dem latein. regs,
rex etc. entspricht gadh. rígh. (ríogh, rí) m. rex ríoghann f.
regina ríghich regere, wol urverwandt; ríoghail manx ríoil korn.
ryal, ryel kymr. rhial, rheiol (nobilis) schließen sich zwar fast allzu nahe an das glbd. lat. regalis an, hangen aber doch zweifellos zusammen mit ob. gadh. rígh, sodann mit kymr. rhi (rí) s. m. nobilis, altkymr.
rig rex (Zeuss 157.); in den britonischen Wörtern vermögen wir, trotz
Glücks Belehrung (vgl. Glück VIII. Goth. Wtb. v. Raihts, wo viel Stoff
gesammelt) noch nicht sicher Einheimisches (aus rêg Entstandenes) und

Entlehntes zu scheiden; die betr. brit. Wörter sind : r o u é, vann. r o ć rex
r o u é a l, r o é a l regalis r o u a n e z f. regina, matrona nobilis, wogegen
r i in Namen zu kymr. r h i stimmt, vgl. Zeuss 25. Daß gallisch‑lateinisch
r i x ═ r i g s ist, zeigen die aufbewahrten Belege der Flexion, sowie die
Begegnung mit r i g in vielen Eigennamen; diese Media verschiebt sich dann
in deutsche Tenuis.

337. V e r e d u s s. R e d a.

338. V e r g i l i a e, die Pleiaden, bei Cicero (nach Aratus) in Nat. D.
II. 44. Hirt. B. Afr. XLVII. Pln. H. nat (öfters). Propert. I. 8.; ihre Ab‑
leitung aus v e r bei F e s t u s und Isidorus Orig. III. c. 70., während eine
gesündere Etymologie auf lat. v e r g e r e zurück geht. Aber wahrschein‑
lich den cisalpinen Galliern angehört der entsprechende Mannsname V e r -
g i l i u s (V i r g i l i u s); das identisch lautende Feminin Ούεργιλία
ist ein hispan. (bastitan.) Stadtname bei Ptolemaeos. Zeuss zieht auch noch
den Ούεργίουιος ώκεανός Ptol. hinzu, und so ließen sich noch mehrere Orts‑
namen auf gallischem und halbgallischem Gebiete hinzufügen. Für keltisches
Etymon vgl. die folg. Numer.

339. V e r g o b r e t u s. „— — convocatis eorum (Aed uorum) princi‑
pibus — —; in his Divitiaco et Lisco, qui s u m m o m a g i s t r a t u i prae‑
erant, quem v e r g o b r e t u m a p p e l l a n t A e d u i, qui creatur an‑
nuus, et vitae necisque in suos habet potestatem“ etc. Caes. B. G. I. c. 16.
(„V i r g o b r e t u s nomen magistratus.“ Gloss. Isid.). Aber auch auf
einer Münze der Lexovier (Bibl. de L'Éc. des Ch. s. II. vol. IV. p. 313.
Lelewel Type Gaulois p. 230. Ed. Lambert. p. 115., bei Holtzmann S. 113.
de Belloguet Nr. 3.) erscheint der Name : „Cisiambos Cattos v e r c o b r e -
t o simissos publicos L i x o v i o.“

An den altgallischen Titel gemahnt allerdings auffallend „V e r g, v i e r g
magistrat, prévôt, maire de ville au pays d'Autun.“ Roq., wahrscheinlich
jedoch nur scheinbar, obgleich seine romanische Abstammung auch noch sehr
unsicher ist. Ein verkürzter v e r g e r, v i r g a r i u s kann es nicht wol
sein; de Belloguet denkt an v i g e r i u s, v i g u i e r. Ueber v i e r g selbst
mangeln uns noch alle näheren Daten.

Für die erste Hälfte von v e r g o b r e t u s lassen wir uns von Zeuss
und Glück leiten. Sie verweisen auf kymr. g u e r g efficax Gloss. cf. gadh.
f e a r g, f e r c ira.

Sicherer stellt sich die zweite Hälfte dar durch kymr. b r a u t, jetzt
b r a w d f. korn. b r a e s, b r e z, b r e s u l gadh. b r e t h, b r á t h, jetzt
b r e a t h, b r e i t h f. judicium, gadh. (abgesehen von andern darinn zu‑
sammenfallenden Stämmen) auch Zw. i. q. kymr. b r a w d i o korn. b r e y s i
(part. prt. b r u g y) judicare, pronunciare sententiam; korn. b r e u t h a pléa
brit. b r e û d, b r e û t, vann. b e r t pl. b r e û d o u, b r e û j o u, m. plai‑
doyer, plaidoirie b r e û t a a t, vann. b e r t c i n plaider b r e û t a e r, vann.
b e r t o u r, b e r t e r plaideur, procureur kymr. b r a w d w r gadh. b r e i -
t h e a m h, m. judex; u. s. m. kymr. auch mit dd : b r a w d d, b r a w -
d d e g, f. a sentence.

340. V e r n s. V e r n e t u s.

341. V e r n e m e t i s s. Δρυνέμετον.

342. V e r n e t u s. „Herbam, quae G a l l i c e u e r n e t u s dici‑

tur, conteres et exprimes, et succum ejus auriculae non audientis infundes; hoc remedium etiam dolorem emendat." Marc. Burd. Med. c. IX. Eine Synonyme oder sonstige nähere Angabe über diese Pflanze finden wir nicht, wol aber das formelle Primitiv ihres Namens : „Ros Syriacus est flos arboris, quae dicitur al n u s, vulgo v e r n, de cortice cujus fit nigra tinctura." Glossae ad Alex. Iatrosoph. Pass. l. I. ap. Dufr. Wie Marcellus Wort gebildet ist mlt. v e r n e t u m prov. v e r n e t (neben ähnlichen Formen, u. a. v e r n a, in der Bretagne g u e r n a) alnetum, vielleicht auch in allgemeinerer Bedeutung Wäldchen, S u m p f g e b ü s c h. Das V e r n o d u b r u m flumen ist der E r l e n b a c h; vgl. auch den gall. Ortsnamen V e r n o s o l e; nicht aber V e r - o n a (in mehreren Keltenlanden), noch den Fluß V e r o n i u s in Gallien.

Die Erle heißt (mlt. v e r n u s) allg. kymrobriton. g w e r n coll. m. g w e r n e n sg. f. gadh. f e a r n m. f e a r n a f. indecl. prov. piémont. v e r n a nprov. v é a r n e, a v e r n a, v e r n i, v e r n h a, v e r n, b e r n frz. (burgund.) v e r n e, f., aber auch languedoc. v e r m., sogar in Barcelonette v e r t m., an v i r i d i s angelehnt (v i r i d i s a l n u s Vergil. Eclog X.)? wie man denn auch bei dem gall. v e r n an lat. arbor v e r n a gedacht hat. Obiges mlt. v e r n a alnetum ist i. q. brit. f. kymr. m. g w e r n, brit. pl. g w e r n i o u, auch g w e r n e c sg. g w e r n é g o u pl. Das Britonische unterscheidet dieses g w e r n von dem Collektiv durch das Geschlecht, und durch den Plural von g w e r n e n n - o u, - e d alni; dieses g w e r n f. bedeutet auch Mast, gleichwie kymr. (g w e r n e n l l e s t r i. e. navis) und korn. (g u e r n, w e r n, pl. w e r n i w, auch w a r n e, Erle und Mast) gadh. f e a r n m.; so auch ähnlich afrz. v e r n e Diez 744. Das gadh. Wort bedeutet auch den Buchstaben F; f e a r n c. clypeus. Ableitungen sind u. a. brit. g w e r n e c (sbst. s. o.) gadh. f e a r n a c h erlenbewachsen korn. g u e r n i c k sumpfig; brit. g w e r n y a bemasten.

343. V e r r u c a hat Adelung irrig in sein gallisches Glossar aufgenommen und fingierte Adjektive zu Grunde gelegt. In der von ihm gemeinten Stelle ● bei Gellius III. c. 7. spricht ein Tribun von einem Orte in Sicilien : „V e r r u c a m illam, sic enim C a t o l o c u m e d i t u m a s p e r u m q u e appellat." Dieser und ähnliche Ortsnamen kommen indessen auch in Oberitalien vor, und der gallische Volksname V e r r u c i n i gehört wenigstens formell dazu.

344. Οὐέρτραγοι s. Ἐγούσιαι.

345. V e t t o n i c a. „V e t t o n e s in H i s p a n i a eam (herbam), quae v e t t o n i c a (al. v e c t o n i c a) dicitur in G a l l i a, in I t a l i a autem s e r r a t u l a, a Graecis c e s t r o s aut p s y c h o t r o p h o n, ante cunctas laudatissima (sc. colunt ?)." Plin. H. nat. XXV. c. 8. s. 46. Vgl. u. a. kurz nachher : „In eadem Hispania inventa est c a n t a b r i c a, per divi Augusti tempora a C a n t a b r i s reperta." „Κέστρον τὸ καλούμενον ψυχότροφον — ·—, ὃ Ῥωμαῖοι οὐεττονικὴν (al. βετονίκην ἢ ῥοσμαρίνουμ) καλοῦσι." Diosc. IV. c. 1. „Βρεττανικὴ ἢ βεττονικὴ πόα ἐστίν" κ. τ. λ. Ibid. c. 2. (Verwechselung, vgl. britannica herba vv. B r i t o n e s. V i b o n e s.). „Κέστρον τὸ παρὰ τοῖς Κελτοῖς γεννώμενον" κ. τ. λ. i. q. σαξίφραγον Galen. De Sanit. tuenda V. p. 839.

Die alte Verwechselung erscheint auch in den zunächst aus b e t o n i c a

entstandenen Formen span. port. bre- ital. bret-tonica. Mehrfache Ver-
mischungen und Anlehnungen kommen in den gadhel. Namen biatas, lus-
beataig, lus-mhic-bhêataig vor, vgl. Pott in Hall. Ltz. 1840.
Erg. 40. Die mannigfachsten Umgestaltungen des alten Namens, dessen Herleitung bei Plinius die richtige sein wird und zahlreiche Analogien hat,
gehn durch die germanischen und lituslavischen Sprachen.

346 a. Vibones. „Florem (herbae Britannicae, welche
die Wirkung einer giftigen Quelle in Germania trans Rhenum heilt) **vibones**
vocant. — — Frisii, qua castra erant, nostris monstravere illam, mirorque
nominis causam, nisi forte confines Oceano Britanniae velut pro-
pinquae dicavere. Non enim inde appellatam eam, quoniam ibi plurima
nasceretur, certam est, etiamnum Britannia libera." Plin. H. nat. XXV.
c. 3. s. 6.

Vibo, Vibon hieß eine Stadt der Bruttier. Vielleicht ist der nur bei
Plinius vorkommende Blumenname lateinisch, etwa mit viburnum verwandt, dann mit goth. veipan; wenn deutsch (friesisch): mit goth. vaib-
jan. Cannegieter (De Brittenburgo etc. p. 163.) vergleicht wibe, wype,
wibel, was in nl. Mundarten den Rosenkelch bedeute.

346 b. Vigentia s. Βελιουχάνδας.

347. Virga s. Gesum.

348. Viriae etc. „— — qui auro dignitatem per annulos fecit, ut
habeant in lacertis jam pridem et viri (vorher war von goldener Fußzier der
Weiber die Rede), quod e Dardanis venit, itaque et dardanium vocabatur. **Viriolae** (al. **viriae, utriolae** etc.) **Celtice** (al. **Cel-
ticae**) dicuntur, **viriae** (al. **viriolae, viriles**) **Celtiberice**
(emend. Sillig e - cae; var. se lubricae)." Plin. H. nat. XXXIII. c. 3.
s. 12. Obgleich **viria** mit seinen (lateinischen) Ableitungen selten vorkommt
(bei Tertullianus, Ambrosius, in Digesten und Glossen): so kommt doch die
participiale Ableitung **viriatus**, vielleicht identisch mit dem Namen des
berühmten Lusitanierführers, schon bei Lucilius und Varro (ap. Nonium) vor:
„— — Bello vinci a barbaro **viriato** Annibale." Lucil. Sat. l. XXVI.

Glossen bei Martinius und Dufresne lauten : „**Viria, viriola**
brachial-e, -es." Gloss. et Exc. Isid. „**Viriola** κλανίον, ψέλιον."
Gl. Philox. „Ψέλιον **viriola**, armilla." Gl. Cyr. u. s. m. Später kommen auch Verwechselungen mit **virilia** vor.

In Plinius Angabe liegt kein sonderlicher Grund, jener Wörter Sippschaft
im Baskischen zu suchen, wo W. v. Humboldt Urbew. Hisp. S. 78 ff. bi-
runcatu dreben, wenden vergleicht, das aber Diez 373. aus lat. verrun-
care gebildet hält. Ein etwa vergleichbares einheimisches Wort ist biribil,
biribilla, burubila, barubila rotundus.

An **viria** schließen sich zunächst an (Diez a. a. O.) ital. (romagn.)
vira afrz. vire komask. venez. ract. vera (dakor. verice bei Diez,
richtiger veriga aus dem gleichl. slav. Worte für catena) Ring, Reif; an
viriola span. prov. virola span. birola katal. birolla frz. virole
Ringförmiges, Metallkreiß; nprov. virolar solchen anlegen; katal. virolet
m. i. q. frz. girouette; u. s. m.

Den lat. Anlaut v (nicht gu) hat auch der laut- und sinn-verwandte romanische Wortstamm : mlt. (schon Lex. Alam. c. LXXXIV.) virare span.

port. prov. v i r a r afrz. v i r e r piémont. v i r é drehen hennegau. v i r l e r rollen span. b i r a r (Nebenform) ein Schiff wenden prov. v i r o n frz. environ circa, urspr. circulus, vb. prov. e n v i r o n a r (daher ital. invironare) frz. e n v i r o n n e r; nprov. v i r a f. la retourne (Umschlagkarte) v i r a d a f. tournée u. s. v.

Ohne direkten Zusammenhang mit diesen romanischen Wörtern, deren Anlaut weder aus g y r u s, g y r a r e (das hinreichende roman. Nachkommen hat), noch aus kelt. v (kymrobrit. gw gadh. f), noch aus german. v, w eutstanden sein kann, zeigen sich in verschiedenen Sprachen ähnlich lautende Wörter für d r e h e n, D r a h t, K e t t e u. dgl., deren wir mehrere zur Prüfung der Verwandtschaft mit v i r i a u. s. w. zusammenreihen, jedoch auf die Sprachen außerhalb unsers engeren Kreißes nicht eingehend.

In einer Reihe germanischer Wörter wechselt i mit i e aus älterem i a, nicht i u :

Eine räthselhafte nd. Doppelglosse bei Graff I. 843. 961. lautet : „istriarum uualaua. u u i r a plectas. gumdlunt." Die andre Redaction : „istriatarum. u u i e r o n." Vgl. h i s t r i a t u s (depictus?) pannus vel paries Dufr., versch. von s t r i c a r e pannnm ibid.? Ganz und halb hd. Glossen lauten : „u u i a r a coronam", „w i e r a cristas, obryzum", „k i w e o r o t a vermiculatas", „des g e w i e r e t e n goldes" auri obryzi (corona); mhd. w i e r e f. nnd. w i r, w i r e, w e r d r û t ags. v i r (opus fabrile) engl. w i r e altn. v î r m. Draht; nl. w i e r e n gyrare, circuire; oculis ambire Kil.

kymr. g w y r curvus, obliquus m. v. Abll. g w y r o curvare, torquere etc. brit. g w a r, g o a r adj. g w a r a, g o a r a vb. gadh. f i a r adj. vb. id.; kymr. g w y r s e n wire.

nnl. w i e r f. alga, vgl. vielleicht gadh. f i a r, gew. f e u r m. gramen kymr. g w y r a n m. graminis species, foenum.

kymr. g w y r l e n f., neben g a r l a n t aus engl. g a r l a n d, aber moviert brit. g a r l a ñ t e z (pl. -é s y o u) f. frz. g u i r l a n d e, unterschieden von g a r l a n d e (Leisten) ital. g h i r l a n d a span. port. g u i r n a l d a altspan. g u a r l a n d a port. g r i n a l d a prov. katal. g a r l a n d a, f. corona (foliacea etc.).

V i r u n u s s. Βηρούνους.

V i s o n s. **A l c e.**

349. **U i s u m a r u s.** „T r i f o l i u m herbam, quae G a l l i c e dicitur u i s u m a r u s." Marcell. Burd. Herb. c. III. Auf die Möglichkeit : daß das selbe Wort (wie auch de Belloguet bemerkt) in μεϱισειμόϱιον stecke, machten wir dort bereits aufmerksam.

Theilen wir v i s u - m a r u s, so finden wir beide Hälften in gallischen Namen, wie V i s u r i x Iuscr. Helv. Mommsen, und viele auf -m â r u s, auch -m â r a f. (vgl. u. a. Zeuss 19. Glück 2. 5. 77 ff.). Aber die merkwürdig entsprechenden Namen des Klees : gadh. s e a m - a r, - r a g, - r o g, s a m h r a g f., woraus engl. s h a m r o c k, und altn. s m â r i jütländ. s m â r e — deuten auf u i - s ú m â r u s die gadhelischen, auf u i - s u m â r u s die nordischen. In den kymrobritonischen Sprachen hat sich ein entsprechender Pflanzenname noch nicht gefunden.

Die letztere Theilung erinnert uns vielleicht nicht bloß zufällig an den germanischen, wie an den keltischen S o m m e r : abd. alts. altn. s u m a r

ags. s u m o r afries. s'u m u r u. s. w., m. altn. n. gadb. s a m h r a d h m.,
unsuffigiert kymrobriton. h â f (neubrit. h a ñ v u. s. m: s. Goth. Wtb. II.
195.) m., während das entsprechende seltene gadh. s a m, s a m h m. Sonne
bedeutet. Die einfachere Ableitung zeigt sich noch in gadh. s a m h r a c h
aestivus, auch wol in s a m b a r c a u, ş a m h a i r ć e a n m. primula veris. In
u i - sucht J. Grimm dann das ˙gadbelische Abstammungspräfix (u a, o); jedoch (wenn wirklich auch u i -, nicht v i - s u m a r u s zu lesen ist) möchten
wir nicht gerne ein so eigentümlich gadbelisches Präfix in einem gallischen
Worte suchen, dessen Hauptbestand freilich hier auch ausnahmsweise und
nur in diesem altbritannischen Keltenasté erhalten scheint, und zwar mit
charakteristischem Anlaute.

350. V ŏ l ê m ă (pira) pl., ein vermutlich altlateinisches Wort, kommt vor
bei Cato R. rust. VII. : „Pira v., aniciana et. sementiva"; Cloatius (Aratus)
ap. Macrob. Saturn. XV. : „Pirum turranianum, praecox, v o l e m u m";
Colum. V. c. 10. XII. c. 10. und namentlich bei Vergil. Georg. II. v. 88. :
        „Crustumiis Syriisque piris g r a v i b u s q u e v o l e m i s",
wozu und zu Aen. III. v. 233. Servius (wiewol nach de Belloguet Nr. 71.
nur in einigen Redactionen) bemerkt : „V o l e m a G a l l i c a lingua bona et
grandia dicuntur, sed magis dicta sunt ab eo, quod v o l a m impleant." Isidor. Orig. XVII. c. 7. (6.) und seine Nachfolger schließen sich an Servius
an; dabei kommen die Varianten vor : „V o l e m u m Gallica l. bonum et
m a g n u m al. m a l u m (fructus?) dicitur." Nicht selten in den Glossen ist
auch das Masc. v o l e m u s, u. a. „V o l e m i κολοκυντίδες, ἄπιοι,".
Deutsche Glossen zu v o l e m - u s, -a, -um lauten w i n e g i f t a, w i n-
g i f t e, u u a l i h i s c u n p i r u n d. pl. (anklingend), meist p f e r s i c h u. dgl.
Der Etymologien, die wir machten und lasen, vergeßen wir gerne.

351. V r a. „S a t y r i o n Galli v r a m nominant." Apul. Madaur. De
Herb. virt. c. XV. Vgl. zunächst : „Σατύριον, οἱ δὲ τρίφυλλον καλοῦ-
σιν." Diosc. III. c. 133. Cf. Plin. Hist. n. XXVI. c. 10. über diese Pflanze.
Sollte ein Missverständniss mit gr. οὐρά im Spiele sein? De Belloguet
Nr. 128. gibt auch eine Variante v i a.

352. U r u s. „Nec non et P u n i c i s O s c i s q u e verbis usi sunt V e -
t e r e s, quorum imitatione peregrina verba non respuit ut in illo. : Silvestres
u r i assidue; u r i enim G a l l i c a vox est, qua feri b o v e s significantur."
Macrob. Saturn. VI. c. 4. Die Parallelstelle bei Servius in Vergil. (Georg.
II. v. 374. : „silvestres u r i" und III. v. 532., wo der Urus als Zugthier
auftritt : „u r i s imparibus ductos alta ad donaria currus") lautet : „U r i
boves agrestes, qui in P y r e n a e o nascuntur, monte posito inter G a l l i a s et
H i s p a n i a s. Sunt autem, exceptis elephantis [vgl. nachher Caesar], majores
ceteris animalibus; dicti u r i ἀπό τῶν ὀρῶν i. e. a montibus." Die Heimat
des u r u s wird sonst in Germania angegeben. So bei Caesar B. G. VI. c.
28. : „Tertium est genus (ferarum Herciniae. Silvae, quae in reliquis locis
visa non sunt) eorum, qui u r i appellantur. Ii sunt magnitudine paullo
infra elephantos, specie et colore et figura tauri" etc. (Ihn kopiert Aimoin.
Hist. Franc. I. c. 1.). Ebenso Plinius (und Isidorus Hisp.) o. v. A l c e s,
von Solinus c. XXXII. (XX.) wiederholt, vgl. die Stellen aus Seneca und
dem Monachus Sangall. o. v. B i s o n und u r u s wisintier u. dgl. in Gloss.
lat.-germ. Auch eine Stelle bei Horatius (ap. Martin.):

„Namque gravem gemino cornu sic extulit **urum**" (vulgo **ursum**).

Die späteren Lateiner und Glossographen kopieren nur die Alten und einander selbst; so u. a. „**Uror** (sic!) *βους Γερμανος*." Gloss. Philox. „**Urus**, bos silve, al. silvestris, *βούβαλος*." „**Uri**, vituli agrestes, quos **bubalos** vocant." Auch Dicuil VII. 4. (bei de Belloguet Nr. 125.), wo **uri**, vulg. **bubali**, in Irland vorkommen; und der Auctor Martyrii B. Genovefae (bei Macr. l. c. nach Jahn), welcher sagt : „bubalum eundem esse, quem **Germania urum vocet**."

Letzterer hat wahrscheinlich Recht; Römer, Romanen (**uro, ure**), Griechen (*ούρος* bei Hadrian. Ep. in Anthol. VI. 332.) haben das Wort von den Germanen, wo Hochdeutsche, Sachsen und Nordländer den Namen **ûr** bubalus schon in der ersten Sprachperiode zeigen, aber auch schon mit **Ochs** u. dgl. zusammengesetzt und durch **urus** glossiert; wir können uns der Frage nicht enthalten : ob nicht mindestens die Glossen den Namen von den Römern (zurück) empfiengen? wogegen der alteinheimische in Männernamen, wie **Uro, Urinc**, erhalten wäre, noch sicherer in Ortsnamen. Engl. **ower** steht neben **ur-ox**, wie nhd. **ûr** neben **auerochse**, nl. **aver-os** (Nemn.) neben **oor-os** (Kil.). Es fragt sich, ob der selbe Name stecke in mlt. gallus **urus**, urogallus hd. .**aur-, auer-**, dial. **ûr-, ôr-**, nl. **ôr-** (Kil. etc.), **ouer-** (Nemn.) -hân dän. **ûr-**, (norw.) **aar-hane**, aber altn. **orri** schwed. **orre** (urog. minor) i. q. norw. **orrfugl**; turukische und tungusische Namen lauten ähnlich. Für sanskritische u. a. Ableitungen vgl. u. a. Pictet in Kuhns Zeitschrift VI. 182.

353. *Ούσουβίμ*. „*Χαμαιδάφνη 'Ρωμαῖοι λαυρέολα, οἱ δὲ λακτάγω, Γάλλοι ούσουβίμ*." Diosc. IV. c. 147. „Chamaedaphne. Itali mustellaginem dicunt, alii lactilaginem, et lauraginem, alii (sic) **eugubim, vsuben** (zwei Namen aus Einem; varr. bei Adelung **usumbis**, bei de Belloguet Nr. 129. : **usubim, usibim, usiben** und **eugulim**)." Apul. Mad. de H. virt. c. XXVII. Für ähnliche Suffixe vgl. Zeuss 752., für Eigennamen Duncker Orig. Germ. p. 50. De Belloguet l. c. Entsprechende Pflanzennamen finden wir nicht, aber für **laur-eola, -ago** s. o. **Gilarus**.

Utriolae s. **Viriae**.

Ξ.

354. *Ξύνημα* s. *Πέτρινος*.

Z.

355. **Zeus** s. **Fario**.
356. *Ζύθος* s. **Cervesia**.

Berichtigungen und Zusätze.

Die Endungen der Völkernamen nach der in der Anmerkung S. 131. bemerkten Norm erlitten außer den dort angegebenen Ausnahmen noch mehrere, wie namentlich Germanen, Alanen, Skoten, Pikten, Kimbern (statt Kimbrer). Daß ich im Texte des Buches der üblichen Recht- und Schlecht-schreibung weit stärkere Zugeständnisse machen muste und dabei meine gleichmäßige Einhaltung der praktischen Mitte zwischen jener und der streng geschichtlichen Schreibung nicht zu verbürgen wagte: wißen die Leser aus der Vorrede. Leider muß ich einen, nur durch mechanisch-gedankenlose Revision stehngebliebenen, Fehler nachträglich rügen, der die Erlaubniss des Schwankens mißbraucht: das Taumeln des Wortes allmählich durch verschiedene Phasen des Irrthums, wie all-mählig, -mähllich, -mällich. Dagegen sollen hoffentlich gar keine erheblichen Fehler in den durch gesperrten und fetten Druck als Gegenstände der Untersuchung bezeichneten Wörtern vorkommen. Die Geltung der lateinischen Schriftzeichen als Vertreter anderer darf als bekannt vorausgesetzt werden; zu dem wenigen o. S. 12. Bemerkten mag noch Folgendes zugefügt werden. Den scharfen Zischlaut bezeichnet s, den weichen z; so auch im Lettischen, wo ich auch das deutsche Dehnungs-h durch den Circumflex, und c, nach litauisch-slavischer Weise, für t s (ebenso č, š für t s c h, s c h) gelten laße. Die (litu-) slav. Zeichen ą, ę gelten für rhinistisches a (poln. o), e (bei Bopp aber neuerdings u, u); ŭ für den dunkeln (harten) Halbvokal, j für den weichen (ŭ, ĭ bei Bopp). Bei armenischen Wörtern und Namen gelten die unverschobenen Laute. w statt v ist in Wörtern finnischer Sprachen beibehalten; versteht sich, auch in mehreren germanischen, wo es mitunter (in der englischen, auch in den süddeutschen Mundarten) einen besonderen Laut bezeichnet; sodann in der kymrischen nach landüblicher Schreibung (die überhaupt beibehalten ist, ohne Owens Neuerungen) für u; in der britonischen lautet es halb vokalisch, ähnlich wie in der englischen; in wenigen Fällen habe ich das, sonst durch franz. o u ausgedrückte, u im Britonischen durch das kymrische w wiedergegeben, aus sichtbaren Gründen und unzweideutig; durchweg aber briton. k durch das gleichlautende c der Schwestersprachen. briton. y ist der Halbvokal j, ch das gutturale kymrische, das französische nur wo dieß besonders angemerkt wird. In den griechischen Texten steht einigemale, wie namentlich S. 47. 56., das schwere Tonzeichen statt des scharfen; das letztere statt des weichen Hauchzeichens in Αἰολέες S. 47., dieses statt des harten in ὑπὸ S. 56. — S. 41. Zeile 19. v. o. darf nur vor dem griech. Texte ein Anführungs-

zeichen stehn. S. 129. Z. 7. v. o. steht ι statt ει in ὑπεράλπειος; S. 349.
Z. 21. v. o. ạ n st. ạ in z ạ n–; S. 41. Z. 19. .v. u. XI. 1. statt XI,I. —
S. 7. Z. 21.˙ v. o. streiche man die Klammern. S. 26. Z. 2. v. o. lies „in
dem Pigmente, der Hautfarbe; in der Farbe" statt „des Pigmentes" u. s. w.
S. 374. Z. 23. v. o. lies „καταφράκτου· Γαλάται." — S. 386. Z. 11. 7. v. u.
lies „cantabat" st. „contabat"; „msc." st. „ansc." — S. 410. Z. 8. v. u.
lies „incantatio" statt „incantantio". — S. 414. Z. 19. v. u. lies „s a l i u n c - a"
statt „s a l i u n c a -". Andre bemerkenswerte Druckfehler finden sich sonst
schwerlich vor.

Kleinasien und der Südosten Europas werden durch den bevorstebenden
Zerfall der legitimisierten türkischen Ursurpation der Forschung zugänglicher
werden. Freilich „wohin des Sultans Pferd trat, wächst kein Gras mehr",
und die mannichfachen alten Völker jener Landstriche sind meistentheils längst
unter den Boden getreten. D o r t aber werden noch mehr Zeugnisse ihrer
Abstammung und Sprachen ausgegraben werden. Indessen bedürfen auch
die bereits au sgegrabenen und aus alten Schriften gesammelten noch weiterer
Läuterung und Durchforschung, obgleich bereits Männer wie Lassen, Bötticher u. s. m. ihren Scharfsinn daran versucht haben. Ich beklage, daß
ich erst während des Druckes die 10 ersten Bände der Zeitschrift der mor-
genländischen Gesellschaft und einige auf das genannte Gebiet bezügliche
Schriften durchfliegen konnte, während andre mir noch unzugänglich blieben.
Die folgenden Nachträge enthalten solche Lesefrüchte und einige eigene Fünde;
hier, wie im Texte, beschränke ich mich auf die wichtigsten und deutlichsten
Merkmale und Zeugnisse der Stammgeschichte, als Umriße und Beiträge für
eine Monographie jener untrennbaren und wichtigen Gebiete, welche auch
Italien in ihren Bereich zu ziehen hat, und zu deren Hauptaufgaben die
kritische Sam mlung und Vergleichung der sprachlichen Urkundentrümmer gehört.

Zu S. 36. Immer bestimmter erweist sich die Stammeseinheit der vorsanskritischen (dravidischen) Völker in ganz Indien, so daß auch die dunkel-
farbigsten Bevölkerungen nicht als Trümmer einer, etwa ˙den Australnegern
sich anreihenden, Urbewohnerrasse zu betrachten sind.

Zu S. 38 – 9. Die Stelle bei Stephanos Byz. v. Παρθναῖοι lautet : „Οἱ
Σκύθαι τοὺς φυγάδας Πάρθους καλοῦσιν." Aus Potts Schrift über
altpersische Eigennamen S. 412. entnehmen wir einiges hierher Gehörige.
„Altpers. „ „P a r t h w a parthisch. Bez. des Landes. Masc. Nom. und
P a r t h w i Fem. Parthien"" (Benfey S. 87) spiegelt sich am besten in
Παρθναία oder Παρθυηνή neben Παρθία, Lateinisch P a r t h i a und P a r -
t h i e n e, welche letzteren, im Fall nicht i für y stehen soll, das w auf-
gaben, wie desgleichen Πάρθοι, P a r t h i u. s. w. Zu dem allgemeinen
Grunde der Vernachlässigung des w mag noch als besonderer der kommen,
daß es ein i l l y r i s c h e s Volk Παρθεινοί oder Παρθηνοί, P a r t h i n i gab,
sowie eine St. Πάρθος, P a r t h u s, in Illyrien, wesshalb die genealogische
Spekulation sogar eine Παρθώ als T. des Illyrios (App. Illyr. 2.) erfand. Die
Stelle bei Justin. XLI. 1. kommt auch bei Jornandes cap. 6. vor, wo aber
noch ein verdrehter Zusatz : „ „ „De nomine vero quod diximus eos Parthos
id est f u g a c e s, ita aliquanti etymologiam traxerunt, ut dicerentur Parthi,
quia suos refugere p a r e n t e s" ", als ob der Name von diesem L a t e i n i -
s c h e n Worte käme! Ueber „„Auswanderer"" als Bezeichnung mehrerer

Völkerschaften s. Et. Forsch. II. 527. — Ein Unadisuffix -t r a im Sskr. liesse sich unmittelbar für P a r t h w a beanspruchen. Ein Analogon von Sskr. p a r a d e ç a A foreign country, hindust. p a r â y â (étranger), und Lat. p e r e g r e, also hinten Comp. mit Zend d a ń h u, d a q y u (provincia) scheint mir seit Auffindung der Originalform unhaltbar geworden. Ueber die Zulässigkeit, dieses angeblich S k y t h i s c h e Wort aus Arischen Mitteln zu deuten, s. Lassen unter Zugrundelegung von Malalas, Chronogr. II. p. 26. ed. B.: οὕστινας μετανάστας ποιήσας ἐκέλευσεν αὐτοὺς οἰκεῖν ἐν Περσίδι · .... καὶ ἔμειναν ἐν Περσίδι οἱ αὐτοὶ Σκύθαι ἐξ ἐκείνου ἕως τῆς [τοῦ?] νῦν · οἵτινες ἐκλήθησαν ἀπὸ τῶν Περσῶν Πάρθοι, ὅ ἐστιν ἑρμηνευόμενον Περσικῇ διαλέκτῳ Σκύθαι." Die Namen der Partherkönige sind, mit wenigen Ausnahmen, sichtlich iranisch (persisch); so auch, nach einigen Zeugnissen ihre Religion. Immerhin bleibt die Importierung dieser Dinge möglich.

Zu S. 39. Für die Berührungen der Karen mit den Phoeniken vergleicht Lassen die Götternamen der Ersteren bei Strab. XIV. p. 659. 660. ’Ωσωγώ und Χρυσαωρεύς mit den phoenikischen Οὐσώος und Χρυσώρ bei Sanchuniathon ed. Orelli p. 16. 18.

Zu S. 44. Die namhaftesten Gelehrten halten die biblische T h o g a r m â h für A r m e n i e n.

Zu S. 44. 91. Aus Kiepert in Berl. Monatsh. 1849. Nach Kephalion bei dem armenischen Eusebios bedeutet K i m m e r o s, G i m m e r o s K a p p a - d o k i e n. Vgl. auch „Γαμέρ („Kimmerien") ἐξ.οὗ Καππάδοκες" Synkellos ed. Par. p. 49.

Zu S. 45. Nach Boetticher (Z. der morg. Ges. IV. 336.) erhielt sich in dem a r m e n i s c h e n Monatsnamen A r e g i (A r é g i) der alte (p h r y g i - s c h e) kleinasiatische ’Αρχαῖος Strab. XII. p. 557. (wo Kramer nach Wesseling ’Ασχαίου liest) und p. 577. (var. ’Ασχροίου), vgl. jedoch auf Sardischen Münzen Μὴν ’Ασκηνός.

Zu S. 48. Lassen, der die L y d e r für Semiten hält, erklärt ihre unleugbar indo-germanischen Wörter (wie z e l v o s gelb, σάρδις = sanskr. çar a d zend. çara d a Jahr, μῶλαξ u. s. w.) für Lehnwörter.

Zu S. 50. 63. Strabon XII. p. 568. nennt die L y k a o n e n neben den Kappadoken gegenüber den Kiliken. Die Sage bei Eustath. ad Dion. Per. 837. deutet auf ihre Abstammung aus Arkadien.

Zu S. 62 ff. vgl. 45. Βίδυ konnte, vielleicht nebst kirchlichen Formeln, von den P h r y g e n in Makedonien importiert sein, da sie nebst andern Kleinasiaten dort vorübergehend gesiedelt haben sollen. Vgl. besonders Herod. VII. 73. (o. S. 45.) und Euphorion bei Schol. Clem. Alex. IV. p. 96 sq. (nach Giseke, Thrakisch-Pelasgische Stämme der Balkanhalbinsel, Lpz. 1858. S. 101.) : „ᾠκεῖτο δὲ τὸ παλαιὸν ἡ ῎Εδεσσα ὑπὸ Φρυγῶν καὶ τῶν μετὰ Μίδου διακομισθέντων εἰς τὴν Εὐρώπην", vgl. Nicandr. Georg. II. ap. Athen. XV. 31. (s. a. a. O.) Nach Justin. VII. 1. wurde durch Caranus „cum magna multitudine Graecorum" Edessa erobert und Midas vertrieben. Giseke a. a. O. S. 8. 107 ff. hat die Stellen weiter verzeichnet, nach welchen P h r y g e n (B r i g e s, B r y g e s, B r y g o i) in Makedonien siedelten; er glaubt sie mit den Paeonen gekommen.

Zu S. 63. M a k e d o n ist bei Diod. I. 18. 20. sogar O s i r i s Sohn.

Zu S. 64. E l y m - kommt auch im s e m i t i s c h e n Osten vor.

Zu S. 65 ff. Nach Hesychios v. Ἀστραλίαν nannten so die Lyder den Thraken, was Giseke a. a. O. auf Tralles (Τράλλ-οι, -ες, -εις), Volk und Städte in Europa und Asien, bezieht. Hier mögen auch folgende Stellen erwähnt werden : „Κάπροντες ἐκαλοῦντο οὕτω οἱ Θρᾶκες" Hes. II. 144. Cf. Strab. VII. p. 296. Καπνοβάτας κ. τ. λ. — „Ζιβυθίδες οἱ Θρᾶσσαι ἢ Θρᾶκες γνήσιοι." Hes. I. 1585. — Mit den Karen gemeinsam war den Thraken „Κολαβρισμός· Θρᾴκιον ὄρχημα καὶ Καρικόν, ἦν δὲ καὶ τοῦτο ἐνόπλιον." Jul. P. IV. 100. — Zu den Saraparen (S. 66.) vgl. die kopfabschneidenden Chalyben Xenoph. Anab. IV. 7. §. 16. — Boetticher leitet (wie er liest und trennt) Ζά(λ)μ-οξις (o. S. 68.) aus sanskr. čarm + rxa (Haut des Bären). — Für die Berührungen der Thraken mit den Kimmeriern mag auch u. der Nachtrag zu II. Nr. 28. verglichen werden.

Zu S. 71. Eine Sage über den Zusammenhang der troischen, angeblich aus Europa übergewanderten, Dardaner mit denen „ὑπὲρ Θρᾴκης" gibt Diodoros V. 48.

Zu S. 96. Eine dem litauischen Worte näher stehende Form ohne Nasenlaut hat die, freilich späte, Glosse bei Ducange „β ρ έ δ ο ν· ἔλαφον ἢ κεφαλὴν ἐλάφου."

Zu S. 104. Für Tyrrhener in Thrakien, und zwar von den Pelasgern als Nachbarn unterschieden, zeugt die (ebenfalls o. S. 59. ausgeschriebene) Stelle bei Herod. I. 57. Weitere Belege und Zusammenstellungen für pelasgische Tyrrhener in Griechenland s. bei Giseke a. a. O. S. 88 ff. 136.

Zu II. Nr. 28. vgl. I. S. 91. „Ὑπὸ Θρακῶν ὁ μῦς ἄργιλος καλεῖται." Steph. Byz. v. Ἄργιλοι. Wir erinnern uns an die Bezeichnung des höhlenbewohnenden Thieres und der Höhle selbst durch cuniculus (s. o. h. v.), wie anderseits an die Berührung zwischen Thraken und Kimmeriern o. S. 91.

Zu Nr. 50. S. 245. Neben lit. kykas auch kyka f. id.

Zu Nr. 73. S. 270 ff. Mit βρία vergleicht Bötticher osset. bru Festung.

Zu Nr. 172. S. 349. Zu dem vielleicht ganz zu trennenden gandras gehört wol lett. zandarts ciconia (nach Stender; nach Wellig nür den Fisch Sandart bed., dessen Name slavische u. a. Verwandte findet). žemait. garnys m. bedeutet sowol ciconia wie ardea, und erinnert zugleich an den ebenfalls langbeinigen kelt. garan (Nr. 309. S. 425.). Anderseits ist auch lit. genže, gensze, gersze lett. dzêse, f. ardea zu bedenken (vgl. Pott De Borusso-Lith. etc. II. 22.).

S. 349. sind die zweimaligen Nrr. 173. 174. durch a und b zu unterscheiden.

Zu Nr. 181. S. 360. Bloch unterscheidet die vollständigere Form (magyar.) gyantár Bernstein, auch Harz übh., von gyanta Harz, (Colophonium (-kö[lapis] Bernstein); beide zeugen Ableitungen. — An skyth. sacrium klingt litau. sakas, (auch bei den Grenzletten) sakkas m. Harz, dessen lett. Formen swakkas, swekkas u. s. w. (Harz, bes. der Fichte) wiederum auf sucinum, succus deuten, während anderseits lit. sunka f. (Saft, bes. der Bäume) mit slav. sokü lat. succus verwandt erscheint, wie zugleich mit lit. sunkti lett. sûkt sickern, seihen, dessen Nasal auch in dem gleichbed. poln. sączyč erhalten ist, wovon sich aber (poln.) sok succus wesentlich entfernt. Weitere Untersuchungen über diese Stämme s. u. a. bei Pott a. a. O. I. 52. II. 66. Etym. F. (1. Ausg.) I. 234. Goth. Wtb. V. 205. 770 ff.

Register.